宗教文化译丛

犹太教系列　主编　傅有德

源于犹太教的
理性宗教

〔德〕赫尔曼·柯恩　著
孙增霖　译

Hermann Cohen
DIE RELIGION DER VERNUNFT AUS DEN QUELLEN DES JUDENTUMS
本书根据 Frederick Ungar Publishing Co. 1972 年版译出

"宗教文化译丛"总序

遥想远古，文明伊始。散居在世界各地的初民，碍于山高水险，路途遥远，彼此很难了解。然而，天各一方的群落却各自发明了语言文字，发现了火的用途，使用了工具。他们在大自然留下了印记，逐渐建立了相对稳定的家庭、部落和族群。人们的劳作和交往所留下的符号，经过大浪淘沙般的筛选和积淀后，便形成了文化。

在纷纭复杂的文化形态中，有一种形态叫"宗教"。如果说哲学源于人的好奇心和疑问，那么宗教则以相信超自然力量的存在为前提。如果说哲学的功用是教人如何思维，训练的是人的理性认知能力，那么宗教则是教人怎样行为。即把从信仰而来的价值与礼法落实于生活，教人做"君子"，让社会有规范。信而后行，是宗教的一大特点。

宗教现象，极为普遍。亚非拉美，天涯海角，凡有人群的地方，大都离不开宗教生活。自远古及今，宗教虽有兴衰嬗变，但从未止息。宗教本身形式多样，如拜物图腾、万物有灵、通神巫术、多神信仰、主神膜拜、唯一神教，林林总总，构成了纷纭复杂、光怪陆离的宗教光谱。宗教有大有小，信众多者为大，信众寡者为小。宗教有区域性的，也有跨区域性的或世界性的。世界性宗教包括基督教、伊斯兰教、佛教等大教。还有的宗教，因为信众为单一民族，被视为民族性宗教，如犹太教、印度教、祆教、神道教等。宗教犹如一面硕大无朋的神圣之网，笼罩着全世界大大小小的民族和亿万信众，其影响既广泛又久远。

宗教的功能是满足人的宗教生活需要。阶级社会，人有差等，但无人不需精神安顿。而宗教之于酋长与族人、君主与臣民、贵族与平民、总统与公民，皆不分贵贱，一视同仁地慰藉其精神。有时，人不满足于生活的平淡无奇，需要一种仪式感，这时，宗教便当仁不让。个人需要内在的道德，家庭、社会、国家需要伦理和秩序，宗教虽然不能"包打天下"，却可以成为不可多得的选项。人心需要温暖，贫民需要救济，宗教常常能够雪中送炭，带给需要者慈爱、关怀、衣食或资金。人是社会的动物，宗教恰巧有团体生活，方便社交，有利于人们建立互信和友谊。

"太阳照好人，也照歹人。"宗教劝人积德行善，远离邪恶，但并非所有的"善男信女"都是仁人君子，歹徒恶人也不乏其例。宗教也不总是和平的使者。小到个人权斗、"人肉炸弹"，大到"9·11"空难，更大的还有"十字军东征""三十年战争""纳粹大屠杀"。凡此种种大小纷争、冲突、战争和屠戮，都有宗教如影随形。美国学者亨廷顿早在1993年就曾预言：未来的冲突将发生在几大宗教文明之间。姑且不说"文明"之间是否"应该"发生冲突，宗教冲突或与之相关的各种"事件"时有发生，却是一个不争的事实。

既然宗教极其既深且广的影响是事实存在，那么介绍和诠释宗教经典，阐释教义学说，研究宗教历史、宗教与政治经济，以及宗教间的关系等理论和现实问题，就有了"充足的理由"和"必要"。

1873年，马克斯·缪勒出版了《宗教学导论》，其中首次使用了"宗教学"概念。从此，宗教研究成了一门学科，与文学、历史学、哲学、社会学、心理学、民族学等并驾齐驱。在宗教学内部，宗教哲学、宗教人类学、宗教社会学、宗教心理学等分支也随之出现，成就了泰勒、韦伯、蒂利希、詹姆斯、布伯、巴特、莫尔特曼、尼布尔、汉斯·昆等一大批宗教思想家。1964年，根据毛泽东主席批示的精神，中国科学院哲学社会科学学部组建了世界宗教研究所。从此以后，宗教学和更广意义的宗教研究也渐次在社会主义中国生根、开花、结果，在学术界独树一帜，为世人所瞩目。

宗教经典的翻译、诠释与研究，自古有之，时盛时衰，绵延不绝。中国唐代的玄奘、义净，历经千辛万苦西行取经，而后毕生翻译佛典，成为佛教界的佳话；葛洪、寇谦之、陶弘景承续、改革道教，各成一时之盛；早期的犹太贤哲研讨《托拉》、编纂《塔木德》，开启了《圣经》之后的拉比犹太教；奥利金、德尔图良、奥古斯丁等教父，解经释经，对于厘定基督教教义，功莫大焉；斐洛、迈蒙尼德等犹太哲人诠释《圣经》，调和理性与信仰，增益了犹太教；托马斯·阿奎那、邓斯·司各脱、威廉·奥康等神学大师，建立并发展了宏大深邃的经院哲学，把基督教神学推到了顶峰。还须指出，传教士们，包括基督教教士和佛教高僧大德，致力于各自宗教的本土化，著书立说，融通异教，铺设了跨宗教和多元文化对话的桥梁。

学生的学习，学者的研究，都离不开书。而在某个特定的历史时期，外著移译，显得尤为必要和重要。试想，假如没有严复译的《天演论》《法意》，没有陈望道译的《共产党宣言》、傅雷译的法国小说、朱生豪译的莎士比亚诗歌与戏剧，等等，中国的思想文化界乃至政治、经济、社会等各个领域，是一个什么景象？假如没有贺麟、蓝公武、王太庆、苗力田、陈修斋、梁志学、何兆武等前辈学者翻译的西方哲学名著，中国的哲学界将是什么状态？假如没有宗教学以及犹太教、基督教、伊斯兰教、佛教等宗教经典或研究性著作的翻译出版，我们的宗教学研究会是何等模样？虽说"试想"，但实际上根本"无法设想"。无疑，中国自古以来不乏学问和智慧，但是古代中国向来缺少严格意义上的学科和学术方法论。近现代以来中国分门别类的学科和学术研究是"西学东渐"的结果，而"西学东渐"是与外籍汉译分不开的。没有外籍的汉译，就没有现代中国的思想文化和学术。此论一点也不夸张。

众所周知，在出版界商务印书馆以出版学术著作著称，尤其以出版汉译名著闻名于世。远的不说，"文革"后上大学的文科学子，以及众多的人文社科爱好者，无不受益于商务印书馆的"汉译世界学术名著丛书"，我本人就是在这套丛书的滋养熏陶下走上学术之路的。

为了满足众多宗教研究者和爱好者的需要，商务印书馆对以前出版过的"宗教文化译丛"进行了改版，并扩大了选题范围。此次出版的译丛涵盖了宗教研究的诸多领域，所选原作皆为各教经典或学术力作，译者多为行家里手，译作质量堪属上乘。

宗教文化，树大根深，名篇巨制，浩如烟海，非几十本译作可以穷尽。因此，我们在为商务印书馆刊行"宗教文化译丛"而欢欣鼓舞的同时，也期待该丛书秉持开放原则，逐渐将各大宗教和宗教学研究的经典、权威性论著尽收囊中，一者泽被学林，繁荣学术；二者惠及普通读者，引导大众正确认识宗教。能否如愿以偿？是所望焉。谨序。

傅有德
2019 年 9 月 22 日

再版序言

《源于犹太教的理性宗教》是犹太裔德国哲学家赫尔曼·柯恩在犹太哲学方面的代表作,而本书是其第一个完整的中文译本。

上个世纪末,国内的犹太文化研究刚刚起步,译者在山东大学傅有德教授的指导下投入了犹太文化的译介工作之中,原作的翻译若从那时算起,时间跨度已经有二十余年。今天,商务印书馆慨然再版,无疑是对原作之经典地位的再次肯定,也是对我国犹太文化研究事业的支持与推动。

二十余年间,译者欣喜地看到国内对柯恩思想的研究逐渐走向深入。一方面,国内学者日益重视柯恩本人及其所属的新康德主义流派,并将其放置在德国观念论之发展演变的过程中加以研究,涌现了一些全新的研究著作;另一方面,柯恩在犹太哲学史尤其是犹太政治哲学方面的地位和影响也引起了国内学界的重视,不少相关文章和著作对此均有涉猎,也有相关的研究项目出现。所有这些,都是可喜的进步。当然,我们也必须承认,与国外的研究相比,我们还处在起步阶段。2019 年春,译者在拜访柯恩全集的编纂者之一 Hartwig Wiedebach 教授时曾获赠柯恩全集的电子版,希望在不久的将来能有更多的学者、学生参与到译介工作中来。

本书的再版并未改变原译本的整体框架和内容,新的工作主要包括：初版时由于种种原因将原书书名缩略为《理性宗教》，此次得以恢复原貌；补译了英译本正文之后的希伯来文献和附录以及正文中的个别漏译的地方；根据译者最新的理解，对原有译文中的若干字句进行了改写和调序；个别有必要加以注解的地方进行了补充；修正了个别的错字和不够通顺的语句。

本书此次再版，责任编辑卢明静女士功不可没，高度的责任心和认真的工作态度为译本的完善和出版做出了重要的贡献，在此表示深深的谢意。此外，颜廷真先生所做的预备工作和牵线搭桥，也是本书得以出版的重要保障，在此一并表示感谢。最后，山东师范大学外国哲学专业的研究生张艳、孙伟做了部分辅助工作，也感谢他们的付出。当然，译文的主要责任在译者，虽然已是再版，但疏漏乃至错误之处依然在所难免，欢迎读者提出批评指正。

孙增霖

2021 年 8 月 11 日

中译本序

本书的作者赫尔曼·柯恩（Hermann Cohen, 1842—1918）是犹太裔德国哲学家，1842年诞生于柯斯维希（Coswig）。由于父亲是一位希伯来语教师兼当地犹太会堂的领唱，柯恩从小就受到了良好的希伯来语言和文化的传统教育，幼时打下的坚实基础使得他在成年后处理希伯来原始资料时驾轻就熟、游刃有余。中学毕业之后，柯恩进入了布雷斯劳拉比神学院接受正统的拉比教育。但是后来他放弃了成为一名拉比的初衷，转攻哲学，辗转求学于布雷斯劳大学、柏林大学和哈勒大学，最后于1865年获得了博士学位。1873年，在时任马堡大学教授的朗格（F. A. Lange）力邀之下，柯恩进入马堡大学担任讲师，并于三年后升任教授，直到1912年退休。柯恩在马堡大学的学术生涯可谓如日中天，他一手创立了新康德主义的马堡学派，并作为其领袖而享誉德国哲学界。在此期间，柯恩一方面致力于对康德的再解读工作，出版了《康德的经验理论》（*Kants Theorie die Erfahrung*, 1871, 1885）、《康德对伦理学的论证》（*Kants Begruendung der Ethik*, 1877）和《康德对美学的论证》（*Kants Begruendung der Aesthetik*, 1889）等著作；另一方面，他也致力于构建自己的哲学体系，出版了《纯粹认识的逻辑》（*Logik der reinen Erkenntnis*, 1902）、《纯粹意志的伦理学》(*Die Ethik des reinen Willens*, 1904)和《纯粹感受的美学》(*Die Aesthetik des reinen Gefuehls*, 1912)等。从马堡大学退休之后，柯恩迁居柏林，任教于柏林犹太科学院，这使得他能够集中精力再次投身于犹太思想的研究。一直到他1918年去世，柯恩笔耕不辍，除了散见于报刊上的单篇论文外，还出版了《哲学体系中的宗教概念》(*Der Bergriff der Riligion im System der Philosophie*, 1915)，以及逝世后才出版的本书。本书作为柯恩最后的著作，不仅如英文本译者所说的那样"堪称是其最成熟的著作"，而且也是其思想的集大成之作，也就是说，柯恩将其前期的哲学思想融入了其犹太思想之中，哲学的理性和宗教的热忱彼此交织，造就了这一犹太哲学史上的伟大著作。

关于本书的内容，英文、德文版序言和施特劳斯的序言中已经多次提及，故不再赘述，在此仅对本书的标题略说几句。本书中文本的标题《源于犹太教的理性宗教》(*Die Religion der Vernunft aus den Quellen des Judentums* [Religion of Reason out of the Sources of Judaism])在一定程度上是意译，因为除了"理性宗教""犹太教"的概念之外，"源于"的概念也令人颇费思量。纵观本书的全部内容，柯恩是在两种意义上使用犹太教资源的：一方面是很容易理解的作为"资料"的犹太教资源，包括文献、思想等；另一方面是相当抽象的作为"初始原理""第一原理""原型"等意义上的犹太教资源，这种资源并不直接产生丰富的内容，毋宁说是内容的规范。这种意义大致相当于康德的先天综合判断中的先天的部分，它先于、不依赖于内容，而又能赋予内容以普遍必然性。在本书中，柯恩在两种意义上交替使用犹太教资源，我们随处能见到信手拈来、如数家珍的犹太资源的引用和时隐时现的康德哲学基本原则、思路的娴熟应用，充分说明了他对犹太资源和康德哲学的已入化境的掌握。

此外还需要交代一下本书翻译中的若干技术性细节。一是关于注释。本书译自西蒙·开普兰（Simon Kaplan）的英文译本，英译者所加注释一律在最后标以"英译者"，中译者所加注释则在最后标以"中译者"。中译者所加注释大致可以分成资料性的和解说性的两类，前者主要是对原文中提及的人物、著作等的注释；后者主要是对原文中语焉不详或较难理解的地方加以简单的解说。当然，后者就不像前者那样"硬"，见仁见智，读者可以自行斟酌。此外，本书原来有引文、人物索引，中译本采取了对引文和人物直接加注的方式，不再单独列出。二是关于原本文字。本书涉及英文、德文、希伯来文以及部分拉丁文，中译本采取了变通的办法，在一般不影响文意的情况下不单独注出原文，但重要的概念甚至句子则附上原文，以方便读者的理解。

本书的翻译，仔细想来，可以追溯到十余年前。当时的客观条件较差，国内遍寻原文不见。无奈之下译者只能求助于刚刚兴起的互联网络，通过电子邮件向国外的犹太哲学专家、犹太文化研究机构求助，经过几番大海捞针式的尝试之后，终于有一位美国教授答应无偿赠给译者一套英文译本，并给译者来信说不希望中国的学者因为资料的匮乏而无法进行研究工作，时至今日，当时的欣喜和感动依然历历在目。但由于种种原因，当时只译出了本书的前四章，未曾出版就被译者束之高阁，变成了仅供自己参考的资料。此后十余年间，译者学习、工作多有变动，但是一直从事犹太哲学方面尤其是柯恩思想的研究工作，将本书完整翻译过来的想法也一直萦绕心头，并终于在 2008 年底重新开始翻译，其结果就是摆在读者面前的这本四十余万字的中文译本，就译者所知，这也是柯恩著作的第一个全本中文译本，无论如何，也算了却了译者十余年来的一桩心愿。

中译本的完成，首先要感谢的是山东大学犹太研究中心主任傅有德教授。早在十余年前译者仍在求学之时，傅老师就关爱有加，将译者引入了犹太哲学的殿堂。此后十余年间，无论是做学生还是后来工作，译者一直得到傅老师始终如一的关怀，译者对此一直感怀在心。在本书的翻译过程中，还得到了山东大学的谭鑫田教授、刘杰教授、傅永军教授，山东师范大学的崔永杰教授的帮助，山东大学出版社的黄福武先生在编辑本书的过程中也做了大量细致入微的工作，在此一并表示感谢。

由于译者水平有限，译文难免有疏漏、错误之处，恳请广大读者批评指正。

孙增霖

2012 年 6 月于山东师范大学

目　　录

英译本序 …………………………… 西蒙·开普兰（S.K.）1
英译本简介 ………………………… 西蒙·开普兰（S.K.）4
施特劳斯序 ………………………………… 列奥·施特劳斯 23
德文本第 2 版编者序 ……………………… 布鲁诺·施特劳斯 47

引言：书名释义及任务说明 …………………………………… 53
第 1 章　上帝的独一性 ……………………………………… 102
第 2 章　偶像崇拜 …………………………………………… 123
第 3 章　创造 ………………………………………………… 135
第 4 章　启示 ………………………………………………… 152
第 5 章　理性人的创造 ……………………………………… 173
第 6 章　行动的属性 ………………………………………… 185
第 7 章　圣灵 ………………………………………………… 194
第 8 章　同胞的发现 ………………………………………… 212
第 9 章　宗教之爱的问题 …………………………………… 256
第 10 章　作为个体的"我" ………………………………… 286
第 11 章　赎罪 ………………………………………………… 305
第 12 章　赎罪日 ……………………………………………… 357
第 13 章　弥赛亚的观念与人类 ……………………………… 383

第 14 章　先知著作中的弥赛亚 …………………………… 429

第 15 章　不朽和重生 ……………………………………… 464

第 16 章　律法 ……………………………………………… 520

第 17 章　祈祷 ……………………………………………… 564

第 18 章　德性 ……………………………………………… 602

第 19 章　正义 ……………………………………………… 640

第 20 章　勇敢 ……………………………………………… 648

第 21 章　忠诚 ……………………………………………… 654

第 22 章　和平 ……………………………………………… 660

希伯来文献注释 …………………………………………… 683

索引 ………………………………………………………… 695

　《圣经》引文 …………………………………………… 695

　拉比文献 ………………………………………………… 699

　人名索引 ………………………………………………… 701

英译本序

本书是赫尔曼·柯恩的主要作品中第一部被翻译成英文的。众所周知,翻译有其固有的难题。用赫尔曼·柯恩自己的话说:"人们翻译字词比较容易,而翻译句子的结构(texture)则很难,但是,字词只有在一个句子中才能获得其内在的生命。在翻译成另外一种语言的过程中,如果一个词失去了它的灵魂(soul),那么它的意义(spirit)也会变得如僵尸般毫无生气。尤其是当翻译的内容涉及宗教时,一般性翻译的难度会大大地增加。"

尽管本书的原文是德文,但柯恩的思想却是植根于希伯来文之上的。因此,在翻译成英文的过程中,不得不既考虑到德语字句的意思,又考虑到构成其基础的那些希伯来式概念。此外,柯恩独特的风格让翻译工作更加困难。由于本书是柯恩的遗作,他尚未完成最后的修订就已经去世,因此还产生了许多额外的文本方面的困难(参见德文第2版的编者注)。

本书多次引用了《圣经》和《祈祷书》(the Prayer Book),对于这两部书,我使用的是1955年犹太出版集团出版的《圣经》和1957年出版的《标准版祈祷书》(the Standard Prayer Book)。当标准的德文译本同一些英文译本有出入时,我保留了那些在我看来是最接近柯恩原意的译法。在有些情况下,柯恩会按照自己的方式翻译希伯来原文。遇到这种情况时我会让英文译本服从于柯恩的德文译本。柯恩有时会将《圣经》引文用斜体字标出，个别情况下甚至对引文进行改动。其他附加的内容均用圆括号标出。

经过柯恩本人修订的那部分原文（德文本第311页之前部分）中充斥着这样的斜体字引文。虽然同英文的用法大相径庭，但我对它们只字未动。我所附加的个别字句以及涉及《圣经》和其他引文的地方也都用括号标出。

在此，我要对那些给予我批评和建议以及慷慨资助这项工作的人表示由衷的感谢。首先，我要感谢我的老朋友斯坦博格博士（Dr. Aaron Steinberg），在翻译的过程中得到了他不断的鼓励和很有价值的建议；作为世界犹太大会（the World Jewish Congress）文化主管，他促成了本书的最终完成。我同时要感谢世界犹太大会的秘书长瑞格纳博士（Dr. Gerhart M. Riegner），他对这项工作很感兴趣并在其完成的过程中给予了相当大的帮助。我还要感谢施特劳斯博士（Dr. Leo Strauss），他自始至终都非常关心这项工作并提出了有益的建议。感谢丹豪瑟教授（Werner J. Dannhauser），他订正了本书初稿中的许多错误。我要特别感谢拉施特曼教授（David R. Lachterman），他通读了初稿，并对许多术语的翻译和错误的订正提出了有益的建议。感谢伯恩斯博士（Dr. Laurence Berns）在校对方面提供的帮助，感谢海默（Cantor Henry Hammer）校对了《圣经》引文和拉比文献的出处。最后，我要对我的妻子致以深深的谢意，是她鼓励我翻译本书，并为这项工作的最终完成付出了积极的努力。

"要求德国物质赔偿协商会"①下属的文化基金会和纽约利奥·拜克学院为本译作提供了资助,在此表示由衷的感谢。我还要感谢世界犹太大会和英国苏塞克斯大学(University of Sussex)研究员卡特先生(Mr. Emanuel de Kadt)为本书出版所提供的赞助。

出版人昂加尔先生(Mr. Frederick Ungar)热情地资助并出版了这部内容艰深的著作,他领导下的全体工作人员在繁杂的出版过程中自始至终保持着高度的合作,在此一并表示感谢。

西蒙·开普兰(S. K.)
1971年8月于明尼阿波利斯圣约翰学院

---

① 全称是"犹太人要求德国赔偿协商会"(the Conference on Jewish Material Claims Against Germany, Inc.),二战结束后成立的机构,主要目标是要求德国为在二战中对犹太人生命和财产所造成的伤害进行赔偿,其总部设于纽约。——中译者

英译本简介 ①

赫尔曼·柯恩（Hermann Cohen，1842—1918）成熟时期的著作完成于德国改革运动末期，即19世纪末20世纪初。犹太教改革派（Reform Judaism）以及与其对立的新正统派（Neo-Orthodoxy）在那时均已成型。就像摩西·门德尔松（Moses Mendelssohn）②在犹太启蒙运动的诸多理念的启发下重新解释传统的犹太教一样，作为当时德国哲学界的领袖之一的柯恩也用其新康德主义的哲学体系（Neo-Kantian philosophy）来处理传统的犹太教资源。生机勃勃的思想再加上对传统犹太资源的尊重，使得柯恩成为自犹太启蒙运动以来犹太哲学思想的最佳代言人，而且很可能是整个运动的巅峰。

1880年，在柯恩38岁的时候，他出版了一篇论文，名为《关于犹太问题的信仰表白》（*Ein Bekenntniss zur Judenfrage* [*A Profession of Faith on the Jewish Question*]）。多年以后，柯恩本人认为，1880年是他的"回归年"。这是因为，尽管在

---

① 这篇简介是基于我的文章"赫尔曼·柯恩的犹太哲学"（Hermann Cohen's Philosophy of Judaism），载《犹太教》（*Judaism*）第1卷第2期。——英译者

② 门德尔松（1729—1786），犹太启蒙运动和改革运动的杰出代表，犹太哲学家，被誉为"犹太人的苏格拉底"。——中译者

儿童和青年时代都从父辈那里接受了良好的犹太传统教育，而且后来还进入了布雷斯劳拉比神学院（the Rabbinical Seminary in Breslau），但此后的柯恩却几乎全身心地投入哲学研究之中。在上述文章发表之前，他已经出版了两部关于康德的重要著作：《康德的经验理论》和《康德对伦理学的论证》。或许正是前一部著作比当时其他的所有作品都更为有力地导致了对康德的重新发现和重新解读。在该书中所确立的思想构成了柯恩后来的整个唯心主义体系的基础。

1873年，柯恩开始任教于马堡大学，其思想为新康德主义的"马堡学派"奠定了基础，并且他本人在1912年退休之前一直是该学派的领袖。正是在此期间，他出版了自己的代表作：三卷本的《哲学体系》（*System der Philosophie* [*System of Philosophy*]），包括逻辑学、伦理学和美学。同样是在此期间，他完成了第三部论述康德的著作：《康德对美学的论证》。

随着年事渐高，柯恩越来越热忱地投入犹太宗教问题研究之中，并就此写下了许多涉猎广泛的作品。柯恩逝世之后，这些作品中的一部分被辑为三卷本的《犹太著作》于1924年出版。两个互相交织的概念主宰着柯恩的思想：作为伦理学概念的唯一的上帝和作为其结果的伦理学的人类（an ethical mankind）概念。对于柯恩来说，犹太一神教是这些概念的源泉，而人类的道德完善是犹太人的特殊使命。同样地，他将唯一神的概念和先知们的教诲融合于他的《伦理学》中，尽管其方式是将宗教看作伦理学的补充，并最终被后者所吸收。1907年，柯恩在其《纯粹意志的伦理学》（*Ethik des reinen Willens* [*Ethics of Pure Will*]）中写道："伦理学根本不承认宗教的独立地位……它仅仅把后者看作是一种自然进程（natural process），当这一进程达到成熟期时就会同伦理学相重叠。"但是，关于个体性的问题（the problem of individuality）却无法在其伦理学体系中得到解决，这最终导致了柯恩对于上述观点的修正。

1915年，即离他去世还有三年时，柯恩出版了《哲学体系中的宗教概念》（Begriff der Religion im System der Philosophie [Concept of Religion in the System of Philosophy]），在书中为宗教在伦理学框架内找到了一项"特殊的"任务。宗教的这一特殊任务与伦理学不同，其目标是为个体性提供基础。伦理学所知道的仅仅是关于义务的普遍法则（the general law of duty）。当它直面个体，直面其不完善性和脆弱时却只能一言不发、束手无策。由于清醒地认识到了自身的脆弱，人类意识到自身不可能是宽恕其过错（transgression）的源泉。在其自身的无能中，他发现并认定上帝才是宽恕的唯一源泉。然而，在一神教中，认识（cognize）上帝意味着认可（recognize）上帝，承认（acknowledge）上帝，意味着爱上帝。由此，对于人类罪恶的伦理学认识转变为对于上帝的宗教性的爱。但是，根据《圣经》律法，爱上帝涉及人的全部：他必须用他整个的心灵（heart）、整个的灵魂（soul）和全部的力量去爱上帝。宗教性的爱包含着人类意识的方方面面。柯恩指出："对上帝的爱定然会连接起世上所有的事物和问题。"

伴随着对于上帝的爱，宗教揭示出了上帝对人的爱，因为上帝是宽恕者。因此，在宗教中，一种相互作用的关系——柯恩称为"相互关系"（correlation）——上帝与人和人与上帝之间的关系产生了。这种相互关系正是区分宗教与伦理学的特殊内容,所对应的正是罗森茨维格(Franz Rosenzweig)①所说的与上帝所立之"约"(covenant)这一《圣经》中的概念。

正是基于关于宗教的这种观念,柯恩才得以处理传统的犹太教资源。最终成果就是于他去世后的1919年才出版的、堪称其最为成熟的著作《源于犹太教的理性宗教》。根据柯恩最初拟定的副标题,实际上是一种"犹太宗教哲学和犹太伦理学"。

从上帝的"独一性"(uniqueness)概念出发,柯恩发展出一整套一神教的原则。他对"独一性"和"唯一性"进行了区分。后者所表述的仅仅是对多神教的诸神的复多性的否定。诸如《示玛篇》(Shema)②中所提及的上帝是"唯一的"这种说法不仅仅是对上帝的复多性的否定,同时也包含着肯定的含义:上帝独一无二的独一性。独一性在拉比文献中的对应词汇是"Jihud",其含义是,其他任何形式的存在者都无法与上帝的存在相比,上帝的存在具有独特的"他性"(otherness)。因此,泛神论(pantheism)坚持将上帝与自然相等同,在这一点上它与一神教是背道而驰的。上帝本性中的这种"独一性"或"彼岸性"(yonderness)排除了任何中介物的可能,无论这一中介是斐洛(Philo)③在上帝和自

---

① 罗森茨维格(1886—1929),伟大的现代犹太哲学家,柯恩的学生,著有《救赎之星》等。——中译者

② 《示玛篇》(亦译为《施玛篇》)是犹太教中最重要的祈祷文,以"以色列啊,你要听"开篇。源于《圣经·申命记》6:4。——中译者

③ 斐洛(约前30—40),通常称为犹太人斐洛或亚历山大里亚的斐洛,犹太哲学的开创者,其思想深受希腊哲学尤其是柏拉图的影响。——中译者

然之间设立的逻各斯（Logos），还是基督教在上帝和人之间设立的救世主。同样地，上帝的独一性也排除了被"结合"（incorporation）进三位一体（Trinity）的可能性，因为后者危及到上帝的排他的独一性。

只有上帝的存在才是真正的存在，与之相比，其他所有的存在都"仅仅是表象"（only appearance）或仅仅是"实存"（existence）。但这并非意味着上帝与世界和人类毫无关系。在上帝的存在中蕴含着一种可以与他的独一性并行不悖的他与世界与人的关系：独一无二的上帝是创造者和启示者（Revealer）。

然而，对柯恩来说，创造并不具备《圣经》叙事中所包含的那种字面意义上的"神话式"（mythological）含义。同样地，它也不具备"流溢说"（theory of emanation）①所赋予的那种意义，即世界的创造是内在于上帝的存在之中的。柯恩指出，如果上述说法正确，那么"上帝与自然就是一回事"，如此一来，上帝就不可能是创造者。此外，柯恩也放弃了传统的创造观，即创造是历史上的一次性事件，是一项"最初的工作"。他用后来的"不断更新的世界"这一概念代替了上述看法。与其逻辑相一致的是，柯恩将"不断更新的世界"解释为对于世界的持续性保护和更新，这一点也是与传统的教义，即"从无中进行创造"的独一无二的活动是相背离的。

---

① "流溢"的概念在前苏格拉底哲学中就已经出现，但此处应该是指新柏拉图主义的代表人物普罗提诺的流溢说，按照该学说的内容，作为本原的太一流溢出理智，理智模仿太一流溢出灵魂，三者虽有不同，但性质是一样的，这对后世的基督教三位一体的教义影响非常明显。——中译者

按照《圣经》中关于创造的说法，自然界和动物的创造——后者是以"各从其类"的方式创造出来的——与人的创造不同，因为人是按照上帝的"形象"（image）创造出来的。既然上帝按照自己的形象造了人，那么人就被认为不仅仅是诸物种中特殊的一类，而且还是一种具有知识尤其是关于善恶的知识的生物。借助人类理性的创造，人类超出了动物界而进入了一个只适合于他自身的特殊领域，即与上帝的相互关系的领域。这种与上帝的相互关系构成了宗教的内容，是"区分开人与动物的标志性特征"。可见，人类理性的创造决定了他的存在，由于他与上帝的特殊关系，他凌驾于所有的生物之上。柯恩发现，在 Neilah[①] 祈祷文中已经形成了同样的观点："你从一开始就给予了人以特殊的地位，赐予他知识，使得他有资格站在你的面前。"

尽管人的理性来自上帝，但他却有自由去选择"生命和**善**或死亡和**恶**"[②]（《圣经·申命记》30：15）[③]。柯恩援引《塔木德》中的格言说："万事皆在上帝掌握之中，唯独对他的敬畏不在其列。"意思是说，只有处于自由状态中的人才能选择是否应该"站"在上帝的面前。

传统中所使用的"站在"（上帝面前）一词意味着人与上帝

[①] 犹太赎罪日仪式最后的部分。——中译者
[②] 善（Good）、恶（Evil）原文字首大写，所以此处相应地用粗体标出。——中译者
[③] 《圣经》引文，以后不再标《圣经》，直接以章节标题开头。此外，本书中所有《圣经》引文在不影响柯恩的文义的情况下均采取了和合本的译文，在柯恩有独特的见解甚至独特的用词的地方，则根据英文原文直译，所以可能会跟现行的中译本有所出入。英译者所本的《圣经》版本请参看英译者前言。——中译者

的关系并非思想性的(contemplative)。既然上帝是"独一无二的",那么,他就不可能像中世纪的人们所认为的那样,能够变成知识的对象,甚至在"类比地"(analogically)意义上都不行。在启示中,上帝与人的关系并非是对上帝的存在的"揭示"(unveiling, revelatio)。"启示"在传统词汇中的意思是"将《托拉》赐予人类"。在"律例和典章"(laws and ordianances)中,就像在全部《托拉》中一样,上帝启示的不是他的存在而是他的意志,不是因为他存在他才有了意志,他的意志是启示给人类的(He does not reveal his will in respect to his being, but in respect to man)。即便是在与摩西"面对面"的交谈中,上帝在谈及自己的存在时也仅仅说了一句"我是我所是"(I am that I am)。他展现给摩西的不是他的存在而是他的"背影"(back),也就是说,是他的行为的"痕迹"(wake)或"后果"(effects),犹太传统将其解释为与上帝的存在有所不同的他的工作。上帝的"工作"不是他的属性而是他为人而做出的"行动",它们应该被看作是人类行为的"标准"(或范型,normative)。沿着迈蒙尼德(Moses Maimonides)①的思路,柯恩同样未曾把上帝所启示给摩西的"十三种属性"(《出埃及记》34:6—7)解读为上帝的属性;相反,他认为这些都是"上帝的行动的属性",就是说,它们是人在通向道德完善的路途中的范型(norms)。

  柯恩将这"十三种属性"归结为两个概念:爱与正义。上帝之所以将这些属性启示给人类,不是要让他们通过它们来认识他;

---

① 迈蒙尼德(1135—1204),中世纪最伟大的犹太哲学家。——中译者

相反，人应该通过自己行为中体现出来的爱与正义来崇拜上帝。知晓上帝就是承认他是人类的天父，就是去爱他。但是，对于人类来说，把上帝当作人类的天父去爱意味着上帝的宽恕。在崇拜上帝的时候，人对同胞的爱对应的正是上帝对人的爱：因为只有上帝是共同的"父"的时候，"他人"（other men）才变成了"同胞"（fellowmen）或"兄弟"。

柯恩发现，上帝与人之间的相互关系在《圣经》中有所表达："你要成圣，因为我，你们的主，上帝本身是神圣的。"（《利未记》19：2）因而神圣性（holiness）成了神和人共有的东西，唯一的区别是，上帝已经是神圣的，而人将会**变成**神圣的。对于柯恩来说，这意味着作为伦理学原型的上帝已经设定了人类的伦理学理想。因此，上帝的神圣性对人来说意味着他的道德完善这一"无尽的使命"。上帝和人之间的鸿沟依然无法填平，人类在追求道德完善的成圣之路上不懈努力，但却看不到路的尽头。

事情正在明朗起来，对于柯恩来说，《托拉》的启示并非像传统所认为的那样，仅仅是"律例和典章"。《托拉》所启示的永恒的律法，伦理理性（ethical reason）的永恒的"源泉"，应该是在历史中不断变化着的"律例和典章"的"基础"。对柯恩来说，这一点为某些律法由于历史的演进而需要进行改革提供了说明，尽管这种改革要合乎伦理理性的永恒的"源泉"。此外，启示也不能被看作是发生在西奈山上的一个孤立的事件。根据拉比传统，包括口传传统在内的整个的《托拉》是"在西奈山上赐予摩西的"。在解释这一传统时，柯恩认为它意味着启示是一个"活生生的和不断更新着的过程"。《圣经》有言："上帝所立之约并非是与我们的列祖所立的,而是同我们,今天活生生地住在这里的我们所立的。"(《申命记》5:3)柯恩认为,上述引文指的正是启示的活生生的延续,它延续到了现在和将来的每一个犹太人身上,绝不局限于发生在西奈山上的那一个历史事件。

启示也不是从西奈山才开始的,因为通过挪亚,上帝已经同整个人类立了约。上帝启示给"挪亚和儿子们的七条诫命"(commandments)①构成了整个人类的"伦理基础"。在此基础上将产出像以色列人一样的"世界万民中虔诚的人们",他们将共享"未来的世界"。对于柯恩来说,这一特质,即虔诚的人们——无论是否是犹太人——将共享永恒的生命,是单一上帝概念的伦理结论,因为只有单一的上帝概念才能形成统一的人类概念。

在一神教的发展进程中,统一的人类的概念在先知们关于弥赛亚的思想(prophetic messianism)中达到了顶峰。按照柯恩的解释,先知们将启示从西奈山上所赐予的种种诫命转换成了"人类的心灵",而后者可以进一步置换成人类的伦理。上帝所启示的是"什么是善"(《弥迦书》8:6)②,也就是伦理的东西。因此,先知们警告人们既不要犯下社会—政治性的罪,也不要犯个体性的罪。寡妇、孤儿、陌生人是普遍意义上的社会性罪恶的象征,它所侵犯的是一个人的同胞。在解释先知们的教诲时,柯恩特别强调,贫穷、穷奢极欲以及战争都是阻碍实现先知们所构想的弥

---

① 指上帝与挪亚及其后代所立的七条誓约,参见《创世记》9:10—17。——中译者
② 原文如此,应该是常见的《圣经》版本的6:8。以后的引文直接标出常见的《圣经》章节,不再加注。——中译者

赛亚时代（Messianic Age）的统一的人类的障碍。安息日及其普遍性的安静与和平的理念伴随着一个犹太人的终生，与此同时，它还是未来时代、上帝王国（Kingdom of God）时代的活生生的象征。柯恩认为，弥赛亚时代不是历史的终点，而是新时代的黎明，这是一个地上的万民都将找到和谐与和平的伦理的时代。弥赛亚式的和平不仅仅是否定性的：不仅仅意味着战争这种人类特有的矛盾会消失；它同样还有肯定的意义：人类灵魂的内在和谐和一个统一的人类。柯恩认为，正是在这种意义上，弥赛亚才被宣布为"和平之王"（prince of peace）①。

借助于弥赛亚的理想，先知们发明了一种希腊人一无所知的崭新的历史观。对于希腊人来说，历史是"关于过去的知识"；对于先知们来说，历史是"预言的领域"，是对于未来的理想王国的预见（vision）。希腊人以"空间"为其历史观的主导观念，对于他们来说，世界分成了两个部分：他们自己的城邦和城邦之外的外邦人（barbarian）②的世界，他们根本没有统一的人类的概念。主导着先知们的历史观的观念不是空间而是时间，而这时间指向的是未来。在这样的未来中，所有现在和过去的经验都被抛弃了，统一的人类这一伦理理想得到了完全的实现。因此，历史并非像柏拉图所理解的那样是"永恒的轮回"（eternal recurrence），而是朝着人类的理想未来不断进步。

---

① 参见《以赛亚书》9：6，也可参见《希伯来书》7：2。——中译者
② 直译为"野蛮人"，希腊人对外邦人的称呼，并没有太多今天意义上的贬义。——中译者

上帝与挪亚的誓约保证了这一未来的实现。他同"大地"①的誓约保证了自然界能够一直持续到伦理理想的最终实现。他"赐予人类的祝福"在弥赛亚时代造就了"新天地"（《以赛亚书》65：17），也就是一个"崭新的历史现实"（a new historical reality）。只有在这个时候，真正的历史、一个统一的人类的历史才会到来，"善的胜利"（victory of the good）才会实现。正是在这种意义上，柯恩才确信："一神教是历史的真正的慰藉（consolation）。"

唯一的上帝并不仅仅是人类"历史中的上帝"。他同样也是作为个体的人，作为有罪的、脆弱的人，带着"人类特有"的罪恶的属性（"specifically human"quality of sinfulness）的人的慰藉。柯恩与犹太传统保持一致，拒斥原罪说；人之所以犯罪，并非是因为亚当传给他的后代们的堕落的本性。人类的罪孽并非是亚当遗传下来的恶果，而是他本身出了问题。但是，罪恶的人类并非就此滑向了可悲的深渊：这并不意味着他从此无可救药，因为上帝对"恶人应该去死这件事毫无兴趣……"，相反上帝的兴趣在于"人应该迷途知返，改过自新"（《以西结书》18：23）。

从传统上看，迷途知返被称为"teshubah"。这个词既表示转变，也表示回归，通常被翻译成"悔改"（repentance），但后者并不能与前者完全等同。因为"悔改"的意思主要是认识到了错误，并表现出悔改的态度，而teshubah则意味着"背离"上帝的行径，

---

① 指的是"上帝所说的不再有洪水毁坏大地，所有的生物因此得以存活"。——中译者

这就是罪过，与此同时，它还使人能够"回归"到上帝身边，从罪恶中解脱出来，获得上帝的宽恕。

巴比伦之囚之前，*teshubah* 的具体表征是牺牲的仪式。用牺牲的动物的血代替象征着有罪之人的生命的鲜血，有罪之人用动物的鲜血象征性地牺牲了自身。他将自己的生命交付到上帝手中，只有上帝才能净化他的生命，并重新归还给他全新的生命。正是由于这种借助 *teshubah* 而来的净化，先知以西结才赋予了牺牲以特殊的重要性。然而，虽然柯恩援引了以西结的思想，但他认为以西结所要求的 *teshubah* 手段（即牺牲），不过是由其历史背景所决定的。祭祀和牺牲这种间接性的手段阻碍了有罪之人与上帝之间的"直接"关系。柯恩援引了《诗篇》中的词句"牺牲在上帝面前的是一个破碎的灵魂，一颗破碎然而悔过的心灵"（《诗篇》51：17）。他认为，这一句话的意思是有罪之人不应该借助牺牲或献祭这种中介，而应该自己"直接"去面对上帝。

人在 *teshubah* 中意识到，他自己而且只有他自己才是他的罪的始作俑者。罪恶即是意识到一个人"背离"了上帝的意旨，它因此变成了向自身的"转向"，这是对罪的坦白，也是一种自我谴责。由于作为罪人的内心中深深的绝望，人意识到了他背离了上帝和他的同胞。人意识到了自己的罪过，体验到了咎由自取的痛苦，其他的人既无法减轻这种痛苦，也无法将其带走。在这种痛苦的孤独之中，人意识到只有上帝才能宽恕他的罪。因此，对于罪的认识导致了人对上帝的认识，或者毋宁说，导致了他在上帝面前对自己的罪恶的坦白。在"背离"上帝和"回归"上帝之间发生了一次转变，在其中得到了净化的人类的自我（the human self）诞生了。在 teshubah 中，上帝给了人一颗"全新的心灵……和一个全新的灵魂"（《以西结书》36：26）。"在罪孽中诞生的"（《诗篇》51：5）人获得了真正的自我，他的"人性"得到了净化，这一切只有一个前提，即他在 teshubah 中得到"重生"，只有在此时，真正的人类个体才能够诞生。

不断犯错的有罪之人真的能够等到完全摆脱罪恶、得到上帝的宽恕的那一天么？人所知道的只是他必须摆脱自己罪恶的戒律，能确定的只是他自我净化并成圣的无尽的努力，其目标是像上帝一样神圣。但是，对于达致像上帝一样神圣并得到上帝的宽恕的知识，他一无所知。人类的希望在于他坚定地"信任"（trust, emunah）上帝，相信他的仁慈和怜悯。

"emunah"这个词应该翻译成"信赖"（reliance）、"信任"或"忠诚"（fidelity），但一定要与"信仰"区别开来。信仰着眼于知晓或分享了（participation in）上帝的本质，例如，信仰基督的受难和重生。信仰面包和酒会借助于圣餐仪式而转化为基督的肉和血，即便这一点仅仅是象征性的理解，也意味着模仿或分享了[①]上帝的本质。然而，犹太人的"信任"从未涉及上帝的本质，相反，它涉及的仅仅是**同人类相关**的上帝的意旨和行动。

上帝向人类表述了自己的意旨，形成了律法，后者是"忠诚"的对象，是连接人与上帝的桥梁。但是，律法从未试图指出某种模仿或分有上帝本质的行为，因为它的目的不是去了解上帝而是去服从上帝。确实，律法规定了许多象征性的东西，如割礼、经匣、

---

① 参见柏拉图的相关学说。——中译者

穗子①等，但是，其真正用意在于让人们"牢记上帝的所有戒律并付诸实践"（《民数记》15：39）。

因此，"信任"上帝同时也就是"守律法之人"（the "lawful"）所表现出来的"忠诚于自己的职守"，这就是伦理行为。"信任"的确切含义是：借助于对上帝的宽恕的"信任"，犯错、有罪之人积聚起足够的力量去实施自我净化的行动。或者，用柯恩所援引的《米德拉什》（the Midrash）②的话说："只有"在人类"有所作为之后，圣灵才会降临到他身边。"

与此同时，在基督教的教义中，对于罪的宽恕从本质上说建立在信仰和上帝的恩典之上，而根据柯恩的看法，信任的犹太含义是，作为人之天职（incumbent upon man）的自我净化与上帝的恩典是有着严格区别的。没有人能够免除自我净化以远离罪恶的责任，每个人都必须亲自去实践。只有上帝才能宽恕罪恶，"没有任何上帝的子民能够净化你，只有天父才能做到这一点"。柯恩在拉比亚奇巴（Rabbi Akiba）③的著作中发现了上述人与上帝的关系的说法："幸福的以色列人啊：是谁净化了你们，你们在谁面前净化了自身？那正是你们在天上的父。"

柯恩把忏悔（penace, teshubah）看作是全部净化的顶点和集

---

① 参见《民数记》15：38—39。——中译者
② 希伯来文音译，字面的意思是"解释"。指的是对《希伯来圣经》进行的解说，由《哈拉哈》（Halachah）和《哈嘎嗒》（Haggadah）两部分构成。——中译者
③ 拉比亚奇巴（约50—132），当时巴勒斯坦地区贾夫纳拉比学校的领袖，著名的解经家。——中译者

中体现。《密释纳》(the Mishnah)① 中写道:"在你有生之日每天忏悔一次。"这被看作是要求我们在有生之日每天忏悔的命令。但是,忏悔不应该由孤独的个体私下进行,而应该公开举行,应该置于由"罪责的分担者和有共同信仰的人"(participants in guilt and fellow worshipers)所组成的团体中。在赎罪日那一天到来时,全体以色列人都将得到宽恕。

在犹太历法的每一年中,赎罪日是每一个人都极其向往的最重要的日子。人自身在经过了所有痛苦的洗礼之后,上帝会在赎罪日净化他们,洗去他们的罪恶。这一刻是所有施行了自我净化的人们苦苦等待的时刻。这是一个永恒穿越了时间的时空,此时人的忏悔变成了与上帝的和解,人以纯洁的面目重生。但是,人摆脱罪恶和痛苦"只有一瞬间","生活之路"(the road to life)会再次向他展开。此后,他需要继续"努力并且有可能再次犯错",因为,正如《传道书》所说:"这世上没有一个义人能够只行善而不作恶。"(《传道书》7:20)但以西结的话依然有效:罪所导致的不是人的毁灭而是悔改。悔改将人提升到与上帝的和解的高度,因此,根据《塔木德》的说法,"在迷途知返的人所在之地,不会有完全的善人的位置"。

就像一个人站在上帝面前表示悔改并请求宽恕一样,整个的以色列民族而不是其他的民族站在上帝面前,请求宽恕和救赎。用巴兰(Balaam)的话说,以色列人是一个"独立的而不能同其

---

① 犹太口传法(oral Torah)的汇编,171—217年,由犹大亲王拉比犹大(Rabbi Judah)集合多位拉比、学者共同编辑而成。——中译者

他民族等量齐观"（《民数记》23：9）的民族。柯恩相信，真实的以色列人的历史证明了这位异教先知的观点，因为以色列人缺乏一个民族的普遍特征：土地、语言、国家。以色列的土地是圣地（hallowed soil）；以色列的语言是神圣的语言；以色列的国家是未来的上帝之城。以色列的历史开始于上帝对亚伯拉罕的召唤："离开你的国家，离开你的亲友，离开你父亲的家园。"（《创世记》12：1）以色列的历史开始于巴比伦之囚。即便是以色列人聚在一起形成国家，也只是短暂的现象，实际上更像是"为了被流放到巴比伦而聚集在一起"。犹太人历经流散而存留下来是一个"奇迹"，因为"世界万民"都因失去了祖国而逐渐湮没在历史之中。

在犹太人中间，国家被信仰的会众（congregation）所取代，后者是律法的武器，因为，正如柯恩所援引的萨阿底（Saadia）[①]的名言："我们的民族是仅凭《托拉》而存在的民族。"信仰的会众是逐渐形成的，由那些研习《托拉》并忠于律法的人组成，"民族和宗教"逐渐融为一体。由于拥有了唯一的上帝及其律法的观念，这样的团体同"世界万民"得以区别开来。柯恩认为，全部的律法正是造就这种区别的工具。由于遵循着上帝的戒律，这样的区别变成了与上帝的活生生的关系。

上帝的诫命（the mitzvah）具有双重的含义，即戒律和义务。戒律来自于上帝，而义务来自于人。mitzvah 的功能是通过永恒的律法将犹太人的全部生活与其行为整合起来。由此亵渎和神圣之间的区别消失了，因为每一种行为都代表着朝向"神圣的理想"

[①] 萨阿底（882/892—942），中世纪重要的犹太哲学家。——中译者

的努力。所有世间的行为都受到了神圣的律法的认可和启迪:"上帝赐予我们《托拉》就像他赐予我们的生命和食物以及死亡等等所有的一切一样。"借助于 *mitzvah*,犹太人担负起了实现"上帝之国的重担",他所有的行为都是为了"使上帝之名神圣化"。

被拣选去"使上帝之名神圣化"是以色列民族"最大的幸福",就像"使他们的生命奉献于神圣之名的神圣性"的诫命变成了历史上"最伟大的殉道"一样。其他民族在历史上确实也遭受过苦难,但他们的苦难是来自政治权力的偶然更迭。伴随着他们政治权力的消失,这些民族也消失了。而以色列人的历史则采取了完全不同的进程:只有当他们失去了自己的国家,当他们担负起实现弥赛亚理想的"普世任务"(world-mission)时,以色列民族的历史性存在才真正开始。以色列历史的"独一性"恰恰在于这样的事实:只有当失去了世俗的权力和财富,变成了"政治上无所依靠"时,他们在世上的历史使命才会开始。政治上的无所依靠,苦难和牺牲变成了以色列历史的真正的"历史特征","它的历史经历就像约伯一样"。

非犹太民族带着一种"对他们自身的道德来说极为危险的自封的正义"(self-righteousness dangerous for their own morality)将这种苦难解释为上帝对以色列人的罪责的惩罚。确实,以色列人的苦难也具有惩罚的特征,或者说以色列人是被上帝"拣选"来作为惩罚的对象:"地上的万民中我唯独认识你:因此你犯下的任何过错我都要加以惩罚。"(《阿摩司书》3:2)但是,这种被选作惩罚的对象的做法并未穷尽以色列人的苦难的全部含义。以色列人的苦难还有另外一种截然不同的含义。

通过自身的苦难，作为先知的约伯揭示了这一含义。不像他的朋友带着盲目"自封的正义"所设想的那样，导致约伯的苦难的不是他的罪；不，在苦难面前，约伯是无辜的。由此，约伯揭示了这样的真理：有一种苦难不是惩罚，不是罪恶的后果。他不是由于自己的罪责而受苦，他是因为他的朋友乃至整个世界受苦，因为后者并不理解他的苦难。约伯揭示了这样的真理：人类的苦难属于"神圣的拯救计划"（divine plan of salvation）的一部分。苦难并非人类历史的"缺陷"，而是"内在于神圣的世界计划之中"，是指向救赎的净化的原动力。历史的真正"救赎的力量"（saving forces）不是国家，也不是世俗的幸福的力量，而是能够净化人类的苦难，使得人类朝向历史的真正目标：救赎。以色列人清楚地知道并公开承认苦难的这一启示，如果终其历史以色列人都是"一个受苦受难的民族"，那么苦难就会变成"其至关重要的武器"，从而积聚起净化的力量，使他们最终得救。

柯恩所欣赏的传统的犹太评注家们总是从苦难的"上帝仆人"（《以赛亚书》52—53）、从弥赛亚的角度来看待以色列人。"但是你们，以色列人，是我的仆人……是我拣选了你们……而且我对你们说：你们是我的仆人。"（《以赛亚书》41：8—9）以色列人是属于弥赛亚的民族，它的苦难是为"那些不接受唯一的上帝的人"所受。这些苦难实际上应该降临到其他民族身上，因为他们不接受唯一的上帝。但是由于以色列人被拣选来去承认唯一的上帝，所以，它见惯了其他民族的罪恶并自觉地将他们的苦难扛在自己肩上。"有许多人因为认识我的义仆而称义，并且他要担当他们的罪孽。"（《以赛亚书》53：11）因此，以色列人被拣选来担当其他民族的"仆人","替他们承受苦难"。"他为我们的过错受到伤害,他为我们的不义而遭受苦难:由于他受到惩罚我们才得以平安。"(《以赛亚书》53:5)但世界万民却不会顾及以色列人所受的苦难、所作的牺牲。他们并未意识到以色列的苦难是为了他们能够得救而经受的"爱的痛苦",以色列人承受的是"为一神教所作出的牺牲"。

上帝爱以色列人。是因为他喜爱那些受苦受难的人们。因此,以色列人是上帝在人间的代言人,是他的"财富",通过他们,上帝在人间的意旨才能够实现。柯恩指出:"上帝之爱以色列人,就是爱整个人类",因为以色列人负担起了苦难的枷锁,是为了拯救整个人类,并最终拯救其自身。在他们的苦难中,以色列人渴望着弥赛亚时代,到那时"上帝将是独一无二的,他的名也将是独一无二的"(《撒迦利亚书》14:9),并且将为全人类所共同拥有。

一方面,《源于犹太教的理性宗教》一书遵循的是柯恩的哲学方法论,在他看来,"真正的宗教……奠基于系统化了的哲学真理之上"[①]。另一方面,这部著作秉持着对于那个承受着"为一神教所做的牺牲"的民族的苦难的怜悯和热爱。在柯恩的哲学和他的宗教、理性和怜悯之间的内在对话似乎贯穿了他的所有犹太著作。

西蒙·开普兰(S. K.)

[①] 赫尔曼·柯恩:《哲学体系中的宗教》,第137—138页。——英译者

施特劳斯序

我是否是赫尔曼·柯恩和今天的美国读者之间最好的中介，对此我自己也无法确定。在我成长的环境中，柯恩是忠诚于犹太教的、有哲学头脑的犹太人注意的焦点，是他们所崇敬的导师。但是，我最后一次研习甚或是最后一次阅读《源于犹太教的理性宗教》都已经是四十多年前的事情了，而且在最近的二十年间，我也只是不时地阅读或浏览一下他的其他著作。写这篇序言是应英文出版者和翻译者的邀请。在此，我所做的，不过是给那些重读《源于犹太教的理性宗教》时所产生的想法一个说明。或许，这些想法能够对部分读者有所帮助。

今天的读者几乎不可避免地会感觉到《源于犹太教的理性宗教》（德文版首次出版于1919年）既是一部哲学著作，同时又是一部犹太著作。它之所以是哲学的，是因为它忠于理性宗教；它之所以是犹太的，是因为它解释了，也可以说是说明了源于犹太教的理性宗教，这一感觉虽然是正确的，但却并非像第一眼看上去那么明显。

犹太教可以看作是启示宗教（revealed religion）。在这种情况下，哲学家会接受启示并服从它，就像在过去的千百年间犹太人一直做的那样。他们会用哲学的方式来解释它，尤其是用来对抗那些否定者和怀疑者，无论其立场是哲学的还是非哲学的。但是，这种工作本身却并非是哲学的，因为它奠基于一个假设或行动之上，而当哲学家还是哲学家的时候，他既无法提出这样的假说，也无法做出这样的行动。借助于理性宗教的学说，柯恩排除了上述对于哲学和犹太教关系的理解。"启示是（上帝对）理性的创造。"启示不是一种"历史性的行动"。对于柯恩来说，在真理和律法这两个概念的确切的或传统的意义上，既没有启示的真理，也没有启示的律法。

我们姑且承认犹太教是理性宗教。但这一点很难说明犹太教与理性宗教就是一回事。理性宗教是否仅仅是偶然出现在犹太教中呢？或者，它是犹太教的核心，而且仅仅是犹太教的核心？柯恩拒斥了两种相反的极端看法。他尤其拒斥将犹太教看作是"绝对宗教"（the absolute religion）的观点。（这并非是要否认柯恩有时并且仅仅称犹太教为"纯粹的一神教"。）他解决困难的钥匙是"源于"一词。犹太教是理性宗教的源头和基础，犹太人"创造了理性宗教"。犹太教是人类理性宗教的老师。其他的宗教，要么本身不够完善，要么就是来自于犹太教。确实，犹太教并非在每个方面都是理性宗教。它需要借助柏拉图尤其是康德哲学来将自己从神秘的或其他不相干的事物中彻底解脱出来。但这种借用，仅仅是让犹太教完全实现它最初就试图实现的目标，以及它在任何时代都不会改变的最基本的特征。

当人们把柯恩的《源于犹太教的理性宗教》看作是哲学著作时，他们可能会认为，理性宗教属于哲学，而且可能是哲学中最高明的部分。但是柯恩却对"作为哲学的哲学"（philosophy as philosophy），如科学的哲学（scientific philosophy），与宗教进行了区分，对此，他指出"犹太教与哲学没有共同之处"或者"以色列人在科学方面没什么创见"。然而，根据他的看法，却有某种哲学思辨是来源于宗教，尤其是犹太教的。当然，这一观点并未否认这样的事实：柯恩的《源于犹太教的理性宗教》在其《哲学体系》（System of Philosophy ［System der Philosophie］）中并没有相应的地位。

宗教与哲学的关系，或者说《源于犹太教的理性宗教》与《哲学体系》的关系非常复杂。原因在于，《体系》的核心部分，即《纯粹意志的伦理学》（初版于1904年），包含着并以某种方式终结于某些原则，而这些原则乍看上去似乎是属于理性宗教的：独一的上帝和未来弥赛亚时代的原理。柯恩把这些原则变成了他的《伦理学》的一部分，他从犹太教的资源中将它们移植到了他的《伦理学》中。他解决这一困难的方式是将伦理学的上帝和宗教特有的上帝区分开来。正是由于理性才表明了伦理学为什么以及如何必定被宗教所超越，那么宗教"就进入了哲学的体系"。相应地，《源于犹太教的理性宗教》必须被看作是柯恩的《哲学体系》的顶峰。

但是，该书书名中前面的形容词（源于犹太教）意味着《源于犹太教的理性宗教》超出了《哲学体系》的界限，或者说超出了任何哲学体系的界限。或许甚至可以将柯恩的这部作品的全名与康德的《单纯理性范围内的宗教》相比较。

但是仍然有不清楚的情况，其最终原因在于，一方面柯恩对犹太教极为忠诚，也对借助文化（culture，包括科学和世俗的学问，导致社会主义的道德自治、民主政治以及艺术）所理解的东西抱有同样的忠诚；因此，他特别坚持一种在"伦理学和宗教之间的方法上的区别（methodic distinction）"。这一区别意味着尽管宗教不能被归结为伦理学，但它仍然建立在"伦理学方法之上"。人类的道德自律在任何时候都不应该成为怀疑的对象。柯恩的目标与门德尔松之后的其他西方的犹太教代言人一样：在犹太教和文化、《托拉》和正确的行为（derekh eretz）①之间建立一种和谐关系。然而，柯恩在追求这一目标时展现出了无与伦比的思辨力量和绝不妥协的态度。

实际上，柯恩的《伦理学》甚至他的整个的《哲学体系》都"在方法的层面上"昭示着他的《源于犹太教的理性宗教》。此外，他在书中有时（尤其是在第10和第11章）不得不反对新教，尤其是反对他那个时代德国的圣经批评及其赖以生存的历史哲学。最后，书中的许多论证并非总是具有可以让人接受的明晰性。这些情况可能会给《源于犹太教的理性宗教》的读者们造成相当的困难，但它们是可以通过反复阅读而加以消除的。在接下来的文字中，我忍不住要再现或尽可能地描述一下柯恩未能解决的困难。

《源于犹太教的理性宗教》的前提，从本质上说是《哲学体系》，但它并未以削足适履的方式（Procrustean bed）②将犹太教

---

① 原文为希伯来文，意思是"正确的行为"（correct conduct）或"人间的方式"（way of the land）。——中译者

② 此处为意译。原文源于希腊神话传说，直译为"普洛克路斯忒斯之床"。普洛克路斯忒斯是一个以残暴闻名的强盗，他开了一家黑店，其中有两张床，一长一短。不知情的旅客误入此店，普洛克路斯忒斯就会强迫个子矮的人睡长的床，强行拉伸其肢体；而让个子高的睡短的床，并残忍地截去其肢体。后来希腊著名的英雄忒修斯击败了普洛克路斯忒斯，并以其人之道还治其人之身，让个子高高的普洛克路斯忒斯睡短床，截去其下肢，为民众除去一害。——中译者

的资源强行塞进该体系中。作为一个解放了的、厌恶神秘主义的犹太人，柯恩承认犹太教的权威，传承着对犹太教本质的解释。他解释犹太教思想的方式是将其"理想化"（idealizing）或"灵性化"（spiritualizing），意即从其最大的可能性出发去思考、理解它。通过这种做法，他宣称除了遵循解释任何有价值的文献的唯一正确的途径之外，他还要继承《圣经》本身所开创的犹太教的一贯传统。

通过将《圣经》第1章归结为上帝的独一性的方式，柯恩传承了解释《圣经》的内在传统（intrinsic articulation）。因为，《圣经》开篇对创世的记载预设了人们或多或少知道上帝的意旨。《圣经》对上帝的最具决定性的理解出现在"永恒者是一"（the Eternal is one）这句话中，而上帝之名是"我是"（I am）。他是一，是唯一存在的人或物；与他相比，任何其他的都不能算作存在（is）。"不仅仅没有其他的上帝，而且，除了他的独一无二的存在（being）之外根本没有其他存在。"自然、世界，包括人类在内，一无是处。只有上述严格意义上的上帝的独一性才能确保这一戒律：人应该以其全部的心灵、全部的灵魂和全部的能力（might）来爱上帝。

如果柯恩在本书开始就来一段对上帝的实存（existence）的证明，就会与《圣经》和他的《哲学体系》不合拍。上帝的独一性业已排除了他的实存，因为后者从本质上说是与感观联系在一起的。在柯恩看来，上帝的观念，上帝作为一个观念而不具备人格是一切的基础，为了在自然和道德之间建立起不可分割的和谐，这一基础是必不可少的。伦理学要求永恒的伦理进程，但除非人类也有着永恒的未来，并因而带来作为整体的自然的永恒的未来，否则伦理所需要并预期的伦理进程的无限未来就不能实现。上帝"是理想的后盾"。因为在柯恩看来，上帝是由伦理理性设定的前提，虽然不能算正确，但却也不是完全的误读。

上帝的独一性要求或意味着拒斥对"其他的神祇"的崇拜。当柯恩自己说出"崇拜他神或偶像的做法必须完全禁绝"的时候，给予他启迪的是先知们的话："上帝嫉妒虚假的神祇。"神圣的妒忌必定会战胜所有的犹疑，无论后者来自希腊造型艺术（plastics）的魅力还是来自对那些崇拜虚假神祇的人的同情。在此，柯恩比在任何其他地方都表现出了对于他和他的同时代人所理解的"文化"的质疑。在他看来，对其他神祇的崇拜必定属于偶像崇拜。虽然他赞同十诫，但与《申命记》4：15—19相反的是，他否认可以有对诸如日月星辰之类的东西的崇拜。

上帝的独一性的另一个结论是，所有的事物或所有除上帝（和所有的人造物）之外的所有存在者都是他作品。它们并非是通过流溢的方式从上帝之中流出来并获得其存在，因为这样将意味着"生成"（becoming）变成了真正的存在的一部分。然而，只有一种真正的"内在关系"存在于存在、独一无二的存在与生成，上帝与世界之间。生成内蕴于上帝的概念、作为独一无二的存在的上帝的定义（definition）之中。正是在这种意义上，柯恩才能够去谈论创造。创造是神圣的存在的独一性的"逻辑结论"，甚至可以说它干脆与后者是同一的。因此，创造是必然的。柯恩并未说创造是一种自由的行动。他也不认为创造是一个在历史之中或在历史之前的一次性的行动。创造是持续的创造、持续的更新。柯恩用以解释创造的犹太教资源基本上都属于后圣经时代，他所寻求的支持主要来自迈蒙尼德。迈蒙尼德关于创造的思想是在《迷途指津》(Guide of the Perplexed)中成型的,然而要在柯恩的解释中寻找出其踪迹却并不容易。

创造首先是人的创造。但是,既然这样的创造是作为独一无二的存在的上帝与生成的关系,而生成对应着上帝,因此可以确定,人、人类并非是上帝的对应物。柯恩在关于启示的章节中着手处理人的创造。他指出,在启示中上帝进入了与人的关系中;他从未说过在创造中上帝进入了与世界的关系中。启示是创造的继续,因为人是作为理性和道德的存在物而获得其存在的,这就是说,存在是由启示来延续的。启示与创造一样,都没有多少神秘的成分。这就是说,启示并不是一个发生在遥远的过去的一次性历史事件,也不是由许多一次性的事件组成的事件集合。记载着这种理想化的解说的第一个经典文献来自摩西,《申命记》记载了摩西多方面的教诲,其中启示并不被看作是来自于天上,或者在很大程度上像柯恩所主张的那样植根于天上,而是源自于人类的心灵和理性,这才是真正的上帝的赐予。"人"在这里的意思是以色列的子孙。据此而言,如果启示不是一个单一的事件,那么它主要传给的就是一个单一的民族。一神教的基础在于民族意识,或者更确切地说,一神教是民族意识的基础:以色列民族,也只有以色列民族的形成所借助的是将其自身奉献给唯一的上帝。一神教的基础并不在某些被拣选的个体的意识之中。那些卓尔不群的伟人,尤其是摩西本人,仅仅是民族精神的觉醒(spiritual liberation)所借助的工具,是犹太民族的杰出代表,以色列人的伟大导师,但无论如何都不是上帝和以色列人之间的中间人。

毫无疑问，在柯恩关于理性和启示的同一的教诲中，他是完全赞同"全部"或"几乎全部"中世纪的犹太哲学家的观点的。他对他们表示出高度的尊敬和赞颂，其中除了迈蒙尼德本人之外，还有伊本·多德（Ibn Daud）①，后者对"必须服从的命令"（the prescriptions of obedience）的评价很低，认为它同"理性原则"完全不同，并从它的低级推论出它的源头的低级。柯恩根据多德的观点［参见其《神圣的信仰》（*Emunah Ramah*）一书末节］进行了总结，指出"必须服从的命令"高于理性原则，因为它要求对神圣的意志或者信仰的绝对服从。"必须服从的命令"的完美典型是上帝命令亚伯拉罕，要求他牺牲唯一的孩子以撒。②这一命令公然违背了上帝先前的承诺，因此是完全不能为理性所理解的。在此，多德是否能够以及如何解决柯恩所支持和所反对的观点之间的矛盾并不值得关注，真正让人印象深刻的是他试图去寻找亚伯拉罕自愿地牺牲以撒这个"必须服从的命令"的最终的和最深刻的基础。在理性宗教中，绝对服从，或者说传统犹太教作为信仰核心的东西毫无立锥之地。读者将毫无困难地看出，严格地服从命令的消失和创造及启示的理想化和灵化之间的关系。

关于启示的这一章有着特殊的功能，即特别借助于摩西在《申命记》中的说法来说明启示的意义。因此，这一章在对启示与以色列之外的人，也就是上帝与以色列之外的人之间的关系的表述

---

① 多德（约 1110—1180），中世纪著名的犹太哲学家、历史学家、医生和天文学家。——中译者

② 参见《创世记》第 22 章。实际上，以撒只是亚伯拉罕和撒拉唯一的孩子，他还有一个同父异母（撒拉的侍女夏甲）的哥哥。——中译者

上语焉不详。这种关系是下一章的主题。柯恩的立场来自关于人的创造的第二种描述（《创世记》第 2 章），他认为第二种描述摆脱了第一种描述的神秘色彩（《创世记》第 1 章）。智慧树的含义是，正是由于知识才使得人同其他所有生物区别开来，尤其是，正是关于善恶的知识才是人跟上帝的特殊关系的标志。这种关系就是相互关系。尽管除非上帝作为世界的创造者否则不能被思考，而世界除非作为上帝的造物否则也不能被思考，但是，在上帝和世界之间却没有相互关系。上帝与世界的关系指向了或被吸收进了他与人的关系之中。柯恩不无夸张地说，上帝的存在实现于和借助于他与人的关系之中。"上帝被他与人的关系所限制，而人也被他与上帝的关系所限制。"不能认为上帝超越于他与人的关系之外，同样地，人作为具有理性或灵性的生物，必须被看作是与作为灵性的唯一上帝处于本质性的联系之中。连接起上帝与人的是理性。理性为上帝和人所共有。但如果认为人在与上帝的关系中仅仅是被动的同伴，则是自相矛盾的。因为相互关系意味着并且特别意味着人和上帝之间有着平等的互动关系，只是方式可能有所不同。（读者必须牢记的一个问题是：柯恩是否在处理相互关系中的神的行为时总能保持公平的态度。）因为上述关于人的观点的缘故，"最初只适用于以色列人的灵性的普世主义"（original universalism of the spirit in Israel）最终导致了适用于不分等级、不加区别地适用于全体人类的普世主义。

只有当人类的行为得到充分的尊重时，上帝和人之间的相互关系的意义才能得到充分的彰显。人类的行为必须从神的行为的角度去看待，反之亦然。对于《出埃及记》34：6—7 的记载，柯恩沿袭迈蒙尼德的观点将其称为神圣的行动的属性①,并且将其归结为爱和正义。柯恩认为,它们并不试图揭示神的本质,但它们足以作为人类行为的典范和楷模。爱与正义结合在一起就是神圣性。"你要成圣,因为我,你们的主,上帝本身是神圣的"(《利未记》19:2)。在此,相互关系得到了恰如其分的表述,"在相互关系面前神话和多神教消失了。神圣性变成了道德"。随着圣经思想的发展,神力(Might)逐渐退居幕后,而神圣性则走上了前台。如同上述《利未记》引文所表明的那样,对于人来说,神圣性是一项使命,一项永无止境的使命,或者说是一种理想,因为它标志着上帝的存在;它是上帝的存在和他的独一性的基础。但是上帝只是人的上帝:上帝是神圣的唯一是因为人的神圣性,这种神圣性包含在人类的自我净化的过程中。相应地,圣灵既是人的灵,也是上帝的灵。对于这一点,柯恩试图通过解释《诗篇》第51章,即关于圣灵或者毋宁说是关于神圣性的灵的"经典章节"来加以说明。把圣灵看作是独立的就像是只属于自身的个人一样,等于是破坏了相互关系:圣灵就是上帝与人之间的相互关系。圣灵所涉及的范围局限在人类的道德之内("圣灵即是人的灵"),但是人的道德是唯一的道德,它因此包括了上帝的德性:上帝并没有独立于人之外的另一套关于善和正义的标准。柯恩关于神圣性的观念似乎同《利未记》第17章及其以下章节中"所谓的神圣的法则"不太相同,但是——这些并非是不重要的——在他看来,道德、人、理性道德(rational morality)要求的是无条件地避免乱伦(the unqualified abstention from incest)。

---

① 而不是神的属性。——中译者

人类的行为,首先指向的是我们所熟悉的人或者那些我们相信可以通过交往而熟悉的人。其他人,那些生活在我们周围的人们（live at our side）,不可避免地变成了同我们相对立的人（against whom we live）;因此,到目前为止还不是我们的同胞。要想了解我们的同胞,我们无法借助于简单而纯粹的经验,而只能借助于"我们要爱他们"的诫命。只有在这种人与人之间的相互关系的基础上,上帝与人之间的相互关系才能实现:当人的行为指向的是人而不是上帝时,善恶之间的区别才得以显现。正是借助于我们的同胞之间的这种"社会性的爱"（the social love）,我们才得以知晓那种来自于上帝的爱和我们对他的爱。柯恩首先是在政治和法律的层面上谈论人际关系的。他的思想基础是挪亚的孩子们与上帝所立的七条誓约。挪亚的孩子们本来没有义务执著于以色列的宗教,也就是说,他们没必要认可唯一的上帝,虽然他们被禁止渎神或崇拜他神;他们不是信徒,但他们可能是犹太国家的公民。犹太教以上述方式为信仰自由和宗教宽容（toleration）奠定了基础。当然,柯恩并未宣称他已经证明了犹太教为所有犹太人的信仰自由奠定了基础。

柯恩接下来探讨的是"作为同胞的人的发现",这次是在"社会问题的"层面上,或者如同他所说的"经济问题的"层面上即"贫富之间的社会差别"。因为在先知和《诗篇》作者看来,恰恰是贫穷而不是死亡和痛苦构成了人生最大的痛苦,成为人生中真正难以解决的问题。我们对穷人的同情和爱使得我们理解、直觉到上帝爱穷人并因而尤其喜爱以色列人（参见《以赛亚书》41：14和《阿摩司书》7：5）,但以色列人是人类唯一的象征。上帝对穷人的爱产生了整个《圣经》社会律法系统,尤其是有关安息日的规则要求人们休息，尤其是要求男女仆从休息。贫穷变成了同情的首要对象，变成了情感（affect）的首要对象，后者是道德律令的一个因素，并且可以说是主要的因素。柯恩在其《伦理学》中将一般意义上的情感看作是道德律令的一个动因。但是，在《源于犹太教的理性宗教》中，他大大超出了前书的范围，几乎将实现了前述功能①的情感等同于同情，在此，柯恩比在前面的所有章节中都更为坦诚地说出了内心的话，表露出对犹太传统可能会被侵蚀而消失的深深的恐惧。在他的《伦理学》中，柯恩并不认为爱是德性本身的情感基础，在最后也是最重要的章节中，他用人的德性（virtue of humanity）替代了同情。但在《源于犹太教的理性宗教》最后也是最重要的章节中，他在不折不扣的犹太"shalom"的意义上大谈和平。这并非意味着他放弃了他在《伦理学》中的思想，而是将其作为伦理思想完整无缺地保留着；他仅仅是用宗教思想对其进行补充，但在这样的过程中他却实现了深刻的超越。人性首先是人类的德性；平静是永恒的德性。关于平静的章节以及整部《源于犹太教的理性宗教》以犹太人对于死亡和坟墓的态度的论述而告终。

"宗教之爱的问题"这一章是唯一在标题中出现了"问题"字眼的章节。我们不能说这是有意为之，因为柯恩的写作方式不像迈蒙尼德。②但无论有意还是无意，其标题确实非常特别。柯恩之所以提及宗教之爱的问题，是因为他发现宗教之爱被过分地想

---

① 即作为道德的动因。——中译者
② 指迈蒙尼德的《迷途指津》是为那些为种种问题所迷惑的人所写的。——中译者

当然了。他关于人类爱上帝的说法特别令人震惊：对上帝的爱是对于一个理念的爱（love of an idea）。面对人只能爱另一个人而不可能爱一个理念的反对之声，柯恩答复说："一个人所爱的只能是理念，甚至是在感官之爱中，人所爱的也只是理念化了的人。"纯粹的爱指向的是行动的范型（models of action），而没有哪个人能够确定一个严格意义上的范型。纯粹的爱是对道德理想的爱。它所渴望的不是与上帝合一，而是接近上帝，这就是说，是为了人的无止境的成圣的过程：只有上帝本身才是神圣的。

"作为同胞的人的发现"虽然借助于犹太教的资源而得到了解说，但是，人们仍然可以用稍有夸张的口吻说，就其本身而言仍然属于伦理学的范畴；而"作为'我'的个体"则肯定超越了伦理学的范围而进入了宗教的领域。是那些"社会先知"（social prophets）发现了作为同胞的人，而作为"我"的个体的发现则要归功于以西结，虽然后者看起来有点过于关注祭祀和圣殿，因而显得很是保守。同胞，即"你"（Thou）的发现似乎暗示着作为"我"的个体的发现。但在柯恩看来，事情并非如此。如果从严格的意义上理解"个体"，人们会发现，"绝对的个体""孤立的个体"所关注的东西超越了国家和社会——他们在终极意义上"不过是愚昧无知的群氓"，并因此而超越了伦理学。上帝与人之间的相互关系首先意味着上帝与个体之间的相互关系；绝对的个体，即"睁眼看着的人"（the seeing individual）就是那个站在上帝面前的人。

无论人们是否接受柯恩的理性宗教，都应该认真思考一下他将睁眼看着的人和愚昧无知的群氓对立起来的观念。只有在"我"之中，个体才会被发现；只有在这一发现的基础上，同胞才能被看作是一个个体,只有如此,他才能进而变成真正的同胞。上述看法的理由在于:我没有权力将自身看作是其他人的道德法官,无论他们是贫还是富。即便是那些审判犯人的法官也并不试图去下道德判断,但"我"必须对自己的道德进行判断。由于意识到了道德上的罪恶以及这一意识可能导致的后果,个体才被发现。他不可能宣告自己无罪,但他却需要从罪恶感中摆脱出来,也就是说,从自己的罪孽之中净化出来。只有上帝才能将个体从他的罪恶中解放出来,并进而将个体转化为"我"(an I)。从罪恶中解脱出来的"我",得到了解放的"我",在上帝面前得到了解放的"我",同上帝重建和谐的"我",才是人类必须为之奋斗的终极目标。

只有当人与其自我的和谐得到完全实现之后,人和上帝的和谐才会实现。这种和谐在于人的"悔过",在于他在罪恶的道路上迷途知返,或者更明确地说,在于人为自己造就一颗全新的心灵和一个全新的灵魂。这种回归的第一步是人对其罪的忏悔和自我惩戒,而且要在失去了国家的会众中,也就是说,同其同样有罪的同胞们一起进行忏悔和自我惩戒。这种回归是回归到上帝那里,只有他才能将人从罪恶中拯救出来。与他的神圣性的一面不同,上帝的这一拯救的层面表现为他的善(goodness)和仁慈(grace)。"宽恕人的罪是上帝的本质……因为他的本质就在于他同人的相互关系之中。"当柯恩以深受感动的态度提及在上帝的帮助下实现了人与上帝的和谐时,他从未忘却人的自律,后者是与人的有限性(finiteness)或脆弱性(frailty)分不开的;甚至在解说先知们和《诗篇》的词句(在其中上帝被比作羔羊的牧人或灵魂)时,他都不曾忘却这一点。但值得注意的是,柯恩在提及上帝的善时，将他的善良举动称为"像人一样的"。

在论及赎罪日这一在德文中被称作"和谐日"（Day of Reconciliation）及其在所有犹太历法中的节日中的优先地位时，柯恩确证并深化了他关于和谐的思想。在其论述中，柯恩明确了他是如何理解罪与罚的关系：责罚是人生不可分割的苦难，只要人承认它乃是天意（divine dispensation），承认它是自我完善过程中必不可少的，那么它就会带来对人类的救赎。

为苦难尤其是以色列人的苦难进行辩护而不是对作为政治和社会进步的理想目标的弥赛亚时代的预期导致柯恩在其《源于犹太教的理性宗教》中对"弥赛亚和人类的概念"作了论述。在柯恩看来，人类、一视同仁的人类全体的概念不同于希腊人和野蛮人、聪明人和普通人之间的区分，它最少在宗教、在一神教中有其历史根源；唯一的上帝是所有人、所有民族的上帝。"对于希腊人来说，人仅仅指的是希腊人"，虽然斯多葛派（the Stoic）在某种程度上提倡"世界公民"，但斯多葛派所考虑的只是个体，而不是民族。先知们的普世主义包含着所有民族的共同的思想和希望，它是一种"最为大胆的和富于四海一家的政治勇气的思想"。因此，先知们变成了"世界历史的创始人"，甚至可以说是"未来的历史的概念"的创始人，因为他们造就了一种与所有的现在与过去的实际情况完全相反的理想，而且不是将之放在时间之外，而是放在将来。由于其最热切的渴望而统一起来的人类，过去和现在都不曾存在，但将出现在未来，其发展过程从无止境，而这一发展的过程就是进步。通过转向未来的方式，先知们完成了由一神教曾经完成过的与神话的决裂，完整地传达了这样的信息：唯一的上帝是道德的上帝。以色列人作为永恒的民族，整个人类的象征，不得不承受犹太国家的衰亡；在任何时代都不得不承受苦难，因为以色列人是《圣经》的创造者，而且《圣经》在这个意义上也在无休止地不断更新着。作为地上的万国之一的犹太国家显然不如一个失去了祖国的民族，一个全心全意奉献给唯一的上帝、整个世界之主的民族更能准确无误地代表全人类的团结一致。

这就是以色列人之所以被拣选的意义所在：他们要做纯粹的一神教的永恒的见证人、殉道者和上帝的受苦受难的仆从。犹太人的灾难史正是建立在弥赛亚崇拜之上，后者要求人们对苦难逆来顺受，并因而拒斥作为苦难的庇护所的国家。以色列人的天职不仅仅是传承对上帝的真正的信仰，同时还要在万民中传播这种信仰：以色列人凭着自己的苦难获得了改造万民的权利，自愿地接受的苦难彰显着受难者的历史价值。为了先知们，并且通过先知们以色列变成了以色列的幸存者，理想化了的以色列，未来的以色列，也就是未来的人类。先知们的爱国之心的最基础的部分就是普世主义。

从这一思路出发，柯恩探讨了先知书中有关弥赛亚的篇章。在他的理想化的解释中，以色列重回故国毫无希望，更不用说重建圣殿了。他特别用下述事实来为这种解释进行辩护：耶利米曾经预言与以色列一起被流放的坏邻居们也会从被囚之地回归，但是，这并不妨碍另一个事实，即他同样给以色列带来了好消息。以西结曾预言在以色列"仅仅是政治的重建"之后会消除所有可憎的事物，但这一预言并未妨碍下述事实：他同时也曾首先预言过以色列的"仅仅是政治上的重建"。或许更值得注意的是，根据柯恩对《以赛亚书》9：6—7的解释，上帝之日不可能被真的认定为近在咫尺，因为新的时代意味着新的永恒。永恒,即便是一种新的永恒难道不能近在咫尺吗?柯恩本人承认,先知们并未明确地将世界末日放在极其遥远的未来;他将这一事实归诸先知们更为关心的是他们自己的民族和整个人类的未来的政治状况。然而,他认为弥赛亚崇拜的本质,对于有着内在的自然发展即有着进化过程的凡人的未来来说,是"超感性的",也就是说是一个永恒的未来。

对于世俗的和自然的(非奇迹性的)未来的关心似乎被对灵魂不朽和肉体复活的信仰所削弱。这种信仰,就其传统的、"教条的"形式来说,并不能为柯恩所接受。因此,他不得不重新审视相关的犹太教资源,并尽可能地将其内容"灵化"。对灵魂不朽的信仰同祖宗崇拜有关,是后者的早期阶段。在这一阶段中,坟墓的重要性至高无上,这一点一直保存在关于亚伯拉罕和约瑟的圣经故事中。① 按照对《圣经》的理解,死是向祖先的回归:个体灵魂回归到或者说进入民族的灵魂中,民族是不死的。因此,不朽意味着祖先们长存于历史之中,个体长存于他的家族的历史之中。柯恩之所以用这种明显的喋喋不休的表达方式,其目的就在于排除所有可能的从字面的意义上理解灵魂不朽的做法。从弥赛亚崇拜的观点看来,不朽意味着灵魂长存于人类的历史进程中。与不朽相比,甚至复活的"象征"(image)都会包含着作为历史性的整体的统一的人类,尤其是弥赛亚民族(the messianic people)世代相传的

---

① 亚伯拉罕在妻子撒拉死后花重金为其购买了一块墓地,亚伯拉罕本人死后也葬在那里,下文说的死是向祖先的回归正是《创世记》25:8描述亚伯拉罕去世的句子。约瑟的遗愿是归葬故土,因此死后灵柩一直停在埃及,直到以色列人出埃及时才得以完成遗愿。参见《创世记》50:25。——中译者

永恒的结果。这并非意味着个体只是整个链条上的一个环节,因为,借助于神圣性,即德性,我们发现了个体;而借助于个体的发现,复活获得了纯粹伦理意义上的重生、自我更新的含义。这一环节使得整个世代相传的链条获得了生命。

一神教与神话的区别之一是它所寻求的死亡的含义仅仅是为了服务于与道德相关的个体。与此相对应,传道者(Koheleth)①认为,当人死去的时候,灵魂会回到造就了它的上帝那里而不是堕入神秘的阴间(the nether world of myth)。只有以这种方式,才能让人们重新协调死亡和道德完善或自我净化的无尽的努力。这种无尽的努力必须从弥赛亚崇拜的精神层面上加以理解:来世的生命就是历史性的未来,这样的未来存在于人类的无尽的历史之中。在"波斯人的影响下",对不朽的信仰和对复活的信仰得以结合并在犹太思想中渐渐活跃起来,它们在整个的拉比时代都被看作是与对弥赛亚时代的信仰相统一的东西。这一切使得未来的弥赛亚时代的历史性特征处于危险之中。未来的弥赛亚时代只能借助于人类的积极实践才能到来,而不能被错误地理解为天堂在遥远未来的虚幻王国(the shadowy kingdom of heaven in the Beyond),对于后者的到来,人们所能做的只是等待和祈祷。所幸的是这一危险为犹太教所避免,因为它一直清醒地意识到了以弥赛亚时代为一方、以不朽和复活为另一方之间的区别。这一清醒的意识的最明确的表达可以在迈蒙尼德的《法典》②之中找到。

---

① 即《传道书》的作者,希伯来文原义是大会主持人、教师。——中译者
② 指的是迈蒙尼德的《密释纳托拉(托拉再述)》(*Mishnah Torah*),犹太律法的杰作。——中译者

柯恩特别厌恶地狱的概念。对永恒的惩罚的关心，就像更为常见的对于奖赏的关心一样，都背离了人类正常的幸福观念（eudemonism），因此与正常的伦理观念本身也是格格不入的。正义，以及与之相关的惩罚性的正义确实被看作是上帝的属性之一，但是，按照柯恩虽未明言却极其明显地偏离迈蒙尼德观点（《迷途指津》第1章第54节）的说法，上帝的正义与上帝的爱不同，不可能作为人类行为的楷模；他的惩罚性的正义完全隐藏在他的神秘的一面之中，不可能成为与道德相关的人类所关心的对象。要想理解这一看法，人们必须认识到，在柯恩看来，迈蒙尼德所断言的弥赛亚时代"明确地基于社会主义的原则"；在此，他的意思可能是指所有对理解上帝构成障碍的东西都将消失。当然，他只字不提迈蒙尼德在其《法典》中极为明确地提出的"与列王及其战争相关的律法"。因此，更加值得赞扬的是，柯恩接受了深深植根于犹太式虔诚中的"先祖们的遗产"的概念："只有先祖们才拥有他们的后代得以传承的每一种美德。"在此，对未来的热忱让位于对过去的感激；或者，更好的说法是，对未来的热忱表明其植根于值得尊敬和感激的过去之中。协调这种表面上的矛盾倾向的是某种灵化的解释，或者说是这样的事实：理性宗教是来源于犹太教的理性宗教。先祖们的遗产在任何情况下都不可以对个体的道德自律构成丝毫的威胁或遮蔽。

犹太教在现代世界中所面临的最显著的困难在于它是一种律法，一种无所不包的神圣律法。在克服这些困难的过程中，柯恩所得到的帮助恰恰来自于他未曾考虑过的但却很清楚的、来自于柏拉图的《政治家篇》中对律法的极端的质疑。他勇敢地断定启示和律法是一回事。对于他来说,律法要么是道德律法,要么有意于对人类的道德教化作出贡献。更确切地说,所有具体的律法都涉及手段,因此,它们适用与否需要加以检验。归根结底,律法是一种象征。在律法的无远弗届的至高无上的权威以及人类为了神圣性的理想所做的所有有益的事情之中的唯一危险是,它没有为人类的理论和美学兴趣留下任何余地,并且在某种意义上把"文化"排除在外;但是,这些兴趣缺乏一个只能由犹太一神教的唯一的上帝才可以提供的坚定的核心。此外,借助于不要怀疑作为整体的律法这一补救做法,这一危险不仅可以而且确实也曾部分地得到过缓解。

柯恩承认,伴随着摩西·门德尔松的间接影响以及改革运动(通过这场运动,犹太人获得了进入与他们共同生活在一起的其他民族的文明的入场券)的直接影响,律法的力量被削弱了,但他坚持认为它并未被彻底毁灭。犹太教的存续仍然需要文明世界中的犹太人进行某种程度的自我隔离,因此律法是必要的,无论在多大程度上它的范围和具体条文不得不进行修改;这样的隔离是必要的,"只要犹太人的宗教还同其他形式的一神教存在着对立",或者说,其他形式的一神教与犹太人的宗教存在着对立,也就是说,只要弥赛亚时代尚未到来。

但是,隔离并不是律法的唯一目的。它的主要目的是,借助于与上帝的活生生的相互关系,将全部的人类生命灵化或神圣化。在有关律法的章节中,柯恩对犹太复国主义提出了批评。任何一个读者都可以轻而易举地理解其含义,因此在这里就不再赘述。正如读者不可能不注意到的那样,在上述章节中,柯恩几乎遇到了他去世不久之后由国家社会主义所实现了的那种可能性。但是,他却过于乐观了。

律法的灵魂和内在性是祈祷。祈祷使所有律法所规定的行为都获得了生机,以至于人们或许会怀疑传统的律法所包含的613条具体条文中是否有哪一条对祈祷作出了要求。祈祷是传达人类与上帝的相互关系的语言。既然如此,它必定既是一种对话而同时又是一种独白。它之所以如此,是因为它将人对上帝的爱表述为灵魂的一种切身经历,因为灵魂是上帝给予的,而且上帝不仅仅创造了人类的灵魂,因此,灵魂既可以向上帝倾诉,也可以与上帝交谈。人类之爱的最高级的形式是对上帝的爱,灵魂渴望上帝,渴望接近他。人们千万不要因此而忘记,人对上帝的渴望就是对他的救赎、他在道德上的拯救的渴望,因为这样的渴望诞生于极度的痛苦之中。但是,灵魂并非就是人的全部;所有人类的烦恼和忧伤都变成了祈祷的合法主题。首先,对诚实的理智(intellectual probity)构成威胁的东西是人们所不能接受的,即便祈祷的其他所有目的都可以加以怀疑,也不能怀疑它对诚实和灵魂的净化的必要性:只有上帝才能为人类创造一颗纯洁的心灵。柯恩特别强调了对于诚实的这种威胁,它来自于人们的恐惧,害怕由于认可并皈依了宗教的真理而遭到世俗的嘲笑。犹太人祈祷概念的特征表现在下述事实中:犹太会堂不能被看作是一个祈祷的场所,而是一个学习或研讨的场所,之所以建立这样的场所并不是为了某个个体可以进行独自的祈祷,而是为了生活在对于上帝的弥赛亚王国企盼之中的犹太大众,因为,正如犹太人在"卡迪什"(*Kaddish*)①

---

① 犹太祈祷文,经常用于哀伤、纪念性的仪式(如丧礼)中。——中译者

祷文中祈祷的那样，弥赛亚王国"会降临到你的生命中，降临到你生活中，降临到所有的以色列家庭中"。

只有最后五章的标题与《伦理学》一书中的章节标题相同或几乎相同。以"德性"（The Virtues）为标题的章节替代了《伦理学》中的"德性的概念""真诚"（Truthfulness）和"谦虚"（Modesty）等章节。关于这一改变的原因，柯恩在《伦理学》中指出，按照先知们的观点，上帝即是真理，他们的意思是说"真正的上帝是道德的基础"。但他接下去又说："但是这正是区别之所在，这正是宗教和伦理之间的鸿沟，伦理根本没有外在的基础，即便是上帝也不能作为伦理学中道德知识的方法论基础。"相应地，在《源于犹太教的理性宗教》中，真正的上帝变成了德性（morality），或更确切地说是美德（virtues）的基础；对于一般意义上的美德的探讨与对于个别意义上的真理和真诚（truthfulness）的探讨根本不可能从外部加以区分。这并非是要否定下述说法：即便是在《源于犹太教的理性宗教》中，柯恩虽然强调"宗教必定是真理"，但他仍然认为："如果没有科学知识作为基础，真理会变成什么样子？"尽管在这里他的意思可能是说，所谓的"科学知识"指的是理性的知识，尤其是伦理知识。既然上帝即是真理，那么他无论如何都既不可能是也不可能变成一个象征。真诚或诚实的理智赋予了一般意义上的犹太教尤其是中世纪的犹太哲学以生机，因为后者一贯服从理性的权威。但是，真诚需要知识，而我们的知识是不完善的。因此，真诚必定伴随着谦虚，而后者是怀疑论的美德。在他的《源于犹太教的理性宗教》中，柯恩并未区分谦虚（modesty）和谦卑（humility），只是说：在上帝面前谦卑的（humble）的人定然会谦虚地对待他人。他在《伦理学》中曾经说过，谦虚不会削弱一个人对自己的价值的肯定，而谦卑的前提则是一个人本身是没有价值的。

在《伦理学》有关忠诚的章节中，柯恩曾说过宗教必须将自身改造成或被改造成伦理学：宗教是本然的阶段（state of nature），而伦理学是成熟的阶段。这种转变的预备阶段定然是宗教的灵化（idealization）。但这一点首先预设了对宗教的忠诚，对某人自己的宗教的忠诚。在同一章节中，他接下去谈到了人们对"失却了的民族性"的忠诚与对国家的忠诚之间的显而易见的冲突：在他的心目中是否特指犹太人呢？他仅仅提到了对国家的感激。在《源于犹太教的理性宗教》中同样论及忠诚但篇幅大大缩减的章节中，他更为详细地论述了忠诚与感激之间的关系，其中引用了这样的文字："如果我忘记了你，就让我的右手也忘记我。"①对于犹太人来说，表示忠诚的一项特殊的举动是研习《托拉》。"只要真诚地研习《托拉》，就不会让民族灵魂中高贵的特性（noble character of the folk soul）湮没在历史的洪流中。"他并未提及道德义务（moral obligation），即便一个人所属的民族处于危难中（犹太人何时曾经远离过危难？）时也不应放弃，因为对他来说，这是不言而喻的。他几乎全部的作品乃至全部的生命都是对犹太传统的忠诚和感激的见证——这种忠诚的唯一限制是他诚实的理智，而后者正是他所追溯的犹太传统美德。

对许多犹太人来说，柯恩是一个忠实的警告者和安慰者。他

---

① 《诗篇》137：5。——中译者

至少卓有成效地向他们表明，犹太人可以带着自己的尊严生活在一个非犹太的甚至是充满敌视的世界中，并且积极地参与到这个世界中去。在这样的图景中，他实际上预设了一个自由的国家，或者说一个正在走向自由的国家。虽然他本人并未意识到，但他在论及犹太人的困难时却提供了一种经验，而此后不久，希特勒铁蹄之下的犹太人就有了亲身的经历。他并未提供也从未有人能够提供过一种应对诸如苏联境内的犹太人的情况的方法，那里的犹太人被切断了同犹太传统的精神层面的联系。柯恩的一生和他的作品都是留给我们的宝贵财富。

列奥·施特劳斯

德文本第 2 版编者序

在柯恩的《源于犹太教的理性宗教》初次出版过十年之后，出版一个新的版本变得越来越有必要，当然，新版不能仅仅是初版的简单重印，也不能仅仅局限于修正许多细心的读者注意到并提出的许多明显的印刷错误。柯恩公开出版的著作往往带有如下特征：许多文句都远未达到准确和简洁的标准，这一切都是由于初次出版时不幸的情况所造成的。柯恩本人校对了本书的前半部分及部分剩余的内容，而且他出于习惯对内容进行了细致的调整和订正，尤其是改进了格式方面的内容，尽管如此，客观地说，所有这些工作都是在力不从心的情况下完成的。因此，一些不当之处，还有一些错行的句子即便是在柯恩曾经校对过的章节中也残留了下来。新版的编者获得了原作者的遗孀玛莎·柯恩（Martha Cohen）的许可，不仅获得了原始的打印稿，而且获得了柯恩本人着力甚深的校对清样。此外，罗森茨维格在作者原稿的副本上所作的评注也得以重见天日，对此，编者感到由衷的高兴。最后，编者附加了自己在反复阅读中所记下的一些注释。因此，编者希望已经成功地完善了原文，消除了暧昧不明之处并修正了错误。编者尽量做到小心谨慎，无论何处，只要原文可以加以保留，哪怕是需要经过艰苦的解释，都会尽力避免改动。柯恩的语言中所留下的特殊的印记使得这种谨慎非常必要。

在德文本中,柯恩本人未曾校对过的部分始于第311页,即从论"不朽和重生"章节的中间开始。对于致力于编辑整部手稿的柯恩的朋友们来说,任务是十分艰巨的。时间紧迫,但书稿必须按时完成。手稿是口授给速记员打印出来的,因此,无可避免地会犯下许多人所共知的错误,如速记员本身理解不到位,结构上颠三倒四等,这是此类手稿的共同特征。因此,可以理解的是,这部分内容虽然深受许多谨慎的读者的尊重,但同样包含着许多错误。对于这部分内容,编者同样希望借助于留存下来的手稿来作某种订正。插入正文的其他人所写的边注统统被删除了,对原文中错行的字句和其他所有的错误都作了改正。当然,读者不应该忘记,作者本人的完整风格(finishing touches)也因此在这部巨著的后半部分无法得到体现。

在一个确切的说明之后还有一个综述,其中包括在第2版中所作的相当重要的改动。这一综述的框架得到了进一步扩展,另外还有某些附带性的发现(incidental observations),尽管后者不可能导致对原文新的修订,但却为原文的解读提供了有趣的引导。新版自然采用了新的页码和行数,旧版的页码和行数也在括号中加以标注。但是,许多对印刷和拼写上的简单的错误(如拼错了的姓名)的修正并未标出;与之类似,还包括对《圣经》和《塔木德》诸多引文方面的错误的修改。对《圣经》和《塔木德》引文进行了细致的校对并进行了必要的订正。柯恩凭借记忆引用的许多德国诗歌中的章节都毫不犹豫地对照原文进行了补正。一段引自歌德(Goethe)的文字是如何出现在柯恩的脑海中的或许并不是没有深意的，但是，也许这段引文本身似乎并不具备这样的深意。然而，似乎毫无疑问的是，这样的深意可以归诸拉比亚奇巴的名言。柯恩对后者进行了重新的编排，从而形成了本书的题句（motto），并且以同样的翻译方式出现在正文中。这一重新编排是别有深意的，因此，还原原始引文会显得是错误地理解了忠实于历史的精神。

另一方面，必须强调指出的是，目前的版本修改了本书初版时所采用的为公众所熟知的书名。根据1917年7月和12月柯恩写给犹太科学院下属的促进会（the Society for the Promotion of the Science of Judaism［Gesellschaft zur Mirdenmg der Wissenschaft des Judenturns］）①的两封信，我们完全可以认定柯恩希望这本书被称作"源于犹太教的理性宗教"，强调性的冠词 The（*The Religion*）应出现在著作的扉页上。在目前的新版中，柯恩的这一愿望得到了实现。此外，人们还可能感兴趣的是，当时促进会的管理层在柯恩不在场的情况下召开过一次会议，一致认为此书属于"犹太宗教哲学"，因为它肯定会纳入"犹太教一般科学概览"丛书（the series of the Outline of the General Science of Judaism）。柯恩对此表示首肯，同时对此书的属性分类进行了修正，认为它应该属于"犹太宗教哲学和伦理学"。我们从现存的通信中找不到为何这一修正没有最终实现的原因。

列奥·罗森茨维格（Leo Rosenzweig）博士为编辑有关希伯

---

① 成立于1902年的德国犹太组织，致力于让当时德国的普通犹太人学习他们的传统文化。——中译者

来文献的引文付出了不懈的努力。旧版的引文得到了极为细致的审核,而新版的引文则来自柯恩的注释。

布鲁诺·施特劳斯

谨以此书献给我的父亲
愿他的灵魂长存于生命的长河中

引言：书名释义及任务说明

1. 一门科学意味着什么及其内容如何，只能通过内容本身的逐步展开而表现出来。一门科学从哪里获得其资源，对于其内容的本质性的价值而言并没有重要的影响。哲学似乎从一个完全不同的观点出发提出了我们关于空间意识的来源问题；而几何学独自提出了对这一问题的看法，并找到了自己的答案。

宗教则与此不同。只有一种数学，而宗教却有许多。最起码，情况似乎如此。这一情况不仅适用于宗教，而且同样适用于除科学之外的所有人类文明中的制度和精神倾向。世上有许多的习俗、许多的法律、许多的国家，因此就出现了这样一个问题：所有这些彼此不同的文化现象是否有共同之处呢？后者排除了所有的区别，使得对贯穿于其间的一个统一的概念的认知成为可能。

在所有的科学中，只有心理学可以提出这样的问题：科学的内容究竟来自人类意识中的哪些资源？但是，正是历史为宗教以及与之相关的文明的其他概念提出了这样的问题：文明的成果尤其是宗教在历史的进程中、在不同的民族中究竟取得了何种进步？

由此出现了一种理智上的需要以及随之而来的一种科学上的努力，去追寻所有文明现象的历史性的发展。可以说，历史的问题与宗教的本质性内容的问题正好处在相反的方向上。如果宗教的本质

性内容不会在其历史发展过程中展现出来，那么人们就会否认了解
2　宗教的可能性。但是，这样一来这一内容究竟如何呢？然而问题不
能以这种方式提出，因为人们已经预设了只有在其历史发展中才能
发现其内容。但人们所认为的进步究竟发生在哪个要素上呢？同样
地，问题也不能以这种方式提出。人们想当然地认为这一要素是众
所周知的，然而与之相反，它才是真正的问题所在。

2. 这些不明之处是与**发展**的概念（concept of *development*）
联系在一起的，这个概念在人文科学（humanities [Geisteswissenschaften]）中的应用不同于在发生学（embryology）中的应用。
人们相信，宗教不像解剖学那样可以从一个关于生物体既成的描
述性概念出发，并且在其发展的过程中重建这一概念，而是可以
从一个模糊的、不确定、不确切的概念出发。之所以这样做，不
仅仅是为了借助其历史形式来描述这一概念，而且也是从它们出
发去确定宗教的概念本身。归纳的一般性程序在这里同样适用。
就像其他学科一样，归纳不仅是一个预备性的步骤，而且是问题
的最后解决方法，这一过程毫无疑问是自下而上的。

人们所说的宗教有着互相冲突的、多种多样的形式，并表现
出多种多样的特征，这使得寻找宗教的普遍性概念的工作失去了
可能性，更无法为归纳提供保证，使得作为归纳采样最终目标的
对宗教的普遍性概念的预期无法实现。从来没有一种与理性和知
性（reason and understanding）、与最广泛意义上的人类道德相抵
触的东西不曾作为某些宗教的重心。因此，人们就可以理解，那
些对宗教的偏见不仅否认宗教的可理解性（intelligibility），而且
否认任何形式的精神价值（spiritual value），由此否认并破坏了

所有有关宗教的问题。宗教的历史无论如何都无法保证宗教的合法性，根据其自身的方法论概念，除了出现于历史之中的宗教事件之外，不会有其他的合法性来源。在此，历史不仅将寻找发现宗教概念的工作交给了或详尽或疏漏的文献汇编的不确定性，而且与它本身的系统倾向性相一致，还把这一工作交给了由粗率而含混的归纳而来的不确定的结果。通过归纳所理解的宗教的概念不过是进化的结果，然而它应该是那个能够勾勒出进化的轮廓的原型或范式。

3. 显然，本书的标题将一些基本的概念结合在了一起。然而，这些概念彼此能够统一起来吗？显然，它们是相互制约的。然而，这样的制约能够导致一个确切的定义吗？

4. 显而易见的是，理性的作用是使宗教独立于宗教的历史所提供的种种材料。我们并不害怕作出这样的结论：理性在历史的任何时期都占据统治地位。然而，历史本身并不能确定理性的概念。理性的概念必定会产生出宗教的概念。概念的问题往往是另一回事，它必须被看作进化问题的前提。

5. 我们在犹太教的概念中发现了同样的方法论状况，尽管这与历史的冲突并不那么严重，因为有关犹太教概念的问题并不完全处于归纳和演绎的两极之间。犹太教有其文献来源（literary sources），尽管这些资源在客观价值和文献的清晰性上可能有些不同，但是其中的历史资源从未被消减或限制过，因此在这种情况下，归纳并非是完全不可能的。同样地，在这种情况下，我们所认可的适用于所有灵性的因而也适用于所有文学性的进化的必要前提毫无疑问同样有效。除非犹太教的概念本身预先被看作是一项远大理想并用与有机体研究类似的方法论手段进行研究,否则不可能从其文献资料中发展出一个统一的概念来。

在这一点上,有一个一贯困扰着归纳的合法性的困难得到了克服。因为在犹太教的情形中,其源头本身并不包含着无限的和尚未完成的、具有多种可能性的材料;相反,人们所认可的材料来源局限在一个确定的和相对狭窄的范围内。此外,这些材料本身也有其历史。因此,有人认为历史本身是与概念的客观价值相对立的,对此的反对意见由于上述理由而被消除掉了。这样的反对意见是基于一种误解。概念就像所有有灵性的东西一样,在其发展过程中有着历史的诉求。然而,历史本身并不能决定概念的本质和任何细节,后两者就目前为止的历史进程来说,可能仍未发展到其最终的现实形式。

然而,如果我们把宗教的概念与文献资料联系起来,把犹太教的概念与其文献资源联系起来,那么我们就能看出,历史、文献的历史就是犹太教借以实现其现实性的因素。然而这一要素确切地说并没有作为标准(criterion)的价值,这样的价值只有概念才有,它既可以被看作是问题也可以被看作是方法,既可以是目标也可以是前提。

6. 即便人们领会了对进化概念的主流性理解中的困难之所在,他们仍然会被下述问题所误导:需要探讨的正是对象的理想化的概念,但它如何能够事先就被预见到呢?这样的做法可能适用于对于有机体的理解,但是,即便是人们有权利预设一个灵性有机体的概念,同样的做法如何能够也适用于对它的理解呢?怎么能够从所谓既定的、完成了的宗教或犹太教的概念出发呢?又如何能够以之为基础去判定其文献来源是可以用上述概念来加以验证的材料呢?下述问题难道不是一个简单但却无解的矛盾吗：甚至仅仅是为了进行一项有效的归纳，为了能够进行并贯彻系统性的应用或探究的过程（更不用说贯彻某种命令），人们不得不从一个理想化了的概念前提出发。

这个问题是所有知识的基本问题，也就是那个驱散了所有的阴霾、化解了所有的困难，深入到知识理论的最深处的咒语。只要宗教、犹太教还面临着概念性的问题，只要这样的问题必须得到解决，只要文献资源不是一本覆盖着七个封印的永远无法打开的书，要发现并描述这些概念（宗教和犹太教）就必须从相应的概念本身去理解。与先知们的宗教、犹太教同时存在的火以及太阳的崇拜者①或许信奉着同样的单一性的宗教（single religion）。然而，即便是我援引先知们的文献作为宗教概念的来源，这些资源本身也是沉默且盲目的，除非我用某个概念来规范它们。这样的概念是基础性的，它的目的不仅是在那些资源的权威的指引下行事，而且要通过这些资源来建构自身。

因此，在纯粹的文献资源之外还有一种来源，它引导着我对文献资源的应用。这一来源是什么呢？

A. 理性

1. 不能说意识（*Bewußtein*）②可以被看作或被作为另外的

---

① 参见第2章"偶像崇拜"第11节。——中译者

② 意识就是存在于逻辑学、伦理学、美学和宗教中的心灵（mind）的诸多不同的指向的统一体。这一概念在赫尔曼·柯恩的 *Logik der reinen Erkenntnis* 中得到了充分的发展。——英译者

源头去追寻。因为确切地说，意识不过是历史的另一种表达。既然所有的文明都是由历史发展而来的，那么它们也就是由意识发展而来的；唯一的区别在于，意识所实现的是狭义的历史，即人类的历史。因此，如果意识不能被看作另外的源头，因为后者与历史并列，甚至超越于和高于历史，并且保证了宗教的合法性和价值，那么，所谓另外的来源只能用"理性"这一出现在本书标题中的字眼来表达。**宗教的概念应该借助于理性宗教来发现**。犹太教的资源应该被看作并被证明为这样的材料：在其自我的历史发展中必定会产生出拟议中的理性和理性宗教并对其加以检验。因此，历史本身再次变成了理性的创造性的文献试金石；然而，并非只有生命或本能的产品才能证明理性及其个别属性的合法性。理性本身就是问题，它存在于所有的概念和所有关于概念的可能的知识中，因此它必须被当作宗教和犹太教概念的前提和基础。如此一来，通过将宗教的问题放置在与理性的问题的必然联系中，我们将宗教的问题引入了一般意义上的哲学之中。

2. 从此以后，所有可能产生的对此的顾虑都必须消除掉，所有反对作为宗教的来源的理性概念的意见都必须铲除。绝不允许问这样的问题：它是否是宗教的唯一来源？在它之外或在它之上是否还有其他的来源？不应该让任何一个这样的问题对我们造成误导，使我们偏离系统化的路径（systematic path），因为我们刚刚站在后者的起点上。理性是概念的源泉，概念必定也会变成源泉，所以它永远不能被看作是一个作为支流的归纳涌流、汇集而成的港湾。理性是概念借以产生的基石，如果概念涵盖历史长河流域的过程要得以实现的话,为了进行系统性研究①,理性必须要产生出概念。到此为止,如果人们为了正确地处理文献资源而不得不从宗教的概念、犹太教的概念出发的话,那么重点就在于给予理性的概念一个确切的定义。

有一条笔直的大道引领着我们从犹太教的历史性概念走向**宗教哲学**。

哲学是理性的科学。如果概念是所有科学的可靠的见证人,那么所有的科学乃至所有可能的知识都在概念中蕴含着其全部内容,都在理性中蕴含着它们共同的源头。理性是概念的器官(organ of concepts)。

对所有的科学来说都是正确的东西对理性也不会例外。既然宗教同样由概念构成并建立在概念之上,那么它最终的源头只可能是理性。与理性的这种联系决定了并限制着它与哲学的联系,后者被认为是人类知识中的普遍理性(universal reason)。让我们首先给出一个否定性的意见,由于它依赖于理性,那么它就会遭到宗教的拒斥。

3. 感官是理性的直接对立面。从根本上说,动物和人的感官并无区别。如果理性是宗教的源泉,那么首先所有本能性的东西就都被排除了,因为它是一种人和动物共有的智能。然而,宗教却可能是人区别于动物的标志。因此,任何一种仅仅是自然本能的东西都不能看作是构成宗教的原初性的力量。拒斥了自然的本能也就消除了动物性的智能与动物性的情感。本能正是上述两种

---

① 参照上文的"系统化的路径"一词。——中译者

动物性能力的统一体。宗教既不是由原初的本能所产生的,它如其所是的那样希望永远生活在朦胧黑暗的牢笼中;也不是由自然的冲动产生的,它希望获得某种基本的力量(elemental force),为的是去征服它,或者被它征服,至少会暂时地在它面前显得毫无防备。宗教与这种本能性的倾向毫无瓜葛,其源头是理性。

4. 与本能一样,所有由感官所驱使的能力都在被拒斥之列。任何一种与快乐和痛苦有联系的东西都不可能成为宗教的积极动力。快乐和痛苦是动物生命的血亲,理性不可能由此产生。毫无疑问,快乐和痛苦是控制着整个有机体的基础性的、重要的力量。因此,人们必须仔细搜寻所有快乐和痛苦这些重要的力量可能潜藏于其中的隐蔽所,在那里它们会潜入理性的创造力之中,目的是歪曲它,试图让它和它的源头变得模糊不清。理性宗教拒斥任何一种所谓的自我的力量,拒斥所有那些来自"我"(I)的虚假的力量,它们的源头都在快乐和痛苦之中。所有的动物性的自私自利,所有的幸福主义都以快乐为唯一合法的标尺。物质对于世界的本性意味着什么,快乐就对人类的本性意味着什么。快乐就是动物感受性的意识(the consciousness of animal sensuality)。

5. 与感受性一样,自然本性(naturalness)就其最初的历史形式而言,也不可能是宗教的源头,确切地说,就其实际上的现实性来说,它只是偶然的。只有理性才能将历史的现实性提高到必然性的层面上,而后者意味着偶然性的完全消除。那种认为宗教应该是想象力任意驰骋的领域的观点,或者认为宗教应该与由感情所驱使的那些力量相联系的观点,都是与理性背道而驰的。同样与理性背道而驰的观点还有:宗教应该属于偶然性的领域,它能够在社会力量和它借以展现自身的诸多形式之间的联系和互动中浮出水面。这样的起源说同样无法给予宗教以特殊意义，而这一特殊意义正是宗教区别于动物分泌物的功能的标尺。理性宗教反对下述观点：宗教是某个特殊阶层的人们的产物，无论这个阶层是祭司、统治者还是其他的特权集团。理性宗教不是祭司们编造的谎言，也不是有权有势的人给弱者发明的慰藉品，同样也不是人类理智的软弱和缺陷的替代品或贡品。它更不是加诸那些被社会的枷锁约束和限制了通常的人类能力的人的愤懑之上的预防措施。理性宗教尤其不是缺乏性（privation）①的替代品，虽然许多人就其本性而言都会有不足之处，但并非所有人都会在科学和哲学的领域中有所建树。同样的道理，虽然一个人可能在这一点上或那一点上懂得科学和哲学，但这并非意味着他懂宗教；毋宁说，宗教在理性中有其份额，这意味着理性并非在科学和哲学中耗尽了自身。

6. 理性宗教将宗教变成了人类意识的一种普遍性的功能，使意识变成了人类的意识。普遍的人类意识具有一种多样性，表现在不同民族的意识之中，但无论哪个民族的意识都未能独占理性宗教。任何属人的东西，无论它来自哪个民族，都会对普遍的理性作出贡献，因此也就会对理性宗教作出贡献。这一点是思考宗教的历史的不容置疑的核心。所有的民族，即便是那些处于文明的最初级阶段的民族，都会对宗教有所贡献。在历史转折和变化

---

① 此处应该指的是来源于亚里士多德的缺乏概念，这一概念被后世的哲学家、神学家们广泛地用来解释神正论中的恶的问题。——中译者

的关头，宗教的精神萌发并成长起来，追寻所有这些转折和变化是一件兴味盎然的工作，但其合法性并非仅仅靠对人类的博爱来说明。这件工作是必不可少的，它有益于增进关于人类的普遍知识。无论如何，理性仍然是一个独特的标志和系统性的标尺。

只要理性是所有人类意识的起源，那么所有的民族都参与到了理性宗教中来。然而，在必须在意识和理性之间作出区别的情况下，在理性本身并非等同于人类精神、而只是等同于出现在科学和哲学中的人类精神的特殊形式的情况下，理性宗教只能代表着某种特殊的内容：它在诸民族的普遍精神中，同时也在他们的科学、哲学以及宗教中实现了自身。理性只有在这些特殊内容中才会将自身展现为一种普遍性的人类能力。理性宗教不可能是某一个民族的宗教，也不可能是某个特殊时代的非法产物。理性对于那些熟悉了科学和哲学的人们和民族来说是共通的。这种共通性给宗教打上了普遍人性的最初的印记。对这一点的唯一不可或缺的限制性条件是：以科学文化所展现的结合程度（the stage of articulation displayed in scientific culture）来衡量，人性究竟达到了何种地步。

7. 这种普遍性变成了理性宗教的基本条件，而这一点似乎同我们的愿望背道而驰。因为我们希望以犹太教文献为来源导出理性宗教，似乎只有从这些资源出发理性宗教才会产生，似乎人们不能假设有某些文献汇入了这些资源并进而汇入了理性宗教，无论是在它之前还是在它之后。如果真是如此的话，那么，至少我们可以说普遍性的标准将处于危险之中，理性的标准会失去其准确性，它自身最终达到的现实性也会堕入纯粹偶然的表面现象之中。

给予历史的现实性、给予历史的个别现象以必然性的正是普遍性，它冲破了所有的社会阻碍，无视所有的缺陷，奋力开辟出一条通向特殊民族的历史道路。在这样的努力中，理性将自身展现在光天化日之下；它获得了进步，尤其是自身的延续性，在此之上历史获得了自身的意义，在此之中历史变成了理性的历史。

因此，如果我们由于文献资源的缘故而将理性宗教限制甚至封闭在犹太宗教的范围内，那么就会犯下一个无法弥补的错误。这种限制对理性的标志物（the signpost of reason）来说是一个无法解决的矛盾。然而，如果在犹太教中，来源的概念在涉及理性宗教时有某种独特的含义、某种特殊的方法论内涵，那么上述矛盾就会大为改观。如果这种独特性确实存在，那么所谓的来源就不会将自身封闭在其他的宗教文献之外，而是会变成其他资源的最初的源头，相应地，这些其他的资源也会作为理性宗教的源泉而获得我们不折不扣的尊重。在这种情况下，就更没有必要害怕将范围限制在犹太民族及其宗教贡献之内，也没必要害怕犹太资源在更大的程度上保持着对那些出自于它的其他资源的原创性和多方面的影响。只有最初的源头具有如此无可否认的灵性的和心理上的优势时，理性在犹太教资源的最初源头（Ursprünglichkeit）[①]中的至高无上的地位才是毋庸置疑的。

8.理性的普遍性对人类意识来说包含着另外一个结果，后者如果得到宗教史的重视，那么就会赋予它一个意义更为深远的重心。然而，在追溯宗教的历史时，人们更愿意回到美洲的野

[①] 这个词汇同时含有原初性和开创性的意思。——英译者

蛮人那里，而不是到柏拉图、埃斯库罗斯（Aeschylus）和品达（Pindar）①那里寻找资源。宗教和哲学之间的联系被理性设定为自己的口令（watchword）之一。此外，由于它与哲学的问题有着密不可分的关系，在涉及它最严格意义上的、最深刻的动机时，理性宗教获得了最伟大的胜利，同时也面临着最深重的冲突。理性所表现出来的这种与哲学的关系足以减轻那些由于我们对犹太教资源的依赖而产生的怀疑。的确，犹太教与哲学没有共同之处——但这一点难道没有引发同样的困难吗？因为我们发现，其他的民族比起犹太人来说在宗教方面是相当匮乏的。无论如何，如果犹太宗教的资源与哲学毫无共同之处，那么，哲学还能够成为所有文明中的普遍理性的代表吗？

在此，问题的解决同样需要借助于在最初的源头和派生性的现实之间进行区分。毫无疑问，对此我们必须附加上方法的特殊性的特征（the characteristic of peculiarity of method），后者从客观上将最初的源头和所有渐进的发展所特有的那种不确定性区分开来。希腊人赋予了哲学一种特殊的品质，这使得希腊哲学同其他民族的思辨区分开来，无论后者有多么伟大。同样地，希腊人为科学打上了自己的烙印，即特殊的科学方法，尽管他们的科学是从东方民族那里学来的。他们的哲学产生出了他们的科学，而且在某种意义上，他们的科学产生了他们的哲学。这样的科学尤其是这样的哲学变成了所有文明民族的共同财产。尽管犹太人

---

① 埃斯库罗斯（公元前525—前456），希腊悲剧诗人；品达（公元前518—前438），希腊田园诗人。——中译者

拒绝了希腊的科学，但他们无法拒绝希腊的哲学。实际上，犹太人造就了理性宗教，而且宗教与理性的共同之处肯定能够带来理性的本质，在这一共同性所达到的范围内，宗教和理性的同源性不可避免地要求宗教即便不能与科学联合，至少也要与哲学联系起来。我们不能无视下述事实：哲学的概念如果不在实践中表现为科学的哲学的概念的话，那么它就会遭到改变甚至歪曲；但是，即便是科学被排除在外，理性的普遍性特征也会把宗教和哲学联系起来。

因此，我们的工作是深入到犹太教的资源中，研究其中的最初的哲学动机。理性宗教正是在这种动机之中，并借助它的力量成功地开辟了一条属于自己的道路。我们必须注意到这样的事实：理性的这种原初性的力量开始起作用的时间并非仅仅是在犹太人晚期的历史中，此时希腊的影响已经变成了现实。相反，在犹太人最初的宗教思想中，这种与哲学思辨的联系就已经出现了。这些历史的遗迹必须被看作是理性最古老的贡献，它们无论如何都不应该遭到质疑，不应该从任何一种对历史的公式化解释（historical schematization）出发而被看作是后人的篡改。理性宗教为犹太教的资源保留着与哲学思辨的最初的、自然的、人性化的联系，因此，这种联系既不是对希腊人的模仿，也不是从希腊人那里借来的。圣经资料中的哲学因素一定与一般意义上的宗教和理性的共同之处有着同样的起源。

9. 理性在宗教和哲学之间建立起联系，这种联系赋予理性相对于宗教而言的重要地位。理性不仅与所有由情绪和感情产生的感受性相对立，而且肯定意味着内在于法则的法则（an intrinsic

rule of lawfulness［*Gesetzlichkeit*］）是所有法则的原型。宗教当然不会缺少其内在于法则的法则及其发展的初始性原理①（the originative principle［*Ursprung*］）。如果乍看起来，情况似乎是由于理性的缘故而使得宗教的领域局限在人类意识、人类心灵之中，那么我们没必要为这种反驳而烦恼，因为理性并未排除其他任何一种灵性的力量，并且没有任何一种这样的力量可以与理性背道而驰。但是，我们同样必须严肃地思考法则的力量是如何使得这样的反驳成为可能的。

理性是律法的器官（Reason is the organ of laws）。因此，理性宗教是在法则的烛照之下显现出来的。所有的偶然性、所有的武断性、所有的幻觉都是与历史事件的观念联系在一起的，它们纯粹是事实性的，就像黑暗一样，在理性之光的照耀下就会消失。到目前为止我们所思考的最初的源头仅仅是一种历史的派生物，而现在似乎要从超越所有的历史局限性的角度来审视它：法则变成了最初的源头的基础。在法则之外没有任何一种基础比它更为强大、更为重要。最初的原创性并不能保证问题的最后解决，只有法则才能做到这一点。

如果由于我们将宗教置于理性的问题领域之中而产生了某些模糊不清之处的话，那么现在也到了澄清的时候。在法则占据统治地位的地方，理性的王国就会得到保障。到目前为止，我们尚未考虑由人类理性与其他形式的理性之间的区别而造成的问题。

---

① 这是赫尔曼·柯恩的《纯粹认识的逻辑》中最基本的概念，意指理性区别于感官或经验材料的原创性的行为。——英译者

法则是如此重要，以至于任何形式的疑问都不会存在。其他形式的理性能够提供一种比法则更为可靠、更为确定的基础吗？因此，如果理性赋予了人类知识以法则，那么在此显而易见的是，人类理性和其他形式的理性之间的联系不仅值得追求而且有可能获得，因为法则在两种不同类型的理性之间建立了一座桥梁。相应地，我们必须研究如何证明其他形式的理性，即作为法则的原型的理性同样是正确的。

B. 宗教

1. 到目前为止，我们已经在理性在哲学中实现自身的范围内找到了一个关于理性的意义的临时性观点。现在我们必须为宗教寻找一个同样的观点。仅仅知道宗教预示着其概念不仅在一般意义上的宗教史中发展出自身，而且是源于特殊的犹太教资源这一点是不够的。我们必须考虑另外的问题：当涉及宗教概念所包含的内容时，我们如何能够找到关于这一内容的临时性观点呢？这一内容对于宗教概念的全部领域来说具有同样的重要性。在确定宗教概念的领域之前，我们没有可能去研究宗教的来源。这一概念的领域并不属于归纳的范围，而是完全取决于最初的原理，后者才是所有的归纳的前提。只有在概念的领域中才能揭示其内容。

既然宗教被定义为理性宗教，人就成为它的领域和它的内容。在此，宗教是否来自于人并不构成问题，因为上文已经证明宗教来自于法则。然而，宗教的领域超越了人，因此，人类的所有问题都变成了宗教的问题，这一点是由宗教和理性之间的联系所确定的。如果宗教借助于理性使得自身在人类知识中获得了确切位置的话,那么宗教和哲学之间的联系就再也不会成为问题。唯一可能产生的问题是:宗教为人类概念的内容、为人类知识所贡献的东西究竟是什么?

12　　人类科学知识所包含的所有的贡献似乎都已经被论述过了。如果我们无视有机体的肉体方面,甚至无视根深蒂固并且分支众多的历史人类学的领域的话,我们仍需面对伦理学,因为伦理学作为哲学系统中的一个分支,声称统治着全部人类事务的领域。这一点是很正常的,如此一来,只要伦理学仍然自认是知识,那么它就必定会否认在人类知识的领域中与包括宗教在内的其他类型的知识之间有任何共同之处。然而,伦理学作出这样的否认不仅会剥夺宗教可能拥有的内容,而且会使理性失去在宗教中的特殊地位,但我们认为,正是这一特殊地位使得人拥有了作为人的合法地位。在这样的情况下,理性宗教不可能找到属于自己的正确内容。与此同时,它也不可能在与人类相关的教导中占据一席之地,因为只要这一领域是取决于人的概念,那么它就必定会落入伦理学的掌握之中。

2. 这一结论会带来新的后果,其中包含着两个选择,而无论是两者中的哪一个,对于理性宗教的问题来说似乎都是同等重要的。

一个选择是,证明宗教作为一种与人相关的教义最终被划归到伦理学的领域中。在这种情况下,毫无疑问宗教与理性是有联系的,但它作为理性宗教本身的独立性却因此而遭到了威胁。理性宗教声称自己在理性中拥有一定的份额,但这一份额只有伦理学在其关于人的教导中才能真正拥有。因此，这样的声称似乎是站不住脚的，似乎只能被看作是一种偏见，这种偏见在历史上屡见不鲜，在人类的问题与神话的问题交织在一起的时代尤为明显。如果那些一贯反对宗教的独立性的观点真的流行起来，那么理性宗教的问题就会难以立足。

另一个选择是，同所有的预期相反，或许可以证明，伦理学作为系统哲学的一个分支，而且迄今为止一直如此，那么它就不足以掌握人的概念的全部内容，宗教由于其所占据的份额而能够填补剩余的空白。然而如此一来会带来许多新的、巨大的困难。这些困难并不在于宗教不得不进入哲学系统（对此的反对声音即便是来自于历史也不会有多重要），而在于伦理学的方法论概念会变得模糊不清。伦理学力图给出关于人的教义，然而它是否应该只追寻其中的一部分呢？它是否应该与宗教协同作战呢？由于宗教在理性之中享有份额，那么它是否因此而毋庸置疑地在方法论方面也获得了与伦理学一样的份额呢？即便这一点确实是毋庸置疑的（因为对此已经有了肯定的结论），伦理学的方法中仍然存在着巨大的疑问。它是否只能完成一半的任务？它是否只能向只有宗教才能揭示的人的概念求助才能造就自己的关于人的概念呢？如此一来，在哲学领域内会产生出一个危险的方法论冲突。要想解决人的问题，不可能有两种彼此独立、并行不悖的方法。此外，方法论的唯一性（methodologically one）绝不会接受下述可能性：伦理学会与其他种类的知识一起分享它置于人类知识中的道德自律。

对于宗教本身而言，同样可能面临着一个严重的威胁，即宗教之作为理性宗教有权利（实际上是不得不在面对伦理学时）保持自己作为一种完全独立的知识的立场。在历史进程中，宗教所面临的所有的危险，无论是涉及文明的理论层面还是实践层面的，从上述方法论问题的角度看都可以得到理解。在涉及人的学说方面，不可能有两种理性。

3. 如果在一开始的时候我们就略过有关方法的疑问，只让我们的注意力集中在人的概念的伦理学内容方面，那么我们就会注意到一个缺陷，它来自于人的伦理学概念的深处。

伦理学系反对所有的来自感官的东西，反对所有来自人的经验性的东西，从而最终达到了它必须达到的高度。伦理学首先剥夺了人作为自我的**个体性**，目的是为了在更高的层面上重新归还给他，而且是以一种不仅更高而且纯粹的形式。在伦理学中，**人的自我变成了人性的自我**，而且只有在人性之中才能达致人的真正的客体化，而只有这种客体化才能保证人类主体的伦理学概念。只要人不能完成这种自我的客体化，只要他仍然停留在经验的暧昧不明的牢笼中，那么他就不可能获得纯粹性，后者是伦理学根据其方法而为自己设定的目标。在这种情况下，人只不过是一个感性的存在，这样的人不是一个历史性的个体。只有当历史的方法论含义在人的概念中最终完成之际，人才能变成一个历史性的个体。但是历史的所有这些方法论含义都将人性作为其最终的目标。伦理学唯一认可的人是作为人性的一分子的人。人作为个体的人只能是人性的一个载体。作为一个人性的载体，人因此而变成了人性的象征，此时他不会失去其个体性。人性借助这一象征赋予了他真正的个体性。

4. 然而，人性不仅仅是能够将人从经验主义的混沌中解脱出来的人的个体性的唯一象征。人性的抽象概念在历史上的**国家**中实现了自身。国家是个体的人转变为人性的过渡性有机体。在关于人的经验性的观点中，国家自身似乎有着相当的重要性，因为人似乎是借助于其民族性（nationality）才与他的国家融为一体的。因此，仅仅从源头出发的话，似乎产生出一个幻觉，即国家和民族性、国家和民族（people）是同一的。从这种观点看来，国家的概念被限制为自然人的概念。

另一方面，国家在其成长的过程中超出了自然的束缚，而且其组织机构的主要功能是来自**宪法系统**（constitutional system），后者一向更为强调并希望能够达成这样的目标：借助于人性的概念将国家和伦理联系起来。因为，不管国家拥有多少主权，自古以来的国际法都会在国家面前坚持一种**国家联邦**（federation of states）的观点，并且把后者看作是国家的理想形态。这就给予了国家一个重要的启示，即单个的国家是不可能完全实现其概念的，除非它能够在一个国家联邦中提升并净化其个体性。因此，在国家中，人同样会变成人性的载体。

现在，伦理学的方法所面临的所有危险都被排除了。伦理学将人的个体性建立在人性之上，它现在终于摆脱了所有自相矛盾的表现。国家变成了经验个体和人性理念的中介，人变成了人性的载体。经验性的人带着其全部的热情参与到国家的个体性中，他脉搏的节奏伴随着它的节奏。国家的个体性实现了一个似乎是存在于伦理学教义中的奇迹，即人性是人的完全现实性。国家尤其是在这一阶段上的国家清楚地表明：人在其国家有机体中完成了更高层次上的新陈代谢。人类置于国家中的个体性使得他在人

14

性的抽象概念中发现了国家，后者的合法形式是国家联邦。

  5.尽管如此，存在于伦理学关于人的观点的丰富性和多样性中的不足之处到现在已经变得一清二楚了。对于一个作为个体的人来说，只有在国家中并借助国家才有可能逐渐意识到自己的个体性，因为国家是个体和人性的桥梁。但是在自我和人性所需要的桥梁之外，仍然需要某个其他的中介。在自我之外，还有一个与之不同的"他"。"他"是否仅仅是"我"的一个特例，因此"他"已经被"我"建构出来了呢？仅从语言的层面上看就能使我们避免这样的错误，因为语言将"你"置于"他"的面前。"你"是否同样是"我"的一个特例呢？甚至在"我"已经意识到了"我自己的我"（my own I）之后，是否还有必要去寻找一个单独的"你"呢？或许相反的情况才是正确的，即只有"你"，只有在发现了"你"之后，才能够让"我"发现自身，才能够发现关于"我的我"（my I）的伦理学知识。

  然而，如果情况如此的话，那么伦理学就会面临这样的问题：在伦理学方法的能力范围内能够带来"你"的发现吗？如果从伦理学的人即人性的人的观点出发，伦理学能够进入对于个体的这种分类之中吗？如果伦理学的目标在于实现人性之中的全体性①（totality［Allheit］），那么它有足够的方法论手段来建立上述分类吗？这

---

  ① 这是赫尔曼·柯恩的《纯粹经验的逻辑》和《纯粹意志的伦理学》中出现的范畴（categories）。全体性应用于伦理学中意味着个体最终会结合到人类的理想化的统一体中，后者被看作是绝对的，其实现需要一个过程，国家的联合只是这个结合过程中的一步。多样性的观念（the notion of plurality）所表现出来的未完成的、开放性的统一意味着差异性和特殊性，因此是一种相对而言的统一，后者的典型例子在民族或会众的概念中可以找到。——英译者

样的区分和分类难道不正是属于一般意义的多样性吗？它不会因此而背离伦理学的全体性这一统一目标吗？

人们不应该否认，只要伦理学问题的焦点是处于人性历史中的人，就必须面对多样性的问题以及由于人与人之间的区别所导致的问题。通过认可多样性的问题，这样的否认得到了解决，尽管这样的解决来自于全体性，并因此而与全体性保持一致。如此一来，问题仍然存在。人的多样性的观点是否会产生一个借助于全体性这一基本概念而无法直接解决的难题呢？这一问题在涉及"你"的问题时变得更为急迫，虽然它仍然可能处在"他"（the He）的掩盖之下。

从人性的观点来看，如果"我"应该而且必须在"他"之外提出另外一个人性的特例（确切地说，这个特例首先就是"你"），那么它们之间究竟有何区别？一般情况下，这样的观点对于伦理学来说意味着什么呢？因为伦理学对于个体并不关心，对于伦理学来说，任何一个个体都同样是人性的象征。然而，是否存在着这样的问题：既然这种观点的特殊意义和独特性（specific value and distinction）使得"你"拥有了独特性，并且似乎还威胁着人类的统一性，那么是否有必要探讨一下"你"的发现给人类个体的概念带来的特殊贡献究竟如何呢？从这一点出发，我们有必要确定**宗教在理性中究竟有哪些份额。**

6."你"属于人性的观念之内的一个小类，人性仅靠自身是无法达到的。无论如何，由于"你"的出现，所有可能产生的关于宗教在理性的诸多目标中所占据的份额的怀疑都消失了。伦理学的权威性并未被动摇。然而，这一新的发现不可能与伦理学方法的统一性相抵触，因为伦理学的方法失败了，而且注定是要失败的。因为此时伦理学所面对的是一个新的、由"**你**"带来的问题，与此同时，"**你**"恰恰是个体的概念所急需的。然而，"**你**"仍然是人类成员所构成的无尽的系列中的一分子。因此，处理它的理论定然是全新的，但却又不是外来的。它对伦理学的单一方法进行补充，但我们也必须承认这一理论的特殊性，因为它所处理的问题的特殊性是毋庸置疑的——"**你**"，尽管"**你**"和其他的个体成员一样都属于人类这个整体。然而，这样的整体只有从伦理学的整体性看来才是存在的。因此单一的方法需要补充就是合情合理的了，而这一补充使得在整体性内部发现一种与"**你**"的新的联系成为可能。"**你**"为人的概念引入了一个新的问题，但是这个问题就像个体一样只有在人性概念中才能实现其自身。因此，关于个体的新问题并不能破坏宗教与伦理学的联合，不可能破坏那个统一的方法，而正是后者将上述两个问题整合进了单一的人的问题。

7. 到目前为止，内在于"**你**"的那种人类特殊性仍未得到正面的说明。显而易见，它就是**人格**（*personality*），它的出现更多地是借助于"**你**"而不是"**他**"。"**他**"更多地站在中立的立场上，这使得"**他**"很难跟"**它**"区分开来。伦理学似乎也试图赋予"**我的我**"以这种中立的客观性，因为它试图消除"**我**"所有的感性特征。它是否应该坚持这一做法呢？有机体及其新陈代谢对于"**我**"来说是否仍然是绝对不重要的呢？这样的看法是否可以无视人的道德目标与其感性条件之间毋庸置疑的联系而成为一种必然的、无条件的真理呢？

8. 用宗教来补充伦理学是有其必然性的，这种必然性的典型可以在历史中找到，斯多葛派有关人类的苦难学说就是一例。在斯多葛派看来，苦难是无关紧要的因此把它从道德中驱逐了出去。这样的观点来自斯多葛派的二元论立场，即无论涉及何种问题，其中都交织着精神和物质，但这一立场带来的却是双重的错误。首先，苦难对于"我"来说绝不是一个无关紧要的因素。或许是由于它的道德要求，自我意识不应该对一个人自身肉体上所经受的痛苦无动于衷。其次，旁观者也不应该让自己对他人的痛苦无动于衷。于是出现了这样的问题：是否无须看到其他人的痛苦就能将他人**从"他"转变为"你"**呢？对此的肯定回答彰显出宗教所具有的特殊力量，而且不会迫使它远离伦理学的方法。

9. 如果人类世界中肉体的痛苦和疾病所呈现的意义总会构成神正论的问题，那么人们或许会以一种悖论的形式表述这一意义，即痛苦、**苦难**（*passion*［*Leiden*］）正是为了**同情**（*compassion*［*Miteleid*］）而存在的。人类是如此需要同情的感动，以至于苦难本身都需要通过它来加以解释。在这个十字路口上，所有的伦理学，无论其采取何种形式，都与形而上学清楚而明确地分道扬镳了。我们同样需要用这样的观点去理解基督教最深刻的意义。"啊，尽管尘世中充满了忧伤，但我们仍然是这里的居民。"[①]《诗篇》中的某些章节虽然"使得人并不比神低贱多少"[②]，但却缺乏这种洞察力。《诗篇》中充满了乐观主义，那是因为最高的善来自于"接

---

① 歌德：《浮士德》第1部。——英译者
② 同上。

近上帝"。然而,先知并未从如此的高度无动于衷地看待人类。他希望在将来的某一天,上帝会"拭去每个人脸上的泪水"。"我的泪水奔涌而出,大地收回了她的孩子。"这就是说,借助于眼泪的誓约,浮士德用人的俗世的存在来描述人本身。除了对人的俗世的存在的转变和提升之外,还有什么可以作为对人的道德的号召呢?

到目前为止,我们同斯多葛派不一样的是:我们仍然将同情留在伦理学之中。人们应该接受同情,目的是借助于它来证明某种人类学意义上的伦理学的合法性。然而,如果有人问:为了不是更多地消除痛苦而是满足同情心,伦理学应该做什么、能够做什么?对于这样的问题,除了某种具有教育意义或者实践性的后果之外,伦理学不可能给出任何其他的答案。伦理学不可能通过创造出某种原理、某个概念来回答上述问题。如同人们今天所说的那样,伦理学由此而变成了实际上的实用主义。同情不得不变成一个有用的幻觉,别人借助于它可以分担"我"的痛苦并进而减轻它。除了这样的幻觉之外,人们不指望更多的帮助。这正是各种形而上学都拒斥这一情感的原因,因为它的前提不过是一个幻觉。我幻想着"我"是同其他人一起分担痛苦,但是这个"他"不过就是我自己,"他"只是由于我的理智产生出来的幻觉才对我显现为"他"。叔本华曾提及这样的幻觉。

对于斯宾诺莎来说,他同样会拒斥这样的情感,因为他与斯多葛派一样,拒斥所有的感性影响。对他来说,唯一重要的就是知识,也就是关于唯一实体的知识。然而人类全体都不过是样式,只不过是这个唯一实体的单个的样式。在此每个人都像其他人一

引言：书名释义及任务说明

样，没有人有自己独立的存在，或者毋宁说每个人都只是那个唯一的实体的表象。任何不属于知识的东西都是恶，同情与嫉妒一样，有着同样的血统。"我"是在同情的引导下走近他人还是在嫉妒的引导下返回自身并没有什么区别。这一法则是斯多葛派对痛苦无动于衷这一基本原则的逻辑延伸，即把同情变成了一种毫无价值的幻觉。

但是，在伦理学与宗教的分歧点上，必须把伦理学与**悲观主义**区别开来。因为悲观主义和乐观主义的区别仅仅在于对于俗世的存在所进行的实际上的改革。乐观主义无论如何都不是叔本华所说的是"一种奇怪的思维方式"，其智慧有着实际上的重要性，这一点总是得到神正论的肯定，它总是能根据伦理原则来改善俗世的存在，并因此而减轻人类的痛苦。然而，如果悲观主义反驳说，所有这些努力都是白费，是爱的无意义的工作，那么，尽管这样的反驳完全背离了公认的世界历史，乐观主义的主旨并未因此而遭到否证。因为这一主旨来自于某种声称独立于经验之外的形而上学。苦难的形而上学意义使得它变成了人类存在状态中唯一真正实在的东西，因此，这种悲观主义的形而上学所带来的实际后果就是：在对于人类存在的否定和放弃中实现并确证其原则。但是，如果这样的智慧可以被称作形而上学的话，那么它无论如何都不能被看作是伦理学。因为后者给予人类的存在以绝对的信任，希望发展、提升人类的存在。如果此时伦理学把存在看作是充满痛苦的，那么同情对它来说不过是意味着这样一个问题：如何能够消除痛苦？从主观上看，苦难就是痛苦（suffering is pain）。同情是与痛苦处在同一个层次呢，还是在它自身中包含着消除痛苦的办法？

它是否就是带来了治愈自身的方法的创伤本身呢？

10. 这正是宗教从伦理学中挣脱出来的关键点。对他人痛苦的观察并非是一种折服了我自己的内在情感，在我不把别人的痛苦看作是自然的和经验现象的时候尤其如此，只有当我把它看作是悬在我在伦理世界中表现出的全部倾向性上的一个问号时，情况才有所改观。只有狭隘的心胸才会让我在面对痛苦时无动于衷，只有在错误的形而上学引导下无视人的特殊价值才会将同情降格为一种本能反应。在痛苦中，一道突如其来的炫目亮光使得我看清了生命太阳中的黑子。尽管对痛苦根源的深入探索对我来说可能永远无法完成，但在这样的探索中带给我的绝不是某种理论上的兴趣。如果人的这种价值主要体现在痛苦之中的话，那么我必定会对伦理学的全部意义以及关于人及其价值的全部教诲感到绝望。在这种情况下，人性的全部意义对我来说都是无本之木，更不用说我是否还对我自己的存在抱有什么兴趣了。

对于苦难的省察向我们揭示了伦理学所面临的最为困难的选择，并且由此而将同情放在了至高无上的位置上，从而指明了肯定它的道路。然而，如果现在对痛苦和同情的兴趣被看作是一种与对世界的理论说明不相同的伦理学兴趣，因而也是与所有所谓的形而上学无关的伦理学兴趣，那么就会产生一个问题：伦理学实践究竟会带来些什么呢？为了解决这一伦理学上的基本问题，它将采取何种方法呢？人的概念在这一点上似乎达到了自己的极限，除非这一极限被迫回撤，并且给人的概念进行一次新的扩展。至此我们终于走到了**边界之上，宗教就是在这里兴起的**，也正是在这里，它用痛苦照亮了人类的地平线。

11. 现在，如果能够借助于痛苦和同情而在人中找出"你"，那么"我"就有可能从自私的阴影中解放出来，再次回到阳光之下。此外，即便是某个人自己的痛苦，也无须不加区别地予以接受。某个人对自己的痛苦的同情不一定仅仅是内在的和无结果的自作多情。肉体的存在就像物质的存在一样都属于个体的灵魂，当肉体的痛苦遭到否定之际，灵魂也遭到了否定。人性要求我们充分考虑到一个人自身的痛苦。

伴随着"我"的痛苦，与感官的不完善性并列的其他创伤同样出现在光天化日之下。对于道德的脆弱需要进行重新审查，如果人们假设在不道德（wickedness）和**不当得利**（*ill fortune*）甚至在德性和财富之间存在着某种一致性，那么对于道德来说，这一假设不仅是肤浅的，而且是有害的。如果对伦理学来说，不当得利的原因不应该成为一个理论上的问题，那么恶的起源的问题就更不应该成为一个理论问题。因为这样一来，这种理论上的兴趣会立刻将问题传达给我的同胞们，"我"不得不将后者变成罪恶的载体，而刚刚发现的"你"立刻会再次消失无踪。但是，对恶的研究将不可避免地涉及对人类的大多数进行审查。

然而，如果是通过"你"才发现了"我的我"，那么，"我"或许应该用"我"自己的词汇来研究这个精妙的问题，避免让"我"的同胞陷入"我"可能出现的自以为是之中。如果宗教在人的自我认识中有其最深刻的根源，那么以西结就与苏格拉底如出一辙。[①]就像苏格拉底借助于自我认识从理论上建构起人以及随之而来的

---

① 显而易见，这里指的是苏格拉底的"认识你自己"。——中译者

伦理学一样，以西结在人关于自己的罪的自我认识的基础上建立起了宗教。

通过罪而导致的"人"的发现是任何宗教发展得以可能的前提。这样的认识被看作是自我认识。**由此宗教将自身与神话区别开来**，在后者之中，人尚未变成自己的罪的始作俑者，而仅仅是他的祖先及其罪孽的继承人。"灵魂犯了罪"，这一命题意味着个体就是建立在这样的灵魂之上，在他关于自己的罪的自我认识中存在着他的德性的自我起源的基础（in self-knowledge of his sin lays the foundation for the self-origination of his morality）。然而，在罪和德性之间有一条漫长的道路，人必须沿着这条联系起宗教与道德的漫长的道路奋力前进。在这里，指引着他前进的灵性的路标正是**与人的概念并列的、以宗教为其标志的另一个概念**。

12. 上帝真的是宗教的标志吗？难道不是所有的伦理学，无论是现代的还是古代的，都或多或少地公开将上帝看作自己的基础吗？如果我们自己的《纯粹意志的伦理学》甚至都将上帝的观念提升到了拱心石的位置，如何还能将上帝看作是宗教独有的财产呢？

让我们还是停留在我们自己的伦理学内，它比任何过去的伦理学都更为明确地将上帝的观念引入了伦理教化的内容。但是，在我们的伦理学中，上帝观念的意义与一般意义上的人的概念完全一致。就像其中的人意味着人性一样，上帝的意义仅仅是保证人性的原则能够得到实现。既然伦理学中的人仅仅是一个人性的表征，那么上帝也只不过是人性的保证人。普遍德性的主题就是人性。在伦理学看来，个体的人只有作为人性的象征才能达成德性的要求，因此，他的成功与否必定只能局限在伦理学自身的能力范围内，也就是说，局限在**其理性的自律法则内**（in the autonomous law of its reason）。后者对超出其界限的东西毫无责任，因此它基本上对道德义务外在的成功和失败不感兴趣。在此，理性再次屈服于这种无动于衷的神话。

我的德性以及所有人的德性是否就其自身而言就值得我们尽职尽责地去追求，这不是一个可以对之无动于衷的问题。毋宁说，我必须对**道德理想**是否具有生命、是否具有现实性保持高度的兴趣。即便是这种同一性只能以无限接近于理想的方式获得，那么无限接近作为不可动摇的目标就意味着现实性逐渐渗透到了理想之中。然而，伦理学的正确的目标不得不在其精确的科学性面前退却了，因为后者必定会坚持现实性和理想以及更一般的观念和现实之间的区分。这样的精确性导致了下述幻觉：伦理学所处理的仅仅是原理和规则，从不涉及人的现实性。

13. 宗教拒斥这种"坏的理性"并因此而确立了自己独立的价值。宗教所教导的上帝恰恰意味着消除这种来自伦理学精确性的偏见。柏拉图曾经说过（尽管是在《泰阿泰德篇》中附带提及的）恶永远不会消散，因为它必定会作为善的对立面而存在。这一观念把犹太教与异教信仰甚至柏拉图主义中的异教信仰区分开来。与拜火教不同，如果先知也曾将上帝看作是恶的创造者，**那么这种所谓的恶毋宁说是病态**（ill）。人们通常会将病态与恶混为一谈。然而，先知想要教给我们的是上帝只能是完美的创造者，他的表现形式和标志是**和平**（peace）。

这样一来，就不难理解一神教会在弥赛亚崇拜中达到其巅峰。

然而，弥赛亚崇拜意味着善在世上的统治。人们耳熟能详的一种观点认为，弥赛亚时代只有在不义消退了之后才会到来。但是，弥赛亚的真正含义却是：不义将会（will）消退。柏拉图甚至都不曾设想过这样的观点，它是唯一的上帝带给弥赛亚式的人性的新教诲。德性会在人世间中建立起来。这样的信心无论是面对怀疑论、悲观主义、神秘主义、形而上学、世界经验（experience of the world）、人类知识、悲剧、喜剧，都不会消失。绝不能把理想和现实之间的区分偷偷地转移到阴暗的角落中去享受某种特别的永恒待遇，而应该让其消散在弥赛亚之中。虽然人类的德性仍需奋进在险峻无比的新道路上，但某种程度上的人类德性是能够达到的，这是人类道德进程的保证。

14. 我们已经将弥赛亚式的上帝描述为伦理学的上帝，但是，为了澄清历史起见，我们必须补充一句。在我们的《纯粹意志的伦理学》中，这一弥赛亚式的上帝表现得只像是伦理学的上帝。既然科学的伦理学定然会正确地运用它所有的文献资源，那么我们也将这一上帝从一神教中移到伦理学中。但是，这样的上帝虽然来自于宗教，但却仅仅是为了连接一神教和道德而出现的伦理学的上帝。他还不能算是真正的、宗教意义上的上帝。一神教的顶点是弥赛亚崇拜，但其重心却在上帝与个体的关系之中。在这一点上，就以西结不再重视世界转而进入对个体的内省而言，他偏离了弥赛亚崇拜的主流。

以西结将人类个体的上帝交付给了宗教。现在，关于"你""我"的问题可以以一种新的面目出现了。如果说一开始的时候被看作罪的标记的"你"是德性的威胁的话，那么现在罪的真正的标志，作为关于自我的知识的反映才真正得到了确立。"我"必须在自我之中研究罪,而通过罪"我"必定会学着了解我自己。无论我对别人的罪倾注的热情是否要少于"我"逐渐认识到"我"自身最为内在的存在也已经被罪所沾染,不管对于我自己的困难有着多少同情,"我"宁肯让自己在对待道德缺陷时变得更为敏感。

15. 罪和苦难之间的联系被神话看作是其最为深奥的秘密,而现在,这一联系对于"我"来说或多或少是可以理解的了。现在,当"我"去探讨人类的悲惨遭遇中、舞台上的英雄们或者世界大舞台上的人们所呈现出来的道德缺陷时不会产生什么不良后果。因为现在我自己已经变成了人类缺陷的真正原型。现在"我"已经不再会滑入"你"仅仅因自己的罪而痛苦这一无可挽回地驱散了"我"的同情的不幸的观念了,现在"我"的心灵中充斥着这样的思想:对于他人的缺陷的了解,并不像"我"对自己缺陷的了解那么深入、那么清楚。如果苦难是罪的惩罚,那么"我"只愿意让我自己去尝试它。

但是,宗教的上帝从来不只是一个理论上的概念,从来不只是一个只能扩大和启迪人类的知识和智慧的概念。与此同时,关于人自身的罪的知识以及由之而来的关于人自身的知识的目标是为了进步,是为了铺平通向上帝的道路。**上帝不是命运的概念**(*God is not a concept of fate*),他没有必要揭示苦难的原因是什么。同样地,他也没有必要揭示恶来自何方。堕落(the Fall)的传说起源于波斯。① 因此,唯一的上帝不可能为生命和罪恶之间的关系负

---

① 应该是指拜火教的二元论。——中译者

责,更不用说两者之间从人类标准看来的势均力敌的状态了。我们应该而且必须从下述观点的高度去认识一神教关于上帝的教诲:所有将人的内在的**尊严**与他的世俗命运的外在表现进行考量和比较的做法都是琐屑的、无意义的、目光短浅的和具有欺骗性的。那个古老的问题:为什么好人没有好报而坏人尽享荣华富贵,将会找到自己的答案。对此,以柏拉图的智慧都未能找到些微的线索。

16.先知们不是哲学家,但他们是政治家,他们在政治层面上是比柏拉图本人更为一贯①的理想主义者。在政治层面上,他们有着高度的爱国热忱,甚至可以被看作是弥赛亚世界的公民。对他们来说,自己的国家反而仅仅是通向人类联邦的一块垫脚石。

在上述国际性的问题之外,他们还注意到另外一个问题,即穷人和富人之间的差距导致了对于国家的平衡而言最大的危害。**穷人逐渐变成了他们眼中人类苦难的象征**。如果他们的弥赛亚式的上帝想要通过在人间确立德性而消除苦难,那么上帝因此必定会变成贫穷这一人类苦难的根源的征服者。如此一来,他们的上帝变成了穷人的上帝。先知们的社会洞察力使得他们在穷人身上发现了国家缺陷的症候。**因此,他们的观点是实践性的,与神秘主义的末世论大相径庭**。他们并不把死亡看作是真正的苦难,死亡无法向他们提供某种不可思议的神秘主义。与他们观点相联系的是处在国家经济生活中的人们,以及这些人们显而易见的、根深蒂固的贫穷。正是贫穷向先知们揭示了社会苦难的根由,这样的根由才是唯一需要铲除的,因此也是唯一值得重视的。

---

① 似指柏拉图晚年从理想国退而求其次谈论法律。——中译者

17. 如果情况是这样的，即先知们的宗教既在贫穷的痛苦中发现了人，也发现了作为穷人的唯一的支持者、所有阶层人们的唯一的帮助者、唯一的上帝，那么通过这一德性上的特殊的现实性，**宗教自身变成了伦理学教义中的一个特殊的分支**。此外，我们必须审查一下，这种特殊性是否仅仅是历史偶然性的结果，或者说，宗教的概念、一神教的概念是否会在这一发现中检验自身，因此它不得不被看作是宗教概念的必然推论。信奉唯一神的宗教必定要从受尽社会折磨的苦难的人民中间、在政治正义的最深层次的内在矛盾中找到一缕希望的曙光。伦理学最基本的理论价值并未改变，其理论仍然是确立人类价值的指南。但是，宗教已经获得了更为客观的见识，并由此出发得到了自己关于上帝的概念和人的概念的基本原理，而这一切对于伦理学的方法来说都是闻所未闻。这种客观见识确立了宗教的特殊性，这一点甚至比宗教的概念一旦加以应用就必须将自身纳入伦理学的普遍方法这一点更加毋庸置疑。

C. 犹太教资源

1. 到目前为止，我们已经对理性和宗教进行了初步的说明，现在我们要转向犹太教资源，因为理性宗教应该是从这些资源中生发出来的。我们不应该从犹太教的概念出发，因为后者应该被确证为理性宗教。借助于本书肯定会给出的这一确证过程，犹太教的概念最终会变得一清二楚。如果我们想要从犹太教的概念出发，我们就不得不预先假定它的源泉。因此我们最好还是从这些资源的普遍的方法论意义出发。

即便是在这些资源中，整个的犹太教概念也基本上是可以预见得到的。因为从这些资源中产生了所有可以被称作犹太教的东西。然而，我们有充分的理由去区分开以制度和书面文件为代表的一方和以文献资源为代表的另一方。只有后者才能产生出书面文件的内容，因此，对于内容的理解只能借助于书面材料。

这些文献资料是精神（spirit）的直接表达，而在其他书面文件中，精神的表达只能借助于间接的方式。这些文献资料是精神产品的真正根源，所表现的是一个民族的精神努力创造出的属于自己的精神财富，具有最高的原创性。这些文献资料为我们指明了最初的源头，即唯一可以作为最初源头的正是民族精神，相应地，它也就成为个体得以产生的最初源头。

2. 犹太人的文献，就其作为源头来说，是一种民族文献。而这种最初源头的特征自古以来一直是犹太文献的共同特征，正是在这样的情况下其作为最初的源头才得以保留，也正是在这样的情况下其民族性特征才得以保留。然而，它最初的源头包含在并且植根于独一无二的上帝之中。"以色列啊，你要听"和"永恒的就是唯一的"这两句话是相互补充的。以色列的民族精神是由独一无二的上帝观念所决定的。任何一种来自以色列民族精神的东西都同样地来自独一无二的上帝，如果它确实是在民族精神的最初源头及其特殊性中产生出来的话。

然而，这一基本观念的产物却是多种多样的，并且经历了很长一段历史，即便是在最初阶段也不乏某种巨大的、表面上的、矛盾重重的多样性。

《申命记》的标志性特征在于其中的新教义的价值表现在"律例和典章"之中。律法的道德形式被说成是新宗教的产物，由此产生出了一种宗教和社会政治之间的联系。因为"律例和典章"是这个民族的智慧，同样也是上帝指导的证明，且具有律法的形式，在其中社会的和个体的道德得以确立并得到加强。《申命记》预设了一种存在于宗教理论和伦理实践之间的互动关系。借助于这种互动，宗教资源超出了国家制度的范围。对犹太教来说，理论和实践之间的这种联系一直以来都是决定性的，因此对于犹太教的文献资源来说同样是决定性的。

　从总体上说，整个《摩西五经》都具有这样的双重品格。它不仅教导着关于上帝和人的知识，同时还教导着这种知识所关心、所鼓励的行为。因此，它既是民族精神所创造的、属于心灵的精神产品的根源，又是实践中的创造的根源。出现于《申命记》中的教义是晚于"律例和典章"的。

　3. 然而，文献资源的界限却超出了整个《旧约》。希伯来民族的文献从一开始就伴随着这个民族的历史以及那些环绕着历史的神话和传说。这种历史渐渐地变成了政治。这一改变的进程是借助于先知们的观念而完成的，此外，对于这一改变来说，《申命记》是其框架性文献。在其中，摩西通过其演说追溯了早期的历史，目的是扩大其应用范围，使之能够适用于未来的政治状况。政治似乎恰恰是来自于先知们的观念。所罗门也曾经被看作是先知，但是即便是他，也没能达到那种标志着先知们的原创性的最初源头的高度。预言是犹太民族的创造性的灵性焦点（spiritual focus），其根及其原创性的伦理学都深埋在历史、民族的历史之中，直到现在,这个根源仍然给其枝干(已经越长越高)以生命的养分。先知们观念的标志性特征是什么?是这样的观念:宗教和政治是密不可分的。对于宗教来说,政治是它的生命线,政治消失了,宗教不可能独自存在。那么,这一特征究竟是如何形成的呢?

4. 纯正的民族精神中的其他力量也活跃在犹太教之中。作为诗歌根源的**抒情诗**(the lyric)同样也是犹太民族的资源。**因此,《诗篇》是从预言中产生的**。此外,犹太精神还有另一个特征,即这个民族的精神是与它的产生,也就是说与宗教融为一体的。人们曾经拿《诗篇》去与巴比伦人的诗歌进行对比。比较的结果是双方在凯旋曲(the triumphal song)的外在形式和献给诸神及英雄们的赞美诗方面是一致的。但是,《诗篇》和预言之间的血缘关系却是《诗篇》所独有的,没有任何诗性的、高高在上的玄虚可以填补上述血缘关系的匮乏,否则品达的诗歌都可以放到《诗篇》之中了。某些预言性作品曾经混入了《诗篇》,或者某些诗篇就是预言,而且反之亦然,这样的现象绝非偶然。

尽管《诗篇》变成了讽喻性的诗歌(epigrammatic poetry),但却并未进一步缩减和僵化为散文。《传道书》升格进入了《雅歌》,而《箴言》则深入到《约伯记》中。因此,除了戏剧之外,所有与诗体相关的艺术门类都可以作为文献资源,而且戏剧之所以被排除的原因也是显而易见的。诗歌穷尽并超越了所有的悲剧,但不包括其特殊的形式。预言在其实践层面上吸收了悲剧艺术的形式。

或许这些宗教文献中最大的谜团就是其双重性。在其他的传统中只有一个来源，只有一种文献资源。以色列民族恰恰在这一点上是个例外，而且这一例外一直以来还在不断地产生着新的例外。先知们独立地传承了犹太传统，他们生活的年代距摩西已经非常遥远，因此，他们不得不深入到历史的迷雾中，竭力解开笼罩着摩西的种种谜团。在先知们之后，《圣著》（Hagiographa）的作者们构成了另一部分文献的独立来源。民族文献打在其神圣著作上的烙印是多么独特、多么有启发性啊！无论如何，令人惊讶之处似乎越来越多。

5. 当旧世界的新传承者已经出现的时候，《圣经》正典却还没有确定起来。这些新传承者的名字叫作"抄写员"（scribes）。这个称谓极其特殊，因为其中包含着一个历史性的矛盾，即这些所谓的"抄写员"在更大程度上是演说家（speakers），就像在更古老的时代只有先知们和歌手们才会作演讲那样。当《圣经》正典确定了成文的教义之后，它就封闭了起来。此外还一致流传着一种"口传法"（oral teaching），这是由民族精神所派生出来的，而且与成文法具有同等的权威性。人们在口传法中学到的不是属于某个特殊阶层的精神，这种精神也无意在《圣经》的权威之外另起炉灶，因为这本身就是民族精神最原初的力量，并且意识到了自身的自然本性，即便是在面对原初的成文法时，它也不曾放弃自己的权利。正是这种民族精神想要而且也必须能够贯穿于教义的发展过程之中，并且与最初的教义保持着一致。如果这种持续性从未被看作是基本的民族精神的持续性发展的话，那么《托拉》最多只有某种暂时的价值。

因此，《塔木德》和《米德拉什》变成了犹太教的源头，就像

《圣经》的许多章节一样有效。① 人们不应该指责《塔木德》复杂的内容，"律例和典章"是《托拉》最初的文献。

造就了《塔木德》的那种自然力量将自身展现在这样的事实中：《塔木德》的起源既在巴比伦也在犹太人的故乡。犹太民族对于在巴比伦和巴勒斯坦的学者们之间持续不断的、活跃的交流并不满足，由此才产生了《巴比伦塔木德》和《巴勒斯坦塔木德》，尽管后者的篇幅略小。从此以后，这两部伟大的作品逐渐发展为"口传法"，即便是在失去了祖先的家园之后，犹太民族的精神也并未感到迷惘。古老的"律例和典章"的精神借助于同样的民族力量在异国的土地上生根发芽，正是在这种精神中，"口传法"找到了自身的根基。

6.这一不可分割的民族精神的双重性还以其他方式展示出来。在《申命记》中，一般人很难理解先知们的精神是如何能够与民族习惯紧密联系在一起的。尤其是在有关祭祀的事务中，这种含混性似乎更为突出。尽管人们通常能够理解因地制宜而进行的民族或政治方面的改革，但与此相反的是，人们更倾向于要求先知们始终是忠于他们的教义的圣洁的天使。即便是极端如耶利米也并未完全摆脱片面的爱国主义。但是以西结却是一个政治实践方面的大师。在国家无可挽回地崩溃之后，以西结希望借助于犹太会堂来拯救这个民族，为了将人们集结到会堂中，他需要圣所（sanctuary），因此他同样需要某种祭祀仪式。他也预见到了将

---

① 指《塔木德》和《米德拉什》都像《圣经》一样包含着丰富多彩的内容，《圣经》并未因这种多重性而失去其权威，那么前两者也是一样。——中译者

来以斯拉和尼希米所实行的政策。

因此，人们不应该对《申命记》并未取消祭祀而感到惊奇，尽管它真正强调的是最深层次上的意图的纯洁（the inmost purity of intention）。人们应该明白，从此以后强调的重点被牢固地置于心灵的宗教之上，因为，尤其是以西结之后，忏悔变成了祭祀的内在替代物。

7. 然而，就像对圣会（sacred institutions）的虔诚并未导致先知教义内部的分裂一样①，保留在文献中的诗歌与散文在整个的犹太教历史中一直保持着与宗教创造性的协调一致。这种双重性是建立在《塔木德》和所有形式的《米德拉什》中的《哈拉哈》与《哈嘎嗒》之间的统一的基础之上的。

《哈拉哈》就是"律法"，《申命记》中就是这样表述的。最初的律法包括市民法和国家法。然而，律法中包括祭祀法，而后者又相应地包括全部的仪式法（ceremonial law），其中饮食法占据着极其突出的地位。《哈拉哈》首先关心的是民事法典，因为它本身是从《摩西五经》中逐步发展而成的。此外，《塔木德》还建立起了一套保护财产的律法系统，这样就与罗马法和拜占庭法联系了起来。

律法直接与逻辑相关，因此，法理学（jurisprudence）才具有得天独厚的条件去发现并逐步发展出那些指导和控制着从律法原则引申到具体法律案件的推理过程的种种原则。因此，实践方面

---

① 指先知们既强调内心的纯洁又强调要积极参与到犹太会堂的聚会中来。——中译者

的应用同样会将**逻辑理论**引入犹太教的资源之中。

然而,《申命记》中的法令和条文已经具备了明确的道德特征。就像先知们以律例和典章为其起点、诗歌从先知们的教义而来一样,这种融合在"口传法"中继续大行其道。《米德拉什》不仅仅是《哈拉哈式》的,同样也是一部杰出的《哈嘎嗒》。此外,《塔木德》并非仅仅探讨《哈拉哈》,而且还带着有益的热忱教诲进入了有关律法的探讨之中。这种双重性的特征是:并不存在两种并行不悖的独立的风格,而是双方变成了生长在同一棵大树上的两根枝杈。《哈拉哈》很难被看作是继《哈嘎嗒》之后的一个独立领域,也不能设想《哈嘎嗒》是独立于《哈拉哈》的,两者具有同等的重要性。《哈拉哈》在法理学中所运用的逻辑变成了所有立法的唯一根源,覆盖了对《哈嘎嗒》的全部解释,其中也包括对于智慧的运用。在这个统一体中,"口传法"必须要证明自身。作为"口唇的果实",它是自发性的,而成文传统则是书写在黄铜版上的。

8. "口传法"还有另外一个特征,即它永远不是一个已经完成的产品,而是具有开放性,总是处于不断再产生的过程中。书本是闭合的,但嘴巴总是张开的,而且出于民族精神它也不应该保持沉默。"口传法"被持续不断的民族创造力打上了深刻的烙印。

在这种民族情感中诞生了一个词,如果换个环境,这个词就会难于索解,启示发生在从西奈山上得到的《托拉》中,但同时也发生在《哈拉哈》中,后者也是"在西奈山上启示给摩西的"。启示的这种延续性似乎是完全正常的。对于《圣著》的作者们来说,这样的论断没有丝毫的武断(而实际上这样的观点是缺乏历史材料的佐证的），完全可以说是关于成文法的批判性自我意识的自然产物。《申命记》所表现的最初的批判意识认为"《托拉》不在天堂而在你心中"，这种批判性仍然在上述思想中保留着，仍然表现在上述思想的勇气和清晰性中。民族精神并未死掉，而且也不会局限在巴勒斯坦。拉比约哈南（Rabbi Joehanan ben Zaeeai）[①]的遗嘱变成了犹太民族的《旅行者指南》[②]（the Journeyman's Book）。凡是教授《塔木德》的地方，都有着生气勃勃的《托拉》。《托拉》不仅仅是成文的，它也在你心上、在你口中，必须采取口传的形式。

"口传法"必定会变成《圣经》那样的得到充分重视的犹太教资源，借助于其所有的体裁和形式，也必定会赢得作为文献资源的全部价值。上述两点都得到了同一个逻辑的支持，都出自同一的方法论推理。

9.如果人们想要仅仅从这种形式化的逻辑推理的基础上出发，那么他就会误解《塔木德》对《圣经》的解释。真正的情况恰恰与此相反。首先，思想是思想，无论是来自《哈嘎嗒》的以诗性象征的形式表现出来的伦理思想，还是表现在《哈拉哈》中的律法思想，对于后者，就像对于其他的思想一样，人们很快会在《圣经》中发现对它们的认可。

借助于思想的这种心理学形式，"口传法"的观点变得越来越容易理解。否则，就无法理解为什么《塔木德》学者的记忆能

---

① 约哈南（30—90），以色列第二圣殿时期著名的学者，犹太口传律法的主要编辑者。——中译者

② 除了字面上的比喻意义之外，实际上，犹太人在旅行中也要研习《托拉》也是一种传统。——中译者

够变成《圣经》章句中夺目的瑰宝。其句法结构仍然能够完美地适用于当下的情形，并且变得容易理解。正如问题必定是层出不穷的那样，答案也是不断更新的。书面之教变成了口传之教。逻辑赋予了想象以严肃性，因为想象得到了问题的坚实客观性的肯定和支持。

10. 但是，犹太教资源并非仅仅局限在《塔木德》和《米德拉什》的诸多文集中。犹太教在与其他民族接触的每一点上都吸取了这些民族的影响，在宗教中也是如此。在波斯的时候是这样，在亚历山大里亚的时候还是这样，在中世纪的阿拉伯世界中更是结出了丰硕的成果。在亚历山大里亚，犹太教与希腊哲学的关系已经建立起来，而由于伊斯兰世界同样也接受了希腊哲学，因此犹太的宗教和希腊的哲学之间的关系得到了进一步的加强。

同哲学的对话产生出两个方面的成果。一是犹太人不仅有权参与到哲学本身当中，而且还创作了许多著作，其中有许多甚至仅仅是凭借标题就使得哲学的重要性日益增强。二是，哲学逐渐地渗入到宗教探索本身之中。在《密释纳》、《圣录》（*Sayings of the Fathers*）以及《米德拉什》中，都已经发现了这样的痕迹。但是，现在终于有一门解释《圣经》和《塔木德》的独立科学得以建立起来。经常的情况是，同样的作者们既忠诚于独立的哲学，又忠诚于对《圣经》的解释。由此哲学在无意中被带入了宗教文献中，**《圣经》解释虽然涉猎甚广，但其全部内容都变成了犹太教的一个源头。**

11. 上述观点尤其适合于独立的哲学著作，因为这些著作是经文解释赖以生存的故土。像所有的一神教一样，在犹太思想中，在宗教和哲学的边界上存在着一种严重的冲突，而且是一种永远无法完全解决的冲突。迈蒙尼德正是处在这一不断产生的冲突的焦点上。然而他的前辈们和他的继承者们同样也是活生生的犹太教的真正的、具有创造力的资源。他们创作出了许多虔诚而有教育意义的文献。许多道德教诲被收集到以《律法书》(Books of Discipline)为标题的文献中，并强调这些作品的实践品格从而获得它们具有作为宗教的资源的毋庸置疑的重要性。

12. 资源的领域越来越扩大，而且还远未看到尽头。因为宗教诗篇涉猎广泛，并不断地新增大量的诗篇，扩大旧有的祈祷仪式的范围，这些诗篇都被接纳为那种充满着渴望的祈祷文。这些新的诗作甚至变成了历史资料，因为它们在哀叹中描述了标志着犹太人从中世纪向现代转型时所遭受的苦难。它们被通称为"为了宽容的祈祷"(prayers for forgiveness)，其中包含着其宗教特征的证据。犹太人的历史越来越演变成犹太教的历史。"忍耐是我们所有部族的徽标"①，莎士比亚用这个句子作出了一个历史性的判断。

然而我们也可以将这个句子应用到宗教的历史上。中世纪的礼拜诗篇继承了《诗篇》风格，其中也包含着宗教思想和感情的新的丰硕成果的种子。中世纪最伟大的犹太诗人犹大·哈列维(Judah Halevi)②可以被看作是一个独立的哲学家。所罗门·加比罗尔(Solomon Ibn Gabirol)③或许是一位更伟大的宗教思想

---

① 典出莎士比亚《威尼斯商人》第1幕第3场中夏洛克的一句话。——中译者
② 哈列维（约1085—约1140），中世纪西班牙犹太诗人、哲学家。——中译者
③ 加比罗尔（1021—1070），深受柏拉图影响的中世纪犹太哲学家、诗人。——中译者

家，同时也是一位伟大的哲学家，从13世纪开始，他就被当时的人们误认为阿拉伯人，而且还有一个令人误解的名字阿维斯布朗（Avicebron）。在这个例子中，宗教实践也是以一种活生生的方式融入了宗教和哲学的思辨之中。

13. 由此我们获得了一种对本书标题中的"犹太教"概念的更为确切的理解。犹太教意味着宗教。尽管这个宗教仍然是弥赛亚式的宗教，并且从一开始就试图成为世界宗教，但是，无论如何它都曾经是而且在其发展的全部过程中仍然是犹太民族精神的统一表达，无论它曾经受到过什么样的影响，这一点从未改变。在这一宗教的创造性中包含着民族精神的见证，因此，民族精神的概念并非是建立在某种统一的民族性之上的，相反，客观地说，它是建立在上述宗教文献的统一性之上的。宗教文献是犹太民族精神最为重要的资源。无论犹太人在贸易和商业的历史中赢得了什么，无论他们在所有类型的谋生手段中得到了什么，无论他们在科学和艺术中达到了什么成就，毫无疑问宗教精神都在所有这些成就、犹太人所有的文明成果中留下了自己特有的印记，虽然这一印记并非是一清二楚的。在所有这些成就中，属于一般意义上的文明的份额和属于犹太宗教本身的份额可以说势均力敌。犹太人的民族性的意义取决于宗教性的犹太教。后者是唯一的犹太教，而宗教资源是犹太教唯一的生命之源。

这一观念同时还确立了犹太教历史的统一性。确实，深刻的内在冲突是犹太宗教历史的标志，这使得这种统一性屡遭质疑。我们已经知道先知们和祭司宗教之间（the prophets and the priestly religion）曾发生过冲突。在今天的圣经研究中，先知宗教和律法之间的冲突被看作是无法调和的。现在我们要略过这个已经探讨过的问题，无论原则的冲突是否必然也属于人类意识之内的冲突。理智主义和神秘主义之间的冲突在这一点上为我们提供了一个借鉴，即在神秘主义最深刻的表现中，这种冲突演变成了一个最有成效的解决方法。无论如何，在这一点上，我们会从这种通常会影响到民族宗教的含混性中获得益处，我们的目标是澄清有关犹太宗教的统一性问题。

在我们自己的同代人中，统一的犹太教问题同样是实际政治生活中最主要的困难所在。这种统一性就像犹太人及其宗教的绵延不尽一样是一个奇迹（Wunder）。该如何来解释这个奇迹呢？

14. 具有口令意味的那句咒语同样也包含着对这个谜团的解决方法。"以色列啊，你要听：上帝是永恒的，永恒的上帝是独一无二的"，这句咒语对于犹太人的内在生命和延续性来说意味着什么呢？或许可以说犹太教之外的人完全误解了这一咒语。圣经研究者们因此试图改变这种翻译。他们试图将"独一无二"（unique）解释为"只有一个"（only one），目的是为了将这一句子中包含着的历史—系统性的（historic-systematic）力量掩饰过去，并且削弱其重要性。但是，这一咒语无疑向《圣经》章句中引入了这样的观念，即对上帝的爱。"以色列啊，你要听"这一强调形式同样具有某种历史性原则的意义。这一原则是一种召集性的观念（rallying idea），也就是犹太教的统一性概念。人们可以随心所欲地相信祭祀和仪式法的字面意义。上帝的统一性将信仰提升到了这样的思辨的高度，以至于相形之下其他所有问题都变成了次要的，即便是人们仍然希望通过赋予这些问题以客观的和历史的动机从而将它们看作是最主要的问题。另一方面，那些对环绕着犹太宗教核心的诸多附着物感到不满的人会发现，只要"以色列啊，你要听"的呼唤进入他的心中，所有的怀疑论就会全部消散，上帝的统一性增强了宗教意识的统一性。

犹太教是一个统一的概念，这一点不仅适用于民族的统一性，也适用于宗教的统一性。这种统一性以同样的方式既在独一无二的上帝概念中证明了自身，又在人——他自身在所有的自然存在物中就是独一无二的——的概念中证明了自身。由此我们获得了另外一个结果，它可以从本书标题中联系在一起的概念中推论出来。

15. 通常情况下，人们不仅在宗教和伦理学之间作出区分，同时还在宗教和道德之间进行区分。伦理学起源于希腊哲学而且一直保存在系统化的哲学中。只有借助类比的方式，伦理学的概念才能获得哲学之外的应用。因此，在本书中我们已经预见到了我们的方法，根据这一方法，理性宗教获得了并一直保持着自己独特的任务，只要它为了自己的方法一直认可并验证着伦理的自治。

对于宗教来说，伦理的自治意味着为自身的概念订立了第一原理。然而这种第一原理却使得自身变成了一个独立的系统，对外部的事物毫无影响。因此，我们将人性和个体看作伦理学的界限，宗教正是在这一点上找到了自身的基础。在个体的概念中，人的伦理学概念融入了宗教之中。

然而，如果人融入理性宗教中是犹太教资源的产物，那么理性宗教就不能在宗教和道德的内容、犹太宗教和犹太道德的内容之间作出区分，唯一可以进行区分的例外是伦理和宗教之间的方法论上的区分。人的概念属于犹太宗教，对于这一概念的内容而言，它拒绝承认伦理学的霸权地位，只是认可其系统性的方法的优先性。

独一无二的上帝概念以同样的方式属于犹太道德教诲。犹太资源明白无误地表明：正是在有关人的教导（不仅仅是关于个体的人而且是关于民族和人类的）中才发现了独一无二的上帝这一观念。所有存在于"律例和典章"所涉及的广泛范围中的特殊情况，所有的道德规则，所有的道德命令，所有的道德建制，统统植根于"以色列啊，你要听"之中。**在犹太意识中不存在宗教和道德的区分**。只有在泛神论破坏了现代的潜意识的地方，对于所谓的上帝存在的怀疑论才会产生，此时人们才会到某种崩溃了的犹太教中去寻找至少是道德的教诲。这种寻找的工作甚至对流俗的心灵来说都是不够的，因为后者同样通过一元论和对自然的颂歌而接受了泛神论缺陷的影响。泛神论是造就下述事实的唯一元凶：宗教悄悄地隐藏在道德训诫之后。

宗教本身要么是道德训诫要么根本不是宗教，而道德训诫只有在作为哲学伦理学时才是独立不依的。然而，这样的独立性不应因为借鉴历史的需要而被削弱。伦理学必须从宗教中为自己借来上帝和人的概念，必定会从历史和科学中借鉴许多其他的内容。在宗教见解对伦理学的同化作用上只有一个限制条件：借助于被定义为理性的最初的交流，理性宗教变成了宗教的标志。

如果宗教不是道德训诫的话，那么它如何能变成理性宗教呢？在这种宗教和道德的一致性中，理性宗教同时从主观上证明自身就是犹太教。犹太教是犹太民族的产物，这个民族借助宗教产物上的统一性证明了自身是一个统一的民族。从独一无二的上帝出发，犹太教的观点直接指向了统一的人类，而且以同样的方式指向了每个个体自身的独特性。这一观点决定了犹太精神的原创性和特殊性。

有人声称对于这样的犹太精神来说存在的只是上帝而不是世界。这一说法即便是正确的,最多也只适用于自然的、冷漠的世界,从来不适用于人。只有通过某种心怀叵测的辩论术无知地将某种外在的模式引入犹太教中,才会产生出上帝与人、宗教与道德的对立。先知留下的众所周知的话驳斥了这一说法:"世人哪,耶和华已指示你何为善。"(《弥迦书》6:8)因此,在关于善的问题上,上帝与人进入了一种必然的联合。上帝必然会宣示出善,而且是宣示给人的。除此之外他还有什么要说的吗?在人之外还有别的什么存在物能成为他言说的对象吗?理性借助其善的原则将上帝与人、宗教与道德联系在一起。

16. 因此,理性的原则带给我们宗教与道德的统一,而且如果犹太教的资源昭示着理性宗教的话,那么理性的概念同样也会为犹太宗教真正的统一性提供保证。在所有关于某种物质性特征的设想中,无论人们怎样将其理想化,只要它们是靠血缘关系联系在一起的,那么就仍然是物质性的。它们不仅会让出现在其他的血缘系统中的灵性类似物(spiritual analogies)变得难以理解,而且使之变得可疑。然而,如果理性才是真正的指导原则,那么我们就得到了一个安全的标准,它不仅能够勾勒出某个宗教的特殊性,而且能够重新召集并一直确保普遍意义上的灵性集合体。在这个集合体中,个别宗教的特殊性不会变成妨碍其他宗教存在的障碍。只要它们能够在自身资源的基础上证明自己是理性宗教,它们就拥有了作为宗教的合法性。理性概念至高无上的统治开启了这样的可能性，即多种多样的宗教都可以集合在它的名下。

只有当宗教哲学竭力以客观、公平的方式求助于其源头，在其自身的研究中挖掘出这一源头的价值，批判性地描述这一源头的时候，宗教哲学自身才能获得其科学的真理性。我很清楚，只要基督教神学和基督教宗教哲学仍然坚持基督教的**绝对性**，那么我就要小心，以免被来自它们的偏见所蒙蔽。但是，我并不认为只有犹太教才是理性宗教。我努力去理解其他的一神论宗教是如何在理性宗教中获得丰硕成果的，尽管就**最初的源头**而言，它们在理性宗教中所占的份额无法与犹太教相提并论。这种最初源头的地位确立了犹太教的优先性，而这种优先性在理性宗教中也占有一席之地。因为作为最初的源头是创造力旺盛的理性的特殊标志，它使得自身独立于所有其他来自意识的能力，而且造就了一种纯粹的类型。最初的源头包含着纯粹性的标志，而寓于创造性中的纯粹性正是理性的标志。

第1章　上帝的独一性

1. 我们认为，恰恰是上帝的独一性（uniqueness）而不是他的单一性（oneness）才构成了一神教的本质内容。单一性仅仅表明了一种与诸神的复多性相对立的立场。无论这种单一性是否仅靠自身就能战胜多神教，它是否是一神教中最主要的概念都是值得怀疑的。因为在多神教中真正的疑点不仅是诸神及其复多性，而且还包括它们与宇宙的关系及其巨大的自然力，正因为如此个别的神才得以出现。因此，如果一神教是与多神教相对立的，那么根据它关于上帝的新观念，它必须同时改变上帝与宇宙的关系。如此一来，从关于上帝的新概念出发，人们不可能满足于在一个上帝和许多神祇之间作出区分，毋宁说，上帝的单一性同样应该超越于将自身显示在诸多力量和现象之中的自然之上。

2. 因此，从一开始，上帝的单一性就关系到上帝与自然之间的关系。这样的单一性立刻具备了某种特征，它使得单一性超越了与复多性的对立，甚至将它提升到了超越于与**复合性**（composition）对立的层面上。复合性概念中包含着与自然的关系，因此，在涉及自然的时候，在上帝的单一性的含义中必须排除复合性概念。

在这个通向宗教殿堂的门槛上，圣经文献向我们提出了一个方法论上的难题。关于上帝单一性的思想似乎不仅会打开通往宗教的大门，而且也是开启哲学和形而上学的钥匙，尤其是这种单一性意味着独一性的话。在与宇宙的关系中，独一性意味着什么呢？既然上帝的单一性有足够的能力对付诸神的复多性，那么上帝的独一性就必须放在与宇宙的关系中加以思考。上帝的独一性因此是与宇宙相对立的。这种对立意味着什么呢？

当人们开始思考他们与世界的关系时，哲学的问题出现了。然而理性宗教由于在理性中也占有一定的份额，因此至少与哲学有一定的亲缘关系。因此并不奇怪的是，理性中与哲学所占的份额有亲缘关系的这一部分开始在宗教中传播开来，其传播的起点看起来似乎正是上帝的概念。

3. 所有对上述观念的反驳都不可能来自历史的方法论（historical methodology），后者为了揭示人类文明的基本概念，即便是在其发展的最初阶段，都必定会采纳理性的复杂动机（entertain complicated motivations of reason）。一神论原则在文明中的位置是如此深入，以至于人们很容易理解，所有关于自然世界及其类似物即道德世界的问题都已经在其源头中出现了。一神教的这一源头究竟在何处、在何者之中不可能被概括成仅包含一个概念的公式，这既是因为实际上上帝和世界总是出现在一起，也是因为如果没有关于自然的最原始的主题，有关上帝的最原始的主题也无法确定。

难道不是所有的精神产品都在其自身中包含着关于其起源的不解之谜吗？按常理说，人们必须去寻找那些使精神产品出现在历史中的预备性背景条件。人们必须去寻找使精神的进一步发展得以可能的一般性历史背景。但即便是找到了这样的历史背景，那种精神动力——上述问题中的精神运动是从它开始的，而开始的方式使得精神运动不得不将自己的源头追溯到这种动力——归根结底仍然是未经解释的。

4. 如果可以正确地认为，对个别艺术家来说，只有他的个体性才是展现在其作品中的规则性的内在秩序的终极基础，如果除了个别情况之外，在这些作品中起作用的天才同样会出现在任何一种精神产品中，那么精神的这种神秘之处在涉及民族精神的时候就会变得越来越难以索解。艺术家不是某个人思想的产物，而是整个犹太民族精神的产物。犹太民族精神在一神教思想的产生和发展过程中展现出来，孕育出整个民族的思想。如果有人想要总结一神教由以产生的最初动机，那么他就不得不将整个犹太民族的历史浓缩到一个最初的词汇之中。历史和政治背景同样无法提供一个进行充分说明的基础，而是恰恰构成了民族特性之中的精神性秘密。然而，犹太民族必定会与其他民族发生联系，就像单一的上帝必定会与众多的神祇发生联系一样。这一必然的推论得到了传统本身的证实，传统并不怀疑最初的时候存在着某种多神教。多神教的进一步发展导致其自身的解体并融入了一神教。历史背景可以浓缩为呈现在历史经验中的一个意蕴丰富的时刻，即犹太民族最初定居在迦南，其后移居到埃及，然后又从埃及辗转回到了故乡。

因此，一神教不可能是无源之水，其前身就在多神教中，而后者正是迦南时代的以色列人所信仰的。一神教进一步发展的前提条件出现在向埃及移民之后，在那里一神教的新种子才能够生根发芽，从而使犹太民族获得了返回故国的政治力量，而这一力量又孕育出一种创造性的活力,即创造新一神教的真正动机。因此,下述两种要素可以相互解释:辗转回迁和新上帝的出现。

然而,这些历史的因素仅仅是前提条件,尚称不上是新的上帝得以产生的积极条件,这个新的上帝之所以产生,不仅同诸神而且与自然有关。目前我们必须考量这样的可能性,即最初的材料可能会揭示出这种原初的辩证关系。因此,对于原始资源与其内容之间的关系问题,我们必须尝试着给出一个初步的定位。

5. 人们早就惊讶于犹太教的主要来源是**文学**作品而多神教的来源首先表现在**造型艺术**之中。造型艺术将自身变成了对自然的模仿。而诗歌这种艺术形式是文学最初的语言,比起造型艺术来,它能够让思想变得更具内在的精神性。希伯来诗歌仅仅局限于**史诗和抒情诗**。与诗歌最接近的是**修辞**而不是戏剧,而且史诗尤其喜欢运用修辞的形式。

一神教思想的这种最初的史诗形式为《圣经》的原初性风格提供了说明。此外,这种原初性包含着最深刻的内容,它既是思想的表达又是对民族历史起源的评论和修订。对古代文献的这种修订遵循着某种原则,要想理解这一原则,只有借助于民族精神最初的史诗形式。思想最初的层面没有被覆盖,更没有被消除,相反地,当新的层面被叠加在旧的层面上之后,旧层面仍然可以透过新层面而展现出来。

由于这种特殊的风格,对于《圣经》资源的理解以及对它的文学批评都陷入了巨大的困难之中。与通常的方法不同,我们必须具备这样的洞察力:借助于对原始文献的修正和重新解释,宗教理解力已经取得了长足的进步,而那些文献本身仍然保持在其特定的层面上，人们对它们最多只进行过重新的编排或者只给予个别部分以足够的重视。在追溯一神教的上帝概念内在发展的不同阶段时，我们必须坚持阐述文献的上述方式。

6.**埃洛希姆**（*Elohim*），上帝称谓的这一复数形式几乎为我们设置了一个不解之谜。通常的解释是，对上帝的这种称呼中残存着最初的多神教的痕迹。多神教曾断断续续地使用过一个新的名称，即**亚卫**（*Yahveh*），这似乎表明它是一个一神教未曾吸收的多神教残余。这种解释通常借助于双重性的残余及其引发的矛盾，但却无法正确地处理民族精神在其历史发展中的风格问题。

如果埃洛希姆这一复数形式得到保留似乎是一个谜团，那么它与另一个更大的谜团相比更是相形见绌：形容词的单数形式以及动词的时态都表现出与这种复数形式的一致性。这一心理学上的谜团是一个不允许存在的逻辑怪物。因此，逻辑再次必须为心理学提供帮助。如果这一语法形式的含义是荒诞不经的，那么逻辑必须教给心理学的是，虽然这个单词采取了复数形式，但其意图却不在复多性上，相反，正如它总是与单数形式相联系一样，其目的恰恰在于单一性（singularity）。

如果人们不顾逻辑的帮助而继续质疑这种从复数形式到单数形式的自我转换，那么这个问题需要借助下述解释来加以解决，即新的上帝被看作是一个整体（a unity），他的能力和清晰性使得语法上的复数形式跟不上新的思想内容。与通常情况相反，复数形式的保留恰恰证明了新思想的生命力，这与复数形式根本不冲突。一种文献（如以"以色列啊，你要听"为开头的文献）在对传统的重新解释得到了保证之后，将会毫不犹豫地让旧的名字保留下来,甚至不会给上帝添加一个新的名字。

我们不会进行关于埃洛希姆文献和亚卫文献的探讨。但是我们或许可以说,从我们的方法来看,两种文献的统一不能离开上述问题来理解。只有一种文献是一神教的这种看法无论如何都不正确的,毋宁说,埃洛希姆文献在朝向纯粹一神教的努力中也有其完整而确定的份额。

7. 上帝的另一个名称同样古老:**艾尔沙代**(*El Shaddai*)。在对这一名称进行解释时,我们无疑处在一个极其不利的位置上,据说,这个名字是与 shed 联系在一起的,而后者恰恰是恶魔的通称。这一名称在文学上的进步在于它与新名称亚卫的对立之中:"我从前向亚伯拉罕,以撒,雅各显现为全能的神(*El Shaddai*),至于我名亚卫(*Yahveh*),他们未曾知道",上帝召唤摩西时正是这么说的(《出埃及记》6:3)。在此,亚卫不仅与埃洛希姆和艾尔对立,也与艾尔沙代对立。然而,后来的解释却把沙代变成了全能的神(the Almighty)。

作为正面观念的创造者和作为负面观念的破坏者借助于圣经语言在这个名称中结合在一起,约伯的一个特征是他喜欢以这个名字称呼上帝,以表明上帝的原初性力量。因此,迈蒙尼德对这个名字的解释体现了他正确的语感,他从词根"el"着手,该词根表达的意思是自足,与此同时他证明了这种自足,声称"他自身是自足的,这种自足同时足以产生出整个世界"。

8. 由此看来,即便是最古老的名字都将上帝看作是世界的创造者。因此,那种认为新名字亚卫也包含着上帝与世界的这种关系的观点得到了进一步的证明。否则,人们就不得不假设对摩西的召唤和上帝将自身启示为亚卫所指称的上帝名字又回到了过去那个神奇的名字。然而，如果两个名字的并列恰如其分地表现了从一个发展到另一个的进程，那么这一点同样表明在上帝与世界的关系中上帝是最初的源泉，而这种关系是建立在上帝的本质之上的。如此一来，当我们认定一神教在理性中的份额同样扩展到了存在的问题上，当我们试图从源头上寻找存在于理性中的这一份额时，所有人为的解释和非历史的理性化做法统统消失了。无论如何，"亚卫"一词的词根与"存在"的联系都是一个语言学上的事实。我们必须去寻找第一次启示是如何清楚地表明上帝与存在之间的关系的。

9. 然而，首先要说的是，在存在、整体和上帝三个概念之间的普遍联系早已在希腊哲学中建立起来，并且在爱利亚学派中得到了实现。在爱利亚传统中，克塞诺芬尼是第一个建立起这种联系的哲学家。他曾经将宇宙放到存在的概念下加以理解。他并未以某种物质及其转化①为前提从而将自然加进整体的概念中，相反，只有借助于对于存在的预见才能使得关于宇宙的有序整体的概念得以产生。

与只与变化和运动联系在一起的感官表象相对立，自然的存在必须被看作是思想的对象而不是知觉的对象。思想和知觉之间的区别在于整体性。人们很难确定整体性或存在是否是思想的第一个产物。它们彼此属于对方，产生于彼此的交互性之中。没有整体性，宇宙不可能被设想为存在；没有存在，宇宙不可能被设

---

① 指的是米利都学派的传统。——中译者

想为整体。

存在和整体性之间的交互性建立在第三个概念（即上帝的概念）之上。根据克塞诺芬尼的看法，后者同其他两个概念一起出现在整体性之中。他指出："考虑到整个宇宙，这种整体性就是神。"情况可能确实如此，而且哲学的上帝概念同样来自于世界与整体性两个概念的联系。但是哲学的上帝与宗教的上帝之间的区别很快变成了心灵史上的一种力量。因为现在的情况是这样，既不是宇宙被看作整体，也不是上帝被看作整体，而是这两种实体其实是一个。然而，两者都代表了存在，而且都把存在变成了**一个**存在。因此，在希腊哲学发端的同时，泛神论也出现了。

10. 因此，在哲学之内，整体性概念彰显了上帝概念与世界概念之间的联系，即宇宙存在的整体性及其与上帝整体性的同一。在此，与存在的联系产生出唯一上帝的概念，因为存在与宇宙之间的联系的直接后果就是上帝与整体性之间的联系。但是这种有关上帝的思想并未超出整体性概念。因此，这种整体性立刻变成了上帝与世界的同一。上帝的整体性无非就是世界的整体性，而且上帝的整体性仅仅是一种手段，借助它，如果不是发现了世界的整体性，至少是确证了世界的整体性。

宗教在理性中的份额不应该仅仅局限在这种确证作用上。泛神论也不是宗教。对上述基本观念，我们必须一步步予以澄清。此外，整体性也不可能是一神教最深刻的含义。统一性[①]通常只是

[①] 与上文的"整体性"是同一个词，在此根据不同的上下文进行了变通处理。——中译者

对一神教的一种否定性表述，仅仅意味着一神教与多神教的区别。此外，当统一性作为复合性概念的否定性对立面并因此而排除了上帝与世界的同一性的时候，它还是与泛神论相对立的否定性表述。然而，如果上帝的统一性没有带来宇宙的统一性，那么，复合性就会变成泛神论思想的标志和宇宙的特征。因此，作为复合性概念对立面的统一性实际上只是一种否定的属性。阿拉伯哲学家们仅仅在这种意义上承认其正当性（validity）。

11. 独一性有着肯定的意义。它虽然将存在和上帝的概念都集合到自己的庇护之下，但却确立了两者间严格的同一性。统一性变成了同一性（unity becomes identity），这一思想上的进步是巴门尼德在希腊思辨中达成的。只有神才有存在，只有神才是存在。没有哪种统一性可以变成神与世界、世界与存在之间的同一性。世界仅仅是表面现象。这一思想像一缕曙光照亮了未来，即只有神才是存在。只有一种存在，只有独一无二的存在，神就是独一无二的存在。神是独一无二的。

在"以色列啊，你要听"这句话中，这种独一性是由"Ehad"这个词来表达的。在拉比著作中，更确切的希伯来词"Jihud"出现了，意思就是上帝的独一性。它意味着独一无二，借助这一含义，上帝的"独一性"一词与"统一性"一词的联系得到了澄清。在拉比文献和宗教—哲学文献中，上帝的本质也在同"Jihud"这个词的联系中得到了确定。

同"Ehad"一词相关联的 ahduth 也派上了用场，虽然有人认为它之所以被采纳，是因为阿拉伯人曾经用过它，但这一观点却不一定正确。因为 Jihud 既不单单指也不主要指主体的行动（subjective act），通过这种行动，自我由于将自身奉献给上帝并赞美上帝的统一性而达到与上帝的统一；Jihud 同时意味着造就整体性的创造性行为。*Ahduth* 将统一性表述为现实性、存在；与此相反，Jihud 表述的是这种统一性借以实现的功能。上述思想的重要之处在于，在宗教发展的过程中，统一性的最终实现表现在独一性之中。这种作为上帝的统一性的标志的独一性导致了我们对于上帝存在的独一性的认可，与之相比，其他所有的存在都消失了，都变成了无。只有上帝是存在。

12. 犹太宗教与希腊思辨（包括泛神论）的区别在于，它通过将中性词转变为人称词从而将这种存在定义为那个**存在着的唯一者**①。可以肯定，这样的做法消除了神人同形同性论的可能性。如果从"口传法"最初产生的时候就能够证明**与神人同形同性论的斗争**是犹太宗教教育的核心内容的话，犹太思想就不可能退化成神秘主义。或许可以说，在圣经教义成型的过程中，这种斗争已经扮演了一个重要的角色。因此，在我们研究过程的这一阶段上没有必要去反对这种从抽象词到人格词的转变，尤其是因为它与存在的关系至少已经削弱了把它与人格概念联系在一起的危险。上帝并不是那个存在者，他也不是那个唯一者，只有独一无二的那个才是存在的（God is not that which is, nor is he only the one, but the Unique One that is）。

13. 在所有来自《摩西五经》风格的谜团中，最大的一个或许就是对一神教最初源头的记载。对于这个存在的上帝（God of

---

① "存在"是中性词，"唯一者"（One Who）是人称词。——中译者

being）的最初启示发生在燃烧着的荆棘之中。火熊熊燃烧着，但却未曾毁灭荆棘，这一神妙的奇迹恰好构成了一幅背景，衬托的是世界历史上的第一个事件，即以色列人从埃及人的奴役中被解放出来。摩西当时正在替他的岳父叶忒罗（Jethro）牧羊，上帝将他从荆棘中召唤出来。这次召唤所发生的地点被看作是圣地。上帝首先自称为"你的祖先的上帝，亚伯拉罕的上帝，以撒的上帝，雅各的上帝"（《出埃及记》3：6）。"我要将你派到法老那里去，以便你能够带领我的人民、以色列人走出埃及……摩西对上帝说：我到以色列人那里，对他们说，你们祖宗的神打发我到你们这里来。他们若问我说，他叫什么名字？我要对他们说什么呢？神对摩西说，我是自有永有的。"（《出埃及记》3：10—14）

考西（Kautzsch）[①]译文中"我是自有永有的"的错误是致命的。这如果不是无意义的，至少也是难以索解的。他本人的注释揭示了他这一错误的意义："这个名字的最初含义仍然是相当富于争议性的。唯一可以确定的是，对这个名字的解释的意思是……动词 hawa（'haja'一词的古代形式）在'他是'这个意思上的未完成形式（an imperfect qual form）。从这种理解出发，他很难在哲学称呼世界为'真正的存在'的意义上被看作是'真正的存在'，毋宁说，他是永恒的、不变的唯一者。"承认上帝在这里将自身昭示为"永恒的、不变的唯一者"对于我们的"哲学认知"来说已经足够。无论如何我们都不会将我们的哲学解释强加在这

[①] 考西（Emil Friedrich Kautzsch，1841—1910），德国圣经学者，除《旧约》研究著作外，还著有《希伯来文文法》一书。——中译者

段文字上，但是仍会给出一种解释，目的是揭示出《圣经》原文中最初的深刻性，并使其源头的历史性力量得到理解。摩西问上帝他应该如何告诉以色列人上帝的名字，上帝回答说：我就是那个存在着的唯一者。我是唯一者，除了"我存在"之外没有任何其他的命名方式。因此，它表述的是这样的思想，即没有任何其他存在者能够断定自己与存在有这样的关系。

让我们继续看紧接着上文的章句是怎么说的："（上帝说）你要对以色列人这样说，那自有的打发我到你们这里来。"（《出埃及记》3：14）。因此，派遣摩西的并不是亚卫。相反，摩西用这种第一人称动词形式去称呼上帝，以回答以色列人他们的上帝叫什么这一问题。存在以如此确定的方式被指定为加诸上帝本人（the person of God）名字中的一个基本要素。如果这还算不上哲学，那么在理性一词最初的含义上，它已经是确定无疑的理性了。

如果原文接下去说"那永恒的，你祖先们的上帝，亚伯拉罕的上帝，以撒的上帝，雅各的上帝派我对你们说"，那么这似乎同摩西所作的反驳相矛盾（第13节）："我到以色列人那里，对他们说，你们祖宗的神打发我到你们这里来。他们若问我说……"等等。然而，原文继续说道（第15节）："耶和华是我的名，直到永远，这也是我的纪念，直到万代。"上述种种表述方式为未来所有时代、为未来所有世代人们的祈祷确立了上帝之名。要想解释其中内蕴的严肃内容（solemnity），唯一的方式是借助于它与唯一存在者这一新名字的关系。然而，原文试图消除新名字和历史上的名字之间甚至是表面上的区分。而历史上的名字从未指称过一个民族的神，而只是说是你父辈们的神，进一步说，后者最初被设定为"你的神"。如此一来事情渐渐明朗，上帝作为唯一的存在者是以色列的上帝。因此，他指向了永恒、所有的世代。摩西必须借助这个新的名字去唤醒以色列人对他们祖先的神的信任。

这就是燃烧着的荆棘所要表述的内容及其深刻的象征意义。荆棘并未被烧尽。上帝是唯一的存在者。亚卫作为上帝之名意味着永恒的唯一者，它对应的正是上帝在这一启示中给出的基本资料。永恒的唯一者意味着存在的唯一者即是上帝，上帝是不同于世界的，他是独一无二的，与他相比，世界不能被看作是存在着的。在对它的意思进行了上述限制之后，存在失掉了其哲学的含义。然而，我们无法通过在独一无二的存在者的存在和世界的存在之间建立起某种同一性而拯救存在的哲学含义。

独一无二的存在，其代表只能是独一无二的上帝，这首先就否定了其他诸神的存在。"外邦的神都属虚无。"（《诗篇》96：51）。"虚无"这一希伯来词汇来自一个通常意味着否定的词根。一神教对所有形式的多神教的蔑视来自这样的认识，即异教崇拜不仅预设了一个错误的概念，而且包含着否定存在的误解。然而，存在必定要得到肯定，必定要得到正确的理解。理性的这一原则指导着一神教。诸神的复多性是与存在相矛盾的。

通过这种方式，摩西十诫同样可以得到理解。"你不可崇拜他神"这一句应该翻译为：你不可以把其他任何形式的存在物看作是上帝。其他的是与独一无二的唯一者相对立的。对于真正的存在来说，没有什么能与他相提并论，在他之外什么也没有。在这独一无二的存在之外不仅没有其他的神，而且没有其他的存在。以赛亚不只说"在我之外没有其他的神"（《以赛亚书》44：6），他还说"在我之外皆是虚无"(《以赛亚书》45：61)。作为虚无的非存在(Nonbeing, as nothing)是与独一无二的存在相对立的。

14. 因此，上帝的独一性在于他的不可比性(incomparability)。"你们将谁比我，叫他与我相等呢？"(《以赛亚书》40：25)"没有什么能同你相比"(《诗篇》86：8)一句的翻译并不确切，因为它同时必定意味着：虚无可以同你相比(nothing is like unto Thee)。这种不可比性指向的不仅是自然，同时也包括关于上帝的其他概念。上文中的问题必定不仅指的是物，而且也包括人。

15. 因此，独一性必定伴随着存在和实存(existence)之间的区分。理性在一神教中的份额在这种区分中得到了充分的证明。因为实存是由感官、知性来证明的。另一方面，理性与所有的感官表象不同，它赋予实存以现实性，发现并将非感官的东西提升到存的层次上，并且将其标识为真正的存在。

理性的这种优先性存在于一神教最初的进化过程中，从反面看，人们同样可以在中世纪本体论论证①的不可避免的错误中发现它。当这种论证将实存与存在的本质联系起来，它从未确立理性至高无上的地位，虽然表面上看起来并非如此。这种论证混淆了思想和感性，似乎只有通过认可感性自身的独特性、认可其统治地位，理性才能达致完美境地，似乎也只有感性才能保证理性的正当性。至此，人们不难理解伊斯兰和犹太一神教为对抗基督教本体论所提出的关于属性教义的论证(the argument of the doctrine

---

① 指关于上帝存在的本体论论证，众所周知，其最著名的论证来自圣安塞尔谟。——中译者

of attributes）。

16. 因此，此种意义上的独一性也与简单性不同，因为后者仅仅是作为物质的普通特征的复合性的对立面而存在的。这样的简单性无论如何都不足以说明上帝的存在。上帝的独一无二的存在是这样的：不承认任何形式的混合，拒绝一切与感性实存的联系。本体论由于是建立在存在和实存的联系之上的，因此并不包含任何对抗泛神论的安全措施，实际上，泛神论本身就是建立在本体论及其主要表现形式之上。

一神教不能容忍诸如此类的来自实存的对存在的混合和歪曲。在一神教看来，泛神论无非就是神人同形同性论。此外，所有这些问题都在存在的独一性面前消失了。并非只有"神和自然"（Deus sive natura）这个命题中包含着矛盾，整个的本体论论证犯了相同的错误，只要它仍然在其本质中涉及实存。实体的统一性或许因此得到了定义，但其独一性却消失了。一神教观点导致了这样的后果："在我之外别无他物"。宇宙和自然都被否定了。

17. 难道我们不该问：如果没有了世界，上帝的终极意义究竟是什么？说到底，那毕竟是人类的世界。对这个问题我们不应该反对，应该给它一个清楚而令人满意的答复。没有了世界，没有了人类世界，上帝不可能持久（cannot remain）。然而，我们绝不能将自然归入存在，与上帝并列。自然要服从空间和时间的约束。形而上学的基本概念同样出现在一神教的推论过程中。但是，空间却不可能约束上帝的存在。"他的荣光充满全地"，或许，这正是出现在以赛亚异象中的这句话的确切含义（《以赛亚书》6：3）。尽管此前尘世、世界都是虚无，现在它们应该充满了上帝的无限荣光。空间的约束在一神教的观点面前崩溃了。这样就容易理解为什么在中世纪宗教哲学以及《塔木德》中，空间变成了上帝的名字之一。这种倾向在避免神人同形同性论的工作中可以找到，而这种工作即便是在《圣经》最古老的译本中都清晰可见。

18. 还有一种关于神性（godhead）的表达方式，同样也使得对空间的超越易于理解，即the Shechinah。这个词的词根的意思是"躺倒"（lie）或"静止"（rest）。这种意义通常是与上帝联系在一起的。所有的变化、所有的转变都必须从上帝的存在中驱逐出去。哲学家们说：神是实体。一神教说：神是shechinah，是绝对的静止。静止是运动的永恒的第一因。这也是上帝的意义。运动无论如何都必须从他的本质性存在中驱逐出去。这绝不意味着借助于上帝的存在运动才得以实现，毋宁说，正是借助于这种静止的存在，运动的存在才得以可能。

19. 时间就像空间一样，也无法约束神圣的存在。"我是首先的，我是末后的。"（《以赛亚书》44：6）"我是耶和华，我是首先的，也是末后的。"（《以赛亚书》48：12）。仅仅说"我是最初的也是末后的"是不够的，加上"在我之外没有他神"仍然不够，必须加上"在我之外一无所有"。只有这样，上帝的永恒性才能建立在他的独一性之上。

20. 借助于与时间的对立，上帝的存在同样摆脱了变化。"因我耶和华是不改变的"（《玛拉基书》3：6），理性的这种规定性触及了伦理学的界限。上帝的不变性主要来自于存在的诸多含义中**持续性**（continuance）这一点。然而，持续性同样是运动的基础和前提。因此，为了将上帝的存在与所有暂时性的**生成**

（becoming）区分开来，不变这一否定性的属性是必需的。"我是自有永有的。"在这里，存在被确定为某个"我"（an I）的存在，而不是某个可以作为物质运动基础的某个实体的存在。在不变性和持续性的区分中，上帝的伦理学意义（即他是独一无二的唯一者）产生了。这一意义通过驱逐上帝存在中所有的与物质相关的特征而找到了自己的基础。

21. 这种与**唯物主义**的普遍对立类似于一神教对哲学**唯心主义**的拒斥。哲学唯心主义建立在自然的唯心主义（idealism of nature）之上，只有在这个基础上，才能确立自然科学，伦理学的唯心主义才能建立起来。犹太教反对这种唯心主义基础。思想的全部热忱都局限于对上帝独一无二的存在的反思之中。自然，就其本身而言是虚无。如果这种限制会让我们失去自然科学，那么就需要寻找相应的补偿，这种补偿在于看轻所有尘世的事物，因为它们对于**善**的知识来说是无关紧要的。

因此，与幸福论的对立深深地植根于一神教之中。传道者说："虚空的虚空，虚空的虚空。凡事都是虚空。"（《传道书》1：2）。人们尊重《诗篇》第73篇"除你以外，在天上我有谁呢？除你以外，在地上我也没有所爱慕的"的说法。即便是这句话没有提供一种光明未来的意义（the positive completion of the sense），上帝的独一无二的存在这一基本观念也是对这种思维框架、对这种基本的宗教意图的肯定答复。对于天堂和尘世都毫无兴趣："它们是变动不居的，而你持续不变。"《诗篇》的作者和先知在所有形式的变化中都看出了毁灭的征兆，它们统统只是昙花一现。只有唯一的存在者才是永远持续的，才是永恒，他不可能改变。

《诗篇》第104篇中对自然的描述赢得了亚历山大·洪堡（Alexander von Humboldt）的高度尊敬。在其中，除了自然诗歌所表现出来的纯真之外，还包含着一种对超越了所有自然美的崇高的情感，而且这种情感一直保持着旺盛的活力，就像对自然的崇高所产生的情感一样。

如果犹太民族的精神没有充斥着这种世界历史的单面性，即只有一个独一无二的存在，只有这一点才值得进行从头到尾的全面考察，那么对于这个宗教性的民族来说，虽然其宗教在理性之中有一定份额却并未在科学中占据一席之地就是无法理解的了。然而，自然与上帝的存在相比仍然一无是处。只有以这种方式，一神教形而上学才能作为伦理学中独一无二的上帝的源头。只有以这种方式，自然之中的因果性才能变成道德目的论的源头。

22. 对于这种严格的独一性，反对之声是难以避免的，所以我们必须为上帝的独一无二的存在进行辩护。甚至无须与外在的观点进行接触，反对的声浪在内部就已经不可避免。在波斯，一神教不得不反抗有关双重神力的教义，可以肯定，后者不仅与物理意义上的光明和黑暗有关，而且与伦理学、与善和恶直接相关。一神教必须在这种二元论面前捍卫自身。在后文中我们将看到，这一工作是如何在伦理学层面上完成的。就目前而言，只要指出下面这一点就够了：以赛亚首先将上帝与虚无对立起来，并进而指出"我造光，又造暗。我施和平……"等等（《以赛亚书》45：7）。和平在此相当于光，尽管人们会期望它与善并列，因为紧接着这段文字之后，即便是根据最通常的翻译，上帝就宣称自己是恶的创造者。"和平"从这个词的希伯来词根的意思是**完美**。

独一性为自身打上了这种目的论意义上的完美的烙印，其目标是消除有关双重神力的思想。上帝存在的独一性是完全超越于所有比较之外的，既不能拿他与所有尘世的事物进行对比，也不能拿他与所有想象世界中的力量进行对比。就像不可能有两种不相上下的存在一样，也不可能有两个世界的统治者。所有表面上的存在都是暂时的，这样的存在等于零。它不可能有自己的上帝，因为它并没有自己真正的存在。

23. 一神教中的另外一个矛盾来自于理性的运作（operations），它甚至得到了犹太精神本身的悉心栽培。对自然的轻视是与希腊精神背道而驰的，所有产生于希腊的神秘主义均无法消除这种对自然的抵制。根据《塔木德》中形象化的说法，当亚历山大里亚的犹太人使"雅弗扩展，使雅弗住在闪的帐篷"①时，当他们想把"希腊智慧"混合进《托拉》时，他们对自然的独立性大加挞伐，因为自然本身的存在似乎是与上帝的存在相对立的。然而，如果一方面上帝必须为自然的存在负责，另一方面犹太人并未落入波斯人关于两种世界性的力量②的错误的话，他们就必须在理性自身中找到一种方法，能够将一种与上帝的存在相类似但绝非等同的存在寻找出来并赋予自然。这就是**逻各斯**这种中介性存在的最初来源。

独一性排除了上帝与自然存在物之间的任何中介。然而，逻各斯不可避免地要变成第二个上帝，但是从来没有第一个上帝，

---

① 《创世记》9：27。——中译者
② 如上文提到的光明与黑暗的二元论就是其典型表现。——中译者

只有一个独一无二的上帝。从现在开始，我们将不得不勾画出逻各斯给上帝的独一性带来的问题及其后果，眼下我们只想强调逻各斯的概念无论在哪个层面上都包含着内在矛盾。没有任何一种中间性的存在，更不用说某个中间性的人能够解决起源问题或者世界的统治者问题。

为了解释自然的存在，人们往往会把这种中介由存在变成理性，但这种做法一样无法纠正其基本错误。理性只能接受一种独一无二的存在，因此它只会接受独一无二的上帝。独一无二的上帝排除了中间性的上帝，或者上帝之外的上帝。如果超越性的善能够借助于逻各斯而与此岸世界的存在物联系起来，那么这种看法甚至可以看作是对柏拉图（应该说是伦理学中的柏拉图）的歪曲。人们以这种方式最多或许发展出《蒂迈欧篇》中的德穆革，而不是《理想国》中善的理念。

24.其他所有起源于逻各斯的关于上帝的观念都被排除了。作为"**合作关系**"的表达，它们是与纯粹的一神教大相径庭的。独一性和统一性之间的区别是一神教与所有的二元论以及对三位一体的信仰之间的区别的基础。对三位一体的信仰如同二元论一样，其基础在于在上帝的存在之外还认可另一种存在。现在我们无法对这种观点的合法性进行判断，尤其是因为它并未将自身建立在科学之上，相反，即便在最理想化的解释中，它也只是将自身建立在道德之上。然而，我们首先应该做好道德正确的**准备**。这种准备取决于这样一个基本的概念，即自然、人本身没有原初性的价值，没有自身的价值。如果自然和人应该能够获得某种形式的价值，那么其价值只能来自上帝存在的独一无二的价值。

逻各斯及其所有的后果都受到了一个根本的错误观念的影响。在涉及自然和人类精神时,它过分高估了实存的重要性。这一观念的例证之一是犹太人斐洛(Philo)借助于所谓"理性"一词确立了一个上帝之外的上帝(Nebengott)。此外,如果可以说三位一体在人类灵魂的不朽中有其最客观的历史性基础,那么从纯粹的一神教中堕落下去的理由同样也可以在这里找到。这是一种自高自大的观点,它主张人应该获得永恒的因而是真正的存在。

25. 犹太人的不朽观念在下述观念中达到了顶峰:"灵魂回归到了创造它的上帝那里。"只有在上帝的存在中,人的存在才能被发现,因此,只有当"土归于土,回到他由以产生的地方"①,只有当人类的形体消散的时候,他的存在才能被发现。即便是不朽,也不能为我们提供借口去在一神教中比较上帝的存在和某种形式的灵性的存在。从这种观点出发,物质仍然是暂时性的尘土。宣告只有独一无二的上帝才是崇高的,这一观点就像一块坚硬的岩石一样,所有对自然的赞颂在它面前都会发抖。

一个重要的时刻业已到来,它会在一神教的根基与其最高形式即弥赛亚崇拜之间建立起桥梁,这一时刻的标志是**末世论和弥赛亚崇拜之间的区分**。人的尊严不仅仅建立在个体的人之上,而且建立在人性的概念之上。然而,虽然后者摆脱了造型艺术的表现,但它同时仍然拒斥上帝的独一性。

---

① 参见《创世记》中关于人的创造的描述。——中译者

第2章　偶像崇拜

1. 我们已经注意到理性在宗教中的份额导致了**从知识到爱的转变**，现在，进一步的探讨将为这一基本要素提供补充。知识仅仅是一种理论上的态度，而理性在目前阶段上被看作是道德理性、实践理性，这样的理性需要行动。爱就是这种理性的自我转变，也就是说，从它最初的理论前提转向其伦理的成熟和完备。因此，人与独一无二的上帝的关系必须在爱中激活，也必须在爱中证明自身。在此，首先需要考虑的只有爱对知识的这种超越。认识上帝意味着认可上帝。确认胜过知识（acknowledgment excels knowledge），正如意志的行动超越了知性的思考一样。

如果上帝仅仅是知识的对象，那么他就不可能是独一无二的上帝，因为知识包含着完全相异的对象和问题。因此，当涉及自身的时候，上帝必须为人类的精神确立某种完全不同的态度。如此一来，爱就变成了面对独一无二的上帝时所必须采取的态度。从此以后，爱的认可变成了意识的一种新的行为，一种行动、一种道德意识的最初的行动，一种意志的行为。这种意志的行为具有其特殊性，与以知识为目标的理性大相径庭。

2. 因此，对独一无二的上帝的爱首先具有一种否定性的意义，即它并不追求单纯的知识，而是必须唤醒意识中的一种新的能力。

如果伦理学并未发现意志的概念，那么它必定来自宗教，谁又能够度量宗教在其中的份额呢？无论如何，如果爱意味着意愿①，那么这一含义就解释了爱上帝这一概念中的全部模糊之处。意志的错误指向对应着被看作是意识的基本能力的爱的错误形式。

3. 从爱的错误形式的知识出发，我们获得了其正确形式的知识。多神教的根基在于对自然现象和自然力的多样性的爱。它爱这种多样性，无论是在这种爱之中还是之外，都试图了解它们。尽管泛神论将这种多样性融入了统一性，但它最初同样是被这种多样性所吸引，试图用统一性的概念来解决其中的谜团。在此，爱自己似乎被消解到了知识中。然而，爱基本上仍然是依附在特殊表象的无限多样性上，而且只有在理论上才能借助于统一性重新被吸纳到知识之中。归根结底，这种理论性的爱在意志对于诸神的复多性以及具有统一性的上帝（unified God）的态度中仍然占有突出的地位。

与此相反的情形出现在一神教中，它破坏了事物的复多性和上帝存在的独一性之间的桥梁。爱不得不为自己打上宗教特殊的灵性形式的烙印，因为对后者来说所有的理论性的态度都处在初级阶段。因此，在一神教中，**忠诚于上帝**变成了有关上帝的知识的恰当表达。

忠诚和爱彼此相伴，它们构成了一个概念上的整体。对此还必须加上另外一个同类的词"侍奉"（service），这是一个指称工作的基本词汇。

---

① 即上文中的"意志"。——中译者

4. 工作的最初形式是奴役。奴役意味着人们完全顺从他的主人、他的所有者。语言的演变无论在哪里都受制于文化概念的进步。同样地，奴役演变成了一种仁慈的（humane）关系。除了在一神教的统治之下，这种转变如何才能发生呢？因此，从最远古的时代开始，这个意味着忠诚于上帝的词就保持着"奴隶状态"（servitude）的含义。此外，弥赛亚崇拜在将弥赛亚定义为"永恒者的仆从"时达到巅峰状态。对上帝的忠诚需要人全身心的投入，上帝同时也会接纳全身心投入的人。

5. 因此，爱独一无二的上帝有两个条件，其一是认可独一无二的上帝。认可意味着某种意志的行动，这与纯粹理论化的知识不同。因此，去了解上帝就变成了去爱上帝，变成了忠诚于上帝，赞美①上帝。这是条件之一，其后果我们只有在将来才能涉及。

6. 另一个条件是一心一意地服从独一无二的上帝。这就排除了除独一无二的上帝之外的对所有其他神祇的信仰和认可，而且也排除了承认其他神祇的行动、忠诚和侍奉。一个人只能让自己变成一个主人的仆从。如果人按照爱和意志力（willpower）的要求将其全部的存在奉献给另一个存在，那么这种存在只能是独一无二的存在。不可能有另一个上帝。在上帝独一无二的存在之外不可能有另外的存在。因此，只可能有一种对上帝的独一无二的崇拜，对上帝的独一无二的爱。一神教完全不能容忍多神教。**偶像崇拜**必须根除，这是真正的一神教，即爱上帝的一神教、以爱为基础的信仰的前提。

---

① 即上文中的"认可"。——中译者

如果人们尚未将对偶像崇拜的根除看作是一种绝不宽容的必然性，如果人们相信能够找到一丝对盲信（fanaticism）的容忍和存在于对错误神祇的神圣嫉妒中的愤世嫉俗（misanthropy），那么他们就不会接受对集理论和实践于一身的一神教的真正理解。这些猜疑只能说明人们心中尚未充满独一无二的上帝和他的独一无二的存在的必然性以及那种确立了人与这个独一无二的上帝之间的关系的知识及认可的双重必然性。另一方面，对于一个已经统一起知识和意愿的双重性并使之变成自己的东西的人来说，他不可能有第二种选择。对独一无二的上帝的崇拜要求根除错误的信仰。在这一点上，人既不值得同情也不值得尊重。对上帝的爱消除了所有的无为而治（quietism）。真正的信仰必须在人们中间建立起来并得到保障。因此，人间的错误信仰必须被根除。在上帝之灵（God's spirit）的历史中从来没有第二种选择。没有任何更高级的灵性权威能够将人从他的这一基本义务中解脱出来。既然一神教和多神教是绝对对立的，那么对上帝的崇拜就站在了偶像崇拜的对立面上。

7. 在这些考量中，我们没有任何可以求助的更高的权威。毋宁说，我们必须试着从精神自身的原则中去理解其世界历史。在精神历史的这个理论问题中，我们不可能考量任何形式的宽容，后者的任务是理解并证明某种观点。从人类教育的观点看来，只有当把世界历史的伦理学问题实际应用到人和民族上时，宽容才可能有其价值。然而，如果先知们已经创造性地构建了精神的历史，那么对他们来说宽容定然是个异数，是个令人困扰的观点。因此，我们无须回溯到远古时代及其野蛮的风俗中去理解先知们对偶像崇拜的敌意，一神教和多神教在原则上的对立就足以说明对多神教持否定态度是一神教的历史责任。确实，为了这一目的人必须作出牺牲，无论是自己民族的同胞还是其他民族的成员。然而，一神教的倡导者业已注意到这样的人性："不可憎恶以东人，因为他是你的弟兄。"（《申命记》23：8）只有在历史原则试图取得胜利的时候，摧毁偶像崇拜才是必需的。

8.独一无二的上帝与诸神之间的对立并不仅仅局限在数量上，其中越来越突出的一种对立来自不可见的观念（idea）和可感知的影像（image）之间的对立。在这种与影像的对立中，灵性在独一无二的上帝概念中的直接份额得到了确证。任何一种影像都与某物相似，但是，上帝的影像与什么原型相似呢？

有可能存在着上帝影像的原型吗？诸神的影像必定是其他什么东西的影像，任何一个神的意义都只是附着在这个东西之上的。在此，同样出现了上帝独一无二的存在与所有影像性存在之间的对立。诸神的影像不可能是上帝的影像，而只能是自然事物的影像。

因此，先知一神教定然是与艺术相对立、相矛盾的。艺术是人类精神最初的行为，它首先创造出许多影像，去模仿那些充斥着宇宙的自然事物。但是，虽然起点是可感事物，艺术很快就试图去描绘诸神的存在。在所有的民族中，艺术都坚持这样的路线。让我们先问一下，我们该如何理解在这个所有文化中都存在的决定性的转折点上，一神教精神所表现出来的对所有的人类意识的那种反常态度。①

---

① 亦即一神教反对多数人所认可的所谓正常的态度和看法。——中译者

9. 这个问题不仅关系到一神教精神最初的动向，而且同样关系到它对艺术历史影响的反常疏离。在世界历史上，没有哪个民族能摆脱艺术的影响，即便是最高贵的都不能，那么，如何能够理解先知们抵制巴比伦和埃及艺术的魔力，并能够坚持和贯彻其抵抗精神，用一种轻蔑的拒斥态度去对抗那些崇高的艺术作品呢？如果艺术是人类心灵的普遍倾向，而且在另一方面，如果造型艺术和诗歌彼此相互影响，那么该如何理解一神教精神能够在诗歌中占据主导地位而同时却不遗余力地对抗造型艺术呢？

就目前而言，我们尚无法就这一问题给出详尽的答案。要想解决这个问题，必须等到我们讨论一神教关于人的概念的时候。就目前来说，唯一的问题是关于表现为独一无二的存在的独一无二的上帝的问题。因此，关于他，不允许有任何影像存在，除非后者是一个原型，或者说就是原型本身。这不再是一种影像，因为影像本身只是一种模仿。因此，一神教与造型艺术的对立是建立在存在概念及其独一性之上的。如果这看起来像是一种对待人类的普遍艺术意识的反常态度的话，那么人们应该反过来问，普遍的艺术意识是否是一种对待一神教关于独一无二的存在的逻辑的反常态度呢？这一关于反常态度的争论因此反转过来，一神教及其历史性偏好开始着手对抗所有其他形式的世界性精神力量，而后者本身同样是有偏好的。在此，唯一值得让步的只有一个例外，但是，虽然这个例外被一神教对造型艺术的敌意所认可，但却并非是反常的。

诸神必须被毁灭，因为他们没有存在，而仅仅是影像。对诸神的崇拜就是偶像崇拜，而对上帝的崇拜则是对真正的存在的执著。因此，同诸神的斗争就是存在同表面现象的斗争，就是作为原型的存在同根本没有原型的影像的斗争。

因此，在摩西十诫中展现了一种进步，从禁止其他的神发展为禁止所有上帝的影像，而且这种禁止不仅局限于"不可跪拜那些像，也不可事奉它"这句话中，也不仅局限于其后的"在我面前你不可有他神"（《出埃及记》20：5）。对艺术的攻击变得直接而明确："不可为自己雕刻偶像，也不可作什么形像仿佛上天，下地，和地底下，水中的百物。"（《出埃及记》20：4）。多神教的基础遭到了攻击，这一基础并不在于对自然现象的直接神圣化，而是通过人类精神，借助人类的双手而造就的神圣化。只有通过艺术，"上天，下地，和地底下，水中的百物"才变成了某种诱人的原型。"你不可作什么形像"，这就是说，形象定然是对上帝的一种模仿，但是，上帝不可能有任何类似物，他绝对是心灵的原型、理性之爱的原型，并不是模仿的对象。

在伊斯兰教也曾参与其中的破坏偶像的骚乱中，犹太人也做了部分幕后工作。这是一个基督教历史上具有标志意义的转折点，同时也标志着东西方教会的分裂。基督的含义是上帝之子，在这一含义中存在着基督的位格问题，而这个问题即便没有经过类似物的复杂化也已经与影像的问题发生了关联。有关基督的思想的单纯后果之一是，他呈现在所有形式的上帝影像之中，而这一点是与一神教相冲突的。先知们抓住了这一冲突的真正基础：偶像的制造。

10. 这场斗争同样也指向泛神论，后者不承认上帝和所有自然事物之间的任何区分。与此相反，一神教认为树木、岩石、水流并不是我的同胞。即便是歌德本人也说过，有一种"绝无仅有"的东西将人与"其他所有我们熟知的东西"区别开来。或许这种构成了上述区分的"绝无仅有"的东西恰好是与独一无二的存在联系在一起的，因此，上帝不可能与"所有的存在者"等量齐观。泛神论是与对于自然整体的审美性理想化相一致的，因此灵性艺术的来源必须得到进一步的限制。

11. 如果先知们本身不是艺术家，也就是说，作为诗人—思想家，拥有诗化想象力的全部力量，那么他们就不可能领导并坚持这场与体现在上帝影像之中的艺术的斗争。第二以赛亚完成了弥赛亚主义的教义，在这一方面，他证明自身同时也是一神教的完善者。在此，一神教思想的统一性再一次展现了自身，具体表征就是：以最为紧密的方式将以先知为代表的一神教思想和以《诗篇》为代表的思想结合在一起。这一持续性的结合恰好同样保留在后来犹太会堂的诗歌之中。迈克尔·萨赫斯（Michael Sachs）[①]在对破坏偶像的骚乱的敏感预期中写下了这样的诗句：在纪念新年和赎罪日的仪式中，"所有的人都将参与进来"。

在这首诗中，有一个词使得预言和《诗篇》中与之相应的词变得更容易理解，而这种进一步的理解则揭示出那种引发了与诸神之影像的斗争的审美意识。这段诗文中说道："它们会为自己的影像而**羞愧**。"而影像也会为自身感到羞愧，因为它们仅仅是幻觉。但是，首先应该感到羞愧的是那些偶像崇拜者和那些实际上的偶

[①] 萨赫斯（1808—1864），德国拉比，以关于希伯来诗歌的评注而闻名。——中译者

像制造者，因为是他们制造了这些偶像，目的正是去崇拜它们。

当对影像的崇拜会带来羞愧时，偶像崇拜就崩溃了。这并非是一个以讽刺诗人的方式所下的判断，他不会将自己置于人的羞愧之中，这仅仅是一个幽默的判断，幽默本身就是审美意识的一种基本能力，需要温和而且有耐心。以赛亚以其习惯性的热情让这种幽默表露无遗。

在"我是初始的，也是末后的，除我之外不可有他神"这句话之后，以赛亚加上了一段话以谴责偶像的制造者们："制造雕刻偶像的，尽都虚空。他们所喜悦的，都无益处。他们的见证，无所看见，无所知晓，他们便觉羞愧。"（《以赛亚书》44：9）通常情况下，人们将"羞愧"翻译成"糊涂"（confounded）或"败坏"（ruined），但是，先知们更关心的是偶像的制造者及其见证人，即偶像崇拜者应该为他们的所作所为而感到羞愧。在先知们看来，关于自我的知识（one's self-knowledge）的试金石既不是别人眼中的耻辱，更不是所谓的败坏，而是羞愧本身。"谁制造神像，铸造无益的偶像。看哪，他们的同伴都必羞愧，工匠也不过是人。任他们聚会，任他们站立，都必惧怕，一同羞愧。铁匠把铁在火炭中烧热，用锤打铁器，用他有力的臂膀锤成。他饥饿而无力，不喝水而发倦。木匠拉线，用笔划出样子。用刨子刨成形状，用圆尺划了模样，仿照人的体态，**根据人的荣光**（*according to the glory of a man*）作成人形……他砍伐……橡树，在树林中选定了一棵。他栽种松树得雨长养，这树，人可用以烧火，他自己取些烤火，又烧着烤饼。而且作神像跪拜，作雕刻的偶像向他叩拜。他把一分烧在火中，把一分烤肉吃饱。自己烤火说，阿哈，我暖和了，我见火了。**他用剩下的作了一神，就是雕刻的偶像，他向这偶像俯伏叩拜，祷告他说，求你拯救我……谁心里也不醒悟，也没有知识，没有聪明，能说，我曾拿一分在火中烧了，在炭上烤过饼，我也烤过肉吃，这剩下的，我岂要作可憎的物么。我岂可向木桩子叩拜呢。他以灰为食，心中昏迷，使他偏邪，他不能自救，也不能说，我右手中岂不是有虚谎么？"（《以赛亚书》44：9—20）

偶像制造者和崇拜者的羞愧一再被看作是一个目标、一种测试。引文末尾一句相当重要：他们终将会意识到"我右手中岂不是有虚谎么？"**意识到偶像崇拜中的谎言和自我欺骗才是要点所在。在强调同一块木头被应用于不同的目的，如取暖、烧烤以及雕刻偶像的时候，幽默确实是很好的道德目标。在这一物证面前，艺术所有的手段及其魔力都无法改变任何事情，不过是既能雕刻上帝的形象又能烧烤食物的同一块木头而已。如此一来，偶像由以产生的原材料决定了其最终的形式。既然上帝的影子被断定为空虚无益，那些有意制造偶像、崇拜偶像的人无非是些生活在影子之中的可怜虫。

有人说偶像崇拜者崇拜的并非是偶像本身，而是它所代表的东西，这仅仅是一种徒劳的反驳。这种反驳完全背叛了真正一神教的概念。因为下述内容正是一神教与所有形式的偶像崇拜的区别之所在：独一无二的上帝不可能被看作是某个影像的对应物。无论偶像崇拜者所崇拜的是否是影像所代表的东西，一神教都教导我们：上帝绝不可能是一个可以借助影像来加以思考的对象。**不可能有影像这一点恰恰是真正的上帝的证明。**他永远不可能通过某个相似物被理解，他仅仅是一个原型，既是思想的原型又是存在的原型。

伴随着先知们对偶像制造者的嘲讽而来的是一种基础性的、初始性的神秘力量。伴随着文明的发源的是火这一神话中的主要元素。因此，正是借助于神话意识，先知们才让偶像的制造者们大声地说出："啊，我看到了火。"正因为如此，先知们才恰如其分地将他们看作是火的崇拜者。既然所有的文明都起源于火，因此将艺术的起源追溯到火的形象上并非是对艺术的侮辱。

《诗篇》将羞愧看作是偶像崇拜者最后的救命稻草。"愿一切事奉雕刻的偶像，靠虚无之神自夸的，都蒙羞愧。"（《诗篇》99：7）"造他的要和他一样。凡靠他的也要如此。"（《诗篇》115：8）偶像的制造者同样会受到空虚无益的影像的影响。在此，没有任何一种伟大的艺术创造力是有用的，先知们不会让自己被这些奇妙的力量所误导。如果艺术表现出这样的形式，那么对先知来说，这就是一种错误的形式。先知们很谨慎地不让上述判断影响到所有的艺术形式，甚至不让它影响到所有的造型艺术。因为建筑并未落入偶像崇拜的泥潭反而可以为崇拜独一无二的上帝的人们建造场所，尽管这样的场所并非是上帝的居所。除建筑之外，诗歌也可以大有作为。

12. 此外，可能还有一个问题：是否至少可以允许造型艺术去表现人？无论如何，这个问题使得我们超越了现在能够达到的层面，到目前为止，我们还没有考虑上帝与人之间应该存在的关系。但是，我们必须问的是：如果一神教关于人的概念的形成与造型艺术中上帝概念的发展有着密切关系，那么它是否还能够产生出来呢？一神教必须发展出关于人的概念，但它需要独立于造型艺术的人的概念之外，就像它必须独立于造型艺术的上帝概念之外一样。如果要找出一个适应于独一无二的上帝的人的概念，那么就必须开发出意识中的其他资源，并使之变得具有创造力。

最后，可能还有一个问题：如果没有参考造型艺术的话，《圣经》中某些特定种类的诗歌是否能够产生？这些特定的类型指的是《诗篇》中的抒情诗，它们既不专门歌颂上帝也不专门歌颂人。与此相反，造型艺术却仅能描绘两者之一。因此，造型艺术会损毁抒情诗的风格，对于后者来说，上帝和人之间的关系变成了其一神教目标所涉及的问题。

第3章 创造

1. 我们已经认识到，上帝的存在是独一无二的，与其他所谓的存在的事物完全不同。由此而来的上帝的单一性和独一性之间的区别也得到了澄清。爱利亚派的哲人们为了能够思考宇宙而设定了单一性。在他们那里，需要神的概念以便解释这种单一性及世界的整体性，这一点表明在神的概念和单一性的概念之间存在着某种联系。然而，对于爱利亚学派来说，神的单一性概念只是宇宙整体性概念的类似物，因此，神与宇宙的统一仅仅适用于泛神论。与此相反，一神教仅仅在涉及上帝而不是宇宙的时候才需要单一性。因此，单一性必须转变为独一性，借助于后者上帝的存在才能够与其他的自然存在区分开来。

但是，这一绝对的区分并非是最终的，因为这与上帝的意义以及存在的意义都有矛盾。理性在宗教中的份额不可能仅仅取决于下述思想："存在"这一理性的普遍概念只归上帝所有，世界不可能可能获得。如果是这样的话，还不如干脆废掉存在的概念，让理性的概念也随之同归于尽。

此外，就上帝来说，理性在宗教中的份额不可能存在于某种认为存在只属于上帝的观点之中，如果上帝只在否定的意义上与世界发生联系，这究竟会是什么样的上帝？通过否认存在能够在某种意义上属于世界并不能驳倒泛神论。上帝存在的独一性要想获得肯定性的价值，只能借助于确定和限制世界的存在来达成，否则的话，独一性的概念将仅仅是一个否定性的确证。但是，独一性与世界之间有着内在的联系，世界的存在与上帝的存在的区分要借助于上帝的独一性。

2. 但是，如果世界的存在并不是真正的存在，那么它可能是什么样的存在呢？哲学关于存在的概念为这个问题提供了一个具有启发性的答案。在与**生成**问题的关联中，存在才能得到理解。因此，确切地说，存在不能由其自身，而只能借助于生成才能得到理解。如果说存在的概念与宇宙的概念相伴而生，那么它一定起源于生成的问题之中，因为宇宙所展现的是一种永恒的生成。在希腊思辨偶然发现关于存在的思想之前，它就已经在所有的层面上被生成问题所困扰，并在生成的所有的变化中寻找着一种方向，以便为宇宙的多样性进行定位。因此，变化和生成必定先于统一性和存在的概念。

3. **实体**（*substance*）作为基本概念贯穿了哲学和科学的所有层面。与莱布尼茨凭借其**活力原则**所达到的思想的深度和成熟相一致，康德能够在实体的概念上与所有的经院哲学分道扬镳，而且把实体变成了关系概念的前提。康德对实体的评价是，它是行动的因果性和交互性的前提，这样一来，它就剥夺了实体的绝对独立的地位。作为一个范畴，实体的绝对性仅仅在于它是因果性的"前提"。这种绝对性并不内在于该范畴之中，它也无法将其限制在自身之内，它只有在使得因果性得以可能的情况下才能实现自身，因为没有这种绝对性，因果性无法实现其功能。

这就是实体在关于自然的知识中所处的地位。根据因果律，存在是生成、发生（occurrence）的前提，存在是运动的前提。因为在因果性的基础上，运动就是生成。因此，实体的存在意味着实体是以运动的因果性为前提的。

4. 理性以及哲学在科学和知识的领域中所获得和澄清的东西必定在理性在宗教的份额中有其类似物。如果适用于事物的生成的关系却无法适用于神圣的存在与自然以及人类世界的关系，那么神圣的存在就不可能是理性的确证。存在与生成的这种内在关系不仅不会与神圣存在的独一性相冲突，后者反而要借助这种内在性获得其肯定性的内容。我们现在能够对独一性有着更深入的了解，是因为我们现在能够清楚地认识到上帝与生成的内在关系是一个前提，因此，这一前提也是一种内在的因果性。现在，上帝独一无二的存在对我们来说意味着他自身内蕴含着因果性的基本条件。现在，我们认识到神圣存在的独一性就是独一无二的因果性。

目前呈现在我们面前的问题已经够多的了。在神话的迷雾中出现了无数的问题和混乱之处。同时出现的还有一种反对所有形而上学的声音，它宣称自己是理性在宗教中的特殊份额的全权所有者。因果性仍然可能是科学中的一个特殊领域，但是也可能有某种特殊的因果性在科学的边缘地带崭露头角。由于它是产生在边缘地带，我们就可以放心地允许自己越出有关自然的知识和自然科学，以便在它的目标的指引下去寻找和完善精神的世界、人类的道德世界。因此，在上帝之中产生出了存在的独一性的新意义，这是一种以上帝为目标的新意义，因为它也是为了生成的世界而产生的，而世界的基础正是独一无二的存在。我们只能一步步地逐渐发展出存在的独一性的种种意义。首先，我们仍然需要停留在存在的抽象性与生成的抽象性的关系之中。

5. 为了理解早期圣经文献那种竭力使自身摆脱原始神话因素的倾向，比较合适的出发点是，哲学思辨有意识地想要从原则的逻辑①中发展出一神教在理性中的份额来。在伊斯兰教关于"否定属性"的问题中，理性的这一份额变成了一个基本问题。宗教和哲学的集合体由此建立了起来。当然，在对待这一问题时还有一些通常的动机也在起作用，首当其冲的就是不可知论这一怀疑论的特殊宗教形式。同样可以肯定的是，拒斥上帝的任何形式的肯定性属性的目的是为了保护一神教，使之不至于陷入软弱和含混。这些肯定性属性非常之多，彼此之间还相互关联，这一切都似乎威胁到了上帝的统一性。在此起作用的还有一种对抗泛神论、为一神教进行辩护的企图。一位犹太哲学家曾以这样的方式表述上述思想："如果我想了解你，那我就要变成你。"在试图解决这一根本问题时，上述所有动机都起到了充分的作用，但却并未穷尽其意义。

6. 在所有的犹太哲学家中，正是迈蒙尼德给予这个问题一种完全不同的转向、一种新的观点和一种新的意义。他修正了"否定属性"这个名词，在他看来这个词只包含一半的真理，是一个不完全的②词汇。否定属性不应该去否定那些肯定性的确证（positive determinations），这样的做法不仅不可能带来充分的意义，而且

---

① 即关于本原的逻各斯。——中译者
② 即"缺乏"，见后文的解释。——中译者

还会形成一个错误的开端。因为从根本上说，到底有什么关于上帝的肯定性的证据呢？毫无疑问，这是需要优先解决的问题。为了回答这一问题，必须对否定属性的问题进行更为精确的定义。既然实际上并没有肯定性的确证，那么它们就不应被否定。毋宁说，要做的工作正是利用属于上帝的独一无二的存在去对抗其他形式的虚假的存在。无论如何，如果目前尚未有任何肯定性的确证，那么有什么能够加以否定呢？

7. 在遥远的过去，希腊思辨中产生出了一个概念和一种判断形式。这个概念在应用于科学时揭示了自身，如果它未曾逐渐地揭示其自身意义之谜的答案的话，那么它永远都模糊不清。"缺乏"（privation, μή），这个概念介于肯定和否定之间，它似乎只是文字游戏的产物，只有审判者在有关律法的双关语中，或者在那些受公众欢迎的希腊演说家进行演讲时才会作出这种无关紧要的区分。这个词似乎也被智者们拿来当作一个范型、一种遁词，应用于他们的反复无常以及在思想方面不计后果的冒险上。在希腊语中，这个前缀很接近否定，看上去甚至是完全属于否定，它在日常生活中的应用是相当广泛的。

我们认为，德谟克里特尤其是柏拉图曾试图给这个前缀、这个概念以一种完全不同于否定的含义，这种含义甚至超出了肯定的含义，因为它试图为肯定奠定基础。

后来，缺乏的概念以及在这个前缀中产生的与之相应的判断形式被错误地等同于拉丁语前缀 non。这样的错误之所以产生，是因为去除了拉丁语前缀中正常应有的关于缺乏的含义。缺乏是一种消极性（negativity），但却并不等同于否定（negation）。尽管实际上前缀non几乎完全丧失了最初的消极性的含义，并且因此使得缺乏和否定之间古典的区分这一正统的含义变得模糊不清，但幸运的是，这一区分的含义，即恰如其分地消除掉单纯的否定性，并未遭到完全的消除和破坏。

8.一种令人振奋的情况的出现为此作出了贡献，即无限概念进入了上述这些否定性的概念中。无限与否定的区分并不能完全解决问题，问题仍然存在，任何处于种种特殊关系中的实质（entity）的存在要想立住脚，都必须将其基础建立在所谓的否定或者说无限之上。因此，现在的问题不仅仅是要消除掉否定性，还要为肯定性、对存在的确定提供一个基础。如此一来，缺乏变成了一个无限的判断。

迈蒙尼德是一个真正的一神教哲学家，这不仅是因为他的犹太普世主义（Jewish universalism），而且是因为他的哲学关怀在创造的问题上所体现出来的深度以及在这个问题上所表现出来的坦诚。通过追随亚里士多德的形而上学思想，他试图在宗教中为理性保留一席之地。

但是，如果亚里士多德试图借助于世界永恒性的观点来捍卫理性的主张，并对抗无中生有的思想，那么迈蒙尼德就不得不拯救一神教创造概念中的理性所享有的份额。退一步说，即便他未曾作出过那句著名的评论——如果亚里士多德能用有力的证据证明世界的永恒性，那么《圣经》中关于创造的说法就必须进行相应的重新解释——即便如此，即便没有如此坦率的声明，他一贯的理想主义也要求他不仅仅局限于对创造的意义进行字面上的说明。此外，他并不是第一个有志于完成对《圣经》关于创造的教义进行理性化的人，我们不难看出《塔木德》同样具有这种理性化的倾向，它甚至将这种倾向贯彻到了日常的祈祷中。

迈蒙尼德之所以能够变成一神教理性主义传统中的典型人物，其主要原因恐怕在于他对于否定属性这一重要问题的解释。他解释传统的否定属性问题的方法是将否定与缺乏联系起来。被否定的并不是那些肯定性属性，而是缺乏性的属性。上帝不是惰性的。这个例子为我们指明了方向。迈蒙尼德思想的清晰性表现在下述事实中：他并不仅仅考虑这个词的否定性形式，而是在与肯定性词汇相似的层面上考虑缺乏的意义。以"惰性"（inertness）一词为例，它具有否定性的含义，但是它同时也可能去掉其否定性的形式，而不必使用否定性的前缀。

9. 但是，迈蒙尼德并不满足于这种解释，他进一步清楚地表明了上述所有的形式主义方法所必须服务的目标。如果说缺乏的否定性属性意味着上帝并不是疲惫的（惰性的），那么这一说法的更深层含义不仅是要避免和消除上帝的惰性，而且要将这种消除建立在新的和真正的肯定性基础上，因此，它的基础根本不可能是否定。在《纯粹知识的逻辑》一书中，我已经将**初始性原理**（*originative principle* [*Ursprung*]）① 的概念作为单独的一个类比提了出来，而这种新的肯定性正是需要通过这个概念才能发现并予以确证。宗教中的理性必须去寻找的是，对于创造问题来说初始性原理的逻辑意义究竟如何。这正是缺乏在否定意义上的属性对于创造的问题来说所具有的意义，而这一点正是由迈蒙尼

---

① 参见边码第 10 页注释。——英译者

德发现的。上帝不是惰性的,这意味着他是行动的初始性原理。迈蒙尼德正是以此种方式来解释上帝最初名称的含义。这一名称从一开始就被看作意味着全能:"他足以产生出除他自身之外的事物。"①

在上述引文中,上帝的全能获得了一个真正属性的意义,从而否定了潜藏在缺乏中的否定性。它试图以这种方式"否定"的东西在缺乏的意义中得到了充分的体现。现在创造再也不会与理性相矛盾了。遵循着这样的逻辑,创造的宗教自身变成了理性。上帝不是惰性的,这意味着上帝是行动的最初原因,是造物主。确定他的存在的唯一的方式是借助内在于他的独一性中的创造。对于上帝的存在来说,创造并非是内在于其中或附加于其上的一个异质的概念。恰恰相反,他的独一无二的存在的意义就在于生成被看作是内在于他的,因此,生成也是从他那里演进而来的,生成必定来自于他的概念之中。

迈蒙尼德在有关一神教的创造问题上为理性确立了一席之地,而当批判哲学赋予实体以运动的基础地位时,双方的做法如出一辙。在这一点上,迈蒙尼德并未盲目地追随亚里士多德,而是发展了自己的一套关于上帝的理性主义原则。

10. 一神教和泛神论之间的区分取决于对"创造"一词的确切理解。内在性是流溢的前提。"生成"这一所谓的存在必须得到解释。然而,如果不是来自真正的存在,生成的源头又会在哪里呢?真正的存在才是唯一的存在,但这并不意味着不可以认为虚假的

---

① 参见边码第39页。——英译者

存在可以借助真正的存在来加以解释。但是，如果从物质的角度出发去理解这种解释，那么上述依赖关系就会被理解为流溢关系，人们就会认可内在的物质性，与此同时认可泛神论。

因此，人们必须从其逻辑的意义上思考这种依赖性，其方式就是排除生成在存在中的物质性来源。生成的过程属于生成本身，不能够被转移到存在上。在这一过程中，存在的独一性证明自身是生成由以产生的充分原因。但是，这种充分性仅限于逻辑的意义上，如果将逻辑的意义转换到物质事物的层面上，它就是被误用了。

11. 解决创造问题的障碍来自神话的观点，但是，这一观点由于给予混沌概念以优先地位①而否定了自身。因此，《创世记》中有关创造的记载并未从混沌开始是合乎逻辑的，相反，混沌（tohu wabohu）的出现只能在世界被创造出来之后。此外，引人注目的是，意味着创造行动的第一个词所指的并不是一个物质性的开端，相反，根据通常的翻译，它意指的是一个时间上的开端。无论如何，根据拉比传统，解释开端的方式是这样的：它属于上帝创造世界的能力和创造世界的本质。创造之谜依然存在，但它属于上帝。现在，重要的是确定上帝的概念，其方式是指出创造并没有造成真正的谜团，也可以说，它在上帝的定义中发现了对此的解答。如此一来，借助于上帝的定义，我们超越了神话。

但是，当我们试图给上帝下定义时，内在性与生成的矛盾变成了一个真正的难题。事情已经很明显，这种所谓的矛盾已经超出了理性思考的范围，倒退回了神话的怀抱。如果有人认为生成

---

① 参见赫西俄德的《神谱》及相关的希腊神话。——中译者

最初包含在存在之中，后来才从中生发出来，那么生成并不能用关于存在的词汇来解释，因为上述观点并未提供一种纯粹逻辑意义上的依赖关系。存在与生成的区分被看作是对应着肯定与否定的区分。否定必定要从上帝那里驱除出去，如此一来，生成只要还仅仅是虚假的存在，就要从独一无二的存在中驱除出去。不过，生成依然需要用存在来解释。因此，存在必须给自己一个定义，以便真正地将自己与否定区分开来，但同时又能在否定的思想从生成的问题中产生出来时回答它的问题。缺乏的概念就是从上述思考中产生的。因此，它可以对解决神圣属性的问题作出贡献。

仅仅用缺乏来替代否定是不可能的，这样的做法不会带来任何好处，因为缺乏仍然既迟钝又空虚。但是通过把它与否定联系起来，人们就能够给予它一种全新的意义。如此一来，其内在的含义开始崭露头角，并使得上述关于上帝本性的思想变得生机勃勃。如果能够凭借非惰性这样的属性来认识上帝，那么上帝就可以被看作造物主，如此一来，创造的思想就融入了上帝的概念。创造之谜由此借上帝的定义而解开。因为现在创造可以说意味着上帝的存在，而后者就是初始性原理的存在。生成也在这种初始性原理的存在中找到了自己的基础。认为生成或许或必定来自于存在、前者包含在后者之中的想法是错误的，现在这种错误再也不会出现了，因为在纯粹逻辑知识的照耀下，这些形而上学的概念被撕去了伪装，并还原为神话的概念。同样地，混沌也不是必要的，从逻辑上看，混沌仅仅意味着不确定，但并非是无限的，而无限是由缺乏来定义的，并且这种无限与有限及其可确定性（determinability）直接相关。

12. 初始性原理的概念在应用于神圣存在概念的同时也解决了虚无的问题，后者是创造思想的一块绊脚石。看上去似乎对应着虚无的希伯来词汇绝非仅仅意味着虚无，其含义可以说与缺乏一样，意味着相对无限（the relative infinity of privation）。但是，相对无限在生成、物质以及作为非存在的原始实体（the nonexistent primeval substance）中并不存在，而是内在于上帝的独一无二的存在之中。创造作为一个思想问题在这个概念中，在独一无二的存在概念、无限概念和否定性的初始性原理概念的统一体中找到了全部的答案。如果上帝是独一无二的存在，那么他就是生成的初始性原理，在这个初始性原理中，生成作为一个思想问题找到了自己最初的基础。流溢最初的基础并不在思想中，而是来自一个神话的而不是逻辑的源泉，这样的源泉并不比混沌或者虚无更好。那些否定属性排除的是缺乏而不是肯定性，在否定属性中上帝得到了肯定的证明。

一定要把这样的缺乏纳入独一无二的存在的问题之中。人们可以借此来确保存在与有限以及存在与生成之间的关系，而缺乏也摆脱了不确定性所带来的任意性。存在与有限和生成之间的这种必然联系赋予了哲学以对抗否定的新武器，这一武器包含在有关初始性原理的思想之中。有限会在无限、对缺乏的否定中找到自己的初始性原理。从逻辑上看，创造的问题就是这样解决的。创造从逻辑上看不再是个谜。创造只能在上帝的概念中找到，在此，借助于上帝的独一性概念为创造之谜找到了答案。因此，创造是上帝的独一性的结果。这样一来，人们就有理由说上帝存在的独一性在创造中得到了实现。如果对缺乏的否定未曾与有限（它需要自己的初始性原理但却无法凭借自身找到）联系起来，那么这种否定就失去了自己的目标。

因此，创造之谜现在仍然存在，但确切地说，它不再与上帝相关而是与自然及其生成相关。后者只有在存在中才能找到其基础。这正是巴门尼德曾说过的格言。但是，他并未停留在克塞诺芬尼的观点上，即预设上帝与世界的统一。这一统一本来应该统一的是存在与生成。在同赫拉克里特的争论中，巴门尼德捍卫的正是这个错误的统一体。泛神论不过是重复了巴门尼德所犯下的错误，虽然在描述这个错误时巴门尼德具有高度的敏锐性，而这个错误也给科学和哲学带来了巨大的收获。将存在与生成混为一谈是一种偏见，这种偏见中蕴含着泛神论的逻辑根源，为了不让这种偏见延续下去，创造是必需的。

创造是上帝首要的属性，它不仅是上帝存在的独一性的结果，而且二者根本就是一回事。如果独一无二的上帝不是造物主的话，那么存在与生成就毫无区别，自然本身就是上帝。但是，这意味着根本没有上帝。因为，自然是一种生成，它本身需要存在作为其基础。

存在是第一原理，它不可能包含在生成之中，相反它必定是生成的基础。哲学与科学一样，都反对将存在与生成统一起来的思想。因此，即便是对于科学层面上的存在与生成的问题来说，泛神论也是一种逻辑矛盾。但是，解决这一矛盾仅仅是一个开始，无论是对于宗教中的理性的绝大部分份额，还是对于在超出了科学问题之外的思想领域中（如关于人类的问题、关于伦理学的问题）所存在的理性的绝大部分份额来说，都仅仅是一个开端。

13. 一神教的创造概念有一种与伦理学相关的特殊意义。因此，我们只能够在与人的创造、理性本身的创造的联系中去揭示这一意义。在创造问题的全部内容中都存在着一块绊脚石，即人们将创造看作对所有的被造物都一视同仁。形而上学将这一教义传给了自然科学，而泛神论之所以广为流行，也是因为它一直追随着形而上学。但是，正如我们一开始就注意到的那样，如果理性在某个关键点上走上了两条大相径庭的道路的话，那么人们就不会认为创造的问题对所有的被造物都是一视同仁的了，相反，必须根据上述两条道路本身来确定创造的问题。人们可能会说，在这一理论中存在着某种二元论，但情况并非如此，这一理论的统一性尽管是建立在分裂的问题之上，但它试图在这种分裂的基础上造就一种知识的统一体。无论如何，首先出现的是分裂。逻辑是科学的逻辑。伦理学要想建立的自己的逻辑，只能模仿科学。

因此，在我们发展出创造的伦理学意义之前，我们愿意借助犹太一神教在处理这一问题时所采取的形式，并借助迈蒙尼德所建立的标准来确定我们的研究方向。

14. 在《塔木德》看来，《圣经》中有两种教义是极其深奥的，即创造与以西结在异象中所看到的神车（the divine Chariot）。《塔木德》中的许多问题，例如那些与洁净的动物相关的问题，都是以上述这种学者式的观点来考虑的，而其中的绝大多数也是以同样的方法加以处理的。"最初的行动"是对创造的最初也是最常见的表述。但是，这并非是唯一的词汇。怎么可能有另外一个词汇与之并列呢？根据创造在上帝的统一性方面所具有的意义，我们不得不问这个问题。但是，这个词汇在物理学中找到了位置，而物理学又曾经屈服于形而上学，这种种事实似乎充满了疑团，因为形而上学的方法论同样要面对创造的问题。因此，一般意义上的创造几乎变成了一种公开的教义（an exoteric），而神车则变成了一个秘密的问题（an esoteric problem）。因此，"起初的创造"似乎从未被看作是有关问题的最后结论。

随着时间的推移，"更新世界"这个新词出现了。人们不可避免地认为更新这个概念必定削弱开端的突然性。因此，不是"起初的创造"而是"更新"才是表达创造的合适词汇，后者将开端理想化并且将创造变成了一种持续性，在其中每一天都是一个新的开端。大议会（the Great Synagogue）时代①的人们在日常祈祷文中确立了这样一种思想："凭着他的善，他每天持续更新着最初的工作。"因此，起初的行动每天都会得到更新，而且这种更新是绵延不尽的。每天都是一个新的开端，而这种持续性就是真正的开端。这种更新替代了创造。

毫无疑问，这里发生了一种替代行为。人们并未明确地将更新与最初的创造对立起来，这或许是件大好事。无论如何，问题依然不可避免地存在着：既然这个词看上去是弱化了圣经中的词汇，它是如何产生的？它又是如何被接受的？人们究竟出于何种需要而不去刻意避免对上述对立的怀疑，尤其是在日常的祈祷文本身中不加避免呢？难道人们不必为解决神车和"最初的创造"之间的矛盾绞尽脑汁，从而让后者与前者一样保留其秘密的特征

---

① 介于先知和拉比之间的时代。——中译者

吗？可能与实际的情况对应的是，最初的创造在公开的教义和秘传的教义之间游移不定、摇摆振荡。

15. 引进更新概念的真正原因与伦理学问题有关，这一点表现在祈祷文的一个字上，这个字就是"善"。我们已经注意到，而且还将继续证明，在拉比著作中存在着一种对宗教中的理性份额的进一步发展，不管在表面上有多少不协调之处。此外，很清楚的一点是，拉比著作对《圣经》中"创造"一词所包含的模糊和暧昧之处提出了挑战，并因此而将创造看作是持续的更新。

我们所提倡的初始性原理的重要性由此而得到进一步的确证。因为初始性原理并非只在最初的时刻起作用（这样会陷入神话），而是确立起某种永恒性以及由此而来的持续的存留。因此，初始性原理需要永恒性，在祈祷文中包含着对应于后者的词汇。问题已经越来越明确地远离了神话，因为神话从未超出神奇的暂时性的开端。但是，独一无二的存在必须与生成建立起持久的关系，如此一来，初始性原理必须在持续的存留中证明自身，或从创造的观点看，必须在更新中证明自身。即便没有引进伦理学的观点，被存在问题所主导的形而上学观点也需要这种术语上的修订，而这种修订看起来更像是一种纠错。

这种修订变成了中世纪犹太哲学语言中的主导词。世界的更新现在意味着世界的创造。造物主现在变成了更新者。既然他的行动、他的创造都是他的存在，而且也不是混入他的本质中的某种异质的力量，那么世界的生成在上帝之中的最初源泉现在就意味着在生成不断持续的情况下，生成在上帝的存在和上帝的创造中有其初始性原理。但是，持续的存在真的是一种持续的新的存在吗？就其被神圣的存在决定而言，它难道不总是一成不变的吗？这个词汇本身为问题提供了答案，而借助于这个答案，这个词汇会获得其恰当的含义。

生成并非总是一成不变的。这种自我同一仅仅适用于存在，而有限的东西总是新的，因此，既然在其自身之内并没有创造自身的力量，那么它必定总是被更新的。因此，不难看出，这个新词的发明并非是为了避免怀疑论，因为那样也无法逃避存在的问题，在这个词中具有某种肯定性的意义。正是这一词汇中的这种肯定性意义才能够引领着形而上学中的存在与生成的问题进入伦理学问题的领域中。伦理学必须尝试着为自己建立起一种独一无二的存在和有限的生成之间的联系。每天进行的稳定的更新是无限和有限之间的桥梁，与此相反，暂时性的开端仅仅存在于模糊不清的神话中。但是，现在每一天都面临着同样的问题，随着开端的问题而来的还有持续性的问题。最初的创造这一概念不可能为上述问题提供令人满意的答案，因此，世界的更新这一概念必须被引了进来。这个概念把生成的各个阶段上的新鲜性（newness）变成了问题，但同时也试图借助上帝的存在来解决这一问题。

至此，这就不再是对最初的、唯一的行动大感兴趣的神话所带来的问题。如果我们忽略所有形式的伦理学，那么对创造问题的兴趣与神话相比显得更为科学化。更令人感到惊奇的不是开端，而是持续的生成和永恒的流变。总有某些新的事物出现，但这种新鲜性或许可以在一成不变的古老的基础中找到其源泉。

因此，更新并不是对混沌的更新，也不是对虚无的更新，如果是这样的话，人们完全可以对创造的概念心满意足。相反，更新强调的是生成在每一点上都有一个新的开端。

这一词汇的精髓在于,它表现出来的思想要比神话中的相应部分更为成熟。更新的概念在科学的层面上更为直接,甚至无须借助于它所引入的与伦理学的关系就已经超越了有关最初源头的神话。生成中的新鲜性概念是一个科学的概念。但是这种新鲜性必须被持续地更新。在涉及创造的层面上,宗教在理性中的份额借助世界的更新的概念证明了自身。开端的概念作为一个宗教问题被更新概念决定性地超越了。

在一神教中,创造的问题并非仅仅局限于世界的创造;而在希腊哲学中,这一问题关心的仅仅是宇宙的起源。但是,在一神教中,人作为理性的载体以及道德理性的存在物占据着一个特别的位置。正因如此,创造的问题将自身的意义从因果性的领域转移到了目的论的领域。如此一来,宗教中的理性份额同样也意识到了伦理学的问题,但是,只要人们仍然从因果性的观点出发看待创造,那么唯一需要的就是一个用逻辑术语所描述的未来。在后者看来,创造看起来似乎是一个奇迹,理性则宣称可以将奇迹中的神奇之处变成思想中的正常状态。

对于消解奇迹的兴趣同样表现在另外一个概念之中,确切地说,这个概念预设了作为理性存在物的人的创造。但是,既然这种特殊的创造之前存在着创世这种普遍性的创造,那么,为了避免思想中显而易见的不正常之处,我们应该追随普遍的创造概念,首先探讨这个刚刚提及的概念,正是在其中,另一个特殊形式的创造才得以作为结果产生出来。

第4章 启示

1. 生成依赖于存在。这种逻辑上的决定与被决定的关系已经摆脱了流溢这一神话概念的影响。但是，从生成的多样性之中产生出了人类理性的特殊问题。普遍的逻辑决定性必须在这一特殊的决定性中获得其明确的意义。上帝的独一性必须在与这一特殊问题的关系中证明自身的正确性。这正是启示的最普遍的意义，即上帝进入了与人的关系之中。这一最普遍的意义同时也是最恰当的意义。因为，那种认为上帝同样将自身展现在世界之中的观点是错误的，它错误地行进在泛神论的方向上，我们借助创造的原则纠正了这一观点。上帝绝不可能将自身展现在某物之中，他只会将自身启示给某物，将自身展现在与某物的关系之中。在这种关系中，唯一可能的另一方是人。

因此，启示只是在下述方面不同于创造：与创造相联系的是普遍的、形而上学的存在与生成的问题，虽然这个问题与特殊的道德问题也有联系。这一特殊问题要由启示来处理。因此，在启示将作为理性存在物的人的创造看作是自己的问题的情况下，我们可以说启示是创造的继续。因而从道德被造的概念（the concept of the creation of morality）出发，我们已经可以得出一个结论：启示只可能与人这一道德的承载者相关。

因此，对于理性的探讨可以先于探讨人的章节，唯一的条件是，种种奇迹般的不正常表现被驱逐出启示的问题。就像存在是生成的必要前提一样，它同样也是人的生成的必要前提。只有借助于启示，理性的生物即人才能够产生。这个判断与那个关于作为实体的存在的独一性（也就是说，它必定是生成的前提）的判断一样，具有逻辑的可靠性。但是，如果理性并非仅仅意味着关于自然（它有自己特殊的基础）的知识，而且明确地指称着关于道德的知识，那么这种道德理性和道德生成的起源必定在上帝之中，只有上帝才是唯一的存在，因此他必定是关于道德的知识前提。

2. 概念的逻辑和宗教的源泉之间的矛盾在这里比初次出现在创造的问题中时必定表现得更为清楚。因为物化上帝及其与人的关系的危险在此表现得更为直接。从上帝出发到达人的那种交流似乎不可避免地要使上帝参与到人类之中，反之亦然，但是，这却威胁到了上帝存在的独一性。似乎没有什么办法可以避免这一不可避免的神话。

泛神论就是滑入了这道理性的鸿沟。虽然泛神论可以填平这道鸿沟，但却只能靠否定它或干脆不承认它是一条鸿沟。根据它的教导，上帝与人的交流并不是与其他形式的存在的交流，而是与自身的交流。他与人的交流毋宁说是一种自我展开。但是，创造的困难之处同样也出现在这里，即生成被插入了存在之中并被废止了。① 从这种关于启示的观点出发，上帝变得与人同一了，而

---

① 意思是指，人作为生成而被置于作为存在的上帝之中，由此他被消除了生成的特性而转变成了存在。——中译者

根据一神教的观点,上帝一直以来只是所有生成的前提,因此也是人类道德的前提,这样一来,上述似乎不可避免的问题被消除了。

启示并不是道德理性生成的最初原因,而只是这种特殊的因果关系的前提。因此,所谓的不正常可能只是一个误解。问题的关键并不在于上帝与人之间理性交流的因果关系,因果关系根本不是问题的关键,真正的关键是因果关系的前提,这个前提在因果关系在某处起作用之前就已经存在。然而因果关系的这个前提已经包含在存在之中了,它来自于存在,相比由启示所建构的关于创造的特殊意义来说,它有着自己独特的含义。生成的这一特殊问题在于生成与人类理性之间的关系。但是,对于这个特殊的问题来说,存在是必要的前提,只不过在这一特殊的问题中,存在不再被称作创造而是启示。启示同样不可能是一个奇迹,它不属于不正常的范畴。因为存在不仅有创造的含义而且还有启示的含义。启示就是理性的创造。

3. 接下来,如果我们现在就要根据《圣经》资源以及前文所述的内容来解释理性在宗教的这一基本问题中所占据的份额的话,那么我们行将面临着一个空前的难题。一神教是从神话中成长起来的,除此之外,民族史诗也是其来源。《圣经》并不是宗教信条的教育诗或说明书,也不是文学史,它本身是一部民族的文学作品。然而,每一种民族文学在其诞生的最初阶段都受到了这个民族自身所创造的、由书面作品所记载下来的民族意识的指导。因此,在这个民族精神的文学起源与启示的神话意义之间不可避免地产生了冲突。这是启示与民族的文学作品之间冲突的最初形式。

传统上,人们一直认为,《摩西五经》包含着双重的形式,因为传统上人们把第五部经书看作是"《托拉》的复述"（Repetition of the Torah）。借助于这种复述，最初的状态似乎被打破了，因为很显然，它包含着对于前几部书以原始的方式所描述的内容的一种反思。从这种更高层次的观点出发，《申命记》是极为有趣的，以至于人们可以把将之视为圣经教诲中的那些优秀遗产的标志。

后来所有与民族的宗教产物的原初性相对的那些顾虑都可以从这种反思性复述的角度加以思考。但是，对于这种反思的批评则进行得更为深入，以至于它首先考虑的是那些从上帝的灵性观点出发所必然引发的对启示的怀疑。只有从这种更为深入的批评出发，那些从民族的原初性观点出发所产生出来的不太重要的顾虑才会拥有真正强大的力量。目前所涉及的最重要的问题并非是民族的原初性与神的启示之间的对立，而是从总体上被看作是上帝与人之间的交流的启示及其带来的问题。

4. 启示首先是一个发生在民族历史中的单一的事件，即西奈山上的启示。启示是唯一的吗？整个《托拉》难道不是一个启示吗？《托拉》的全部内容是否都已经在西奈山上启示出来了呢？拉比们无法避免这样的结论：摩西的教诲已经包含在其中了，即《托拉》的全部内容都包含在西奈山上的启示之中。他们甚至从此更进一步，将他们自己的阐释看作是口传《托拉》，他们把这些阐释建立在那些被他们看作是"在西奈山上给予摩西"的法律之上。无论如何，摩西十诫作为西奈山上特有的启示仍然保留着自己独特的地位。然而，这样一来，启示概念的内容却变得动摇不定。

西奈山上的这个启示必定在许多方面都与《申命记》中的反思有所不同。首先，在神的显现（theophany）中隐藏着一种将上帝概念物质化的危险。因此，了解《申命记》是如何努力避免这种危险的会给我们极大的启发。"所以，你们要分外谨慎（因此，真正值得关注的是你们的灵魂）。因为耶和华在何烈山，从火中对你们说话的那日，你们没有看见什么形像。惟恐你们败坏自己，雕刻偶像，仿佛什么男像女像。"（《申命记》4：15，16）后面的经文描述了其他民族所信仰的诸神群体。

独一无二的上帝在西奈山上启示自身时并未采取上述的任何一种方式。"耶和华从火焰中对你们说话，你们只听见声音，却没有看见形像。"（《申命记》4：12）但是，这个声音不是一种形式（form）、一种肉体器官吗？人们倾向于认为他们听到的是"一个声音所说的话"，也就是说不是声音而是那些话才是听到的内容。因为听见就像看见一样是属于肉体的，因此，对它也要像对待听觉一样保持警惕。因此，在这里听见绝不能够仅仅被看作是理解，正如经文所说："我们会遵行和理解所有上帝所说的"①，而且，对于"理解"的更为确切的理解必须建立在通常的倾听的意义上，也就是说是在听从（obeying）的意义上，因此，听见仅仅意味着内在的灵魂的听见，其结果是遵从。如果情况真是如此的话，那么从上文提到的警示来看，很显然所有的物质化倾向都会被排除在启示之外。

这种考虑甚至可以扩展到西奈山本身。"那时你们近前来，站在山下。山上有火焰冲天，并有昏黑，密云，幽暗。"（《申命记》4：11）迈蒙尼德提醒人们注意山上的火焰与昏黑、幽暗的区别。上帝本身既不在光明之中也不在黑暗之中，只有一道主观的墙

---

① 原文未标出处，从内容看应该是《出埃及记》19：8。——中译者

壁（a subjective barrier）隔开了人与上帝。因此，即便是在启示中，也只有一道分隔开上帝与人的主观的墙（קדאטוםפרדרליצכגדש/הבסז）。拯救这种主观上的分隔的就是摩西这一形象，就启示中的上帝与人的关系而言，摩西扮演着一个极其特殊的角色。

5.《申命记》试图将一神教确立为犹太民族所具有的最为深刻的意义和价值。在这种民族主义的基础上，多神教成了斗争的对象，所有形式的偶像崇拜都要清除，无论是在本民族中还是在任何一个周边民族中。为了这一目标，《申命记》不断地宣扬所有崇拜偶像的民族会灭绝以及以色列民族为何衰落到仅剩下为数不多的幸存者。为了建立并强化一神教这一世界历史的目的，民族意识崛起了。正是为了这一特殊的目的，犹太民族的早期历史被重新解说了一遍。发生在摩押（Moab）地的这一伟大的演讲的中心内容就是进行这种重新解说。一神教必须要与民族意识的这一中心内容相吻合，所有与之相对立的内容都必须被看作是虚幻的。

一个独一无二的上帝给予一个独一无二的民族以启示本身就是这样一种与之相对立的内容。不过，我们不应该避开这种想法，如果它对于基本的民族宗教和灵性力量的产生来说是必要的话。因此，启示的故事开始于这样的回顾，犹太民族遇到了其他的七个民族。这段史诗性质的记载并未受到新兴的一神教的自我批评的干扰。因为，在"嫉妒的上帝"和"一场大火"中所表现出来的动机属于能够煽动起政治行动的动机，它们借助内在的一神教动机而得到了足够的补充："耶和华你神原是有怜悯的神。"① 爱

---

① 《申命记》4：31。——中译者

和正义的动机同样在整篇演讲中互相纠结，互相渗透，而这篇演讲是为了民族政治而进行的。尽管其中说"你们将……毁灭"，但同时也说："他总不撇下你，不灭绝你"（《申命记》4：31）。所有形式的原生态的（autochthony）东西都被最初、最原始形式的启示所废止。

6. 另外一种形式的自相矛盾在于摩西与上帝、摩西与以色列人之间的双重关系。对于上帝对摩西的召唤，我们不可能提出任何严肃的反驳，因为正是通过此次神的显现，犹太民族的民族意识才得以产生。摩西正是这种全民族得到升华的工具。独一无二的上帝只可能将自身显现在精神之中，而且人们相信他在精神中的显现必定是针对整个民族的。无论如何，精神的这种中介作用使得作为中介的个体精神的出现不可避免。神的实际现身需要一个仅仅是作为盲目的观察者的个体，神的精神性的显现在没有精神性中介的情况下将无法实现。此外，某种德性也是必需的。摩西是这个民族的英雄，是这个民族的缔造者，也就是说，他把这个民族从水深火热的奴役状态中解放出来，形成了一个统一的民族。因此，他的独一性并未站在作为整体的整个民族的对立面上。

因此，"上帝面对面地晓谕摩西"以及"上帝面对面地对你说话"（《申命记》5：4）这两句话中所表现出的表面上的矛盾得到了解决。对于第一句，伊本·以斯拉（Ibn Ezra）给出了这样的解释："没有中介。"也就是说"面对面"对他来说仅仅意味着**直接性**。无论如何，摩西本人并未被看作是一个中间人，他从未站在上帝和以色列人之间。他被看作仅仅是一个民族的代表，因此，虽然他是独一无二的，但却从未被看作是独立于整个民族之外的。

当上帝再一次面对面地同这个民族讲话时，经文采取了一种似乎是附加的甚至是补充的方式说道："那时我站在耶和华和你们中间，要将耶和华的话传给你们。"（《申命记》5：5）在此，神的直接显现变成了中间人的传话，而摩西变成了传话者。这样的做法是必要的，因为启示是一种灵性的交流，而经文中再次强调了这一点："因为耶和华在何烈山，从火中对你们说话的那日，你们没有看见什么形像。"（《申命记》4：15）

　　为什么需要摩西作为中介呢？在这一点上，紧接上文给出的理由显然并未站在足够高的反思的层面上，未能保证启示的灵性："因为你们惧怕那火，没有上山。"（《申命记》5：5）不过这一缺陷却因下面的经文而得到了纠正："至于你，可以站在我这里，我要将一切诫命，律例，典章传给你，你要教导他们。"（《申命记》5：28①）传话者在此变成了一位**导师**。摩西有能力胜任这一使命，他就是一神教的导师。启示必定会将一种个体性的精神渗入到上述教导中，民族精神通过这位民族的导师而走向成熟。

　　因此，摩西的中介作用并未构成一个反对关于一神教的民族起源的观点的反例。相反，甚至存在着一个使得启示这一事实同上述观点相一致的大胆表述："这约不是与我们列祖立的，乃是与**我们今日在这里**②存活之人立的。"（《申命记》5：3）这句经文中强调的部分斩断了所有的历史联系，虽然并未真的消除多少这

---

① 非犹太传统的《圣经》，如钦定本、新标准修订本、中英文和合本及一般版本都是《申命记》5：31。——中译者

② 强调部分为柯恩所加。——中译者

样的联系，或者说，是将上帝之约与当下的人们直接联系了起来。如此一来，启示的灵性层面与发生在远古时代的单纯的历史事件区分开来，并且以明确的方式建立在不断更新、不断延续的民族生命之上。

7. 摩西切入了上帝同以色列人的直接关系之中，这使得他伟大的一生染上了悲剧的色彩。他领导以色列人走出埃及，但却不能领导他们走向应许之地。"但耶和华因你们的缘故向我发怒。"（《申命记》3：26）这所谓的"因你们的缘故"是什么意思？在此，我认为一神教的反思打断了原始的叙述。为了整个民族的缘故，必须设计（devised）出某个由摩西本人所犯下的错误（trespass），这样做的目的是避免神人或超人这样的幻象蒙蔽他们的一神教信仰。摩西所犯下的错误在于他没有用语言命令水从石头中流出，而是用杖击的方式取水。① "因为你并未尊崇我"②，因为你们，即摩西和亚伦使用的是杖，从而排除了语言的灵性力量，你们削弱了上帝的神圣性，因为这种神圣性是建立在灵性的基础上的。

为了整个民族，为了一神教的普及，摩西必须变成一个罪人，而他的罪必须用惩罚来彰显："你可以远远地观看，却不得进去。"（《申命记》32：52）摩西必须把他的使命传给一个继承人，他作为上帝与人之间的中介这一幻象必须被打破，别人也可以替代他的位置。但却有一段关于他的记载："这个人，摩西，为人极

---

① 参见《民数记》记载的以色列人出埃及后在寻（Zin）地的沙漠中发生的事件。——中译者
② 此句出处应该是常见的中英文版本《申命记》32：51。——中译者

其谦和，胜过世上的众人。"(《民数记》12：3）当然，摩西被称作"这个人"、一个与世上所有人不同的人，绝非是无意的。他与众不同的标志并非是他的英雄形象，而是他的谦和。如此一来，借助摩西这个人，启示的灵性得到了保护。

8. 此外，《申命记》的主题即一神教的观念借助一出悲剧而得到了加强，那就是摩西倒在了以色列人通向应许之地的门槛上。上帝独自为一神教建立了一个民族的载体，在此事发生之前，摩西必须死去："只是到今日没有人知道他的坟墓。"（《申命记》34：6）正如他的一生从未违背过启示一样，他的死同样也打上了同一观念的印记。个别的人，甚至是那些最受人爱戴的人死去了，而上帝则为了整个民族而永生，这个民族与上帝之间有着一种恰当的直接联系。如果摩西的罪并不是一场发生在他生命中的悲剧，那么根据戏剧的范式，他的死必然是最高层次的升华，在其中包含着人类最高程度的净化。

9. 《圣经》中关于两块石板的记载被看作是将启示加以理念化的倾向的一部分，这并不是一种过于牵强的看法。出于对那些堕落的人崇拜金牛犊的愤怒，摩西摔坏了上帝所写的石板。这样的罪过怎能归咎于他呢？附加给他的这种行为甚至不能算作是罪。毫无疑问，新的石板必须准备妥当，而且再次由上帝来书写。但是，第一块石板已经被摔坏了，这是一个不容更正的事实，而这一点顺应的恰好是将启示灵化的倾向。

启示的精神并不包含在向石板上写字这个事件之中。《密释纳》所言（《圣录》6：2）极是："不要以'死板的'（engraved）方式阅读石板上的文字，而是要读出其中的自由。"当然，《圣经》

原文不可能如此轻易地适用于此种解释，但这一解释的意义是正确的，这对于一神教的净化极其重要。

10. 在这篇演讲中贯穿着另外一条思路，它同样是与对启示的物质化理解相对立的，即"律例和典章"以及对包含于其中的智慧的强调。在它们以及附加在它们之上的约誓中究竟包含着什么？为什么不能满足于启示？尤其是现在它已经得到了恰如其分的更新，而更新它的正是那庄严的宣告："听啊，以色列人，耶和华我们神是独一的主。"（《申命记》6：4）这里用的是"我们的神"，这一点极其重要，因为一神教是建立在民族意识的基础上的。但是，事情并未止步于这一基本的观念，毋宁说它们是这一观念的结果，有一些事情涉及"律例和典章"，人们认为在这些事情中所提出的对于一神教真理性的证明是十足的谎言。这些"律例和典章"的内容和特征究竟是什么呢？

11. 正如这个词组本身所表明的那样，它并不关心为崇拜神所作出的规定，就对于神的崇拜而言，破除偶像崇拜的诫命实际上并不包含于其中。它真正关心的是纯粹的道德命令以及社会和政治的制度和规范，此外还有理论上和实践中与正义相关的律法和法庭的全部建制。为了不打断论述的连贯性，我们不准备列举这些法律与习俗的全部内容，但是，我们仍然要强调，人类文明的律法、政治、社会基础被置于《申命记》第13—28章中。对于律例和典章的内容及特征这一问题的回答目前就是这样。

但是，如果启示最终是建立在这些律例和典章之上，那么，毫无疑问，启示想要做的是将自身的意义与西奈山上发生的事件划清界限，并且把这种意义建立在自身内容的基础上。尽管这一内容是来自于西奈山，在那里它被记录了下来，但是它却是在民族历史的延续过程中完成的。

摩西本人已经清醒地意识到了自己作为民族导师的地位，他将这些律例和典章教给了以色列人："这就是我教给你们的"（《申命记》4：1），"我照着耶和华我神所吩咐的将律例典章教训你们"。（《申命记》4：5）与这一教导相一致，经文中还说："这就是你们在万民眼前的智慧，聪明。他们听见这一切律例，必说，这大国的人真是有智慧，有聪明"。（《申命记》4：6）。紧接着又说："哪一大国的人有神与他们相近，像耶和华我们的神，在我们求告他的时候与我们相近呢？"（《申命记》4：7）

如此一来，与上帝的这种亲密关系变成了一个重要的宗教要素，后来又直接将自身建立在法律之上："有哪一大国有这样公义的律例典章，像我今日在你们面前所陈明的这一切律法呢？"（《申命记》4：8）这里的说法是摩西是在**今日**陈明了这一切法律，无论如何，他可以毫无困难地继续说到民族历史的延续性上，后者的意义只有在这个"今日"才能获得。为了与这种思想上的统一保持完全一致，经文接下去说到上帝宣布了十诫并将其刻在了石板上："那时耶和华又吩咐我将律例典章教训你们。"甚至"以色列啊，你要听"这个句子中"听"的内容指的也是它们（《申命记》5：1），在其中，启示证明了自身的智慧和理性。

12. **民族的起源**指的也是它们："日后，你的儿子问你说，耶和华我们神吩咐你们的这些法度，律例，典章是什么意思呢？你就告诉你的儿子说，我们在埃及作过法老的奴仆，耶和华用大能的手将我们从埃及领出来……耶和华又吩咐我们遵行这一切律例。"

(《申命记》6：20—24）

13. 最后，爱上帝这一最基本的诫命也加进了"以色列啊，你要听"中，而且也与律例和典章相联系："你要爱耶和华你的神，常守他的吩咐，律例，典章，诫命。"（《申命记》11：1）当然，人们并未在这些律法的政治特性和那些与强化一神教相关的律法之间作出区分。在这篇演讲中，反思的力量有意识地将自身变得非常古老，因此，作出上述区分是与这样的风格格格不入的。此外，这样确切的、科学的区分即便是在一个更为晚近的时代都无法设想。真正值得依靠的是这些律例和典章之中的智慧和理性以及这个民族的智慧，这一事实本身已经明白无误地揭示了将启示这一事件灵化的倾向。

到目前为止，构成问题的只有有关启示的事实，即在多大程度上它能够与灵性、与上帝存在的独一性相一致。对于犹太民族和摩西，我们只是作了某些预备性的说明，因为我们还没有前进到作为理性存在物的人的创造这一层面上。就像创造一样，启示同样能够伴随着对理性、对人类精神的启示而达到自身的完善，因此，上述两者就变成了启示的前提。人，既不是犹太民族，也不是摩西，而是作为理性存在物的人才是与启示的上帝相关联的对象。

14. 但是，我们首先必须探讨的是关于神的显现的叙述，在其中，摩西是唯一活跃着的观众。关于摩西的私人请求的记录只有两条。其中之一上文已经提到过，它与摩西能否去应许之地相关，而另外一条是关于神的显现的。在第一条中理性已经显露无遗，因为它表明了一个意愿："求你将你的道指示我，使我可以认识你。"（《出埃及记》33：13）然而，接下来摩西恳求道："求你显出你的荣耀给我看。"(《出埃及记》33：18）在第二条请求中存在着一种将上帝物质化的危险，这一危险内在于问题本身，而且似乎无法避免。而在第一条请求中，他想知道的仅仅是关于上帝之路的知识，也就是说，仅仅想知晓上帝的行动。在接下去的经文中包含着一个具有启发性的例子，其中所彰显的方法不仅未被传统所压抑，恰恰相反，甚至连最困难的节点都被传统保留了下来。较为古老的说法似乎被放在了《申命记》第20—23节①中："你不能看见我的面，因为人见我的面不能存活。耶和华说，看哪，在我这里有地方，你要站在磐石上。我的荣耀经过的时候，我必将你放在磐石穴中，用我的手遮掩你，等我过去，然后我要将我的手收回，你就得见我的背，却不得见我的面。"

如果我们从上述经文的第一句开始，那么其内容已经明白无误地表明了一种对相当普遍的神话传说（当上帝向人现身之后，人不可能继续存活下去）的依赖。其后的字句，诸如地方、磐石、用手遮掩以及把手收回等等同样也是完全属于神话的，而其中最大的问题来自那"经过的荣耀"。这一物质性的要素导致了将"אחורי"一词翻译为"背后"（backside），似乎"脸"意味着面前而不仅仅是"向前"。但是，如果与"向前"相对的词是"向后"（backward），那么这个向后并不必然意味着"背面"（back）。

这个有问题的希伯来单词除了在这里出现过之外，在别处只出现过一次，即在《出埃及记》26：12中："在帐幕的后面。"此外，它还经常以单数形式出现，意思是未来，例如在《以赛亚书》

---

① 《出埃及记》第33章。——中译者

41：23中："要说明未来的事情。"通过以这样的方式理解这个词，犹太释经学一直试图消除掉上文中的成问题的含义，也就是说，上文可以解释为只有借助他的工作、借助由他的本质而来的那些东西才能了解上帝，而单纯借助他的本质是不行的。除此之外，对于这个已经内蕴着问题的请求，全部回答都充满着对灵性化的一神教启示的威胁。

因此，我们完全可以理解为什么上述经文之前会出现两个句子从完全不同的观点出发去回答摩西的请求："耶和华说，我要显我一切的恩慈，在你面前经过，宣告我的名。我要恩待谁就恩待谁，要怜悯谁就怜悯谁。"（《出埃及记》33：19）首先让我们看一下考西的错误翻译："我将显示我一切美好的东西，并将亚卫之名昭示给你。""בוט"一词绝不可能意味着美好，因为美好是荣耀的同义词，所以它应该指的是上帝的本质。这个词同样也不可能意味着善，而指的是在善之前的东西，即好。

如此一来，人们或许可以用同样的方式解释那句成问题的"我会过去"的延续性，也就是说，它的意思不是"我的本质"，而是"我的影响"①。因此在同样的情况下，对摩西请求上帝昭示其荣耀也就是他的本质的反对声音也逐渐清晰并因此而被消除，意即"你会看到我的影响"，因此我可以说上帝已经在你面前。这些影响就是我的善、我的荣耀和我的仁慈。因此，犹太释经学对这个单词的理解是正确的，它虽然只在这个语法结构中出现了一次，但却并不意味着身体的向后，而是上帝本质行动的影响。

---

① 就是上文提到的"由本质而来的后果"。——中译者

15. 现在让我们再回到《申命记》。这篇演讲并不满足于警告以色列人要保护启示的灵性，避免物质化的理解；也同样不满足于将历史的事实转换到今天的现实之中，这种做法只能使得犹太民族主动负起的责任显得更加紧迫。相反，它几乎开了在理性内部解决异常事务的先河。

这一过程体现在下述经文中："我今日所吩咐你的诫命不是你难行的，也不是离你远的。不是在天上，使你说，谁替我们上天取下来，使我们听见可以遵行呢？也不是在海外，使你说，谁替我们过海取了来，使我们听见可以遵行呢？这话却离你甚近，就在你口中，在你心里，使你可以遵行。"（《申命记》30：11—14）如此看来，教义并不是在天上，也不是来自天上，其源头被明确无误地规定为完全的主观性，即在你心中、在你口中。正如上述命令所昭示的那样，在人的心中，在理性人的言说中包含着"上帝之言"（the word）①。这与人类的精神并不矛盾，反而十分接近。启示的基础在人的心中，在言说这一人类最特殊的能力之中。当然，引用这些经文的目的并不是为了与西奈山上的启示进行辩论，但是，人们不可能不清楚，通过这些词句，兴趣点已经从只发生过一次的历史事件中转移到了别处。这一事件的灵化和理想化之所以能够完成，需要借助将其内在化而融入人类精神之中。

《申命记》所坚持的这种精神延续到了先知们那里，例如，耶利米曾预言过上帝要与以色列人立一个"新约"，"耶和华说，日子将到，我要与以色列家和犹大家另立新约，不像我与他们的祖

---

① 可参见《圣经·约翰福音》开篇部分。——中译者

先所立的约……耶和华说，那些日子以后，我与以色列家所立的约乃是这样，我要将我的律法放在他们里面，写在他们心上。我要作他们的神，他们要作我的子民。"（《耶利米书》31：31—33）内在的部分被口口相传，而《托拉》则被铭刻在人们心中，变成了新的誓约。

16. 耶利米口中的新约，在以赛亚那里被称作"新的精神"，在以西结那里被称作"新的心灵"。

毫无疑问，《申命记》在这个问题上达到了顶点，因为其中所宣扬的观点与人们普遍认为的一神教教义来自天上的观点截然相反。而且，在这一点上，即便没有将人与上帝的关系建立在创造和出现在人类理性中的启示之上，启示如同创造一样也会被转变成一种纯粹精神意义上的东西。灵化是上帝独一性的必然结果，上帝的存在的灵性必须从与所有感官现实相对立的角度来加以思考。

关于这种倾向的其他证据在早期一神教的文献中也能够找到，我们将会在基本概念的展开过程中逐步加以介绍。我们通常认为的理性在一神论宗教中的份额已经使得这种倾向成为必要，甚至理性的概念本身也在做同样的工作。此外，作为理性存在物的人，其概念也是如此。如果人是上帝的造物，如果启示能够给予人，那么唯一的途径就是人的理性，与此相应，启示本身只能被看作是对理性的启示。

到目前为止，上帝与人之间的关系已经将自身证明为是一种**相互关系**。上帝的独一性决定了他与人类理性的关系，而人的理性作为上帝的造物，决定了人与上帝的关系是一种理性的关系，因此，它同时也决定了启示中的这种理性关系是否能够完成，只有启示和创造在一起才能建立起人与上帝的相互关系。

17. 中世纪的犹太哲学家们试图在理性和启示之间建立一种和谐关系，因此，他们可以或多或少确定地说，启示的源头在理性之中，这一点或许可以被看作是一神教的合法延续。这一点已经借助他们的前提（即几乎所有基本原理的基础都是理性的）而得到证明。尽管对这些基本原理的表述各不相同——有时被称为"根基"，有时被称为"基础"，有时被称为"原理"，如此等等——但是贯穿于其中的是一个一般性的重要名称"理性的首要原理"。由此看来，启示中的某些细节并未被确立为基本原理，但是，理性的主旨则被确定为启示甚至是统一起上帝和创造的基本原理。理性就这样被变成了启示内容的基础。我们对此不应该有任何怀疑，因为上帝与人之间的相互关系，这种神圣的精神与人的关系，意味着一个必然的结论，即上帝与人在逻辑理性方面的某种一致性。

18. 最后，我们或许可以大胆地提出一个具有普遍适用性的说法来描述启示的重要特征，即任何一种哲学、任何一种灵性—道德的文明都需要某种与所有的世俗建制和人类思想的暂时性相对立的永恒的东西①作为其前提。

希腊人将"不成文法"与成文法区分开来。后者是人为的律法，是否应该被写下来并不重要，尽管在成文的和正式的律法中包含着最高的确定性。即便是制定法（positive laws）②也需要更为深刻的确证，以使其与不成文法相一致。如果一个现实中的统

---

① 意即上帝。——中译者
② 与上文的不成文法即自然法相对。——中译者

治者，例如克瑞翁（Creon）颁布了一条法律，但是，对于安提戈涅（Antigone）来说却没有约束力，她知道自己并未落入违法乱纪的放任状态，因为她爱他的兄弟，她所要求的是不成文的律法。[①] 这些未成文法中包含着来自希腊民族精神的道德律令，尚未经过哲学家们的阐释和推动（formulated and motivated）。但是，哲学伦理学并非是对抗智者的有效手段，智者甚至打破了哲学本身的等级秩序。在此后的时代中，"自然的"（by nature, φύσει）这个词的含义被定义为与传统相对立，而传统则被定义为"律例"（συνθήχή=νόμῳ）。"自然的"的含义无非就是"在自身之内"，那种永恒的、未成文的东西，先于任何记录下来的东西，因此，它如其所是的那样先于任何文明。它必然是先于任何文明的，因为正是它为所有的文明奠定了基础。

19. 被希腊人称为"不成文法"的东西，犹太人却称为成文的教义（written teaching），他们无视其与理性的联系，他们就是这么认为的，因为他们的想象力、他们的兴趣指向的都是未来，而且试图将过去与未来联系起来。因此，他们将过去的教义固定化为成文的教义，目的是为了将口传教义强化为教义。希腊人从一开始就对"现在"进行了批判，因为他们必须为"现在"找到来自过去的基础。然而，犹太人并不希望通过批判来深化"现在"，他们更愿意通过建立起"现在"与永恒、与成文法的联系来深化"现在"。

这种永恒作为理性全部内容的基础，被犹太人称为启示。

---

① 克瑞翁禁止安提戈涅安葬其兄弟的尸体。具体内容参见希腊神话中与俄狄浦斯相关的传说。——中译者

第4章 启示

但是，启示这个词是人们常用的、有着悠久的传统的词汇吗？对这个问题的回答是否定的。对此，有个专门的词"给予《托拉》"。在这个给予的过程中没有任何神秘之处。在《托拉》中，所有的祝福语都会说"给我们《托拉》的上帝"；在礼拜仪式中，上帝被称为"《托拉》的给予者"。在此没有任何地方涉及神秘的东西，没有任何有关揭秘（revelatio）的说法。上帝赐予人们《托拉》就像他赐予别的所有事物一样，既有生命和食物，也有死亡。启示是理性的标记，它不是动物的感受，而是来自上帝并与上帝紧密联系在一起。

20. 希腊人将某些东西与"未成文法"联系起来并在后来称为"永恒"，而柏拉图和亚里士多德时代的哲学则称为"先天"和"后天"。这些词汇中包含着时间上的含混性，就像在神的显现这一概念中包含着空间上的含混性一样。在神的显现中，前面和后面被错误地理解为物质意义上的空间。然而，如果先天从一开始就被看作是先于任何感知和经验并且能为它们提供基础的话，那么我们就应该承认，在这里存在着将理性的要求与启示联系起来的灵性关系。

哲学抑制了每一种对概念以及意识的全部内容及其发展变化的兴趣，理由是这种发展不可能完全贯彻到底，因此，必须选定一个基础，让它去承受它必须承受的任何严格的检验。哲学需要永恒的存在者，后者为人类意识中所有的变化及其命运奠定了最初的基础。如同哲学一样，宗教也需要永恒的存在者，由于它在理性中占有的份额，它借助这一问题获得了充分强大的力量，并且借助这种兴趣而变得生气勃勃。甚至不论是摩西、梭伦（Solon）

还是莱克格斯（Lycurgus）①，都不可能仅凭自己的思想创造出律法来，律法也不可能仅仅来自于列祖们。与所有历史的可能性相对立，律法只能直接地来自上帝这个独一无二的存在者。

如同我们已经看到的那样，如果这种灵性的延续性②在政治事件的历史长河中被定义为一个历史性行为，以使它能够被看作民族性事件，那么，我们同样也曾看到过，伴随着真正的（即有文献记载的）历史的出现，批判和修正也同时出现了，后者将西奈山变成了人的心灵。永恒的存在者远离了所有的感官体验，因此也远离了所有的历史经验，但是，恰恰是它构成了民族历史精神的基础和保证。它是在先的，因为它是基础性的。它必定是在先的，因为它必定会被当作基础。理性并非伴随历史而生，但历史必定伴随理性而生。因为，开端必定不仅仅是一个临时性的开端，而是必然意味着永恒的初始性原理。

---

① 两人分别是古代雅典和斯巴达的立法者。——中译者
② 指律法来自上帝，是上帝的意旨的直接延续。——中译者

第 5 章　理性人的创造

1.《创世记》前两章记载了人的创造,但第 2 章的记载与第 1 章并不相同。按第 1 章的记载,在所有的生物都造就了以后,经文接下去说:"神说,我们要照着我们的形像,按着我们的样式造人,使他们管理海里的鱼,空中的鸟……神就照着自己的形像造人,乃是照着他的形像造男造女。"(《创世记》1:26,27)这一记载明显地带有远古神话的色彩,但这一点很快得到了修正。"我们要照着我们的形像造人",这一复数形式被单数形式所替代:"神就照着自己的形像造人。"很显然,正是由于这一纠正,"照着他的形像"这句话才一再被重复。但是,究竟是否存在着一个"形像"、一个上帝的类似物,人类就是照着它而被创造出来的呢?

按照第 2 章的记载,在"所有的创造都完成之后"确立了安息日,紧接着,经文又说:"也没有人耕地。但有雾气从地上腾,滋润遍地。永恒的上帝用地上的尘土造人,将生气吹在他鼻孔里,他就成了有灵的活人。"(《创世记》2:5—7)在此,上帝的形像已经消失了,取而代之的是大地,从语言学上看,大地变成了人的根,此外还有人类的材料来源,即尘土。因此,不仅仅是上帝,而且是永恒的上帝造就了人。他将生气吹到人身体里,使他变成了有灵的生物。灵魂所呼吸的生气因此与尘土结合起来。事情并未停止在大地最初的状态上,相反,现在的情况是,人是靠着生气和灵魂而被造出来的,在这段经文中亚卫崇拜(Yahvism)的影响极为深刻。

2. 紧接着上述经文的是对伊甸园的描述,在其中,生命之秘密被转换到生命之树上,后者又与关于善、恶知识的智慧之树联系了起来。在第 1 章中,上帝既造了男人也造了女人,但是在这里,女人还没造出来,相反,正像真正正确的经文所表述的那样,她是用男人的肋骨被"制造"(made)出来的:"耶和华神就用那人身上所取的肋骨,造成一个女人。"(《创世记》2:22)而且接下去还有一段警告:"因此,人要离开父母与妻子连合,二人成为一体。"(《创世记》2:24)这就使得上述意义上的变化更加明确。

因此,《圣经》中并没有说起初上帝创造了人,而是造就(formed)了他。他首先将人类女性从男性中制造出来,目的是让他们通过婚姻结为一体,尽管在最初造就他们的时候,他们不过是来自大地上的尘土。因此,第 2 章将创造的全部内容置于文明的中心,而第 1 章由于有着关于神的"形像"以及人的"形像"与之相似的记载,以一种非常率真的姿态试图给神话蒙上一神教的色彩,而辩护的理由是人是借助上帝的"形像"而来的。

3. 然而,这种看法本身也只不过是一种幻想。"你们究竟将谁比神,用什么形像与神比较呢?"(《以赛亚书》40:18)上帝不可能有影像。因此,人不可能是上帝的影像。神话试图借助"形像"一词来表达某种含义上的进步,这一进步来自通常我们不得不加诸创造之上的意义。创造是上帝独一无二的存在的逻辑后果,如果它不是生成的前提的话,那么它就没有任何意义。但是,在所有的生成物中,只有人才是焦点,可以肯定,人之所以是焦点并非因为他是一个活生生的被造物,而是因为智慧之树是为他而开花的。因此神话中才会说:智慧会导致死亡。或者按照蛇的说法就是:"你们吃的日子眼睛就明亮了,你们便如神能知道善恶。"(《创世记》3:5)

如此一来,创造问题在涉及人的时候就与智慧密切相关,而说到智慧就涉及人与上帝的关系。对于这种关系,蛇称之为"同一",而用我们的哲学术语来说叫作"相互关系",这是一个涵盖了所有有关交互作用关系的概念的统称。在人和上帝之间存在着一种交互作用的关系。上帝的存在是创造的存在(the being of creation)的基础,或者说是创造的实存(the existence of creation)的基础。但就人的实存来说,仅有创造是不够的,如果是这样的话,上帝的存在仅仅是作为一个活着的生物的前提。在涉及人的情况下,上帝的存在还必须是智慧的前提。而智慧不仅仅是关于自然的智慧,还是关于"知善知恶的智慧"。人的本质建立在关于伦理的智慧之上。理性不仅仅是理论的,同时也是实践的、伦理的。人的创造必定意味着理性的创造。

4. 先知撒迦利亚准确地描述了人类的灵性与创造的关系:"铺张诸天,建立地基,造人里面之灵的耶和华。"(《撒迦利亚书》12:1)上帝不仅仅是天地的创造者,而且造就了内在于人类的灵性。人类的灵性不是一种再生产,它不同于人的肉体,后者是内在于一般意义上的天地之创造的,不可能发展出人的灵性,相反,人类的灵性明确地需要上帝本人作为它的创造者。

以后，我们将不得不为了伦理、为了人的伦理学意义而从上述论断中推出其一神教的结论，就目前而言，唯一重要的是在灵性，并在一般意义的理性的理论基础上建立起人与上帝之间的关系。约伯从上帝的角度论述了这种相互关系："神的灵造我，全能者的气使我得生。"（《约伯记》32：8）与此对应的是，人的灵性建立在上帝灵性的基础上，人不仅仅是一个活着的生物，或者仅仅是一个理智的生物，他的理性同时以一种明确的方式表现为道德理性，二者同样都是来自上帝。

上帝的灵不再飞行在水面之上，所有的智慧和艺术都来自于他。因此，无论是比撒列（Bezalel）①、约瑟及所有的士师们，还是英勇的参孙及列王、先知们，他们的智慧统统来自上帝。不过，在上述所有的表述中，特殊的伦理理性尚未得到表现。即便是弥赛亚也只有"谋略和能力的灵，知识和敬畏耶和华的灵"（《以赛亚书》11：2）。更确切地说，即便是弥赛亚的灵性也未与上帝的灵性相关联。

在以色列民族的灵性和上帝的灵性之间有一种直接的关系："惟愿耶和华的百姓都受感说话。②愿耶和华把他的灵降在他们身上。"（《民数记》11：29）以色列人灵性的这种原初的普遍性导致了极为重要的后果。以赛亚说："因为认识耶和华的知识要充满遍地。"（《以赛亚书》11：9）而在耶利米那里，甚至人们智

---

① 《圣经》中人类智慧与艺术的代表，参见《出埃及记》第31章中的相关记载。——中译者

② 也可译为：愿这个民族中的所有人都变成先知。——中译者

慧上的不同等级也被悬置了起来："你该认识耶和华，因为他们从最小的到至大的都必认识我。"(《耶利米书》31：34）约珥最终将上帝之灵倾倒到"所有的人……所有的仆人和女佣"(《约珥书》3：1，2）之中。最后，以西结把耶利米所立的新约变成了新的心灵和新的灵性："我必将我的灵放在你们里面。"(《以西结书》36：26，27；39：29）以西结在这里许诺的是将来，而撒迦利亚则认定这在开始的时候就已经发生，也就是说，当上帝创造天地的时候，他同时也在人自身之内造就了灵性。以西结所说的不过是把这一点表述得更加准确，即上帝把他的灵性放到了人之中。

　　如此一来，上帝与人之间的相互关系在灵性、在理论理性和伦理理性中建立起来并得到了强化。因为无论上帝在何处进行创造，他独一无二的存在就会展开来作为生成的基础，而后者正是借助上帝的存在才获得了自身的基础和意义。在所有的生成中，人是最大的问题，因为他不仅仅是生物而且是理性的。此外，恰恰是通过理性、通过智慧的能力，人才能够进入与上帝的相互关系之中。站在上帝的角度看，道理是一样的，理性是上帝所借助的进入与人的相互关系的条件。这种相互关系是建立在独一无二的存在的概念这一基础上的，是生成的前提。既然存在是基础性的前提，那么生成（因此人也包括在内）就是这一基础性展开的前提。相互关系代表的正是这种相互依赖。相互关系的完成需要借助理性的概念，因此，理性对于上帝和人来说必定是共通的。

　　创造和启示要想发挥作用，只有借助于理性。这两个概念证明它们是相互关系的表现，因此都是建立在理性概念的基础上的，而理性的获得既是在人类理性的被造之时，也是在上帝给人启示之时。作为理性"创造"的创造并未将人放在被动的地位上,因为如果这样的话就会与相互关系的概念相矛盾。启示更是如此,它更不会置人于被动地位。因为这样不仅会与相互关系的概念冲突,而且更会与理性冲突,而理性正是启示所要揭示的内容。

与相互关系相对应,交互性也进入了人类的知识领域。相互关系的作用是如此之大,以至于上帝的存在似乎真的仅仅存在于人类的知识之中。人不再仅仅是上帝的造物,相反,他的理性借助其知识——同时也是为了这种知识——至少将他变得很主动,也就是说,(将他变成了——中译者补)一个主动地发现上帝的人。

如此一来,人们就容易理解为什么灵性会变成一个宗教的基本概念、一个中介性的概念、一个影响到上帝与人的相互关系的概念。

通常情况下,人们是在与物质和生命相对立的意义上理解灵性的。因此,灵性首先意味着灵魂。但是,一旦灵性变成了上帝,上帝也变成了纯粹的灵性,多神教就败下阵来。作为灵性的上帝既不在火中,也不在风中,更不在任何形式的属于人的物质性能力之中,而是变成了一种人类无法躲避的无限性(infinity):"我往哪里去躲避你的灵?"(《诗篇》139:7)所有肉体形式的存在都从上帝中消散了,随着物质性的消除,上帝存在的独一性证明了自身。上帝是独一无二的。这意味着上帝是灵性。

5. 但是,灵性并非仅仅具有物质世界和上帝的独一性之间的桥梁这一否定性的意义,而且还具有正面的意义,即除了它自身的概念就可以完成的任务之外,不需要任何其他的中介。上帝是灵性,这个判断从表现于存在与生成之间的相互关系的角度来看同样意味着人类也是灵性。然而，这种对等性不可被错误地解释为同一性，因为上帝的存在是独一无二的。但是他作为灵性的独一性造就了作为灵性的人的生成。灵性将相互关系中的双方紧密地结合在一起。

可以肯定，人类的灵性不可能就等于上帝的灵性。但是，正如相互关系所要求的那样，上帝将自己的灵性给了人。因此，人类的灵性虽然不可能等同于上帝的灵性，但必定可以与之相类比。相互关系具有必然性，因为创造和启示将其变成了必然。它不可能妨碍到上帝灵性的独一性。但是，相互关系只有通过灵性才可能发挥作用。因此，人的灵性一定是由上帝赐予的。

上帝的灵性是无穷无尽的，无论是在其能力上还是在其种类上都是如此。他的存在确确实实是独一无二的。因此，对于那种借助相互关系而变得必然的可类比关系来说，没有谁比约伯说得更确切，他把人类的灵性描述为神性的"一部分和它的继承者"。"从至上的神所得之分，从至高全能者所得之业，是什么呢？"（《约伯记》31：2）上帝是人类灵性的完全合法的拥有者，这一点在"分"和"业"这两个字中得到了充分的体现。约伯似乎在提醒我们：我的灵性在至高的上帝的创造中有其份额，是至高无上的、全能的上帝赐予我的礼物。

此外，值得我们注意的是还包括对上帝的抽象描述："神性"和"全能"以及那种感性层面上的"至上"和"至高"。这些表述促使我们认识到在其中蕴含着这样一种思想倾向，即试图将全部的人类本质从上帝中推导出来，并在上帝的独一性中进行构建。来自上天这种说法比"份额"一词更好地表达了基础的含义，因为

"份额"再怎么说都仅仅表述的是拥有某些财产的一部分。因此,情况依然是这样的:相互关系是决定性的概念,份额和继承者只是表述上的方便法门,它们要比相互关系这种概念性的关系差许多。

6. 这种理性主义的看法建立在灵性是上帝与人的相互关系中的连接性概念之上,从此出发,人们就能够解释以《申命记》为代表,包括全部的先知书在内的对有关上帝的知识的高度重视。它们把知识作为敬畏上帝的条件,而且更特别的是还将其视为是爱上帝的条件。如果人们真的提出这样一个问题,知识怎么可能被当作爱呢?那么或许会产生一个与之相对的问题,爱怎么能被当作知识呢?但是,如果爱是对相互关系的最为深刻的表述,那么知识就会让这种最深刻的关系变得更为清晰,正是知识的灵性才是这种上帝与人之间联系的纽带:"所以,今日你要知道,也要记在心上。"(《申命记》4:39)由此建立起了贯穿于知识之中的爱和贯穿于灵性之中的心灵。

如果完全清醒的一神教并不渴望将灵性当作自身的基础,也并未透彻地认识到独一无二的上帝植根于知识之中,那么我们就无法理解先知们会如此毫无愧色地高擎知识的火炬。没有知识的根基,没有与这一根基的活生生的联系,一神教的成长是完全不可能的。人就是灵性,而这种灵性来自于上帝,是他"赐予了灵性",将之放置在人心中。这一灵性必须在互动的行动中证明自身,上帝通过知识并且在知识之中才进入了与人的必然的相互关系。

祈祷文同样体现了这种知识中的关系。在最主要的日常祈祷文即"十八祈福词"(the Eighteen Benedictions)中,第一个祈祷就是"你最爱有知识之人"。似乎说的是上帝所喜爱的首先是智慧这种天资，除了建立在知识之上的东西之外，上帝别无所爱。因此，知识明白无误地变成了宗教的、敬畏上帝的先决条件。

一神教兴起于某种灵性文明中，而后者在科学文明中没有任何具有创造性的份额。但是，一神教的灵性要求在理性中、在知识中拥有一席之地，尤其是如果一神教同时也是伦理学的创造者的话。然而在希腊的意义上和科学的意义上，伦理学是建立在逻辑之上的。与之相应的是，逻辑的发展同时要依赖科学的进步。先知们不懂科学，因而也不会懂科学的或哲学的逻辑，因而也不会有科学的或哲学的伦理学，但是，预言必须在知识中有一席之地。现在，我们能够理解对于知识的强调是如何试图弥补这种内在的不足，以及灵性的概念是如何作为联系上帝与人的纽带从这种强调中产生出来的。当人们弄清了存在于一神教和所有形式的神秘主义之间的区别（这种区别同样是在科学和哲学的土壤中生长起来的），那么，人们就不会低估这种对知识的不懈强调中所内蕴的价值。这一价值最初的源头贯穿了整个犹太一神教的历史。同样地，从作为古代文明、中世纪和现代文明一部分的犹太历史这一角度出发，同样可以看出上述价值所具有的意义。

7. 在《塔木德》中也有一段值得注意的文字表现了宗教在知识之中的分量，这是一段非凡的祈祷文："在那个时刻，人被带到法官面前并遭到质询：你在做生意（谋生）的时候是否仍保持着良好的信仰呢？你是否保留一定的时间用于《托拉》的研习呢？……在学习的过程中你是否运用了自己的智慧（理论）呢？你是否在某一句的基础上引申出其他的句子呢？"（《安息日》31a）拉什

(Rashi)[①]为最后一个问题提出了自己的解释:"在一个句子的基础上引申出另一个句子,这就是知识。"根据上述引文,人们不得不考虑,如果《塔木德》将方法论知识(methodical knowledge)变成了一个至高无上的法官向人类的灵魂所提出的质询,那么,《塔木德》究竟尊重方法论知识到何种程度?特别留出时间用于研习《塔木德》并使这种研习变得经常化,仅仅做到这一点是不够的;同样必要的是,要展示出这种研习是以某种方法论的方式并遵循着某种逻辑理论而进行的。不过,这种理论包含在这样的推理中:从一个句子推论到另一个句子,前者是后者的基础。

在《德国与犹太教》(*Deutschtum und Judentum*)这本小册子中,我曾试图对这两种民族精神进行比较。类比的基础是两者在希腊精神中占有共同的成分,而这一类比借助于上述犹太文献在最严格的意义上得到了证明。对于柏拉图来说,希腊精神最典型的代表是在给出一个说明($λόγον\ διδόναι$)的基础上建立起来的知识,它包含在这样的过程中,即从一个句子推导出另一个句子,直到最后建立起一个**第一原理**。就目前来说,德国精神对这种原初的唯心主义的重塑可以暂时避而不谈。

无论如何,上述例子展示出来的犹太和希腊精神之间的和谐是相当惊人的。灵魂是否在学习的过程中始终贯彻了理论的指导这一点受到质疑,而理论本身也是怀疑的对象。从一个原理出发进行推演就是给出一个说明,而在中世纪哲学家的术语中第一原

[①] 可能指的是Shlomo Yitzhaki,他是中世纪时期法国的一位著名的拉比,因对《塔木德》的评注而闻名于世。——中译者

理这个词得到了保留。

8. 在这些术语中得到证实的不仅仅是关于第一原理的概念，作为这一知识原理的结果，其他的一些理性原则的内容同样相当重要。它们被称作"第一层次的概念"（first intelligibles），而这个概念比那些使用更为频繁的同义词，诸如"根基""基础"或"原理"等等都要确切得多。为什么它们自身不能满足于作为信仰原则的前提的第一原理呢？为什么它们要为这样一种关于原理的独断性定义的合法性而争执不下呢？它们究竟是否能够在信仰的第一原理和理性的第一原理之间作出区分呢？

然而，如果这些哲学家无法确证在灵性的这两种来源（在两者之中都存在着活生生的灵性）之间确实存在着对立关系，那么，唯一可以理解那种存在于第一原理之间的假定的区别的可能性就在于，对于信仰的原则来说，它们作为第一原理、作为信仰的环节的有效性并没有减少。因此，通过认识而达到对上帝的崇拜的思想就结出了自己纯粹的结果，由于这一结果，上帝与人之间的相互关系借助理性而得到了完成。因此而显得极其重要的第一原理对于上帝的知识（也被看作是对上帝的敬畏）的灵性来说并不陌生，相反，灵性的第一原理、知识的原理、方法论知识的第一原理在宗教中所占据的位置充满了理性，随着这种充满而来的就是上帝与人之间的相互关系。

中世纪的犹太哲学来自伊斯兰教的东西并不比来自原初的一神教的东西更多。犹太教和伊斯兰教之间存在着更亲密的关系——两者的关系比犹太教与其他任何形式的一神教都更为亲近——这种亲密关系可以用亲子关系来解释。早在先知著作中，一神教的理智特性就已经得到了牢固的确立。一神教在犹太教历史中的发展就像它在世俗犹太人的历史中的发展一样，是这种最初特性的必然结果。

9. 但是，当我们从涉及上帝之灵和人类之灵性的方面去考虑这种理智特性时，我们最多只能建立起一神教中的理性的初步意义。灵性到此为止无论是在人中还是在上帝中都只能把这种理智特性作为自己的方法论基础。只有当理性变成伦理理性时，只有当灵性像在创造和启示的情形下那样统治并保障着远比因果问题更多的事情时，只有当从何而来和原因何在的问题为到何处去和目的何在的问题所补充时，只有当对原因的兴趣得到了对目的的兴趣的补充时——只有借助这种补充，理性才不再是半截的理性；只有借助这种补充，灵性才变成了一个完整的整体。

上帝与人的相互关系是由创造和启示所建立的，其全部含义只有借助另外的伦理命令才能得到完全的展现，这样的伦理命令对于因果问题来说并非是固定不变的。如果我真的能穿透创造和启示的迷雾，我又能够获得什么？我会因此而比不得不靠相互关系而理解上帝时更好地理解上帝独一无二的存在吗？

相互关系将我从因果关系中提升出来，指引着我走向新的目标，而后者开启了有关目的的问题。现在需要问的是人的目的问题。

新的问题产生了，正如相互关系所要求的那样，人的目的包含在上帝的目的之中吗？上帝的灵性以及其与人类灵性的关系能够让上述两种目的得到必然的结合吗？从此以后，目的变成了一个新的指引知识的概念，与此同时，它也变成了灵性内容中一个新的概念。借助目的概念，相互关系的概念从理论知识的领域迈入了伦理道德的领域。

第6章 行动的属性

1. 在《塔木德》中有如下一段记载:"有人曾经当着拉比查尼纳（Rabbi Chanina）①的面祈祷道:哦,上帝啊,您是那么伟大、有力、威严、崇高……然后,拉比查尼纳对他说:现在,你是不是用完了所有能赞美你的主的词汇呢?"这位拉比认为,祈祷时所能够描述的上帝的特性仅仅限于那些在《希伯来圣经》中曾经出现过的词句。但是,我们曾经在上文中提到过《圣经》中所涉及的神的显现,按照《塔木德》的叙述,《圣经》涉及所谓的"十三种属性",包括"仁慈、恩典、忍耐、博爱、广智,在一千个世代中都保持着爱心,宽恕不公、僭越和罪过,但绝不意味着对罪恶不闻不问"（《出埃及记》34:6—7）。这十三种特性其实可以归结为两种:爱和正义。

甚至统一性也不包含在其中,更不用说根本没有涉及全能和全知了。由此看来,与存在相关的特性全部被忽略掉了,那么,精简之后的爱与正义中还会剩下些什么呢?这些特性被从一种全新的关系,即迈蒙尼德所谓"行动的属性"的角度出发重新思考

---

① 可能是指 Rabbi Chanina bar Chama,他是《塔木德》时代最伟大的圣者之一。——中译者

并重整了顺序。存在的地位被行动所替代。因此，因果关系的地位也被目的所替代。

2. 对于上帝来说，行动意味着什么呢？难道创造没有满足所有的要求吗？然而，创造和启示都属于因果律所管辖的领域，它们的原因不是目的，而仅仅是存在。人们必须把上帝的行为与上述这些属于上帝的因果关系区别开来，因为决定前者的是爱和正义。因此，行动并非根据因果律而发生，其依据是一种新形式的因果律，而这种因果律是由目的构成的。这样看来，就上帝而言行动意味着什么呢？

这个问题的答案可以借助另一个问题来寻找，就上帝而言，目的意味着什么？这一问题已经暗示着相互关系的问题了。因为准确地说，就存在的层面而言，不可能问它的目的是什么。目的的问题恰恰是超越了存在，使自身与相互关系联系起来。同样的情况也出现在行动的问题上，后者作为爱与正义，与创造的因果性是大不相同的。

对于上帝来说，他的行动是与属于生成的（即属于人的行动的）可能性相关联的。而这种可能性与因果律并没有关系，而是从目的的观点出发得来的。但是，行动的属性并没有在多大程度上标志着上帝的特征，相反，它以概念的方式确定了人类行动的原型。爱与正义这两个概念被结合进了行动的概念，从而最终进入了目的的概念，从而将特性提升到了原型的高度。

原型在其他任何情况下都仅仅具有逻辑上的可能性，在《塔木德》中，它是为了所谓的"十三种特性"而建立起来的。"原型"这个词本身就表明了其含义，即作为规范和模式，它们与存

第 6 章 行动的属性

在的决定性作用是大不相同的。这些原型内在于上帝的本质之中，但是却不能认为它们已经穷尽了上帝的本质，它们仅仅是人所能够领会的那些内容，也仅仅对人类的行为有效。

3. 在此，我们再次遇到了一种思想，当我们在思考《圣经》中关于摩西恳请上帝现身的章节时曾经遇到过同样的思想（参见上文第4章第14节）。上帝只愿意将自己的本质的效果显示给摩西，而不是他的本质自身。这些效果在我们看来就是上帝本质的作用，这是上帝对我们而言唯一可知的特性。现在，这些效果被更为准确地理解为行动。因此，它们不再仅仅被看作是作用——后者仍然是同因果律联系在一起的——而是被看作是行动的原型，是爱与正义，它们起源于行动的目的而不是因果律，只有爱与正义才能决定行动。在这一点上，存在再一次越过了自身的藩篱而进入了与人类的生成的相互关系。

传统上的这十三种特性有其哲学内涵，对此我们主要应该感谢迈蒙尼德。现在，如果我们远离开其哲学内涵，进而考察其他的《圣经》资源，我们首先会发现两个概念，神圣性和善，其中包含了上述有关上帝的道德特性。

有这样一个问题：这两个概念在《圣经》思想发展的过程中哪一个在先，哪一个居后？这个问题的答案就在《申命记》与所谓的神圣律法的关系之中。尽管只是到了后来，作为独一无二的善的上帝之善的概念才变成了一种具有指导意义的思想，就像在《诗篇》中那样。这种思想或许曾经被作为一种必要的手段从而造就了《诗篇》的抒情风格。

4. 神圣性最初的含义是分离。在神话中，当涉及某些特定的地点、处所、容器、动物甚至人时,其使用方式与通常的方式不同,如此一来,在神庙中的献祭仪式连同祭司一起制造并强化了神圣性的这种分离的含义。多神教从未超出过物体的神圣性的藩篱。如果在多神教中上帝同样被看作是神圣的,那么其含义是上帝的雕塑被放置在远离人群的神庙中。

一个伟大的引力中心(a great center of gravitation)出现在这个世间,随之而来的是这样的话语:"你们要圣洁,因为我耶和华你们的神是圣洁的。"(《利未记》19:2)"圣洁"一词具有双重含义,既把神圣性与上帝联系起来,又把神圣性与人联系起来。人们可能会设想,只有借助这种与上帝联系起来的关系,也包括与人联系起来的关系,神圣性才能够在涉及上帝本身时被看作是可能的;与此同时,在另一方面,人们也可能会说,只有借助逐渐接近存在于上帝之中的神圣性,才能使得神圣性与人的关系变得可能。当相互关系的成效逐渐显露时,神话和多神教也就失去了存在的可能。神圣性变成了德性。

5. 我们按照科学的方式称为"德性"的东西和宗教所尊崇的神圣性之间究竟有何区别呢?这一区别可以从另一个区别中得出,当神圣性在同一个句子中分别应用于上帝和人身上时,其动词的时态是有区别的。对于上帝来说,"因为我是圣洁的";而对于人来说,则是"你应该成为圣洁的"。因此,人们或许可以把后者翻译成"你将会变成圣洁的"。神圣性对于人意味着是一项任务,而对于上帝来说则是在描述他的存在。

这种对于上帝的存在的描述与他的形而上学意义上的因果性毫无关系,有关系的是他的有目的的行为,后者是人的有目的的行为的原型。借助于神圣性,上帝变成了人类的立法者,为人类设定了任务。只有当他是一个神圣的上帝时,他才能为人类设定这些任务,因为根据神圣性最初的含义,它能把上帝与所有的感官知觉区别开来。而这种对感受性的超越正是上帝为人类所设定的任务。

如果一个人不想避开悖论,那么他可能会认为神圣性的存在对于上帝来说不如对于人来说那么重要。神圣性与上帝的存在相分离,与他的独一性相分离,而之所以要分离,仅仅是为了人类的考虑。然而,它并非是一种特殊的属性,而是行动的所有属性的集合。

因此,与之相对的问题,即"神圣性对人而言是否是可能的",就是一个不需要问的问题。这是一个关于因果关系的问题,而就目前来说,由于出现了对于目的的新的兴趣和由之而来的新的问题,这个问题完全不在考虑之列。没有了神圣性这一目标,人类的存在就会变得空虚无益。神圣性是人的目标,正是这一目标为人设定了任务——来自上帝的任务。

6. 现代的圣经研究破坏了其自身对于神圣性的伦理意义及其与一神教的基本概念的联系的理解,原因在于它对于上述概念在文学和宗教仪式方面的发展有一种历史性的兴趣,但是却盲目地把这种兴趣与贯穿于这些概念中的内在的联系混为一谈,而且深陷于这种错误之中无法自拔。因此,圣经研究对此理解本身的客观性经常遭到历史性诠释的破坏。所有的灵性方面的进步都伴随着次一级的物质性要素。这些要素在一定程度上是妨碍性的和限制性的,以反对派的面目出现,但是与此同时,它们同样也经常给予理念以高飞的翅膀。

无论如何,圣经研究都受到了许多独断性倾向的影响,它先入为主地倾向于次一级的物质性要素,倾向于各个时代的具体事务和政治背景,但却拒绝去探究并阐明诸多理念之间内在的、稳定的动机方面的联系。确实,神圣性导源于献祭并随后者一起发展,但是,既然献祭被德性所超越,那么神圣性也因此从献祭中分离出来,并与德性一起造就了一种新的分离。

7. 为了更好地理解神圣性概念的发展,我们不应该从神圣性的法则出发,而应该从独一无二的上帝之名的创新之处出发。对于上帝之名,以赛亚曾经将其定义为"神圣的唯一者""以色列人的神圣的唯一者"等等。以赛亚的命名风格本身就可以证明,他已经充分意识到了他实际上是在引入一个全新的上帝概念,一种全新的关于上帝的知识。他并未取消在第一次启示中以极其庄严的形式赐予摩西的四字神名①。但是,他感到这一启示并非仅仅是为了深化对于独一的上帝、独一的存在的知识并强化对他的敬畏,而且是为了扩展这种知识,借助新的、神圣性的知识而将其扩展到实践性的领域之中。

因此,他的先知生涯是从窥见了神圣性开始的,其中最具特色的一点是他一直以摩西式的谦卑为楷模。由于摩西是因为身体方面的妨碍②而远离了对他的召唤,所以,以赛亚的谦卑显得更为

---

① 指 YHWH。——中译者

② 具体所指不详,应该是指上帝召唤摩西时摩西所说的自己拙口笨腮的托词,但也可能是指摩西在蒙召时未受割礼,这一事实可能是后来上帝试图杀死摩西的理由,所幸摩西的妻子西坡拉临时用火石给摩西行了割礼,上帝才放过了摩西。参见《出埃及记》4:24—26。——中译者

伦理化，即未被净化的嘴唇变成了不洁净的嘴唇。但是，上帝仍然在召唤他，神圣的就是永恒的。

为什么以赛亚要三次重复这一召唤呢？难道他想要以处理圣歌音乐的方式为其写下歌词吗？很显然，来自天使们的召唤再三重复"神圣"一词，这种做法的含义只能是告诉我们在神的教导中有了全新的内容。其中最后的一句同时也是适用于天使的，这个句子本身确证了这样的观念："全地都充满了神的荣耀"。天与地的区分消失了，上帝不仅仅居住在天堂之中，全部的土地上都沐浴着他的光芒。这种做法表面上是扩大了上帝存在的范围，实际上更是对于灵性的一种强化，后者与神圣性最原初的含义有所不同。最后，借助以赛亚不得不向他的民族宣示的那种惩罚的威胁，新的神圣性的伦理含义进一步得到了确证。

8. 因此，在以赛亚那里"以色列人的神圣的唯一者"是对于上帝的主导性称呼，这一点同样保留在第二以赛亚（the Deutero-Isaiah）那里："他的名字是以色列人的神圣的唯一者。"（《以赛亚书》47：4）"人间贫穷的，必因以色列的神圣的唯一者快乐。"（《以赛亚书》29：19）"那至高至上，永远长存，名为圣者。"（《以赛亚书》57：15）神圣性被高高在上的上帝的居所所替代："我住在至高至圣的所在。"（《以赛亚书》57：15）同时，这一点与上帝的统一性是完全一致的："只有耶和华为圣。除他以外没有可比的。"（《撒母耳记上》2：2）通过将以色列人的赞美置于锡安和耶路撒冷，《诗篇》造就了灵性化的效果，而且这种灵性化也加进了神圣性之中："但你是圣洁的，是用以色列的赞美为宝座的。"（《诗篇》22：4）因此，神圣性是与灵性化联系在一起的，但它却从后者中发展出来，进入了德性。

那么德性的本质是什么？它包含着上帝与人之间的相互关系。相互关系因此是建立在神圣性之上的，而且因此是完全不同于分离的。德性分成了两支，一支进入了人们之间的相互关系，而另一支则进入了与上帝的相互关系。神圣性发展并进入了所有来自相互关系的这些分支之中并在其中得到了具体的体现。因此，上帝作为神圣的唯一者是为了人的神圣性而来的。同时，神圣性也变成了上帝的十三种属性的具体表征，它结合了正义与爱，并让爱更接近正义。

9. 以赛亚仍然使用"以色列的强大的唯一者"这样的表述。它基本上对应的是"全能的上帝"，而这个名称又被"自有永有的唯一者"（that of the One that is）所替代。但是这样的表述在以赛亚那里只出现过一次，这一点足以表明上帝的能力已经在他的神圣性面前退居幕后了。《申命记》所强调的神圣性与属人的事物和制度的关系对于先知们来说变成了具有决定意义的东西。如此一来，《申命记》的理念在所有地方都产生了效果，即《托拉》的真理是需要借助"律例和典章"来加以证明的。

然而，如果人们要求上帝与人之间的这种关系在所有的人类行为中都得到严格的实现，如果人们将每一个例外都看作是一种证据，用以证明这种关系并未以完全明晰的方式得到把握的话，那么它就会变得极为机械，而且实际上也是非历史的。谁真的会到这些基本的、永恒的概念的发展过程中寻求明晰性呢？这样的明晰性在发展的早期阶段定然是极其匮乏的。明晰性是反思的标志，无论在哪里，历史的最初阶段都像个孩子一样蹒跚学步。这一点最多只能证明历史的发展曾有过极为初级的阶段，但它本身不能够作为证据来反对发展的总体趋势。因此，可以肯定地说，神圣性是与其最原初的含义一起发展着，并从中生长出来的。但是，这种联系却不应该成为新形式的障碍。这一新的形式是老树上开出的新花，老枝上发出的新芽。因为献祭是崇拜的根，就像多神教毫无疑问是一神教的根一样。但是，一轮崭新的太阳在原有的地平线上升起，并引起了一轮新的增长。

那么这种德性究竟是什么？对于这个问题，当一个社会学家而不是一个伦理学家发问的时候会有完全不同的含义。因此，人们不应该要求处于发展的最初阶段的宗教给予德性的概念一种明确的态度和认识。在那个阶段，德性实际上被称作神圣性，这就表明传统和新的发展是联系在一起的。这一发展唯一可以预见的征兆是人类的德性会占据主导地位。

第 7 章 圣灵

1. 人的德性是什么？我们不可避免地要面对这个问题。然而当先知们将德性作为一个独立的问题来对待时，他们有什么意图？在一神教中，人类所有的特性都来自于上帝。因此，如果真要提出德性的问题，那么它必定与上帝相关。神的德性的主导地位表现在神圣性中，这种神圣性借助一神教而与多神教的神圣性区分开来。

异教的神圣性始终是感性欲望，即便当它要求节制这种感性时也是如此，也就是说始终同人类的感官保持着内在的联系。一神教的神圣性直接指向的是人的灵性，而并非仅仅指向人类的理智，灵性造就了自身，而且把自身造就为德性。在神圣性的影响下，有关灵性知识的发展演变成了意志和行动，神圣性在这一发展的过程中扮演了中介性概念的角色。既然从总体上来看，灵性是上帝与人之间的相互关系的中介性概念，那么它同样也是神圣性的中介，其目标是造就上述相互关系。

2. 由此看来，圣灵概念的出现似乎就是必然的了，因为在德性的问题中已经预示了这一点。我们同样能够理解，随着希腊文明脱离了纯粹的一神教的常轨，极有可能会导致逻各斯物质化、人化为一种圣灵，并担负起连接上帝与人的任务。但是，这种连接只有在概念的层面上才能够被看作是相互关系。只要它未被限制在一个严格的、概念的、抽象的范围内，只要它仍然被看作是诸多能力之间的物质性联系，那么这种联系就会呈现出某种共同体的形式。如果人们心里记着这一点，那么共同体的任务就可能会被进一步细分，同样有可能的是，神圣性可能会被看作是一种特殊的任务，由共同体中的某个特殊的人物来承担。然而，在纯粹的一神教中，只有相互关系中的单独的一个成员，即上帝或者人才能将神圣性当作是一种任务。当灵性被称为"圣"的时候，其含义是它与上帝以及人组成了共同体，也就是说，它导致了相互关系的实现。

在犹太一神教中，圣灵与上帝的关系并不如与人的关系那么紧密，这一事实已经够惊人的了，由此可以看出，圣灵并不能被当作是上帝的一种特殊的属性。更为惊人的事实是，在《旧约圣经》中这个词出现的频率极低，总共加起来不过出现了三次，其中两次出现在《以赛亚书》中的两个连续的句子中，另一次出现在《诗篇》中。

3. 这个句子第一次出现看起来似乎不带任何色彩。"他以慈爱和怜悯救赎他们。在古时的日子，常保抱他们，怀搋他们。"在这个句子之后，这段极其优美的演说继续道："他们竟悖逆，使主的圣灵担忧。"（《以赛亚书》63：9，10）就在突然之间，这段经文第一次出现了上帝神圣的灵。由于圣灵是对上帝本质的一种通常的表述，而神圣性是对上帝本质的一种新的表述，新单词的组合方式就不可能变得令人惊奇，但惊奇却在这里发生了，而且还重复了一次。同样看起来令人惊奇的是，新的表述方式被置于上述联系之中。如果仅仅是为了表述悲伤的上帝这一概念就创造出圣灵概念来很难说是必要的。

紧接上文，以赛亚继续说到人们是多么怀念过去的日子："将他的圣灵降在他们中间的，在哪里呢？"（《以赛亚书》63：11）在这里，对圣灵的祈求似乎建立在一个更高的基础上。因为，如果是下述两种情况之一，即被呼唤的人就是上帝本身，是他把圣灵放到了摩西的心中，或者，如拉什以一种更接近一神教的方式所理解的那样，认为上帝是被呼唤者，上帝借助摩西将他的圣灵置于以色列民族中，在上述两种情形中，关于圣灵的说法仅仅有一点是可以确定的，即上帝之灵同人类的灵性是联系在一起的。他"将人类的灵性放在人之中。"（《撒迦利亚》12：1）如同上帝将灵性放在人之中一样，在这里以同样的方式记载着上帝第一次将圣灵置于以色列民族中，置于整个民族的心中。显而易见的是，用民族来代表人类的效果甚至比摩西更好，尽管按照通常的理解作为先知的摩西更适于接受圣灵。

但是，这样的先知无论何时、何地都不曾获得过圣灵，甚至弥赛亚都没有获得过，为什么摩西突然之间获得了呢？是上帝将圣灵置于以色列民族中，置于整个民族的心中，正如上帝以更普遍的方式将他的灵置于人的心灵之中一样。

因此，既然圣灵根本不可能与一般意义上的灵性有区别，那么它为什么会突然出现在这一章节中就依然是一个文学上的谜团。即便旧有的对宗教真理的回忆具有相当深刻的宗教意义，但圣灵本身并未由某种新的宗教真理而获得独特的地位。

4. 现在，由于我们转向了古典的篇章（圣灵出现于其中），

第7章 圣灵

我们不可避免地产生了某种希望,而这种希望必然与拥有伦理理性的人,即有罪的人的概念是联系在一起的。"圣灵"这个词出现在别的地方只有一次,即《诗篇》第51章中。这一诗篇是一篇真诚的忏悔诗,其中浸透着悔恨的全部力量以及对宽恕的渴望。或许正是这一忏悔的深刻性造就了其篇名,即在他[①]与拔士巴同房之后。这一点与第4节并不冲突:"我向你犯罪,惟独得罪了你。"因为他强烈地意识到所有对另一个人犯下的罪都从属于他对上帝犯下的罪,这一点在这句经文中得到了充分的表现。

诗人并未立即求助于他自己的良知:"我是在罪孽里生的。在我母亲怀胎的时候,就有了罪。"(《诗篇》51:5)诗人想做的仅仅是无情地说出人类的罪。在此根本没有考虑过所谓的原罪。接下去的章节说道:"你所喜爱的,是内里诚实。你在我隐密处,必使我得智慧。"现在所企盼的是宽恕:"求你用牛膝草洁净我,我就干净,求你洗涤我,我就比雪更白……求你掩面不看我的罪。"罪具有一种特殊的属人的双重性格,与之相伴,我们也可以预见到宽恕是上帝的一种特殊属性。对于这一属性,迄今为止我们尚未从他的独一性中发展出来,也未曾从创造和启示乃至神圣性中发展出来。但是,圣灵将会引导着我们走上这条道路。

这一诗篇并未止步于对宽恕的祈祷,相反,诗人继续转向了自己的内心和灵性,正是在这里再次出现了创造的概念。"神啊,

[①] 指大卫。大卫与手下著名战将乌利亚的妻子拔士巴通奸,并为此而忏悔。但具有讽刺意味的是,无论这一忏悔多么真诚而深刻,大卫并未因此而停止犯罪,反而变本加厉地密令乌利亚的上司约押假非利士人之手杀死了乌利亚,由此而名正言顺地迎娶了拔士巴。详情参见《撒母耳记下》第11章。——中译者

求你为我造清洁的心，使我里面重新有正直的灵。"（《诗篇》51：10）此处引入的是灵性的真正概念：它总是不停地更新着，而且它的基础就在这种持续的更新之中。显而易见，罪的力量通过这一灵性的持续再造而被削弱了。这就是第二重重要的教义，它导致了圣灵在此处出现。

5. 虽然现在我们只能预期，但是在这一宗教知识的高峰上，我们终于可以理解灵性，无论是上帝的灵性还是人的灵性都被称为"圣灵"。这正是上述诗句所揭示的第三重重要的教义，即无论在上帝还是在人的灵性中都有着充分的圣灵。人的圣灵是阻挡罪恶进攻的防波堤，它将人们从罪可以抹杀人的概念的幻觉中拯救出来。人的概念包含在他的灵性之中，而这种灵性是神圣的。因此，罪不可破坏人的灵性和人的概念。

诗人接下去说道："不要丢弃我，使我离开你的面。不要从我收回你的圣灵。"（《诗篇》51：11）我拥有你的圣灵。罪不可能摧毁我心中的圣灵。你不可能由于我的罪而从我心中收回你的圣灵。考西错误地将圣灵翻译为"预言之灵"，由于这一错误，他未能抓住一神教的独特之处，因为上帝不仅将这样的灵性置于民族中，而且置于个体中。实际上，他将灵性置于每个人的心中，而不仅仅是给予了先知。适用于这样的灵性的东西必然也适用于圣灵，后者并非是一种新的灵性，而是那个古老的灵性，上帝和人的灵性。

6. 通过灵性，每个人都受到了神圣性的召唤，成圣的要求遍及每一个人，上帝正是以这种方式希望通过每个人而得到神圣化。相互关系的结果正是这种相互作用。由"你应该成圣"（《利未记》

19：2）这一命令产生了另一个命令："你应该使我为圣"。这一点可以与下面的句子类比："我在以色列人中，却要被尊为圣。"（《利未记》22：32）上帝在人之中完成了他的神圣性。相互关系要求的正是这一点。人要实现其成圣的目标，就要把上帝作为神圣性的原型来看待，通过模仿这一原型而圣化自身。

7. 相互关系的交互性导致了从上帝返回人的一种新的交互作用："神圣化你自身……成就你的神圣。"（《利未记》11：44）通过这一双重的交互性，人的概念得到了强化，达到了其理想形态，而上帝之中神圣性的理想形态也得到了实现。同样地，对某人自身的神圣化对应的是上帝赐予的神圣性，因为后者不可以被看作是分享了部分的神圣性，而只能被看作是一个命令，因此，它的作用是将人提升到神圣化自身的义务层面上。对《赛福雷》(*Sifra*)①的解释因此是建立在一种通常来说非常正确的理解之上："这就是律令的神圣性。"

相互关系变得越来越清楚。与"我圣化了你"这个句子对应的是"但要尊万军之耶和华为圣"（《以赛亚书》8：13）。除了借助自身神圣化上帝之外，圣灵还有什么别的途径证明自身呢？圣灵必须在人类中间得到确证，摩西的教诲已经以一种神秘的方式教导了这一点。摩西的失败仅仅在于击石取水，此外人们未曾看到摩西有其他罪过。摩西应该命令岩石出水，而不是用杖去击打岩石。摩西本应该圣化上帝，但他却违犯了这一点。也就是说，由于他的这一行为，他否认了作为灵性的上帝。

---

① 该书内容主要是对《民数记》和《申命记》进行评注。——中译者

8. 人们或许会说，上文提到的《诗篇》（51）比起上文另一处提到的《以赛亚书》的篇章（63：9—10）中所表现的文学上的突然性和独一性来，在表现圣灵的概念方面具有更强的结论性。圣灵完成了上帝与人之间的相互关系。灵性是上帝的创造，但就像我们将创造看作是一种"每天持续的更新"一样，圣灵的创造也是一个持续更新的过程。在这种更新中，我们或许可以辨认出圣灵和一般意义上的灵性的区别。

如果我无视上帝将灵性置于我心中的事实，那么一般意义上的灵性就不可能对更新产生持续的影响。这个问题会牵扯到经验，而后者在许多方面都是自相矛盾的。但是，圣灵以如此深刻、杰出的方式展现了人与上帝的联系，因此，没有任何罪能够打破这种联系。正如《诗篇》中所表述的那样，这一神圣的灵为一般意义上的人的灵性奠定了真正的基础。神圣灵性的创造现在已经被看作是一种持续性的、不断更新的创造。既然创造本身仅仅是一种相互关系，**自我神圣化**（self-sanctification）就变成了灵性的神圣性之创造的必然结果。人类的圣灵必定因此而以同样的方式活跃在持续更新的创造中，就像上帝的圣灵一样，后者同样建立在相互关系之上。

9. 这种人与上帝的关系中的圣灵概念的结果涉及一神教教义的方方面面。眼下我们不准备作进一步的预期。只有《诗篇》中的某些字句需要修正，因为无论是在《诗篇》中还是在《以赛亚书》中从未以绝对的形式提及圣灵。确实，圣灵并未公开地宣称它是人类的灵性，大卫并未将其称为他的灵性，而将其称为在上帝之中的"你的圣灵"。在这一点上，一种一般性的修正是非常必要的。

第7章 圣灵

一般说来，"圣灵"（holy spirit）是一种不正确的翻译。正确的翻译应该是圣洁（sanctity）的或者神圣性的灵。因此，《诗篇》中并未说"你的圣灵"，而是说"来自神圣性的你的灵"，此外，或许更为准确的说法是"来自你的神圣性的灵"。灵性被神圣性所确定，上帝被神圣性的灵性所确定，根据相互关系，人的灵性也由此而确定。

10. 灵性的持续更新必定导致从罪中的解脱。为了达到这一点，上帝与人的相互关系通过避免任何形式的中介（这个中介极有可能为了上述解脱而混入相互关系之中）而实现了上帝的独一性概念。如果圣灵被孤立起来，被封闭在某个个体之内，相互关系就会遭到破坏。圣灵既不可能仅仅是上帝，也不可能仅仅是人，同样也不可能同时既是上帝又是人，而是双方均有的属性，或者毋宁说是双方的纽带。灵性仅仅是相互关系中的纽带，神圣性同样仅仅是完成相互关系的中介，除了作为相互关系的标志这一作用之外，圣灵还可能是什么？这一作用仅仅具有一种逻辑意义，即联合的作用。但是这一联合只能被看作是一种相互关系。只有相互关系才将这一联合限制在抽象的范围内。这种联合无论在哪一方面都不像事物间那种联合。上帝与人在他们相互联合的范围内必须保持独立。

这两个要素必须被联合起来，而对两者独立的假设同样适用于一般意义上联合的逻辑概念。没有这一限制，联合就会被看作是物质性的。上帝依赖同人的相互关系。人依赖于与上帝的相互关系。这一相互关系在圣灵的概念中达到顶点。但是，即便是在这里，如果圣灵是上帝和人的共同属性的话，如果这一点真的意味着人通过上帝的灵而神圣化，那么同样地上帝也通过人的灵而神圣化，如果相互关系被看作是在圣灵中的联合，那么上帝仍然是上帝，人仍然是人。

11. 圣灵作为造就了上帝与人的相互关系的纽带，使得上帝的独一性更为明显，因为这一联合排除了所有的中介。可以理解的是，从历史上看，一神教相互关系的严格概念一旦走偏，一旦受到柏拉图主义的影响，那么它第一个危害到的将是圣灵的概念。因为圣灵在《圣经》中出现的次数极少，而且自身还带有某种中介的表象和伪装，因而概念缺乏准确性，而且似乎与上帝的独一性概念相矛盾。

犹太教不允许人与上帝之间的任何形式的联系，这一点一直遭到基督教乃至泛神论和神秘主义的批判。这种批判包含着怀疑的成分，即犹太教已经阻断了文明。与此相反，我们以严格的逻辑性表明，这种联系实际上是一种联合而不是一种关于联系的模糊的影像。这一任务通过圣灵在犹太一神教中得以完成，在这个过程中，我们逐渐理解了它在《圣经》中单一的、独一无二的显现。

12. 由于在《诗篇》中的特殊表现①，将圣灵限制在德性上的工作得以最终完成。由此而来的是一神教相互关系的至上性，后者是通过圣灵而形成的联合，超越于所有形式的泛神论之上。因为圣灵限制了灵性的范围，将上帝与人同神圣性联系起来。通过这种限制和排他性，神圣性变成了德性。批判唯心主义（critical idealism）的伦理学已经表明了这种决定关系，因为，至少它划清了科学知识

---

① 指出现在《诗篇》中的圣灵概念的特殊用法。——中译者

的确定性和伦理知识的确定性之间的界限。

借助这种区分，康德建立起了伦理知识的精确性（veracity），而笛卡儿仍然停留在中世纪的思考路线上，他认为无论是面对知识的逻辑层面还是道德层面上的问题，理性都具有同样的价值。在这里，批判唯心主义借助其系统化的举措完成了宗教改革时代所具有的信仰概念的历史倾向。犹太教借助圣灵完成了这一根本而真诚的倾向，并从此出发打倒了泛神论，尽管造就泛神论的正是对圣灵概念的误用。

由于对这种批判性洞见的无视或拒斥，泛神论不仅将自身置于伦理学的不可调和的对立面上，而且还与一般意义上的科学的哲学相对立，而如果不是从这种区分出发的话，科学的哲学根本无从谈起。泛神论和宗教之间的紧张关系也是建立在这一缺陷之上的。泛神论将圣灵不加区分地应用于所有类型的知识上，与此相反，犹太教将圣灵的意义仅仅局限在德性上。

犹太教的圣经源头并未哲学化，但是，一神教的基本逻辑却使得其结论远远超出了圣经文献的限制。借助"律例和典章"，圣灵实际上变成了德性；借助同样的方式，圣灵在后来的历史中越来越经常而明确地给自身打上了道德灵性、道德理性的烙印。给予它的特权超越了灵性的所有其他的性质，这也使得我们能够在它那里找到康德用"实践理性的优先性"一词所指称的思想的核心。圣灵并不只是"所有人类灵性的上帝"。理论灵性和道德灵性的区分的缺失在这个表达式中仍然是根深蒂固的。圣灵借助神圣性而决定了其他的灵性。因此，可以肯定地说，圣灵最终是要出现的，但同样可以理解的是，发现它的途径只存在于与罪的问题的联系中、以及在《诗篇》的抒情诗的形式中。

13. 在抒情诗中发现了圣灵，这一共生现象再一次表明了这一原则的深远影响。人在其最终、最深的层面上是由圣灵所造就的，这样的人是一种处于与上帝的相互关系之中的人、与上帝的独一性协调一致的人、自身既作为集体又作为个体的人。

在此我们再次不可避免地产生了一种预期，其内容指向的是有关个体的问题。在此，一神教和泛神论之间的鸿沟进一步加深。作为圣灵的人变成了个体。灵性并未将人变成个体，只有圣灵才能做到这一点。理性也不会造就个体，中立的理性既指向真理也指向善——这种思考方式充其量只是泛神论式的。然而，一神教由于其朦胧的冲动追随着伦理学，拒绝接受这种理性的等同性。尽管一神教推测出了一个人类知识的特殊世界，但并不承认对于道德知识来说存在着限制。人作为圣灵必须了解什么是神圣性。即便是上帝的神圣性也不能用来反对人类自身在神圣性方面的努力。

这种意识到了人类知识局限性的谦虚同时也是人类最大的骄傲，这一点曾经被希腊思想以善的理念的方式表述出来。但是，善的理念在希腊思想中变成了神，因此与人的圣灵之间不再有相互关联。因为没有联系，所以人们必须寻求一个中介。一神教的不幸在于，犹太人斐洛借助于他的逻各斯追随着柏拉图的思想，对于柏拉图，斐洛自认只是从逻辑上理解了他，而恰恰在这一点上，他本应当保持一神教的独立性。但是，斐洛并不是犹太人中唯一的或多或少地受到泛神论魔力的特别蛊惑并对柏拉图一知半解的人，直到中世纪的时候，最虔诚的犹太知识分子仍然与泛神论的暧昧不明进行着斗争。他们是十分典型的宗教诗人，如所罗门·加比罗尔，他在很长一段时间里被称作"阿维斯布朗"（Avicebron）。

14.犹太一神教赋予了德性的问题一种特殊的世界历史形式，这是唯一一种可以阻止所有的神秘主义的形式。《米德拉什》中的一段话说明了这个结论："我请求天地作证，无论是以色列人还是异邦人，无论是男是女，无论是奴隶还是女仆，圣灵都不在意，他的降临只根据人自己的行为而来。"行为就是他的证据，是圣灵进行判断的表征。所有宗教信条方面的区别，所有民族方面的区别，所有等级方面的区别，都在关于人的这一标准面前失效了。它是唯一的标准，其他的都不是。虽然除此之外人还有理性和灵性，并且借助它们创造出了科学，但这也不能证明他就是圣灵，只有他的行为才具有证明的力量。只有他的道德行为才能证明他是圣灵，证明他做人的资格。

这一清醒而明确的道德洞见造就了那些消除了同时也超越了神秘主义的欲望的世界，神秘主义被悬置于一个由想象力理论所构成的阴影的世界之中。我们会逐渐意识到，不管人们怎么指责它的乌托邦色彩，弥赛亚崇拜是如何养育了这一清醒的道德意识的。上文提到的奇妙的宣告，正是由《米德拉什》归诸于先知以利亚这位弥赛亚的先行者的。处在无尽的道德任务中的人，在无限远的地方眺望他的边界的人，处在其道德绝对性中的人，远离自然和历史的相对性的人，这个绝对的人变成了圣灵的承载者和保证者。

但圣灵居留在人身上，即便这一点跟上帝是为圣灵所确定的思想相对立。毋宁说，圣灵只能来自于上帝与人的相互关系之中。

这个后果是圣灵的一神教意义的巅峰。

15. 上述《米德拉什》并非是发现这一洞见的唯一地方，支持这一观点的，也不仅仅是零散的只言片语，无论是在《米德拉什》甚或是在《塔木德》中，都确实存在着另一种非常重要的、系统性的特征。由《塔木德》所发展出来的**关于美德的教义**看起来就是由这一系统性的思想所引导着的。圣灵也出现在了德性的等级之中，而且它甚至不是最高的那一个。然而，存在着几种不同的等级排列，其区别在于不同德性在其中的不同排列顺序。只不过，其中占主导地位的是一个特别的说明："神圣性导向了圣灵"。对神圣性产生影响的，不是圣灵而是人的道德行为。仅凭神圣性在圣经中的基本含义就能引导人们步步高升达到作为人之本质特征之一的圣灵。

如果在某个章节中重生的地位放得比圣灵还高，那么我们会在同一个地方发现其修正："爱善良的虔敬行为超过了所有其他德性。"把圣灵看作是道德阶梯上的一个台阶，这一思想贯穿着整个的《塔木德》和《米德拉什》文献，而且也保留在中世纪的宗教哲学之中。这是纯粹一神教的独特标志，同时，它定然也是真正的、纯粹的、摆脱了任何神秘主义的道德的标志。这是一种清醒而严肃的道德，专门指向了人的行为，为的是精确地决定它，同时也是为了净化和提升人的行为，使之与相互关系的原理相一致。

16. 因此，在圣灵之中，相互关系的最高的结果是明确的：关于上帝的知识等同于关于道德的知识。关于道德的知识与关于自然的知识并不一致，泛神论的这一看法正是其错误的根源。因此，

第7章 圣灵

无论关于上帝的知识可能会跟关于自然的知识有什么共同之处，如在创造的问题中那样，圣灵都与之无关。它的管辖权局限在人类道德之内。它把这样的人类道德等同于神圣，因此，对人来说，对上帝的唯一合适的感兴趣之处是下述问题：对人来说，神圣究竟意味着什么？

由此出发，圣灵完成了神圣性概念在一神教意义上的明确地位。不管过去的信仰对新的信仰在自然和历史方面的限制，所有过去的神圣性的含义都被新的信仰吸收了。神圣性在异教崇拜中无论是理论上、神话上，还是实践中的意义都被推回到了被撕下了面具的异教崇拜的氛围中。神圣性变成了纯粹属人的。"你要成圣。"神秘主义跟泛神论一样，都导源于理论知识与伦理知识的混淆，它们直到今天都跟过去一样为下述魔咒所困：上帝与人之间的事实上的联系是可能的，也是被允许的。它们并未意识到，所谓事实不过是今天所能达到的接近目标的程度而已。同样并未意识到的是行动与单纯的知识之间的区别。圣灵是道德行动的灵，因此也是人的灵。这一关乎人的知识变成了关乎上帝的知识的工具。圣灵同时在理论上完成了相互关系；同样在理论上，圣灵被证明是通过人的知识达到对上帝的知识的中介性概念。

现在，关于神圣，除了圣灵在道德、在人中发现的问题之外，再无其他问题。"你们要圣洁，因为我耶和华你们的神是圣洁的。"表面上的悖论业已消失。神圣性统一起了神与人。而这一统一的神圣性毫不含糊地将自身定义为道德。除了人的道德之外别无其他道德，它甚至包括了神的道德。而且除了人的神圣性之外别无神的神圣性，它甚至把神的神圣性包括于自身之内。所有神人同形同性论的观点和所有强化人类弱化上帝的表现都被清除了。因为这些异议只可能与人的理论理性以及人在能力方面的缺陷有关，相形之下，圣灵只在神圣性中统一了上帝与人，并通过这种做法将人的神圣性确定为道德。

17. 实际上，在所有的自然生物之中，道德只对人成为问题。理论上，道德构成了伦理学的内容；现实中，它是人的自我教化的内容。从宗教的角度看去，这一自我教化就是关于人类的神圣教化（the divine education）。由此，道德与宗教在概念上得到了区分。然而，如果宗教在人的精神中、人的教化意识的发展中有自己的一席之地，那么上帝的概念和人的概念就会再次相遇。相互关系走上了前台，它跟上帝和人的概念都保持着一致性。然而，相互关系不应该缩减为同一性。这样的结果是带来泛神论的问题。无论是在理论上还是在实际上，神都超越了人。但神（divine）与圣（holy）却不可分割。

神圣性不应该被不加区分地扩展到上帝的所有的权威之中，因此也肯定不能扩及所有人类所关心的事物和他们的能力。圣灵的价值仅仅在于对神圣性概念进行了毫不含糊的说明。神圣性的完成只能通过道德。而对于上帝来说，它也只有上述道德意义，而且需要与人的相互关系。此外上帝的神圣性还可能意味着什么，确实只属于与否定属性相关的那一部分。

18. 你或许会想象，上帝之所以被称为神圣的唯一者是因为他隐藏在人类精神的深不可测的含糊性之中。与这一神秘主义的幻象不同，以赛亚将神圣性作为自己的基本命题，创造了下述句子："圣者神，因公义显为圣"（《以赛亚书》5：16）。上帝被看作神圣的，原因不在于他的本质的秘密。总而言之，他不是通过知识才变成了神圣的上帝，而是通过神圣化的行动；他的神圣性只能在行动中发挥作用，而这样的行动就是人必须去完成的。

以赛亚不知疲倦地强调并乐于见到人的神圣化的行为与上帝的神圣性而不仅仅是人的神圣性之间的联系。"我在以色列人中，却要被尊为圣"（《利未记》22：32）。"但要尊万军之耶和华为圣，以他为你们所当怕的、所当畏惧的"（《以赛亚书》8：13）。相互关系要求他的神圣性的存在由神圣化而来，而后者是人有能力通过神圣化自身而完成的。"你们要成为圣洁，因为我是圣洁的"（《利未记》11：44）。内在于人之中的圣灵之所以变得生气勃勃是因为人神圣化了自身。而且在这一自我神圣化的过程中他神圣化了上帝。因为，除了作为人的行动的原型之外，上帝的神圣性还可能是什么？

19. 但人应该尽可能地不去想象自己可以经由穿透神性的秘密从此在实际上分享那种神性从而变成圣徒。实际上的分享不代表着神圣化的行为，相反，它是一种自然的和现实的对神性的分享，由此一个人可能变得神圣。下述经文对此提出了直接的反对："我是叫你们成圣的耶和华"（《出埃及记》31：13；《利未记》20：8；21：8）。这一经文直接反对无节制的神秘主义和禁欲主义的圣徒们。仅仅借助自己的自我神圣化，人永远达不到神圣性的理想。

如果人破坏了相互关系，将神圣性归诸于自己，那么这一最高的人类理想就会变成一个错误的假象，一个错误的目标。神圣性是一种崇高的状态，但既不是知识的也不是行动的，而仅仅是行动的任务和理想。你渴望着向神圣性努力：通过你谦虚的自制，行使你纯粹的人类行为来证明它。而你的行为永远不可能终结；它只有在任务的不断提升中持之以恒。你渴望着通过一个更高的境界来证明你自己的神圣性。你用下述声明来证明这一点：你并不知晓神圣性之路最终指向何方。你渴望着通过赋予你的全部属人的行为之上的完美来证明你的神圣性：借助这一幻想，你证明的只是你并不知晓人类行动的完整性（entirety），以及为上帝与人的相互关系所决定的、作为无尽的任务的人类行为的问题。

人在其全部努力之中保持着与神圣性、与上帝的联系，这一比较通常是被禁止的，但除了上文指出的之外，归根结底还有其他的意义吗？把作为造物的人与上帝联系起来的关系同时意味着他的行为的界限，就像他的知识的界限一样。圣灵是否应该把人从这一局限、从他的基本前提中解放出来，如宗教的基本教条所要求的那样？人应该能变成一个圣徒，但是在下述意义上：他应该超越人的局限性，他应该被允许在实际上被拉近上帝。与此同时，这一拉近应该被理解为一项无尽的任务，只能作为他永恒的目标：实现与上帝的相互关系。然而，构建于自我神圣化之中的人的神圣性不可能有个尽头，因此也不可能永远地歇息，而只有无尽的努力和无尽的生成。

20. 只有误解了存在于神圣和灵性之间的互动效果（reciprocal effect）才会导致错误地割裂上帝或人之中的圣灵。就像上帝不会容忍圣灵的帮助一样，人也不可能容忍他的神圣性的分离。这一意图是跟将人的圣灵局限在行动、道德之中相矛盾的。圣灵的道德挫败了错误的宗教的伪装的独立性，以同样的方式，圣灵的道德确定性也拒斥了作为圣徒的人的错误的心理学。人的神圣性作为圣灵只存在于跟上帝的相互关系之中、只存在于这种关系的完成的无限性之中，只存在于道德行为的神圣性的管辖范围，因而只存在于永恒的道德生成的抽象之中。

相互关系不仅仅局限在上帝与人之间，在其被进一步深入地定义为互动效果的意义上，它超出了神圣性的概念，也超出灵性的概念。这些基本概念也进入了相互关系的这一互动效果之中。神圣性确定并实现了作为道德灵性的灵性。以同样的方式，灵性确定并实现了作为道德理性之行为的神圣性。

第8章　同胞的发现

1. 到目前为止，我们只是意识到人仅仅是圣灵，仅仅是道德理性的存在物。在这样的概念中，人只是宗教意义上的一个抽象物，他的根基在于宗教在理性和德性中都有其份额。如果仅仅被看作是这种抽象的道德生物的话，人就不会拥有关于历史的经验，更不用说关于自然的知识，但有一点，即历史性的经验预设了自身与德性的关系。但是迄今为止，德性自身仅仅昭示着一个起源于上帝与人之间的相互关系中的问题，而这个问题需要借助神圣性来加以解决。因此，人本身仍然是个问题。

2. 经验，无论是关于自然的还是关于历史的，都将人置于新形式的问题之下，并将其分成两个大类。其中第一个由人造就的类别叫作"个体"，而第二个被叫作"集体"（*Mehrheit*）①。集体相应地又引发了全体（*Allheit*）②的问题。最初这两个大类的区别仅仅是基于对单一性和复多性的考量。

一个人不可能止步于单一性，因为单一性确切地说是属于复多性的，即存在于复多性之中，构成了复多性的一个环节。但是，

---

① 参见引言 B 部分（宗教）第 5 节的注释。——中译者
② 同上。

复多性作为逻辑上的一个类组成了一个集合,如此一来,它就需要而且也能够形成一个新的类,即作为类的全体。单一性以同样的方式引发了集合的问题,并且通过集合而获得了进入全体的可能,这也是它所需要的。无论何时,只要诸如类、等级之类的抽象引起了问题,那么集合也就变成了问题。

3. 我们目前还不需要考虑单一性的集合,首要的问题来自复多性的集合。我们的考量无须首先顾及它是如何进入、加入到全体之中的。集合将复多性变成了一个类的概念,并且使得其力量遍及复多性中的每一个个体。因此,人类是作为复多性出现的,它本身构成了集体的统一性。与此同时,这样的人作为集体的一员同样也会在自身中引起统一体的问题。如此一来,一个概念产生了,它掌握了人,但实际上并未倾尽全力将其把握为个体,而是作为某个序列中的一个单位,即一系列人之中的下一个人,仅仅是下一个人(Nebenmensch)而已。这种经验(因为关于人的这种看法来自经验)为伦理学也为在理性中占有相应份额的宗教提出了有关同胞(Mitmensch)的问题。

按照流俗的看法,同胞会成为伦理学乃至宗教的问题是相当奇怪的。人们肯定能够成为一系列人中的下一个人,这完全不是问题,但是,他是否就是同胞了呢?先入为主地认为下一个人就是同胞是流俗思想的偏见,伦理学作为有关纯粹的人的教导不可能存在于这样的思想中,也不可能从中产生。而且即便它可以从中产生,它也要与下述偏见进行不懈的斗争:来自自然和历史经验的下一个人穷尽了人的全部,可以代表人类的全部问题。下一个人无论如何都不见得已经就是同胞。经验本身反驳了这种同一性。

因此，必定存在着某种概念性的知识，促使下一个人迅速发展并转变为同胞。只有概念性的知识，只有建立在逻辑基础上的伦理学才能做到这一点。此外，由于宗教在理性中也有一席之地，这个任务也必须由宗教来承担。因为如果下一个人和同胞之间的区别不同时也是宗教的问题的话，那么宗教在理性中的一席之地的价值何在呢？无论如何，如果上帝与人之间的相互关系是宗教中最基本的"等式"的话，那么处于这一相互关系之中的人必须首先被看作同胞。

4. 同胞的概念中隐含着它自身的一种相互关系，即人与人之间的相互关系。但是，这一较为狭窄意义上的相互关系仅仅是更为普遍的相互关系的含义和内容的原初的、未展开的状态。如果人与人之间的相互关系并未先行包括于其中，人与上帝的相互关系就不可能完全实现。人与上帝的相互关系在其首要的意义上指的是人是上帝的同胞。宗教证明自身的价值首先存在于这种与上帝的同胞关系中，实际上，在相互关系中作为同胞的人变成了一个问题，而且人是借助这个问题才被产生出来的。

宗教在理性中有一席之地意味它在德性中有一席之地，而且，德性中没有哪一个问题比同胞的问题更具优先性。伦理学的可能性就维系在这个问题上。如果同胞被降低到下一个人的水平上，那么社会学能否产生都成了问题，更有甚者，伦理学在这种情况下根本无从出现。既然宗教在理性中的份额包含着它在德性中的份额，那么如果伦理学无从出现，宗教也会遥不可及，因为在这种情况下相互关系分崩离析了，人不再是同胞，而后者是相互关系中联系着上帝的纽带，在这种相互关系中能够建立起来的唯有关于同胞的伦理学概念，而不可能是人的任何其他概念。由此看来，伦理学和宗教都建立在与人的概念相关的同胞概念之上。

5. 一神教的源头久已存在，其精神一直流淌在犹太人和犹太社团的历史和文化经验之中。在由民族文学所确立的一神教这一层面上，我们发现了某种二律背反，而它在相互关系中的人这一方再次表现出来。对下一个人的经验与人与上帝的相互关系对同胞所提出的要求相冲突。

民族意识第一次召唤着以色列人。然而，其中却包含着某种模糊不清的东西，尤其是在以色列人既是亚当的后代又是亚伯拉罕的后代的情况下。我们将会看到，这一对立是如何在一个统一性的概念中得到解决的。

以色列人的概念同时还包含着一个更大的谜团，因为这一概念不仅指称以色列人在宗教方面的独特性，也包含着政治方面的独特性。因为以色列变成了一个国家，而在国家公民的概念中包含着本族人和外邦人之间的对立。此外，我们还会看到这种对立被调和、消解在一个统一性的概念中，而这个概念不仅消除了对立，甚至消除了对外邦人的冷漠。

6. 最后，在作为同胞的人中还包含着一种对立，它来自于复多性的定义。同胞意味着某人是某个民族中的一员，在这里首先意味着是以色列民族中的一员。但是，以色列民族周边都是其他的民族，并与它们发生过战争，最后还缔结了和平条约。国家之间的对立在民族的层面上得到了重现，但却并不完全相同。因为民族的概念在一神教民族的目标中得到了修正。独一性被附加到某人自己的民族上这一点是不可避免的。这种独一性需要一神教的出现，而它的出现正是依赖于同其他民族之间的对立。

因此，在面对其他民族的时候，以色列民族不仅仅是诸多民族中的一个。由于它要求公开信仰独一无二的上帝，致力于完成对独一无二的上帝的认可这一历史性的工作，以色列民族作为独一无二的民族与其他民族区分开来。它周边的民族都是独一无二的上帝的敌对者，因此也就是独一无二的以色列民族的敌对者。如果这种对立穷尽了以色列民族和世界上其他民族之间的关系的话，那么一神教的概念就失败得很。与此同时，由同胞在人们的复多性中构成的处于相互关系中的成员也会远离一神教的概念。我们将会看到，一神教的命运维系于其上的这种冲突是如何借助统一性的概念而被消除的。这一概念的意义变得极端重要，因为同胞概念中的复多性借此才被转变并升华为全体性。

7. 首先让我们考虑一下以色列人和外邦人（foreigner）之间的对立。要解决这一对立，就必须提到"陌生人"（stranger）的概念。

陌生人并不是第一个被一神教发明并置于外邦人对立面的概念。个人之间以及民族之间的自然交流造就了它，即便在战争中也是如此。漫游、旅行等概念是个人乃至民族经常使用的概念，借助这一概念，移民既变成了客人，也变成了朋友，即一个客人—朋友（a guest-friend）。

希腊人关于诸神的教导中充满了人文精神，这表现在众神之王宙斯被看作是好客之神，对待客人极其友好。对于客人—朋友来说，一个人必须坦诚，无论是在战争中还是在和平时代。当狄俄墨得斯（Diomedes）和格劳克斯（Glaucus）在搏斗中彼此认同

第8章 同胞的发现

对方为客人—朋友时,他们实际上并未停止搏斗,但是,一种骑士般的友好感觉却让他们彼此交换了武器。可以肯定地说,这种骑士般的友好感觉并未阻止他们互相欺骗。[①]这种关于感受的经典案例揭示了道德上的冷漠仍然影响着友好的概念。客人—朋友远不及陌生人的概念,尤其是在一神教为后者发展出的积极意义上更是如此。

8. 道德的力量由于同胞概念的各种各样的表现而得到释放。要想描述这种力量,只有借助于其对立面的动机并协调其与对立面的中介性概念。但是,无论是从一神教及其创造和启示的观点看来,还是从作为圣灵的人的观点看来,我们都必须首先考察这种对立的圣经文献来源。在此首当其冲的是挪亚,他当然已经不是亚当,但也还不是亚伯拉罕。因此,从概念上说,挪亚之子这一奇妙的概念形式作为中介性概念要比陌生人远为高级,但是,后者起源于圣经一神教最初的源头,而前者只是在后来经过拉比思想的修正之后才变成了一神教中一个相当重要的成分。

挪亚之子对一神教的重要性已经包含在《圣经》对巴比伦洪水传说的重新解释中。挪亚变成了人类的象征,保全他成为上帝为自己设定的一个任务。他与挪亚立约,承诺不会再有洪水来毁灭所有的生物。因此,上帝与所有普遍意义上的生物特别是人类

---

① 根据《荷马史诗》,狄俄墨得斯和格劳克斯都是特洛伊战争中的英雄,前者属于希腊人一方,后者属于特洛伊阵营。双方相遇于战场之上,当狄俄墨得斯得知格劳克斯的祖父是柏勒洛丰时,声成自己的祖父俄纽斯曾是柏勒洛丰的密友,因此双方的后人也应当是朋友。狄俄墨得斯还提议交换礼物,用自己仅值9头牛的青铜甲交换了对方值100头牛的黄金甲。——中译者

的灵魂立约,而自然恰如其分地用出现于天堂拱顶的彩虹为这一约誓作证。如此一来,上帝将自身置于一种无从规避的、概念性的与自然的相互关系中,与人、与作为同胞的人的相互关系也处于自然之内。

毫无疑问,这段记载从下述经文开始:"神就对挪亚说,凡有血气的人,他的尽头已经来到我面前。因为地上满了他们的强暴,我要把他们和地一并毁灭。"(《创世记》6:13)或者如后文所说:"看哪!我要使洪水泛滥在地上,毁灭天下。凡地上有血肉,有气息的活物,无一不死。"(《创世记》6:17),紧跟这一段的则是:"我却要与你立约,你同你的妻,与儿子,儿妇,都要进入方舟"。因此,由于放过了挪亚和他的家族,上帝所宣示的意图立刻受到了阻碍。整个传说的修正都来自于并表现在对这一意图的自我修正中。甚至连动机都没有隐瞒或缺失:"因为在这世代中,我见你在我面前是义人。"(《创世记》7:1)这种义并未在人类中完全消失,而且必须在人类中得到保存。因此,人类不能被完全毁灭。

9. 上帝宣告不再降洪水于世上的表述方式似乎是独一无二的:"耶和华闻那馨香之气,就心里说,我不再因人的缘故咒诅地(人从小时心里怀着恶念),也不再按着我才行的,灭各种的活物了。"(《创世记》8:21)接下去上帝祝福挪亚和他的后代,同时也禁止他们吃带血的肉类,并宣布下述了警示:"流你们血,害你们命的,无论是兽,是人,我必讨他的罪,就是向各人的弟兄也是如此。凡流人血的,他的血也必被人所流。因为神造人是照自己的形像造的。"(《创世记》9:5—6)似乎是为了避免杀戮,吃带血的肉这件事情被禁止了。在此提及的只有来自上帝形象的人,而且每个人都是另外一个人的兄弟。根据上帝与挪亚的约誓，结果就是每个人都是另一个人的弟兄。

10. 正是借助这种关系上帝与挪亚立的约才能够得到理解："我与你们立约，凡有血肉的，不再被洪水灭绝，也不再有洪水毁坏地了。"（《创世记》9：11）而且彩虹被设立为一个象征，证明着上帝与大地、上帝与所有有血有肉的生物之间的约，而且这个约是永恒的约，是为了"无尽的世世代代"而设立的。（《创世记》9：12，16）上帝与人之间的约借助挪亚而得以达成，其自然的结果是《塔木德》创造了挪亚之子这一奇妙的概念。

在一神教的史前历史中，挪亚之后出现的是亚伯拉罕。上帝与他也立下了永恒的约，祝福他的后代并将迦南应许给他们。非常引人注目的是，天使们宣告了撒拉也会生子，当他们完成了这一任务之后，他们被引导着不向亚伯拉罕隐瞒他们行将毁灭所多玛："我所要作的事，岂可瞒着亚伯拉罕呢？亚伯拉罕必要成为强大的国，地上的万国都必因他得福。"（《创世记》18：18）亚伯拉罕的后代得到祝福的原因也有记载："他们或许可以遵守我的道，秉公行义。"（《创世记》18：19）

接下去发生的是所多玛的故事，亚伯拉罕在与上帝的对话中引出了这个故事。天使们已经离开的时候，亚伯拉罕走到上帝面前说："无论善恶，你都要剿灭吗？"（《创世记》18：23）"将义人与恶人同杀，将义人与恶人一样看待，这断不是你所行的。审判全地的主，岂不行公义吗？"（《创世记》18：25）在这里，上帝再次进入了与全地的关系之中，而且实际上不仅仅是作为在挪亚时代的那个保护者，而是一个法官。作为法官，他将表现出某种克制，如果在所多玛能找到五十个、四十五个，或者三十个、二十个，甚至仅仅是十个义人的话。①

因此，亚伯拉罕将要"带给全地的民族"的祝福是建立在律法和正义的基础上的。给予未来的伟大民族（它的祖先是亚伯拉罕）的承诺是与给予"全地上的所有家庭"的祝福联系在一起的。这一承诺把以色列民族从一开始就与世上的其他民族联系在一起，并因此而铺平了通向"同胞"概念的道路。

11. 由此看来，拉比亚奇巴和本·阿谢（Ben Azai）关于爱邻人这句经文的争论并非无的放矢。亚奇巴说："你应该爱你的邻人，因为他就像你一样，这是《托拉》的重要实践措施。"本·阿谢说："（《创世记》5：1）是有关人类世代的经典，比其他的内容更能体现《托拉》的精神。"我们应该仔细思考接下去的结论："当上帝造人之时，他用自己的形象创造了人。"哪一个基础更为重要？是否可以说，首要的是那个强调人与人之间的平等，使得人变成了"另一个"并因而变成了同胞的基础？或者是使得作为上帝之造物的人变成了上帝的形象的那一个？显而易见，本·阿谢是正确的。

我们能够理解，只有在先入为主的误解之上，才会把其他人理解为同胞、乡亲。更不用说还有这样的事实，即爱你的同胞、乡亲就像爱你自己一样会变得毫无意义，如果爱普遍意义上的人尚未被认可的话——要么就是民族感情已经极其强烈，以至于我

---

① 参见该段经文（《创世记》第18章）中亚伯拉罕与上帝之间一番极为有趣的"讨价还价"对话。——中译者

能够在我的同胞、乡亲中感受到我自己的血缘和形象,在这种情况下上述评论就是多余的;要么,民族感情仍然有待传授,在这种情况下,那种强烈的"如你自己一样"甚至"他就像你一样"只能在同胞、乡亲的概念已经被普遍意义上的人的概念所贯穿了的情况下才能得到充分理解。乡亲之间的同一性无疑是建立在人之间的同一性上的,否则的话,我的乡亲无非就是经常跟我口角的邻居,或者是那个憎恨压迫他的富人的穷人。乡亲这一道德上的概念把通常意义上的人的概念看作是自身必不可少的前提。

本·阿谢所指称的正是这个普遍意义上的前提。因此,如果有人认为他能够理解拉比亚奇巴所说的乡亲,我们可以说,他的这种说法毫无意义。整个的《托拉》开始于人的创造,它拒斥上述令人困扰的观点。对邻人的爱建立在上帝造人的基础上,而不是某种主观感受,感受到对自己或对其他人的爱等等。"这是关于人的世代的经典……上帝通过自己的形象造就了人。"在这一原则上构建了人类的历史。在一神教中蕴藏着人的历史的源头。一神教自身拒绝在其信仰者和不信仰者之间作出任何内在的区分。以色列人在成为亚伯拉罕之子之前就是挪亚之子,而且即便是作为亚伯拉罕之子,他的祝福也是建立在对全地的万民的祝福的基础之上。但是,以色列人无论是在作为亚伯拉罕之子还是挪亚之子之前,就像所有的人一样都是上帝的造物,是上帝根据其形象造出来的。

12. 现在,我们转向以色列和外邦人之间在政治上的对立。我们早已遭遇过这样的必然性,这是一种一神教强加于人性的任务。具体地说,这一任务要求摧毁多神教,而多神教的衰落必定会导致崇拜偶像的诸民族的衰落。这种反常现象的解决之道只有一条，即从历史出发来详细考量。宗教在理性中的份额在这种情况下退缩了，让位给了事实的逻辑，这是一种在纯粹的伦理学面前无法保持自身的逻辑。然而，难道人们不可以问，为什么上帝不加以区别对待、不发布各不相同的命令呢？在这个问题面前，神正论变成了谬论。因此，我们必须忽略这种反常现象，忽视其自相矛盾的特性，尝试着进行妥协。

尽管必须与偶像崇拜者（无论是民族的还是外族的）进行斗争，但《圣经》确实说过："你不应该憎恨以东人，因为他是你的弟兄。"这是支持邻里之爱的经典语句。以东人作为以色列的敌人却被称作是"弟兄"。相应地，不仅他们是以色列的弟兄，而且即便是敌对的偶像崇拜者也有同样的称呼。因此，毫无疑问，同样的禁止性条文也扩展到了埃及人那里："你不应该憎恨一个埃及人。"而且在这个问题上，并未提及在埃及四百年的奴役历史，相反，这里强调的是这样的思想："因为你是在他的土地上的陌生人。"（《申命记》23：8）陌生人并未被看作奴隶，而是一个客人—朋友，而且他正期待着受到礼遇。人性已经如此这般植入了陌生人之中，即作为陌生人的奴隶可以用感恩的形式加以约束（the bond of gratitude）。

13. 如此一来，陌生人的概念已经扩展到了足以涵盖所有有关外邦人的问题。现在，我们应该考量一些例外的情况，即那些或者由国家律法或者由宗教仪礼来解决的问题。我们所关注的只是同胞这一基本概念的形式和独特性。就这一点而言，所罗门在其神殿的祭仪上发表的演说无论如何都是相当重要的："论到不属你民以色列的外邦人，为你名从远方而来……向这殿祷告，求你在天上你的居所垂听。"（《列王纪上》8：41—43）从这句话出发达到弥赛亚崇拜的巅峰并不遥远："因我的殿必称为万民祷告的殿。"（《以赛亚书》56：7）外邦人由于加入了祈祷的团体而变成了同胞，但是这一进步的前提是弥赛亚崇拜中的相互协作。情况似乎是这样，如果想把外邦人看作是同胞的话，一神教必须得到充分的发展。

14. 一神教的意义更为深入地贯穿在人的概念中，因此，甚至无须在关于人的弥赛亚式的概念中实现其自身的概念，一神教就可以发现人的概念。在这种情况下，为了贯彻摧毁偶像崇拜以及偶像崇拜者这一严格要求，一神教最好是能够修正一下自己的教义。如此一来，非以色列民族的人也得到了认可，而这种认可同样也体现在政治方面的认同上。因此，偶像崇拜的缺点如果没有从其概念中分离出去，至少也是从其人类的代表中分离了出去。为了不做一个偶像崇拜者，人不一定要做犹太人。

当然，偶像崇拜不可能完全根除。在古代犹太思想中，偶像崇拜从来都不仅仅是一件宗教独有的事情，而主要是一件比较纯粹的道德事件。《塔木德》中有句名言：如果不是感官快乐总是跟偶像崇拜联系在一起，那么以色列人就不会一再屈服于它的威力。禁止崇拜偶像同时也影响到了淫乱行为，而后者与阿施塔特（Astarte）①崇拜是有特殊联系的。因此，更令人惊奇的是理性在

---

① 此神祇在不同的文明中有着大致相同的作用，基本上是代表丰收、性、战争的女神。——中译者

一神教中纯粹的道德份额。如同在相关文献中看到的那样，一神教甚至可以在外邦人并未信奉一神教的情况下就将其变成同胞。由于这种做法的实现是发生在政治领域，因而显得更为重要。

15. 在外邦人和陌生人的概念中产生出了一个新的概念，即"陌生人—寄居者"。

国家对于这种人制定的律法是他们必须遵守的，其中最重要的特点是为他们所制定的律法具有完全的平等性："本地人和寄居在你们中间的外人同归一例。"（《出埃及记》12：49）也就是说，为了照顾寄居者，本地居民的特殊性被消除了。律法必须对所有国内的居民与那些单纯的过客一视同仁。一个寄居者无须像在希腊或罗马那样，他在法庭上打官司时无须一个保护人，因为"做审判的是神"（《申命记》1：17）。律法的源头不在人类那里，而是来自上帝。因此，上帝为陌生人在当地的律法中留有一席之地，尽管他并未信仰唯一的神。

这是一个巨大的进步，人道主义就是起源于此，也就是说，人道主义起源于这样的律法和国家之中，即便这样的国家的基础是独一无二的上帝，即便寄居者并未信仰他。因此，有其一必有其二，后续步骤的出现就是顺理成章的了。

16. 恰恰是一神教在这种平稳的发展过程中，其后期的基本概念无一例外地与最初的开端紧密联系在一起。陌生人—寄居者在《塔木德》时代变成了挪亚之子。至于《塔木德》文献究竟在何时将前者转变为后者，我们仍需加以解释。无论如何，在迈蒙尼德的法典中将第三个概念纳入了考察的范围，这对于构成同胞的概念是相当重要的。我们或许可以在新概念与前两者的区别中探究出前两者之间应有的区别。

这第三个概念就是"世界上所有虔诚的人"。这个概念与以色列人之外的人相关,因此,这虽然是从以色列宗教中得出的抽象概念,但是仍然保持着对这些人的怜悯。

从此以后,这个令人惊奇的概念变成了宗教和道德之间的明确界限,它描绘了道德的底线并将其从宗教中解放出来。

借助这个概念,迈蒙尼德完善了"寄居者"和"挪亚之子"的区分。实际上,他需要这个区分,因为他编纂了全部的律法,包括有关国家的律法。对于处于自身的发展之中的律法来说,作出上述区分是没有必要的。律法可以同时容纳这两个概念,将其视作是对同一律法概念的不同称呼。陌生人首先是挪亚之子,这可以弥补他并非是亚伯拉罕之子这一缺陷。但是,作为挪亚之子,他不必遵行摩西的律法,而只需要遵循七种规则(即"挪亚之子的七诫"),而这七种规则带有严格的道德色彩。

在这"七诫"中,似乎只有一种宗教性的元素,即不得渎神、不得崇拜偶像。在此,作为伦理概念的挪亚之子和作为政治概念的寄居者之间的区分中包含着一种警示。如果说律法已经发展到了允许那些不信仰唯一上帝的人定居在以色列人的土地上的话,那么就必须有某些禁止性规定,以防止国家因崇拜偶像而堕落,防止原来的居民被引入歧途。此外,无论如何挪亚之子必须遵循的只有那些道德上的诫命,尤其值得注意的是他们必须遵循"司法制度"方面的诫命。我们还记得《申命记》极力强调"律例和典章"这一概念,并认为是《托拉》的价值所在。通过对律法的认可,挪亚之子认可了道德,尽管对宗教的认可并未强加给他。

挪亚之子的概念是自然法的基础。所谓自然法，并非仅仅是客观性律法的表达，还意味着对于律法内容具有决定性的力量。除了作为生物的人之外，挪亚尚未接受任何其他的启示。人类首先是生命和灵魂。但是，在这个基础上他逐渐变成了同胞。挪亚之子实现了这一思想，而且他还是一神教历史的内在一致性的重要证据，也是圣经精神实质在传统上源远流长并且始终保持一致的证据。作为国家律法中的一个特殊部分，挪亚之子被记载在《密释纳》最古老的文献之中。

挪亚之子所必须遵循的"七诫"包含着六条禁止性条文和一条规则。禁止性的条文中除了不可渎神、不可崇拜偶像之外，还包括下述内容：不可乱伦，不可谋杀，不可抢劫以及不可吃活的动物的肢体。而那条规则则涉及司法公正的确立。结论是，除了对在人间保存一神教、防止偶像崇拜和渎神的错误之外，挪亚之子所遵循的上述诫命都是道德诫命。信仰犹太教的上帝这一点并未提及。

人们甚至没有权利强迫一个奴隶去接受这种信仰。此外，无论是谁转向了犹太教，在完成这种转变时，他都没有权利强迫自己未成年的孩子也一起改宗，直到他们有能力作出自己的决定之前，他们仍然只是挪亚之子。

因此，挪亚之子并非是一个信徒，但他却是国家的公民，因为他变成了陌生人—寄居者。挪亚之子是国家的自然法的先行者，同时也是自由意志的先行者。

因此，挪亚之子是神权政治制度真正含义的见证人，神权政治不是建立在国家和宗教的统一之上，而是建立在国家和道德的统一之上。挪亚之子不一定是上帝的信仰者,但却仍然可以参与到国家中来,因为他接受了"七诫",因而可以被看作是一个有道德的人。这一结论也可以从挪亚之子的概念在《塔木德》中的进一步发展并最终形成"世界上全部有德性的或虔诚的人"的概念中发展出来。这些有德性的人同样分享着天佑,同样分享着永恒的生命,而这正是德性的宗教性表述。

17. 因此,借助《塔木德》的立法实践,我们注意到了一个决定性的等式:陌生人=挪亚之子=世界上所有虔诚的人(非教徒)。约翰·塞尔登(Johann Selden)[①]在其著作《希伯来教义下的自然法和异教徒》(*Natural Law and the Gentile Peoples According to the Hebrew Teaching*〔London, 1640〕)中已经阐明了这一点。对于这部书的标题,他用这样的事实来解释,即希伯来人对世界法(the law of the world)的重要意义是其律法的必然结果。但是,基督教的作家们却"从未解释"过这一点(参见该书第158页)。魏希纳(Andreas Georg Waehner)教授于1743年出版的 *Antiquitates Ebraeorurn*(第1部第601页)也明确地认为挪亚之子与"世界万民的德性"联系在一起。雨果·格老修斯(Hugo Grotius)[②]同样也对有关挪亚之子的制度赞赏有加。

上述三个概念的联系是完全可以理解的。对于后两个概念,沿着《申命记》的基本取向就可以加以解释,对于这个伟大的民族来说,《托拉》作为一种理性和"洞见"的文献已经被编纂得易学易用。因此,理性的这种作用已经超出了以色列民族本身的范

---

① 塞尔登(1584—1654),英国法学家,犹太律法学者。——中译者
② 格老修斯(1583—1645),荷兰法理学家,国际法的奠基人之一。——中译者

围，来自西奈山上的《托拉》由此获得了其预备性材料，也就是说，来自"律例和典章"的材料，在后者所体现出来的正义的基础上，《托拉》才得到了最后的确立。

因此，挪亚之子所遵循的规则为他们自己形成了一套最初的《托拉》，这就是律法和国家的基础。以宗教为一方，以律法和国家为另一方，二者之间的和谐构成了神权政治的基本原则。实际上，挪亚之子是从陌生人—寄居者概念中发展出来的。

一神教创造出了上帝的精神性以及由之而来的人的灵魂的精神性。这一思想在《申命记》中得到了进一步发展。沿着这条道路，精神性的原则能够而且必须变成道德原则，并因此而与律法和政治联系在一起，并最终发展成意志自由原则。挪亚之子由于遍及"世界上的有德性的人"，所以他们可能是第一批，或许也是最纯正的自由意志和宽容的代表。

18. 这些进展毫不含糊地证明了所谓的"爱邻人"这一诫命的真正含义。如果邻人一开始就具有同胞、乡亲的基本含义，那么挪亚之子的概念（更不用说"世界上有德性的人"这一纯粹理论性的概念），就不可能从陌生人概念中发展出来。但是，即便是陌生人也不是这种发展的最终源泉，毋宁说，这一发展表现在一神教本身之中。从独一无二的上帝、人的造主那里产生了作为同胞的陌生人。

抛开所有这些相互联系着的思想，人们必须重视的主要是"陌生人"这一基本概念在政治和立法方面的应用。米谢艾里斯（Johann David Michaelis）[①]在其《摩西律法》中已经意识到陌

[①] 米谢艾里斯（1717—1791），德国《圣经》学者。——中译者

生人和邻人之间的联系:"摩西就像一个立法者所做的那样,要求爱陌生人,并且明确地将他们收容在'邻人'这个名词之下,一个人必须爱邻人,就像爱自己一样。"(1793年第3版,第2部分第445页)是的,完全可以理解的是,只有出于教派的偏见才不会认可犹太精神在其史前历史中所达到的最高峰。即便是在今天,世界不仍然在这些相互冲突的概念中挣扎么?这不仅必定会导致战争,而且更无法避免混乱和残酷。只有纯粹的一神教才能解释这一谜团,也只有对其最严格意义上的认可才能解决这一谜团。

19. 现在,让我们回顾一下在为陌生人所立律法中的主要内容。其基本原则是:"至于会众,你们和同居的外人都归一例,作为你们世世代代永远的定例,在耶和华面前,你们怎样,寄居的也要怎样。"(《民数记》15:15—16)"不管是寄居的是本地人,同归一例。我是耶和华你们的神。"(《利未记》24:22)这一推理的过程是相当有启发性的,它从一神教中推论出了同陌生人相关的律法。尤其具有启发性的是,在这里所表述的一神教是以对"你们的神"的祈求开始的。因为你们的神是永恒的,就必须制定一套律法,对陌生人和你们自己都一视同仁。根据前述的规则,这一点同样适用于奴隶,对此我们以后会详加考察。

《申命记》第1章开篇有这样的记述:"当时,我嘱咐你们的审判官说,你们听讼,无论是弟兄彼此争讼,是与同居的外人争讼,都要按公义判断。"(《申命记》1:16)这一警示并不仅限于同胞,而是扩展到了陌生人,因为后面附加了一句:"与同居的外人。""你不可向寄居的和孤儿屈枉正直,也不可拿寡妇的衣裳作当头。要记念你在埃及作过奴仆。耶和华你的神从那里将你救赎,所以我吩咐你这样行。"(《申命记》24:17—18)就像在其他地方一样,在这里陌生人被置于与孤儿和寡妇同样的地位,而且在以色列的民族记忆中,在埃及的以色列人虽然是奴隶,但同时也是陌生人。

20. 此外,在货币流通方面,律法的平等性同样扩展到了陌生人,最起码在原则上如此:"你的弟兄在你那里若渐渐贫穷,手中缺乏,你就要帮补他,使他与你同住,像外人和寄居的一样。不可向他取利,也不可向他多要,只要敬畏你的神,使你的弟兄与你同住。"(《利未记》25:35以下)在接下去的经文中再次提到以色列人从埃及的解放。但是,在这里最值得注意的事情发生了,陌生人—寄居者也被称作弟兄,而且要求保护他们的生命财产。将陌生人看作弟兄几乎比禁止向陌生人取利更为重要。

不幸的是,考西在翻译下述经文时犯了一个既无意义又可悲可叹的错误:"如果你的弟兄变穷了(waxes poor)……那么你就要将他当作陌生人和寄居者,这样,他就必须仰仗你来过活。"如果真是这样的话,那么一个变穷了的弟兄就会被看作陌生人和寄居者!实际上,到目前为止,律法面前人人平等的原则并未达到把贫穷的以色列人置于陌生人地位的程度,而且"与你同居"在圣经语言中的意思也远比"必须仰仗你来过活"丰富得多。这些翻译方面的错误很难找到其他的解释,只能解释为在理解一神教的意义方面犯了最基本的错误。

在以巴路山上的诅咒[①]中出现了这样的语句:"向寄居的和

[①] 《申命记》27:13。——中译者

孤儿寡妇屈枉正直的，必受咒诅。"（《申命记》27：19）有关外邦人的立法在此被置于公共和私人道德的基本原则的保护之下。

21. 对以色列律法的最严厉的诽谤来自这样一句口号：以眼还眼。在此，我们仅仅在涉及陌生人的范围内考察这一口号。"人若打坏了他奴仆或是婢女的一只眼，就要因他的眼放他去得以自由。若打掉了他奴仆或是婢女的一个牙，就要因他的牙放他去得以自由。"（《出埃及记》21：26—27）这就揭示了上述口语化口号的含义：一个奴隶由于眼睛受伤甚至是牙齿受伤而得到解放。而对于以色列的自由民来说，这一含义更是毋庸置疑的。这一律法同样也适用于陌生人，因为事实上，如果一个以色列人欠了陌生人的债，他就有可能被卖给债主抵债。（《利未记》25：47）"法律面前人人平等"的原则适用范围如此之广，以至于可以引申出这样的结论：以色列人甚至可能变成陌生人的奴隶。

22. 从上述民法的条例出发，我们或许可以解释为什么逃城（cities of refuge）甚至可以向陌生人开放。"这六座城要给以色列人和他们中间的外人，并寄居的，作为逃城，使误杀人的都可以逃到那里。"（《民数记》35：15）因此，无意中杀人即过失犯罪的处置原则也扩展到了陌生人那里。从此出发可以看出，以西结的结论只不过是一个合情合理的推论，即：在分割土地遗产时，陌生人与以色列人一样，都应该享有平等的一份。（《以西结书》47：22）由此看来，以色列人与陌生人的平等关系被贯彻到底，甚至到了最基本的土地权利的层面上。

23. 相应于上述政治平等的是宗教方面的平等，后者是在宽容原则的指导下付诸实践的。陌生人无须行割礼，而且也无须禁食动物的尸体。（《申命记》14：21）因此，颇为引人注目的是，禁食动物之血的条文同样被扩展到了陌生人。"因为肉体的生命在于血液。"（《利未记》17：11以下）而且与此同时，生命从语言学的意义上来说也就是灵魂，而灵魂应该处于和谐的状态中。因此，只有在用于赎罪祭仪时，血液才被用作神圣的祭品。

然而，即便没有这一层关系，在血液和流血之间的紧密关系也是清晰可见的，因此，在涉及陌生人的道德诫命中将禁食血液包含进去对他来说并非是一种解放。相反，这是一个极为惊人的表面现象，我们在《圣经》注释的作品中经常会看到这一现象，这表明允许陌生人食用动物尸体这一例外构成了一个证据，证明对于陌生人的立法是有所区别的。

就像所罗门在他的神殿祝祷中同样为陌生人祈祷一样，陌生人也有选择进行祭祀的自由（《民数记》15：14—16；《列王纪上》8：41—43）。由此而来的一个结果就是，《塔木德》要求为七十个民族举行献祭。

24. 最后，从律法的这些基本的规定来看，爱陌生人这一普遍性要求就是言之成理的了。《利未记》19：17—18揭示了所谓爱邻人的含义，这一点可以用19：33—34加以解释，其内容是："若有外人在你们国中和你同居，就不可欺负他。和你们同居的外人，你们要看他如本地人一样，并要爱他如己，因为你们在埃及地也作过寄居的。我是耶和华你们的神。"在此，借助末尾的那句"我是耶和华你们的神"，人们再次被提示要注意这一诫命的独特性。"不可亏负寄居的，也不可欺压他，因为你们在埃及地也作过寄

居的。"(《出埃及记》22：20)①

最后，这种爱被建立在最高的动机之上，即上帝爱陌生人。在《申命记》中有一段关于上帝的奇妙说法："他为孤儿寡妇伸冤，又怜爱寄居的，赐给他衣食。所以你们要怜爱寄居的，因为你们在埃及地也作过寄居的。"(《申命记》10：18—19)对这样的上帝，经文中接下去又说："他是你所赞美的，是你的神。"(《申命记》10：21)在这里，以色列民族的历史再次被看作是爱陌生人的证据，而且，无论是在心理的层面上还是客观的层面上，爱陌生人都会成为爱同胞的基础。

25. 对一神教的正确的、历史性的理解必定建立在对以色列的神权政治的正确理解之上。宗教的发展离不开国家的发展。这种紧密联系可能会导致不可避免的坏处，但是，通过考察这种联系在古代的发展，我们发现，最好还是从其带来的好处出发，这样可以抵消部分的坏处。先知们在与祭司们进行斗争，但是，如果祭司们既是国家的公仆因而同时又是国家的统治者的话，那么那些先知—政治家也是如此，他们除非亲自参与到国家、社会内外的冲突之中，否则没有办法促进宗教的发展。因此，如果他们的宗教必须要确证并实现理性于道德之中的话，那么理性就不可避免地要与政治以及看待社会问题的政治视角发生联系。因此，仅仅是陌生人不可能成为同胞概念独一无二的来源，相反，原住民所处的律法和政治环境才会导致先知作为陌生人的代表参与到国家事务中来。

---

① 即常见中文《圣经》版本的《出埃及记》22：21。——中译者

穷人和富人之间的社会差距提出了一个最为难以解决的问题，这个问题不仅针对人的概念，而且涉及人的团结和平等。"下一个人"不可避免地变成了"持敌对立场的人"，这是因为，社会的分层似乎并非按照共存的等级和秩序来进行安排，而是根据主从关系（subordination）和征服与被征服（subjugation）的关系来安排的。正因如为此，与这种安排相对立的、有关同胞的问题才必须提出来。在以色列人自己的国土上，在以色列民族自身中，被提及更多的不是陌生人的问题而是人的贫富问题，而这个关于人的问题涉及每一个人、每一个同胞。

上帝作为独一无二的唯一者，作为人类的独一无二的创造者，他如何能为存在于人类之中的这种根深蒂固的不平等负责呢？当然，这个问题在很早之前就已经出现了，但是，经济上的困难往往会将其他问题推到一边。在《申命记》中，我们看到了两个并列的句子，其中之一确立了一个否定性的要求，另一个则表达了对乌托邦信仰的根深蒂固的反对。一句说到"在你们中间就必定没有穷人了"（《申命记》15：4），而另一句则说"原来那地上的穷人永不断绝"（《申命记》15：11）。第一个要求的严格性并未因后文的推断而减少。因为，即便后者是正确的，不应该有穷人的警示依然也是正确的。对社会及其历史的这种校正是独一无二的上帝的要求。

26. 上帝怎能容忍人与人之间的这种差距呢？对这一问题的回答来自宗教意识。这个答案给出的但却隐藏在其深处的等级观念正好相应于其自身发展的各个阶段。

穷人和富人之间的差别并非是存在于人类中的唯一差别。人类在智力和外表方面的区别也不是最显眼的,甚至那些引起了对上帝的公正的怀疑的最令人震惊的区别也不是最主要的。因为人既容易喜欢上什么,也容易怀疑什么。当他看到了自己的缺点时,他乐于看到那些他一直心甘情愿地奉为尊者的人身上的优点。在理智和审美之间的中庸之道是拥有健壮的体格和英雄气概,这两者比起智力方面的优越性更容易为人们的直观所接受,在它们的帮助下,人们所获得的积极的价值要比其所具有的审美的微弱光芒更加耀眼。最初的人作为游牧民或猎人生活在战争阴影的笼罩之下,因此,英雄气概是人的第一个理想。后来,它战胜了自己的对手,而这个对手正是逐渐觉醒的宗教意识应该从不平等地分配在人类中的各种重要的力量中所吸收的。

然而宗教的觉醒却激起了人类中其他形式的不平等。该隐杀死了自己的兄弟,而《圣经》却因此不为该隐提供理由,即上帝更喜欢亚伯的祭品而不是该隐的。这是一种不正当的妒忌么?或者说,这种情感是导源于一种正当的对上帝的指责吗?确切地说,《圣经》似乎在通过这个故事教育我们什么是最初的罪,即没有任何正当的借口可能引起妒忌。借口指向的是上帝,然而,妒忌指向的却是人,或者更确切地说是两个人,因为妒忌他人就像妒忌自己一样。从这个简单的例子出发产生了所有道德冲突的原型。当人们全方位地质疑上帝的福佑及其统治时,人和上帝之间的关系无论在哪一方面都是含糊不清的。但是这种含混性不可能永远地统治着人与人之间的关系。谋杀在任何情况下都不可能与上帝所允许的行为相一致。实际上,整个人类的历史就是这样的,上帝似乎喜欢一部分人胜过另一部分。但是,人们不应该根据这一表面现象而试图统治他人。

无论如何，人们是如此行事的，他们甚至不去寻找一个诸如上帝的不公之类的借口。秩序颠倒的关系和错误的行径在人间屡见不鲜。善与恶这种道德上的区分因此而出现了。这种区分来自于最初的道德问题，而后者又是由最初的社会关系所制造的，这种社会关系甚至在任何宗教的动机起作用之前就已经存在。律法条文中的侵害早在社会发展的最初形态中就已经出现，这使得道德区分成为必然，律法变成了道德。因为在社会的早期形态中，理想的人与人的关系，诸如长幼之间、家族之间的关系等，就已经与部落和财富间的物质—律法关系交织在一起。因此，善、恶之间的区分仅仅是一个纯粹的属人的区分。

27. 然而不久之后，诸神进入了原始人的视野，人类的生存空间逐渐被其侵蚀。很明显，在一神教中，人类的第一个罪过是兄弟阋墙，被杀的人是弟弟，杀人的人是哥哥。双方都知道彼此间的血缘关系，但却视而不见。所有人之间都是兄弟关系，但谋杀却随处可见。因此，人之间的血缘关系并非是一种值得信赖的关系。此外，虽然人可以复仇，但同样有可能被由此而来的错误和不义所困扰。因此，《圣经》甚至代为杀人者说情："凡杀该隐的，必遭报七倍。"（《创世记》4：15）人类的正义始终是不完美的。只有在上帝那里才能够找到正义。

28. 如此一来才产生了面对上帝时的善与恶的区分。因此，在多神教中，宗教上的善、恶之分无从产生，由此出发的绝对意义上的善、恶之分更是无从谈起。诸神都根据自己的好恶来判断人，而这一判断经常是反复无常的。正是由于这一点，《荷马史诗》

才变成了自由思想家的圣经。诸神不可能在各自的庙堂之上被结合为一个整体，因为如果那样的话他们就不可能作为单独的个体而存在。一神教的基础是对善、恶之分的同一的认识，因此，在上帝对人、人对上帝的态度方面也是同一的。上帝与人之间的相互关系被定义为宗教与伦理之间的相互关系。

多神教并未采取任何形式用道德对宗教进行修正。如果希波吕托斯在面对菲德拉的时候保持节操，那么他就是对崇拜爱神者的不敬。[①] 每个神祇都有自己的道德信条，而一神教创造了唯一的神性，因而也创造了唯一的道德。因此，独一无二的上帝同样也整合了人的概念，任何对这一人类统一体的破坏都是对道德的破坏。善、恶之分逐渐从神圣的暧昧不明中分离出来，在人与人的关系中获得了清晰的表达。

然而，具体的宗教思想同样也逐渐发展起来，尤其是在一神教中，这些思想定然会同纯粹的道德思辨交织在一起。在此问题可能已经产生：上帝如何确定人类的善、恶呢？善、恶之分是如何在他的创造中产生的呢？蛇引诱了夏娃，而夏娃引诱了亚当，但是上帝并未认可这种借口，他惩罚了所有的违犯禁令者。

这对夫妇所犯下的人类的第一宗罪仅仅是针对上帝的，而该

---

① 希波吕托斯是雅典王忒修斯与亚马逊女王的儿子，他崇拜贞洁的狩猎神阿耳忒弥斯，厌恶女人和爱情。这使得爱神阿佛洛狄忒非常愤怒，后者使希波吕托斯的后母菲德拉对他产生了强烈的爱情。菲德拉向希波吕托斯求爱，被愤怒的希波吕托斯坚决拒绝后羞愧自杀，她临死前向丈夫诬告希波吕托斯企图玷污她。忒修斯王听了大为震怒，便请求海神波塞冬派一头大公牛撞倒希波吕托斯的马车。受惊的马狂奔起来，希波吕托斯在岩石被撞得奄奄一息。最后，阿耳忒弥斯出现了，她把全部真情告诉了忒修斯，并且安慰垂死的希波吕托斯。——中译者

隐的罪则是第一宗针对人类的罪。但是针对这一罪行，该隐却受到了上帝的庇佑。在后果方面的区别已经显示出上帝在对待人类的僭越时所表现的态度，即伤害人的要受到惩罚，但同时也受到保护，而违犯神意的则构成了人类文明的起源，最起码在劳动的产生这一点上是如此。因此，从一开始，上帝的权威就是与所有人类的罪行相关的。

29. 这一权威性同样适用于社会的分层吗？正如同这种权威性后来被称呼的那样，即善与恶都在上帝的荣光之下，最初的宗教思想并不追问人类肉体和灵魂之间区分的理由及正当性，而是仍然过多地沉浸在神秘的开端之中。但是，社会分层不仅仅就其本身而言是有害的，而且尤为重要的是被看作是对人类心灵甚至可能是对道德发展的阻碍。因此，宗教必须追问：穷人和富人之间的差别是如何同上帝的统一性相一致的？

30. 这个问题很快就变得越紧迫，因为单纯的宗教思想已经开始涉足社会发展的进程。一种社会和道德之间的区分出现了，随之出现的是在上述两种区分中是否有某种一致性。恰恰相反，对这个问题的深入分析表明，两者之间不仅没有一致性，而且真正的关系似乎是处于极端的对立之中。因此才有了这种说法："好人无好报，祸害遗千年。"

当时的语言尚不清楚如何来描述这种不一致，尚未区分开善和财富以及恶和病痛。但是就上述问题而言，其中的"坏人"被称为恶人，而"好人"则被称为义人，这表明善、恶之分已经出现。如果没有这种区分，这个问题根本不可能存在。

宗教思想如何能够找到这一原初问题的答案呢？或许是在上

帝的智慧看来事情是正确的，只有在我们的有限的知识看来才显得是错误的，这样的回答是否合适呢？这或许是合适的，但只适用于这个罪人本身是富人的情况，因为更为深刻的思想可能会无视他的财富，而且还因为，确切地说，他的罪行本身无论在何种意义上都是一个谜团，所以所有判断都仅仅是主观的和不可靠的。另一方面，在"好人无好报"的情形中，问题却不能就此搁置。难道一个人应该对他的义举失去信心，并因此而处于失去对上帝的普遍正义的信心的危险之中么？然而，这样的危险是不可避免的，因为义人的不幸遭遇如何能够与上帝的正义相协调呢？

31. 人们是否应该找到一条这样的途径，即通过宣称这种遭遇是无关紧要的来逃避上述问题呢？宗教思想是否应该接受斯多葛派的智慧呢？宗教思想借助于同政治和纯粹道德的自然联系而得到了保护，免于这种含混的侵害。即便是个体能够去训练自身并且有很好的理由无视自己的财富和痛苦，但是，他也不允许对他的同胞的痛苦无动于衷。或许他甚至可以无视坏人的财富，但是，他不允许对好人的痛苦无动于衷。

恰恰是在这里凸现出宗教思想和道德之间联系的价值，以及将道德建立在社会和政治之上的意义。因此，对财富和痛苦的无动于衷就无法产生，也无法确立自身。因为财富和痛苦中没有主观的好或坏的模糊不清的感情，尽管这种主观性或多或少地与身体的多变、易逝的状态联系在一起。但是，当财富和病痛客观地在穷人与富人这种社会区分中得以实现时，再对其无动于衷就只能说是不真诚、轻率乃至残忍了。没有人能够怀疑这些区分对人们来说并非是无关痛痒的。从社会的观点看来，斯多葛主义要么是虚伪的,要么就是一种不可原谅的无知。

32.一神教在先知的教义中完成了自身的发展,从社会—伦理的角度看来,一个人甚至可以说,一神教正是朝着先知而去的。因为,先知教义的突出特征恰恰包含在所谓独立的恶与所谓独立的道德(the alleged independence of evil with the alleged independence of morals)之间的联系之中。先知们并不知道这种独立性。他们唯一知道的是上帝与人、人与上帝之间的相互关系。因此,他们对于政治抱有与神对世界的统治一样的兴趣。政治对他们来说当然包括国外的、国际的政治,但是首先却是社会政治。

人与人之间的关系形成了上帝与人之间的相互关系中的较低的或者说较为内在的部分。因此,先知们的问题不可能独立于善、恶的区分之外,也不可能独立于人与上帝之间的绝对关系中的善、恶的意义之外,毋宁说,他们关于善恶之分的问题必须将自身客观化为贫富之间的社会区分。先知们的道德优越性在于他们从不根据主观上的区别来衡量幸福和不幸之间的区别。相反,他们的衡量标准是那种颠覆了社会平衡的客观的社会冲突。

先知们所达到的水平远高于原始的信仰,后者盲目地假设在善和幸福、恶与不幸之间有着对应关系。如果幸福和不幸只是一种主观上的区分,那么这种对应关系就不可能有好的结果。无论如何,社会的分层必须被看作是客观的,否则的话,关于人基本的道德和文化义务的看法就处于被毁灭的危险之中。人的概念是在人与人之间的互动关系中产生的,与此相应,上帝与人的相互关系的内容也在逐渐增长。

人的社会复杂性逐渐变成了相互关系而且无法与后者相分离。

第8章 同胞的发现

这正是先知们教义的意义所在。面对道德滑坡、面对来自社会分层的道德困境，先知们不可能闭目塞听。无论是对于道德还是对于人类的宗教行为来说，先知们的真诚不允许哪怕有一丁点儿这样的想法，即幸福被看作是奖赏而厄运被看作是惩罚。人与上帝的关系或许仍然处于神秘之中，但是他与其他人的关系却不能如此设想。在涉及他人的时候，一个人必须作出判断和决定。因为善、恶的决定正是与上述决定联系在一起的。如果善恶之分对应于幸福和不幸之分的话，那么善恶的分别就不会有任何意义。

如果情况确实如此，那么在将人的概念演变为同胞的意义上，人的概念就面临着失败。同胞的概念不可能进入"我"的视野，如果"我"对他的幸福和不幸无动于衷的话。甚至在没有对于人类物质性的幸福和不幸的或多或少的直接认识的情况下，这种无动于衷仍然可能封锁住所有从人的概念转变到同胞的概念的路径。这一情况在面对道德行为仍然无动于衷时就更为变本加厉。道德和物质行为的联系中暗含着宗教和道德的区分。虽然人对于上帝的行动仍然可能是个谜团，但是却可能在某种意义上受制于人对人的行为。善恶的区分起源于这种行为而不是人对上帝的行为。先知们的教义清晰而明白，其原初性就在于对上述概念的解释。

因此，根本不是对享乐主义的关注使得先知们开始关注存在于道德和物质之间的对应关系问题（这方面他们确实不缺少斯多葛主义的色彩），毋宁说事实是上帝与人、宗教与道德之间的关系中存在着的基本问题处于极度危险之中。在涉及我本人的范围内，无论是幸福还是不幸，我都可以漠不关心，但是，在涉及别人时这种态度却绝不可取。但是，这一点并不一定必然从有关由幸福与不幸是否与善与恶相一致的问题中所产生出来的复杂性的情况下产生。在这种复杂性的范围内，没有必要强求无动于衷，或许根本就不应该无动于衷，甚至对我自己来说也是如此。

33. 对这一基本观点，应该予以慎重考虑。就幸福与不幸来说，要点在于它们并不是无关紧要的物质性的甚至是肉体上的东西。生命和健康自身在面对命运和死亡时或许会变得无足轻重。因为死亡是一种形而上学的恶，神秘主义既可能是它产生的原因，也可能是消除它的原因。这不是伦理学家思考的问题，因而同样也不是虔诚的教徒要思考的问题。它与弊病不同，因为弊病属于社会问题的范围。真正与道德上的区分产生联系的恰恰是社会性的幸福与不幸。就像我们不能对道德上的区分无动于衷一样，对于社会性的幸福或不幸也不应漠不关心。

先知教义的最大贡献，以及表现出其与真正道德的内在关系的地方在于先知们的思想并未沉浸于对生命的意义、死亡的秘密的思辨之中，而是对死亡的问题置之不理，因此来生也从未成为它的问题，尽管实际上它所关注的道德的重要性并未因此而隐居幕后。无论如何，先知们的思想置生命及来生的问题于不顾，在他们看来，生命的问题如果有意义，那么是因为由贫穷而带来的恶。贫穷变成了人类不幸的代表。如此一来，一般意义上的物质性的缺失变成了道德上的问题，但是，在这个意义上，道德的问题所指向的是上帝，如果它不想变得含混不清的话，就必须将自身同人类的罪完全分离开来。

34. 另一种形式但同样有些含混的不幸是痛苦。确立并将其凸现出来的原因在于，社会将其客观化并将这一问题独立化和明确化。在痛苦之中，物质性的缺乏转化为心理上的疾患，在这一转化过程中，含混性是不可避免的。心理的与物理的和精神的一样，既是物质性的也是道德上的。那么，究竟哪一种意义主导着痛苦并使之变成人类的不幸呢？这一意义究竟在何种程度上与道德行为协调或不协调呢？痛苦的形而上学将痛苦看作是人类的命运，甚至更为含混的是，将其看作是所有生物的命运，但是，这样的看法却不属于任何一种真诚的宗教，宗教的真诚性与任何诗歌和其他文艺形式的表现无关。痛苦只有作为社会性的痛苦时才能达到伦理学意义上的确定性。无论是谁将贫穷看作是人类的痛苦，他都是在创造一种伦理学，或者说，如果这不能算作是哲学伦理学的话，最少也是在理性中占有一席之地的宗教。只有理性宗教才是道德宗教，而只有道德宗教才具有真理性，才是真正的宗教。

135

35.《先知书》就像《诗篇》一样具有相同的社会视角，都认为贫穷代表着人类最大的痛苦，并因此而带有同样的宗教视角，都认为贫穷是向神的福佑提出的巨大的问号，从而意识到，人生的真正谜团不是死而是贫穷。贫穷之所以是真正的谜团，原因在于解决它需要真诚，理解它也只能借助于真诚，而死亡这个谜团却只有神秘主义才能解决。但是，神秘主义却消除了真诚，即便其自身中包含着真理。

因为真诚的产生只能来自于下述两种方式中的一种：要么来自科学的方法，要么来自宗教和理性之间的相似性。然而，宗教是与其理性份额一致的，它必须竭力向伦理学靠拢，必须而且毫无疑问地贯穿于人的概念和人与人的关系的社会概念之中。上帝与人的相互关系只可能建立在这种社会关系之上。

36. 不幸在客观上的表现是贫穷，这一点可以引发我们对痛苦的思考，而且我们还要思考痛苦在其心理学含义上的含混性。意识在痛苦之中所经历的那种沮丧也可能是物理作用的结果。同样地，兴奋及其所标识的快乐感情也是与肉体联系在一起的。与快乐一样，每一种不快乐的感情也是无从确定、含混不清的，这不仅是道德上的，而且是心理—精神上的。但是，我们没有兴趣为了发现存在于坏人之中的幸福感而去关注这一观念的发展。我们所关注的并不是去否定快乐的感觉，而是一个更紧迫的问题，我们必须把这个问题呈现到上帝面前，即他的思想是如何与这种心理上的胜利相协调的？正因为后者不仅仅是物理性的，罪恶才会在人的心里拥有这样的胜利。

与之相类似的是，不快乐的感情同样绝不能够被降低到主观性的水平上并将其变成心理上的幻觉。痛苦是一种真实的感觉，不仅反映在社会现实即贫穷中，而且同样可以被理解为意识中的一种主要现象，充满着人类的全部意识领域，在决定所有其他进程和行动方面起到辅助作用。因此，抹杀其客观性的行为是不应该被允许的。贫穷带来的痛苦必须始终处于问题的中心，这是一个宗教上的问题而不是形而上学的问题。

37. 如果此前我们在有关贫穷的问题中曾经说过人类的不幸要由真正的宗教来加以验证的话，那么现在我们可以带着同样的确定性认为，在贫穷中不幸变成了人类的痛苦，我们在迄今为止的人类历史中都可以追寻到痛苦的足迹。不幸和痛苦并不仅仅是物质性的概念，痛苦将其提升到了心理的层面上，并因此而进入了灵魂的全部复杂性之中，而后者是由精神和道德组成的。

意识中的一个新的要素因此而得到彰显，即人类灵魂、人类精神方面的痛苦。这种痛苦就像所有心理方面的要素一样，并不能完全与物理要素分开，痛苦同时也是一种疼痛（pain）。但是，精神的痛苦不等于动物的疼痛，因为动物并不属于社会。值得怀疑的是，一个动物的疼痛（并不是指某个动物的幼崽）是否可能引起另一个动物的同情。如果某种精神性的痛苦并未表现在畜群中的话，无论在何种情况下这种反应都不可能被激发出来。只有社会性的痛苦才是精神性的痛苦。意识中所有的复杂性，包括知识在内都受到其影响，都被其引导着参与其中。这才是社会性痛苦的深刻所在，全部对文明的意识都包含在其中。

斯多葛式的冷漠因此是完全不可接受的，它在驱逐了伦理学的同时却把废弃的文明包含于其中。我不可能对贫穷无动于衷，因为它是文明缺陷的标志，并且它提出了道德的真正问题。贫穷不可能与物理性的痛苦相比较，因为后者是个体的和主观的，而社会性的痛苦不仅仅是大多数人的痛苦而且是低层次文明的质的表征。

38. 这种状况为自身造就了一个悲剧性的动机。无论如何，在悲剧中，只有英雄、只有个体才承受着痛苦。但是，在社会性的痛苦中，整个的文明都扮演着一个悲剧性的角色。而且，在此文明并不是一种抽象，而是最为具体的现实，是每个民族、每个时代中的大多数的人。因此，穷人成了普遍意义上的人类典型。下一个人因而变成了同胞。因为即便是在我的身体里没有心灵，仅凭我的教育也能够将我的眼界打开，让我看到人类的大多数不可能与我隔绝，而如果我不把自己变成他们中的一员，那么我就什么都不是。在我与大多数人的这种不可避免的关联中出现了一种关系，它不仅仅意味着相互帮助或是服从与被服从，而且还造就了一个集体，而正是这个集体才造就了同胞。

39. 集体的形成是互助的结果。在互助的行动中集体才得以出现并最终形成。一方面，痛苦进入了我的意识并变成了我的内省和认识的对象；另一方面，我的意识中还有其他的部分和其他的意识活动。对于上述两个方面，互助的行动是如何影响它们并表现自身的呢？但是，直到目前为止，无论是集体还是同胞都还是个问题，痛苦将其表现为一个社会问题、一个尚未得到解决的问题。要想解决这个问题，取决于采取什么样的方式对痛苦作出反应。

40. 根据神秘主义的观点（它无处不体现着宗教最原始的形式），解决之道与悲剧中所呈现的如出一辙（后者也是从神秘主义中产生的），这种观点认为人的罪孽（即便是英雄本人也无一例外）是他的痛苦的基础。这样的基础或许就是原因，最起码也是唯一可以理解的基础。在这个神秘的基础上，悲剧为自己建立了一个属人的微观宇宙和一个观众的世界。但是，宗教继续着自己的路程，不可能止步于神秘主义。无论如何，其道路所指向的总归是上帝。通过人与上帝的相互关系，宗教在寻觅人的时候发现了上帝；而当宗教寻觅上帝的时候则发现了人。但是，这种相互关系是否能够教给人们一条走出这一带来痛苦的巨大冲突的道路呢？能否找到一个解决的办法呢？

41. 罪恶之书必定会被毁灭，是对社会的洞见毁灭了它。因为，如果无视个体和社会在罪恶问题上彼此间的敌对，那么后者就不可能进入这一关系，因为如果那样的话发现同胞的机会定然会被错失。我要做的是把下一个人变成同胞。对于这一目的来说，大多数人的痛苦是大多数人的属性，因为他们犯了罪，但是这一观点不会对上述目的有什么帮助。悲剧中的英雄不可能是一个恶棍，如果那样的话我根本不可能对其产生道德上的兴趣。罪的观念同样也不可能对从大多数人的痛苦中产生出同胞的概念有多少帮助。

如果痛苦被看作是世界历史的结果，那么人们如何能够将其与上帝的正义联系在一起呢？如果我既不能理解世界上的正义和福佑的意义，也不能理解社会的痛苦是罪恶的结果，那么难道不是上帝与人之间的相互关系出现了问题吗？

42. 先知们采取了更为直接的方式，在此，一神教在方法论上与多神教分道扬镳了。后者无论如何都是来自对诸神的崇拜。神秘主义将这一点作为其起点而且从未越出雷池一步。从诸神出发，神秘主义逐渐转向了宇宙和人，对于后者，神秘主义一开始认识的只有英雄，而这里的英雄指的就是半人半神。与此相反，宗教更关注的是人而不是神。上帝的正义终究会以某种方式得到实现，但人间的律法和秩序却不能总停留在悬而未决的层面上。这个问题影响到了人的心灵。在心灵中必定产生出某种反应，这正是我们所寻找的反应，由此集体才能形成，同胞才能出现。这种反应必须变成与痛苦相对应的反应，不可能仅仅停留在知识层面上，而是必须变成一种强大的感情。

因此，除了其他的感情，如果痛苦想得到正确的理解并激起正确的反应，那么就必须充满人类的意识。因此，任何一种为痛苦寻找主观的或个体性基础的努力都必须放弃。只要这种努力有可能从其他的角度得到解释并为个体进行辩护，在这样的范围内，它就有可能会妨碍我们的洞见,掩盖我们试图发现的东西。痛苦是社会性的痛苦,因此,对它的理解不可附加上任何形式的只关注个体的观点。

罪恶是而且一直是个体的属性。复多性仍然只是诸多个体的复多性。复多性本身不可能有什么罪。在目前情况下,我还不打算讨论一般意义上的个体。痛苦不是个体的痛苦,而是人类的社会性的不幸。贫穷是一个经济学的概念,而不是道德概念。从宗教的观点看,罪写在完全不同的纸页上。如果宗教试图借助社会性的痛苦发现同胞,如果这种发现与对痛苦的感觉和知识的反应紧密联系在一起,那么宗教就必须放弃其他方面的兴趣和义务而专注于人类意识的心理本性。由此出发,同情被揭示出来并变成了心理上的一个要素。

43. 从斯多葛时代开始,同情就遭到了怀疑,尽管在古代悲剧中它是一个有效的自然悲剧性的杠杆(valid as the natural tragic lever),即便它仍然与恐惧联系在一起,但其层次已经超越了自私的动机,被提升到更为普遍性的动机的层面上,并被接纳为悲剧中的一个要素。"同情"的希腊原文意味着"被感动了,产生了同情",这个词同样出现在哀歌中。因此,在斯多葛时代,古代的自然力量已经消退,人道主义的抽象替代了人类情感的直接自然状态。自然被人文所替代。无动于衷变成了道德的目标。

确实,斯多葛派无论如何都不缺乏道德和人性的精确性,他们尊重奴隶,把律法扩展到外邦人、外乡人,简而言之,他们并不缺乏那种存在于律法和国家中的客观化的道德。但所有这些客观化的东西都打上了罗马人的烙印,反而缺乏希腊人的自由的主体性，这一点甚至在希腊化过程中都没有做到。悲剧变成了喜剧，至少是在它获得了重要意义的范围内是如此。神的形象变成了肖像，变成了艺术典型。对于痛苦的自然感情弱化已久，几乎散失殆尽。只有在农神节（Saturnalia）上，罗马人才找到了由他们的奴隶制经济引发的道德败坏的安慰品。

确实，人仍然是人，但当同情因斯多葛派而消失的时候，就变成了一个褪色的道德抽象的传说，这类的传说随处可见，或多或少地带有乌托邦色彩。在古代逐渐消亡的氛围中，伊壁鸠鲁派的思想比斯多葛派更为自然，后者无非是一个悖论，悖论同时也是斯多葛派关于冷漠的范型、智慧的价值的关键词。

44. 斯多葛派的道德究竟在何种程度上仅仅是一种抽象？这一点清楚地表现在它对同情的批判中。这种批判的动机来自某个个体的观点，其代表是有智慧的人。一个奴隶同样可能有智慧，因此，奴隶不可能代表着社会的不幸。人存在于其精神之中。关于他的其他一切都是偶然的。因此只有精神是与他联系在一起的。人，也就是说有智慧的人，因此而不会感到痛苦，他根本没有感情，我作为一个有感情的人如何能与这样的人对话呢？他感受不到痛苦，那么我的同情如何能够影响到他呢？更有甚者，我如何能够发现他呢？

在斯多葛主义中，同情变成了一种感情是极其合乎逻辑的，而且实际上，同情被感情的概念以一种间接的方式所包围。同情无非就是一种基础性的、共通性的感情，就像饥与饱、乐与苦、骄傲和妒忌等等，简而言之，就像所有一般意义上的激情一样。但是，激情只不过是低层次的肉体上的无足轻重的烦恼，那些基础性的、共通性的感情也是如此，都是属于肉体的，都是心理的低层次的焦虑，不属于清楚的、明晰的、更高层次的心理领域和意识领域。因此，它们不可能是杠杆，更不可能是道德意识的校正器。

因此，同情也不能被看作并标识为社会性的感情而只能被看作是意识中的一个含混不清的要素，没有任何确定的标准，也没有任何精神性的指导原则。当别人打哈欠时，我的同情使我也有同样的打哈欠的想法。这是一种条件反射式的活动，因此，可以确定地说，动物也可以准确无误地表现出同情。无论如何，人类的条件反射活动或许在其内部隐藏着某个条件反射的机制。尽管对此仍然一无所知，但事实是同情被肤浅地认定为一种纯粹的身体机能。无论在哪里，只要社会观念仍未变成基本的问题，那么同情就不可能得到尊重。

45. 斯宾诺莎由于其关于感情的理论曾经得到过更多的赞同，然而，他所追随的道路仍然是斯多葛式的。在他看来，同情与妒忌有着同样的来源。这种看法对其观点的有效性有了一个判断，与此同时也勾勒出了其基础。在我看来，妒忌只可能产生于某种假定的认识，其对象是另外一个人在某些方面所得比我更多。如果转变为社会术语，妒忌的基础只是这样一种观点：一方所得增多，而不是对方所得减少。因此，妒忌只能来自穷人，因此只有他们才会发现别人有盈余、有比自己比他多的东西。如此一来，妒忌就变成了同情的对立面。

但是，斯宾诺莎无论如何都不想将同情理解为这样的对立面。他想教给我们的是这样的智慧，即人们不应该信任同情，因为它与妒忌一样有着同样的主观性源泉。但正是这一点表现了他思想上的不足之处，他并未看到存在于同情和妒忌之间的裂痕。二者的一致性是可能的，但其前提是人们并不思考来自社会的痛苦。斯宾诺莎归根结底仍然是斯多葛主义者，他未能思考人类的社会性的痛苦。

在斯宾诺莎看来，"众人"（the many）在任何情况下都不可能负担起真正的道德责任，因为道德责任建立在真正的知识之上。众人所表现的仅仅是人类尊严的最初阶段，他们如何能够配得上真正的同情呢？既然没有社会性的痛苦，那么也就没有可能也没有必要存在社会性的同情。这就是斯宾诺莎轻视并拒斥同情的原因。

46. 在叔本华看来，同情背后的原因是什么呢？对于他来说，同样地，这一理由首先存在于他的形而上学中，存在于构成了他的形而上学的、占主导地位的知识中，尽管他的形而上学将所谓的意志置于理智之上。因为这个"意志"除了意志之外什么也不是。因此，我们能够理解，同情被剥夺了作为感情的那种直接性的力量，并且被看作是一种形而上学的洞见。同情能够揭示给我的，与其说是其他人还不如说就是我自己。因此，如果说我对他有同情，还不如说我同情我自己。同情竖起了摩耶之幕而掀开了个体、个体性原则（*principium individuationis*）神秘的面纱，也就是说，我总是我自己，尽管我似乎看到了许多人，但他们只不过仍然"就是我自己"。

当然，如果知识并未在意志的自在之物中给我启示，如果同情作为意志的器官并未将真理置于阳光之下，那么它永远不可能带给我这样的真理。因此，同情远比知识更多，而后者代表的只是现象。同情是意志因此也是自在之物的信使，而这一自在之物意味着所有以人的面目展现出来的一致性。

47. 在叔本华看来，同情变成了人类形而上学知识的中介性概念。但恰恰是在这一点上，形而上学和伦理学的区别变得异常明显，形而上学和宗教的区别也在此凸现出来。同情的这一特性同样也无法帮助我去发现同胞。因为后者从上述观点看来仅仅是个幻觉。因为大多数人所理解的人并非是同胞，而仅仅是下一个，而且即便是下一个人也仅仅是一种表象，根据上述形而上学，他干脆就是一个幻影。

无论如何，作为统一体的自在之物甚至不是人的统一体而是宇宙的统一体。表现在人那里和表现在石头那里的意志当然没有什么不同，而后者的坠落所遵循的是重力定律。叔本华完全赞同斯宾诺莎的观点，在斯宾诺莎看来，如果石头真的有意识的话，它也会把意志自由归因于自身。根据叔本华的观点，通过去除所有的知识，并因此而去除所有与伦理相关的知识，意志的含义才会是封闭在自身之内的世界。无论在哪里，只要道德不提出一个特殊的问题，而这个问题要脱离开充足理由律的逻辑之根，那么同胞就不可能成为问题，即便是在自在之物中也是如此。同情也不可能变成道德意志的一个要素。

48. 这一点才是真正重要的，即同情必须去除作为纯粹反应的被动性，必须被看作是一个出自其本身的完全而充分的行为。道德、纯粹意志都受到感情因素的影响。因此，感情必须变成纯粹的，必须从肉体的双重性和含混性中摆脱出来。纯粹的行为从来不仅仅是反应，如果后者代表的仅仅是某个被决定的过程的话。但是，反应作为互动的结果是朝向某个目标的。这个目标就是集体，在其中产生了同胞。"我"所引起的这种反作用是互动的一个结果，是由同情产生的。同情证明自身是纯粹意志的一个要素，道德意识的一个杠杆。它是道德宇宙中最基本的力量，它把同胞解放。同情掌握着通往同胞的钥匙。

49. 道德和宗教在此有一条共同的边界，但这条边界并不是限制。理性在宗教中的份额划定了这条边界，但却并不是为了限制自身。伦理学并不轻视感情，后者尽管不是纯粹意志的一个要素，但却是一种动力。在《纯粹意志的伦理学》中，我已经用上述方式确定了这一区分。如果我想在感情与表面上无动于衷的机智之间作出进一步明确区分的话，那么同情这种感情作为纯粹意志最原初的动力，最好能够适应于这一目标。

每一种形而上学和伦理学上对同情的误解都导源于一种错误的观点，即同情是一种反射作用，只能在"我"之中，并且只能由"我"引起。与此相反，我们承认同情与同胞的问题之间有联系。其结果是，同情几乎不可能从其他人那里反射回"我"自身，毋宁说，其他人虽然被想当然地看作是仅仅具有使"我"自己返回自身的功能，而且直到目前为止仅仅是下一个人而尚未以同胞的身份存在，但是，恰恰是通过同情他才能被确定为同胞。因此，同情怎么可能意味着从他那里返回"我"自身的东西呢？

50. 虽然还没有人追问，但是，在同胞被发现之前"我"自己是否存在甚至都成了问题。就是说，反射作用的终点尚未给出，更不用说起点了。此外，从"我"的观点看来，说同情仅仅是作用于"我"自己的一种被动的反射作用显然是一种误解。即便是从这一所谓"我"的终点出发，我们现在也能够看出整个的概念都是错的，其错误在于同胞仅仅被看作是下一个人而不是一个新的问题、一个新的关于人的概念。无论如何，同情作为发现了同胞的概念不再受到怀疑，而且也去除了所有含混不清的被动性的表面现象。它被看作是一个伦理上的要素，尽管它只是作为纯粹意志的一个动因。

51. 但是，如果宗教不得不忽略行将被看作是同胞的人的罪恶，又能借助同情引发些什么呢？要想获得满意的答复，唯一的方式是从社会的观点出发。在贫穷面前，再追问罪恶已经毫无意义。一个在其中贫穷成为问题的时代是如此原始，以至于把罪恶与这个难以控制的问题联系在一起，这样的时代已经一去不复返了。只有文明发展的早期，在面对这一问题时，才有可能找到将道德与宗教分离开来的痕迹。

道德在律法、政治以及伦理学的开端中追寻着穷人和同胞这两个概念，追寻着二者之间最根本的关系而不是后来的解释。即便是在苏格拉底那里，人们也能够很明显地看到，他对贫穷问题毫无概念。他把贫穷问题留给了梭伦。但是梭伦同样满足于某种临时性的举措，比如免除债务，即所谓的"解负令"(*seisachtheia*)。在这个例子中，如果国家想进行有组织的救助活动，那么就必须改变律法及其基础。苏格拉底的教诲得以保留下来，借助的是他的假定，即理智具有优先性。这一假定是他对伦理学的贡献。德性即知识。但是穷人同样可以获得知识。他们真能获得知识么？苏格拉底并未提出这个问题，因为他的世界历史精神指向是创造纯粹的伦理学。他不会让自己的目光离开自己的理论，不会受到有关物质、实践、应用等不够成熟的问题的干扰。这一缺陷是与新的理论为将来所带来的好处联系在一起的。

52. 与此相反，先知们并非理论伦理学家。因此，对他们来说，在理论和实践之间甚至没有哪怕是临时性的区分。他们的问题指向是宗教、一神教、人与上帝之间的相互关系。这种相互关系是与人与人之间的相互关系交织在一起的。第一种即上帝与人之间的关系看起来似乎是纯粹理论的；然而后一种即人与人之间的关系就直接地是实践的了，而同胞就属于这第二种相互关系。因此，先知们不可能允许任何怀疑从而使他们远离下述问题：同胞是如何从对穷人的同情中产生的呢？

贫穷是人类普遍的痛苦。如果人最终要成长为"我"，那么同情必须指向贫穷。同情作为人类最初的感情在面对人类的苦难这一社会现实时定然会燃烧起来，否则，人们就会对普遍的人类情感感到绝望。先知们是否应该限制人的感情？是因为关于罪的宗教观念限制了他的感情吗？如果先知仍然在这个困境中无法自拔，那么他就不可能造就新的宗教。

53. 在此，宗教和神话、一神教和多神教之间的区别再次得到了确证。多神教的重心在神秘主义。神秘主义的魔力充满了先民的精神，它是如此强大，以至于先民的心灵不可能被痛苦所打动并在感动下产生出同情。同样地，悲剧也是来自神话，它是而且一直是多神教的产物。

或许以色列文明中缺乏悲剧这一事实可以用其一神教的单面性来加以解释。痛苦的解脱要靠现实，而不仅仅靠观众们想象的情感。先知们变成了实践伦理学家、政治家和法学家，因为他们试图消除穷人的苦难。对他们来说，仅有上述身份仍然不够，还必须变成心理学家，必须把同情变成人类最原初的感情，也就是说，必须在同情中发现作为同胞的人和一般意义上的人。

第 9 章　宗教之爱的问题

1. 我们通常认为，真正的新东西都是自明的。奇迹是这样，在文学作品中也是如此。宗教中的爱就被看作是这样的一种自明之物。但是，在涉及上帝的层面上，爱意味着什么？这一点既不是自身清楚的，也不是建立在心理的基础上，既不是来自上帝的爱也不是爱上帝。因此，爱既不是自明的，也不能在文学作品中发展出所谓"爱邻人"所要求的东西。无论是在经验中还是在文学作品中，爱都被看作性爱。在后者堕落为同性之爱的例子中，柏拉图表明了爱（Eros）在一般意义上的文明中的广泛意义。但是，如上所述的对同胞的爱却甚至不具备在如此广泛意义上的爱的意义。就唯心主义的伦理道德与一神教的内在区分来说，没有什么比爱更具有典型意义了。

2. 如果说宗教在理性中具有一席之地需要一个必要的证据的话，那么这个证据就在这里。理性无法在伦理学中获得人与人之间的普遍的爱，但是却可以在宗教中获得。它允许上帝爱普通人，而多神教只允许神爱英雄。英雄其实是诸神的后代，只有他们才能称得上"得到诸神之爱的人"。

由此看来，多神教并不要求人爱上帝，这对它来说是一个全新的概念，根本不可能出现在神话中。这确实相当奇特。因此，

第9章 宗教之爱的问题

与泛神论完全合拍的是斯宾诺莎的说法:"爱上帝的人不应当企盼上帝也会爱(确切地说,是作为回报而爱)他。"然而,斯宾诺莎忽略了开端,如何才能理解人应该爱上帝呢?根据斯宾诺莎的观点,人之所以能够这样做,是因为他的爱无非就是知识。①

与此相反,我们要问的是:宗教意义上的爱是否与知识一致(后者带有强烈的理论意义,实际上应该说是双重的意义,一重属于逻辑学,另一重属于伦理学),以至于知识的概念从此不再含混呢?宗教意义上的爱是否与上述知识概念的双重含义相一致呢?爱是宗教带来的全新概念,它不等同于性爱,不同于爱神之爱,因此也不是审美意义上的爱。爱不是自明的东西,无论是作为上帝之爱、爱上帝还是作为最终的人与人之间的爱,都必须在宗教中的每一个环节上得到解释和确证。

3. 不正确地将爱看作是自明之物是人们的下述错误观点的根源:认为上述三种爱的基本形式之间存在着问题。我们必须追问:在这三种爱的基本形式之间谁才是开端、谁是客观的基础呢?

根据多神教的看法,答案必定落在诸神一边。神话与形而上学思想一样,都是从诸神开始的,后者构成了最初的开端,因为混沌②是宇宙的开端。神话并不讲对神的爱,只允许个别神对其后代的爱、对诸神的后代们的爱。人们可能会认为,既然一神教允许所有的事物都来自独一无二的上帝,那么就更应该允许爱来自上帝,来自上帝的爱传到了人那里,并被人所效仿。然而,情况

---

① 知识的最高境界是对神的理智的爱。——中译者
② 根据希腊神话,最初的神叫开厄斯,中文大致可以翻译为"混沌"。——中译者

可能恰恰相反。在这里，我们再次有机会认识到宗教和所有形式的多神教之间在伦理学上的重要区别。

4. 在陌生人的概念中，我们已经意识到一神教起源于人类之爱。陌生人的合法性问题给我们指出了一条通向爱邻人的历史源头的道路。在陌生人中第一次发现了同胞，而同情也是在涉及陌生人的情况下第一次出现。因此，同情是人类之爱的最初的形式。"所以你们要怜爱寄居的。"（《申命记》10：19）对此的第一个理由是"因为你们在埃及地也作过寄居的"（《利未记》19：34）。如此一来，经文中所要求的感情在历史意识的基础上得到了新生。就像在埃及寄人篱下的经历不应该是令人恐惧的一样，我们不应该去问陌生人的道德素质，更不必说他的宗教信仰，唯一能够发现的是同胞。因此，在这里同情再一次表现为爱。

5. 此外，还有一个爱陌生人的理由："上帝爱陌生人"，这与上帝有关。在此，人们能够清楚地看到这个理由是后来出现的。首先，人们如果要理解上帝对陌生人的爱，那么就必须学会爱陌生人。作为同情的爱首先必须在人类中唤起。人类并不缺乏这种同情，只不过看起来是爱而已。"因为你们知道寄居的心。"（《出埃及记》23：9）这是一种对人类心灵的祈求，因为他们知道陌生人的心情。无论如何，这都是同情的源泉。但是陌生人的概念只是一个预备性的台阶，就像一般意义上的政治概念是社会概念的预备性步骤一样，后者才是前者的成熟状态。

贫穷是经济学中的基本概念。因此，来自贫穷的痛苦一定是导源于人类习俗的框架以及经济科学之中。从结果上看，人对人的同情同样也是源头性的，在其中人与人之间的相互关系展现了自己基础性的力量。一旦对这种相互关系的认识开始出现，就会占据了人类全部的文化意识，以至于其他所有的思想（包括有关人的，更不用说有关上帝的）统统消退了。作为爱的同情出现了，这是人性的新的原初形式。

6. 当一个人由于同情而开始爱另一个人时，也就意味着一个转变发生了：另一个人从仅仅是下一个人转变成了同胞。宗教获得了道德所未能获得的东西。对人的爱出现了，作为一个奇迹、一个谜团从人的脑海中或者说从人的心灵中出现了。一个自私的人如何能够爱他人呢？在我们看来，自私的人唯一能爱的是他的女人，是纯粹的性爱。这一转变，这一关于性爱的隐喻难道是一个幻觉么？不，根本不是。作为同情的爱不再被怀疑为一个隐喻。在贫穷面前，在科学的意识中出现了有关同胞的问题。因为下一个人这一概念在贫穷面前变成了一个自相矛盾的概念，因为他作为下一个人的程度并不像作为低人一等的人那样深。爱看上去虽然反常，但在此却以正常典范的面目出现。就像它表面上的不可理解一样，如果从意识的不同倾向间的联系出发，同情起源于人类的意识，并形成了真正的爱，那么，它无论如何又都是可以理解的。这一观点通过痛苦而得到了揭示，而这一发现最终导致了意识的全部内容。

用这种观点看来，痛苦如其所是的那样将自身揭示为人类的本质。在贫穷中饱受饥寒的不仅仅是肉体，整个的人都被从他所处的文化平衡体中剥离出去。

这种形式的痛苦超越了所有悲剧中的痛苦。如果你想认识人是什么，那么就去认识他的痛苦吧。这已经不再是什么形而上学或悲观主义，毋宁说，在社会认知的基础上人的贫穷被个体化了。因此，所有的事物，包括人本身都开始于这种社会性的爱，开始于这种对遭受贫穷的人们的社会性同情。因此，毫无疑问，爱作为宗教之爱起源于对人类的爱。

这种爱首先教导人去爱他人，教导人认识处于贫穷中的人的痛苦。因此，与其对痛苦的认识相一致，爱首先教导的是在人们之间激起同情这一最原始的感情。这就要求首先在同情中建立起宗教之爱的真正的意义，以及这种真正的爱与所有形式的感官快乐的含混及其与后者交织在一起的审美性愉悦的严格区分。也就是说，首先要在下一个人中发现同胞。

因此，对人的爱应该是开端，因为尽管是上帝创造了人，但人必须自己为自己创造出同胞来。宗教必须为这种创造提供帮助。如此一来，上帝必须再次变成创造者，通过宗教中的理性成分教导人们自己将"人"创造为同胞。

7. 只有到了现在，只有当人学会了将他人作为同胞去爱，他的思想才会再次回归上帝，只有此时他才能理解上帝是爱人类的，而且他爱穷苦人就像他爱陌生人一样。在上帝的爱面前，陌生人很少被单独提及，他总是与孤儿寡母联系在一起。他们是典型，他们是穷苦人的代表，他们的祈求远比单纯的穷人（仍然只是一个经济学上的抽象）来得具体。但是，我们将会看到，这种抽象将会变成活生生的现实。社会意识变得越来越清晰、越来越强烈。先知们越来越坚定地坚持与财富和奢华进行斗争，他们的社会热忱变成了更为紧迫的政治热忱，因此也变成了更为深刻的宗教热忱。

对上帝的崇拜仪式以及类似的供奉，如果不是以社会性的同情为其基本的动因的话,那么它们对先知来说无非就是些表面文章,这一点在异教崇拜中也很常见(悲剧就起源于迪奥尼索斯崇拜仪式)。因此,在社会性的同情尚未主导全部生活的时候,即便是圣日上的仪式(在这一天习俗和律法都规定要禁食)也被第二以赛亚宣布为无效。"见赤身的,给他衣服遮体。顾恤自己的骨肉而不掩藏吗?"(《以赛亚书》58:7)这是一神教带来的新观点:穷人是你自己的血肉。你不仅仅是由你自己的身体构成,你的妻子也不是——虽然她是你性爱的对象,唯一出自你自己的骨肉——穷人同样是你的骨肉。这就是同胞的含义。穷人作为同胞将上帝对人的爱带到了真正的光明之下,同时也带来了真正的理解。

8.当然,在上帝眼中所有的人都是穷人。但是,这一观点中仍然存在着一个模糊之处,即把上帝之爱看作是自明的。实际上,人是上帝的造物。既然来自父母的爱是自然的因而也是自明的,那么上帝的爱似乎是他作为创造者的合乎逻辑的结果。但是,宗教之爱却不仅仅是创造的一个逻辑结论。如果它只能在对穷人的同情这一人类之爱的原初形式中获得其含义的话,那么它就不可能是自明的。

上帝不可能止步于爱的这一原初形式,从此出发,上帝之爱的真正的伦理学含义进一步发展出了一种人所共知的普遍形式。上帝爱陌生人,也爱穷人。因此,他同样不可能止步于对以色列人的爱,后者仅仅是一个历史性的出发点,与对陌生人和对上帝的爱一样。他会爱作为全体的人类。因为他本身并不需要作为同胞的人。对他来说,相互关系存在于无限之中。正是在这一点上,弥赛亚崇拜的倾向出现了。

9. 然而，正是由于弥赛亚崇拜修正了上帝之爱的目标，将其置于一个永恒而且无限的点上，所以我们才能够理解以色列人为何被标识为一个系列的中间环节，一个容纳着上帝对人的无限的爱的容器。以色列的历史为这一理想化过程提供了直接的出发点。以色列光荣的过去掩盖在传说的面纱之下。确切地说，以色列的历史是以其终结为开端的。由此出发，以色列与上帝的关系被先知以及历史学家们看作是苦难的历程。上帝爱以色列人，就像他爱穷人一样。因为以色列人曾经被上帝拒绝、被敌人压迫，在政治上四分五裂，最终甚至被逐出了自己的故土。

以色列被上帝拣选，成为上帝的"财产"，这种观念主要出现在《申命记》中，也就是说，此时已经接近以色列历史和政治上的独立时期，但是仅仅认识到这一点是不够的。一方面，神选概念的历史含义是：以色列人之所以被拣选，是为了激起民族意识对一神教的热忱；除此之外，还应该注意另一个方面：不可低估悲伤的感情力量。悲伤的产生来自国家的沦亡。在人们的心目中，悲伤是上帝爱以色列、爱他的民族、爱他的财产的一个理由。如果上帝爱穷人，那么他必定也爱以色列人。当以色列人遭受着各种形式、各种程度的苦难时，偶像崇拜者们却骄傲地活在世上。

于是，一种思想出现了，痛苦的概念在宗教中达到了其巅峰。这一思想是这样的：一个人的痛苦或许可能是他代替某个主体去经历后者应该经历的痛苦。这种思想的出现难道不是必要的吗？

人们进一步将痛苦与罪联系在一起。即便这种做法是正确的，那么也只能从无辜之人为了有罪之人而痛苦这个层面上加以理解。我们将会看到，弥赛亚崇拜是如何在痛苦的概念中达到巅峰的。

10. 但是，现在必须做的是澄清上帝对以色列人的爱，因为有人怀疑这种爱是非正常的，尤其是在涉及上帝对人类的普遍的爱的时候。上帝爱以色列人与他爱全体人类没有什么区别，更不用说上帝对以色列的爱绝不会限制或削弱他对人类的爱。上帝之爱以色列人无非就是他对人类的爱。以色列是他的财产，无论人们如何翻译这个词，上帝爱以色列人仅仅是一个范型、一个人类的象征、一个内在的独特性标志，因为只有一神教才能促成人类之间的团结。这是最基本的原则。以色列是一个属于一神教祭司的神圣民族，并不是一个与其他民族没有区别的民族。

巴兰的演说可以说是对以色列民族特性的概括，这一点还表现在下述经文中："这是独居的民。"（《民数记》23：9）这种孤独恐怕是无法避免的，因为其他的民族都崇拜多个神。此外，其他的民族都有自己的国家。以色列民族这种孤独的结果必定是国家的失落。但是，正因为如此，这个民族的社会性苦难开始了，其存在变成了贫穷的社会性象征。现在，上帝爱以色列人的观点得到了证明，上帝之所以爱以色列民族，是因为它是一个孤独的民族，一个遭受着苦难的民族，一个失去了自己的祖国、承受着多灾多难的历史的民族，而这种苦难足以与社会性的贫穷相提并论。因此，历史上的以色列是多灾多难的典型，是人类苦难的象征，是普遍意义上的人类造物的代表。上帝对以色列人的爱与上帝对穷人的爱一样，表达的都是上帝对人类的爱。

因此，当评价以色列人的选民身份时不能与拣选整个人类这一弥赛亚式的选择割裂开来，否则就是犯了一个大错误。这个错误导致了另外一个错误，即将对人类的弥赛亚式的选择误解为一种为以色列增光添彩的工具。就目前而言，我们只能但必须指出的是，以色列人作为选民绝非是一个特例，毋宁说这是上帝爱人类的一个象征性的确证。

为了这一目的，我们或许要回到创造的意义上来，实际上就是回到人作为理性生物被创造出来的意义上来。这种创造必定是一个持续的过程，因此，它意味着保护人类直到道德的弥赛亚时代最终在人间实现。因此，创造同样也是上帝为人类作出的拯救计划，而且通过上帝与挪亚的约誓确定下来。对世界历史的拯救计划彰显着上帝对人类的爱。因此，所有形式的上帝与人之间的相互关系都可以看作是这一上帝之爱的表达。启示既是来自上帝，同时也是属人的圣灵，同样可以被视为属于上帝之爱的至高行为。

11. 然而，我们对爱的理解却是在相对狭窄的意义上，即作为社会之爱，因此可以看作是同情。此外，对于上帝，我们不可能满足于单纯的理智的爱。对于上帝，我们同样期望能有一种对应于同情的感情，而且其动机来自意志。这就是满足了对上帝之爱的要求的那个概念，即怜悯（compassion），它不仅仅意味着爱护，甚至比慈悲这一在其他方面表现非常特殊的概念包含得更多。希伯来文的"怜悯"一词源自意味着"子宫"的原型词，与之对应的是上帝是人类之父这一隐喻。希伯来语使用的是感性的根词，尤其是在涉及爱的时候，因此《耶利米书》和《诗篇》在表达渴望的情感时都使用"内心在燃烧"这样的词汇。因此，来自"子宫"一词的怜悯与出现在《出埃及记》中的诸多描绘上帝之爱的词汇（这些词汇均出现在有关上帝现身的词句中）相比更为突出。

12. 上帝爱人类所借助的是他爱以色列人这一象征，表述这一现象的许多词汇都具有相同的原初性力量。上帝是"新郎",上帝是"丈夫"。他用"一个年轻人的爱"去爱以色列人,他用"爱的纽带"去吸引她。他是一个"牧羊人,将羔羊抱在手上,放在膝上"。在此,社会关系体现为爱。但是,没有任何一个词汇能比"怜悯"更加深刻地描述了上帝与人之间的相互关系;没有任何其他情况或任何其他更重要的正当性比得上怜悯将其原初性力量指向贫穷这一情形,因为后者是阻碍人类之间的兄弟般平等的最大障碍。

13. 还有一些其他的词汇用来表述穷人、需要帮助的人、被压迫者。但是,萨尔舒茨(Saalschütz)①细致地观察到,在希伯来语中没有一个词对应着"乞丐",如此一来对应着"施舍"的词也付之阙如。此外还有一个明显的事实,到目前为止,在犹太教的用语中,对应着慈善的词是通过"Zedakah"一词来表述的,其最初的含义是正义,后来才演变为普遍意义上的同情。这种一致性得到了进一步的证明,即犹太教在通过施舍而行善和普遍意义上的仁慈举动和爱心之间进行了区分,后者是由另外一个单独的词来定义的。帮助穷人最多被称为"正义"。此前我们已经表明,有关陌生人的立法是如何影响到犹太人关于陌生人的思维方式。借助同样的方式,我们要进一步思考有关穷人的立法。在这一点上我们再次遇到了一种极为粗暴的观点,把本土农民的社会背景与道德的普遍性对立起来(恩斯特·特洛尔奇,E. Troeltsch)。恰恰是这种经济上的紧缩的同时带来了道德领域的扩大。

---

① 应该是指 Joseph Levin Saalschütz(1801—1863),德国犹太学者、哲学教授。——中译者

14. 在一神教伦理学中早已有一个独特的标志，再严格的物权法在满足饥饿的人这一直接要求面前也会作出让步。"你进了邻舍的葡萄园，可以随意吃饱了葡萄，只是不可装在器皿中。你进了邻舍站着的禾稼，可以用手摘穗子，只是不可用镰刀割取禾稼。"(《申命记》23：25）由此看来，人们的需要被局限在饥饿的满足上，而物权也受到了相应的限制。

15. 此外，每三年必须缴纳一次的什一税不仅仅适应于利未人祭司，而且适应于陌生人和穷人，这也是特意设计来限制刚性财产权的手段。"每逢三年的末一年，你要将本年的土产十分之一都取出来，积存在你的城中。在你城里无分无业的利未人，和你城里寄居的，并孤儿寡妇，都可以来，吃得饱足。这样，耶和华你的神必在你手里所办的一切事上赐福与你。"(《利未记》14：28）

16. 此外，什一税借助其与奉献首次收成的联系，甚至以更为公开的方式专用于社会性教育这一任务，在此过程中必须做出某种忏悔，而且是带有祈祷这一典型形式的忏悔："我祖原是一个将亡的亚兰人，下到埃及寄居。他人口稀少，在那里却成了又大又强，人数很多的国民。"其后的经文继续诉说着他们在那里所经历的苦难以及在上帝的帮助下，他们如何从埃及解放出来并在上帝的指引下来到了这片土地上。"现在，我把这片土地上首次的收成带到这里，它是你，上帝赐予我们的。"(《申命记》26：6—10）

仅有上述历史和民族的反思是不够的。与这一关于社会财富的个体行为一同出现的还有另一个忏悔："每逢三年，就是十分取一之年，你取完了一切土产的十分之一，要分给利未人和寄居的，与孤儿寡妇，使他们在你城中可以吃得饱足。你又要在耶和华你神面前说，我已将圣物从我家里拿出来，给了利未人和寄居的，与孤儿寡妇，是照你所吩咐我的一切命令。你的命令我都没有违背，也没有忘记。"（《申命记》26：12以下）在这里，一种具有非常明显的社会分配意味的条文被宣布为神圣的规则。《申命记》的作者在其后的文字中明确地将上述规则定义为"律例和典章"，这正是他所依赖的《托拉》的智慧。

17. 其他的法律，如捡拾遗忘在角落里的麦穗以及第七年的中耕等，同样是着眼于消减财产的垄断。"在你们的地收割庄稼，不可割尽田角，也不可拾取所遗落的。不可摘尽葡萄园的果子，也不可拾取葡萄园所掉的果子，要留给穷人和寄居的。我是耶和华你们的神。"（《利未记》19：9—12）"你在田间收割庄稼，若忘下一捆，不可回去再取，要留给寄居的与孤儿寡妇。这样，耶和华你神必在你手里所办的一切事上赐福与你。你打橄榄树，枝上剩下的，不可再打。要留给寄居的与孤儿寡妇。你摘葡萄园的葡萄，所剩下的，不可再摘。要留给寄居的与孤儿寡妇。你也要记念你在埃及地作过奴仆，所以我吩咐你这样行。"（《申命记》24：19以下）

18. 与休耕的年份相关的律法也与上述努力相一致："你们到了我所赐你们那地的时候，地就要向耶和华守安息。六年要耕种田地，也要修理葡萄园，收藏地的出产。第七年，地要守圣安息，就是向耶和华守的安息，不可耕种田地，也不可修理葡萄园。遗落自长的庄稼不可收割，没有修理的葡萄树也不可摘取葡萄。这年，地要守圣安息。地在安息年所出的，要给你和你的仆人，婢女，雇工人，并寄居的外人当食物。"（《利未记》25：1—6）

19. 七禧年（*Year of Jubilee*）也属于休耕的年份："你要计算七个安息年，就是七七年。这便为你成了七个安息年，共是四十九年。当年七月初十日，你要大发角声，这日就是赎罪日，要在遍地发出角声。第五十年，你们要当作圣年，在遍地给一切的居民宣告自由。这年必为你们的禧年，各人要归自己的产业，各归本家。……你若卖什么给邻舍，或是从邻舍的手中买什么，彼此不可亏负。你要按禧年以后的年数向邻舍买，他也要按年数的收成卖给你。年岁若多，要照数加添价值，年岁若少，要照数减去价值，因为他照收成的数目卖给你。你们彼此不可亏负，只要敬畏你们的神，因为我是耶和华你们的神。我的律例，你们要遵行，我的典章，你们要谨守，就可以在那地上安然居住。……地不可永卖，因为地是我的，你们在我面前是客旅，是寄居的。在你们所得为业的全地，也要准人将地赎回。"（《利未记》25：8—24）

20. 即便是在今天，研读《圣经》的学者们仍然声称，这一有关农业的立法是乌托邦式的幻想。然而，与这种广为人知的观点相反，七禧年不仅仅与土地的休耕有关系，而且还与大赦联系在一起："每逢七年末一年，你要施行豁免。豁免的定例乃是这样，凡债主要把所借给邻舍的豁免了。不可向邻舍和弟兄追讨，因为耶和华的豁免年已经宣告了。若借给外邦人，你可以向他追讨。但借给你弟兄，无论是什么，你要松手豁免了。"（《申命记》15：1以下）

考西反对将上述经文中的 rea 翻译成"兄弟"、nokri 翻译成"外邦人"，但他的翻译被证明是错误的。他的错误并不在于 rea 的翻译上，他将其定义为邻居是没有问题的，真正的错误在兄弟上，他错误地将其翻译成了"乡里乡亲"。因为在乡亲和外邦人之间还存在着"陌生人—寄居者"，后者的归属在哪里呢？他不可能被看作是外邦人。这段经文还证明，陌生人如果不是外邦人，那么他也不是邻居，而是兄弟。对此的律法上的证明在于：关于大赦的条文同样适应于陌生人—寄居者和本土居民。确实，陌生人因为仅仅是在这片土地上短暂逗留，那么他就不可能被包括在本土的律法适用范围内。然而，紧接在上述引文之后的一段经文却包含着消除贫困的理论基础。

在这里，考西的翻译同样是有问题的："无论如何，在你们之中将（根本）不会再有需要帮助之人。"（《申命记》15：4）也就是说，这个句子必定意味着"你们之中不应该再有需要帮助之人。"这同样也是一些拉比们的观点，按照他们的理解，"不应该"等同于"根本不"，也就是说"不应该再有需要帮助之人"。然而，根据另外一些拉比的解释，他们并不认为这句话的意思是禁绝贫穷，实际上，仅仅是描述了如果遵循大赦条文的话在未来会产生什么样的结果。当接下去的经文说"穷人不可能从这片土地上完全消失"（《申命记》15：11）时，人们不应该认为这是自相矛盾。因为经文紧接着又说："总要向你地上困苦穷乏的弟兄松开手。"（《申命记》15：12）最后这一句再次证明对前几句的解释是正确的。

21. 与这项关于农业的立法相关的还有关于债主和雇工的立法。

这项律法的仁慈首先体现在有关抵押品（即下文中的当头）的观点中："你借给邻舍，不拘是什么，不可进他家拿他的当头。要站在外面，等那向你借贷的人把当头拿出来交给你。他若是穷人，你不可留他的当头过夜。日落的时候，总要把当头还他，使他用那件衣服盖着睡觉，他就为你祝福。这在耶和华你神面前就是你的义了。"(《申命记》24：10—13)"你即或拿邻舍的衣服作当头，必在日落以先归还他，你即或拿邻舍的衣服作当头，必在日落以先归还他，因他只有这一件当盖头，是他盖身的衣服，若是没有，他拿什么睡觉呢? 他哀求我，我就应允，因为我是有恩惠的。"(《出埃及记》22：26—27)"不可拿人的全盘磨石或是上磨石作当头，因为这是拿人的命作当头。"(《申命记》24：6)如此一来，伴随着一般性的私有财产借贷的律法也受到了限制。

"雇工"就其最为温和的形式来说是白天工作的人。"困苦穷乏的雇工，无论是你的弟兄或是在你城里寄居的，你不可欺负他。"(《申命记》24：14)鉴于与陌生人有关的动词和形容词的缺乏，至少我们可以提出这样的问题：陌生人—寄居者是否意味着，或者说仅仅是指路过的陌生人。经文接下去说："要当日给他工价，不可等到日落。因为他穷苦，把心放在工价上，恐怕他因你求告耶和华，罪便归你了。"(《申命记》24：15)在所有这些律法关系中有许多要素，其中灵魂这一点得到了特别的重视，这样的做法是为了在律法和人与上帝的关系之间建立起联系。

一般说来，任何一个提供服务的人都是雇工。没有什么特别的词汇可以将奴隶与雇工分离开来。同一个词"ebed"既可以指称奴隶，也可以指称上帝的崇拜者或上帝的仆从。最后，弥赛亚虽然是所有有关弥赛亚崇拜的说法的最终实现，但他也被称作上帝的仆从。因此，所有有关奴隶的律法都与一神教关于爱邻人的思想相一致。奴隶永远不能变成一件物品，而是永远保持着他的人格，永远保持为一个人。

有关以眼还眼或以牙还牙的律法有可能是由于奴隶才产生的。对他身体的最轻微的伤害都将导致他的"解放"。如果他从主人那里逃跑了,那么没人有权利将他归还。有一条特殊的律法,是关于在奴隶的耳朵上穿孔的,其作用是警告他,不要由于他在主人家里过得舒服而拒绝他的自由。《圣经》研究最终会找到这条法律的确切含义。

我们从《约伯记》中看到了对奴隶的全面尊重,因为他的权利被看作是有关个人之义的一种道德诫命。"我的仆婢与我争辩的时候,我若藐视不听他们的情节。神兴起,我怎样行呢?他察问,我怎样回答呢?造我在腹中的,不也是造他吗?将他与我抟在腹中的,岂不是一位吗?"(《约伯记》31:13—15)

在约伯看来,独一无二的上帝是奴隶及其主人的共同创造者。与此同时,约伯还引用了事实:对于在母腹中的胎儿,创造者同样喜欢。《箴言》中也表达了同样的意思:"欺压贫寒的,是辱没造他的主。怜悯穷乏的,乃是尊敬主。"(《箴言》14:31)这里再次表现出人人平等的思想,其基础是这样的事实:所有的人的创造者都是一个,他把同情变成了一种义务。

22. 所有这些律法都是从穷人开始的,后来才进一步扩展到所有其他的道德和律法关系的范围内。然而,一神教为了表达上帝对人的爱,甚至造就了一条进一步超越了所有这些特殊的律法的伟大律法,从而造就了欧洲民族的最基本的社会法则。基督教会的律法反对犹太教(其母教)的律法,并改变了这一律法的意义。尽管实际上基督教保留了这一律法,但却不仅在最基本的社会层面上与犹太教分离开来,而且轻视这一律法的社会—伦理意义。这条律法就是守安息日的律法,这是一神教道德教义的精华所在。

关于巴比伦《圣经》的论战从一开始就表明,守安息日的律法的意义根本就没有存在于现代人的思想和心灵中。这一意义特别难于把握,一个原因是所有的社会政治思想都表现出这一意义,另一个原因是将这一律法与星期日休息紧密结合的做法本应该已经全面地说明了这一意义。然而,在现代人的心目中,安息日仅仅是一个星期的分界点,而且否认这一犹太制度的原创性,因为星期的历法在巴比伦早已存在。此外,还附加了另一个圣日(尽管是经过改造的圣日)。毫无疑问,莫沃尔斯(Movers)的研究和波义耳(Bauer)关于安息日及其他圣日的文章都表明,根据七星来定历法的制度并非是犹太人的发明。但是,即便是犹太人的发明,那也不是一个一神教意义上的发明。它之所以如此,唯一的理由是先知们为了给他们的社会伦理教义提供一块拱心石,所以才借用了巴比伦人对于星期的安排。这块拱心石就是安息日。

23. 摩西十诫为这一律法给出了两个理由,从而为安息日的重大意义提供了一个生动的例证。据《出埃及记》记载:"当记念安息日,守为圣日。六日要劳碌作你一切的工,但第七日是向耶和华你神当守的安息日。这一日你和你的儿女,仆婢,牲畜,并你城里寄居的客旅,无论何工都不可作,因为六日之内,耶和华造天,地,海,和其中的万物,第七日便安息,所以耶和华赐福与安息日,定为圣日。"(《出埃及记》20:8—11)为男女仆人订立的休息日在这里已经作了规定,但人们并不认为这是安息日律法的由来,毋宁说这是上帝结束了创造的工作,休息了,这一点在《创世记》

中有据可查（《创世记》2：3）。即便是根据《创世记》，安息日也已经被看作是创造的完结。上帝要休息毫无疑问只能意味着他的工作已经完成。

《申命记》在这条律法上展示了自身在社会和伦理方面进行的的改革。除了禁止占有别人的财产之外，摩西十诫中只有一条律法有所修改，那就是关于安息日的律法。在列举了与这条律法相关的各种各样的人乃至各种各样的动物之后，《申命记》指出："使你的仆婢可以和你一样安息。你也要记念你在埃及地作过奴仆。耶和华你神用大能的手和伸出来的膀臂将你从那里领出来。因此，耶和华你的神吩咐你守安息日。"（《申命记》5：14以下）在此，前导性的词句有所变化，《出埃及记》中的"牢记"变成了"遵守"。在这里的记载是"因此，耶和华你的神吩咐你守安息日"。"因此"一词也是一处变化，被用来指称上帝的命令，而这样做的理由已经清楚地出现在引文句首："让你的男女仆人跟你一样得到休息。"这里的"跟你一样"是"爱邻人"这一诫命中也曾使用过的词句。

因此，从这一文献上的证据、从对摩西十诫中关于这一律法的用词上的改变、从这一改变背后的动机看来，毫无疑问安息日意味着保障人与人之间的平等，无论他们的社会地位究竟有多少差别。公开表明安息日这一意义就是一个最好的证明，证明一神教的基本道德以及一神教的道德源泉。

24. 真正的起源来自社会制度，这是多么罕见啊！然而在此却是无可争辩的事实。所有进行争辩的企图都失败了。这种原初性起源于这样一个民族的这样一种精神，这种精神融入了上帝的概念，而后者在历史上是独一无二的。安息日是一神教伦理意义的清楚而明确的证明。为了解释一神教的伦理意义,我们要回到上帝爱人类这个关节点上。这种爱的实现在安息日中得到了体现。安息日首先是赐予以色列人的,但整个世界都接受了它。尽管在接受的时候给出了一个完全不同于"上帝从创造中歇工"的独断理由。毫无疑问,这一制度变成了普遍性的律法,最起码欧洲的民族是这样执行的。无论如何,在安息日律法中,来自上帝的各不相同的爱得到协调并联系起来。

因此,我们能够理解,在先知们看来,安息日变成了道德本身的表达:"谨守安息日而不干犯,禁止己手而不作恶。"(《以赛亚书》56:2)由此看来,以赛亚已经将守安息日与讲道德相提并论。就像人们享受所有美好事物一样,在以赛亚看来,人们也应该"称守安息日为乐事"(《以赛亚书》58:13)。这位先知似乎是在说:守安息日并非仅仅是出于社会—政治的考量,而是宗教活动的巅峰。耶利米再次明确了其社会意义:不要在安息日"背上任何的负担"(《耶利米书》17:27)。在守安息日这一制度上,上帝对人类的爱将自身表现为上帝对人类的同情,他曾经将人从伊甸园中驱逐出去并让其辛苦劳作。从原则上说,安息日消除了由于人们分工不同而造成的区别。体力劳动者同样也变成了自己的主人。每星期都有一个固定的休息日,这就使得工人与他的主人在地位上是平等的。

25. 安息日成了犹太民族最有效的资助者和保护人。在整个中世纪,他们始终过着一种近乎奴隶的生活。即便是到今天,这种情形也没有完全消失。但是,当安息日的蜡烛点燃之际,隔都中的犹太人就会忘掉他们日常生活中所有的痛苦。所有的屈辱都被放在了

第9章 宗教之爱的问题

一边。上帝之爱在每个星期都一次次地将安息日带给他，随之而来的还有他虽然地位不高但却应享有的尊严和人权。

甚至直到今天学者们仍然在争论（以自嘲和无知的方式），究竟是什么从根本上影响了犹太人的存续。他们不想承认独一无二的上帝是犹太人存续的终极原因，而更愿意让律法承担起这样的责任。他们自以为这样做的同时可以看轻后者，因为后者形式简陋并且缺乏深度。

无论如何，安息日是律法最真切、最典型的代表。借助安息日，律法保持着与独一无二的上帝对人类的爱的高度一致，它保存了犹太教也保存着犹太人，使其可以执行这样的任务：将一神教传播到世界各地，深化其意义和精神，并根据其精神在世界万民之间建立起人与人的爱。在安息日中，富于爱心的上帝将自身展现为一个独一无二的、深爱着人类的上帝。

我们曾经问过，上帝之爱究竟意味着什么？现在我们找到了答案，那就是对穷人的同情，上帝通过他的命令在我们心中唤起了这种情感。对我们来说，这个答案变成了对上帝之爱的意义的唯一可以理解的解释。

安息日消除了可悲的公开奴役以及由此产生的人与人之间的不平等。就像当面对悲惨的贫困时上帝会在我们心中激起对穷人的同情一样，他洞察人间疾苦，向我们启示了他对人类的爱。来自上帝的这种爱是世界历史的北极星，由于它的存在，人们便不会感到绝望，因为它属于昨天同样属于今天："在你的眼中一千年也只不过是昨天。"（《诗篇》90：4）世界历史已经开始了，从摩西和先知们的时代算起，到现在还不足三千年。随之，一神教的普遍进程也开始了。一神教是历史真正的抚慰剂。

26. 从上帝对人类的社会性的爱出发，出现了千禧年中的上帝的博爱。但是，现在我们首先想做的是，在上帝爱人类的基础上理解人对上帝的爱。这个诫命同样被看作是自明的，但是，习惯性的反常却准确无误地表明一神教仍然与多神教藕断丝连，尤其是在这个爱的概念上。真正自明的是，无论是男性神还是女性神都受到爱戴，就像其雕像受到崇拜一样，虽然后者只不过是造型艺术的作品。皮格马利翁①的传说在这一点上还是很有启发性的。任何时候感官之爱都试图到上帝之爱那里去寻找出路或掩护。但一神教的上帝之爱不可能招致这样的含混性："你不可造任何偶像！"这一禁令特别针对的正是雕像这一感官之爱的对象。

爱上帝的命令紧接着"以色列啊，你要听！"这一点只有借助与集体、与上帝的精神性的独一性的最紧密的联系才能得到理解。"你要尽心，尽性，尽力爱耶和华你的神。"（《申命记》6：5）这个句子带有原初的力量，之所以用排比的形式，其作用是表达所要求的那种爱的深刻性。最初是心，其次是性灵，所代表的是生命和人，最后的一个希伯来词很难翻译，就其所呈现出来的副词形式来说意思是"非常"，因此或许所表达的意思是超过了"尽力"的程度。

这样的表述方式想表达的内容也是由"全"这个词所强调的

---

① 皮格马利翁是希腊神话中的国王，善雕刻。他不喜欢塞浦路斯的凡间女子，而是用神奇的技艺雕刻了一座美丽的象牙少女像，并向神乞求让她成为自己的妻子。神被他打动，赐予雕像生命，并让他们结为夫妻。——中译者

内容，就是要求那些表现出爱的人团结起来。因此，没有什么比将这些表述局限在本能的感官欲望上更加错误的了，因为后者同样可以指向人本身。人应该全身心地从自身最内在的自我，从其意识的所有方面发展出对上帝的爱。如何能够有意识地追求感官之爱，它又如何能够被看作与对上帝的爱是一致的呢？这种对上帝的爱从来不仅是心灵的义务，而且是整个人类集合体的义务，因此首先是灵性的义务。

27. 最近，在新教神学中存在着这样一种倾向：再次论证关于上帝的现实性的思想，并且试图将这种现实性从道德人格的现实性中推演出来，对于这种道德人格，先知们在他们的时代定然曾经遇到过。这种尝试性的观点起源于一种学术上正确的观点：先知们的教义必须放到他们的历史背景并进而放到其心理背景中去。这一观点不仅仅将先知们变成了发布警示的人，而且把他们看作是模仿者，当然是这个词正面意义上的模仿者。除了引人注目并带来艺术上的价值之外，它还让人们从纯粹的一神教中走出来。看起来，唯一可以理解这一观点的方法似乎是：只有通过上帝的现实性，基督的现实性才能得到确定无疑的实现。从这一观点出发，赫尔曼①或许表现出了对人的尊重，以及对上帝的尊重，尽管后者也被看作是人。但是，爱独一无二的上帝这一诫命却无法从这一角度得到解释。

独一无二的上帝可以没有现实性。因为现实性的概念是，将

---

① 应该是指 W. Herrmann（1846—1922），任教于马堡大学的德国改革派神学家。——中译者

思想与感觉联系起来。然而，上帝的概念却拒斥与感觉的联系。从一开始犹太思想就与对《圣经》的神人同形同性论解释进行着斗争。迈蒙尼德称改宗者昂克洛斯（Onkelos）[①]为这场运动的领袖。因此，迈蒙尼德本人甚至将所有生物学意义上的生命形式从上帝的概念中驱逐出去。犹太一神教的历史由此而呈现出这样的文学特色：驱逐了上帝概念中所有的形体存在和所有的感性成分。因此，爱必须在上述倾向的基础上加以理解。

28. 作为道德现实的理念（idea）意味着积极的行动，而且这样的概念能够获得其现实性，其意义清楚地表现在人对上帝的爱中，而这样的人只有在上帝对人的爱的基础上才能产生。理念实现自身的力量表现得最清楚的地方就在对这个理念的爱中。爱一个理念是如何可能的呢？人们应该回答的问题包括：除了理念还有什么能爱呢？即便是在感官之爱的情况下，人们难道不是在爱一个理想化的人，爱一个人的理念吗？

上帝的理念是神圣的上帝的理念，也是圣灵的理念，作为神圣性的灵指的就是德性的灵。然而，德性之所以能够属于现实性的领域，唯一的前提是它必须同时也是行动的领域。无论如何，行动与自然的运动是有区别的，因此与自然的现实性、与所有的现实性都不同。行动确定了德性的领域。在这个领域中，除了目的之外没有其他的现实性，而目的正是永远更新着的现实性。理念是行动的原型。这些原型自身并没有价值，除非它们是理性存

[①] 昂克洛斯，1世纪前后著名的改宗者，据说是亚兰文版《希伯来圣经》的翻译和注释者。——中译者

在物行动的指南。

29. 爱理念如何可能的问题现在或许可以说已经回答完毕。纯粹的爱只能指向原型，指向那些纯粹的道德行为建立于其上的原型。没有哪个人能够代表这样的原型。这种原型也只能是德性的原型，只有这样它才能够并且应该变成原型。一个人不应该模仿（imitate）它，而是效法（emulate）它。① 然而，这种效法必定有其源泉，其源泉就在整个意识的集合体中，无论是性灵还是感觉都包括在其中。在理智这一层面上要尽量不要理智化，而在情感和意志的层面上要尽量不要感情化，灵魂中所有的能力都必须融入共同的努力之中，即努力效法上帝。所有能力的这种融合在艺术中造就了一种新的纯粹的感情，这是意识的一种新的能力。而这种纯粹的审美感情可以被称作爱。

30. 如果宗教想建立一种特殊种类的意识，一种不同于伦理学的纯粹意志的意识，更不必说审美意义上的爱的感觉的话，那么对上帝的爱定然是另外一种类型的爱，一种特殊的爱。对上帝的爱对应的是来自上帝的爱，其基础定然在对同胞的社会性之爱中。然而，后者完全不同于艺术所表达的爱，在其中人只是一个典型，因而他最多只是下一个人，从来不可能是同胞。上帝之爱在泛神论那里可以被解释为审美意义上的爱。但是，在这种情况下，上帝爱的是存在于人身上的美，因为在泛神论里，人是美最初的、唯一的来源。只有这样看待美，才能够解释那些例外。在那种情

---

① 模仿的意思是对形象的模仿，而上帝是无形象的。效法的意思是努力接近他。——中译者

况下，这样的思想，即同胞是一个在尊严和价值上与我平等的人的思想就不可能产生。

宗教应该有自己的特殊领域，但如果它首先不是与伦理学兼容，并且与后者共同协作的话，它的独立就会是一个错误。宗教的特殊性还必须与逻辑和美学相容，但是从主要的方面来说，要想实现这一做法首先要在伦理学方面获得成功。伦理之爱的范型还消除了审美之爱的对象和爱本身之间的冲突。它通过人与人之间的爱而导致了同胞的发现；另一方面，上帝之爱作为伦理范型拓宽了同情的领域，将其带入了人道主义的普遍性之中。现在，让我们在伦理学观点的引领下，努力排除干扰，在其理想化的效果中去理解人对上帝的爱。

31. 人对上帝的爱是对道德理想化的爱。只有这个理想化才能让我去爱，而我除了爱它之外没有任何其他把握它的可能。这个理想化是德性的原型。除了这个原型之外，不应该有任何其他的榜样。这个原型的任何影像都是对存在于这个理念中的最原初的、独一无二的实现其自身的力量的一种削弱。然而，我或许可以将作为知识对象的原型变成爱的对象。德性的原型是行动的原型。行动是纯粹意志的后果。

人与上帝之间的相互关系是宗教所独有的，只有宗教能够借助它而造就同胞的概念。它还因此而造就了同情这种感情，也就是爱的感情，并借助爱的感情进一步造就了行动、社会性的行动。在这个行动中，爱指向了人。但是，在所有行动的原型仍然处于被追寻的情况下，在人与上帝之间的相互关系的原型仍然是一个问题的情况下，爱就仍然指向上帝。这种爱变成了一种力量，用来追求理念的实现,激发对理念的热忱和对理念的爱,这种爱正是所有道德行为得以产生的最初力量,是所有的行为中都存在的现实性问题的替代品。

32. 如此人们才能够理解为什么在传统上当犹太教与神人同形同性论进行斗争时,在涉及上帝的情况下只会说"行动的属性"。与这一点相对应的是,所有关于上帝的行动后果的表达方式都得到了相应的解释。上帝是热情的,拉比们对这一属性解释是:因为上帝是热情的,所以你也要热情。属性只有榜样的意思。但是,榜样只造就了效法的可能性,而不是模仿的可能性,它只是一个原型。这种思想的整体倾向造就了这样的概念:"你要成圣因为我是神圣的,你的永恒的上帝。"

上帝的神圣并非是一个永远无法达到的榜样,毋宁说他是一个原型,因此,在涉及行动的情况下,理念具有理想化的含义,这正是爱上帝的清楚而明确的内容。爱不是知识。但是《圣经》既要求知识也要求爱,尽管是在知识的基础上要求爱,尽管要求与知识一致的爱,但却从没说过爱与知识是一回事。《圣经》只要求作为爱的知识,而不仅仅是具有理论知识形态的知识。通过将知识与爱联系起来,迈蒙尼德似乎将纯粹的一神教发展成为某种形式的理智主义,只是后者并未呈现亚里士多德的样子,而是浸透了一神教之爱的精神。他并未认可缺乏爱的知识,无论是在上帝的层面上还是在人的层面上,当然,也从未认可一种缺乏知识的爱。他的理性主义一直是一种伦理理性主义,而且一直与理论理性主义结合在一起。

33. 对上帝的爱是《诗篇》的主题。就像在同情中回响着社会之爱一样，在渴望中回响着《诗篇》中所说的对于上帝的爱。在此，爱将自身表现在抒情诗中，并以这样的形式与审美之爱为邻。正是在这一点上，一神教表现出了强大的力量，并能够奇迹般地根除这一最大的危险，而许多宗教运动都曾在它面前无能为力。人类心灵中对上帝的纯粹的爱变成了最初的真正力量，借助这种力量，抒情诗才能够成熟起来并完成自身的净化。

如果有人误解了纯粹的爱对诗歌的影响，唯一的原因.就是断章取义。因为人们可能会拒绝承认，这种纯粹性（带着其全部的自然性并且未经过任何与相对立的动机的斗争）只有借助对于上帝的纯粹的灵性的理解才能够达到。这种理解甚至不需要与任何将上帝与人类类比的企图进行斗争，而只是简单地拒斥它，将它抛在身后、踩在脚下。渴望穿越了肉体和灵魂，表达得毫无顾忌。但是，《诗篇》表述的、歌唱的只是痛苦的渴望和灵魂的斗争，而上帝完全在其视野之外。抒情诗通常描绘的是被爱的人，他是渴求的对象，是引人注目的对象，与此相反，《诗篇》描述的仅仅是感到渴望的心灵，祈求上帝并不是因为他的美，毋宁说，只有他的善才是祈求的内容，因此后者仅仅是道德行为的原型。

34.《诗篇》中有种表达方式成了所有犹太宗教哲学的主题，而且这个主题产生了一个变体，即上帝的亲近（nearness）。"上帝的亲近于我有益。"（《诗篇》73：28）这一最具象征性的说法是与最强烈的渴望联系在一起的："除你以外，在天上我有谁呢？除你以外，在地上我也没有所爱慕的。我的肉体，和我的心肠衰残。但神是我心里的力量，又是我的福分，直到永远。"（《诗篇》73：25以下）接下来就是上文所述的将上帝的亲近看作是有益的。

《诗篇》教给我们的是一神教所理解的对上帝的爱的真正含义,包含在对于宗教虔诚的最纯粹的表述和对渴望的最强烈的表达的联系之中:"我的肉体,和我的心肠衰残。"所有尘世的好处都受到轻视,只有上帝的亲近是值得渴望的。上帝本身并不是渴望的对象。只有神秘主义的爱才会指向上帝本身。但一神教的爱所渴望的只是上帝的亲近:上帝亲近人,人亲近上帝。

35. 这就是亲近上帝的两重含义,这一点对于这个词的含义来说非常重要。上帝不应该远离人的灵性和心灵。"哪一大国的人有神与他们相近,像耶和华我们的神。"(《申命记》4:7)《申命记》如此强调上帝的亲近,以至于耶利米在其中发现了某种限制,这种限制是针对上述强调作用的:"耶和华说,我岂为近处的神呢?不也为远处的神吗?"(《耶利米书》23:23)这位先知站出来强调上帝的全在:"耶和华说,我岂不充满天地吗?"(《耶利米书》23:24)

无论如何,《申命记》为《诗篇》中的思想开辟了道路。上帝的疏远对他本身来说是必要的,而对人来说,上帝的亲近是必要的。非常有必要将这个概念贯彻下去,因为借助它能够驱散上帝概念中的物质性阴影,与此同时,也能把人的渴望中所有的感受性消除。要效法而不是要模仿!正是在这种意义上,应该说的是:上帝亲近人,人也亲近上帝!

这个概念在其双重含义上意味着:这是一种接近上帝的过程,但却不是与上帝结合。如果说这样的警示起初只是理论性的,而且指向的只是泛神论以及各种形式的神秘主义,那么在爱上帝的层面上,它的实践性并不比理论性逊色。它只可能意味着对亲近上帝的渴望,而不是与上帝合为一体的低俗的欲望,后者只是感官意义上的爱。爱上帝就是竭力追求亲近上帝,这被看作是人类唯一的益处。

36. "亲近"一词中的双重含义包含着某种含混性,即似乎是说,与象征空间的意义相对应,某种程度上的世俗关系也应该属于被追求的对象之列。因此,宗教哲学家们改造了关于空间的表达,将其变成了关于行动的表达,具体方法是为这个动词引入一个反身的形式(hithpael),即拉近。它的源头在亲近之中,这种拉近被定义为自我—拉近。因此,全部的重心都放在人类自身的行动上,人的行动似乎不仅仅是一种手段而是变成了一个恰当的目的。

上帝仍然是目标。但是,为了达到这一理想化的目标,自我—拉近也被设定为一个目标。这一行动构成了最高的目标,在其中而且只有在其中才能产生出真正的、独一无二的对上帝的爱。其他任何形式的爱都属于神秘主义,都是无益的和惰性的,都必须加以拒斥。这种爱是将自身拉向上帝,因此,这是唯一正确的爱上帝的方式,因为在其中神圣的上帝是爱的对象,他使得我们也变得圣洁,而圣洁只能通过将自身拉近上帝的神圣性而得到实现。

人们相信爱是行动的原动力,因为它让人本身变成了行动最初的动因。如果爱能引起行动,那么就不会有任何外在的、异质的对象能够成为其动机。对德性的爱就是对上帝的爱。这个命题对于宗教的意义正如下述命题对于伦理学的意义一样:行动不可能来自某种外在的或异质的动机,更不可能来自外在的命令。它是意志的结果,而意志是自律的。爱要求必须消除掉所有外在的和异质的动机。这种异质的意思是疏离,亲近正是从其中解放出来的，确切地说，亲近并非局限在自身之内，而是被拉近的过程，实际上也就是自我拉近的过程。这正是一神教哲学发展出亲近上帝、上帝亲近的那种爱。在这个顶点上，我们能够找到中世纪的犹太哲学理性主义和《圣经》之间无可置疑的和谐的最深层原因。

第10章 作为个体的"我"

1. 为了在上帝与人之间建立起相互关系，我们在前文中已经发现了作为理性创造物的人以及更进一步的作为同胞的人。理性存在物在关于"圣灵"的章节中被定义为道德存在物。当然，这样的存在必定是个体，只是在德性的范围内才是一个抽象的个体。在他与上帝的相互关系中，宗教方面的内容可以消除这种抽象，并把他转换成活生生的、个别的人。人的抽象概念为道德法则以及在宗教层面上上帝的诫命和法律提供了启示的可能性。人作为神圣性的灵（the spirit of holiness）只有在上帝的律法面前才是个体，就像在伦理学中他只有在意志自律的情况下才是个体一样。只有律法才把他变成了一个个体。然而，在这一方面，他几乎仅仅是律法的否定性条件，仅仅是一个为了律法而存在的生物。与此类似，他之所以作为一个个体，仅仅局限在他背负着律法义务的情况下。其他可能加诸他的义务都不在考虑之列。

2. 即便是同胞，也未能成为可以被确定为"我"的个体，可以确定的是同胞不再仅仅是下一个人，这样"我"与"你"之间的相互关系已经建立起来了。但是，这个"我"仅仅是为了"你"而在的"我"。然而，我们尚未开始确定当"我"仅仅与其自身相关时可能意味着什么。"我"就像"你"一样，是单独的存在，但他们之所以如此，唯一原因是他们是社会群体的一员，或者甚至可以说，他们是全体的一员，只要全体能够借助社会性的爱而被建立起来。无论如何，产生于并仅仅存在于社会群体乃至社会全体中的单独的存在尚不能称为个体，因为后者只是代表着孤独的自身。一个绝对个体的概念是否合法是值得探讨的，但人们不应该相信这个问题的答案要到同胞的概念中去寻找。为了给这个问题提供答案，宗教的特殊品格必须得到实现，而且比在同胞概念中的实现更为清楚、更为准确。

3. 那么，究竟是什么样的关系、什么样的义务被赋予了人类，使得他在与上帝的相互关系中获得了一种独立地位、一种绝对性，正是借助这二者，他才从此前所有关于人的概念中摆脱出来。人最重要的任务在于道德实践，这一点已经加诸其身，而实现这一点的手段，即各种社会力量似乎也已经不折不扣地给了他。除了那些能够被道德实践所包含的任务之外，他还可能有别的任务吗？然而，如果同胞的问题不得不需要作为个体的"我"的问题来加以补充，那么随之而来的就是道德实践的任务就会被社会问题所穷尽。此外还有一个特别的结论，即人与上帝之间的相互关系不可能在行动的伦理学问题中得到全面实现。

宗教的这种特性尽管仍然与伦理学有着不可动摇的关系，但是只有当上帝与人之间的相互关系能够为了让人作为一个个体、作为一个"我"而呈现出某种更为本质性的意义时，这一特性才能得到充分的实现。因此，对于有关同胞的那些问题被解决之后是否仍然存在着某些有关道德实践的问题，宗教给出了自己的答案。尽管宗教与伦理学的联系一直存在，但是宗教将自身提升到伦理学之上，并且模仿伦理学设计出了属于自己的方法。有些道德实践的问题超出了伦理学的范围，对于这些问题，伦理学由于其方法论上的限制而无法解决，而宗教将为这些问题的解决提供基础、准备和保障。

4. 如果回想一下"贫穷"这一社会问题，我们仍然记得爱作为同情的可能性产生于拒绝询问任何关于人的罪恶的问题，以及拒绝任何形式的对此类问题的好奇心。此外，在形而上学中罪恶似乎是神话的残余物。无论如何，关于人类罪恶的问题必须被看作是阻碍社会之爱的绊脚石。如果罪恶的问题真的产生了，那么从它自身的观点看来，解决的方法或许来自于贫穷的对立面而不是来自贫穷本身。

然而，即便是这一试验性的解决方式也表明罪恶的问题不可能得到完全的消除。如果情况是这样的话，那么财富就与贫穷一样，配得上从同情中迸发出来的爱，因为它同样需要消除自身可能带来的罪恶。但是，律法和正义不应该被社会性的爱所取代。无论如何，如果在律法中必须保存罪恶的问题的话，那么对个体来说这就是无可争辩的，同时也说明对于伦理学来说罪恶仍然是个问题。如果罪恶对伦理学来说仍然是个问题，那么对于伦理学来说，宗教的特殊性应该包含在这样的事实之中，即宗教有权利这样说：记载人的罪恶的记录本被毁掉了吗？人与上帝的相互关系是否不得不要求免于遭到人类基本的伦理问题这个构成了律法基础的问题的质询呢？

宗教的特殊品格存在于与伦理学的持续关系之中，它否认了上述免责的可能性。

5. 在《纯粹意志的伦理学》中，我们给出了如下关于刑法的基础性看法：法官只有在严格遵循律法准则的情况下才有权去调查犯罪并施以相应的惩罚措施。然而，当法官在宣判某人有罪时不得对该罪犯的罪行作出评判。

一方面是法官根据相关的律法条文以及相应的明确事实对罪行所作的判断，另一方面是有关人类罪恶的判断，这两者之间必须做出明确的区分。但是，我们并不认为后者被搁置在一边，毋宁说，借助这种区分，人类的罪能够获得一个更为准确的宣示。当收到法官的有罪判决书时，罪犯本人不得不背负起自己的罪责，除非他失去了理智，否则他无法免除这种罪恶感。

如果法庭的判决如同医生的判决一样使得他对自己的意志品质感到绝望，那么这个罪犯就不可能再做一个正常人。伦理学既不能从私人的方面，也不能从主观的方面，总之，无论哪个方面伦理学都不可能将他从这种绝望中解脱出来。伦理学在此必定会如摩菲斯特一样说："他不是第一个。"精神方面的疾病有着不同的程度和等级，每一个等级都会形成自身的责任和义务，因而就意志的能力来说也是有局限性的。

因此，纯粹的伦理学在涉及某个特殊事例时是无能为力的。它有限的应用性意味着无法划定一个确切的范围，而是仅仅根据自身关于自由意志的方法论的、肯定性的概念来描述这一范围。但是，伦理学应该为穷人做些什么呢？穷人可能无法自行从自己的罪中解放出来，尤其是当他的理性意志、他的自由意志不得不为了他自身的可怜的意识而存在的时候。

6. 在此我们看到了伦理学的界限。在对实践的关心出现的地方，在这一关心仍然可能的范围内，伦理学是与宗教接近的。当一个人根据相应的事实而被判有罪，当他自己没有能力在人与人之间相对狭隘的相互关系中帮助他自己时，在这种深深的绝望中出现了他的自我问题，人与上帝之间更为宽泛的相互关系在这一点上提供了唯一可能的帮助。

从上文中我们看到，即便是律法部门也不得不保留着罪的必然性。当然，并非是保留在法官而是在犯人那里。从这一情况出发，下列结论是不可避免的：由于罪恶的存在，自由意志必须得到保留，尽管这种保留是以一种虚构的但却并非是幻觉的方式。但是，这一虚构是一般意义上的道德实践的第一原理，而且，如果我们在前文中认为宗教的特殊品格起源于罪的问题，那么在这个问题以及在个体的问题之内，现在的我们能够认识到这一特殊性是与伦理学的基础直接联系在一起的。

如果人没有可能悬置自己的罪恶感，那么将人引荐给宗教并置于与上帝的相互关系之中的正是伦理学本身。伦理学只能设立这个第一原理，而这一原理则决定了上述相互关系的可能性。限定相互关系的应用性范围，是与伦理学对自身局限性的认识相互矛盾的。人看人时知道的只是表面现象，只有神才能深入人心。人的优点和缺点仍然深藏不露。这并非是伦理学的过错，而是科学的过错，后者同样有自己的逻辑方面的局限性。对于伦理学来说，人最多只不过（现在人们已经对此一清二楚）是一个用以维系其问题的点，就像对于科学来说，人只不过是科学普遍法则中的一个特殊事例一样。但是，在与律法的关系中产生出的只有个别的人，而且实际上除了这个个别事例之外并无其他。

但是，置于法律之下的并非是一个称自身为"我"的个体。这个个案所求助的只有法律。但是，个体认为自身是孤立的，因而是绝对的。在这种孤立之中他已经殚精竭虑，只要他无法从他的罪恶感中摆脱出来，根据他在道德生物中的主体性成员的地位，他不可能使自己免责。如果在这一点上上帝并未帮助他的话，那么他绝对会迷失在道德的世界中，迷失在他的道德意识之中。

7. 让我们重申一遍：我们认为宗教与人的罪有关，如果我们把作为个体的"我"的起源置于宗教之内，那么我们就不会解除他与伦理学的联系，恰恰相反，我们会让这一联系更加有效，因而伦理学自身必定要求一种朝向宗教的转向，正像它同样必定会要求上帝概念的转变一样。

宗教由此进入了与伦理学的这一方法论方面的联系，在此，宗教既不是神话也不是神秘主义。

神话在罪恶的概念中有其最深刻的根源。诸神自身也必须臣服命运。在这种命运中出现了罪的错觉，同时也出现了悲剧。但是，如果我们借助罪的帮助而将个体的根源置于宗教之中，那么我们就会在此将宗教和神话间的区别表露无遗。就神话中的罪而言，人并非是个体，毋宁说他是祖先的后代。同样地，悲剧也始于他接受了祖先的遗传之时。因此，悲剧的任务变成了将人从遗传中解放出来，从他的遗传的罪恶之中解放出来。

《圣经》同样在同下述遗传的神话作斗争：上帝为父辈的罪而报应其后代。但是，《圣经》借助上帝之爱的出现而使自身摆脱了遗传的神话。根据这一关于上帝的新观点，一个新的区分在《圣经》中出现了，它首先将报应局限在那些"仇视我"的后代那里，接下去，与波及"第三代和第四代"的惩罚相对立，上帝表现出对"爱我，行我的命令的千万代人"的祝福（《申命记》5：9—10）。这种对神的显现（《出埃及记》34：7）的补充是在"十诫"中给出的，它镌刻在第二块石板上。无论如何，"第三代和第四代"是因为自己犯了罪，但是，他们仍然适用于旧的观点。就后者而言，个体根本没有进入自由发展的阶段，更不用说了解自我的意义了。

8. 由此看来，神话的观点加诸罪犯的负担甚至超过了法庭对他的判决。后者仍然有可能通过上诉而得到缓解，神话思想则把罪犯变成了他祖先的继承人，而且对此只有一个答案：你的不幸是由于你是他们的后代。因此，埃斯库罗斯成功地让雅典娜代替了厄里倪厄斯，让一位新的女神代替了旧的复仇女神的地位，这个新的女神是真正的女神，她建立了雅典最高法院。埃斯库罗斯的这一行为对于哲学思想来说具有重要的方法论意义。因此，在埃斯库罗斯那里，伦理学再次倒向了宗教。俄瑞斯忒斯① 不再仅仅

---

① 俄瑞斯忒斯是特洛伊战争中希腊的统帅阿伽门农之子，阿伽门农之父阿特柔斯是坦塔罗斯之孙。阿伽门农在率领大军进攻特洛伊时，为平息海神带来的风浪，将女儿伊菲革涅亚杀死，献给了海神。阿伽门农的妻子克吕泰涅斯特拉为了给女儿复仇，与人通奸，并在10年后阿伽门农凯旋时，在家里暗杀了阿伽门农，而她的情人进而掌握了政权。俄瑞斯忒斯当时只有12岁，在逃亡他乡多年后才回到故土，他和姐姐厄勒克特拉一起杀死了自己的母亲和她的情人。报了仇但又陷入弑母重罪的俄瑞斯忒斯发了疯，被复仇女神反复纠缠，不得安宁，只得到处逃亡。最后是阿波罗指引他到雅典，寻求智慧女神雅典娜的公正裁判。雅典娜女神挑选了雅典最正直、最睿智的市民担任法官，自任首席审判官，在阿瑞斯山开庭审理。俄瑞斯忒斯为自己辩护说，他杀死母亲时只是把她看作杀害父亲的凶手。阿波罗极力为他辩护，声称父亲才是真正的播种者，一个人可以只有父亲没有母亲，正如雅典娜是从宙斯的头中生出来的。而一直纠缠俄瑞斯忒斯的复仇女神则指出弑母是十恶不赦的犯罪，俄瑞斯忒斯只有一死。雅典娜请求法官们投票表决，结果却是有罪与无罪的票数相同！最后雅典娜投出决定性的一票：俄瑞斯忒斯应该无罪。于是俄瑞斯忒斯重获自由，回到迈锡尼当了首领。——中译者

是坦塔罗斯的后裔,而是变成了一个独立的个体。但是,女神只有在反抗旧律法的条件下才能解放他。确切地说,雅典娜解放的与其说是俄瑞斯忒斯,还不如说是解放了雅典人及其律法。

因此,在这一点上,悲剧与伦理学的联系所表现的并不仅仅是人与宗教的联系。俄瑞斯忒斯并未变成一个个体,他仍然是其城邦的公民,他只有在城邦中才能免于罪孽。因此,即便是在这里也没有出现孤立的个体。自我所要求的绝对性表现在复多性甚至全体性之中。俄瑞斯忒斯的自我既没有得到启蒙,也没有得到解放。克吕泰涅斯特拉(Clytemnestra)仍然是他的母亲,而他仍然杀了自己的母亲。他由于命运而杀了她,因此厄里倪厄斯将其放逐在道德上就是正确的。但是,为什么他会成为这一可怕的错觉(delusion)的牺牲品呢?对这一问题,他只有一个答案,这个答案来自于他的血统。他的个体性因此而在他的祖先面前烟消云散,他仍然深陷于祖先的血统之中。个体想成为自我,就不可能以神话为源泉。

神话在悲剧中消失了,悲剧的开端甚至早于罪恶的暴露。在悲剧的开端中人尚未区分开善与恶,相反,他的能力即是他的权利。他的神是他的榜样,而这些神又有自己的榜样。当他承认做错了事时,他会有一种不舒服(unhappiness)的感觉,有这种感觉已经说明他进入了一个较高的层次,比这更高一层的是他逐渐意识到罪是他作为人类而存在时不得不继承的遗产。在希腊时代,多神教由于这种不舒服的感觉而预见到了宗教的出现。柏拉图与奥菲教神学之间有着极为亲密的联系。

9.神秘主义最古老的象征就是献祭,通过它建立起人与诸神的联系。最初时祭祀的对象是诸神，人们惧怕它们的妒忌和愤恨，因而竭力用祭祀的方式来讨其欢心。当人逐渐意识到罪的时候，他需要祭祀就不仅仅是为了对付诸神之间的嫉妒，此外还要加上从意识上的这一污点中将自身净化出来的目的。借助这种方式，诸神变成了德性的守护人，对道德的侵犯使得人们自感有罪。因此，祭祀同样获得了一种新的含义和一种新的重要性。

即便是祭祀仍然仅仅是由于诸神而不是明确地为了人们自身的目的，它仍然会拥有不同的特征，因为诸神的特征各不相同。如果祭祀的作用是从罪责中解脱出来，那么它就必须变成一种净化手段。尽管净化或许仍然与诸神有关，但如果人们想从罪恶感中摆脱出来，那么净化就必须传导到人类那里。然而，含混性和不确定性仍然包围着祭祀，因为只有祭祀的行为才被看作是能够实现从罪恶感中解放出来的手段。如此一来，诸神就是可以被贿赂的。那么相应的结论就是人与诸神间的相互关系是存在的，但只存在于这样的情况下：诸神对人类的罪恶感有着生杀予夺的大权，他们行使权力的依据是人类为他们奉献了多少礼物。

严格地说，罪恶感只是使得人走向了更高的层次，而诸神之间依然是妒忌的，从他们易于被贿赂这一点就可以看出。或者说，诸神所要求的祭祀仅仅是一个证据，证明可以借助罪恶感而使人变得更好？在多神教内部，这一点完全是一笔糊涂账，或许只有在柏拉图那里才有些许亮光从这种含混性中透露出来。

10.杀生祭祀这一庄严的仪式似乎与下列含混性有着不可分割的联系：人类最深刻的仪式被一种与动物联系在一起的行为所替代。这似乎是杀生祭祀中最基本的错误，最人性化的东西被最粗野的东西所替代。而且，杀生祭祀已然取消了杀人祭祀，而前者是后者的延续。但是，即便是作为一种替代，在杀生祭祀中仍然存在着无可救药的缺陷：混淆了精神和物质。

11. 对一神教的奇迹的历史性理解中有着许多难于索解之处，先知们与祭祀的斗争或许是其中首要的难点。全部古代世界都是与祭祀联系在一起的，祭祀的观念同时还构成了基督教的基础，最后，人们发现这一观念现在仍然活跃着，在更为自由、更为现代的思想中仍然保留着许多经过修正的形式。不仅仅是每一种不幸，甚至每一种本应是自由的道德行为都仍然被看作是一种牺牲，如果不是为了命运而牺牲，最起码也是为了义务而牺牲。如果人们考虑过所有这些情况，那么他也几乎无法理解先知们是如何知道应该避免迷信和异教信仰，以及他们是如何在祭祀中发现偶像崇拜的根源。

12. 将祭祀与所有的献祭、崇拜仪式等同起来，或者进而作出结论说拒绝祭祀会导致拒绝所有形式的祭拜，或者说在先知们的思想中对这种拒斥要么赞同要么反对等等，这些做法都不可能消除上述疑问。尽管祭祀与崇拜仪式总是联系在一起，但二者从来不是相伴而生的。一般意义上的崇拜仪式、神殿中的祭祀礼仪，就其早已存在而言，并不需要先知们加以根本的拒斥，即便是仅仅为了达到拒斥祭祀的目的也不必如此。无论在哪里出现了对这一过程的暗示，它都不能被看作是对唯一真正地战胜了祭祀的过程的确证。即便是弥迦本人，在其著名的篇章中所要求的也不仅是人类的德性，而且还包括"谦卑地与你的上帝同行"。这里面包含着什么？这位先知是如何理解它的？即便上帝的命令只与道德相关,上述语句不也暗示着某个独立的幸存者吗?在谦卑地与上帝同行的过程中,这个独立的幸存者不是对上帝的崇拜又会是什么呢?

先知们通过他们的论证而反对祭祀,这是否导致了一种与祭祀不同的崇拜上帝的方式的建立呢?这是另外一个问题,而答案可能是否定的。如果有人能从先知们拒斥祭祀这一行为而得出结论说一般性的崇拜仪式同时也被禁止的话,那么人们就不仅低估了而且一般来说甚至会误判作为公开举行的仪式的祭祀活动中所包含着的习以为常的风俗。这个结论与所有的历史常识相违背。正如我们在上文中所说,如果能够在先知们那里找到与这个结论相近的东西,那么它们应该就在某个先知一贯的思想之中,但是,它们根本未曾证明先知本人的意思是禁绝全部的崇拜仪式。为了能够理解先知们的思想在其最重要的方面即道德改革方面的发展,我们必须保留上述祭祀和崇拜仪式方面的区分。

但是,与祭祀的斗争是相当奇妙的,还需要另一场斗争(即同全部祭仪的斗争)来加以补充。这场额外的斗争会不会是浅薄而无益的呢?这个问题值得探讨。

13. 无论如何,现在的情况似乎是,就像先知们并非在与祭祀进行斗争的同时反对所有的崇拜仪式一样,他们也不是反对所有的祭祀,而仅仅是反对它与道德败坏和不义之间的联系。他们看起来或许曾经与不义和祭祀之间的联系进行过斗争,但是,无论如何他们都不曾与祭祀本身进行过斗争,因为只有不义才会拒绝承认与对上帝的奉献之间的联系。然而,祭祀究竟以何种方式与奉献的概念相矛盾呢?

第10章 作为个体的"我"

《以赛亚书》中写道:"作罪孽,又守严肃会,我也不能容忍。"(《以赛亚书》1:13)。但是,以赛亚接下去说:"就是你们多多地祈祷,我也不听。你们的手都沾满了杀人的血。"看起来似乎是祈祷和祭祀一起受到拒斥。是不是因为它与不义、与谋杀的联系使得它与崇拜上帝不兼容呢?如此一来,是否仅仅是这种联系使得祭祀的都是"空虚的祭品……无益的奉献"呢?是不是仍然存在着真正的祭祀的可能性呢?

即便这样的问题是非历史性的,那么它在心理的意义上也是错误的。人们不应该对确凿无疑的、原初的和重要的概念提出质疑。人们不应该寻遍灵魂的每个角落、每条道理去找出这些重要概念的源泉。如果人们这样做了,那么他们就会把灵魂所追寻的新的主要方向置于一团迷雾之中。如果以赛亚并未真的看出祭祀根深蒂固的危害——在他看来这是祭祀起源于神话的证明——那么他如何能够以上述争辩开始自己的演说?他又如何能够将这一做法贯彻到全部的细节中?祭祀就是祭祀之宴,以色列人同样保留着这一传统。巴力神的崇拜者会与他们信奉的神共享这一圣宴。在圣宴中,巴力的崇拜者表现出的是他们自己的傲慢与欢乐,挥洒的是他们自己的力量和生命,以色列人中的偶像崇拜者也效仿他们,只是他们或许变得更为敬畏,因此在他们的宴飨之中,他们会祈求上帝的帮助。但是,他们究竟是为了什么而祈求帮助呢?是为了道德生活吗?也许是,或者仅仅是为了让他们的不义天长地久?

先知们意识到,只有迷信才能让祭祀的仪式变得更为严肃、更为阴郁。偶像崇拜者心里想的只是如何保护他们不道德的行为,因为只有在这种行为中他们才得以延续,而且他们相信他们自身没有能力从中摆脱出来,正是这种想法使得他们将祭祀做得更为慷慨、更为顺从。因此,先知们的思路别无他途,只能二者选一:要么选择祭祀,然而这意味着在错误的道路上越走越远;要么拒斥祭祀,从而从不义中解放出来。

人们必须仔细阅读《以赛亚书》1:10—20,才能在细节中看出他是如何拒斥祭祀的,当然,也包括他如何拒斥所有建立在祭祀基础上的仪式。"你们的月朔和节期,我心里恨恶,我都以为麻烦。"在这一句之前的文字正是那些指定祭祀的内容:"公绵羊的燔祭,和肥畜的脂油,我已经够了。公牛的血,羊羔的血,公山羊的血,我都不喜悦。"如果人们不清楚从制度的整体中产生出来的原则,那么他就不可能逐一列举哪些是要被拒斥并遭到嘲弄的。

14. 阿摩司则追溯了更为古老的历史,他问了这样一个问题:"你们在旷野四十年,岂是将祭物和供物献给我呢?"(《阿摩司书》5:25)这样看来,他试图将祭祀置于被怀疑的地位,怀疑它根本就不属于摩西制定的祭仪。这一思想在耶利米那里达到了其最终的形式:"因为我将你们列祖从埃及地领出来的那日,燔祭平安祭的事我并没有提说,也没有吩咐他们。"(《耶利米书》7:22)在这一思想的基础上,迈蒙尼德对于祭祀进行了全面的批判。他完全认同《申命记》的看法,并且给上述观念带来了一个进步:用在玛拉定下的"律例和典章"替代了有关祭祀的律法。[①]

15. 先知们在表述一神教的纯粹道德特征时达到了相当的高度。在全部道德和精神观念的历史中,很少有如此彻底的革命思

---

① 参见《出埃及记》15:23—25。——中译者

想能够表述得、贯彻得如此清楚和明确，如此严格而准确。先知们的做法贯穿在与祭祀的不懈斗争中。在先知们的著作中，我们还会发现一些其他的特征，他们的预言与拯救和灾难有关，而上述特征之所以被看作是重要的，原因也在于它们与预言的目的相关。但是，所有这些特征在这个主要的、贯彻始终的特征，即被我们称作"预言大义"的特征面前都变得不那么重要。对于那些看来是反对这一思想的看法，我们马上就会进行详细的研究。在祭祀与礼拜的关系问题上，我们已经认识到其中存在着一个困难，引起这个困难的动机正是与这一主要特征相背离的。

16. 礼拜真的有什么作用吗？对这个问题的回答不能借助将心灵孤立起来并且说这是为了更好地思考上帝，因为这看起来似乎是谦卑地与上帝同行的要求。或者说，既然先知们并未攻击信仰本身，而且，我们将会看到，他们甚至公开地赞同信仰，那么，信仰是否应该着眼于孤独、孤立的虔诚而不是在"大议会"上为民服务（这是摩西教导给我们的最基本的做法），或在宗教集会上为民服务呢？（这是《申命记》最基本的要求，先知以斯拉曾强调这一点）先知们的社会精神是否在信仰方面自相矛盾呢？

如果先知们能够与礼拜达成妥协，那么这种妥协必定是与同胞这一基本概念相一致的，因此伴随着同胞这个概念，通向个体以及作为个体结果的自我——他在孤独中仍然忠诚于他的上帝——的道路敞开了。走上这条道路的唯一基础是与同胞的联系，因此，被吸收进上帝的自我同样也建立在这种联系之上。

17. 如果拒斥祭祀但却保留礼拜，我们就会将自身置于一个前路难辨的历史的十字路口。为了预见到可能的反对声，我们立刻将自身置于以斯拉及其后继者曾经面对过的问题面前。他并未拒斥祭祀,他是否因此而背弃了先知们的基本思想呢?是否只有一种方法可以拒斥祭祀,即全面否定它?人们能否设想出这样的做法:在与祭祀作斗争的同时极力改变它的内涵?这种批判、这种改革是否仍然能保持着先知们的精神实质?

这些问题的答案只能到上述批判和改革发生和发展的基础概念中去寻找。如果批判会带来一些与先前的拒斥祭祀的思想相抵触的结果,那么事情就变成了如何去寻找新的思想。但是,如果新思想与旧的、传统的制度的斗争是一个历史性的问题,那么这就是一个争辩不休的问题,它在所有的地方、所有的民族和所有的时代都会出现。下述这个问题随处可见:人们在与传统习俗中的旧观念进行斗争,这些观念是否应该被完全拒斥并消除呢?或者说,真正的方法是,新的观念应该寻求与旧的制度的妥协呢?

在这种情况下,值得考虑的就不仅仅是传统观念了,新的观念也在考虑之列。问题由此产生:二者之中哪一个更为重要?或者说,也许旧观念仅仅需要新观念作为其补充,由此新观念对旧制度的批判或许可以通过新观念本身而达到其成熟和完成阶段。

18. 或许对祭祀的批判是过分的,尤其是这种批判似乎将所有的礼拜仪式随着祭祀一同抛弃了。如果某个观念成为必然的(或许人的概念就是一例)但却又要求与礼拜有某种联系,那么,这个观念或许可以拒斥或者限定对祭祀的拒斥所由以产生的那些争论。所有的一切都取决于新观念的价值,取决于它是否与旧观念绝对对立,或者说它是否深化了后者并将其带入到了完成的状态。一切都取决于新的观念,而不是旧的制度。如果新的观念是必然的,那么它与旧制度的妥协就取决于旧制度能否借助新观念而完成其内在的转型。这样一来,唯一的问题就是旧制度是否能够从根本上适应先知们要求它作出的转变。建立在这个问题的答案之上的是祭祀的客观的(objective)、宗教的含义,但这一含义并不比同样建立在这个基础上的历史的(historic)、宗教的含义更多。

这些观念的历史必然性并不取决于观念本身之间的联系,而是取决于概念和制度之间的历史性联系。哲学家不可能允许历史进程为他规定问题的意义或解决方法。但是,他几乎无法为历史提供后者应该采取的进程。

19. 就祭祀而言,预言的历史以两种方式进行。一种采取了拒斥祭祀的道路,而另一种则以转换祭祀为目标,改变变成了转变。人们或许会问,这样的转变是否无法表现为最高形式的废除呢?伴随着这种方式的保留,过去的拒斥是否还有效呢?这样的问题之所以出现,是由于以斯拉在先知中的特殊地位。此外,他采取的方式是流放中的先知们的典型方式。

20. 这个问题在其较为宽泛的意义上涉及有关观念和制度之间的关系这个一般性问题,同时也出现在物质的和精神性的历史考察和历史判断中。特别地,它是一个有关普遍历史的问题,即一个处于成长期的观念以及必然伴随着它的对旧观念的批判,是否无论如何都不可能与旧观念的残余(尤其是在旧观念的创造和发展能力尚未完全消失的情况下)并行不悖呢?在这一发展过程中,旧的观念在新的观念面前证明了自身的权利,并在朝向新观念的发展过程中保持着自身的一席之地。如此一来,新的观念与旧的观念仍然是联系在一起的,并未完全消除旧的制度而仅仅是有所改变。

祭祀并不是先知思想中唯一充满争议的话题，这一点也体现在律法中。在《申命记》中，一场争论导致了一个类似的困难，即尽管律法已经被"置于人的心灵之中"，它是否仍然保存在祭祀之中呢？此外，律法是否与"新的约"相对立呢？如果新的教义与律法是联系在一起的，那么它是否会变得极不稳定呢？这是一个重要的历史性问题，即在不必进入与律法的关系的情况下，在尚未做好根据新的教义改造旧的律法的准备的情况下，新的道德宗教能否产生出一个灵性的，甚至历史的现实性呢？

21. 现代的圣经研究非常需要借助上述观点去理解《申命记》，由于缺乏一个一贯的评价体系，现代的圣经研究既给《申命记》带来了光明，也带来了黑暗。人们从未考虑过在实际的历史过程中光明与黑暗总是相伴而生的，而二者共同的栖息地是属人的事物和人与人之间的关系。在灵性历史中，所有伟大的改革者都不得不认同这种必然性。最伟大也是最纯粹的唯心主义者柏拉图不仅在他的《法律篇》而且甚至在他的《理想国》中都为这一反常现象、为灵性领域的这种命运作出了贡献。

理念的发展必须以其逻辑的内容为依据。根据这一推理，哲学必须为历史指定发展路径。但是，哲学要理解历史发展进程，必须研究由历史进程所带来的种种观念之间的相互作用。其价值判断（value judgment）绝不可将自身孤立起来，躲到单面性的原理的推论之中，而必须考虑诸种动机所带来的相反的效果，最后，还要把其价值判断置于全部作用（whole effect）产生结果的能力之上。这是科学方法论的要求，放之四海而皆准。

如此一来，对先知们的一般性判断，就像对他们特殊的社会贡献的判断一样，无论是在《申命记》中还是在律法中，或者在涉及祭祀的时候，都会变成一种历史性的判断，最起码当调查和评判的进行不带任何单面性的偏见的时候，或者说，一般性的单面性在历史理论中受到质疑的时候是如此。因为历史并不会根据任何单独的动机来行事，实际上恰恰相反，它牵扯到纠结在一起的、互相作用着的种种结果。进步、退步、停滞，所有这些情况都不是客观的标准，只有连续性才是方法论上的路标。然而，对它来说没有所谓的停滞，也没有所谓的退步，只有进步才是真正的和唯一的可能。建立在连续性之上的正是进步，它本身独立于诸如之前和之后这样的偶然的、外在的因素之外，甚至独立于同时性之外，持续性贯穿于它们之中并征服了它们。

连续性可能会变成历史的一条原则，但是唯一的途径是借助下列假设：历史上的所有观念、所有制度，无论看起来如何互相冲突，都被看作是处于相互作用中的一个集合，而且成为一个集合也是它们的目标。只要某个孤立的原则尤其是某个否定性的原则，如与祭祀的斗争，被以片面的方式确定为先知们的观念，那么它在方法论上就是可疑的。如果预言是一个历史问题，那么一个孤立的、片面的原则就不可能在其中占据统治地位。但是，与之针锋相对的、肯定性的动机虽然包含在通过社会道德而达到的对上帝的真正的虔诚之中，但是它本身却需要补充。社会道德本身也需要补充。同胞必须导向个体、导向自我。与上帝的相互关系绝不能仅仅局限于同胞。

22. 因此，在这一崭新的相互关系中，上帝的概念与人的概念一样变得各不相同。由此推知，对上帝的虔诚也必须变得有所不同。从此出发，是否另外一个结论也会是必然的呢？即便德性奠定了对上帝虔诚的基础，但它是否也必须变得有所不同呢？到目前为止，问题只出在社会道德上。现在，如果人的问题在个体方面和在自我方面有所不同，那么历史就会揭示出下述问题：以西结与祭祀的关系和其他先知们与祭祀的关系不同，这种不同是否可能有其最终的基础，而这一基础存在于以西结与人的新概念以及由此而产生的新的上帝概念之间的新关系之中呢？

逃避这一结论的做法犯下了一个发展原理的方法论应用方面的错误，对于这一发展原理来说，没有哪一个灵性概念可以临阵脱逃。因此，如果以西结被召唤去完成人的概念的发展，那么这一召唤同时也适用于上帝概念在自身之内的发展。

第11章 赎罪

1. 以西结之前的所有先知都与《申命记》保持一致，都把社会道德看作是一神教的核心内容。而社会道德在人的问题中仅仅看重同胞的问题。然而同胞本身必然以人为前提，同胞是后来附加到人之上的。但是，这一前提是在幕后无声地起作用的，而且这个作为前提的人可以说完全飘浮在模糊不清的背景之中。只有通过"你"，"我"才能够诞生。这是到以西结为止的所有先知的主导性思想。

但是，"我"真的仅仅是"你"的产物吗？或者说，难道不能说"你"仅仅构成了一个必要条件而不是充分条件吗？后者必须来自于"自我"自身，来自于"我"所包含的特殊问题，这样一来，"我"或许才能够成功地以主动的形式被制造出来。

2. 自我首先是个体。但是，个体是不可能在同胞中产生的。在个体中包含着一个问题，由于这个问题的出现才使得与伦理学不同的宗教的特殊品格从幕后走到了台前。在对同胞的社会性的爱中，宗教尚未意识到自身的特殊品格。

就伦理学仍然建立在意志自律的基础上而言，似乎只有它才能成功地造就个体。然而，对伦理学中自由的个体来说，如果他未曾消失在社会多样化的集体之中，而是被引导着有计划地迈向与整体性相一致的理想化的终点,那么他就会消失在整体性中。

个体消失在整体性之中是伦理学所能获得的最大胜利。伦理学的个体作为孤立的个体,其生命的基础是新陈代谢,他消失了,会在国家的自我中重生,而借助国家的联盟,又会在人类中得到重生。伦理学为人类个体所赢得的最高成就就在这里。坚持社会道德的先知们通过其弥赛亚式的一神教加入了这一最高成就的行列之中。

在先知们关于人类的异象中,作为特殊个体的人消失了。"你们休要倚靠世人,他鼻孔里不过有气息。他在一切事上可算什么呢?"这一哈姆雷特式的句子绝非是以赛亚的一次口误(《以赛亚书》2:22),毋宁说,他对独一无二的上帝的热忱使得他对同时代的人充满蔑视。然而,带着这种对人类的判断,一个人不可能触及个别人仍然面对的问题,除非他值得飞向整体性。同胞必须变成同样的个体(fellow individual),只有这样同胞才能够产生。

无论如何,如果社会道德不是建立在个体之上,那么它会是什么呢?个体道德难道不是社会道德的前提吗?没有前者的话,后者就仅仅是个抽象物,甚至无法借助人与国家的关系将自身解放出来。因为国家同样只有在个体中才能变得具体而微,也只有个体才能把国家的国格变得生机勃勃,尽管个体不得不消融在国家之中。国家必须变成一个理想化的个体,变成一个真正的个体。

3. 以赛亚所谴责的人类的特点正是指明了人走向个体的道路的东西。确切地说,个体的这一特性被重视社会道德的先知们忽略了,因为当他们考虑人的罪恶的特性时,仅仅是从社会的层面考虑的,并将其看作适合于社会的多样性的特征。

从社会的观点出发,他们是正确的。罪恶似乎是人类的毒药。人在其社会的多样性中充斥着妒忌和暴力、误解和欺骗、对权力和欲望的无节制的追求、造假和浪费、奢侈和暴政。但是,复多性不就是一种抽象吗?它自身能够产生罪恶吗?个体和社会的复多性是否包含着一种"双重研磨机制",以至于问题能够从一个到另一个相互转换?再者,人们已经看到,个体之所以能够成为前提是因为社会复多性,他自身尚未被看作是一个独立的问题。

4. 从这里出发,我们可以得到一个相当重要的结论。这个结论不仅是针对关心社会的先知们所作的批判性教导,也关乎他们一般意义上的德性概念。他们不仅未能将个体的问题单独地提出来,而且关于罪的概念也未能在个体的罪中找到其基础。此外,社会性的罪要成为对上帝犯下的罪,方法只有一个,即有罪之人变成一个个体,在此,个体不再仅仅将抽象的社会复多性作为其载体和源泉。

5. 我们试图在先知们的社会道德思想中寻找某种不足,在这种不足中可以看出一个先导性的东西,它先于直到今天仍然在不停地重复着自身的、整个的文明史的基础性的进程。社会学的观点有意而且正确地在社会环境的种种冲突和摩擦中寻找着道德缺陷的基础。在此,罪是社会性的罪。片面的宗教道德观点以及由宗教所决定的道德观点都把人孤立地封闭在其道德能力范围内,并且相信只有通过这种孤立才能把人变成一个个体。两种观点需要互相结合,如果道德的、宗教的人想让自身从同胞中产生出来并形成个体、形成自我的话。

因为正是片面的社会学观点才消除了自我。如果社会环境的理论想要变成被关注的焦点，那么就必须压抑个体的自我意识。然而这样一来，构成了人的价值和尊严的核心就消失了。如果人的尊严需要重新确立，那么一个否定性的条件就是不可或缺的，即自我本身以及由此而来的个体就会犯罪，而且他犯罪的原因不可能被归于社会复多性。

6. 从纯粹方法论的角度看来，罪是用来从人中发现自我并由此推出真正的个体的工具，这就意味着关心社会的先知们极力强调的罪并非就是全部，而是需要另外一种类型的罪来加以补充、深化和强化，这就是个体承认其自我，必须关注罪。先知们的观念必须得到发展，其目标是指向个体、指向自我，这样才能超越先知们关于罪的思想，因为他们仅仅关心社会道德。

以西结的预言构成了这种发展的最本质性的阶段。如果与此同时他采取了一种在关心社会道德的先知们看起来是退步的措施，那么这种措施不应该被孤立地考察和判断，而应该将其置于它带来的发展以及这一发展对解决人的问题的必要性中。

7. 在此，为了理解罪的问题，我们必须回到其神话学起源中去。这样的起源同样体现了罪的问题和个体问题的连接这一毋庸置疑的事实。我们早已知道，关注社会道德的先知们是如何考虑罪来自神话这一原初性问题的，悲剧就是在这个问题中产生的。他们让同胞成为统治性的概念，以此获得了许多好处，包括抵制来自神话学和形而上学问题的质疑。先知们之所以能够战胜这些力量，其根源就在于他们所使用的是在处理罪的问题时使用的力量和能力。

当人认识到他不仅仅是他的祖先的后代时，并不意味着人的罪的问题就得到了解决。从主动的意义上说，他由于其自身而成为一个生物意味着什么？他是如何能够让罪从己出的？这个问题同样无法通过将罪看作是社会复多性的产物而得到解决。如果个体不将自身提升到道德典范的地步、将抽象的复多性融入自身并给予其灵魂和精神，那么社会复多性就像上文所说的那样，对于罪来说仍然是一个抽象，对于主动性的道德来说也是如此。

8. 人是如何能够自觉地犯罪的呢？这个问题能否通过人是有自由意志的这样的答案来解决呢？如果伦理学只有在其方法的基础上才能产生出这一自由意志，那么伦理学只能要求它成为一种纯粹意志，成为可以作为伦理学基础的善良意志（will to good）。然而，如果意志自由意味着人类意志有能力作出或善或恶的选择，那么意志的这层含义就不再属于纯粹伦理学的领域而是指向了人类的经验领域。在这种情况下，就产生了一个问题：在人类的经验中，如何可能产生不偏不倚的选择？或者说，如何能产生可以在同样的基础上选择善恶的意志？意志自由如何能够意味着罪恶意志的自由？如此看来，在经验基础上的道德教义同样无法解决罪的起源问题。

9. 由于对希伯来词汇 "רצ" 的误解，产生了原罪的概念。涉及这一问题的章节的意义明白无误地表现出对人类软弱的认可。大地以及居住在大地上的人并非仅仅是因为"人从小时心里怀着恶念"（《创世记》8：21）而受到惩罚。这一赘语颇值得玩味，只是因为我们习惯于"心中的欲望"这样的词组才未能注意到它。心灵本身就已经足够了，或者说欲望本身就够了。

但是，"念头"一词并非意味着欲望，或者说至少不单指欲望，根据伊本·以斯拉的解释，它的意思是"产物，模仿原型的东西"。心中的欲望本身并非是恶的，毋宁说，心灵的产物才被看作是坏的。格赛尼斯（Gesenius）① 将这个词首先解释为行动（*fictio, formatio*）。在两个章节前，同一个词出现在一个复杂的词汇连接"他心里的想法"（《创世记》6：5）之中。考西的译文试图将两个观念混在一起："他心里所有的想法和渴望"。在后文中（《创世记》8：21）他仅仅提到了"想法"。欲望在这里也并未提及，但是"想法"和"渴望"同样是误译。

这个词仅仅意味着思想的产物、心里的产物，后面的章节准确无误地证明了这一点。然而，人类心灵中的思想和渴望是坏的这一点却得到了认可。但是，这一看法不应该被看作是绝对真理。它不是信仰的一个要素，如果是这样的话，它就不可能来自上帝的判断和他对保存大地以及在大地上生活的万物的祝福之间的联系中。任何一种将恶看作是人类心灵的内在欲望的看法都不可能适用于这一语境。人类心灵的产物是坏的，这或许意味着其他的虚构的行为（imaginary actions）、构造性的力量（formative powers）可能也会在人类的心灵中出现，但这种力量与那些坏的构造性力量是不同的。"想法"这个词本身暗示的是人类的心灵，他不可能将恶放入人的心灵，因为心灵是上帝的造物。

这一思想本来可能解决我们的问题，其做法是将恶的起源归诸人类心灵、人类意志中恶的倾向，但是这一点却不可能得到《创

---

① 格赛尼斯，应该是指 Wilhelm Gesenius（1786—1842），德国东方学者、圣经批判家。——中译者

世记》原文的支持。毋宁说人的内心中存在着圣灵。呼唤的对象正是圣灵，而呼唤的是其神圣性。天生的恶的倾向肯定会与神圣性的基本要求相互冲突，而且在更为基本的层面上，它会与上帝的神圣性相冲突。"圣者神，因公义显为圣。"（《以赛亚书》5：16）神圣的上帝不可能将恶放入人的心灵。

10. 问题依然存在：经验中人的恶难道仅仅是一个幻觉？人类行为的后果、行为的方式是否只能是善的？恶的问题是否是琐屑而无益的呢？

我们已经逐渐意识到某种肤浅的乐观主义或许会误导我们，使我们对此前的世界历史所具有的价值形成误判。但是，如果对此置之不理，如果我们放任罪的问题变得毫无意义并因此而放弃我们自己所能获得的唯一的可以带来处理并解决上述问题的可能性的工具（如果加以清醒的运用的话），那么自我和个体的问题就毫无解决的希望。通过设定人只可能是善的，我们或许会给自己一个错误的目标，但是社会性的罪已经引导我们远离了这一错误。我们对于社会性的罪的洞察确定无疑地将我们从这一幻觉中解放了出来。因此，现在只剩下了一个问题：罪是如何进入人类世界的呢？借助罪只不过是幻觉的看法是不可能消解掉这个问题的。

后一种解决方式的唯一可能性在于人们假设除了对人犯下的罪之外没有其他的罪，所谓对上帝的罪不过是一种宗教上的偏见。我们对此的回答也是一个问题：请问您这位道德上的纯粹主义者（moral purist）该如何解释社会之罪的由来呢？社会环境不过是一种抽象，在你用诸多个体将其充满之前，是不可能变得具体而微的。你又如何突如其来地获得这些个体的呢？他们之间毫无区别，因而仅仅是抽象作用的产物，因此，他们的产生、形成都只不过是由你的第一个抽象而得出来的其他的抽象而已。

社会学的观点也无法摆脱在平衡善、恶时的游移不定，因为这种平衡正是由于上述游移不定的社会复多性而生，并且是为之继续存在的。这件事不可能归结为恶，因此也不可能是个体，更不用说是自我的过错了。如此一来，我们别无选择，只有再次求助于宗教的观点，以便能够理解恶产生于个体、产生于人类自我的可能性。如此一来，我们必须从关注社会的先知们转向以西结。

11. 以西结与关注社会的先知们的不同之处在于，他将罪看作是个体的罪，并因此而在个体中发现了罪。这种不同带来了一个进一步的结果，即不把罪看作是单纯的社会性的罪，看作是人对人犯下的罪，而是比他的前辈们走得更远，赋予罪以违背上帝的含义。当然，这一观点在他的前辈们那里并不罕见，否则的话，以赛亚如何能够认识神圣的上帝？但是，由于从社会的观点出发看待罪，所以纯粹宗教的观点被边缘化了。这些先知们留下的宝贵遗产正是宗教和道德的融合。无论如何，这意味着他们将宗教融入了道德，尽管他们并未因道德而抹杀、压抑宗教的特殊品格，但是他们也没有让宗教的光芒掩盖其他的内容。

这样看来，那种在面对人类社会的不义的不同层面时将个体边缘化的流行的社会观点与将个性化的宗教问题边缘化的趋势是有着内在联系的。当个体在社会等级面前退却的时候，对上帝的罪以同样的方式在巨大的、作为人类之罪的主题的社会和道德问题面前也退却了。正义是道德宗教，也是关心社会道德的先知们的主要依据。神圣的上帝通过正义完成了神圣化的过程。以赛亚提出的这一简洁的形式是这些先知的共同特征。对正义的违背就是对上帝犯下了罪，不可能是其他的罪。

接下来我们要介绍以西结思想的特殊之处。首先是他的具有双重含义的命题（twofold proposition），他以此在罪、个体和上帝之间建立起了全新的联系。上文中我们提出了一个问题：罪从哪里来？对这个问题的误解可能产生出一个新的误解，即对上帝和人类个体的罪的关系的误解，我们目前首要的任务是消除这一误解。我们已经排斥了下述可能性，即或许是上帝将罪放到我们的心里，因而罪具有一种遗传性特质。但是，新建立起来的三个概念之间的联系或许会再次将我们带回到这一致命的假设上。这个一般性的错误由于问题本身在含义方面的含糊而更加严重。

我们已经意识到，恶的起源的问题在神话中有其根源。所谓的形而上学对此同样兴趣多多。与此相反，伦理学教导我们，自由的基础以及因此产生的善、恶的基础必定是难以了解的。神话所寻求的基础从来都只限于因果关系。但是，后者所统治的范围仅仅局限在关于自然的知识之内，而自由的领域属于伦理知识的领域，统治它的是目的性原则而不是因果律。

12. 如此一来，如果罪从何来的问题不可能指向罪的基础和起源，那么它与上帝的关系就不可能意味着这一基础可以归诸上帝，因为我们已经表明，基础的问题就是原因的问题。那么，这个问题的含义究竟是什么呢？对这个问题的回答需要借助另一个问题：与人对人的犯罪相对立的人对上帝的犯罪究竟意味着什么？当后者受到质疑，被认为仅仅是一个幻觉或一个肤浅的虚构时，它如何能够获得保护？

到目前为止，三个概念间的联系主要关心的是对上帝的犯罪，但是，在这一联系中，个体究竟意味着什么？我们仅仅说过个体是必需的，而且不能够仅仅从与复多性相关的神话的观点来加以考察。但是，仅仅将个体看作是可有可无的愿望的对象显然是不够的，这看上去似乎仅仅是一个否定性的条件。那么，对于罪来说，个体的肯定性意义何在？这个问题绝不能再次被误解为那种将罪的基础看作是个体的天生本性的观点，因为这种观点会再次犯下将因果关系看作是基础的错误。

13. 个体的成立，必须根据伦理学的方法，必须局限在伦理学目的论的教导的范围内，理性宗教始终必须与后者保持持久的联系。这一目的论的教导是逻辑学在方法论层面上的一贯性的延伸。然而，逻辑所教导的是：所有的基础性概念都是第一原理，对它们的正确性的检验来自它们的后果。

这样的第一原理就是个体，就是罪，就是作为个体的罪。这样的第一原理同样也是上帝的概念，同样也是对上帝所犯下的罪。

个体首先应该而且仅仅应该通过罪而将自身展现为自我。这一展现并非针对特殊的罪，因为自我所知的仅仅是复多性的罪。因此，让我们借助对上帝犯下的罪这一第一原理做个试验，由此我们或许可以看出它是否包含着将作为自我的个体产生出来的能力。或许我们真能发现这样的新能力，也就是说，这样的能力不仅能让有罪的个体转变为有罪的我，而且会产生出一种超越于上述转变的、适用于有罪的我的另外一种转变。通过这种转变，上述基本概念之间的联系的深层次含义将会得到展现，我们不仅发现了作为个体的我，而且上帝的概念也获得了新的意义。借助于这一新的意义，宗教获得了不同于伦理学的特殊品格，虽然它依然需要伦理学的方法作为其基础。宗教的这一特殊品格不仅仅会带来超越于伦理学的上帝新概念的发现，而且会带来人的新概念的发现。

14. 在有关人的概念的层面上，罪也需要一种新的解释。罪不可能仅仅给出一个与超出人类存在的斯芬克司之谜一样的形而上学谜团。罪恰恰就是第一原理。因此，必定要有一个与作为"我"的"人"这一第一原理有关的转换性概念，从而超越复多性的罪。如此一来，对上帝的罪同样也是第一原理，因此它就是一个超越了人对人的罪的转化，因为它是直接针对人的。上述两个转折点的联系应该会产生出一个结果，即一个新的、关于自我的第一原理。

15. 让我们暂停一下，以便再次思考在罪的层面上的个体和群体的关系。（第一次）世界大战是展现这一关系的一个合适的场合。此外，对于先知们来说，战争意味着我们今天更为深刻地认识到的资本主义的世界贸易。在诸民族之间进行着真正的战争，但是每个国家的领导人都在谈论那些引起了战争的人。如此看来，人们不可能满足于起因的问题，无论如何都不可能回避始作俑者的问题。但是，从社会的观点看来，这个问题的提法是错误的，因此永远也不可能解决。因为个体最多不过是次要原因。经济原因才是真正的始作俑者，但却一直隐在幕后。反对这一原因的孤单的个体，诸如若雷（Jaures）[①]这样的个人究竟能够产生多大的影响呢？

这是人们从社会的观点出发得出的结论。无论经济原因看起

[①] 可能是指 Jean Jaures（1859—1914），法国社会党领袖。——中译者

来有多大的决定作用（这不仅仅是对历史持唯物主义观点的结果），理念方面的原因同样占有一席之地，也就是说，一个民族的文明与另一个民族的文明之间的冲突也是重要原因。个体的前景是否因此而得到了发现呢？即便是从宗教冲突出发，个体是否能够由此而得到确立仍然是个问题。无论在何种情况下，像在上述情形中一样，真正被引导到行动的领域中去的都只是蒙昧无知的大众，没有哪个个体能够发现进一步进入光明的道德之门的阶梯。

16. 让我们在良心的审判席面前把每一个进入国家事务中的人，每一个在公众面前出现、在数不胜数的公共机关面前出现的个体称作是个体。只有个体本身才可以被召唤来为诸民族的罪负责。

如此一来，良心变成了审判官。在这种情况下我们才能建立起一个法庭，只有在这个法庭上个体才能够产生并且必然以个体的方式存在。那么，为什么还要建立一个由上帝做法官的法庭呢？

如果良心真的是一个足够正确的概念，那么无论何时哲学伦理学都不是必要的。良心是一个精灵，所有的人都与苏格拉底[①]一样拥有它。但苏格拉底本人并不是仅仅满足于拥有它，而是借助它开辟了伦理学的道路。这种伦理学在以后的历史中取得了长足的进步，但是存在于其中的神谕的权威性却不曾有分毫的进步。因此，它总是被以上帝为法官的法庭所代替。然而，对于理性宗教来说，问题依然存在：建立在宗教与伦理学的关系基础上的宗教在理性中的成分是否仍然保存在关于上帝的法官地位的神学观点之中呢？

---

① 参见柏拉图《申辩》一书。——中译者

但是，现在我们有一个现成的标准，借此我们可以从方法论上考察上帝眼中的罪的正确概念。它包含着罪的概念和作为我的个体在上帝面前的罪之间的联系。只有个体的罪，只有在人类的自我面前个体所犯下的罪才必定会被看作是对上帝犯下的罪。现在，如果人类个体在社会复多性的意义上被孤立起来的话，他绝不会变得孤独、寂寞，相反他会在一个新的生命中获得重生。这个新的生命就是自我，或者更好的说法是，这个新的生命就是一个具有道德理性的生物。宗教的胜利表现在，它在独一无二的成就中将这一理性生物带给了世界，而伦理学只能在"全体的投影"（the projection of totality）中使他产生出来。

17. 在上帝面前犯了罪的"我"应该能够打开一条通往这一新的、宗教性的"我"的问题的道路。但是，如果有罪的"我"仅仅靠伦理学无法产生，如果有罪的"我"是一个能够产生出新我的转折点，那么他就不可能仅仅是一个有罪的"我"。从罪中解放出来必定会成为目标，而且新的"我"只有通过这一目标的实现才能够产生。罪以这样的方式被置于上帝面前，这不是为了让个体仍然处于有罪状态，而是为了把他从罪中解放出来，这种解放对于从个体到"我"的转变是必需的。如果道德诫命是拥有自治权的人必须为自己进行辩护时所面对的唯一法庭，那么这一抽象的法庭既没有能力也没有办法将人从罪中解放出来。只有在自律中才能发现判断人类道德的能力。正是由于自律的能力，才让人提升到全体的高度。伦理学没有任何其他的目标，也没有任何其他的办法。

但是，对于社会道德来说，同胞的个体性已经被打上了问号。

无论如何，后者尚未变成"我"。"我"的问题既没有被全体性所穷尽，也未被复多性所穷尽。如此一来，我们必须甘冒风险，尝试着去发现能够将有罪的个体置于上帝的审判席面前的基础。

从罪中解放出来之后，我们所预期的结果不可能是异质的，否则就会破坏"我"的问题的内在完整性。因为享乐主义的每一种危险以及所有形式的自我中心论在很久以前就被征服了。"我"已经将自身提升到了社会复多性之上，他早就不再是一个简单的生物了，而是吸收了社会文化中全部的道德力量。但是，从他的内容的丰富性出发，他现在竭力想达到自我的真正的个体性。由在上帝面前的罪而打开的通路是达成这一提升的准备阶段。个体穿过在上帝面前的罪而达到了自我。人从罪中解放出来，这意味着作为目标的人性的达成，但是，达成的过程必须以在上帝面前的罪为中介。

18. 现在，如果我们继续探讨以西结，那么我们就不得不在前三个概念上加入第四个概念，即我们刚刚获得的救赎的概念。在上帝面前的罪是在上帝面前获救的手段。如果我们再次询问关于以西结及其后继者与第一个先知群体的关系，那么我们就也会将救赎看作是后者的目标，但是对后者来说救赎的概念是政治上的，不过是社会概念的延伸。神圣的上帝的目标绝不仅仅是从政治上拯救以色列人，拯救绝不仅仅限于以色列人这一特例，相反，拯救的对象是整个人类。

先知们过去和现在都是从全体性的观点出发将人理想化的。人类是要被救赎的，因此，个体的救赎就是其必然的结果。但是，救赎的实现只能通过正义来完成。那么，留给人的问题还有什么？

第11章 赎罪

我们已经看到，在上述普遍性中个体尚未出现，更不用说自我了。如此一来，救赎作为个体从罪中的解放必定会变成一个新的问题并且产生出一个新的救赎概念。

19.《圣经》语言中的救赎和救世主的多重含义或许可以从上述概念中找到自己的解释。以色列的救赎仍然维系于作为律法制度的救世主身上，他必须为整个民族的存续负责。但是，将人从罪中拯救出来的救世主却并不为人所知，无论是部落还是民族都一无所知。对于以西结来说，存在的只是个体，而且他所认可的是要为个体通向自我做准备。

一个新的词汇（虽然不是新的概念）在此出现了：赎罪。

20.这个概念同样起源于神话和多神教。诸神的愤怒起源于他们的妒忌，而人们必须平息他们的怒火。祭祀被看作是达成和谐的赎罪办法。罪在主观上的反应就是祭祀，在诸神面前的赎罪行为只有外在的目标。与此相反，神圣的上帝却只会因为人类的不义而对他们感到愤怒。先知们对抗祭祀时的热忱由他们对于虚假之神的反对而得到充分的解释，因为这些假神不管人类的德性如何都会收受他们的赎罪祭品。因此，对先知来说，在祭祀的问题上没有什么可以商量的余地，祭祀是崇拜假神的绝对危险的信号。

除此之外，人们认为以西结在开辟了新道路的同时却希望保留祭祀。这是否是一个无解的矛盾呢？让我们看看赎罪本身能否提供一种新的调节手段，使得在上帝面前的罪变得富有成果，能够让人从罪中解放出来并且让他发展成为"我"。

21.就像救赎绝不会停留在对民族的救赎上一样，它也绝不会停留在上帝面前的赎罪和与上帝和解上。现在，作为和解的救赎再次将我们带回到人的身上。人在提升到自我的过程中削弱了上帝的概念、上帝面前有罪的概念和通过上帝救赎的概念,而将其统统变成了中介性的概念。当最终的目标达到之时,又会重新回到起点,并为人们指出(新的)最终目标,也就是说,人类本身要借助赎罪,在他的义务和他的懈怠之间的全部矛盾中去接近并达成这一目标。

只有为了完成他自己的独立的任务,他才会需要上帝的审判。人必须在自己内部达成和解,其最终的解决之道是通过上帝的救赎,也就是与上帝的和解。这就是目标,这就是道德之我的任务。这与所有社会的、普遍的道德都大相径庭。

22. 带着这些问题,我们现在再次探讨以西结。上帝面前的罪引导着人变成了自我。上帝面前的罪引导着我们得到了上帝的救赎。上帝的救赎引导着我们获得了人与其自身的和解,只有这样的和解才能够最终引导着我们达到自我与上帝的和解。正是与上帝的和解,才将个体带到了成长为"我"的成熟阶段。

在圣经思想中有一个特殊的现象,对《圣经》的反思和其中令人惊讶的部分并非是先辈的罪及其与后裔的关系,而是先辈犯罪而后代受惩罚这一反差。神话—悲剧思想中关于罪的遗传的看法在这里似乎毫无立足之地,人们似乎没有办法相信,上帝居然能够以这样的方式来惩罚无辜的人。另一方面,宗教意识在最初的时候,在亚伯拉罕与所多玛的故事中表现出与日常经验(认为父母犯罪之后会招致孩子的不幸)大不相同的情况。

孩子的不幸表现为父母犯罪的恶果是对无辜的孩子的惩罚。因为孩子从未意识到他们自己的罪,而当代人同样更关注父母的罪而非孩子可能犯的罪。如果人考虑的只是惩罚的遗传性而不是罪本身的遗传，那么或许这还算得上是一个宗教意识方面的进步。

23. 对于将来的好时光，耶利米曾经预言："当那些日子，人不再说，父亲吃了酸葡萄，儿子的牙酸倒了。"（《耶利米书》31：29）他关于"那些日子"又说过什么肯定性的话呢？"但各人必因自己的罪死亡。凡吃酸葡萄的，自己的牙必酸倒。"（《耶利米书》31：30）在"那些日子"里，上帝会与以色列立下"新的约"（《耶利米书》31：31）。这些都是耶利米不得不说的话，他以此来安抚百姓的心理，在将来所有的人都会因为自己的罪而死去。只有在这种情况下，孩子才会得到保护，才会免遭惩罚的恶果；而犯罪了的先辈们则被处死，这是他们应得的。

无论如何，正是通过反对惩罚后代，先知们才逐渐表现出每个人都有"自己的罪"的思想。但是，这一新的教义（即每个人都有自己的罪）尚未得到充分的阐释，尤其是没有说明它与神话—悲剧观点的对立。这一新的教义尚未通过惩罚恶果的消失而得到证明，因为惩罚并不一定紧跟在罪之后。惩罚本身并不是罪的现实性的恰当证据。因此，在这一点上罪仍然是在社会性罪的一般意义上加以理解的，因为社会性的罪包含了每一个单独的人，但并未从个体的意义上得到恰当的理解。词组"他的罪"中的代词"他的"无法表述新的概念。

24. 以西结达到的这一新的阶段表现在这样的说法中：灵魂犯了罪。灵魂是对个别人、个体的表达。

或许有人会认为，灵魂在《申命记》中的心灵、内在等概念中已经得到了暗示。但是，心灵不过是人类的内在活动的一系列名称的集合，因此只适用于内在的活动。将人归结为他的某一个器官甚至全部器官的集合并不能包括全部的人。个别的他,也只有个别的他,才能被变成他的罪的起源。因此,灵魂与心灵或其他的内在的东西并不相同。只有通过灵魂的概念,个体才能够成熟起来并变成自我。只有自我、灵魂的整体才能给关于罪的知识带来点东西,并在后者的引领下超越这种知识。人们不应该满足于关于罪的知识,而必须使其变成激励人们从罪的枷锁中挣脱出来的因素。在神话观念中,命运从未允许人获得这种自由。神话的信仰束缚着人,就像神谕中的信仰一样。对此,唯一的办法是服从命运。

不仅在独一无二的上帝之外没有任何高于他的命运,在他自身之内也没有任何命运。因此,一神教关于罪的知识只能意味着从罪中解放出来。无论如何,如果先知耶利米仅仅从这一新观点中得出了这样的结论,即罪人的死是因为他自己的罪,那么他用这一点来校正的只是不公正的惩罚,而关于罪的知识尚未达到一神教所要求的硕果累累的成熟期。

25. 以西结的一个特殊之处在于他不仅仅像耶利米一样简洁地表述了上述思想,而且还对此进行了细致的考察并在最后对它进行了批判。人们总是错误地认为这一考察是冗长的,但细节方面的丰富性恰好是这一观念的新颖之处的证据。"你们在以色列地怎么用这俗语说父亲吃了酸葡萄,儿子的牙酸倒了呢?主耶和华说,我指着我的永生起誓,你们在以色列中,必不再有用这俗语的因由。看哪,世人都是属我的。为父的怎样属我,为子的也照样属我。犯罪的,他必死亡。"(《以西结书》18:2—4)

上文中最后一句可能暗示着以西结所关心的同样仅仅是惩罚。

但是，这段引文表明，只有从现在开始惩罚才能被看作是罪的标记，因为惩罚仅仅是针对那个犯了罪的人本身的。在消除旧的比喻、"在以色列地"不再有这种现象和"永生"等箴言①的做法中包含着多么巨大的进步啊！在宣称"看哪，世人都是属我的"中又包含着多么积极的进步啊！父辈的灵魂并未对孩子的灵魂产生不利的影响，似乎后者根本没有自己的灵魂。但是上帝变成了所有人类灵魂的主人，在上帝对人类灵魂的主宰中，现在的孩子就像以前的父辈们一样接受了自己的灵魂。因此，现在灵魂不可能仅仅发现死亡是其终点，而且还发现其他人的灵魂的特殊之处也加入了进来。

26. 现在，我们能够更清楚地看到以西结在描述义人和恶人的区分时唯一的标准是道德的行为还是不道德的行为，他从未从祭祀方面的虔诚或亵渎的角度来进行判断，而不可思议的是，这一区分经常被忽略。他只是提到过异教的祭祀。除此之外，义人被描述成："未曾玷污邻舍的妻……未曾亏负人，乃将欠债之人的当头还给他。未曾抢夺人的物件，却将食物给饥饿的人吃，将衣服给赤身的人穿。未曾向借钱的弟兄取利，也未曾向借粮的弟兄多要，缩手不作罪孽，在两人之间，按至理判断。遵行我的律例，谨守我的典章，按诚实行事这人是公义的。"（他是真的义人，因为他充满了纯粹道德的精神）"他必定存活，这是主耶和华说的"（《以西结书》18：5—9）。正义的人生要建立在有关个人的灵魂的知识之上。这个义人"他若生一个儿子，作强盗，是流人血的……并玷污邻舍的妻，亏负困苦和穷乏的人，抢夺人的物，

---

① 指上述引文中的俗语。——中译者

未曾将当头还给人,仰望偶像,并行可憎的事,向借钱的弟兄取利,向借粮的弟兄多要这人岂能存活呢?他必不能存活。他行这一切可憎的事,必要死亡,他的血必归到他身上"(《以西结书》18:11—13)。在这里出现了肯定性的结果,尽管在一开始提到的只是惩罚,即归到他身上的是他自己的血,并非因父辈的罪而死。

在此对这位坏父亲的好儿子的描述是在先的。这一特性就其本身而言是非常重要的。坏父亲却有一个好儿子并非是不可能的。这样的孩子不应该因父亲的罪而死,他应该活下去。在这里,箴言①被全盘推翻了。现在,这位坏父亲不仅有一个好儿子,而且还是一个快乐的儿子。这种强化得到了证明,因为人们的良心在下判断时遵循的正是这一标准。

这位先知是如此关注人们的观点,以至于他接下去说:"你们还说,儿子为何不担当父亲的罪孽呢?儿子行正直与合理的事,谨守遵行我的一切律例,他必定存活。惟有犯罪的,他必死亡。儿子必不担当父亲的罪孽,父亲也不担当儿子的罪孽。义人的善果必归自己,恶人的恶报也必归自己。"(《以西结书》18:19—20)这位先知以这种方式表现出一种与一般人不同的观点。对于一般人来说,判断的依据是上述箴言,他们不认为对儿子的惩罚是令人惊讶的,也不认为坏父亲的好儿子仍然需要为他父亲的罪负责是件值得反对的事情。由此看来,上述箴言仍然停留在一般性的层面上。但是,在个别的事件的确定取决于道德的情况下,迷信就仍然与罪的遗传的思想密切相关。只有借助进一步将其特

---

① 参见上注。——中译者

殊化（specification）才能打破这一迷信。

27. 上述箴言具有某种怀疑论的味道。但却在自身的延续中达到了自身理念的恰当结果："恶人若回头离开所作的一切罪恶……他必定存活，不致死亡。他所犯的一切罪过都不被记念，因所行的义，他必存活。主耶和华说，恶人死亡，岂是我喜悦的吗？不是喜悦他回头离开所行的道存活吗？"（《以西结书》18：21—23）在罪和惩罚的过程中迎来了一个新的时刻：从罪恶的生活方式中回归。借助这一点，上述善、恶之间的区分被超越，而上述箴言则被完全推翻。作为不合格的坏父亲的人现在消失了，他有可能从他的罪恶道路上改邪归正。此外，罪与惩罚之间的明确的对应关系也被打破，取而代之的是罪和改邪归正之间的对应关系。

28. 上帝的本质同样也产生了相应的变化。他的统治的一成不变的标志并不是惩罚，而是他看到浪子回头时的喜悦。因此，上帝对罪人的死并不感到快乐，而是对他的重生感到欣慰。

就像恶人的个性并非一成不变一样，义人的个性也会发生变化："义人若转离义行而作罪孽，照着恶人所行一切可憎的事而行，他岂能存活吗？他所行的一切义都不被记念。他必因所犯的罪，所行的恶死亡。你们还说，主的道不公平。以色列家啊，你们当听，我的道岂不公平吗？你们的道岂不是不公平吗？"（《以西结书》18：24—25）在这段表白的最后，出现了对恶人的决定性的语句："再者，恶人若回头离开所行的恶，行正直与合理的事，他必将性命救活了。"（《以西结书》18：27）"所以主耶和华说，以色列家啊，我必按你们各人所行的审判你们。你们当回头离开所犯的一切罪过。这样，罪孽必不使你们败亡。"（《以西结书》18：30）

这样一来，新的"人"诞生了，通过这种方式，个体变成了自我。罪不可能限制住人们的生活方式。从罪恶的道路上回心转意是完全可能的。人可能会变成一个全新的人。这种自我转变的可能性促成个体转变为"我"。通过他自己的罪，"人"第一次变成了个体。不论采取何种方法，只要有从罪中回心转意的可能性存在，有罪的个体就会变成自由的"我"。只有在这个新生的"人"面前，上帝与人的相互关系才会真正存在。上帝不需要罪人，也不需要他死，但却会因人从迷途中回心转意并因而进入他的生命、他的新的生命而倍感欣慰。

29. 这一（出自以西结的）章节包含着所有的先知教义中最深刻的内容，它清楚地说明了一种思想，并且以这种思想在实践中的应用作为结尾，即罪不可能是某种冒犯（offense），也不可能成为从罪中解放出来的障碍。有一种罪，就有一条相应的悔过之路。

认为不可能完全消除罪的思想是一种偏见，它植根于希伯来文"冒犯"之中，而这个词通常用来指称"阻挠上帝的诫命"。这种关于罪的偏见现在看来正是这样的障碍。从罪中解放出来是可能的。人有能力开始一种新模式的生活，即沿着新的道路生活。

现在，整个的结论都已经清楚了："你们要将所犯的一切罪过尽行抛弃，自作一个新心和新灵。"（《以西结书》18：31）在这一章节中，以西结超越了他所有的前辈。因为他们仅仅预言了新的心灵和新的精神，对此，按照耶利米的说法，当上帝与以色列人立新约的时候会给予他们这些，但以西结却说：给你自己一个新的心灵和新的精神。现在，个体在自我中得到了充分的实现。在认识到了自己的罪的时候，"人"变成了个体。而通过为他自己创造出新的心灵和新的精神的能力,他变成了"我"。

现在,这一新的心灵和新的精神能够并且应该包含着什么第一次变得清晰起来,这是一种从以前的生活方式中摆脱出来、并进入新的生活方式的能力。只有在这时人才变成了自身的主人,他现在不必再服从于命运,而正是这个命运才会阻止人摆脱罪恶之路。人获得了这样的教诲:罪不可能变成对人类永恒的冒犯,不可能是一个永恒的障碍。正是借助这样的教诲,人才从上述命运中解放出来。这样一来,人第一次变成了个体,而这样的个体不再绝对依赖使他深陷于其中的来自社会的多样性的种种关系。他是一个自主的灵性单位,因为他是一个道德个体。使他从先前的生活方式中解放出来的能力给予他这一自主性的单位以真正的价值。

30. 然而,伴随着对这一新的高度上的知识的正式认可,我们无论如何都必须提出一个问题:除了在原理方面的进步之外,是否存在着一种真正的、实践性的、超越了所有以西结前辈的道德教诲的进步呢?以西结的前辈们劝告人们行公义之路,而以西结劝告人们以新的方式行正义之路,因为以前走错了路,正如他和他的前辈们都强调的那样。新引进的复多性和个体之间的区分究竟会给道德劝诫带来什么特殊之处呢?现在的个体被认为有能力借助自身而选择一条新的道路。究竟是什么将个体回归的新生之路与曾经走偏的道路区分开来呢?回归是否仅仅是劝诫的对象呢?或者说,在什么东西当中存在着那种使得个体实现了这一回归的力量呢?

31. 希伯来文中表示"回归"的单词变成了一个新的词,但却被不准确地翻译成一个德文词"忏悔"。在德国律法中，这个词的意思是"赎金"，因此，这个词包含着一种含义，而这种含义与回归的含义不仅不一而且实际上完全相反。与其德语含义相对立的是，新的希伯来词汇昭示着由回归带来的转变。赎金是一种惩罚，而惩罚实际上是一种手段，借助它回归才能与纯粹的道德抽象区分开来。

然而，惩罚本身并不是一个真正的对象，因此无法让回归变得具有直接的现实性。同样地，在律法实践中满足律法的并非是法官对惩罚的宣告，因为这样的宣告绝不可以把来自法官的有罪宣告作为自身的基础。因此，最重要的是罪犯本人能够而且应该宣告自己有罪。在他自己的有罪宣告中保存着惩罚的内在理由。对于罪犯来说，惩罚是安慰他的无情的罪恶感的唯一方法。对他来说，这是给予他的唯一的支持，支持他从这一几乎无法承担的负担中解放出来。

如此一来，在被译为所谓"赎金"的回归中，惩罚同样必须被用作获得解放的手段。律法实践的方法展现给罪人的是如何正确地获得对于罪的自我意识。如果个体必须拥有自己就是自己的罪的始作俑者的知识，那么他同样必须认可并坦白自己就是这样的。在这种认可和坦白中，自我走到了前台。认罪是一种赎金，罪人必须将自己置于这一境地。这样的坦白伴随着所有的苦恼和悲痛以及所有的几乎无法抗拒的、与绝望相去不远的懊悔，如果上帝要解放他，那么这样的坦白就是执行惩罚的开端，罪人必须背起这副十字架。这种自我惩罚是迈向那条向他敞开的回归之路的第一步。

32. 然而在这里，同样的问题再次出现了，这个问题与上述坦白得以实现的实践性进程相关，其实现使得纯粹道德抽象的最后一丝痕迹也烟消云散。律法实践不可能扩展到人类心灵中令人为难的冲突中。到哪里才能找到一个与律法实践相似的东西呢？如果坦白自己的罪并未真的进入某种公共机制，那么它就不可能真正实现，回归也就始终仅仅是一个劝诫之词。有这样一种适用于个体的、宗教层面上的公共机制吗？

在这一点上，神圣的信仰出现了。在此启示给我们的是对一个完全无法否认的事实的理解，即关注社会道德的先知们将特殊的神圣信仰置于平衡的一端。他们所理解的罪主要是社会性的罪，对这种罪的纠正只能借助社会正义。但是，对以西结来说是个体将自身从他的社会环境中提升出来，确切地说，个体所借助的手段是他自己的罪。但是，这种罪并非是人的终点站，而是一个不断更新着的新的人生的不断重复着的起点。这一持续更新着的起点必须进入到某种公共机制中，而不可能仅仅在沉默中、在人类内心的隐秘处得到实现。所有道德机制的意义都在于，它们会支持个体履行其道德责任。这实际上也是律法条文的意义，即将意志的概念规范化，并通过这样的工作帮助人们实现其行动的现实性。坦白也要求这样的现实性，而且后者要到某种公共机制中去寻找。这一要求在神圣的信仰中得到了满足。

33. 在这一点上，对历史的考量变得非常重要，因为我们考察的是一个转折点，在这个转折点上作为神圣的信仰的祈祷并未出现，最起码也是尚未具有独立的地位。我们行将看到，它有可能而且必须在这一点上产生出来。如果以西结的新个体的概念不再飘浮在天空和大地之间，如果他试图在赎回的行动中实现坦白，那么他在这个转折点上会附加些什么呢？祭祀的民族机制对以色列人和对全世界的民族都是一样的，但是除此之外，他还有其他的助力吗？除了祭祀之外，他还有其他的桥梁去沟通个体性的赎回吗？到目前为止，除了以色列人之外，祭祀在整个的道德世界中都保留着，甚至仅仅以血祭这种象征性的形式保留着。

34. 历史性的考量也必须应用到以西结实现其改革的政治环境中。国家已经败亡，在不得不臣服于波斯人的年代里，国家的重建不可能实现。他能够找到什么样的其他方法来竭力保持以色列人对独一无二的上帝的预言的渴望呢？即便是到了今天，相信这一方法只能是国家的仍然大有人在。

以西结及其最主要的后继者受到了另一种政治和宗教的鼓舞。他们满怀自信地将国家置之度外。以后我们会看到，一神教是如何在与个别的国家分道扬镳之后仍然能够实现自身的。但是如果没有包含着许多单位的集体的话，没有哪一个团体能够实现这一点，甚至只有一个纯粹的灵性目标作为其任务都不行。这个包含着许多单位的集体如果想达到相当高的历史层面，就必须变成一种公共机制。什么样的机制才能与国家这样的集体有共通性呢？

35. 今天，我们认为教会是一种近似国家的集体。但是，这样的类比为最初的一神教所拒斥。在神的显现面前，教会不仅是反常之物，而且纯粹是个赘物。神的显现的意义警示我们要拒斥它。但是，如果国家被毁，那么精心策划的教会有没有可能会成为其替代品呢？教会的产生不就是一个与国家站在一起的机构的产生吗？教会建立的理由不是对现实的国家的补充吗？没有国家，教会不可能产生。

36. 如此看来,犹太议会作为一个集体的产生对于宗教的独一无二的任务来说具有独一无二的适用性。宗教在这里达到了一个转折点,在这一转折点上个体产生了,如此一来,可以理解的是,适用于个体的、通过惩罚而完成的坦白所需要的公共机制无论如何都不会是国家,也不会是教会,因为后者不过是对国家的模仿。唯一可能的是犹太议会这一新的机制,其原型就是城市联合体(city community)。无论如何,后者以这种联合体中的个体为前提,认为个体的确切含义是在与其作为国家之一分子的纯粹象征性意义的对立中显现出来的。"犹太议会"一词的希伯来文词根已经表明,其基础是联合而不是主宰、统治等只有国家才有的功能。

37. 如果犹太议会必须消除波斯人的不信任(他们可能会怀疑犹太议会的目的是建立一个新的国家),那么,犹太议会究竟该如何才能建立起来呢?在不投入常规的、国家性的强制力量的情况下,建立这样的团体需要借助什么样的公共手段呢?当然,这些手段可能仅仅是宗教手段,即用于神圣的信仰的公共手段。此外,既然必须制造出一个新的上帝的概念以适用于新的人的概念,那么作为神圣信仰之体现的祭祀就需要进行改革和修正。如此一来,从历史的角度看来,祭祀最初的机制不应该被简单地消除,也不可能被完全毁灭,就是顺理成章的了。除此之外没有任何其他公共性的、适用于宗教精神的建制存在。

在《申命记》中一直存在着一个明显的矛盾:清晰的、一贯的对纯粹道德概念和诫命的强调却与保留祭祀联系在一起。但是,正因为如此偶像崇拜被取消了,原因是存在着这样的要求:祭祀仅仅可以在耶路撒冷进行。因此，以西结同样执著于耶路撒冷，目的是在那里的神殿中建立起替代国家议会的组织和机构中心。

《申命记》中已经表明，国家议会以及与其有共同目标的、声名显赫的耶路撒冷圣殿主要被看作是一种强化一神教的手段。现在，这一手段被简化为一个特定的地点，祭祀被集中到这里，以期进一步发展和深化一神教。

198　　因此，完全取消祭祀是否会更好这样的问题是不合乎历史发展的。要想真正合乎历史，就应该把对原则的热忱融入一个更为深刻的问题：与祭祀的联系是否在任何情况下都会对一神教造成伤害？或者说，无论有多少反它的正当理由，都有必要在关心社会道德的先知们的基础上对一神教进行进一步的深化，而这就要求祭祀发挥作用，这不仅不会阻碍或削弱这一目标，反而可能会变成其实现过程中不可缺少的要素。

祭祀仪式的施行已经根据新的改革要求进行了相应的调整，人们可以在这个事实中期待发现保留祭祀的重要意义的证据。现在这种要求和期待变成了现实。

38.有人早就指出，整个祭祀制度中存在着一个缺陷，即在进行祭祀时人们要退到祭司身后，以便祭司在祭祀中实现其祭仪功能。但是，退回到祭司身后的不仅仅是人，上帝也是如此。只有祭司在祭祀的过程中有所行动，他杀死动物，将血洒在祭坛上，施行种种具有象征意义的行为，所有这些的目的都是为了赎罪。在整个赎罪仪式中，上帝从未出现。在赎罪的祭仪中没有任何环节提及上帝就是那个恕罪者。上帝根本不在其中。这是整个祭祀仪式中取得的最大进步。

伴随着上帝和人都退居祭司身后，祭司变成了祭仪中唯一的主角，如此一来，他在无意中为人与上帝之间建立亲密的联系做好了准备。这正是这种消极祭祀的好处。人们因此能够接受祭祀，不仅将其看作是一种历史性的手段，而且将其看作心理性的手段。因为，如果对于坦承其罪的团体来说"我"是必需的，那么这个个体的"我"必须能够与上帝进行独立的交流。这种交流或许需要某种象征性的行为作为中介，但却绝非是祭司本人。新人的形成如果需要借助祭司的话，那么祭司肯定会成为一个障碍。

祭司既不能也不应该削弱人的自觉行动。在这个自觉行动的过程中，人坦承了自己的罪，伴随着祭祀中的象征性行为的施行，人完成了在自身之内并借助自身而采取的行动。赎罪必须与救赎区分开来。后者直接诉诸人与上帝之间的关系。救赎不可能通过赎罪而达到，而只能通过人在坦承其罪的过程中所竭力追求的自我净化来达到。宣告某人的自我有罪，意味着给这个"我"准备好了回归的道路和所谓的赎回及其全部效果的道路。

39. 祭祀仪式本身在净化的层面上仍然允许祭司与人区分开来。这一点表现在"在永恒的神面前"这一短语中。举行赎罪仪式的是祭司，但是，就像麻风病人的例子一样，仪式本身净化的是否是他本人却是个问题，毫无疑问的只有一点：只有通过上帝、只有在上帝面前净化才能够完成。无论在哪里，洁净（这是救赎的象征性表达）都被明确地归诸上帝，而赎罪才是祭司的事情。通过净化，带有歧义的希伯来文单词"כפרה"（既可能指赎罪也可能指救赎）就被废除了，强调的重心变成了救赎。上帝只影响后者，正因如此——上帝的概念也随着人的概念的深化而出现了相应的变化。人的概念得到了深化，变得比社会的神圣性更为深刻。

40. 对于与这一概念上的深化相适应的改革来说，祭祀有着相应的适应性。对于这种适应性来说，重要的是普遍意义上的祭祀被局限于不知情情况下的犯罪这一特殊的罪的概念上。因为根据拉比律法，故意犯罪、蓄意挑战律法的行为是不允许进行祭祀的。我们将会看到，在我们考察赎罪日时，赎罪的宣告正是在罪的这种特殊含义上使用的，即无意识犯罪。

在这种思想中，一神教在其发展的这个阶段再次与以苏格拉底为起点的伦理学发生了联系。就像苏格拉底将德性等同于知识，并因此而将所有的不义解释为无知一样，先知们同样在这一神圣性概念的改革中宣称罪是在无知的情况下犯下的。

如果这样的高度初看起来似乎与对于罪的自觉知识和自觉认罪这一转折点相互矛盾，那么"转折点"一词的含义自身就能找到修正的方向。对于罪的自觉的知识实际上是一个能够产生出自我的转折点，但却并非是终点。终点是救赎，而救赎取决于能否从罪恶感中解放出来。

当然，这种解放必定是自我解放。赎罪的工作正是这样来确定的。然而，个体需要犹太议会来实现他的坦白，在犹太议会内实现祭祀。作为公共机制的犹太议会必须帮助个体，促进其成熟、使之变成"我"。议会代表的是国家，而祭祀变成了律法制度。帮助必须来自这一制度，首要特征是这样的判断：人的任何罪过，只要未完全超出人的轨迹因而仍然在净化的许可范围内，那么都可以被看作是无意识的。这一判断同样可以被看作是一个社会性的真理。实际上，它是从类似于律法的社会制度中成长起来的。

第11章 赎罪

但是这一社会性的真理变成了朝向真正的个体——他在自我中得到了净化——的预备步骤。

41. 如此一来，作为社会制度、作为犹太议会的一项制度的祭祀变成了造就宗教意义上的自我的重要手段，自我只有在人与上帝的相互关系中才能找到自己的现实性。祭祀象征性地代表着净化，个体必须在自身中借助赎罪（其最高形式是坦白）而完成净化。但是，这一"在自身中"却包含在与上帝的相互关系中。这种相互关系是由象征性的祭祀带来的，其代表性语句是"在上帝面前"。如此一来，相互关系通过祭祀被引进来并得到了保障。祭祀的最基本的条件即使之得以成立的条件是这样的伦理学概念：人的罪，意即在罪中人仍然是人，仍然是无意识的。在这样一种条件下，人并不是被看作动物甚或野兽，如果是后者，那么就要从病理学上来考虑了。

所有人类的罪都是过错，是犹疑不决、摇摆不定的。这就是希伯来文原词的基本含义。这个概念在下述章节中得到了明确的解释："他在不知情的情况下所行的错事，祭司要为他赎罪，他必蒙赦免。"（《利未记》5∶18）。对过错的解释就是不知情。

但是人并没有权利为自己这样开脱，人的这个秘密是与他的过错相对立的，否则的话他就会削弱自觉的知识。只有公共机制能为他作这样的辩护。对这一目标的沉思被祭祀所替代，后者因而变成了具有普遍实用性的工具，既适用于人的主观意识，也适用于他的解放。例外的情况主要出现在刑法当中。因为如果一种罪不能被归于无意识的过错，那么就不可能为祭祀所接受。祭祀是一种净化的手段，但仅仅对无意识过错有效。

从这一基本的观点出发，以西结带给祭祀的进步不仅是言之成理的、在某种程度上是可以理解的，而且还与以西结用来发现人类自我的出发点紧密联系在一起。通过罪人变成个体，实际上是一个意识到了自己的"我"。这难道不是一个矛盾么？答案是否定的，因为罪是人类软弱意志的产物。这一点并非自相矛盾。因为如果找不到克服人类缺点的道路，那么人就不可能找到通往上帝的道路。如果没有与上帝的相互关系，救赎这一最终的行动就不可能实现。

42. 祭祀变得越来越接近自我的形成。祭司仅仅在象征性的赎罪中起作用，他不可能在人在上帝面前赎罪、与上帝和解的过程中做点什么。祭祀概念的消极性成果变成了主要成果，这一点得到了迄今为止的宗教历史的支持。在这个概念中，独一无二的上帝概念所蕴含的最重要的内容结出了累累硕果。

人与上帝的相互关系应该会带来上帝的救赎以及与上帝的和解。这一保证来自独一无二的上帝。因此他是独一无二的救世主，只有他才能带来救赎。救赎包含着人与上帝的和解，通过这种和解，同时达到人与自身的和解，内在于人的和解，实际上也是对人而言的和解。正像上帝的独一性首先意味着他的统一性一样，和解和救赎的实现只能靠他，不可能有任何形式的外在助力。

即便是我们能够全然接受一个逻各斯，相信一种中介性的力量能够在创造的过程中发挥助力，人与上帝的相互关系及其在和解和救赎中的体现也会排除任何这样的帮助。只有独一无二的上帝在其真正的统一性中才能完成救赎。

这个结论通过祭祀而得到证明。因为在其中作为牺牲的是动物而不是人，更不用说具有神性的东西了。神并未进行祭祀，被牺牲的也不是神，只有祭司才是祭仪中的主角。进行祭祀的以色列人的目光越过了祭司及其施行祭祀的祭坛，直接上升到上帝那里，他们直接站在上帝面前。这才是"在上帝面前"的真正含义，这一含义贯穿了先知教义的始终。

人并不是站在祭祀面前，也不是站在祭司面前，因此他才能够参与净化过程。毋宁说，"在上帝面前你应该得到净化"。相互关系适用于并封闭在人与上帝中间，其他的任何联系都无法进入。正如人会变成一个有自我意识的个体一样，上帝也在这种相互关系中同时也在排除了任何其他的救世主的统一性中证明了自身。任何助力、任何他者都会破坏上帝的独一性，独一性对于救赎来说甚至比对于创造更为重要。

43. 上帝的统一性从这个问题中产生了一定的后果，但是，至于这些后果有什么特征，我们会在下面加以详细阐述。目前我们所关心的是作为个体的"我"，因此必须更为详尽地规定赎罪的任务，这是他的责任，这是他自己的工作，上帝的帮助要排除在外。上文说的是"在上帝面前"，既不是通过上帝，甚至也不是伴随上帝，唯一可以肯定的仅仅是"在上帝面前"。对这种决定关系，需要进行更为确切的研究。

如果我们最基本的方法论概念是正确的，那么意志自律就仍然拥有不可侵犯的权威。如果伦理学要求意志把道德诫命变成道德理性的诫命，那么当理性宗教教导人们去把理性意志看作上帝的命令时，最多存在着一个方法论方面的区分。上帝的命令存在于人心中，并且通过人的神圣性的精神而得到了解释。道德诫命的起源在道德意志的特殊任务之中,这一点从未成为问题。如果赎罪的目的是获得关于罪的自觉的知识,而这种知识被看作是通向道德意识的解放和净化的转折点,那么为了越过、离开这一转折点,意志的自律工作就不允许任何其他意志力的干扰和影响。意志必须为法律的起源做点什么的问题现在已经不复存在,现在唯一成为问题的是作为自我的人,如果意志自律不是绝对的话,这个问题也不会再成为问题。

人必须做的仅仅是回顾自己的生活方式,回顾自己是如何从旧的生活方式中解放出来的。为了获得新的生活方式,他首先必须在祭祀之时在会众面前坦白。但是,所有这些方法对他来说都只是辅助性的,他必须独立地回顾和前瞻,而所谓的前瞻指向的是上帝。这样一来,在这种前瞻中存在着神圣性的全部内容,展现了由于与上帝的相互关系而开辟出的全部领域。开启、到达这一领域的人必须完全依靠自己。在赎罪中,任何帮助、任何助力都会将回归变成一种"被转变"(a being-turned),因而会阻碍自律的完成和人的任务的完成。

为了保护这一观念,祭祀算是一种重要的手段。谁会如此深陷于神话中,以至于将祭祀看作是自我净化的不充分手段?它最多是一个象征,但绝不会更多。然而,赎罪应该不只是象征,而是实实在在的,是意志的一种实践性的活动,能够将人提升到个体自我的水平上。因此,它只能是一种正确的、自我完成的行动,必定会以意识的最严格的工作所需要的条件为自己的前提。

意识不能容忍其他的东西对其秘而不宣,因此也不可能接受任何的帮助。那么,上帝是否也从中排除了呢?这个问题不再会出现了。赎罪必须"在上帝面前"进行。他是目标,人们自己的工作指向的就是他。作为这一目标的上帝为实现这一目标所做的工作就是成功的救赎,对此我们下面会详加探讨。但是,就目前来说,重要的是表明带来救赎的是人类自己的工作。

44.如果我们再次询问赎罪必须走过的一系列步骤,那么一般的回答就在下列基本的建议之中,虽然这些建议显然并不充分:"你们要将所犯的一切罪过尽行抛弃,自作一个新心和新灵。"(《以西结书》18:31)问题恰恰就在于抛弃所有罪行,"自作一个新心和新灵"的可能性。但是,人们必须将这一警示与耶利米的说法进行对照:"我们当深深考察自己的行为,再归向耶和华。"(《耶利米哀歌》3:40)这一对照的目的是认清:寻找自己的道路和抛弃过去的道路的区别。寻找是一个前提,一个不可或缺的前提,但不会更多。抛弃所有的罪是我得以诞生的新的力量。这一新的力量是新我的证明。

在以悔过为代表的预备性步骤中,赎罪出现了,并变成了积极的结果。悔过仅仅是一个否定性的条件,其作用是抛弃旧的生活方式。如果人真的要进入悔过的状态,那么他就会达到绝望,此时一种新的生活行将来临。自我意识的喜悦只能通过对自己的独立工作的感觉来获得。悔过仅仅是对受到影响的感情的表达,并不自觉地伴随着对过去的生活方式的谴责和鄙视,但这种伴随性的感情自身并非是创造性的。真正具有创造性的是关于罪的知识和坦白。最重要的是对知识和行动有一个清醒的认识,只有这样才能为建构新的生命打下良好的基础。

所有可以用"意图"一词来标识的东西都必须由上述两种意

识行为来获得。意图所表述的是内在的东西,同时这种内在性的东西可以引发外在的行为。内在性在上述两个方面都非常活跃,无论是在知识层面上还是在坦白的层面上。坦白是指向行动的第一个步骤,其本身又包含着两个步骤:抛弃和创新。意图不可能仅仅意味着像罪的知识那样纯粹理论化的内在性,而必须被转化为行动。因此,意图将以西结的赎罪概念与耶利米的审判概念区分开来,而后者与以赛亚的观念是相同的。

45. 现在,又产生了一个新的问题。我们曾经将处于社会复多性中的人看作是一种抽象。作为"我"的新个体不也是这样吗?他是否只是一个单独的、经验性的存在呢?而经验性的存在难道不是一个流行的幻觉吗?它误解了发展的理想化时刻,仅仅代表着某个内在的目标,指向的是其发展最后阶段时一种完成了的、固定了的形式。伴随着这个问题,我们遇到了伦理学中一个最深刻的问题,因此它必定对于宗教问题也具有基本的重要性。

完成新的心灵和新的精神是一项任务,并且是持久的任务。同样地,"我"也只能被看作是一项任务。就像几乎无法想象一个新的心灵会得到完全的实现一样,即将形成的"我"的意义也无法获得其确定的形式。就像伦理学一样,宗教必须始终关心的仅仅是,这样的任务是无限的,因此要求的解决方式也是无限的。

因此,"我"不可能意味着比一道阶梯更高和更多的东西,只是通向目标的一道阶梯而已,但目标本身却是无限的。"我"是否因此而变成了一个纯粹的抽象呢?恰恰相反,"我"因此而第一次变成了一个真正的存在。另一方面,"我"仍然是一个抽象,无论是存在于社会复多性的领域中,还是作为一个孤立的主体而存在。但是，如果在"我"上升的那一刻得到了真正的升华，那么就会获得真正的道德生命。赎罪会给人带来这一新的生命，"我"确实只能生存于获得天佑的那一瞬间。但是，这样的瞬间可能而且应该会不断地重复自身，但又不会衰老，且必须而且能够不停地恢复和更新自身。

上升的任务所要求的正是这种持续性。持续性将"我"从受怀疑的、纯粹抽象的状态中解脱出来，而且只有在上升过程中的这些持续不断的时刻，"我"才获得了存在并延续下去的能力。所有其他所谓的主体性现象都只不过是物质化的幽灵。"我"之作为主体，取决于这些时刻和这些时刻的延续。

46. 特别是在以赛亚那里，我们才逐渐认识到宗教词汇的神圣性。上帝是神圣的上帝。这是关于上帝的新知识。神圣的上帝要求"你们也要成圣"。这个句子看起来同样似乎包含着一个矛盾，因为人如何能够只因为上帝是神圣的，他就是神圣的？在此，"是神圣的"只能意味着"变成神圣的"。任务本身就是目标，无限的任务就是无限的目标。

因此，下述经文为上文提供了一个解释："我是耶和华你们的神，所以你们要成为圣洁，因为我是圣洁的。"（《利未记》11：44）我们必须消除这样的猜疑，即这一指向人的要求可能或者应该由上帝来满足，与人完全无关。因为其中的含混性似乎表现在："你们要圣洁，因为我耶和华你们的神是圣洁的。"（《利未记》19：2）但是，如果是圣洁的不如说意味着变成圣洁的，那么并非是最终成果的阶段性胜利就不可能归因于上帝，而只能是人类的义务。这一解释表现在："我是耶和华你们的神，所以你们要成为圣洁,因为我是圣洁的。"(《利未记》11:44)这一自我圣化的诫命不可能有时间限制,而是与人生命中的每一个时刻都息息相关,而且与人类持续不断地更新其生命的各个时刻有着重要的联系。只有在这种持续的更新中,"我"才存在并工作着。

47. 我们曾经追问过完成赎罪的那个特殊步骤。现在我们发现了至关重要的答案:赎罪就是自我神圣化。悔过、回归到自我的深处,检视全部的生活方式以及最后回心转意,回归并创造出一种新的生活方式,所有这些事情的意义都被归结到自我神圣化的概念中。这其中包含着赎罪必须用来为自己创造新的、真正的自我的那种力量和方向。神圣化是目标,自我神圣化是唯一的手段。

这个手段包含着目标,就像手段本身所具有目标一样。只有人自身才能实现自我神圣化,上帝不可能在这一点上帮助他。上帝的作用已经体现在诫命的发布上,他会继续发挥自己的作用,但却不可能为人类工作的车轮助推,因为这一工作是人的责任。任务已经下达给人,并且是无限的,因为解决方法是无限的。作为合作者的上帝必定会给最终的目标一个解决方法。既然这样的目标是与这一解决方法的概念相互冲突的,那么同样会与任务的概念相冲突,尤其是如果上帝也应该在完成任务时插手其中的话。

48. 在我们更进一步之前,赎罪的成果中的一个重要步骤应该得到足够的重视。这个步骤即为罪同时也为回归开辟"道路"。"让我们寻找我们的路。"在这个时刻,掌握并规范从罪中的提升是非常重要的,同样重要的是不能将罪看作是孤立的单位,而应将其看作是与整个的人类生活的框架联系在一起的东西。

在考虑人的每一个单独的行动时会将其置于与所有其他行动

第11章 赎罪

互相连接的因果关系之中,这并非是形而上学的错误。虽然人们并不能够由此而确证叔本华所说过的那句经典的判断,即"行动总是跟在存在后面"。但是,赎罪的工作却只有在将每一桩单独的罪置于生命的整体框架中时才能够变得全面而认真。这个统一性的整体是由"道路"一词来表述的。每一桩罪都是道路上的一个阶梯。人们不应该自欺地认为每一桩罪都是孤立的,因而看上去似乎是一种反常。在真正的赎罪中,罪不可以以这样的方式被看待。每一桩具体的罪都是人的具体体现,都是其本质的象征,在圣经语言中,在上帝和人的层面上,它被定义为"道路"。"请向我展现你的路。"(《出埃及记》33:13)摩西以此种方式向上帝祈求关于他的本质的知识,而"上帝知晓人的道路"。这里,道路是行动的具体体现。

49. 我们已经将赎罪看作是自我神圣化,将回归看作是创造出新的道路、新的心灵和新的精神。我们将回归看作是无限的任务与无限的解决方法的统一体。但是,到目前为止回归的另一重含义尚未廓清,这就是回归上帝。当我们走向上帝、将我们自身严格限制在这一目标上并将这一目标看作是自我神圣化的时候,其积极意义究竟是什么呢?这一最终目标作为一种支持但却不是一个一起合作的帮助者,这究竟是什么意思呢?这个目标属于行动,因此必定也会是一种有效的帮助,即属于赎罪所必需的全部力量。这种帮助一定要得到明确而清楚的确定。

50. 以西结在其名言"抛弃你所有的罪"中并未说出他最后的话。毋宁说,他仅仅是用这一思想、以一种新的方式来确证旧的、一神教的基本思想,即上帝原谅、宽恕,他"容忍了"罪。人自身必须抛弃自己的罪，但是他自己的行为是否能够成功，是否能够带领他达到这一目标，对此他并没有把握。他所关心的只是抛弃罪这一任务，而被剥夺了有关结果的知识和他的行为是否能够成功的知识。

但是，人不能也不能被迫说成功与否的问题根本不是他关心的对象。尽管人们不应该将行动这一无条件的诫命建立在对成功的预见之上，但也不应该仅仅因为对成功缺乏兴趣而不再关心成功。不关心成功可能接近或等同于诫命的退化或挫折。"我是神圣的，你们的神"这个句子绝对属于整个自我神圣化的过程，朝向上帝就属于自我神圣化的过程。

朝向上帝的意思不可能是别的，只能是朝向无限的任务的解决方式，这一解决方式尽管是无限的，但却无论如何都会实现其自身。这种解决方式是无限的，因为这仅仅是一个无限任务中的一个时刻，但是作为这个时刻的解决方法却标志着无限的成功、最终的结局。上帝绝不会提出西西弗斯①那样的任务。自我神圣化必定会达成自身最终的结论，即上帝对罪的宽恕。

51. 让我们再一次澄清宽恕以何种概念性的方式为赎罪作出了贡献的问题。这并不是赎罪行动的一个快乐主义的结果，而是属于作为目标的行动。

但是现在却可能出现一个问题，如果宽恕属于赎罪，异质的

---

① 希腊神话中著名的篇章：西西弗斯死后被罚在地狱推巨石上山，每当他把巨石推到山顶，巨石又立即滚回山下，如此周而复始。现多用来比喻无尽而且无意义的行为。——中译者

要素是不是也进入了赎罪的过程？因为上帝在其中代表着目标，因此他不得不给予宽恕？

宽恕是与上帝同在的，那么它是否破坏了自我神圣化的独立性和纯粹性呢？

这个问题必须以更准确的方式提出，即：来自上帝的宽恕中的全部要素是不是外在于自我神圣化的思想呢？宽恕不应该被自我神圣化所替代吗？只要后者在自身中包含着无尽的解决方式，甚至仍然是无尽的任务，因此自我神圣化会等同于宽恕吗？以西结回答说"是的"，"抛弃你所有的罪过……为你造就新心和新灵"（《以西结书》18：31）。他没有因此而将任务和宽恕合而为一，从而将救赎从上帝那里消除掉吗？

52. 人们首先必须考虑的是由所有人类的理论和行动所拼凑起来的东西，进一步考虑的则是诸多世界观之间无休止的争论，这种争论表现为寂静主义（quietism）和悲观主义，泛神论和一元论、怀疑主义，最后表现为不可知论对知识界限的放弃。人们考虑这些争论的目的是为了衡量这一问题的重要性。但是，目标属于赎罪工作，这一观点不应该引发这样的结论，即目标维系于人本身，与上帝无关。因为这样一来，我们建立在人与上帝的相互关系之上的宗教知识的主体框架就会崩塌。但是，如果我们的方法论框架必须继续生效，那么就必须找出相互关系的新的含义，即上帝是将人从罪中拯救出来的救世主。无论我们是否能够通过自己独立的工作找到任务的解决方式，无论我们是否能够成功地将自己从罪中解放出来，对于与上帝的相互关系和上帝概念本身来说都很重要的是，他而且只有他才是救世主。毫无疑问，他只有借助原谅、宽恕罪才能完成救赎。关于神显现的精神实质，人们可以说，通过上帝的宽恕，罪变成了可以解释的。如果宽恕罪不是上帝的恰如其分的工作，那么上帝的存在就无法理解，因为这种理解就产生于他的行动。

53. 到目前为止，上帝概念中的制高点是他的神圣性。但神圣性的含义无论有多么丰富和深刻，确切地说都仅仅与社会道德的具体表现有关。实际上，在摩西五经的第三部中，紧接着神圣性原则的是社会性的诫命。以赛亚以同样的方式评价他关于上帝神圣性的基本概念。但是，目前的问题是个体，或者更进一步说是作为"我"的个体。即便是现在，神圣性仍然是标准，自我神圣化是原则。但是最终我们不可能仍然仅仅局限于神圣性的属性，我们如何能够理解耶利米已经将上帝称为善良的唯一者而与此同时《诗篇》几乎将善的属性看作是上帝本质的具体体现呢？善在什么样的特殊性上与神圣性分道扬镳了呢？

这个问题有着更重要的意义，因为将"善"［而不是"好"］置于台前的时候，这个词失去了其中立的特征，而被重新解释为、指称着某个主体。此前，"好"这个词一直是在一般的意义上使用的，指的是有利的、有益的，因此也可以含糊地指称财富。它通常用于物，如果用于人，那么同样会带有上文所说的那种幸福主义的含混。但是，现在这个词与上帝联系在了一起。随之而来的就是这种含混必须消失，因为与上帝在一起，拥有财富的感觉会变得毫无意义。

即便在伦理学的意义上，上帝也不是"好"，而是至善的唯一者。伦理学的对象因此提升到了上帝的存在上，因而不可避免地提升到了一个主体的概念上。

第11章 赎罪

　　作为至善的唯一者，上帝必定因此而完成了某种个体性的对善的拥有。他的任务范围不可能仅仅局限在神圣性上："惟有万军之耶和华，因公平而崇高，圣者神，因公义显为圣。"（《以赛亚书》5：16）以赛亚是以这种方式解释他的神圣上帝的概念的。他关于上帝的神圣性的思想指向的是社会正义，也就是社会之爱。但是，如果现在的问题是自我，那么上帝的神圣性不仅仍然具有普遍的指导意义，而且还会在自我神圣化的进程中证明自身同时是一种具体而微的行为指导。但是，既然上帝只是这种指导所指向的一个目标，那么仍然存在的问题是：上帝的神圣性是否就已经穷尽了其特征？或者，说上帝的善是对其神圣性的属性的一种补充是否更容易理解呢？如此一来，我们就能够理解，与《出埃及记》中的上帝显现相一致，我们仅仅接受了上帝的十三种特性，但是神圣性不在其中，而是只有善，虽然提及后者的地方各不相同。但是，在这些表述中已经出现了"他容忍了缺点、错误和罪"的说法。对罪的宽恕成为上帝之善的特殊且最为恰当的功能。如此一来，将至善的上帝等同于宽恕的上帝变成了《诗篇》的一种风格。

　　《诗篇》将普世主义毫无保留赋予了上帝："耶和华善待万民，他的慈悲，覆庇他一切所造的。"（《诗篇》145：9）因此，善和爱是始终联系在一起的。但是，尽管从先知们的风格出发，二者都等同于正义，但由此得出的结论却是正义与爱有着最密切的联系。在《诗篇》及其相关著作中出现了善和宽恕罪之间的联系："耶和华是良善正直的。所以他必指示罪人走正路。"（《诗篇》25：8）"但在你有赦免之恩，要叫人敬畏你。"（《诗篇》130：4）因此，整个一神教信仰都是建立在对罪的宽恕上，其中善这一特殊品格彰显着自身。

此外,在普遍的意义上,善对于尚未被爱所关照的事物来说意味着什么呢?宽恕早已存在于爱与善的联系中。"我要恩待谁就恩待谁,要怜悯谁就怜悯谁。"(《出埃及记》33:19)这些语句表述的并非是上帝在赐予爱和宽恕时的倾向性,而是上帝行动的真理,绝不弄虚作假。① 但是,即便是在这里,宽恕也是在先的,先于罪恶中的反对力量。实词"חן"(gratia)和副词"חנם"(gratis)之间的语源学联系可以通过上述引文来解释。宽恕将所有反对因素都变成了无用、无益的理由,它们都是虚假的。

54. 亚伯拉罕(也包括摩西)与上帝的所有对话都与对罪的宽恕有关,而且在每一次对话都得出了结论,尽管没有因此而将正义悬置起来。可以肯定,正义和怜悯之间的矛盾一直是含糊不清的,而重心始终在对罪的宽恕上。正是由于以西结的功劳,才让这个重心变成了一神教的核心观点。而现在已经足够清楚的是,只有人类个体的概念才能让上帝的这种属性变成其核心属性。

在牧羊人和羊群的诗歌形象中,我们可以看出明确的区分。"他必像牧人牧养自己的羊群,用膀臂聚集羊羔抱在怀中,慢慢引导那乳养小羊的。"(《以赛亚书》40:11)与此类似的还有耶利米的说法:"赶散以色列的必招聚他,又看守他,好像牧人看守羊群。"(《耶利米书》31:10)上帝始终是他的羊群的牧人,他招聚群羊,悉心照管它们。另一方面,以西结说:"牧人在羊群四散的日子怎样寻找他的羊,我必照样寻找我的羊。这些

---

① 意思是说上帝会说到做到。——中译者

羊在密云黑暗的日子散到各处,我必从那里救回它们来。"(《以西结书》34:12)尽管这位先知在这里想说的只是牧羊人和羊群的分离,但是这已经是一种个体化了。因此他接下去才说:"我必在羊与羊中间,公绵羊与公山羊中间施行判断。"(《以西结书》34:17)上帝变成了个别羊的正义的守护者。祷文"Unethane thokeph"① 与以西结的精神完全相通,把这一比喻用于新年和赎罪日中:"就像一个牧羊人招集他的羊群一样……你们,每一个活的灵魂都会在上帝面前经过并被记录在案,被清点、被照看。"在此,上帝同样被看作是每一个灵魂的守护者。

《诗篇》同样采用了这一比喻:"耶和华是我的牧者。我必不至缺乏。"(《诗篇》23:1)上帝是个体的上帝,他是个体的守护者,在此基础上建立起《诗篇》的主题,人们相信这一主题就是渴望对罪的宽恕。

在这一主题上产生了《诗篇》的赞歌:"你们要称谢耶和华,因他本为善。他的慈爱永远长存。"(《诗篇》118:1)人们或许可以将上述语句翻译得更好:确认永恒的唯一者就是至善的上帝。一神教的确认和坦白是与这一个体对自身的罪的坦白联系在一起的。这种联合在上帝的至善中完成了。

55.既然上帝的善现在被明确地看作是从罪中将人拯救出来,那么可以理解的是,以西结造了一个与之相对应的新的人的概念。对他来说,仅有"灵魂"是不够的,这个词在语言中有着太多

---

① 这个词组直译为"让我们宣告(圣日的)巨大重要性",它是赎罪日祷文中的一篇。——中译者

的含混性。当弥迦提及人的时候,他指的是所有的人,并没有明确地指每个个体。但是,以西结关注个体的时候,他指的既是意识到了自己是如此这般的人,也是在最终意义上上帝宽恕了作为个体的个体并且消除了他的罪。这是特别为个体本身所度身定制的,不是由于与他的父辈们的约,而是为了处于自己的罪中的个体本身。以西结由此能够把握住存在于人的概念中的不协调之处,即,他既是一个个体但同时又是其祖先的后裔。这种不协调必须保留在以西结那里,因为上帝会宽恕个体的罪。但是,如果个体仍然保持在其整体性中,那么如何用人类的术语来表达上述思想呢?

基于上述问题,"人之子"的概念出现了。耶利米曾经使用过这个词,但只有以西结才赋予了它完整的意义。人的罪值得宽恕,因为尽管他是一个个体,但是他同时也只能是人之子。他应该变成个体,对罪的认识、认可和坦白使得他变成了一个成熟的个体。但是,如果他想要为自己创造出一个新的心灵和新的精神,那么他虽然努力,却必须依靠上帝的宽恕。上帝的宽恕体现出了上帝的善。

在先知们的诗化语言中,问题是以这样的形式出现的:对于这种改变来说,除了人过去是将来仍然是人之子之外,是否还有其他的理由呢?上帝的善回答了作为人之子的"人"的问题。

56. 人必须聚集起其全部的力量,而且必须做好准备,以便能够控制其自我神圣化的过程。但他同时总感觉到自己天生的软弱和不足:"我是在罪孽里生的。在我母亲怀胎的时候,就有了罪。"(《诗篇》51:5)因此,他的人性实际上是与他的重生一起出现的,而他的重生需要通过忏悔他的罪才能实现。他是人之子,所有属于人的东西,无论是内在的还是外在的都不可能给他这样的确定性。所有为他的重生(这是属于他自己的东西)所准备的东西才能够使他获得成功。因此,只有上帝能够帮助他。上帝的善是他唯一的庇护所。因此他能够信任上帝,对上帝的信任由此得以产生。

57. 对上帝的信任同样也是一个原初性的概念,因此有多种表达方式。巴亚(Bahya)① 在希伯来文中曾找到了十种表达方式。他甚至没有算上最常用的词,即那个经常被翻译成"信仰"或"相信"的词,其语源学上的意义是"坚定",而用来代表"相信"的词有着相同的含义。这个词同样意味着确定性,与之对应的抽象的词是"信任",在希伯来文中的构词形式表达的是上帝具有值得信任的确定性。圣经中的信仰不允许任何怀疑的可能性产生。信仰深深地根植于对作为至善的唯一者的信任中,上帝毫无疑问是至善的,他是人类之罪的宽恕者。

渗透到信徒心中的并不是怀疑,只要他意识到自己是一个灵魂、一个个体,灵魂就启动了他前行的车轮。灵魂最内在的力量竭力从人之子中挣脱出来。灵魂的灵性的证据并不是用对上帝的怀疑来装饰的,它需要的是追寻上帝、渴望上帝,除上帝之外别无所求。因为没有别的什么能比上帝的宽恕更为关心灵魂。

58. 信任通常所意味着的东西在《诗篇》中是用渴望来表达的。《诗篇》是用抒情诗的方式和风格写就的。抒情诗是灵魂对爱的坦白。抒情诗中的主题一直是男女之爱。如果《诗篇》的作者未曾从灵魂到肉体都经历过人类的爱的魔力,那么他就不可能写出

---

① 巴亚,11世纪西班牙犹太哲学家、著名拉比。——中译者

爱上帝的赞歌。诗人将人类的爱转变为对上帝的爱——谁能够考验他是不是想通过这种转变而战胜人类之爱呢？他将人类的爱转变成了对上帝的爱，上帝会将他从罪中解放出来，而不仅仅是将他从人类之爱的罪中解放出来。

现在，罪完全被明亮的阳光照耀着，人们渴望着上帝的光芒。灵魂完全融入了这束光芒，融入了纯粹的渴望中。有关肉体的一切都消散了："我的内心在燃烧"，"我的灵魂在夜晚渴望着你"，"我的眼泪打湿了我的居所"。对上帝的全力追求意味着它甚至达到了感官的最表层。

59. 尽管如此，神秘主义的边界却从未被触及。没有哪一个地方曾提到与上帝合一。如果上帝是不可触及的唯一者，那么"我"的渴望必须找到自己的终点。但是这个终点并不是"我"的人性的终点。"我"仍然是人，因此"我"仍然是个罪人。因此"我"始终需要上帝，他是宽恕"我"的罪的唯一者。渴望并非像抒情诗中所写的那样指的是与爱人的结合，在这里指的只是对罪的宽恕。因此《诗篇》中所说的接近上帝在此获得了确切的含义："但我亲近神是与我有益。"（《诗篇》73：28）只有接近上帝而不是与上帝合一才能够成为"我"渴望的内容。"我"只有在上帝的宽恕中才能获得这种接近。罪使"我"远离上帝，但宽恕让"我"再次接近他。如此在上帝和人类的灵魂之间形成了一种不断的双向交流，人类的渴望和上帝的福佑都包含在信任之中。

60.《圣经》正典为《诗篇》精心选定了合适的位置，而这一选择如果没有以西结的话将无法理解，尽管耶利米及之前的以赛亚都发展出了转向这一文学风格的有效步骤。一般性的风格在巴比伦时代就已经存在，因为这是所有形式的信仰的最初形式，因此没有必要认为这是一神教信仰的独创。但是，至于将这种风格从赞美上帝转变为对上帝的爱的渴望（它将灵魂带到上帝面前，因为灵魂的这种力量在《诗篇》中是得到赞美的），至于这一新的创造，以西结才是其最初的原型。他是一个典型，他创造了灵魂犯罪的思想和上帝宽恕人类之罪的思想。上帝对罪人的死并不感到欣慰，他喜欢的是罪人的重生；他对惩罚罪人没有兴趣，他喜欢的是宽恕罪人。

61. 抒情的方式战胜了祭祀，这种方式要比先知们的辩论更为有力。这种辩论一直是对人的讽刺和嘲笑，但是讽刺和嘲笑仅仅是预备性的步骤，真正的解决方式只有通过对个体的救赎才能找到，而这需要借助对他的罪的内在的宽恕。"神所要的祭，就是忧伤的灵。神啊，忧伤痛悔的心，你必不轻看。"（《诗篇》51：17）描绘心灵中的人性的抒情性表述与献祭的牛羊形成了鲜明的对比。

心灵、谦卑的心灵在此变成了恰当的祭品。当心灵陷入真正的爱、真正的渴望时，谦卑是其唯一的道路。渴望预示着人对自己不满，因而竭力想超越自身。在男女之爱中发生的事情以其最强烈的形式体现在对上帝的渴望之中。在后一种情形下，渴望是建立在一种信心之上的，即相信人类的软弱、人类的罪必将得到至善的上帝的拯救。

62. 宽恕罪是上帝的善的简单结果。与神圣性不同，上帝的善保证了这一结果的产生。他是"至善的而且乐于宽恕"（《诗篇》86：5）。因此，就像自我神圣化建构了人的概念一样，他因此而变成了个体的"我"，上帝同样也要在宽恕罪的过程中排除任何形式的助力。上帝的本质就在于宽恕人的罪。这是上帝与人之间的相互关系中最重要的内容。通过善，这一相互关系的结果变得清晰而明确。上帝的善与他的神圣性联系在一起，保证了作为"我"的人的德性。自我神圣化的完成，需要得到上帝的善的保障。

因此，对于罪的宽恕并不需要在上帝的本质中有什么特别的安排。创造和启示已经是充分的前提，二者一起创造了人的圣灵。通过自我神圣化而达到自我保存的这种圣灵完全被上帝的善隔离在罪的复发之外，上帝的特殊任务就是宽恕。

63.既然所有的助力和特殊安排都被从这一重要的神圣行动中排除了，所有的神秘主义因此也被从中排除了。值得注意的是，在上帝的概念中存在着固有的宽恕，希伯来文中"宽恕""原谅"等词汇表述的正是上帝的这种属性，这与过去那些表述通过祭祀获得救赎的词汇大相径庭。因为后一种救赎最初的含义是掩盖，或者如其所是的那样表达的是愈合被罪所伤害的人类器官上的伤口，或愈合罪割裂的与上帝之间的必要的联系，或掩盖由罪留给人的耻辱（这种掩盖是由祭司完成的）。全部的祭仪都是为了救赎，将人从被冒犯的上帝那里救赎出来。

一神教从根本上切断了宽恕与全部神秘的、最初的救赎形式之间的联系。旧的词汇仍然保留着，并使用其后来的含义，但在祭祀的仪式中则只限于祭司。"祭司要为他们赎罪，他们必蒙赦免。"（《利未记》4:20）"至于他的罪，祭司要为他赎了，他必蒙赦免……祭司要用赎愆祭的公绵羊为他赎罪，他必蒙赦免。"（《利未记》4:26；5:16）"祭司要为以色列全会众赎罪，他们就必蒙赦免。"（《民数记》15:25）"那误行的人犯罪的时候,祭司要在耶和华面前为他赎罪,他就必蒙赦免。"(《民数记》15:28)赎罪与宽恕之间的区别是多么清楚而明确啊!这就表明,上帝对人类的拯救与祭祀之间有着根本的区别。

64.上帝为保存人类的尊严而做的工作与上帝的善是不同的。伴随着上帝的善,上帝与人类的全部联系都被带到了目的论的领域中,这是一个与所有的与因果关系联系在一起的形而上学都不相同的领域。因此人们不可能提出这样的问题:上帝借助什么样的机制施行其宽恕?或者说,他通过什么样的中介将宽恕注入人心中?这种关系的目的论意义与所有上述准理论性的兴趣毫无关系。

上帝的意义以及人的意义都在于上帝必须施行对人的救赎。虽然人从上帝那里接受了圣灵,但他仍然堕落、犯罪,"人既属乎血气"(《创世记》6:3)。但是,他的罪被宽恕并非削弱他的尊严,因为来自上帝的宽恕建立在人的自我神圣化的基础之上。这种决定关系绝非是对上帝的冒犯,因为他的本质就包含在与人的相互关系之中,或者如同古人所说的那样,他的属性就是行动的属性。他是人类行动的楷模。

上帝与人的相互关系确立了道德的领域,即上帝在人间的王国。上帝的善,尤其在宽恕人类的罪这一方面是道德世界的象征。道德世界中的公民是一些个体,而不仅仅是社会性的人,因为社会性的人的界限是由神圣性来规定的。在最终目的的世界里,神圣性与善结合在一起,就像人的复多性与人的个体性结合在一起一样。人性就其整体而言是模仿上帝的整体性的概念的,其中包含了上述两种因素。

因此，善作为道德世界中的基本概念，超越了个体、超越了对罪的宽恕，变成了进一步迈向了上帝王国的前提。但是我们会看到，这些结果同样会持续预示着个体和他的罪以及他从罪中的救赎。

但是，我们首先必须考虑的是犹太一神教从赎罪问题中得出的结论，以及通过建立和发展议会以服务于个体的目的这一做法。如果这个个体的先行者并未从罪中的解放带来某种和解的话，那么个体和议会看起来就是相互对立的。因此，救赎变成了一神教的关键词。

正因为如此，我们才能逐渐理解，救赎在犹太教中变成了整个信仰的核心，并像一年中的其他圣日一样，为其确立了一个特殊的圣日，在这一天，个体和团体都会被提升至一个高点上。

第 12 章　赎罪日

1. 多神教处理净化和涤罪问题的办法是圣宴（feasts）。这是真正的祭祀时的飨宴，是最初的祭仪。同样地，在古代的以色列，净化几乎是所有飨宴的主要目的，即便是逾越节的飨宴都不例外。

但是，值得注意的是飨宴（从新年开始到住棚节结束）的概念被浓缩进了单独的一天。尽管在最初时住棚节之宴构成了主要的净化飨宴，在其三天节期中前两天仅仅是为了进行准备，渐渐地，与之相反的安排方式开始大行其道，由此出发，为了净化特意安排了一天作为赎罪日。这一天被置于一系列飨宴的中间，因此，从那时候起新年变成了仅仅是一个准备性的日子，而住棚节飨宴则成为这一系列活动的终点。

在此，我们不应陷入对这一重要的事实及其历史发展过程中的特殊步骤的考古式的调查。但是，我们应该注意到这样一个单独事件的重要性，即一年中的一天被单独拿出来用以满足整个团体关注的目光，用以集合起整整一年中的每一个时刻。在人的一生中，一时一刻都不应该被忽视。尽管人们执著于这一无法解决的任务，并以其最严格的意义来实现它，为这一普遍关心的问题而区别开的具有特殊意义的一天仍然是引人注目的。赎罪日的意义不应被忽视，自从其作为整个祭仪的一部分的圣经制度建立的那一刻开始就是如此。

2. 在《圣经》中，可以肯定的是赎罪日确切地说只是大祭司的一个祭日，他首先为自己赎罪，然后为祭司们赎罪，最后为整个以色列民族赎罪。早期的《密释纳》表明，即便是在赎罪日这一天，庆祝活动仍然是以异教节日的方式来进行的。年轻男女到城郊去搞一场婚礼闹剧。附带说一下，这一段《密释纳》同时也表明了某种道德上的微调，古代以色列人将这种微调用于改进节日的道德色彩以促进婚姻的顺利实现。女孩子只允许穿白色的亚麻布衣服，为的是不让比较贫穷的女孩子感到羞愧而处于不利的地位。在当天晚上，整个的人群、整个的民族都会经过大祭司门前，而后者会举办一场隆重的宴会。这是大祭司必须进行的赎罪祭祀事务中最后的一件，而其高潮就是把替罪羊驱逐到沙漠中去。这是古代的赎罪日在祭仪方面所采取的方式。

3. 但是，由于无意识的罪变成了祭祀中最主要的条件，而这种思路的最典型特征是把陌生人纳入本地的律法团体中，赎罪的最高原则被下列经文注入了整个祭仪之中："以色列全会众和寄居在他们中间的外人就必蒙赦免，因为这罪是百姓误犯的。"(《民数记》15：26）这句经文变成了赎罪日的座右铭，经《塔木德》扩充后能够适用于整个犹太教的历史。

如此一来，赎罪中的两个要素，即无意识的罪和宽恕，其开端和结局在赎罪日这一天被确定下来。没有哪一种宽恕不能满足无意识的罪这一规定。轻率地违犯律法就会失去得到宽恕的资格。但与此同时，没有哪一种无意识的罪不曾以宽恕为其最终结局。就像血仇的偏见因庇护城的建立而得到纠正一样，怀疑上帝的宽恕被看作是不相信上帝的善。带走罪的不是替罪羊,相反,只有上帝的宽恕本身才可以被称作是罪的承担者。"他承受着罪",他将罪扛在肩上,将罪从人身上拿开。因此,对罪的宽恕同时表现为无意识罪的一个简单结果。

4. 然后认罪成为赎罪日仪式的中心内容。首先人们应该明白,这并非是赎罪日独有的内容,临终前的祈祷才是最后的避难所。

但是,即便是这一基本的做法仍然不能完全限制住赎罪日当天认罪的独特性。因为所有每天都在进行的祈祷都涉及认罪,尽管只是在普遍的、基本概念的基础上。人们可以认为,赎罪日的忏悔特征可以替代日常祈祷中的基本要素。无论如何,在其中人们或许可以发现纯粹一神教的独特标志。

为了引出这一独特的标志,我们需要问另一个问题:认罪是否应该完全在会众中进行,因而必须在公开的崇拜中进行?对此,《塔木德》记载了不同的观点,关于忏悔应该是私下进行还是在会众中进行都有表述,但最后的决定是需要在会众面前施行公开的忏悔。通过这一决定,《塔木德》彻底地在仪式的深刻性方面拯救了一神教的纯粹性。因为首先,忏悔的公开特征表明了对上帝宽恕的信任。其次,就像我们在前文中所说的那样,忏悔的举动类似于惩罚,这本身就要求在会众面前施行。无论如何,我们现在都是在信任上帝宽恕这一观点的指引下,从个体身上带走对公开羞辱的一些不正确看法。坦白和自责融为一体,因此,当忏悔开始之际,自责已经得到了充分的发挥。一个人怎么能够避开与他一样有罪和认罪的同胞呢?

就像会众的齐心协力消除了所有的神秘主义、祭司们所有的神秘做法、个体灵魂的最为内在的"灵魂治疗术"一样，坦白认罪也必须公开进行。与此同时，忏悔也是一种对善的上帝的公开信任，在他面前，所有的罪都无地自容。这样上面的问题得到了彻底的解决。我们可以明确地说，坦白认罪只能属于公开的信仰，普遍意义上的信仰重心就是向善的上帝忏悔。

5. 此外，促成这一祈祷仪式的动机具有极为重要的内在价值，只要明确地指出罪过，那么这种对罪的坦诚中就仅仅明确地涉及人与人之间的纯粹的道德罪过。可以肯定，拉比们尤其是《密释纳》的著述者们不仅清楚纯粹道德律法和仪式性律法的区别，而且明白二者价值上的区别。拉比们或他们的后继者们在日常的晨祷中引入了一条关于上述区别的《密释纳》经文。但是，尽管如此他们仍然相信《托拉》的统一性，因而也相信道德律法和仪式律法之间没有多少区别。这些传统一神教的创立者更值得尊重，更应该给予高度评价，因为他们无一例外地避免了对赎罪日重要的坦白认罪时所有的仪式性的过错进行公式化的表达，尽管他们相信这些过错中存在着罪孽。

对于这样的选择以及纯粹道德过错的限制，我们必须认可拉比们施行的这一属于一神教的重大行动。因为这一重要的认罪行为有一个长长的清单，上面清楚地列举了所有个别的道德过错，展示了人类心理上和病理上各种各样的激情，这一点是非常重要的。对于下述行动来说，人们在其中确实遇到了困难：要禁止提及仪式方面的过错，尽管它们是成功的，并且这种成功不仅仅是由于自身的力量、道德上的成熟及其自由，从其自身部分地置身其中的仪式性律法的羁绊中挣脱出来。这种成功是无意识犯罪的最严格意义上的后果，同时也是信任上帝的后果，因为上帝是至善的唯一，是罪的宽恕者。还有什么更清楚的证据比得上上帝的宽恕（针对的不仅仅是对人与人之间的关系的犯罪，而且还包括其他对律法的违犯）能够证明上帝的至善呢？因为所谓对上帝的犯罪特别是所谓祭仪、圣工方面的犯罪，只有在人类道德进步的层面上才有意义和价值。因此，在道德纯粹性意义上的认罪由于其无意识的前导性训诫而变成了赎罪日的另一个特征。

6. 赎罪日最后的祈祷同样非常重要，既有启发性又令人无法抗拒。祷文最后的主体部分无论怎么赞扬都不过分。"你伸出手来帮助犯了错的人，你伸出右手接纳回头的浪子。啊，永恒的主啊，你教导我们向你坦诚所有的罪过，为的是能让我们从双手的罪恶中解脱出来，你因此而通过彻底地救赎将我们纳入你的怀抱。"这段引文中的结尾部分被纳入了日常的晨祷，形成了其中的忏悔内容："我们是谁？我们的生命是什么？我们的爱是什么？我们的义、我们的价值、我们的力量、我们的英雄气概是什么？……人之胜过野兽的地方其实没有，因为它的一切都是空虚无益的。"但是，这段祷文就像《传道书》一样并未以疑问作为结束。

7. 新的篇章直接以一种修正作为开端："你从一开始就把人分别开来，你认可了他的特权，以使他能够站在你的面前。"因此，人无论如何都与动物有所不同，因此并非所有的东西都是空虚无益的。人被单列出来，被标记出来，被允许站在上帝面前。这里的"站在上帝面前"实际上就是信仰的技术性术语。人站在上帝面前，因此人在与上帝的相互关系中的独立性得到了保证。在这一"站在上帝面前"的行为中，个体完成了自我净化。

值得注意的是，认罪的过程中的另一种耳熟能详的表达方式即跪拜并未出现。跪拜，就像屈膝礼一样，在崇拜仪式中庄严地认可上帝等方面或许是合适的，但在认可并忏悔自己的罪的那一刻，以及与之相关的信任至善的上帝会宽恕罪的那一刻，跪拜并不见得比站立在上帝面前更为合适。否则的话，人类与动物的区别就不可能表现出来，而这种区别恰恰在于"站立"，因此，人之所以具有得到拯救的价值就表现在"站立"上，虽然此时人仍然保持着对上帝的谦卑。

"你在何烈山站在耶和华你神面前的那日"（《申命记》4：10）。这里说的是接受启示时人们的状态。祈祷的最高形式是认罪，即对宽恕的祈求，因此站立在上帝面前不仅将人与动物区分开来，更是由启示构成的上帝的拣选观念的进一步发展。因此，一神教的实现表现在并且贯穿于拉比们规范赎罪日的工作中。因此，赎罪日变成了对上帝的虔诚崇拜的别具一格的标志是可以理解的。

8.值得注意的是，拉比们在规范赎罪日时并没有忘记在人与人之间的和谐的基础上造就出人与上帝的和谐。这并不是一种神秘的和谐，即，不是给道德过错蒙上一层遮羞布以换取正常的日常生活，而是要将人的软弱从恐惧和忧郁的阴影中解放出来。赎罪日实现救赎的目标是对人与上帝之间的关系的过犯，但是，如果对人与其同胞之间的关系的过犯也想在赎罪日实现救赎，那过犯者必须首先得到他的同胞的认可。这条律法具有优先权。因此，上帝的救赎同时就是警示人们要彼此和谐。

但是，人类所有的道德努力都是不完善的，诸多特殊性的统一只不过是人类的理想，其实现只具有近似的意义。崇拜上帝的实践性的层面不同于上帝的道德原型，所关注的是人类的软弱。从这一核心观念出发，赎罪日制度获得了其成熟的一神教意义。对神秘主义而言，这并不是一个用以将个体对于其同胞的道德义务变得更为简单乃至干脆置之不理的借口。

在赎罪日，宗教仪式的巅峰状态和完善性得到了充分的表现，与此同时，赎罪日还是一个发展原则的典范，指导、调控着所有的宗教思想和制度。原始的祭祀与原始的部族飨宴结合在一起，伴随着随处可见的隆重的祭祀宴席，从中产生了这个独一无二的日子，并逐渐实现了自己的纯粹性，这或许是所有宗教团体的历史中最特殊的一个。这一天越来越纯粹，因此只有关乎人类命运的最隐秘的问题，只有那些存在于人与上帝之间的、通常属于悲剧范畴的问题才能在这一天得到解决。因为实际上，生与死这些悲剧的基本问题并未与罪及其后果的问题分离开来。在这一天，通过谦卑的人类心灵，关于人生全部价值的最深刻检视得到了实现。"你知晓永恒的秘密和所有生命中最为隐蔽的秘密"这句话出现在当天的祈祷文中。以色列人把命运和生命的意义看作是这一天最重要的问题。

在一段起源于中世纪并获得了最高地位的 Mussaph① 风格的祷文中，虔诚的诗人找到了一个关于牧羊人的原创性的和独具特色的比喻："就像一个牧羊人招集他的羊群一样……你们，每一个活的灵魂都会在上帝面前经过并被记录在案，被清点、被照看。"就像以西结将个体灵魂托付给上帝，就像牧羊人将每一只羊置于

---

① 祷文的一部分，字面的意思是"附加的""额外的"。——中译者

他的保护之下一样,诗人在此拣选了牧群中所有生物的个体灵魂并置于上帝的检视和清点之下。①

9. 赎罪日与新年庆典是联系在一起的。新年是为期十天的赎罪的开始,第十天就是赎罪日。因此,所有这些日子都被称作"敬畏日"(Days of Awe),由人类命运这一共同主题联系在一起,因此是神圣的审判日。

实际上,对于一神教来说并不存在所谓命运。多神教所称的命运和末日,一神教称为审判和救赎。在上帝面前没有缺少救赎的审判,救赎才是审判的终极意义。但是,同样也没有不经审判的救赎。在上帝身上,正义与爱的联系是上帝本质的秘密。我们必须将其看作是他的属性。所有这些属性的统一体就是上帝的本质、上帝的实体。如果我们能够理解永远将自身实现于上帝的统一性之中的正义和爱之间的联系,那么我们就能够理解上帝的本质。因此,有必要将这些日子设立为节日,一个关于上帝身上的爱与正义的结合的节日。这种统一性就是上帝的统一性。

10. 在这些日子里,上帝的审判不停地进行着,人类的希望维系于审判过程中的上帝之爱。但是,对审判的恐惧并未被消除,自责、悔悟、赎罪给由审判带来的惩罚涂上了令人恐惧的色彩。另一方面,在祭仪方面出现了一种创新,但是却未曾得到过充分的尊重。神显现时说过的话(其中包含着上帝的十三种属性)几乎只是在这些日子中被背诵着,但是,拉比们敢于改变圣经的语句(《出埃及记》34:7)。

---

① 参见第 12 章第 54 节内容。——中译者

这段经文的结语（出现在"他承受着不公正、过错和罪"之后）是这样说的："他不会放过有罪之人"，《塔木德》排除了其中动词的否定形式，而改为肯定性的说法"他会净化有罪之人"。这一改变可以毫不夸张地被称作是一种最深刻的怜悯和对人的最热忱的爱，拉比们并未因害怕破坏最神圣的启示而畏缩不前。

很显然，拉比们对自己说过，在这些日子里足够的思考被集中在神的审判和惩罚上。但是，当在典型的祷文中提及上帝存在于十三种属性中的本质时，这十三种属性就不应该是惩罚。或者说，最后的属性应该与前面的保持一致，所有的属性都指向爱："永恒的、永生的上帝，仁慈而神圣，坚忍而富于爱和智慧，将爱撒播到千秋万代，他承受着不公正、过错和罪，他会净化有罪之人。"

因此爱的所有分支都止步于此，上帝将罪人再次变得纯洁而无辜。尽管在启示的语句中正义仍然是上帝之爱的具体化的结果，但是，《塔木德》改变了经文以适应于这些日子中的仪式。通过这种改变，带来的是与这些日子的意义内在的协调，这种意义就在于赎罪，以及由此而来的人的净化。

11. 这种改变是完全与这些日子的意义相协调的。根据《圣经》的说法，关于这些日子的格言是："你要在神面前保持纯洁。"（《利未记》16：30）因此，永恒的上帝只能以这样的方式被提及："他施行净化"。用于纯洁的词经常变化，但是上文中"纯洁"一词变成了主动的形式，意思是"无辜"。尽管净化是通过祭仪获得的，但是，无论是"无辜"还是指涉它的词都根本未曾出现在祭仪中。但现在却说"上帝造就了无辜"，这是对这些日子的成果的最高赞美。

人获得了新生。他在新生中接受了圣灵、神圣性的灵,即放在人的灵性中的神圣的灵。泛神论能够获得任何高于这种在神圣性的灵中的上帝与人的结合吗？一神教与下述错误观念的区别恰恰在于：在一神教中,神圣性的灵的原型与人之间的和谐仍然是一项无尽的任务,而泛神论模仿着物质世界及其规律,在其中必然存在规律及其实现的同一性,因此,泛神论定然会将任务及其实现同一起来。与此相反,一神教认为上帝造就了无辜的人。神圣性的灵由此而从对他的神圣不可侵犯性的质疑中摆脱了出来。人同样可以再次努力并再次犯错。

犯错、走错路是人的命运,但无意识之罪就是人的过错的界限。一旦这个界限被打破,只有上帝知道什么会降临到人的头上。人类的智慧在面对人类中罪恶的可能时迷失了方向。赎罪日坚持着一个神话,一个不可动摇地保留着所有的属人的道德神话,即所有的人类之罪都是无意识的。因此,上帝可以在宽恕的同时又不放弃自己的正义。因此他可以把人变成无罪之人。罪不应该成为一块"绊脚石"。罪无论如何都不可能被看作是人的本质性征而是一道通向人的完善的门,能够引领人进一步提升到重新发现其纯真的高度。这样的观点可以在《塔木德》中找到。

12. 因此,我们就能够理解拉比亚奇巴这位伟大的《密释纳》大师和伟大的殉道者对赎罪日的描绘："以色列啊,你们得到了祝福,是谁净化了你们,你们在谁面前净化了自身？那就是你们在天堂中的父。"人类之父在《圣经》的原始文字中是与所有的尘世存在物不同的,他的居所是天堂,他在净化人类的过程中彰显着自身。此外,亚奇巴并未止步于上帝,而是在上述语句的点睛之笔中给出了以色列值得救赎的理由："你们在谁面前净化了自身？"进行净化的不是上帝，就像进行赎罪的也不是他一样。《圣经》只是说："在永恒的上帝面前你必须保持纯洁。"但既然《圣经》在其他地方也说过"圣化你自己，因为你要变得神圣"，所以亚奇巴道出了其中的精髓："你要净化你自己，在你的天上的父面前你要净化你自己。"没有人能净化你，同时，没有哪个人可以被看作上帝。没有上帝之子来净化你，能净化你的只有"你天上的父"。此外，你不应该借助任何中介性的存在来净化你自己。只有当上帝简单而单纯地变成了你唯一的、独一的目标时，你的自我净化才能够完成。

一神教的全部观念都包含在亚奇巴的这句名言中。因此，人们可以用下述方式来回答有关上帝的统一性的最深刻的含义究竟是什么的问题：上帝是独一无二的，因为只有在他面前人才能净化自身。如果人们将独一无二的上帝与其他的存在物或其他的观念联系起来，那么人完成自我神圣化的几率就会等于零。在他面前只能有一条未被连接的链条，只有沿着这一链条人的上升才能开始并最终完成。确实，赎罪日就是一神教的节日。

13. 即便我们给予赎罪日如此高的评价，但其最终意义仍然未曾触及。实际上，在对人的赞美中，没有比人的自我净化更高贵的了。因此，赎罪日对于犹太思想来说是一个象征，象征着一个人对上帝的信任，与这种信任联系在一起的只有人类自己赎罪的力量。

《塔木德》对这种借助赎罪的力量而产生的信心给予了非常重要的表述："如果在这一天一个人承认了罪，他不应该在晚上仍然挂念着它，因为他毫无疑问已经完成了赎罪。"因此，犹太式的怜悯将赎罪的行动看作是一种日常实践活动。"在你死去之前进行一次赎罪"（《先贤集》）。借助这一隐秘的符号，《密释纳》将赎罪规定为一项每天都要施行的、终生的义务。

世界上对犹太式怜悯的最没有道理的指控就是：它是自以为是的，或者说是小心翼翼地遵循律法以促成所谓的伪善。小心谨慎地遵循律法，甚至在整个人生中的每一天甚至每一个小时都是如此，这对于赎罪来说绝不是多余的。毋宁说，所有具体的部门法以及与律法的全部关系其实不是别的，就是对赎罪的指导，就是对回归于上帝的指导。

14. 因此，认为赎罪可以导致狂喜的感觉，在其中人可能被卸下他主要的责任即谦卑，这是一种错误的看法。赎罪给人带来的喜悦仅仅与上帝相关，无论如何都不属于人。人的喜悦针对的是纯洁，他重新获得了纯洁，但这只是一种对上帝的感激之情，只有上帝是至善的唯一者，只有他才是神圣的上帝。这种喜悦仅仅是毫无保留地相信上帝，相信真理，这种信任包含在人与上帝的相互关系之中。因此，喜悦不是别的，就是对上帝的信任。

15. 至于人本身，就他作为相互关系中的一方来说，他的纯粹性对他而不是对上帝呈现出完全不同的意义。对罪的知识和坦白完全不能满足他。即便当他在一个世俗的法官面前低头认罪之后，事情也不能算是完结了。他并不能因此而让自己免于自己的责任，相反，他必须完成对他的惩罚。因为公开忏悔一个人的罪过是唯一能够让自己承受惩罚的方式。就他来说，他能与上帝重归于好的办法只有一个，即自觉地对自己施行惩罚，除此之外别无他途。

或者，人们或许可以用下述方式解释对惩罚的渴望：在上帝面前人可以相信自己能够从惩罚中解脱出来，上帝的恩典是不可思议的。但是，一个人自己的道德自律绝不可以与其之外的与上帝的宗教关系来进行对比。因为伦理学由于其方法的缘故仍然是宗教必须确认的标准，也是宗教必须予以合作的范型，与上帝的相互关系绝不可以破坏人的伦理本质。但是，如果上帝喜欢恩典胜于正义，那么这看起来就是对伦理学的打击。对上帝来说这或许是正确的，但我们不可能理解这一点，尽管我们是如此定义上帝的本质的。但是，对人来说，只要他是一个道德存在物，而且他必须始终是以这样的方式存在着，那么如果他能够沿着自己的道路从赎罪的深渊的最深处上升到纯洁的至高点上，而这一切又都是靠他自己的话，那么就是绝对不可思议的。正是因为这样的赎罪，人们才认为上帝的宽恕起了作用。因此，对人本身来说，除惩罚之外没有别的可以作为赎罪的标志。

16.惩罚并不需要任何牢狱，因为生命本身就是罪的牢狱。惩罚不一定就是给罪人加上具体的痛苦，因为在赎罪的正确的形式中，人的整个生命都被看作是痛苦，只有片刻的幻觉中的快乐才有可能打断它。

无论如何，人的痛苦同样也是来自做人的痛苦。还有什么能够比得上这种做人的痛苦，比得上来自人的本质性的人性的痛苦更严重的惩罚吗？"诸多重要的感觉给了我们生命，它们在尘世的骚动中强化了自身。"我们的理想变成了幻觉，我们信心的岩石被深不可测的对人类心灵的不信任所动摇。由我们自己的心灵所构成的岩石在我们的转瞬即逝的愿望和努力之中化为乌有。我们最大的希望化为乌有，还有比这更大的痛苦吗？能有什么更大的痛苦比得上做人的痛苦呢？

17. 悲观主义哀叹整个人类的存在。此外，当泛神论发现所有这一切都井然有序时，又为其披上了一层智慧的伪装，因为同冷酷的自然规律联系在一起，所有道德以及所有审美的区别都没有意义，都不过是孤立的、个体化了的思维。从这一观点出发，个别的显现有其自身的价值，即任何一个都不可能被另一个所取代。这是愚人哀叹人类的痛苦时体现出来的智慧。但是，一神教必须以不同的方式看待上帝注定给予人类的这种痛苦。

在关于世界的神圣秩序中只有善和恶。"他们真可怜啊，竟然混淆是非、颠倒黑白。"如果第二以赛亚得出了一个极为大胆的结论即上帝也"造就了罪恶"（《以赛亚书》45：7），那么我们最好用病来指称这种罪恶。人们之所以称其为恶，是因为恶伤害了他，这种病痛的现实并非是恶的，而恰好是为了他自己的好处。痛苦是人出自自身的冷酷的要求，也是为了自身的要求。

对于同胞的痛苦来说，一个人无权将其解释为由于其同胞的罪而降临到其同胞头上的惩罚。因为人必须通过同情来发现并确证他的同胞。与此相反，对于一个人本身来说，他不能放弃惩罚。因此，痛苦对他本身来说是必要的。人们认为这是一种为了自己而不得不要求的惩罚，并呼唤、祈求着惩罚。

18. 如果人对宽恕的期待仅仅是建立在上帝的至善的基础上，如果他并不愿意将这种信任建立在自己的认罪悔过以及公开宣布他愿意接受惩罚的基础上，那么这种对上帝的信任就是不道德的。他自己必须意识到，他应该并且需要惩罚。认为自己需要惩罚这一想法的表现是，认为痛苦是人的自我发展中的一个必要步骤。

19. 泛神论的道德是建立在自我保存这一本能的原则之上的。在泛神论中，生命的自然本能变成了道德的基础。生命要求延续。保存基本的生命力是人类的基本权利。保存生命的本能建立起了能力和权利的同一，但是这种本能试图保护的是自然的存在物，是生理意义上的生物。

20. 宗教并不认可这样的概念，即一个孤独的生物，其存在的唯一目标就是活下去。对于宗教来说，自我只存在于与上帝的相互关系中，只有在这种关系中人与人的相互关系才能得到实现。"我"没有权利将同胞的痛苦解释为惩罚。"我"对他可能的罪过没有任何兴趣。他或许是因为"我"的罪而感到痛苦。人们或许可以自信地将这种移情的效果归诸人与人的关系。与此相反，"我"的自我及其所有隐秘的动机都变成了"我"的一个必要问题，当"我"试图解决这一问题时，就获得了对"我"的罪过的自我确证和对罪的忏悔，"我"远未达到道路的终点，因为终点意味着忏悔可以带来这样的后果：确认痛苦就是正义的惩罚。至于对"我"的自我的确证，至于自我的保存，"我"或许仅仅因为信任上帝的宽恕就心满意足了。

如果宣布"我"愿意承受痛苦的做法并未认可罪，那么认罪无论如何都仅仅是一种形式。痛苦与罪的联系并不如与宽恕以及救赎（至少在后者植根于自我神圣化的意义上）的联系那么多。自我神圣化的巅峰在于认识到痛苦的必要性，能够自觉自愿地牺牲自我，服从于惩罚的痛苦。

21. 正是迈蒙尼德的深刻观点表明约伯也是一位先知，痛苦是预言的一种真正的形式。通过这一观点,迈蒙尼德对这一预言式的教育诗作了阐述,其中作为预言形式之一的痛苦被结合进了组织起道德世界的神正论。痛苦不是一种缺点,不是无目的论(dysteleology),而是道德体系中的一根独立的链条并因此而充满了目的性。

当约伯的朋友们试图提醒他,他的痛苦是由于他的罪并以此来安慰他时,他们犯了一个错误。他的朋友们应该将他看作是一位先知,能够为他们确立痛苦的价值。约伯是一位先知,他的朋友们应该可以从他那里学到痛苦是上帝的拯救计划中的一种力量。但是,这一计划在受苦的人被看作是为了他人受苦之前是不可能清楚而明确的。如果人们错误地认为痛苦和惩罚就像原因和结果一样相互关联着,那么就是犯了一个错误。

另一方面,约伯本人并非缺乏深刻的洞见,他认识到他自己需要痛苦,并且有资格战胜痛苦,尽管此时他不是作为一个孤独的个体而是一个处于与上帝的关系中的自我。我们通常所认为的罪与罚、惩罚与痛苦直接的因果关系在此消散了。上帝让这一传说中的道德元素在诗歌的最后得到了彰显。与此同时,在上帝为约伯的辩护中,约伯的苦难得到了解释:恰恰是为了为他自己辩护,他才遭受苦难。

上帝宣示了整篇诗歌的意义,但是是以否定性的形式表现在约伯的信任中,但他拒绝承认罪是他的痛苦的原因。他是一位先知,因此他是人性的象征。但是,在他意识到自己的先知身份的情况下,他需要找出痛苦的原因以保持他的自我。约伯曾经拥有过尘世的欢乐和丰厚的财产,后来失去了它们,而最后又再次归还给他。当他已经享有所有的智慧和怜悯后,还有什么能给予他的生命更大的价值吗?财富和世俗的自大是人类自我意识中最重要的东西吗?道德经济学世界中的匮乏不正是世界需要先知的理由吗?约伯在自艾自怜中指出了这种匮乏并将自己的痛苦建立在他需要预言之上。

但是,世界虽然需要先知,但先知自己首先处于渴望之中。然而,人类自我的需要似乎从先知的意识中退却了。这一困难的存在是就一般意义上的先知的自我意识而言的,但是在约伯这一事例中并不缺乏。因此,约伯的痛苦中的含混性依然存在,他作为先知是为别人而痛苦,但是他本人仍然是一个普通的人,如此一来,他为了自我仍然需要痛苦。

22.《圣经》中的这首叙事诗的价值在于拒斥这样的偏见:在罪和痛苦之间有一种因果关系。这首诗就像所有其他的先知著作一样,把痛苦带进了显现于道德世界中的神那里。但是,赎罪日并不寻求以这种诗意的方式来解决世界上的谜团。赎罪日的任务是排除罪的干扰,确证并保存个体自我的自我意识能够存在于他与上帝的联系之中。因此,赎罪日将痛苦置于与个体自身的直接关系中。

犹太式的怜悯因而将痛苦看作是通向救赎的阶梯。对痛苦的渴望并非存在于苦行式的神秘主义的意义中,相反,其正当性体现在祈祷中,祷文中的每一个细节都在祈求从痛苦中摆脱出来或者是祈求得到保护以抗拒痛苦。赎罪日禁食是一种象征,象征着上述对痛苦的必要性的理解。

痛苦可能是人类普遍的命运。无论如何,痛苦首先应该变成自我的座右铭。"我"不仅仅是一个器官。幸福主义不可能是打开"我"的存在的钥匙。快乐和痛苦的盲目交替不可能造就"我"的道德生命。只有某种来自痛苦的表征才能给予"我"的存在以正确的含义。"我"的痛苦不是自我的效果而是目的,或者说只是对"我"的最终目的而言的一种手段。

23. 在赎罪日祈祷文中有一段相当感人的话,在其中说出了消除人生中最大的困境的愿望,其中特别提到了无原则的愤恨,此外还包括饥饿、灾荒以及其他的灾难,当然也包括罪。这种思想是拉比伦理学的产物。在圣经语言中有过错、虚妄的愤恨,但这种无益而空虚的愤恨通常指的是"无理由的愤恨",这是指责愤恨的最深刻的词。"你不可以在心里嫉恨你的兄弟。"(《利未记》19:17)这一说法从"兄弟"和"心灵"两个方面谴责愤恨。你想嫉恨的人恰恰是你的兄弟,当你想嫉恨的时候是在误用你的心灵,因为心灵的存在是为了爱。

所以,所有的恨都是无根据的、无益的和空虚的。从大处说,恨人类并没有什么说得过去的理由。人类无益的嫉恨占据了痛苦的最前沿,这是所有过去的世界历史的悲剧性特征。

24. 这正是约伯的故事试图教导给我们的,即神现身的意义及其道德意义。以色列民族本身不是需要痛苦并认可这种自我强迫的痛苦吗?如果情况不是这样,那么以色列人也不可能得到救赎。这就是赎罪日的终极意义,赎罪需要热忱,而这一热忱存在于认可并承担痛苦之中。

以色列民族仅仅是一个代表个体的象征。从以西结开始,所有的人都变成了"一个灵魂",灵魂从此不再仅仅意味着生命和人,而是在自我责任（self-responsbility）中不断强化着自身的自我。衡量这种自我责任的标准之一就是对痛苦的价值的认可。痛苦既不可能被无视，也不可能被消除。它是所有能够意识到自己的个体的前提，并从个体传达给全体。

还有别的什么民族或宗教团体的特殊标志是这种灾难性的历史？周围转瞬即逝的世界随时都会由于自高自大而毁掉自身。这种自大的表现是，把以色列的困难解释为以色列缺少价值的后果。这种自大的危险什么时候才能够被认识到？但是，这个问题属于后一章关于弥赛亚的内容。在此，我们要讨论的是对个体的救赎。对痛苦的认可导致了救赎的获得。

25. 其他的信仰系统都犯了一个错误，即认为痛苦不是手段而是最终的目的。因此，它们往往将神圣本身看作是痛苦、人类痛苦的代表。尽管这种思想中人类的救赎也被看作是伴随并超越了痛苦，但是，救世主本人必须将这种痛苦担在自己肩上。借助这种思想，痛苦变成了目的。此外，那种认为痛苦就其本身而言就是一种神圣的目的的看法中有着一种引人堕落的要素。

无论如何，这种观念都是错误的。只有德性本身，只有人与上帝之间的相互关系才能说其本身就是目的。道德中所有其他的内容，宗教中所有其他的内容都是次要的，都是实现这一独一无二的目标的手段。因此，痛苦只能是一个手段。目的本身就是救赎，不可能与其手段割裂开来；双方必须合作才能达成目标。因此，生命的最终意义不是痛苦而是救赎。为了实现救赎，人要与上帝通力合作。在此，人与上帝的相互关系获得了最高的肯定。

26. 救赎就是从罪中解放出来。在痛苦中，罪变得越来越少。

因此，救赎同样也是从痛苦中解放出来。在宗教性的存在中，只要它们仍然是由道德的指导性原则规范并发展起来的，那么所有的东西都只在上升和转变的那一刻具有有效性。没有任何固定不变的存在，或者说所有的东西都处于转变之中。因此，从痛苦中的解放同样也不过是一系列时刻中的一个，痛苦必定会再次变成人的自律的他律手段。

此外，从痛苦中解放出来的喜悦只在某一刻存在，这个时刻就是救赎。自我将自身建立于其上的地方并且是建造了自己的避难所的地方也是这样的一个时刻。自我给予的保护只是在这一刻。自我只有在这一刻才有稳定性。只有在这个时刻，自我才能要求并实现救赎。

上升的时刻和稳定的存在之间的区分导致了救赎层面上的纯粹一神教和其他教义之间的区分。我们现在还没有涉及永生（immortality）。我们甚至还没有讨论完人类的世界。但是，既然我们超越了同胞而树立起作为自我的人，那么我们为了"他"从罪中得到救赎的概念而需要限制决定着救赎的那一刻。被确定为救赎的时间仅仅有那么一瞬。只有一个瞬间，接下去或许仍然是罪的地盘，无论是否仍然可能再次被救赎的瞬间解放出来。

在这一点上，宗教所建立的与伦理学原型的方法论联系显得特别真实。宗教性的存在要与感性存在区别开来，尽管在向宗教性存在的上升过程中，感性存在依然是起点。就像其他的宗教性存在一样，救赎也只是一个瞬间，这是一个超出了尘世存在的变迁的提升。"在上帝面前"，这是所有的赎罪、自我神圣化和救赎的座右铭。

27. "在上帝面前",这是一个座右铭。一神教很早就把迷信看作是自己的对立面。在《圣经》著作中,史书部分为自身设定了一个谜团。早期史书的这种倾向被看作是早期以色列文学的源泉。但是,即便是这种文学倾向也打上了宗教的烙印。

英雄的传说、"人类的荣誉"通常构成了民族的史前史。古代被描述为充满了伟大英雄的世界,对此,现代的人们就像照镜子一样以之为鉴来衡量自己。古代的圣经编年史纯粹是另外一种样子。它在最深刻的意义上是天真的,而且这种情况不仅仅发生在史诗的领域中。

这样的史前史根本未曾以上述那种质朴的意识去记录,虽然十分强调善与恶,但并未对二者进行区分。没有任何伴随着英雄主义的魔力,也没有来自人们对英雄的同情能够让犹太人妥当地解释那些偏离了正确道路的事情。此外,这条道路甚至尚未被完全描述为上帝之路。道德考量明确无误地显示在内在于故事的判断中。

28. 因此,这种编年史有着极为成熟的价值,即自我特性化,如果没有道德反思的彻底性和清晰性,这是不可能实现的。道德反思在故事中是隐身的,因此并未破坏掉叙事本身的质朴性。质朴而并不原始,内在的反思是一个不成熟的和初步的步骤,在其中尚未出现文明的开端。

巴兰的演讲中包含着从以色列的一神教观点而来的对以色列民族的自我个性化,而且所有的章节似乎都是对在旷野中游荡的记述的先知式补充。有一位异教先知出现在其中,他的出现甚至早于真正的以色列先知,当然摩西除外。

这位异教先知在个性化的基础上祝福以色列人:"断没有法术可以害雅各,也没有占卜可以害以色列。"(《民数记》23:23)考西的翻译很显然是与通常的基督教翻译一致的:"没有什么魔力黏着在雅各身上,也没有什么魔力跟随着以色列。"这样的翻译可能与巴兰的意图一致,但却既不能与前文协调也不能与后文一致,更不能与整个演说的精神合拍。犹太释经者们对此的理解根据的是我们在前面给出的翻译。

后面的经文与我们的意思相一致:"现在必有人论及雅各,就是论及以色列说,神为他行了何等的大事。"以色列不一定要求助于占卜,因为先知们已经宣布了上帝会做什么以及他行动的意义。因此,下一篇演讲就是可以理解的了:"雅各啊,你的帐棚何等华美。以色列啊,你的帐幕何其华丽。"(《民数记》24:5)从这一解释出发,我们可以以同样的方式去理解下列句子是如何先于那些关于占卜的文句的:"他未见雅各中有罪孽,也未见以色列中有奸恶。耶和华他的神和他同在。"(《民数记》23:21)对于一神教思想来说,还有什么能比得上偶像崇拜这一所有占卜的归宿能带来更大的不义和伤害?最后,从这种反思出发,历史的观察就变得简单易懂:"我从高峰看他,从小山望他。这是独居的民,不列在万民中。"(《民数记》23:9)

一系列的历史特征被集中在一起,融入了对一神教民族的自我个性化之中,道路上的分歧是必然的。这是将以色列民族提升到一神教的前提,更不用说保存这个民族了。此外,不义不会统治着以色列。这是第一个强制性的条件,相应的结果是,魔法和占卜不可能在以色列出现,因为以色列处在与其永恒的上帝的交流中，因为先知们向以色列人传达并解释了上帝的行为。因此，巴兰暂时中断了他的演讲，感叹道："雅各啊，你的帐棚何等华美。以色列啊，你的帐幕何其华丽。"他们是"耶和华所栽"（《民数记》24：4，6）。

29. 古代一神教的这种自我个性化不仅仅具有历史而且具有现实的重要性。对魔法的迷信与一神教背道而驰。只有一神教才会解释、说明上帝的行为，无论是预言家还是魔法师都不具备解释上帝行为的资格。因此，占卜与偶像崇拜一样都要被灭除。

如果有人能够得出一个奇怪的结论，即"行邪术的女人，不可容她存活"（《出埃及记》22：18）（这条诫命是审判女巫的理论基础），那么他同样也可以说打击偶像崇拜者是宗教裁判所和所有形式的宗教狂热的基础。以同样的方式，他还可以说杀掉谋杀者的诫命同样是保存谋杀的理由。后一个例子并不适用于如此荒谬的结论，尽管在杀掉谋杀者的同时会有一种合法的谋杀发生。但是，杀掉谋杀者被看作是必要的。因此，把魔法看作是无害的幻觉并不值得惩罚，这种看法会导致迷信的蔓延，即并未意识到禁绝迷信的绝对必要性和消除迷信的迫切性。

这种对消除魔法的怀疑论态度，其理由深深地植根于对一神教的唯一真理的漠视态度之中。但是，如果一神教是人类的唯一救星，那么就不应该逃避下列事实：所有的偶像崇拜，所有的魔法都应该被消除。宽容原则不可能适用于一神教的起源和创立。在这个问题上，不可能有任何的犹疑不决和对立面之间的相互认同、各行其是，道德世界的存亡即维系于此。道德世界并未交给天使，而是像《塔木德》关于《托拉》的表述那样，必须靠他们的原则、在他们的法庭上建立起来。因此,消除魔法和消除偶像崇拜一样都必须成为律法。

一般来说,这些关于上帝的错误观念是人们最大的痛苦,而且或许是人类一次又一次加诸自身的巨大痛苦的原因。道德犯罪深深地植根于人类所具有的这些有关上帝的基本观念中。人类最大的痛苦是他们关于上帝的观念造就了或轻或重的分裂,直至成为人类自我伤害的最深的诱因。这是历史给我们的教训,也是人不得不去理解它的方式,人类理性的骄傲变成了最大的苦难。宙斯将普罗米修斯钉在了山崖上。理性造成了人与他的上帝的分裂。

在一神教中,痛苦仅仅是通往救赎的一根链条。它不可能完成救赎。痛苦不可能代表着人类的理想形象,就像它本身并非是神圣的一样。它只是通往救赎的一个预备性步骤,通过它才能走向人性的完善,达到与独一无二的上帝的完美概念的协调一致。

至此,我们越来越接近完善的一神教了。我们已经上升到了这样的认识:通过痛苦,这种完善才能达到。但是我们认为救赎是通向人类自我的道路,并在个体象征性地转变为以色列的过程中认识到了自我。在这种象征性的意义中,以色列不是一个有着诸多成员和诸多社会需要与义务的民族,而是一个象征性的以色列,其价值在于比个体更为准确地对自我的理想化概念进行表述,只有通过自我,才能救赎。

30. 因此,可以理解的是,即便我们不知道任何关于受难的弥赛亚这一象征性形象的意义,以色列民族也会伴随其所代表的纯粹一神教成为历史中的苦难民族。如果在今天就像在过去的每一天一样,一个人被感动了,他想知道一神教民族是如何能够在所有这些迫害中保持自身，如果他并不满足于这样的回答，即它保存自身的历史原因在于犹太社团为了保存自我而找到的种种真理，那么或许他能够发现一个充分的历史性原因，即以色列就是一个在全部过去的历史中都承受着苦难的民族。痛苦变成了以色列的生命力。

在这一植根于信仰之中的民族特性面前，所有尘世的幸福、今生的权力和荣耀还有多少重要意义？以色列是一个历史性的受苦受难的民族，而其苦难是为了独一无二的上帝。痛苦同样将独一性赐予了这个民族。尽管其他的民族也曾经经历苦难，但它们的苦难是与堕落联系在一起的。只要它们还在世界舞台上存在，它们的苦难就会被世俗荣誉和权力带来的欢乐所取代。它们的苦难逐渐变成了它们的标志，民族堕落的标志。确切地说，这样的苦难仅仅是一种历史的存在而已。与此相反，以色列民族历史发展的真正起点是其拒斥所有今世的民族财富而开始了新的生命，这是一种在其世界使命中的全新的存在。以色列民族的其他苦难与其他所有的政治性民族的苦难是一样的，但是，其殉难却是从其世界使命中开始的。

由于以色列没有任何特殊的民族主义动机，因此其苦难没有任何悲剧的意味，任何审美解释都不可能给出正确的表述。痛苦是宗教的特征，一神教的任务是通过犹太教的公开信仰者的痛苦象征性地表现出来的。一神教必须变成那些公开信仰者的自我意识。因此，就像人们认可世俗的法官作出的惩罚一样，那些信仰一神教的人必须认可痛苦是上帝的意旨，是用以实现其自我神圣化的手段，是在与上帝的相互关系中促进"我"成熟的教育。以色列的苦难象征性地表现了人与上帝的和谐。以色列的苦难就像德国口语称呼赎罪日一样,是"长长的一天"。

31. 苦难是救赎的前提。但是,救赎是从所有的经验性人性的无用之物中解脱出来,从而上升到人变成了自我的那一理想化的时刻。我们将会探讨人在弥赛亚人格中的完善及其救赎的完善。但就目前而言,由于我们已经将以色列历史的例子解释为人类普遍苦难的典型,所以我们或许可以在这个例子中看到人类的救赎。救赎是不可或缺的,因为苦难仅仅是一个序曲,尽管可能延续千年。

在一神教概念中,确凿无疑的是以色列的救赎不可能被看作是独立于所有人类的救赎。但是,我们认为救赎只是一个瞬间。因此,它不必仅仅有作为人类发展的最后一环的意义,相反,它在历史发展的每一个时刻都会发生。也就是说,在以色列的全部历史中我们都能够发现存在于苦难和救赎之间的不间断的联系。救赎不必被拖延到末日,而是维系于每一个痛苦的时刻上,并且将每一个痛苦的时刻变成了救赎的时刻。

在此,以色列的苦难失去了其含混性。苦难不再是民族相册中的一个谜,通过苦难实现并获得了以色列的自我保存。因为这种苦难并非是神秘主义的禁欲式的苦难(后者在自身中蕴含着满足),而是被看作并且一直包含着一种磨炼,在这个过程中,那些一神教的信仰者必须净化和强化自身,以便聆听注定要赐予他们的、来自独一无二的上帝的伟大召唤。苦难不仅不是生存的对立面,反而是其最有效的基础。没有痛苦就没有救赎。没有自我神圣化,没有在痛苦中的经历,也就不会有上升到真正的人性的自由。但是,如果自我神圣化的目标设定在独一无二的上帝那里的话,那么就存在着对痛苦的解放。赎罪日是人类救赎的标志。

第 13 章　弥赛亚的观念与人类

1. 人是有理性的存在物，他来自上帝的创造和启示的属性。从这一观点出发，到目前为止已经在人与上帝的相互关系中出现了两个关于"人"的概念，即同胞和自我。在这两个概念中，来自相互关系的宗教的特征表露无遗。对于这两个彰显着宗教特性的概念，在上帝那里同样存在着两个相应的概念：充满社会之爱的上帝和宽恕罪过的上帝。

尽管宗教的特征与伦理学的自律有着方法论方面的不同，但宗教的特征必须服从于伦理学的自律。宗教的方法是建立在伦理学的方法之上的。一般说来，这就是科学理性在处理所有的问题时采用的方法。

与这一基本的方法论要求相一致，人在上帝面前的救赎也是以与道德理性相一致的方式进行的。只有伴随着不打折扣的道德自律，宗教关于人类个体自我的概念才能够被发现。此外，同情在方法论层面上也是与荣誉和尊重相一致的，正是通过同情我们发现了同胞，而通过尊重才产生了伦理学意义上的人。

2. 但是，在伦理学范围内及其方法论的基础上留给人的只有同作为类的人的同一性。然而对于人类的这一理想概念来说，伦理学本身也需要方法论方面的补充，并试图到德性原则中去寻找这种补充，而后者是应用于历史经验的。这就要求爱这种感情，然而最基本的伦理感情仅仅是荣誉，而后者等同于尊重。

因此在伦理学中的人类概念下出现了相对的复多性（relative pluralities），这就需要国家、律法和社会参与其中。只有为了"我"，伦理学才能拒斥任何超越于纯粹意志的自律之外的补充。在这一点上尤其需要宗教的参与，需要其双重概念，即人类的罪和上帝的宽恕。

3. 伦理学在上帝这一方面没有要求。上帝的问题对于伦理学来说已经穷尽在世俗的道德保证人这一点上。道德在世俗中的实现有着许多缺陷，但是这在原则上与伦理学无关，因为无限的目标为此提供了解释。何时实现的问题几乎不关心伦理学，就像不关心在特殊时段、特殊的人类代表那里究竟实现到何种程度一样。在这一点上，宗教的特殊品格参与了进来，带来了新的、作为个体的"人"的概念和新的面对着个体的"上帝"的概念。但是，伦理学的独立性仍然确立并保存于下列两个概念中：人类和人类的上帝。

4. 这就出现了一个问题：既然宗教具有这样的特征，那么它是否能够在这两个概念及其联系中占有一席之地呢？如果情况并非如此，如果宗教对人类和人类的上帝毫无贡献，那么可以肯定，宗教的价值就要大打折扣，而且它在人类的两种意义方面以及在相应的上帝方面展现出来的特殊性就不可能弥补其在人类及其上帝方面表现出来的不足。

5. 这就是实际情况，宗教在这方面对伦理学毫无贡献。但是，宗教的价值不仅未曾削弱，反而有所增强。因为，虽然伦理学的独立性依然不可侵犯，但是那只是一种方法论上的独立。而且只有借助其方法才能产生出内容。伦理学既不知道人也不知道上帝，而是通过自己的方法才产生出了这些概念。既然其方法不仅仅是原型，而且是其工具和生产能力，因此，它毫无疑问能够将这个问题从经验、实际上也是从内容和对象那里分离出来。一个概念无论如何都首先要通过对其方法的考验才能够被接受。

无论如何，如果不是从经验中，那么伦理学要到哪里去寻找自己的问题呢？如果经验未曾为心灵提供额外的躯体的话，那么即便是纯粹数学都不能进入其问题域。如果人们在其社会关系以及在律法和国家的历史中未曾给伦理问题提供机会，那么同样的事情也会降临到伦理学头上。可以肯定，经验除了机会之外什么也没有提供。机会被纯粹理智所应用，并将其提升到一个可以独立地进行重组的高度，一个实际上可以对由经验提供的材料进行再生产的高度。因此，涉及宗教的伦理学进程也变得可以理解了。伦理学是否仅仅从历史、法学和政治中为其"人"的概念提取动力呢？或者说，宗教是否也能为其关于"人"的问题提供无法忽视的材料呢？如果伦理学将自身置于与一般性的历史和特殊性的法学的关系一样的与宗教的关系中，那么会不会对其自律产生危险呢？

在此，我们可以忽视伦理学和法学之间可能存在的逻辑关系，因为我们关心的仅仅是构成"人"的材料。如果人类的概念必须通过与构成宗教概念的材料的联系来理解，那么伦理学由于其方法论上的独立性，它从宗教中吸取其关于人类的概念时所带来的危险就与它从法学那里寻找材料时带来的危险一样少。现在唯一的问题是伦理学是否能够从宗教而且仅仅从宗教那里吸取人类的概念。但是伦理学却吸收了这一概念（就像吸取任何其他人类文明的材料和内容一样）并作为一个成问题的主题，目的是自动地用自己的方法对这些概念进行重新创造。

实际上，宗教的最大胜利就在于产生出了人类的概念。

6. 古代希腊的哲学只知道作为道德方面的、有缺陷的、个体的人。它留给我们最大的遗产是希腊伦理学在城邦概念的主导下在上述人的典范中发现了人的微观世界和人的灵魂。但是从城邦和灵魂的方法论联系中得出的结论是，当人被看作灵魂时，他和他的灵魂仅仅被看作个体、看作观念。就像无论有多少个体，在每一特殊事例中都不过是同一个个体的重复一样，灵魂的微观世界也只是一个，无论它可能表现在多少个别事例中，所表现的都只不过是其本身。希腊人从来不考量人的个体性。野蛮人从来没有进入希腊人的视野。

7. 犹太人斐洛的遗产据说是对柏拉图的理念论思想中尚未充分展开的内容进行了进一步发展。无论如何，有一件事是无法否认的，即他将人的理念单独提出来作为一个特殊的理念，即将人变成了一个理念。我们丝毫不怀疑他深知这一重要方法的非凡益处，因为他了解摩西和众先知。尽管他对《圣经》的认识并非建立在准确地掌握圣经语言的基础上，尽管他对《圣经》的理解并未得到在当时已经非常繁荣的拉比文学的支持，但是，一神教的基本概念已经活跃在他虔诚的灵魂中。或许正是先知们关于人类的观念给了他对独一无二的上帝的信仰以哲学热情。

但是，斐洛是造就基督教的原初力量之一，他为后者开辟了道路，因为他深受希腊哲学的影响，而且不可能用纯粹一神教的方式来评价自身。他未能解决个体的问题，尤其是个体与上帝的关系问题以及上帝的影响如何惠及人与世界的问题。因此，他在运用逻各斯的概念时违背了一神教的精神。逻各斯的概念是他从柏拉图的那些偏离了理念论方法的著作中吸收过来的。但是，人类的理念仍然在他关于人的观念中活跃着。

8. 中世纪的犹太宗教哲学家们并未让自己的历史感被教义偏见所蒙蔽，无论这些偏见是来自基督教还是来自伊斯兰教。他们认为，这两种宗教都是一神教在世界万民中传播的结果。就像《塔木德》已经认识到对偶像崇拜的判断并不适合于除迦南诸民族之外的其他民族一样，中世纪的犹太哲学家也不认为基督教的三位一体是对一神教的绝对否定，相反，他们将其看作是联系人，看作是"伙伴关系"。

但是，如果独一无二的上帝的概念在历史中的传播有某些确切的内容，那么这些内容可能是独一无二的上帝、作为世界的主宰和所有民族的神在各宗教中体现出来与其相关的一些明确要求。在世界宗教这一概念下，基督教将全人类看作是宗教的内容，并在这个概念的基础上发出了征服世界的宣言。因此，就像个体及其救赎是其核心一样，其外围概念，即全人类的概念成为其普遍的目标。

对希腊人来说，"人"只包含希腊人，这样的"人"变成了各民族中的基督徒，无论这些民族有多大的敌意，唯一的和同样的人的救赎是通过唯一的基督完成的。因此，在这一历史原则面前，基督肯定会变成人类的弥赛亚。因为基督为救赎所设定的特殊要求以及相应的人类理念的实现都在问题本身面前消退了，这个问题是为同一的、有罪而且需要被拯救的人类设立的。

9. 在整个的中世纪，强烈的仇恨①在各个个别的民族和统一的基督教世界之间蔓延。这种仇恨现在是被消除了还是仅仅掩盖起来了呢？不论各民族历史上的渴望和基督教的道德、宗教概念之间的冲突如何，只要同一个人类的理念被看作是核心，那么它就是不可改变的。

"人算什么，你竟顾念他。"（《诗篇》8：5）

如果人仅仅意味着下一个人，更不用说某个民族中的一员或者最终属于自己民族中的一员的话，如果人不能被提升到同一个人类中的一员，提升到《诗篇》作者赋予他的那种荣誉和尊严的高度的话，那么人就会与《诗篇》作者一样大声惊呼出来。

科学与艺术一样，都获得了某种国际主义特征。因此一个人类文学的团体在各民族中出现了，而这样的团体从未在遥远的古代出现过。因此，最终在文艺复兴时代，伴随着人文主义的出现，产生了再造法学和政治科学的源头。它在每一个方面都与古典时代联系着，但又总是会得到宗教的补充，其中还包含着《圣经》的影响。它尤其受到了自然法理论和导源于斯多葛派的万民法的影响，虽然后者是从《圣经》中获得其四海一家的思想的。

参与这一发展的是在最严格意义上的新哲学。现代哲学代表着一种国际思想间的交流或对话。这一"科学共和国"（这是那个时代的普遍称呼）出现于法国大革命时期，与之相伴的是普

---

① 原文为 antimony（锑），在上下文关系中完全无法理解，因此，猜测是 animosity（仇恨）的印刷错误。——中译者

遍人权原则。但是，它的出现更多地是一种政治声明，而不是一种普遍适用于人类的东西。然而后者早就活跃在哲学的世界城邦思想之中，发起德国启蒙运动的莱布尼茨曾对此特别予以关注。

10.这样的现代性及其一般哲学在心灵的所有层面上都激发了深刻的改革。只有经院哲学还与过去联系在一起，尤其是与伦理学问题联系在一起。由于这样的做法和应用，经院哲学也与神学和律法保持者紧密的联系。此后，康德出现了，他第一次创造出一种真正的伦理学，这是一种自身之中并不包含逻辑学和形而上学的伦理学，而是以逻辑学和形而上学为前提并在其基础上建立起来，因此，伦理学是哲学系统的一个分支。

这种伦理学被看作是独立的、纯粹的哲学，而不是被看作诸如心理学之类的科学。它在方法层面上是完全现代的，完全独立于经院哲学的方法，但就其最内在的精神而言则与新的宗教改革派以及虔信派的宗教精神联系在一起。另一方面，它还受到卢梭的影响，因此，它是在一些社会问题和改良世界的一般性条件的政治观念的激发之下产生的。因此，康德的伦理学呼吸的是人类的精神。

可以肯定，在康德那里，"人类"一词的确切含义首先是与心理学和历史经验所理解的经验意义上的人完全对立的，因此，人类等同于道德理性的存在物。但是，在他的术语系统中，这个词并非仅仅指的是产生于伦理学方法论中的理性存在物。人类占据了他全部思想的最重要的位置，因此毫无疑问对于康德来说具有普遍的、世界性的意义。"尊重你的人性中的人类，同样也要尊重其他人人性中的人类"①，这就是绝对命令的表述。

11. 否认卢梭对康德的巨大影响是毫无意义的，但认为这种影响是决定性的同样毫无意义。卢梭确实影响了作为神学家和普遍人道主义的伟大的德国继承人的赫尔德。赫尔德并不是非常好的学生，同时也是康德的一个不领情的学生，但是，他在理解德国的人文主义概念方面与康德是一样的，因此他才能成为《人类历史的哲学观念》（*The Ideas for a Philosophy of the History of Mankind*）的作者。

但是，与此同时，他也是《希伯来诗歌精神》的作者，这一点决非偶然。他发现人类精神已经在《旧约》最早的文献中出现过，而先知们并非是第一次表述这种精神的人。这是一个非常重要的认识，它指导着赫尔德有关圣经精神的全部思想，使其在一神教原理中发现了弥赛亚崇拜。

12. 我们从一开始就意识到，在弥赛亚崇拜的基本概念及其与那些不得不呈现为其后果的历史条件和概念之间的冲突之中的内在困难。这就是灵性上帝的概念，所有的形体性特征都必须予以消除，他必定会同人交流，将自身启示给人。

他首先是独一无二的存在，但是这仅仅意味着他是所有其他形式的存在物的前提，没有他也就无法思索其他的存在。当创造和启示都得到确认之后，在民族精神中出现了一个新的困难，这个困难必须由一神教发现，并由此被融入民族自身的行为并渗透

---

① 康德绝对命令的第二条，为保持行文的一致性，此处根据英文版直接译出。——中译者

整个民族从而被该民族所接受。

在觉醒了的民族精神中出现了一种新的动力,其后果就是对摩西的历史性召唤。在朦胧的古代民族记忆中,这一民族精神需要一个创立者,一个与民族自身的精神相一致的英雄,一个因此必须变成神圣启示的直接接受者的人。

所有这些矛盾自然地发生了,但却被克服了。《托拉》出现了,其基础是上帝的观念和道德"律例和典章"之间的和谐,而这些"律例和典章"同时也正是上帝所要求的。

13. 但是,随着先知们的出现,一种新的传统也进入了这种看起来和谐的、封闭的教义。这种教义是为了这个民族以及花费了很长时间的准备才得以建立起来的小小的国家而出现的。同周边民族的战争与和平交替出现,于是联盟形成了,但是其界限仅仅局限于那块弹丸之地。

在全部的古代历史中,政治的界限甚至是城邦的界限,同时也是地理意义上以及更大程度上的伦理意义上的世界性界限。在古典时代,有谁能够在他的思想中,更不用说在他的心灵中超越他的国家、超越他的民族呢?

先知们似乎是来自另一个世界的人,他们劝告人们去实行另一种政治方式,似乎他们是来自18世纪的世界主义者。但是,就像他们臣服于一种从未听说过的社会激进主义一样,他们同时也受到民族献身精神的影响,而指导后者的就是伦理一神教。

因此,如果先知们用最严厉的惩罚、用国家本身的衰亡来警告自己的民族的话,那么这种诅咒同样适用于其他的民族,甚至以色列的敌人。因为对民族感情的攻击有其清晰可见的基础,那就是神圣上帝的崇高教诲,上帝要求的是正义。

如果从这种精神中能够产生出一种普遍的、适用于所有人和所有民族的热忱,目光短浅的爱国者们可能会对此迷惑不解,因为他们从小接受的教育宣称他们是"上帝的财产",而现在,似乎所有的民族都应该平等地分享关于上帝的真正知识和真正信仰。如果不经过怀疑、迷惑,既怀疑自己也怀疑独一无二的上帝,因为此前只有一个独一无二的民族信仰他,目光短浅的民族意识如何能够将自身提升到心胸宽广的境界呢?就像我们必须考虑到人们会讨厌这一新的、伟大的观念一样,这个观念的新颖之处不仅对我们甚至对先知们都是一种震惊。

14. 无论如何,对我们来说一神教及其附属要素从一开始就是一个奇迹。尤其是从历史的观点看来,所有的事物都是进化的结果,而一神教现在是将来仍然是一个谜。世俗中从未曾有人思考过独一无二的上帝。当然,类似的东西确实随处可见,如果关于发展的历史研究能够让自身满足于此的话,那么它确实可以感到满足,但是所有这些类似物对于思考上述问题的心灵来说仍然是异类。人类关于独一无二的上帝的最初思考表现在:所关心的不仅仅是同一性,而且是伦理学意义上的独一性。此外没有任何事物能够触及其根基。因此,问题依然存在,这种关于独一无二的上帝的思想如何能够以排他的方式宣示给这个民族的精神呢?

现在在这个从弥赛亚崇拜中崛起的民族的精神中出现了一个新的奇迹。但是,这个奇迹或许可以用上一个奇迹来加以解释。下面,先让我们澄清一些新的现象及其全部的奇异之处。

独一无二的上帝"应该被称作全地的主",所有的人、所有的民族都应该知道并崇拜他。其他的神应该从世界上彻底消失。但是，如果唯一的上帝得到了所有民族的崇拜，难道就没有人怀疑诸民族会失去其独立性吗？而当这种独立性被消融进一种统一的对上帝的崇拜时，诸民族不仅会而且或许应该消融进一个统一的人类吗？如果一个统一的人类确实是独一无二的上帝以及万众一心崇拜上帝的最终意义，那么这种普世主义不会在以色列以及每个民族的特殊性中产生问题吗？

众所周知，即便在我们的时代，世界主义也被看作是人们自己所属民族意识的真正敌人。对我们来说，起源于民族意识的弥赛亚崇拜是多么不可思议，因为这种意识必须考虑并感觉到以色列是被单独地拣选出来去崇拜上帝的。

15. 此外，这一思想产生的政治环境似乎不是特别自然。诸多部落结合起来成为一个民族国家，但却没有哪个国家比它更快地分裂为两个部分并且彼此战火不断，而且双方都将大量的周边民族拖入了与兄弟国家进行的战争之中。渐渐地，两个国家都衰亡了，先后陷入了被囚、流亡之中，不得不承受一个没有国家的民族之苦。在这种寄人篱下、悲伤、屈辱的政治条件下，在全民族的悲哀之中，如何能够产生出如此乐观的思想，一种属于最大胆的人和最勇敢的世界政治的思想？

16. 第一，世界末日。现在我们就要解开深陷于弥赛亚思想中的问题的症结。所有关于人及其命运、尊严和价值的问题都与这一思想交织在一起。

人类存在的意义和价值的问题属于最深刻同时也是最原始的使文明得以觉醒的问题。神话和朴素的意识消融于现实并在其中找到了自己的安慰，人类伴随着上述问题而成长起来。在涉及人生最大的善、涉及整个世界的时候，就出现了怀疑。当人存在的意义被当作问题来思考时，首先出现的或许是世界。人们思考的既不是天堂也不是自然，更不是宇宙，而是 Aion[①]，这是一个构成人类生命的特别的世界。

当对这个世界的价值的怀疑首次出现的时候，对于世界末日的思考同时也就出现了，在希腊哲学中，这是第一种批判性的思考，是迈向对宇宙的思辨的第一步。世界必须为其存在而付出遭受惩罚的代价。

但是，与此同时，关于惩罚的思想中内在地包含着对世界末日思想的修正。惩罚不可能仅仅意味着是回溯式的，相反，就像社会生活一样，在惩罚中一定要有某种预见、某种对未来的预备步骤。

17. 世界末日思想本身就包含着对世界的更新。破坏不可能在没有重生的情况下得到充分的思考。绝对的末日、存在的完全消失并非是一种古已有之的思想，只有后来的幻想才变得如此绝望。神话总是用存在和非存在的交替这样的术语来进行思考，因此也只是在存在和非存在的意义上才有存在。从非存在中出现了一种高级的存在。

18. 世界末日的神话也出现在先知们的民族中，他们把这一神话融入了"永恒之日"。在神话信仰中，害怕和恐惧是与狂喜和欢乐密不可分的。恐惧应该被欢乐所驱逐。

---

① 具体含义参见本章第32节。——中译者

因此，阿摩司警告人们，对"永恒之日"的信仰具有双重含义。"想望耶和华日子来到的有祸了。你们为何想望耶和华的日子呢？那日黑暗没有光明。"（《阿摩司书》5：18）在这里遭到谴责的是目光短浅、缺乏思考的看法，这种看法试图消除当下的恐惧，并教导人们得过且过。末日之所以值得企盼，是因为它带来了新的开端，因此，似乎人们可以期待一个新的上帝和一个新的世界。存在与消失之间的循环无论如何都与创造相抵触，创造的基础是天佑，而循环论的思想则预示着命运和偶然。朝向一个有意义的目标进化和进步是同世界被毁灭的神话背道而驰的。在一神教中，世界末日的思想只能被用于上帝的审判。但是，上帝与挪亚的约已经让完全的破坏变得毫无可能。

19. 先知们尤其是以赛亚的诗歌天赋在于形象描绘。在描绘"上帝之日"时，他们变成了有关世界末日的自然诗人。他们堆积了大量的形象，如暴风雨、地震、洪水、炙热、破坏、毁灭、碎石堆等，描绘了火山爆发、大地开裂、山峦崩塌。西番雅把上帝的审判变成了给上帝的祭品。瘟疫、冰雹、饥荒、抛尸荒野、亵渎尸体等，这些都是上帝降临到人们头上的审判，以色列也不例外。将以色列与天下万民一起置于灾难之中，这一思想已经为世界末日的神话思想的转变提供了契机。

20. 从上帝惩罚性审判的概念中逐渐出现了新的思想，即对以色列的净化，而且其他民族也不例外。当这一净化的思想开始闪现时，上帝对世界的指导和教育的思想也随之出现。这种指导是一种进一步的、一步接一步的发展。因此，"上帝之日"变成了弥赛亚的象征。在《玛拉基书》中，以利亚变成了弥赛亚的先驱。

在《约珥书》中，出现了灵性倾泻到"所有人身上"的场景。但是，这仅仅是一种象征性的对灵性和道德世界的重生的预见。因此，"审判日"激发了更新和再造世界的思想。

赎罪的思想肇始于以西结，由约拿将这种思想传到尼尼微并变成了独一无二的上帝的持续性结果，尽管这显然是无意识并且是违背他的意愿的。没有哪个个体会被抛弃在毁灭中，因此，也没有哪个民族如此，只要他们接受并亲近赎罪的力量。赎罪自身之中包含着回归、对恢复的保证等基本含义。"他们必从敌国归回。"（《耶利米书》31：16）民族的回归是最直接的希望，无论是在被囚时代还是在今天乃至明天的政治困境中都是如此。

这就是"上帝之日"发生的变化。在其神话源头中，它代表的是一场人与神把酒言欢的圣宴。在最初的时候，它主要的是王侯和英雄们的一场庆祝胜利的飨宴，后来逐渐变成了民族性的荣耀日，在其中欢乐和恐惧交替出现。恐惧逐渐被战胜，一种新的希望出现了，希望自己的民族和其他的民族都能够有一个新的存在。

21. 即便是在神话中，世界末日也意味着最后的审判。起初，英雄们因此而彼此斗争，就像不同部落的守护神彼此间的斗争一样。无论如何，在原始的思想中总是贯穿着一种力量、暴力与神性的统一。

阿摩司与这种统一进行了斗争。人祈求上帝，不应该是为暴力而是为道德能力。世俗的权力压迫穷人，造就了社会不公。以上述方式证明自身的力量与独一无二的上帝的本质完全背道而驰。因此，上帝的祭司不可能是古罗马的占卜者，他们用牺牲的内脏、飞鸟或蛇来施魔法以预言未来。上帝的祭司不会盯着动物，他关注的是人。祭司因此变成了政治家，变成了关注社会律法的政治家。由于国际关系的出现，先知们的思想转向了历史，变成了世界历史概念的创始人。

22. 但是，先知不可能仅仅因为是宗教的创始人、真正的上帝启示的创造者，也不可能仅仅因为劝诫人们转向对上帝的真正信仰（这种信仰不可能离开对人的服务，无论是人与人之间还是民族与民族之间的服务而单独存在）而变成上述那种样子。正是在这种联系中，善的概念出现了，它最初是独立的，后来被应用到上帝身上。

因此，即便是在其神话学的开端中，宗教就已经建立在道德基础上了。但是，神话作为信仰的自然形式，在面对所有有关其仪式性问题时变得经不起推敲。神话赞美诸神的威力，也赞美英雄的勇武。宗教不可能崇拜力量。在神话中，"被神所钟爱"的只是英雄。但是，上帝的新概念则要求对所有人的公正和爱。

这一基本的观念将最后的审判日的意义变成了"上帝之日"。上帝自己的民族以及这个民族中的王公贵族、祭司和假先知都充满了悲哀。先知们发出了这样的警示：协调甚至民族与上帝之间的协调都不能预示着狂欢，也不能用狂欢的方式加以庆祝，虽然到目前为止，人们一直以为应该如此。一种力量不可能与别的力量结合，或者说，在真正的宗教中，德性的上帝要求人们服从他的命令。道德命令的热忱吓走了志得意满和自高自大，将其从"上帝之日"中驱逐出去，因为这一天预示着惩罚和悲伤。

我们肯定会从神话的世界末日的转变中找到其他的结论，但目前我们仍然局限于神话学的范围内。

23.第二，死亡。这是一个最困难的问题，即便是在原始思维中，存在的问题也是以死亡、个体生命终结的方式呈现出来的。这是给人生的普遍意义打上的一个问号。因此，当灵魂变成了生命的原则时，同样也变成了死亡的原则，尽管在冥界的生命或许没有今生的生命更有价值。在圣经时代，人们就已经知道冥界是死者的领域。灵魂最初是在血中的，并且属于心灵，是像烟雾一样的存在，后来逐渐变成了人格统一体的原则。因此，《诗篇》才写道："因为你必不将我的灵魂撇在阴间。"（《诗篇》16：10）人并不是被抛弃到和毁灭于阴间，因此，对人来说出现了一种新的存在形式，神话则为此铺平了道路。

24.但是，神话所铺平的道路甚至更长。关于受福佑者之岛的神话就是对原始的灵魂思想的神化。坏人应该并且实际上已经找到了他们的最终之地，但是那些给自己的灵魂增光添彩的好人不仅仅有死后的生活，而且是一种配得上他们的灵魂的生活。受福佑者之岛就是这样一个超越于时空之外的地方。这样的乌托邦思想因而只能够出现在诗歌中，只有在民间诗歌中它才能变成一种民间信仰。但是，灵魂不朽的思想结出的第一批果实是在哲学即希腊思想中，尽管在那里它被严格地限制在有教养者的圈子里。

25.既然彼岸世界是一个乌托邦，所以它同样也是超越时间的。因此，对于这个彼岸世界，历史的将来这一概念就像某个个人的将来一样几乎不可能出现。一方面，与过去幻想中的联系不可能完全消除；另一方面，这种联系也不可能原封不动地保存到今天，除非祖先们被冒犯的灵魂能够对活生生的现实实施报复。

但是，这一存在本身是既无时间也无空间的。因此先知不得不在神话信仰的乌托邦与他自己的世界之间竖起一道墙壁，就像诗篇的作者对待阴间一样："人的眼睛未曾见过，哦，上帝，除了你之外。"（《以赛亚书》64：3）以后我们希望能够了解一神教是如何对这种关于彼岸世界的神话观念作出转换的。但现在我们必须高度评价受福佑者之岛，不管其消极意义如何，这都是弥赛亚崇拜的一个准备步骤，因为无论如何，在其中人类的存在被延伸到了感官现实的界限之外。这一超越是神话的遗产，但一神教必须赋予其积极的形式。由此出现了宗教对道德的无限概念的模仿，这正是上帝和人的概念所要求的。一神教与神话分道扬镳，这一点在此得到了进一步的表现，因为它所激发的无限是无限的时间而不是无限的空间，在空间方面仍然停留在由上帝创造的有限的大地上。

26. 第三，黄金时代。另一个先于一神教的神话概念是黄金时代。希腊人或许在发明了受福佑者之岛概念的同时也发现了这个概念。这一天真的史前传说也成为伊甸园传说的内容，《创世记》同样收入了这个故事。在这些神话中，道德批判以及对普罗米修斯的知识的否定、对其含混性的不信任已经觉醒，因此随着关于善、恶的知识的觉醒，对其绝对性产生了怀疑。

整个道德世界在此展现为一个斯芬克斯之谜，而上帝和人都变成了二元论的对象。为什么上帝要给人下命令、提要求，并借此将人从无知的睡梦中惊醒？如果没有律法，人就是无罪的。因此保罗在运用其辩论术反对律法的道路上走得太远了，甚至以此来反对道德律法。在原始时代，没有所谓的罪。这是神话的思考方式，从不考虑上帝的命令。在古典时代，从整体上在对原始时代和过去的痛苦中产生出来的对和平与和谐的渴望达到了顶峰。

弥赛亚崇拜指向的是未来，这一点将其与黄金时代的神话区分开来，但是后者自身却是原始的天真时代的一个准备步骤。

27. 但是，一神教对伊甸园传说的处理已经发生了改变。天真被消除了，为此上帝的命令指明了第一个机会。但是，人的天真的突破口很快被谋杀①永恒地固定下来。人类生命过程中产生了谋杀，从而破坏了自然中的一切。弥赛亚崇拜无疑与谋杀有联系，因为战争的动机是永恒的。因此，任何与黄金时代相类似的东西都从内部被清除了，对其中的和谐的预见不可能出错。但是，过去却转变成了未来。

28. 现代人对弥赛亚崇拜的理解真是令人感慨，甚至在圣经研究中这两种思想都被认为是同一的，因为弥赛亚时代被称为黄金时代。即便动机已经被一种思想从另一种思想那里取走了，也无法否认思想的意图和内容已经被改变，而其原因是时间上的改变。谋杀进入了和平的原始世界，但是，在未来战争会消失。此外，这一区分并非是唯一的区分，双方的矛盾其实更深。

知识被召唤来对抗无知，在将来会成为每个人都拥有的东西。因此，弥赛亚时代变成了文明的时代，而黄金时代最多就像卢梭所描述的那样。形象作为象征性的手段被先知们从神话诗歌中借用过来，此外还有诗歌的修饰和色彩。在将这种世界和平描述为自然的和平的同时，先知们变成了伟大的诗人，而且实际上不仅

---

① 应该是指该隐谋杀了亚伯，参见《创世记》第4章。——中译者

第13章 弥赛亚的观念与人类

仅是自然诗人。他们并未将弥赛亚时代描绘成一幅田园牧歌式的画卷，因为在其中知识是普遍性的统治原则。这种理想中的未来是与过去和现在对立的，因此，也是与所有此前的幸福主义的历史存在相对立的。

29. 对弥赛亚式的未来的描绘是人们第一次有意识地对抗那种仅仅以经验、感性为源头的道德价值。因此，人们或许可以将其描述为一种理想，以便对抗现实。但这如何能够与黄金时代相比呢？因为后者仅仅是一种经过了进化的现实，无论如何都不是一种理想。原始的过去并非理想，就像彼岸世界的超越性一样。后者同样仅仅是过去和现在的延续，但却不是一种全新的未来。这种全新性表现在将理想与所有的现实对立起来。无论何处，神话都是文明的朝阳，但道德明亮的白天却并未从中产生出来。

30. 弥赛亚理想作为理念的重要性，表现在对作为个体的弥赛亚的克服，从而将个体形象消融于纯粹的时间概念、纯粹的时代概念之中。时间变成了未来，而且仅仅是未来。过去和现在都融入了未来之中。这种对时间的回归是最纯粹的理想化。所有的存在这一观点面前都变得毫无意义，人的存在被保存并提升到这样的未来的存在中。因此，历史思想出现了，其目标是人生和民族的生命。希腊人从来没有过这样的历史观，即把未来看作是本身的内容的历史观。他们的历史指向的是他们的起源，叙述民族的过去才是历史。其他民族只有在涉及对他们的旅行的描述时才会提出历史性的问题。人类的历史在这样的情况下是不可能的。人类并非生活在过去，而且也未能出现在现在，只有未来才能带来光明而优美的形象。这种形象是一个理念，而不是彼岸世界的一个昏暗的影子。

31. 上帝存在的概念同样由于这个概念的冲击而变得有所不同。天地创造者已经不可能满足这种未来的存在,他必须创造出一个"新天地"。此前历史的存在甚至对自然来说都是不充分的,因为事物的进程需要发展,而发展则预示着有一个目标,即为之努力的方向。因此,人类的历史需要进步。

这才是作为真正的存在之所以建立的未来的意义,即上帝在尘世的存在。未来这一关于存在的理念所代表的仅仅是历史的理想,而不是黄金时代或伊甸园,因为两者都已经是过去时。

未来是与所有关于过去的神话相对立的,它所带来的新的变化就是"上帝之日"变成了"终结之日"。在这样的前景中,在这样的对人类无限上升的预见中,人的概念出现并逐渐变成了"人类",就像上帝的概念变成了"全地之主"一样。

32. 即便是在未来的概念中,有一个神秘主义的要素也被理想化了,那就是Aion。最初,Aion的意思是一个周期,从世界末日开始,到获得重生结束。Aion是一个个人化的时间,因此,也是个人化了的、处于其宇宙的永恒进化中的世界。但是神话并不知晓任何高于这个世界的自然,因此也不会有任何生物可以激发出灵性的和道德的世界。Aion既不知道道德的人,也不知道神圣的上帝。

迪奥尼索斯神话中的循环是扎格列欧斯(Zagraeus)这一重要概念的源泉,后者是被撕裂了的神,散布于整个世界中,但他一直试图重新组合起自己的各个部分。我们会发现,这一思想已经影响到了最古老的哲学,其中蕴含着针对神性的某种绝对的道德命令的爆发。但是，这一神话思想无论在何处都没有在这一方面获得更为清晰和明确的深刻性。神话中的每一样东西都仍然保持着在过去意义上的历史。无论何时何地，历史都未曾显示为在上帝指导下的人类未来的理念。

33. 第四，洪水的传说。一神教的文献（像《创世记》这样的早期文献）从波斯人那里获得的不仅仅是伊甸园的概念，而且包括洪水的传说。在接受这一传说时，一神教的纯粹性走到台前的程度甚至比接受伊甸园传说的时候更甚。上帝与挪亚立约，这一事实本身是非常重要的。

除此之外的其他的上帝与人之间的约所涉及的往往是人本身，最多波及他的后代，但是在这里，挪亚变成了人类的一个象征性的代表，是所有人类甚至所有生物中最好的。这个约的内容是什么呢？除了保存人类的未来没有别的。

因此，确切地说，挪亚已经就是弥赛亚，因为他是永恒人类的理想代表。"虹"这一设在天上的与大地的约的标记[①]，是人类无限发展的象征。虹同样还是真正存在的概念形象，是由上帝与挪亚这一理想化的人立约时确立下来的。

我们将会比以前更为清楚地看到，这一理想化的人因此而能够接受道德的理想化教育。上帝与挪亚立约同时也是上帝与大地立约，上帝将不再毁灭大地。因此，借助这个约誓，尘世的存在被理想化，从而避免了空虚的出现，避免了只有彼岸世界才能拯救它的局面。

---

① 参见《创世记》第 9 章。——中译者

34. 第五，犹太国家。犹太国家的政治背景同样必须被看作是前提条件。希腊人甚至包括柏拉图都受到城邦政治以及城邦及其部落基础的影响，但这种影响与犹太人相比是完全不同的。在希腊思想中，世界国家不可能出现，只有某个军事天才[①]的个体性才能够使之出现，并阻止已经在其内部抬头的堕落。但是，在一神教民族中，各部落从未如此孤立以至于能够变成独立的国家。王国的统一和民族的繁荣（后者的象征是大卫王的诗歌）仅仅存在了很短的时间，但很快就分裂为两个国家，最后相继衰亡。

但是，对这个民族来说，国家几乎毫无意义，这一点的表现是即便在国家衰亡以后，这个民族依然存在并曾繁荣一时。希腊从未出现过这种再次的繁荣，甚至在亚历山大里亚的文学作品（尽管不属于希腊文学）中都未曾见到。但是，在这个民族中伟大的事件发生了，在没有国家或者说国家被毁灭的情况下，这个民族依然繁荣并成长为一种内在的统一体。

35. 因此分裂成两个王国这件事可以被看作是犹太教的世界历史的序曲，大卫的领地并非是一神教世界合适的土壤。无论是在这段短暂的、逝去的过去还是在任何政治性的现实中，以色列的历史性呼唤都是真实可信的。一神教的意义和价值必须在这一历史和政治的对立中证明其自身。未来变成了实在的历史。因此，只有一种精神性的世界能够满足这个民族的生存。

另外一个谜团也可以用这种对立来加以解释。国家必须消亡，但与此同时民族必须存在。否则就是像希腊人一样，伴随着城邦

[①] 指马其顿的亚历山大。——中译者

的消亡,希腊人也消失了。当希腊民族而不仅仅是希腊城邦消亡了的时候,希腊精神如何保持下来呢?

36.希腊精神在其文学和艺术作品中保持着永恒的生命力。它必定会存在,但只有借助其作品才能继续存在。它的目的是通过这些作品征服世界。只不过这种生命力虽然是希腊精神的所在地,但却造就了受其影响的其他个别民族精神的发展。希腊精神确实需要延续,但仅仅是为了通过其作品而在其他个别民族中产生出新的生命。

这一情况与一神教不同。一神教相信除了独一无二的上帝没有其他神。荷马并未在其他民族中造就一个新的荷马,但是所有时代的诗歌都是对他的精神的模仿。同样的情况也适用于希腊的造型艺术,希腊哲学也不例外。虽然其影响遍及各地,但是在每个地方这种影响都意味着新的民族的个体化精神的新形式。在艺术中没有唯一的方法,也就是说,天才无拘无束的创造才是唯一的方法。

37.科学的方法与艺术的方法有所不同。数学无论如何都不可能建立在一个民族的个体性之上。毕达哥拉斯和阿基米德一直是永恒的指导者,那是因为他们的命题是永恒的真理。因此,一神教在所有知识发展的方法层面上绝非是一个异类。一神教有权利要求适用于所有科学的方法论真理。

一神教声称并非每一个民族都可能拥有自己特殊的神,但是存在着一个所有民族共同的、唯一的神,就像对所有的民族来说只有一种数学一样。在后一个事例中,数学本身的不朽成果影响了所有时代的所有民族,因此保存作为其起源的民族就不是必要的。

38. 但是，一神教并未在《圣经》中完结，不像希腊精神那样在不同的作品中走向了终结。一神教需要超越《圣经》的持续发展，因为对于那些并未产生过古代《圣经》的民族来说，《圣经》并不能令他们信服。

在这个事例中，一个民族的精神力量的延续是非常必要的。这种力量可能继续存在，而不管国家是否以及能够坚持多长时间，因为它在国家建立之前就已经发挥着作用，在它消亡之后仍然会发挥作用。

这就解释了以色列政治命运的双重性。国家消亡了，但民族依然存在，这是弥赛亚崇拜的一个天意的征兆（providential symbol），是一神教真理的标志，虽没有国家，但民族长存。但是，这一民族作为人类的象征意义要远大于其为了自身而存在的意义。独一无二的象征标记着独一无二的观念，个别民族必须努力走向人类的独一无二的统一。

因此，以色列作为一个民族仅仅是作为人类统一的理想的一个象征。希腊民族不可能提供这样的象征，因为它并不知晓人类的概念。一个人类的概念只能在一个上帝的概念中产生。但是，唯一的上帝产生于唯一的民族。因此，这个唯一的民族一定会延续下去。

39. 与此相反，犹太国家的持续存在反而会显得不正常，因为在这个国家诞生之初就已经有过这样的说法："上帝是全地之主。"国家的分裂为先知们站在犹大国一边反对以色列国提供了机会，他们后来则干脆听任两个王国先后衰亡，并在一神教的条件下得到重建。

如果后一种看法是他们天生的爱国心所要求的，并且有可能再次回到过去的反常状况，那么他们同样在这一后果中得出了其他的结论，即在重建犹太国家的同时，他们还要求重建敌对民族的国家（他们曾经预言过后者的毁灭）。毫无疑问，弥赛亚崇拜修正了他们自身的民族特殊性。就像国家的灭亡仅仅是他们自己国家的弥赛亚式的未来的一个预备步骤一样，其他民族的重建也是必要的手段，目的是与他们一起进入弥赛亚式的未来。

40. 耶利米是一个悲剧性的先知，即便就其本人而言也是如此。带着毫不妥协的热忱，他猛烈地抨击民族意识及其所有的历史传统，抨击祭祀、约柜甚至割礼本身。他同时既是掘墓人又是哀歌诗人，既曾针砭时弊又曾长歌当哭，他就是一部人格化了的悲剧。

另一方面，以西结虽然在《申命记》精神的意义上深藏不露，但却是一位最深刻的民族政治家。因此，他能够积极发展弥赛亚概念；而耶利米却执著于批判，即便是悲剧也并未将他解放出来。

两个以赛亚再次表现出这个民族和弥赛亚式的人类之间的矛盾，这种矛盾贯穿了整个犹太人的历史。这个矛盾是犹太历史发展进程的重心，任何一种形式的内在禁令都来源于它，但它同时也为以后的持续发展奠定了基础。为了促进一神教的发展，我们必须保持民族的个体性，因为一神教已经给我们打上了一种历史的、单一性的烙印。既然这种民族性并未因为民族所属的国家的存在而被禁止，也就避免了被其民族化观念物质化的危险。在失去国家的孤独中出现的民族特殊性是联合起全人类的统一性的象征，是世界历史的终极意义所在。人类精神的其他产物都建立在某个民族的特殊精神上，因此其存在维系于这些民族的个别性能否长期保存。只有上帝才能建立起一个人类的统一体，这种认识是所有人、所有民族的共同财富，才能使得弥赛亚崇拜无限地扩张下去。普遍主义将第二以赛亚与第一个以赛亚联系在一起。"万民都要流归这山。"(《以赛亚书》2：2)弥赛亚崇拜的普遍性是以色列历史中国家和民族之间矛盾的结果。

41. 第六，上帝的神圣性。这一普遍性的前提变成了内在于独一无二的、神圣的上帝的内容。神圣性就是德性，后者不仅与所有关于自然的知识不同，而且与所有的自然力量不同。这样一来，所有来自经验世界的感受性及其所内含的矛盾都被克服了。

因此，从历史上看，正义和爱形成了一种几乎无法化解的矛盾。诸神的本质就悬置在这一非此即彼的选择中。正义与爱不仅在力量方面大不相同，在后果方面也不一样。

作为正义与爱的结果，甚至性别也分别被神化了。但是，任何对道德原则的分解都是违背上帝的独一性的。

因此，所有的惩罚同时也是一种奖赏，而所有的奖赏同时也几乎变成了惩罚。德性是唯一的，因为上帝是唯一的。因此，他的正义与他的爱是一致的。独一无二的上帝意味着德性的统一。在这样的统一体内部，作为惩罚者的上帝同时也是作为宽恕者的上帝。

42. 因此，人类同样也必定是永恒的，因为上帝的创造意味着新的创造和保持。如果人类可以永恒，那么他的永恒的价值必定建立在他追求永恒的过程中。这种追求的完成在于人不断向统一的人类努力。永恒不可能凭借自身就会拥有，也不可能穷尽其多样性的价值。

因此，上帝的统一性变成了世界万民的榜样，人因此将统一的人类设定为其历史性存在的目标。人类的统一是其永恒的价值所在。弥赛亚崇拜是一神教的直接结果。

43. 我们可以从中得出一个重要的结论。如果没有一神教严格的纯粹性，弥赛亚崇拜不可能获得其清晰的表述。因此，如果弥赛亚作为一个主体被融入上帝本身的统一体中，那么一神教就会受到伤害，弥赛亚崇拜的意义也会发生改变。

对罪的宽恕不可能是弥赛亚的工作，因为这完全地是独一无二的上帝的工作。但是，弥赛亚的任务是在上帝面前把人的神圣性变成人的理想概念。神圣性不是无罪，而是理想化了的人性，即理想化了的德性。这种对人的理想化有其前提条件，即人类的统一。

弥赛亚的两个任务，理想化的德性和统一的人类，在弥赛亚的概念中得以结合起来，弥赛亚不可能内在于上帝之中，因为他必须内在于人之中。"没有什么人是上帝。"上帝和人并非构成了一种同一，而是一种关系。上帝的理想性在其独一性中得到了实现，但是人的理想性的实现需要借助弥赛亚，借助存在于同一的人类的理想化了的德性中的弥赛亚，此时的人类已经从所有的冲突中被解放出来。

44. 第七，以色列独特的文明。以色列独特的文明中包含着一种重要的因素，即创造了弥赛亚。以色列是一个在科学方面既没有兴趣，也未曾参与其中并创造出什么成果的民族。人们因此而误解了以色列文明的普遍灵性，因此也误解了这个民族原初的特殊性。

由于这一缺陷以及对它的心理学解释，人们还得出了一个关于宗教文明的一般有效性的结论。这些看法变得更为重要，因为伴随着科学的缺陷而来的同样还有在这种单面性的宗教文学中的独立的哲学的缺失。但是，这种对一神教的怀疑应有一定的限度，甚至不应该受到欢迎。我们已经注意到一神教中的理性要素，因此可以认为它是某种哲学，尽管不是科学的哲学。

45. 一神教本身而且只有本身才能够解决在以色列人那里呈现出来的孤立状态所造成的谜团。单面性对这种思想的第一次产生来说是必要的，虽然随处都可以找到相似性，但哪里都找不到同一性。思想的这种自我限制似乎可以解释为什么这种独有的思想被看作是具有排他性的。

在独一无二的上帝而且只有独一无二的上帝才能决定的人面前，通常主宰着古代诸民族的所有其他兴趣退缩了。其实，犹太民族在其他方面既不缺乏兴趣也不缺乏能力，这一点在后来已经得到了证明。但是，首先结合在一起的关于上帝与人的双重概念必须加以保护，使之免于任何人类精神的质疑，这些质疑存在于上帝与人的相互关系之外，而这一关系能够确证犹太民众的兴趣。

46. 在诗歌中，这种单面性仍然在重复着自身。在爱欲的层面上既没有戏剧性的诗也没有抒情性的诗。根据格雷茨（Heinrich Graetz）[①]的看法，灵性和爱欲之间毫无联系，雅歌既是哀歌，同时也是辖地（satrapy）的讽刺诗。每一行诗歌都要经过道德的检查，

[①] 格雷茨（1817—1891），德国历史学家。——中译者

因此诗歌所关注的是驱除自我中心、限制人的弱点，以期达到统一人类的目的。因此，诗歌本身导向了弥赛亚崇拜。

诗歌中所有关于人类命运的问题同时也被转移到了来自独一无二的上帝的指导这个天佑问题上。"耶和华如此说，智慧人不要因他的智慧夸口，勇士不要因他的勇力夸口……夸口的却因他有聪明，认识我是耶和华。"（《耶利米书》9：23—24）知识是关于上帝的知识。但是，上帝是所有人、所有民族的神。因此这种知识必须散播到所有人那里，不分等级地散播到所有的民族那里。"在我眼中，你们难道不是古实人①的后裔吗？"（《阿摩司书》9：7）阿摩司以这种方式介绍他的弥赛亚思想，把有色人种跟以色列相提并论。集中精力求知的要求适用于所有的人，没有例外。如果没有这种对知识的普遍要求，一神教就只不过是一些只言片语、一个幻觉。

47. 这种犹太式的单面性是如何通过历史得到辩护的呢？关于这一点，可以看看柏拉图这位所有时代的唯心主义者中最伟大的人物是如何做的。柏拉图发现了科学的唯心主义。知识对他来说是科学知识。但是，既然科学不可能被所有阶层的所有人所接受，那么知识也不可能被所有人接受。在这最后一句中，前半句已经是一个错误，是柏拉图思想中的一个矛盾。这是如何发生的呢？只有用缺乏对上帝的集中精力的认识才能给予这种对柏拉图的唯心主义的严重背离以令人满意的解释。

---

① 直译应该是"埃塞俄比亚人"。古实在地理范围上更大，埃塞俄比亚只是其中的一部分。——中译者

通过这一点,犹太式的单面性越来越容易理解。与其他所有问题的分离不仅仅发展了弥赛亚崇拜,而且集中精力认识上帝的独有价值乃是关键所在。但是,在此肯定存在着相互作用的结果。如果没有这种对处于与人的关系中的上帝概念的单向限制,那么它就不可能以如此明确的方式显现出来。

48.第八,对宗教的这种限制造就了圣灵,即神圣性的灵,道德知识的灵。作为这种灵性的学生,先知们受到感召,他们要同那些自称为神圣性的合法代表的祭司进行斗争。通过与祭司进行论争形成了弥赛亚式的普世主义。祭司不是上帝之灵的收藏者。约珥让圣灵倾倒到所有人身上,甚至男女奴隶身上。圣灵就是人之灵。甚至弥赛亚也不是这一礼物的唯一拥有者,相反,是上帝的灵栖居于他身上,就像栖居于每一个人身上一样。这个上帝之灵,也是每个人都拥有的圣灵,直接地造就了弥赛亚式的普世主义。

先知同样不过是由于上帝给他的灵以信息而变成了上帝的信使。上帝与先知的交流是直接的,不需要任何神谕或祭祀。在这里,在其否定和肯定的层面上,预言机制是以色列所独有的。如果没有上述对关于上帝知识的限制的话,那么其历史唯一性就完全不可理解。

神权政治同样也是这种单面性的政治结果,它为弥赛亚崇拜开辟了道路。神权政治并不意味着某种祭司式的等级制度。从一开始,先知们和士师们(前者甚至没有一个固定的工作场所)就是宗教和社会的精神领袖。早期的历史已经象征性地表述了事情的真相:摩西高于亚伦。

49.所以,教育这种职业在这个民族中非常普及。这同样解释

第13章 弥赛亚的观念与人类

了为什么先知派自身,即先知的学派取代了通常意义上的学校。同样地,以斯拉这位国家废墟上的团体的建立者,最重要的特征就在于他被称为"抄写员"(scribe)。学者是宗教制度的建立者。对上帝的知识的限制越来越失去了其单面性,因为它在创造性地组织宗教的延续性方面证明了自身。宗教只是在表面上孤立了信教的民族,因为祭司的王国将来会变成上帝在地上的王国。

50. 这种集中和强化了的宗教自我意识变成了一种原动力,不仅保存了《圣经》正典文献中最初的启示,而且还超越《圣经》进而形成了口传律法。这种将启示变为传统的扩展不可避免地变成了将启示消融于知识中的努力。因为拉比们关于"来自西奈山"的权威的表述仅仅具有象征意义。

因此,不是拉比们的骄傲造就了这一表述,而是理性在宗教中占有份额的结果,拉比们根据弥赛亚观念将其从这一原则中引申出来。因为通过在《托拉》周围建立"篱笆"的做法,以斯拉的孤立会变成他们眼中的自身具有目的的东西,这种想法不过是一种非历史的偏见。渐渐地,历史的认识获得了其基础,如果没有这种孤立原则(在这些重要的历史问题中只不过是个原则问题),一神教不可能生存下去并抗击种种非难。

因此,宗教的单面性虽然是由拉比们引入仪式整体的,但是就更高层次的历史意义而言,它必须被看作是弥赛亚崇拜的准备阶段。"以天堂的名义,让你所有的行为都顺利完成。"(《先贤集》2:12)这一箴言变成了人生中的实践原则,就像宗教知识变成了所有一般意义上的知识原则一样。如果没有将民族的全部生命投入到整个公民生活中,那么弥赛亚崇拜就不可能完成。

为了表明这一点，只需指出教会和俗人的区分就够了。教会的普世主义不可能等同于弥赛亚崇拜，因为教会的牧师及其圣礼横在上帝与俗人之间。但是，如果圣礼不是教会独有的，而是属于个别人私下的发明，那么弥赛亚观念的神奇作用就不可能被误用。这种观念是由拉比们建构的祭仪的替代品。

如果在不考虑历史观点（即对私下的祭司和教会的神工进行区分）的情况下，或者更进一步，如果宗教知识的单面性并未被提升到对祭司制度产生着持续性影响的层面上，那么所有的关于这些律法的特殊细节方面的判断都会是不正当的。

51. 第九，理智的限制带来了伦理精确性的成熟。在其中，一神教将其对立面变成了幸福主义。我们已经注意到①，只有以赛亚能够这样说他的上帝："他制造和平也创造罪恶。"在这种对拜火教的勇敢超越中，恶毋宁说意味着病。上帝不可能是恶的制造者，但是他造就了病，人由于错觉而把后者看作恶。但是上帝是和平的创造者，而且存在于和平之中，根据这个单词的希伯来词根，完满的创造者将表面上并不合适的病转变为其最高目标。

财富、俗世的欢乐是否可能与善相提并论呢？这个问题在后来的全部文献中反复出现。悲伤、痛苦是否是对恶的报偿、对罪的惩罚？鉴于上帝与这些人生中显而易见的矛盾之间的关系，我们需要对这一谜团进行透彻的解析。因此，在《圣经》最重要的篇章中，我们注意到有一种对上帝审判的思想的修正，十诫中已经表述过这一点，方法是将审判局限于儿童的行为，看他们是爱

---

① 参见本书引言 B 部分第 12 节以下。——中译者

还是恨上帝。最后,以西结在自己推测的基础上解决了这个问题。

52. 我们已经考虑过为什么只有通过社会知识(它将贫穷定义为痛苦),才能将痛苦与惩罚明确地区分开来。穷人变成了虔诚的人。这种统一性是伦理一神教的最高点。柏拉图的伦理唯心主义从未达到如此的局度。

因此,宗教的单面性表面上所呈现的否定性越来越变成了肯定性。从此出发,伦理社会主义得到了解释,这种浸透了摩西式的贫穷观念,在安息日中有系统的表述。先知们与王公贵族、富人的斗争只不过是主宰着整个圣经犹太教的基本动机的延续。

最后,在《诗篇》中,穷人和虔诚的人的统一构成了其最主要的内容,成为弥赛亚崇拜的基本篇章。灵魂在以西结那里还是个体灵魂,在这里变成了普遍的人类灵魂。"让每个灵魂都赞美上帝。"(《诗篇》150:6)大卫王或多或少地被人们假设为《诗篇》的作者,这一假设激发了特殊主义和普世主义的种种动机,而这些不同的动机在弥赛亚崇拜中找到了和谐。

53. 第十,伦理精确性的最终结果是:为了弥赛亚崇拜可以放弃民族界限。因此,"以色列民族"变成了"以色列的幸存者"。这个民族及其所有成员都配不上伦理一神教,因此不可能配得上弥赛亚崇拜。但是,这并不意味着一定要消除最初的"配得上",这种"配得上"表现在对以色列的拣选之中。所有的先知都在与这种矛盾作斗争。最后,在"以色列的幸存者"这一概念中找到了解决之道:"神圣的部族"存在着,"神圣的种子"是不可毁灭的。

但是,这个"以色列的幸存者"是未来的以色列而不是历史上或现在的以色列。它是理想化的以色列，实际上，就像人和民族的生命中所有理想化的东西一样，它必定深深植根于现实之中。但是，这种深度源于理想化了的意义的开端。如果人们忽略了最基本的历史意义，即通过拣选，民族仪式被宗教感召所替代，那么拣选以色列就仅仅具有象征性的意义。从一开始，这种高级的象征意义就预示着以色列的弥赛亚式的号召被提升到了统一的人类的地步。

54.先知们谴责那种破坏了一神教的普世主义的民族主义自傲。"所多玛是你的姐妹。"（《以西结书》16：48）阿摩司及其鞭挞式的讽刺诗是文学家先知的典型："在地上万族中，我只认识你们。因此，我必追讨你们的一切罪孽。"（《阿摩司书》3：2）拣选因此变成了上帝施行惩罚的特权。

如果在"以色列的幸存者"概念中对民族的理想化并未成为他们坚定的思想，那么他们就不可能预言国家的消亡，他们必定在其中看到了对这个民族的唯一的支持。因此，从原则上说，弥赛亚式的民族概念意味着幸存者。幸存者是理想化了的以色列，是未来的人类。

55.第十一，在"以色列的幸存者"概念中出现了对这个民族的理想化，与之相对应的是对弥赛亚的理想化。最初他只是大卫的后裔，他会再次重建大卫的王座，因为大卫家永远不会缺少后裔。但是，整个道德世界的形象现在已经改变了。不仅民族变成了一个幸存者，人们很难想象他会掌握着最初的成熟而强大的权力，而且相反，还出现了一种对应的观念，目的是反对同情与此前所有已经成型的权力和荣誉的形式上的同一。穷人变成了虔诚的人。

没有人会想象，大卫的王座和国家能够适合于这种贫穷的象征。并且也不可能长久地作为同情和正义的象征。

因此，除了大卫家的新芽、国王的新芽不得不为了穷人和已经合法地变成了虔诚的人而让步，没有任何别的方法。因此，弥赛亚的新形象，"上帝仆人"的形象，被两个以赛亚制造出来。国王的儿子必须变成一个仆人，因为穷人已经变成了同情的对象。没有什么样的蔑视可以加诸这个仆人，因为他是上帝的仆人。

56. 所有以色列人甚至所有的人都应该变成上帝的仆人。希伯来文中的"服侍"和"做仆人"始终是用于对神的崇拜和对神的侍奉，与之相伴的是另外的"知识"和"爱上帝"，用于奴隶的特殊词汇并不存在。如果现在弥赛亚获得了新的称呼"上帝仆人"，那么这个新的词汇只不过是对过去的、普遍的意义的重新确认，意即以色列和所有的民族现在是而且必定会成为上帝的仆人。

因此，弥赛亚必须交给以色列乃至整个民族一个特殊的、象征性的任务。他不可能再具有个别人的意义，他所具有的王朝的含义必须放弃，其一般性的政治意义和较为特殊的先知的意义也必须被放弃。这些意义在弥赛亚所代表的社会意义面前已经被放弃了。弥赛亚形象通过其社会含义越来越多地具备了宗教的因而也是最初的道德价值。在一种完全客观化的发展中（这种发展完全取决于历史背景），弥赛亚变成了宗教象征中最高贵、最理想化的形象。

穷人和虔信者的同一背景不仅导致了这一高贵的形象，而且还导致了人变成"以色列的幸存者"这一理想化的解决方式。过去的犹太评论家，例如拉什和基米（Kimhi）①，已经深刻地认识到以色列民族是上帝的仆人。他们之所以能够以这种方式解释弥赛亚是因为先知建议他们这么说，先知要求超越民族的界限进入以色列的弥赛亚式的幸存者之中。这种从民族爱国主义以及机会主义和幸福主义（正是在幸福主义之上建立起了诸多的社会权力集团）中的彻底解放要归结到伦理确定性上，后者是上述一神教的宗教单面性的产物。

57. 第十二，弥赛亚崇拜必须被看作是由先知式的历史概念带来的观念方面的创新。历史的概念是先知们的概念的创新。如果人们能够牢记这一点，那么一神教的宗教单面性就会变得越来越宽，并最终走向其反面。

希腊的智慧无法获得的东西，一神教却成功地实现了。在希腊思想中，历史被简单地等同于知识。因此，对希腊人来说，历史现在是而且仍会是指向过去的东西。与此相反，先知是观察者而不是学者。但是，观察意味着"凝视"（gaze）。希伯来文中的"חזה"一词完全对应着希腊文中形成理念的那个词。先知们是历史的唯心主义者。他们在异象中看到了历史的概念，而后者是以未来的形式存在的。

文学先知们从未行过奇迹。他们的特殊性只在于异象。但是，他们所关心的只是人类历史的未来。不过，他们所看到的人类形象并不是科学抽象的创造，因此，先知的唯心主义只能通过形象

---

① 应该是指 Moses Kimhi，12 世纪法国犹太人，《圣经》评注者和希伯来语言学家。——中译者

的方式来加以理解。但是，仅仅就其所涉及的内容来说，它毫无疑问是唯心思辨的结果。他们将自己的注意力从自己民族的现实中挪开，同时也从所有其他民族的现实中挪开，目的是将其引向未来。由此才出现了他们的新的历史概念，即世界历史。

58.可以肯定，伴随着对未来的希望，先知们仍然执著于他们的民族意识。人们不应该因此而责备他们，因为他们也是人，他们是自己民族的后代，如果没有这种自然的起源，他们就不可能赋予他们关于未来的历史形象以一种自然的色彩，就会失去用一个形象代表其历史概念的能力。因为区分开田园牧歌式的黄金时代和自然的和平形象（the images of natural peace）的正是社会的和政治的生动性，后者甚至体现在谴责之中，因为它只能源于自然的和民族的背景。

神话的和自然的挽歌则与此相反，由于缺乏政治、社会现实的血液，它们退出了世界舞台。与它们退出的理由相反，当两个以赛亚和以西结描绘新耶路撒冷未来的荣光时，他们的爱国心确切地说仅仅是普世主义。在"以色列的幸存者"中，民族得到了全面的改观。对以西结来说，这甚至被看作是从死者遗骨中的重生。但是，只有历史性地理想化了的民族才能构成过去的拣选基础，而且只有如此才能把对上帝的真正信仰散播到世界万民之中。

59.因此，一神教是弥赛亚崇拜的直接原因，也是世界历史的原因，更是同一个人类的历史的原因。没有独一无二的上帝，同一个人类的概念不可能出现。没有人类的概念，历史就仍然是一个关于过去民族的知识的问题，其基础只是自己的民族的过去。

但是，民族史一般来说尚不是历史，甚至不能构成一种方法论意义上的基础，因为它不可能作为科学定位（scientific orientation）的起点。人类必须首先变成人类之爱的对象，目的是能够变成历史问题的定位点。

《申命记》充分表明，以色列的民族史是一种建立在其历史使命的观点上的理想化，从这一观点出发，以色列的历史被称作是它的未来。因此，历史在这里是以历史著作、历史文学的面目出现的，非常自然而真实。理想化的进程如果是在真正观念的指导下，那么它无论在哪里，即便是在主观的意义上都是指向真理的最好向导。当民族先驱放弃了真正的上帝时，历史著作对他们进行了毫不留情的批判，尽管它只是在间接的意义上关注这些先辈们，因为真正的祖先只能是独一无二的上帝。

60. 以赛亚给予弥赛亚的种种奇妙的名称表明，以赛亚才是作为将来史的历史的真正作者。根据以赛亚的说法，弥赛亚是一个孩子，由一位年轻的女子所生，但他却变成了整个现代世界的中心。"上帝与我们同在。"尽管他只是一个孩子，但他同时也被称作父亲，即"永恒的父"。这个与"孩子"相对立的称呼或许可以解释"全能的上帝的顾问"（《以赛亚书》9：5）这一奇妙的表达。他坐在为人类世界的未来而打造的顾问席上。因此，"从耶西家的根上必定发出新枝"（《以赛亚书》11：1）。"新枝"就是这个孩子，他会引人注目地变成未来的祭坛。

在这样的形象中，历史的概念成熟了。达尔文的理论不可能变成人类的目的论，因为人类的伦理学意义要求有自己的目的论。只有在这种道德的单面性中，世界历史的思想才能够产生，这种思想被看作是关于未来的思想，其中孩子是其最鲜明的形象。

第13章 弥赛亚的观念与人类

61.以前我们将这作看作是天佑。但是天佑的目的是弥赛亚崇拜,是历史的天佑。因为"人不仅仅靠面包过活"(《申命记》8:3),"面包"在这里代表的是一般意义上的世俗的快乐。这种说法避开了幸福主义的思想。人生的价值并不在快乐之中,而是在痛苦之中。社会观点指引着对历史的预见和创造。这一最深刻的见解是从民族政治中产生出来的。迄今为止,世界历史的弥赛亚式概念关注的是大多数人的痛苦。

第十三,弥赛亚崇拜的历史概念造就了另一个概念,即"替人受过者"(vcarious sufferer)。现在,我们需要对它作一番解释。这个概念似乎与伦理自律的基本概念是相对立的,因为德性在其所有的阶段上都必须是某个人自己的行为,而不会承认任何代表。但是,这种自律仅仅意味着替罪者被排除了,但并未排除痛苦的替代者。社会的洞见和感情已经发现了一条道路,沿着这条道路,上述区分会得到理解。这种理解意义重大,几乎就是一种新的启示。只有借助上述区分,上帝的正义和爱之间的同一才能够得到理解。人类的痛苦变成了爱的惩罚。

因此,人、弥赛亚被看作是痛苦的代表而不是人类和民族的罪的代表,否则,痛苦就只能是对他们的惩罚。只有通过弥赛亚将尘世的痛苦承担在自己肩上,他才变成了未来的人的理想化形象,这是人类的形象,是所有民族的统一体。他既不是变成坦塔罗斯也不是西西弗斯,而是支撑着道德世界的未来的阿特拉斯[①]。

[①] 希腊神话中泰坦神族之一员,由于反抗宙斯失败而被降罪,被罚肩负天空。——中译者

只有通过人类苦难的代表这一概念,历史的弥赛亚式概念才能得到实现。因为历史上的能力概念仅仅是自然主义的、人类学的、民族主义的或国家主义的。世界历史的伦理学概念必须从根本上从幸福主义中解放出来。因此,能力不可能成为伦理历史的标准。

62. 因此,将上帝的仆人解释为救世主是误解了历史的概念,因为它把痛苦的代表变成了罪的替代者。从来没有这样的事情,这样的事情也不可能发生,除非伦理学不再是宗教的方法论原型。只有上帝才能让自身将罪承担起来,这是他的正义的爱(the love of his justice)。如果有人真的承担起了人类的罪,同时将人类从罪中解脱出来,那么人的理想化形象就被歪曲了。无论如何,人不可能从他的有罪意识中被解放出来。因此,人的理想形象不可能是将人从他的任务(这是一个他自己不会允许被剥夺的任务)中剥离出来之后所呈现的样子。因此,在罪的代表这种观念中,不仅上帝的本质被忽略了,而且人的存在也被歪曲了。在基督教中,弥赛亚变成了上帝,但是由于忽略了这种区分,他作为罪的代表不可能是人的理想形象。

相反,弥赛亚作为痛苦的代表为人类历史带来了黑暗阴影的同时也带来了最明亮的阳光。贫穷是此前历史中的道德缺陷,但穷人已经变成了虔诚的人,而虔诚的人是弥赛亚的先行者。痛苦的代表为世界带来了这样的教导,以及随之而来的历史的伦理概念的基础。每一种幸福主义的表现,除了幻觉之外一无所有,从民族的整个历史出发而产生的生命的真正价值存在于道德理念之中,因此,只能由那些被认为是这些理念的载体的人来代表。

情况不一定必须如此,而且可以肯定,将来定然有所不同,将来应该只剩下了德性的悲剧性代表。这是一个戏剧诗（dramatic poem）的概念，对此，伦理学没有任何理由嫉恨。

但是，因为历史是由伦理学及其方法来指导的，因此是建立在对于经济、法律和国家的经验基础上的。经验实际上并不是方法论基础，而只是事实性的、原初的材料，但方法必须从经验开始。这是先知们借助宗教中的理性成分直觉地采取的道路，对他们来说，贫穷是人类痛苦的客观化，这些穷人已经被认作是虔诚的人，于是他们变成了人类苦难的代表。

63. 这种代表的终极意义是什么？历史的伦理概念由此能够得到什么？得到的不仅仅是远离所有的幸福主义的欲望这样的消极价值，这是从世俗的快乐表象中解放出来同时也是朝向对人类尊严的积极评价的第一步。

为什么谦卑是同情的最确实的标志？对世俗的禁欲主义的蔑视并不是其真正的含义，或者说，它反对的是人接受肤浅现实，而权力、杰出、成功、统治、独裁和帝国主义都是肤浅的标志。谦卑反对这些无知、肤浅的东西，反对空虚的骄傲、自大，谦卑中包含着人类理想的对应物。

在这一点上，必须对存在于（而且是从中发展出来的）虔诚的人和谦卑的人之间的区分进行说明。虔诚的人代表的是孤立的"我"，谦卑的人将整个人类放在心中。因此，他能够变成痛苦的代表，因为他只有在痛苦中才能实现这一道德存在。他知晓人类的罪，既然穷人承受着世界经济的不公正带来的痛苦，那么他如何能够不了解罪呢？尽管他不能将人从他们的罪中解放出来，但是，他意识到了自己的罪，也意识到了同胞的罪，他生活在这一意识的重压之下。

当他感受到了他们的痛苦的时候,他是为了他们而承受痛苦。因为他的痛苦是真正的、道德的痛苦,对此,人在其罪中是不可能经历的,无论他们在肉体的欢愉中遭到了多少惩罚。因此,谦卑的人才是真正的承受者,是痛苦的代表。只有他才能够在痛苦的伦理学意义上承受痛苦。他不仅仅是痛苦的代表,而且甚至在更大程度上是痛苦的唯一真正的承受者。

64. 只有到现在,才能从弥赛亚的观点中产生出一个概念,即人的悲剧性概念。理想的人承受着痛苦。人类的痛苦在其永恒性中追寻着弥赛亚。但是,即便是诗歌及其全部魔力,或者实际上所有的艺术形式,都歪曲了人类的这一受难者的纯粹形象。因此,他既不美丽,也缺乏艺术吸引力,就像他缺乏任何英雄气概的标志一样。他是病弱的,而且还遭人白眼,但是他却会进入新世界,即便仅仅是带着简陋的行囊①。他的象征是关于弥赛亚形象的古老的象征:"以嘴里的气杀戮恶人。"(《以赛亚书》11:4)他会在大地上重建正义与和平。谦卑是一种主动能力,能够击败所有的幸福主义。谦卑是弥赛亚崇拜的顶峰,即让自己的代表承受着一神教历史的和社会洞见的最终结果。

在犹太人的美德体系中,谦卑要高于其他所有美德。谦卑非常接近于谦虚(modesty),虽然谦虚本身对人来说具有最基本的

---

① 直译"骑在驴子上"。《圣经》中多次提及弥赛亚骑驴而来的形象,例如下一章第34节提到的《撒迦利亚》中的相关内容。此外,在《新约》的记述中,耶稣基督也曾骑驴进入耶路撒冷,参见《马太福音》第21章、《马可福音》第11章。——中译者

重要性，但是，对谦卑的描述表明，谦卑包含着比谦虚更多的东西。有一个令人信服的例子可以证明这个论断。摩西被称作"极其谦和，胜过世上的众人"（《民数记》12：3）。可以肯定，谦卑在此比谦虚意味着更多的东西，虽然二者的界限并不十分清楚。

犹太典籍中甚至强调上帝的谦卑。在安息日晚祷的结尾处有一段源自《塔木德》的文字："无论在哪里，只要你能发现涉及上帝的伟大的地方，你同时就会发现他的谦卑。"这一说法得到了《摩西五经》《先知书》和《圣著》的确认。我们可以确定地说，上帝的属性仅仅具有行动属性的含义。这样的属性充分揭示出德性的原型形象。实际上，在上述三部典籍中提到的篇章虽然写法有所不同，但无一例外地将谦卑描述为上帝对穷人的关心。上帝的谦卑是他的自觉的意愿，愿意俯身下来帮助那些受苦受难的人。上帝对痛苦强烈感受早已经得到确认。因此，只有将这一点转换到弥赛亚身上，在他的代人受过的过程中表现出他的谦卑，这才是人性的巅峰。

65.第十四，"上帝仆人"就是弥赛亚，这样他才能取代"大卫的后裔"。但是，先知们的观念从来不是抽象的，从未从这个世界上剥离出去，那么为什么在弥赛亚观念上会不再遵循传统呢？如果"上帝仆人"不再意味着国王的后裔，那么，他就不再是民族记忆、民族历史的局外人。犹太评论家很早就意识到，"上帝仆人"的意义，只能是指每个以色列人都应该是上帝的仆人。因此，"上帝仆人"对他们来说不折不扣地变成了以色列民族本身。

就像民族观念总是会在一神教中唤起弥赛亚的观念一样，在这个事例中再次出现就是必然的。穷人作为受苦受难者的形象照亮的仅仅是社会的界限。但是，如果穷苦的受难者是以色列民族及其弥赛亚式的完美，那么"以色列的后裔"这一历史形象就得到了发展，说明以色列民族来到了万民的大会面前。只有在这一点上，痛苦作为历史性的力量才被提升到超出社会疾苦的层面。

犹太历史的苦难并非开始于巴比伦之囚，因为国家的丧失已经被弥赛亚观念所决定。但是，由此却产生了处于其全部的历史深度中的犹太民族的悲剧。如果一个民族被剥夺了国家给予的对人的一般性保护，那么这个民族如何能够继续生存下去并且完成其弥赛亚使命呢？但这却是犹太民族的境况，这也正是犹太历史的意义，如果弥赛亚观念中包含着这层意义的话。

那些注意到犹太民族必须将弥赛亚人类的世界历史观念看作是自己使命的人一定也会注意到在犹太历史中有着朝向这一目标的路标。问题不能这样问：上帝是否可以有不同的安排？或者上帝是否在未来会有不同的安排？真正的问题是，历史本身的进程揭示给我们的东西以概念的形式包含在弥赛亚崇拜之中。

66. 但是，犹太历史之所以被看作是历史，就在于它展示出许多道德理念，是一条贯穿人、民族、苦难的链条。这些上帝的仆人总是被人轻视，总是被人从自己的土地上驱逐出去。不管这些令人惊奇的、在万民之中奇迹般的生存从未被斩断的事实，文献中的精确记载总是正确的："在他的时代中，有谁记挂着它呢？"弥赛亚的民族为了人类而受苦受难。如果一神教的弥赛亚式的实现是犹太宗教的历史使命，那么这种关于以色列的使命的观点就不可能是夸张之辞。

第 13 章 弥赛亚的观念与人类

替人受过者是那些为万民的罪进行调解的中间人。这被看作是上述引文(《以赛亚书》63)的结束语,但却不是最后的话。由此,就出现了未来唯心主义。"上帝仆人"不可能因为被从生命中驱逐而死去,他的死只可能是因为"耶和华却定意(或作喜悦)将他压伤,使他受痛苦。耶和华以他为赎罪祭。他必看见后裔,并且延长年日,耶和华所喜悦的事,必在他手中亨通"(《以赛亚书》53:10)。伴随着这种生命的继续,悲惨的生活和无法逃避的死亡都被战胜了。

67. 世界历史中的每一次不义都是对人类的谴责,因此,犹太人的苦难在任何时候都是对其他民族的一种严厉指责。但是从弥赛亚的观点出发,神正论的光明照耀四方,甚至照亮了世界历史之谜。从幸福主义的观点来看,犹太人的苦难肯定是一种不幸。但是以色列的弥赛亚使命发出了另一道光芒,照在了它本身的世俗历史上。根据先知们的观点,以色列为了异教徒而受苦受难,同时也为由于那些仍然阻碍着一神教实现的错误而痛苦。

这种痛苦无须特别限制在实际上的或者名义上的一神教的承担者那里。根据《塔木德》的看法,以色列民族作为"上帝仆人"已经在其心灵深处接受了"世界上其他虔诚的民族"。以色列民族不断地代人受过不仅未曾激怒其他的宗教,反而使它们根据自身所认可的犹太教的原则,在充分的权利保障下参与到这种弥赛亚式的苦难之中。

借助拓宽苦难的民族界限(这是人道主义伦理学的要求),弥赛亚观念的真正含义得到了实现。如果"上帝仆人"这一象征意义想要获得其真正的历史意义和纯粹的象征意义,那么就应该消除幸福主义的观念,消除所有外在的原则和民族的界限。这种纯粹性是代人受过者的理想化的形象所要求的。民族、以色列的幸存者同样也是这一理想化形象的象征性概念。这种对幸存者的理想化也就是弥赛亚的理想化进程的完成。

第 14 章　先知著作中的弥赛亚

1. 让我们从何西阿开始。首先，他代表的是犹大王国，反对的是作为背叛者的以色列王国。但是，两个国家仍要在上帝的帮助下重新联合起来，上帝会用地上的走兽和天上的飞禽同它们立约，因此不会有弓箭和刀枪能够再次出现它们的土地上。"我必聘你永远归我为妻，以仁义，公平，慈爱，怜悯聘你归我。也以诚实聘你归我，你就必认识我耶和华。"（《何西阿书》2：19—20）上帝与以色列联姻的形象主宰着这位先知全部的宗教想象力。

因此，伴随着他不忠妻子的微笑，何西阿开始了自己预言。宗教象征的力量被削弱甚至被毁灭，原因是非利士人心胸狭隘的想法：这位先知的婚姻是不幸的。上帝与以色列的婚姻甚至显得更为不幸。因此，何西阿以自然诗的形式描绘了上帝和以色列在未来的亲密关系。"我必向以色列如甘露，他必如百合花开放，如利巴嫩的树木扎根。"（《何西阿书》14：5）他们会归回。在未来没有人再会崇拜偶像。他们会"寻求他们的神耶和华，和他们的王大卫。在末后的日子，必以敬畏的心归向耶和华，领受他的恩惠"（《何西阿书》3：5）。这"末后的日子"或许并不确切地指弥赛亚崇拜，而仅仅意味着摆脱现在，指向未来，指向过去。

2. 阿摩司是何西阿的同代人，根据通行的记载，他也对分裂国家的行为大加指责："必将这国从地上灭绝，却不将雅各家灭绝净尽……到那日，我必建立大卫倒塌的帐幕，堵住其中的破口，把那破坏的建立起来，重新修造，像古时一样。耶和华说，日子将到，耕种的必接续收割的，踹葡萄的必接续撒种的。大山要滴下甜酒，小山都必流奶。我必使我民以色列被掳的归回……我要将他们栽于本地，他们不再从我所赐给他们的地上拔出来。这是耶和华你的神说的。"（《阿摩司书》9：8—15）

阿摩司对弥赛亚观念的重要性并不在于他对"大卫的帐幕"的回忆（顺便说一下，它仍然是不同于"大卫的王座"的），而在于他对祭祀性崇拜的愤恨，以及由此产生的对民族全体，包括犹大和以色列的公开谴责。他同时还将以色列与其他民族放在一起加以谴责。

他是第一个给予对"亚卫之日"的流行信仰以道德意义的人。"主耶和华说，到那日，我必使日头在午间落下，使地在白昼黑暗。"（《阿摩司书》8：9）但是，他在惩罚的威胁中将自己提升到了希望的高度："主耶和华说，日子将到，我必命饥荒降在地上。人饥饿非因无饼，干渴非因无水，乃因不听耶和华的话。他们必飘流，从这海到那海，从北边到东边，往来奔跑，寻求耶和华的话，却寻不着。"（《阿摩司书》8：11—12）这里的"饥荒"、"寻求耶和华"表明"亚卫之日"的新含义已经出现。只有在此之后，阿摩司才能够预言以色列的复兴。

3. 在道德目标方面，弥迦很接近于阿摩司。他非常嫉恨偶像崇拜，要求有"一个上帝的居所，为万民而建"。其他的民族攻击以色列，但是在大卫家族之外会兴起一个新的统治者，在他的统治下天下，万民无须再研习战事。德性是弥迦的弥赛亚崇拜的灵魂。"末后的日子，耶和华殿的山必坚立，超乎诸山，高举过于万岭。万民都要流归这山。必有许多国的民前往，说，来吧，我们登耶和华的山，奔雅各神的殿。主必将他的道教训我们，我们也要行他的路。因为训诲必出于锡安，耶和华的言语必出于耶路撒冷。他必在多国的民中施行审判，为远方强盛的国断定是非。他们要将刀打成犁头，把枪打成镰刀。这国不举刀攻击那国，他们也不再学习战事。人人都要坐在自己葡萄树下和无花果树下，无人惊吓。这是万军之耶和华亲口说的……现在有许多国的民聚集攻击你，说，愿锡安被玷污，愿我们亲眼见她遭报。他们却不知道耶和华的意念，也不明白他的筹划。他聚集他们，好像把禾捆聚到禾场一样。锡安的民哪，起来踹谷吧。我必使你的角成为铁，使你的蹄成为铜。你必打碎多国的民。将他们的财献与耶和华，将他们的货献与普天下的主。"（《阿摩司书》4：1—4，11—13）民族的记忆渗透到关于神统治下的未来世界的思想之中。

4.《弥迦书》第5章同样开始于一位新的大卫王，他来自伯利恒，并上升到了"雅各余剩的人"的地位。"伯利恒，以法他啊，你在犹大诸城中为小。将来必有一位从你那里出来，在以色列中为我作掌权的。他的根源从亘古，从太初就有……他必起来，倚靠耶和华的大能，并耶和华他神之名的威严，牧养他的羊群。他们要安然居住。因为他必日见尊大，直到地极……雅各余剩的人必在多国的民中，如从耶和华那里降下的露水，又如甘霖降在草上。不仗赖人力，也不等候世人之功。雅各余剩的人必在多国多民中，如林间百兽中的狮子，又如少壮狮子在羊群中。他若经过，就必践踏撕裂，无人搭救……耶和华说，到那日，我必从你中间剪除马匹，毁坏车辆。也必从你国中除灭城邑，拆毁一切的保障。又必除掉你手中的邪术。你那里也不再有占卜的。我必从你中间除灭雕刻的偶像，和柱像。你就不再跪拜自己手所造的。"（《弥迦书》5：1—12）

非常突出的是其中的两个比喻：露水和狮子。它们先后出现，依次象征着幸福和不幸。弥赛亚必定会将两者一起带来。如果幸福在先，如同这里的情况一样，那么目标被放置在第一位，因为不幸即万民的毁灭仅仅是一个手段。这种破坏性的手段同样适用于以色列，就像后文确证的那样。

5. 山顶上的"上帝之家"这一形象（人们会群集于此，并且无须再研习战事）对于以赛亚和弥迦来说是共同的（《以赛亚书》2：1—5）。但是，以赛亚在同一章节中显示出自己的独特风格："你当进入岩穴，藏在土中，躲避耶和华的惊吓，和他威严的荣光。"（《以赛亚书》2：10）"耶和华兴起使地大震动的时候"（《以赛亚书》2：19），"到那日，眼目高傲的必降为卑，性情狂傲的都必屈膝。惟独耶和华被尊崇。必有万军耶和华降罚的一个日子，要临到骄傲狂妄的，一切自高的，都必降为卑……你们休要倚靠世人，他鼻孔里不过有气息。他在一切事上可算什么呢？"（《以赛亚书》2：11—22）

这可以说是一种哈姆雷特风格。接下去的第3章预告了严厉的惩罚，首先是惩罚法官执法不公，其次是惩罚妇女的桀骜不驯。再接下去，第4章再次从救赎的信息开始："到那日，耶和华发生的苗，必华美尊荣，地的出产，必为以色列逃脱的人显为荣华茂盛。

主以公义的灵,和焚烧的灵,将锡安女子的污秽洗去,又将耶路撒冷中杀人的血除净,那时,剩在锡安留在耶路撒冷的,就是一切住耶路撒冷,在生命册上记名的,必称为圣。"(《以赛亚书》4:2—4)在这里已经出现了那些"住耶路撒冷的"即后来的幸存者。

6. 新的国家出现在旧的国家被毁之后,它仍然需要更多的时间来做准备:"在黑暗中行走的百姓,看见了大光……因有一婴孩为我们而生,有一子赐给我们。政权必担在他的肩头上。他名称为奇妙,策士,全能的神,永在的父,和平的君。他的政权与平安必加增无穷。他必在大卫的宝座上,治理他的国,以公平公义使国坚定稳固,从今直到永远。"(《以赛亚书》9:2,6—7,另参见上一章第59节以下)尽管大卫的王座在此通过律法和正义得以重新建立,一个新的时代因一个被称为"奇妙"的孩子而到来,关于这个"奇妙"的称呼,人们认为指的是上帝奇妙的忠告,也可能指的是这个孩子变成了永恒的父。现在,上帝之日不可能再被真的看作是近在咫尺的了,因为新的时代意味着新的永恒。

7. 这一思想在第11章中继续展开:"从耶西的本必发一条,从他生的枝子必结果实。耶和华的灵必住在他身上,就是使他有智慧和聪明的灵,谋略和能力的灵,知识和敬畏耶和华的灵。他必以敬畏耶和华为乐。行审判不凭眼见,断是非也不凭耳闻。却要以公义审判贫穷人,以正直判断世上的谦卑人。以口中的杖击打世界。以嘴里的气杀戮恶人。公义必当他的腰带,信实必当他胁下的带子。"(《以赛亚书》11:1—5)上帝的灵在这里得到了特别的强调,因此弥赛亚"奇妙"的意义得到了解释。但是一个将弥赛亚和一般人区分开的圣灵却尚未归之于他,相反,他在对上帝的敬畏中获得的喜悦却得到了认可。此外，穷人和受难者是他的公义审判的特别对象。

8. 但是，接着又开始吟诵关于自然的和平诗歌，使得弥赛亚和黄金时代之间出现了融合："豺狼必与绵羊羔同居，豹子与山羊羔同卧。少壮狮子，与牛犊，并肥畜同群。小孩子要牵引他们。牛必与熊同食。牛犊必与小熊同卧。狮子必吃草与牛一样。吃奶的孩子必玩耍在虺蛇的洞口，断奶的婴儿必按手在毒蛇的穴上。在我圣山的遍处，这一切都不伤人，不害物。因为认识耶和华的知识要充满遍地，好像水充满洋海一般。"（《以赛亚书》11：6，另参见《何西阿书》2：20）

在这里加上了两点补充：首先是恶的消失，其次是上帝的知识充满全地。弥赛亚观念的发展就是建立在这些条件之上。"到那日，耶西的根立作万民的大旗。外邦人必寻求他。他安息之所大有荣耀。"最后，也预言了"以色列余剩的人"的回归，就像他们被从埃及地解放出来一样（《以赛亚书》11：10—16）。

9. 接下来的章节预言了巴比伦、亚述、非利士、摩押、大马士革、以色列以及最后埃及等民族的毁灭："你们怎敢对法老说，我是智慧人的子孙，我是古王的后裔？你的智慧人在哪里呢？万军之耶和华向埃及所定的旨意，他们可以知道，可以告诉你吧。"（《以赛亚书》19：11—12）先知战胜了埃及的智慧，但是这一胜利是通过弥赛亚的方式获得的。"耶和华必被埃及人所认识。在那日埃及人必认识耶和华，也要献祭物和供物敬拜他，并向耶和华许愿还愿……当那日以色列必与埃及亚述三国一律，使地上的人得福。因为万军之耶和华赐福给他们，说，埃及我的百姓，亚述我手的工作,以色列我的产业,都有福了。"(《以赛亚书》19:21—25)在此达到了弥赛亚观念的最高点,即万民的统一。拣选以色列并非反常现象,因为以色列是列国中第三个被点名的,此前注定要遭到毁灭,但是,现在上帝却赐福于它。现在上帝甚至称呼埃及人为"我的民",称亚述为"出自我手的工作"。在上帝的"财富"、以色列的"遗产"中还有什么意义呢?

10. 世界主义的思想甚至得到了更为强烈的表述:"在这山上万军之耶和华,必为万民用肥甘设摆筵席,用陈酒和满髓的肥甘,并澄清的陈酒,设摆筵席。他又必在这山上,除灭遮盖万民之物和遮蔽万国蒙脸的帕子。他已经吞灭死亡直到永远。主耶和华必擦去各人脸上的眼泪,又除掉普天下他百姓的羞辱。"(《以赛亚书》25:6—8)

万民联合的思想,再一次发展成为新的批判性的澄清。只要万民仍然未被耶和华连接在一起,他们的脸上就都蒙着遮面的面纱。面纱是悲伤的遮羞布,最起码也是一面镜子,"帕子"(即遮羞布)从语言学上来看就是对偶像的回忆。但是,如果人们变成了上帝的创造工作的一部分,那么他们就会认可他们的统一,他们的区别就像帕子一样会从他们脸上除掉。

当人们之间的隔阂被弥赛亚的概念所弥合时,谁又能怀疑,到那时,眼泪必将从人们的脸上擦去呢?尽管我们仍然无法确定这位先知在思考死亡消退的问题时是否仅仅指的是与战争导致的死亡联系在一起的死亡,但是,死亡的消退毫无疑问只是一个比喻,是诸多比喻中的一个,作用是描述自然的和平。真正重要的东西出现在最后一句:上帝会擦去每一个悲伤的面孔上的泪痕。上帝会给每一个受难者带来真正的安慰。他不会消除困难,不会让它完全消失,但是,他会给人、给诸民族合适的安慰。这才是这个比喻的真正意义。

11. 这只是同一个比喻中的安慰,而经文接着说道:"那时,聋子必听见这书上的话。瞎子的眼,必从迷蒙黑暗中得以看见。谦卑人,必因耶和华增添欢喜。人间贫穷的,必因以色列的圣者快乐。因为强暴人已归无有。亵慢人已经灭绝。一切找机会作孽的,都被剪除。他们在争讼的事上,定无罪的为有罪,为城门口责备人的,设下网罗,用虚无的事,屈枉义人。"(《以赛亚书》29:18—21)发生在盲、聋之人身上的事情并不比发生在死者身上的事情更离奇,所有这些例子都是确定无疑的比喻。下面仍然是一个比喻:"当耶和华缠裹他百姓的损处,医治他民鞭伤的日子,月光必像日光,日光必加七倍,像七日的光一样。"(《以赛亚书》30:26)在这些预言中,不幸和幸福几乎是有规律地交替出现。根据这些经句来区分不同的先知是错误的,他们几乎都牵涉其中。

紧随其后的章节中预言了耶路撒冷的毁灭,而救赎的喜报也突兀地出现于其中。在这段文字的中间,经文说道:"等到圣灵从上浇灌我们,旷野就变为肥田,肥田看如树林。那时,公平要居在旷野,公义要居在肥田。公义的果效,必是平安。公义的效验,必是平稳,直到永远。"(《以赛亚书》32:15—17)弥赛亚在此被称作"天上的圣灵",他带来的效果是平安、安静和平稳,这些都是公义的结果。即便是在那些先知们在以色列范围内描绘弥赛亚的篇章中,所预言的也不仅仅是这块土地的繁荣,繁荣的条件还包括公义。所有的繁荣都是和平的表现,因而也成为万民之和平的一般性象征，万民之弥赛亚的象征。

《诗篇》中的诗句（《诗篇》67：3—6和68：32—33）与此类似，例如："好叫世界得知你的道路，万国得知你的救恩。"和"世上的列国啊，你们要向神歌唱。愿你们歌颂主。"

12. 西番雅是巴比伦之囚之前一个世代的先知。他宣告了上帝对世界万民、对犹大国的审判。但是，他同样在演讲中突然义愤填膺地说："那时，我必使万民用清洁的言语，好求告我耶和华的名，同心合意地事奉我……我却要在你中间，留下困苦贫寒的民。他们必投靠我耶和华的名。以色列所剩下的人，必不作罪孽，不说谎言，口中也没有诡诈的舌头。"（《西番雅书》3：9，12—13）

这位先知为弥赛亚之日设立了相当重要的内容，其中最重要的是清洁的语言和万众一心，这是天下万民崇拜一神的前提。此外，他还将以色列的幸存者看作困苦贫寒的人，他们远离了不义和欺骗。但是，在紧跟着清洁的语言这一比喻之后的句子中，他同样说过："祈祷我的，就是我所分散的民（原文作女子），必从古实河外来，给我献供物。"（《西番雅书》3：10）这是一个新的动向，在关于第二以赛亚的部分再次出现（《以赛亚书》66：20）。天下万民的转变这个弥赛亚式的概念在此是与以色列复兴的概念联系在一起的，这一点的表述极为精巧，其中所有的民族都会把以色列作为一个礼物献给上帝。

13. 协调这处不一致成为耶利米最基本的任务。他同样突然打断了自己的演讲，在原来充满惩罚意味的文字中加入了希望的警示："背道的儿女啊，回来吧。因为我作你们的丈夫，并且我必将你们从一城取一人,从一族取两人,带到锡安。我也必将合我心的牧者赐给你们。他们必以知识和智慧牧养你们。耶和华说,你们在国中生养众多。当那些日子,人必不再提说耶和华的约柜,不追想,不记念,不觉缺少,也不再制造。那时,人必称耶路撒冷为耶和华的宝座。万国必到耶路撒冷,在耶和华立名的地方聚集。他们必不再随从自己顽梗的恶心行事。"(《耶利米书》3:14—17)紧接着,他承诺犹大和以色列会回归他们祖先的土地。

他的演讲中也提到了对不忠的牧人的惩罚。"那些残害,赶散我草场之羊的牧人有祸了……我要将我羊群中所余剩的,从我赶他们到的各国内招聚出来,领他们归回本圈。他们也必生养众多。我必设立照管他们的牧人,牧养他们。他们不再惧怕,不再惊惶,也不缺少一个。这是耶和华说的。耶和华说,日子将到,我要给大卫兴起一个公义的苗裔。他必掌王权,行事有智慧,在地上施行公平和公义。在他的日子,犹大必得救,以色列也安然居住。他的名必称为耶和华我们的义。耶和华说,日子将到,人必不再指着那领以色列人从埃及地上来永生的耶和华起誓,却要指着那领以色列家的后裔从北方和赶他们到的各国中上来,永生的耶和华起誓。他们必住在本地。"(《耶利米书》23:1—8)

对民族的顽固不化(它是与弥赛亚观念背道而驰的)的谴责不可能比这里对放弃历史的同时也放弃宗教的民族起源,即从埃及的解放,更为严厉。在此,回归并不是超越于第一次解放的行为。毋宁说,未来的解放的高超之处在于它建立在下列事实之上:正义和公义会统治世界,上帝本身会得到认可,就像在《以赛亚书》中的以色列的唯一的圣者,就像上文中引证的"我们的公义"一样。

大卫家的新芽因而可以被称作"宗教之芽"。

14. 在这种公义（它是新的王国的护卫者）看来，对不忠的牧人的批判特别指向他们是过去教义的代表。新的教义不同于旧的，而这位先知所关心的只是这个新的教义。即便是在他带着最炙热的爱国热情和哀歌诗人的眼泪说话的地方，都未曾中止对于来自上帝的爱和安慰的渴望以及对记忆中的爱的渴望，并未满足于关于新王国的如下说法："公义的居所啊，圣山哪，愿耶和华赐福给你。"（《耶利米书》31：23），也就是说，他再次揭开了过去的伤口："耶和华说，日子将到，我要与以色列家和犹大家另立新约，不像我拉着他们祖宗的手，领他们出埃及地的时候，与他们所立的约。我虽作他们的丈夫，他们却背了我的约。这是耶和华说的。耶和华说，那些日子以后，我与以色列家所立的约乃是这样，我要将我的律法放在他们里面，写在他们心上。我要作他们的神，他们要作我的子民。他们各人不再教导自己的邻舍和自己的弟兄说，你该认识耶和华，因为他们从最小的到至大的都必认识我。我要赦免他们的罪孽，不再记念他们的罪恶。这是耶和华说的。那使太阳白日发光，使星月有定例，黑夜发亮，又搅动大海，使海中波浪匐訇的，万军之耶和华是他的名。他如此说，这些定例若能在我面前废掉，以色列的后裔也就在我面前断绝，永远不再成国。这是耶和华说的。"（《耶利米书》31：31—36）

15. 我们再一次看到，爱国精神和新的弥赛亚教义之间是和谐一致的。上帝会与以色列立下新约，会将《托拉》镌刻在他们心中。上帝对新约和旧约作了区分，其确切的依据是前者包含着世界新纪元的基础：在这个新的时代，关于上帝的知识将成为所有人的共同财富。

在知识的这种普遍性中,上帝将会证明自身才是能够宽恕罪的真正的救世主。将上帝的教诲置于人心中还不是最主要的,比这更重要的内容是由此产生的作为未来宗教和道德的实践性的原型:关于上帝的知识将成为所有人的共同财富。

16. 接下去的章节继续着这一从所有的罪中的净化过程:"耶和华说,日子将到,我应许以色列家和犹大家的恩言必然成就。当那日子,那时候,我必使大卫公义的苗裔长起来。他必在地上施行公平和公义。"(《耶利米书》33:14—15)大卫苗裔的正义是一个反复强调的前提,正是在这个前提下,大卫的王座和利未家的祭司职位才得到了延续下去的保证。但是,这位先知以同样的方式预言了埃及、摩押、亚扪和以东的复兴。他还预言了所有的敌对邻国的流放和归来:"以后埃及必再有人居住,与从前一样。这是耶和华说的。"(《耶利米书》46:26)"耶和华说,到末后,我还要使被掳的摩押人归回。"(《耶利米书》48:47)"后来我还要使被掳的亚扪人归回。这是耶和华说的。"(《耶利米书》49:6)"到末后,我还要使被掳的以东人归回。这是耶和华说的。"(《耶利米书》49:39)

17. 总而言之,耶利米宣告了所有邻国的复兴:"我拔出他们以后,我必转过来怜悯他们,把他们再带回来,各归本业,各归故土。他们若殷勤学习我百姓的道,指着我的名起誓,说,我指着永生的耶和华起誓,正如他们从前教我百姓指着巴力起誓,他们就必建立在我百姓中间。"(《耶利米书》12:15—16)

敌对邻邦被赦免的唯一条件,看起来似乎是他们必须认可上帝，而这一条件或许并非是一定要达到的。为了超越这一限制，我们首先必须牢记：是他们将以色列引入歧途，然后，他们会"在我百姓中间"重建。这意味着他们将被弥赛亚时代的以色列所接受。

18. 此外，这位先知对各民族的转变充满了信心："耶和华啊，你是我的力量，是我的保障。在苦难之日是我的避难所。列国人必从地极来到你这里，说，我们列祖所承受的，不过是虚假，是虚空无益之物。人岂可为自己制造神呢？其实这不是神。"（《耶利米书》16：19—20）相应地，各民族的转变在这位先知看来是一种自我转变，其内容是认识到诸神的空虚无益。

19. 以西结生活在巴比伦之囚时代，甚至可能早于这个时代。我们已经考虑过他所面临的历史境况的种种困难。当他的前辈们仅凭一神教的道德观念与整个世界斗争时，我们必须看到理想主义和现实主义在以西结身上是融合在一起的。在此，重要的是我们要牢记，他的现实感（据此他才执著于祭祀的习俗，尽管他根据自己的伦理精神对祭祀进行了改造）并未将他与他的前辈们区别开来。以赛亚和耶利米与祭祀习俗进行了斗争，但是，为了未来着想，他们并未明确地拒斥祭祀；或者说，祭祀对他们来说仍然存在，存在于历史传统的象征性材料的光晕之中（the nimbus of the symbolic material of the historical tradition）。

在涉及对《摩西五经》中其他仪式的补充问题上，以西结同样保持着独立的改革派特色，他从未让自己跟着先辈们亦步亦趋。因此，从方法论特征的角度出发，剩下的问题只有一个：以西结作为一位政治、历史和爱国精神方面的现实主义者是否以及如何能够同时保存并发展了祭祀的理想层面上的意义？根据《申命记》

的理解,这一理想意义业已构成了一神教的真正基础。从以西结在弥赛亚观念上的立场出发最适于回答上述问题。

此外,以西结的一个独特之处在于,他关于救赎的信息被灾难的预告突然打断。尤其令人瞩目的是他的新预言:"人子啊,耶路撒冷的居民对你的弟兄,你的本族,你的亲属,以色列全家,就是对大众说,你们远离耶和华吧。这地是赐给我们为业的。所以你当说,耶和华如此说,我虽将以色列全家远远迁移到列国中,将他们分散在列邦内,我还要在他们所到的列邦,暂作他们的圣所。你当说,主耶和华如此说,我必从万民中招聚你们,从分散的列国内聚集你们,又要将以色列地赐给你们。"(《以西结书》11:15—17)

但是,他是否一直停留在这一单纯的政治复兴上呢?或者说,人们是否应该满足于下文所要求的,即带走"所有的可憎的事物呢"?与此相反,接下去的经文说道:"我要使他们有合一的心,也要将新灵放在他们里面,又从他们肉体中除掉石心,赐给他们肉心。"(《以西结书》11:19)

以西结不仅将"新的灵"(这是以赛亚和耶利米已经熟知的)置于人的内心,而且将同一颗心放在了那里,这颗新的心完全消除了相互冲突的观点和热情。对他来说,内在性是信仰的原型和保障。

20.民族主义的夸张形式是弥赛亚崇拜最大的反题。以西结反对这种夸张形式:"人子啊,你要使耶路撒冷知道她那些可憎的事,说主耶和华对耶路撒冷如此说,你根本,你出世,是在迦南地。你父亲是亚摩利人,你母亲是赫人。"(《以西结书》16:1—

3）他甚至直到这一节的结尾也在重复这一点："你的姐姐是撒玛利亚……你的妹妹是所多玛。"（《以西结书》16：46）就像这位先知拒绝民族主义的自我欺骗一样，同样典型的是，不仅仅是他的诗歌天赋，而且他的弥赛亚崇拜都使得他把降临在万民头上的灾难与救赎的信息联系在一起，因为先知们热忱的心灵在随着这些信息跳动。

21. 这一章的后半部分关注的是以色列的未来。这位先知的演讲表现了他对不忠的牧人的愤怒："我必立一牧人照管他们，牧养他们，就是我的仆人大卫。他必牧养他们，作他们的牧人。我耶和华必作他们的神，我的仆人大卫必在他们中间作王。"（《以西结书》34：23—24）牧人变成了王，因为只有上帝本人才是真正的牧人。在这一信息之后，还提到了与包括动物在内的"和平之约"："你们作我的羊，我草场上的羊，乃是以色列人，我也是你们的神。"（《以西结书》34：31）集结在一起的羊群和人群都可以用"人之子"的方式加以规范。你们是我的羊群，因为你们是人，是我怜悯的对象。这是作为"人之子"的先知让他的上帝说话的一种方式。

22. 以西结还在他的新的赎罪理论与其弥赛亚观念之间建立起了一个重要的联系。以色列的净化被看作是与"上帝之名的神圣化"在世界万民中的展开联系在一起的。"我要使我的大名显为圣。这名在列国中已被亵渎，就是你们在他们中间所亵渎的。我在他们眼前，在你们身上显为圣的时候，他们就知道我是耶和华。"（《以西结书》36：23）但是，现在这一神圣化进程是通过对以色列的净化而实现的："我必用清水洒在你们身上，你们就洁净了。我要洁净你们，使你们脱离一切的污秽，弃掉一切的偶像。我也要赐给你们一个新心,将新灵放在你们里面,又从你们的肉体中除掉石心,赐给你们肉心。我必将我的灵放在你们里面。"(《以西结书》36:25—27)在这段经文中,正是上帝将新的心和新的灵置于人身上,与此同时,对以西结的赎罪理论来说另一种解读也是很重要的,根据这一解读,人们自己必须造就自己新的心(参见本书第11章第29节)。

在下一章中,以西结通过上帝之口复述了这一净化的思想,只是加上了"外邦人就必知道我是叫以色列成为圣的耶和华"(《以西结书》37:28)。

23. 这一章始于对"重生"这一传统神话的解释。上帝给这位先知提出了如下问题:"人子啊,这些骸骨能复活吗?我说,主耶和华啊,你是知道的。"(《以西结书》37:3)这位先知马上接受了对这些骸骨进行预言的命令,而后者接着就再生了。"人子啊,这些骸骨就是以色列全家。他们说,我们的骨头枯干了,我们的指望失去了,我们灭绝净尽了……我的民哪,我必开你们的坟墓,使你们从坟墓中出来。"(《以西结书》37:11—12)这种对重生神话在政治上的弥赛亚式的应用是以西结的理性主义的典型特征。

这位先知在波斯时得知了这一重生的传说,但是他能够从重生的概念中看出民族的再生。因此,"我的民"一词的强调作用是非常明显的。这个词在下文中还会出现,尤其是在结尾部分一再重复。在这一点上,关于重生的魔幻教义触及了弥赛亚的概念,而且值得注意的是以西结已经用历史哲学的词汇对此进行解释了。民族不可能死。民族之死仅仅是一个绝望而可怕的幻觉,通过弥赛亚式的自信,这一幻觉可以治愈或消除。就像死是不真实的一样,

第14章 先知著作中的弥赛亚

重生也不过是一个新的历史生命的再生。

24. 对于弥赛亚崇拜的灵性化来说，波斯王居鲁士变成了一个非常重要的工具，他被看作是上帝的信使，是拯救以色列的弥赛亚。随之而来的，就是大卫家族魔力的消散。此外，弥赛亚概念要求消除所有民族的对立和禁制，目的是统一对上帝的崇拜。这一点变得直接而明确，是由第二以赛亚及其后继者完成的。大卫只是被提到过一次，仅仅是在一个解释性的章节中提到了关于"大卫的仁慈"（《以赛亚书》55：3）。以西结之后，再也没有任何一位被囚时代的先知还会提及大卫的后裔。第二以赛亚在思考弥赛亚时，主要把他看作是为世界万民的转化而存在的。因此，他把国王的后裔（这个后裔是民族荣誉的象征）简单地转化为"上帝仆人"，这种表达方式非常明确地构成了国王的后裔的反题。

25. 从一开始"上帝仆人"就再清楚不过地指向以色列民族，就像以西结所称的"我的仆人雅各"（《以西结书》28：25，37：25）。"惟你以色列我的仆人，雅各我所拣选的……且对你说，你是我的仆人。"（《以赛亚书》41：8—9）"看哪，我的仆人……我已将我的灵赐给他，他必将公理（威尔豪森将其翻译为'真理'）传给外邦。""他凭真实将公理传开。"（《以赛亚书》42：1—3）。"他不灰心，也不丧胆，直到他在地上设立公理。海岛都等候他的训诲……我耶和华凭公义召你，必搀扶你的手，保守你，使你作众民的约（赫茨菲尔德[①]的翻译是："作众人的约"他的依

[①] 应该是指19世纪末20世纪初的德国考古学家赫茨菲尔德（Herzfeld）。——中译者

据是42：5和40：7）。""作外邦人的光……我是耶和华,这是我的名。我必不将我的荣耀归给假神。"(《以赛亚书》42：4—8)"耶和华从我出胎造就我作他的仆人……你作我的仆人,使雅各众支派复兴,使以色列中得保全的归回,尚为小事,我还要使你作外邦人的光,叫你施行我的救恩,直到地极。……使你作众民的约。"(《以赛亚书》49：5—8)弥赛亚的使命在以色列民族与人类之间是完全不同的这种区分在此表现得比任何地方都更为准确。

26. 因此,这位先知作了最高层次的理想化,并将之赋予处于与整个人类的联系之中的一神教民族。这一点出现在第52章的结尾处,第二以赛亚将其看作是第53章的引言,在其中弥赛亚的理想化形象即作为"上帝仆人"的形象得到了确认。

这一章的历史反思式的风格展现了将上帝之民以弥赛亚方式理想化为"上帝仆人"的过程:"我的仆人行事必有智慧,必被高举上升,且成为至高。许多人因你惊奇——他的面貌比别人憔悴——他的形容比世人枯槁——这样,他必鼓动许多国民。君王要向他闭口。因所未曾传与他们的,他们必看见。未曾听见的,他们要明白。"(《以赛亚书》52：13—15)这是一种对历史的反思,体现在将以色列从其可怜的外在表现中解放出来的过程之中。

下一章继续讲述这个作出了承诺的预言,在一个句子(在其中历史的反思再次变成了引领词)之后,经文继续说道:"我们所传的,有谁信呢?耶和华的膀臂向谁显露呢?……他无佳形美容,我们看见他的时候,也无美貌使我们羡慕他。他被藐视,被人厌弃,多受痛苦,常经忧患。他被藐视,好像被人掩面不看的一样。我们也不尊重他。"(《以赛亚书》53：1—3)到此为止,一种流行的观点认为在苦难和惩罚之间有一一对应关系,尽管在此惩罚被看作是对人的试探。但是,现在出现了转折:不仅仅是受难者是在无辜受难,而且他的痛苦是为了那些有罪的人。

人们可能会问,这位先知如何能够得出这样的观点呢?因为这一观点是与祭祀的观念相一致的,而他早已放弃了祭祀观念。这一观点如何能够从他那里产生并成熟起来,尤其是在他对上帝的正义的信仰从未改变的情况下?但是,这一思想的连贯性(虽然它从不考虑那些次要的问题,甚至不考虑那些与上帝相关的问题)恰好是先知拥有巨大的道德力量的证明。

27. 贯穿整个圣经文学的恶的问题在此从个体转向了民族的历史形象上。所有的民族都是偶像崇拜的奴隶,他们在历史中闪光与繁荣。只有以色列承受着作为偶像崇拜者的困扰,而且以色列还有自己的使命,即不仅要保持对上帝的真正信仰,而且要把这种信仰传播到万民之中。这种在过去与将来的历史形象方面的矛盾不承认任何其他的解决方式,除非在为了其他民族所承受的痛苦中,以色列获得了转变他们的权利。

以色列的这种历史性的痛苦赋予了它历史性的尊严和悲剧性的使命,表明它在对人类的神圣的教育中拥有一席之地。对于以色列的历史使命与其历史命运之间的矛盾,还有什么别的解决方式么?除了下列思想给出的方法之外,我们找不到其他的方法:为了传播一神教而受苦,就像犹太人那样,并非是一种悲惨的命运,或者说,痛苦是一种悲剧性的使命,因为这证明了一个虔诚的民族所感觉到的那种转变其他民族的衷心愿望。

激励着以色列完成这一使命的既不是对权力的渴望也不是历

史本能，毋宁说自愿承担痛苦的精神宣告了受难者的历史尊严。没有任何其他的方法，只有痛苦才能将这一尊严以最纯粹的方式表现出来。

这一悲剧性的使命以最终的善作为其目的，因此能够蔑视所有转瞬即逝的所谓幸福主义的财富。这种使命也是道德统治的巅峰，所关注的并不仅仅是上帝的正义问题。要想真正揭示其意义，只能留待将来。到那时，痛苦不仅会消散，而且其结果也会实现，即所有的民族都会崇拜独一无二的上帝。

28. 现在，我们可以继续这一章的其他内容："他诚然担当我们的忧患，背负我们的痛苦。我们却以为他受责罚，被神击打苦待了。哪知他为我们的过犯受害，为我们的罪孽压伤。因他受的刑罚我们得平安。因他受的鞭伤我们得医治。"（《以赛亚书》53：4，5）

这与在穷人的例子中出现的穷人与虔诚的人的同一一样，基本上也是一种神正论。在这种同一中，先知们和诗篇的作者们一样，根本不关心神的正义问题，唯一所想的是从穷人身上除去不公正的表现。上帝会赐予穷人以权利，伦理一神教从不怀疑这一点。

这种受难者与上帝的信使的同一被从社会的反常即贫穷转化为历史的反常，即以色列历史所代表的内容。对于由神正论提出的这一世界历史之谜，解决方式就在于下面这句话："为了我们的福祉而惩罚。"这是对以色列的历史进程的一种先知式的概括。以色列的苦难是一种悲剧性的惩罚，却能够带来人类的和平。

29. 这位先知对历史的反思一步步深入。他让这个民族自身说话："我们都如羊走迷，各人偏行己路。耶和华使我们众人的罪孽

第 14 章 先知著作中的弥赛亚

都归在他身上。他被欺压,在受苦的时候却不开口。他像羊羔被牵到宰杀之地,又像羊在剪毛的人手下无声,他也是这样不开口。"(《以赛亚书》53:6,7)反复出现的"他不开口"相当引人注目。这或许指的是以色列历史进程中从不愿意为自己辩护。其他民族继续生存在他们各不相同的偶像崇拜中,他们都压迫、折磨以色列。对于以色列来说正义尚未到来,他们无法开口因为没有人肯聆听,即便可以说些什么,他们也不会被理解。

30.让我们继续追随这一思想的轨迹:"因受欺压和审判他被夺去。至于他同世的人,谁想他受鞭打,从活人之地被剪除,是因我百姓的罪过(赫茨菲尔德翻译为'是因所有民族的罪过')呢?他虽然未行强暴,口中也没有诡诈,人还使他与恶人同埋。谁知死的时候与财主同葬。耶和华却定意将他压伤,使他受痛苦。耶和华以他为赎罪祭。他必看见后裔,并且延长年日,耶和华所喜悦的事,必在他手中亨通。"(《以赛亚书》53:8—10)

在这段经文中,尤其值得注意的是对"同时代人"的描述。同时代的人遭到谴责,因为他们缺乏对从生命之地上驱逐出去的以色列人的关心。把这一点理解为死亡显然是误解,因为死亡是人类共同的命运,因此,如果死亡降临到以色列头上,这并不会使得同时代人惊奇。因此,他们不关心以色列的死活不可能成为谴责他们的理由。因此,"埋葬"只是一个象征,就像站在恶人旁边的富人一样。

毋宁说,它的含义是:其他的民族相信以色列行将灭亡或者已经灭亡,而他们会将以色列与偶像崇拜者一起埋葬。因此,上帝将以色列表面上的死亡及其痛苦变成了一个为了人类的和平而提供的罪的祭品。在这种表面上的死亡之后，随之而来的是无限的、永恒的、硕果累累的生命，只有这样上帝的工作才可能成功。

31. 于是"上帝仆人"的使命变得更为复杂。这一章的结尾处出现了这样的历史异象："他必看见自己劳苦的功效，便心满意足。有许多人，因认识我的义仆得称为义。并且他要担当他们的罪孽。所以我要使他与位大的同分，与强盛的均分掳物。因为他将命倾倒，以致于死。他也被列在罪犯之中。他却担当多人的罪，又为罪犯代求。"（《以赛亚书》53：11—12）

在这一章的结尾，考西将最后一句翻译为：为了他们的罪出现了一个中间人。这种翻译是无法令人满意的。"הפציע"这个单词只在第6节中重复出现过。通过这种表达方式给予这些引文以新奇之处，这是一种自觉性的宣告。由于这种自觉性，"上帝仆人"自己承担起了痛苦，或者说将自己暴露在痛苦面前。他的灵魂的这种苦恼揭示出这一悲剧的意义，从此出发，人们将不再可能转移开心灵的眼睛，而是应该思考其中的意义，并且从思考中得到启发。

这种自觉性被表述为"他的知识"。在此，知识意味着愿望，即让公义显得更为公义，因为这样会带给他对"公义的唯一者"的认识。这同样可以解释众人和权贵之间在胜利后的骚乱中所造成的分裂（the division of spoils of the victory among the many and the mighty），与此对应的是他的意愿，即愿意承担起"众人的罪"。

因此，"我的为了众人的仆人"（《以赛亚书》53：11，12）中的"众人"一词就可以理解了。"上帝仆人"被设定为与大多数民族相对立，他让自己承受打击，为的是"众人的罪"。

这一悲剧性的意图会给义人带来荣耀和历史性的辩护。这就为他在历史的混乱中留出了一席之地。因此，借助弥赛亚式的解决方式，以色列的苦难传说终于结束了。自觉性和知识，这是"上帝仆人"在承受痛苦时一起接纳的东西，这样的做法彻底拒斥了下述观点：这意味着战胜罪。我们认为，这仅仅意味着战胜了罪的祭品（guilt-offering）。"上帝仆人"及其知识永远不可能意味着自觉地承担罪。但是，他所具有的对人类的神圣教育的知识或许可以引导着他，使得他自觉自愿地承担历史性的痛苦。他为了众人而承受罪，他将他们的担子担在自己肩上。因此，当他把罪的重担担在肩上时，他把自己变成了罪的祭品。痛苦代表的是罪的重担。偶像崇拜者不可能意识到这副重担。正是对于"上帝仆人"的知识才揭示了这副重担的意义。

一直以来，只是因为悲剧性的痛苦"上帝仆人"才变成了象征性的承受者。如果情况与此相反，那么他就会堕落到普通的悲剧英雄的层次上，即使他将人们的罪担在自己的肩上。罪仍然在罪人身上，但是义人会将痛苦担在肩上，并且因此而给同时代的人带来与上帝的和解。

世界历史及其弥赛亚式的目标即万民与上帝的和谐。在"上帝仆人"的形象中，以色列民族不仅仅是一个祭司，而是祭坛上的祭品，他将自己暴露在痛苦面前，因为他明白这种痛苦是未来人类的历史性福祉，其价值是不可替代的。

32. 此外，关于这一点还有一种评论是不容忽视的。基督的故事也是从与这一高度诗化的异象相一致的角度得到确切解释的，这一点非常明显。但是，在现代圣经研究中，没有哪一部著作曾注意到诗歌与历史之间的这种联系。但是，圣经研究被看作不仅仅是神学而且也是文学历史的。至少，人们应该能够看出：圣经研究不再希望将神学与宗教建立在历史之上。

33. 在这一点上插入早期先知的演讲会是不合时宜的，因为他们的演讲已经达到了我们现在的认识高度。或许没有哪个人曾经像约珥那样以如此强烈的方式描绘这个民族的命运，并将这种命运与"上帝仆人"的形象联系起来。约珥宣布了在约沙王（这个名字的意思是"上帝的审判"）的山谷中的最后审判。但是，在先知时代早期，约珥已经不仅将最后的审判与下列事实联系起来：在耶路撒冷"到那日，大山要滴甜酒。小山要流奶子，犹大溪河都有水流"（《约珥书》3：18），而且把自己土地上的这种外在的幸福与对弥赛亚式未来的内在认识联系在一起："以后，我要将我的灵浇灌凡有血气的。你们的儿女要说预言。你们的老年人要作异梦。少年人要见异象。在那些日子，我要将我的灵浇灌我的仆人和使女。"（《约珥书》2：28—29）在这种社会普世主义中，"上帝仆人"与先知的使命之间的相似性甚至最后的审判都昭然若揭。就像"上帝仆人"的概念将弥赛亚的使命普遍化了一样，在这里先知的使命也扩展到了整个民族，甚至包括奴隶，因为奴隶也被赋予了普遍的人性，尽管除了以色列之外他并未涉及其他民族。但是，既然与时间相一致，其他民族已经受到了惩罚。"我要将我的灵浇灌凡有血气的"这一表述同样给以色列之外的其他民族留下了一席之地，让他们也能够拥有普遍化了的先知使命。

34. 此外，《撒迦利亚》中的某些章节被归结为较早时期的作品。"锡安的民哪，应当大大喜乐。耶路撒冷的民哪，应当欢呼。

看哪，你的王来到你这里。他是公义的，并且施行拯救，谦谦和和地骑着驴，就是骑着驴的驹子。我必除灭以法莲的战车，和耶路撒冷的战马。争战的弓也必除灭。他必向列国讲和平。"（《撒迦利亚书》9：9—10）尽管弥赛亚在这里被称为王，但是他同时也是"谦和地"骑着驴，因为这个希伯来词的谦卑意味不如贫穷。这句经文更准确的翻译应该是："看哪，你的王来到你这里，他是公义的，并且施行拯救，贫穷而且骑着驴子。"因此，这个王是"上帝仆人"的先行者。

正是在这种精神中才能够在对"上帝之日"的种种恐怖的描写中产生出关于弥赛亚宗教的伟大宣言："耶和华必作全地的王，那日耶和华必为独一无二的。他的名也是独一无二的。"（《撒迦利亚》14：9）如此一来，"上帝之日"被转换为弥赛亚时代的圣日，并通过对上帝之名的普遍认可而实现了一神教。这位先知似乎想说，只有上帝的名是唯一的时候，他的独一性才能够得以持续。弥赛亚式的唯心主义或许可以把下述优点归诸自身：赋予上帝之名唯一的意义并认可其统一性。

35. 但是，这位先知不仅将这些带给"以色列民族的幸存者"欢乐的消息与"和平的种子"而且与警示联系在一起："你们所当行的是这样，各人与邻舍说话诚实，在城门口按至理判断，使人和睦。"（《撒迦利亚》8：16）

在这一真正的弥赛亚观念（建立在社会正义的基础上）中，这位先知提出了民族飨宴日的怜悯问题，这也是欢乐的飨宴，前提是"爱你们的真理和和平"（《撒迦利亚》8：19）。他以最热忱的方式预言了希望："必有列邦的人，和强国的民，来到耶路撒冷，寻求万军之耶和华。恳求耶和华的恩。万军之耶和华如此说，在那些日子，必有十个人从列国诸族中出来拉住一个犹大人的衣襟，说，我们要与你们同去，因为我们听见神与你们同在了。"（《撒迦利亚》8：22—23，另参见 2：15）可以看到，这段经文进一步强化了下述观念："那时，必有许多国归附耶和华，作我的子民。"（《撒迦利亚》2：15）因此，那些加入了以色列的民族会被以色列所整合。就像以色列一样，他们会变成上帝的子民。因此，这就克服了拣选这一概念的民族性局限。这就是撒迦利亚达到的高度。

36. 玛拉基提出了一种新的动因，虽然其始作俑者可能是撒迦利亚。他让以利亚成为弥赛亚的先行者："看哪，耶和华大而可畏之日未到以前，我必差遣先知以利亚到你们那里去。他必使父亲的心转向儿女，儿女的心转向父亲，免得我来咒诅遍地。"（《玛拉基书》4：5—6）重建以色列诸部落的和平这一预备性使命似乎是以利亚天赋的义务，然后弥赛亚才能重建地上万民间的和谐。

他所提出的要求进一步扩展了这种和谐，对上帝的敬畏反对所有形式的怀疑论。在这里出现了与穷人和虔诚的人这一对概念相对应的另一对概念，即敬畏上帝的和关心自己的人："万军之耶和华说，在我所定的日子，他们必属我，特特归我。"（《玛拉基书》3：17）这样的说法通常（《出埃及记》19：5）只适用于整个以色列民族，但这里却局限在那些敬畏上帝的人这一范围内。这一改变同样也具有重要的弥赛亚特征。

37. 到目前为止，我们已经回顾了在被囚前后弥赛亚概念的基本含义的修正过程。《诗篇》给这种概念加上了一种特殊的变化。

第14章 先知著作中的弥赛亚

我们将来会探讨这一变化,并将其与起点联系在一起讨论。但是,最重要的改变还是来自这一概念与个体灵魂问题之间的联系。

如果人们能够浏览《圣经》中全部关于弥赛亚的叙述,不漏过其中任何确凿无疑的关于弥赛亚的内容,那么,首先的一个结论就是:将弥赛亚崇拜理解为末世论的看法是错误的。因为,如果人们忽略过《以赛亚书》中的一处记载,即"死亡会被永远地吞没"(《以赛亚书》25:8),那么剩下所有的记载所宣示的都是一种尘世的未来,无论这一未来属于以色列还是所有其他民族。

《以赛亚书》中这个特别的语句确实是关于死亡的,但最好将其看作是一种诗性的比喻,用以比喻自然的和平,这种和平甚至扩展到了动物界。但是,即便这个语句源于魔幻教育的影响,这种影响也已经被转换到诗歌中,这或许更能证明,这种神话学的要素与犹太思想是多么格格不入。所有的先知,无论是被囚之前还是被囚之后,都把"世界末日"理解为(即便是有些先知将其视作近在咫尺)本民族和全人类的政治未来。

为了支持这种说法(即这种占主导地位的将其看作是政治未来的说法),我们或许可以求助于如下事实:世界末日并未被明确地描述为一个非常遥远的、不可知的未来,尽管其确切日期确实并不确定。这只是一个未来,与眼下的现实即强权和不道德横行的现实格格不入的未来,这才是先知们关心的焦点所在。这种对立也扩展到了过去,与之相伴的是恐惧和怜悯。但只有未来才是他们瞩目的焦点,他们希望将人们的目光转向尘世的未来以及与之相关的义务、关注和期望。

这就是弥赛亚崇拜所包含的巨大的文化和历史之谜。所有的民族都将黄金时代归结到过去，归结到原始时代，只有犹太民族希望在将来看到人类的进步。只有弥赛亚崇拜包含着人类的进步，而怀念黄金时代则意味着倒退。因此，将弥赛亚时代定义为黄金时代是一个巨大的错误，完全颠倒了这个概念的含义。在弥赛亚崇拜中，过去和现在都在未来面前消失了，后者独自构成了时间的意义。

这个文化和历史之谜不能被看作是一个人类学上的谜，因为给这个谜换一个名称是没有意义的。如果人们把犹太民族的自然本能看作是解释这种文化的和历史的特殊性的终极原因的话，那么这个谜就仍然无解。此外，从另一个方向即缺乏末世论的方向入手，这个谜只能会重复自身并越积越大。那么，究竟该如何解释在所有古代民族中只有以色列人能够反对关于冥界的神话及其与地上世界的永恒联系呢？将弥赛亚概念看作是末世论的替代品是否是对这个问题的正确回答呢？

很显然，这个回答毋宁说是提出了一个新的问题，或者说是一种对旧问题的重申。因为如何能够理解一个古代的民族能够表现出这样一种反常的状态去面对这一神话带来的普遍吸引力呢？这种吸引力甚至在成熟的文明中也随处可见。或者说，这种反常是否可能用下列事实来解释：这个圣经词汇受到了不朽观念的巨大冲击并接受了这种观念？

我们将会看到，不朽的观念显然不是圣经精神所不熟悉的概念，而且它还受到这个概念的鼓舞并将其灵性化。但是，这一积极的事实却加强了消极事实的意义：末世论中关于不朽的论述要么无意义，要么干脆付之阙如。因此，不朽强化了因末世论的缺失而导致的问题。

这种消极的态度只能通过积极的动因来解释。但是，不朽观念（我们马上就会看到，它无论如何都是存在的）的发展方式并不能公开地消除末世论。因此，积极的动机的问题仍然存在着，只有解决这个问题才能真正消除末世论。

一种或许是建立在种族素质之上的答案同样会毁掉所有关于这个问题的探索。从种族的观念出发，人们就会偏离正确方向而陷入可怕的表面现象中，例如所谓的犹太民族的现实感。人们往往贬低这个民族，认为它只对现实及其压倒性力量有感觉，而对超自然的世界毫无兴趣。与这一反常现象不同，很明显的一点是这个民族早已将未来设定在现在和过去的位置上。那么，有没有可能以下述方式反驳这种观点：这样的未来是基于现实的考虑，这就无可辩驳地再次证明这一民族的愿望是由感性现实所控制的。

对上述证明的反驳是一个几乎不可思议的事实：弥赛亚崇拜绝对反对全部现存的政治现实，无论是这个民族的还是其他民族的。弥赛亚崇拜蔑视、贬低并破坏眼前的现实，目的是在这种现实的地盘上建立起新的超感官的现实，它不是超自然的，而是属于未来的。这一未来创建了一个新的大地和新的天空以及由此产生的新的现实。这种对未来的创造才是真正的政治现实，是弥赛亚崇拜最伟大的成就而且这样的创造只可能是一神教的产物。

另外还必须考虑到另一种反驳。我们已经非常清楚地意识到，理性在宗教中有一席之地，我们还知道，理性的这一席之地并非绝对地依赖哲学，而是这一份额本身就是某种哲学。我们能够认可这一特殊的哲学，因为我们能够在科学的哲学中识别出哲学本身的特殊性。科学的哲学就是唯心主义。超感官的东西是由哲学创造的，可以说是哲学的"日用品"，柏拉图哲学就为所有的时代提供了这种"日用品"。善、道德是"超越存在"的，也就是说，超越了数学、物理学、科学的存在。

因此，柏拉图为伦理学创造了一片新天地，这片新天地并非对应着可感的空间，而空间局限于经验的领域。因此，科学知识的唯心主义为伦理唯心主义的可能性创造了空间。在其中，超越性并非是一种超自然的感性，但却是独立于自然的道德世界的基础和保障之外。这种科学唯心主义是否已经出现或者说能否出现的原因，其严格的方法论是否在宗教中变为可能并得到理解呢？或者是否借助其在理性中的份额（尽管不需要科学哲学的技术上的帮助）才得以实现呢？

一个新的奇迹出现了。柏拉图将伦理学建立在善的超越性上。从这里出发，经过上千年后，直接就到了康德。但是，在这千余年中，伦理学并非是无结果的，尽管毫无疑问并未在哲学领域内开花结果。

如果人们必须保证科学有自己独立的方法论道路，或者说，由于内在于其中的哲学，那么，这一点绝对更适用于文化的科学及其在律法和国家中的实际应用。无论是实践中还是理论上，中世纪在律法和国家的科学方面对宗教的依赖至少与其对古典哲学及其进一步发展的依赖一样多。至此，问题出现了，通过上述事实我们是否能够解释弥赛亚观念本身（作为唯心主义的一种）有能力将自己从末世论中解放出来。

这个问题的产生是极为自然的，就像与之相对立的问题指向

第 14 章　先知著作中的弥赛亚

的是柏拉图一样自然：柏拉图这位唯心主义的创始人在其伦理学系统中能保持一贯，但在其政治模型中却表现出前所未有的摇摆不定和前后不一，这一点究竟该如何理解？

对这个问题，我们不能借口他的乌托邦设计离今天的现实太过遥远而置之不理，以至于有关未来的思想在此的感染力就像弥赛亚崇拜一样强大。但是，实际上这样的相似性根本就不存在。在他的理想国里，柏拉图从未设想过那些构成了一个国家的公民会有什么进步。在这个公民或民族的理想国（this ideal state of people or nations）中，他所设想的从未超出早已习以为常的希腊式的公民聚会（citizen-squires）。他从未思考过未来，除非未来就是对现在的不断重复。

所以说，柏拉图的政治唯心主义从未正确地看待未来，特别是在未来可能是一种全新的、特殊的创造和发展的情况下。他为善所设计的彼岸世界仅仅超越了数学和物理科学的存在。但是，这并不意味着某种从过去和现在的历史经验、各民族的发展历程意义上的超越。后一种超越与末世论不同，这才是弥赛亚式未来的明确意义所在。

如果说我们以前曾经问过这样的问题，即弥赛亚式的唯心主义如何能够仅仅借助理性而无须借助科学的哲学就可以加以解释的话，那么现在我们发现了对这一问题的令人惊讶的答案。我们逐渐认识到这样的事实，即便是在柏拉图那里，科学的唯心主义也未能产生并保证一种一以贯之的弥赛亚式的、超感官的世界。但是，如果先知的理性能够通过弥赛亚崇拜来理解这种理想化的未来这一点逐渐明确，那么宗教性的理性、宗教中的理性，或更确切地说理性宗教,就能够经受住考验。

宗教性的灵性、宗教性的理性的创造性力量为弥赛亚崇拜带来了一种超感官的未来。这是一种新的现实性,一种超越了所有过去和现在的现实性。宗教思想保证了未来的这种超感官的现实性。因此,如果感官是人们认识眼下的实在性的主要工具的话,那么与此相对,人们就可以认为上述未来是超感官的。

全部过去的历史中的政治现实感都无法理解的东西,甚至政治想象力都无法理解的东西,却被作为人类的真正现实性的、弥赛亚式的未来的概念并神奇地产生出来。更准确地说,这并不是某个神奇的事件,而是上帝的弥赛亚式概念的必然结果。人类在其自然进程中所走向的超感官的、此岸的未来是弥赛亚崇拜的创造。

在这一创造的过程中,一种特殊的宗教唯心主义用最有力的证据证明了自身,这一点甚至连柏拉图都未曾达到。在这一创造的过程中,理性宗教以精确而完美的方式证明了自身。

现在,我们能够看清末世论的观点是多么荒谬,因为它试图仅用犹太民族的种族起源来解释弥赛亚崇拜。这种思想在方法论上是错误的。我们至少应给种族的概念打上个问号,因为它绝不可能成为源自其自身的问题域中的种种问题的答案。

除了这种方法论上的错误之外,我们现在还意识到,这种民族主义的观点所带来的危害已经波及所有有关文明的问题,在这里也涉及有关宗教的价值问题。如果人们不能在弥赛亚崇拜中发现一神教最纯粹的结果,那么宗教的最高价值仍然是不明的。只有有关独一无二的上帝的思想才能解释弥赛亚崇拜精神实质的神奇之处，而后者是思想的产物，在整个的精神世界中都是独一无二的。所有与之类似的思想如果试图证明自身与上述思想是同一的，那么就不仅是错误的，而且是对一神教的独一性的威胁。

由此出发，即便神奇的黄金时代就其自身而言并非与弥赛亚时代完全相反，二者之间的类比也仍然是危险的，因为这会导致将一神教最重要的方面，即道德方面与多神教等量齐观，其后果只能是破坏一神教的道德概念。多神教能够接受的只有人类最原始的质朴。与此相反，独一无二的上帝开启了另外一种可能。

黄金时代所关心的是人的罪及其惩罚。由这种关心出发不可避免地会发生冲突，而诸神的存在这一简单的事实昭示着解决冲突的明确方法。无论如何，独一无二的上帝是每一个人类个体的宽恕者，因此也就是所有人的宽恕者。因此，在关于这样的上帝概念的每一个层面上都能保证将人从罪的重负下拯救出来。事情不可能永远停留在这样的事实上：人总是犯错，而上帝唯一能做的就是原谅他。

与此相反，如果上帝的概念以及他的爱与善的正确含义是宽恕人的罪，那么这一概念必须具有如下意义：他会彻底消除人类的罪。如果这一结果尚未明确地变成弥赛亚崇拜的一部分，那么，我们仍然可以明确地看到存在于战争中的政治和历史的罪的消亡，以及社会性的不义和贫困的消失，而社会性的不义和贫困的消失曾经明确地主宰着弥赛亚式的先知们的愿望。

因此，战争对弥赛亚式的想象力来说是一个非常具有启发意义的形象。在这一形象被想象中所描绘的最后的审判所战胜的情况下，同样可以用巨大的力量把自身从这种魔幻式战争形象中解脱出来，尤其当人类未来的观念成为问题时更是如此。所有的战争工具都变成了和平的工具，变成了农耕的工具，而诸民族"不必再学习战事"（《弥迦书》4：3）。弥赛亚式的想象用其全部的诗歌天赋描述着这一历史缺陷的象征，而且其伦理学的可塑性在对过去的全部世界历史的、恶魔般的象征的描述中获得了最大的成果。

上帝是否会在全体人类中消除罪恶呢？在这一点上，先知们并未保持沉默。因为在上帝的宽恕中存在着对抗罪的终极力量。但是，先知们将他们的实践伦理学及其宗教置于政治的检验之下，先是社会政治的检验，后来是国际政治的检验。在后一种检验中，至善的上帝尤其需要确证自身，因为此前他只要代表穷人在国家范围内有所行动。但是，现在他不能仅仅将善展现给穷人、寡妇、孤儿和陌生人，而是给所有人，实际上是所有民族。因此，弥赛亚崇拜是独一无二的上帝、爱与善的上帝的新的结果。

关于涉及弥赛亚崇拜的经文，有必要最后对《诗篇》作一番考察，因为《诗篇》作者是带着欢乐的自信召唤所有的民族并见证他们崇拜上帝的。

在这个问题上，《诗篇》的特别之处在于将上帝定义为至善的唯一者。"你们要称谢耶和华，因他本为善。"（《诗篇》136：1）更确切地说，这句话的意思是将耶和华看作至善的唯一者。上帝的善惠及所有人和所有民族。上帝的善是《诗篇》中弥赛亚崇拜的主要基础。

与此同时，上帝的属性也最适合于以《诗篇》的抒情方式来加以描写。爱是抒情诗人的灵魂，保护着他的渴求、需要和愿望。

因此，上帝对人的爱不可能对应着人类灵魂对上帝的爱，上帝的善取代了爱的位置。

当人带着爱追寻上帝的时候，上帝带着他的善追寻人类。

善似乎是一个更好的替代物，可以澄清爱的内容的含混性，比泛神论到处宣扬的理智的爱要好得多，尽管泛神论并不是理智的爱的始作俑者。当爱被严格地定义为善的时候，理智的爱才有可能被废除。

因此，上帝是善的，尤其是对人类来说是善的，而不仅仅限于社会事务。此外，同样重要的是他的善也是一种弥赛亚式的、惠及所有民族的善。

《诗篇》作者似乎意识到了这一思想的新颖之处，所以"应当向他唱新歌"（《诗篇》33：3）一句多次出现。上帝的善成为所有人的上帝王国的基础，是"新歌"的主题，是一般性诗歌的主题，同时也是描述上帝的知识和对上帝的信仰的新方式。因此，"新歌"就是对一神教的新确证，是一神教的唯一的和充分的条件。

第15章 不朽和重生

1. 灵魂不朽的概念起源于神话，神话又是与最初的人的观念及其与家族和部落及其起源和发展联系在一起的。罗得（Erwvin Rhode）①在其《灵魂》（*Psyche*）一书中说过，不朽从来不是希腊流行的信仰。不朽的思想以灵魂的观念为前提，但灵魂的观念经历了漫长的发展过程。

灵魂是灵魂的烟雾，或者说是血液的灵魂，只要溅出的血液的热量升腾变为烟雾；或者说是呼吸的灵魂，只要呼吸生命的气息是可以感知的（perceptible）。在所有哲学形式中，灵魂是唯一有效的生命。因为在《荷马史诗》中，对于灵性的功能甚至感情的功能的表述只适于"膈"（midriff）这一肉体器官。灵魂尚未被看作是具有灵性功能的器官。

2. 我们能够看出，柏拉图使灵魂逐渐变成了灵性的原则。我们注意到，在柏拉图的对话中哲学的意识问题一个接一个地出现并互相交织在一起。因此，灵魂的概念在发展过程中出现了分支，而这些分支则面临着统一。

---

① 罗得（1845—1898），德国古典学者，以对希腊哲学中的灵魂（心灵）概念的研究而闻名一时。——中译者

一般来说，灵魂代表的是思想的能力，在这一特别的意义上指的是意识。但很快就被应用到道德问题上，由此出现了理性。一开始理性被看作是理论理性，但与此同时也获得了孕育着作为实践或道德的理性的意义。一旦灵魂获得了这一额外的含义，不朽就变成了灵魂的必要属性。

3.但是，不朽的起源无论如何都不在灵魂的伦理学概念中。之所以这样说，是因为灵魂的概念并非起源于关于人的问题的哲学思辨，而是关于宇宙的哲学思辨。

灵魂是宇宙的生命法则，生命的法则是以运动为基础的。但是，运动需要有一条自我运动的原则。因此，灵魂作为世界灵魂就变成了自我运动的原则。

这种自我运动后来从宏观宇宙转入了微观宇宙中，因此，人类动物的生命同样建立在自我运动的基础上。如此一来，对于这一灵魂原则扩展到宇宙和所有形式的生命这个问题，柏拉图曾说："所有灵魂都是不死的。"所有属于灵魂的以及所有灵魂的本身，都被看作是不朽的。

4.这是灵魂概念在柏拉图那里所经历的思辨的以及同样程度上的方法论的转变。从这里出发，如果人们回顾灵魂作为精灵的意义——它对来自上界的命令充满敌意，或者是作为祭祀古人的仪式中的要素从而建立起家族的联系并引起了超越于简单的墓葬的同情和道德律令——那么人们就能逐渐意识到，在处理灵魂问题时发生的灵性化和理想化，在任何文明的其他概念中都未曾发生过如此多样化的意义和表述方面的变化。

但是，值得注意并且非常明显的是，在柏拉图那里，尽管他的高度抽象化与灵魂概念的神话源泉相去甚远，但是，当他从伦理学的方法论基础引出其宗教结论时，他无论如何都重新进入了神话的快车道和隐蔽所。

我们已经看到，在柏拉图的一般性理论框架中，伦理学本身和它在律法和国家方面的应用存在巨大差异。政治上的反常是用宗教来加以解释的。

5. 柏拉图的哲学风格比其他任何哲学家都与诗歌风格更为接近。因此，并非是宗教偏见或者老式的怜悯二者都不允许他轻视本土的神话，尤其是这二者当时都已被奥菲教神学所改造，而是他人格中的诗化的重心引领着他与神话打成一片。

他的诗化想象力不可能避免讽刺文学的问题，后者主要指的是关于哈迪斯的神话。当整个冥间代表着惩罚人类的罪恶和软弱的神话时，为什么他要把讽刺文学限制在智者的领域中呢？柏拉图赋予哈迪斯神话以诗性的形象和解释，对此，人们要想避免进行字面上的理解，就需要对这种诗化的动机进行全面的考察。

6. 中世纪和文艺复兴时期的画家们同样可能会在不借助幽默感的情况下完成其有关"最后审判"的画卷。受福佑者的田园牧歌式的画面对他们没有吸引力，相反，他们更加喜欢那些被惩罚者的令人恐惧的画面。他们可能是折磨人的人吗？在这些关于屠杀的画面中，他们难道不是幽默的真正创造者吗？

同样的问题也表现在但丁身上。在他最伟大的诗篇[①]的某些部分中，他的最原初的诗歌天赋迸发出来：天堂还是地狱？但丁是

---

① 指但丁的《神曲》。——中译者

否是一个讽刺诗人而不是哀歌诗人？如果他更属于前者的话，除了具有纯粹的、创造性幽默的原初天赋外，他还可能有什么？

7.这个问题也适用于柏拉图。即便不是智者，他也会变成一个纯粹的讽刺诗人，但是纯粹的幽默在他尖刻的对话录中时有出现。

如果说他就像一位无趣的布道者那样去描述、罗列出所有惩罚的细节（这是哈迪斯置于所有罪人头上的），而不允许伟大的道德家的幽默和欢闹出现在堆积如山的惩罚之中，那么这就是对柏拉图的艺术才能的巨大的冒犯。

那些仍然对此持怀疑态度的人必须去探寻，尤其是从柏拉图并不满足于冥间的惩罚这一事实中探寻事情的真相。在生命被召唤回来并获得重生之后，惩罚仍会继续，即再次出现。与这一罪与罚的理论在逻辑上持续性一致的情况下，冥间看起来似乎并非是上界的影子世界，毋宁说，上界反而是下界的影子，上界作为最初的正义的居所，变成了真正的正义的原始世界。

如果对柏拉图不是从他的概念和理念的角度去加以考察，而是注重他的幻想中的词句，如果他的存在背后的存在仅仅具有神话学的意味而不具有与他的存在的理念原则相一致的方法论意义，那么，柏拉图这位伦理学导师的道德世界将是多么奇特啊！只有从他的善的理念的角度出发，那些关于对恶的惩罚的说法才能够得到解释，尽管伦理学的基础及其在政治学上的应用带来了令人烦恼的后果。

8.比柏拉图神话诗歌中的惩罚问题更为值得注意的是"重生"概念对灵魂的伦理学概念的歪曲，令人惊奇的是柏拉图并不反对这一点。他的毕达哥拉斯主义充分而强烈地表现在从世界中退却这一思想之中。"从这里退却,到远方去"是灵魂的座右铭,即它在寻求从"肉体的牢笼"中的解放。当这种解放完成的时候,这种痛苦是否会再次开始呢?

9. 在这个矛盾与重生联系在一起的情况下,会波及到宗教,使不朽的理性概念产生混淆。但是,我们必须弄清楚,这一联系是否仅仅是一种混淆、一个错误,或者,是否有一种原初性的思想上的同质性,而这种同质性是我们必须在排除其表达方式之后仍需加以单独考虑的。

我们已经注意到不朽和重生问题的复杂性,二者以不同的方式交织在一起。在宗教的理性成分中我们会发现一个标准,从而澄清并建立起一个基础,使得灵魂重生的宗教意义以及人作为个体同时也作为人类的一员得以成立。理性宗教在人类道德训诲中的成分要求必须弄清不朽的问题,就像弄清其他所有问题一样,为的是找出宗教和神话之间的真正区别。

10. 对我们来说,重生似乎是不朽的一种堕落,因为重生的是肉体,而不朽仅仅限于或应该仅仅限于灵魂。以同样的方式,下界作为惩罚之地,似乎是与宗教关于人的教义相矛盾的,因为这就等于说人类的灵魂能够赎罪并获得救赎。应该有一种对于人类赎罪能力的限制吗?或者甚至可以说,应该有一种对上帝的宽恕能力的限制吗?在这一点上,真正的宗教和神话之间出现了一种和谐,因为后者发明了受福佑者之岛的神话。但是,神话中关于坦塔罗斯的那些故事,甚至是柏拉图哲学,如同它看起来的那样,都不能在这些故事和宗教之间建立和谐,因为宗教不承认人的自我净化的任何限制,因而也不承认对上帝的宽恕的任何限制。

11. 但是到了最后,坟墓也变成了对灵魂的冒犯,因为坟墓是对伴随着也可以说不伴随着灵魂的肉体的一种肯定。正确的评价是:灵魂是人唯一的属人的价值,因此,这肯定会成为对肉体的虚无和易毁性的认可。通过这种方式,火葬的仪式就可以得到理解,才能从神话时代一直传到现代的文明时代。肉体的易毁性因此被认为是正确的,并通过火葬得到了证明。

但是,如果神话认可了墓葬的制度性地位,认为这表明一个家族对祭祀祖先仪式的服从,那么,从墓穴中的随葬品上人们同样能够看出这一习俗的最初的神话学含义。对于墓穴中的死者来说,饮食俱全,甚至不缺装饰品和武器,以证明死者的尘世荣耀仍然会延续下去。因此,坟墓成为所有其他的将感性与灵性和以人类灵魂为代表的道德象征对立起来的事例之一。

12. 但是,人类的历史给我们提出的使命是:考察这些矛盾和反常之处,将其置于灵魂的那些概念的发展过程中,揭示其仍然受到感性和物质性存在的影响这一事实。我们的使命是考察这些矛盾是如何在发展过程中校正和保存自身的,敌对的动因(offensive impulse)如何变成了推动力(incitement),障碍(opposition)又如何变成了刺激(stimulant)。对此,我们以后会将其置于与惩罚和重生的联系中加以考察;而在坟墓的问题上,这一转变是很明显的。

亚伯拉罕直到获得了给撒拉的家族墓地之后才离开,约瑟留给他的兄弟们和后代的遗愿只有一个,要求他们在进入应许之地时带着他的棺木。此时尚未出现重生的思想,亚伯拉罕从未因撒拉而这样想过，约瑟也是如此。在这些例子中（比如在亚伯拉罕的例子中，坟墓显然意味着怜悯），坟墓究竟意味着什么呢？

人们不得不认为，冥界的神话不可能对此有所贡献。毋宁说，建立一个家族墓地的做法是与冥界的概念相对立的。冥界首先是一个非个体性的财产，而且也不是人类的共同财产，而是一个居住在其中的恶魔们统治的世界。尽管这一神话也出现在阴间（sheol）的概念中，但却对最初的传说中的描绘毫无影响。

同样地，我们会看到阴间在《圣经》的宗教思想中仅仅是一个消极的因素。冥界建立在冥界诸神之上，但是，这些神的存在与上界的神并无不同。相反，上帝是独一无二的，他必定会像统治上界一样统治下界。因此，冥界仅仅是为了报复而存在，实际上，仅仅是为了惩罚的目的而存在，如果这一点不会再次与上帝的宽恕产生不可调和的对立的话。

因此，如果不朽是一种人类灵魂概念的必要属性的话，就必然在一神教中获得一种完全不同的含义。

13. 在圣经思想中，究竟是什么观念伴随着死亡，尤其是伴随着对死者的埋葬呢？

我们先看一句重要的经文："归到他本民（people）那里。"（《创世记》25：8）这个表述很含混，因为"本民"这个词用的是复数，因此既可能指许多部落，也可能指单个部落。同样"归到"即"被放到"同样是含混的，因为这个词的词源学意义是退后、完成、中止，但是在此却似乎出现了一个新的开端。

14. 下述经文则有着更确切的含义："归到你列祖（fathers）那里。"（《创世记》15：15）因此，此时的亚伯拉罕已经有了这样的列祖。"列祖"是一个更为准确的表述，比复数的"本民"更为准确。这一表述同样可以用于一个家族的建立者身上，但往往不会被看作是一个单独的世代。因此，列祖不同于祖先，祖先是指他们那个时代中的天才，是高贵、英勇的人。列祖则是个别人的祖先。但是，个体仅仅借助其灵魂才存在。尽管在这样的情形下，灵魂所扮演的可以说是一个沉默的观察者的角色，但是，这个角色仍然是非常重要的，因为它是个体性的承载者，没有灵魂，个体的人只不过是一个传递的载体。

如果人进入了列祖的行列，那么他就会由此而得到提升，超越了他个体的存在特性。如果列祖并未将个体与其英雄的祖先联系起来，那么二者的关系只是对个体灵魂打开了更为广阔的视野，这就是民族，个体灵魂进入了民族的灵魂。民族不会死，而是有一部持续发展的历史。民族的历史赋予个体灵魂以持久性和连续性。不朽使个体具有历史存续性的意义，即存在于他的民族的历史持续性中。

现在，弥赛亚崇拜为不朽的历史意义开辟了广阔的前景，由此出发，个体灵魂在人类的历史延续性中获得了不朽。

15.《圣经》赐予人类灵魂的意义正是在于这种崇高的、真正的不朽。在这种不朽的意义上，并且通过这种意义，出现了一种区分宗教和神话的新观点。弥赛亚崇拜使得这一有关区分的新观点得以成立。因此，弥赛亚崇拜和不朽的相互作用是可以理解的，即在重生和不朽的关系的范围内，弥赛亚崇拜和重生彼此联系并互相作用。

16.既然我们已经意识到了不朽的历史意义，那么就可以进一步看到，重生可以化作形成不朽的一种动力。我们已经知道，以西结曾将不朽解释为民族的不朽："这些骸骨就是以色列全家。"(《以西结书》37：11)因此，重生的概念甚至比不朽更容易澄清灵魂永恒转世的思想，或者说是个体灵魂在与民族的历史性结合中获得了永生。"一代来了一代又去了，唯有大地永存"，对于人们经历的时代交替和历史来说由尤其正确。不仅仅是大地，民族的历史和人类的弥赛亚民族的历史将会永存。

17. 发展原则植根于弥赛亚崇拜，在列祖的历史性存续中有其相似物，在这一原则之外，关于神圣性的宗教原则也促进了先知们的改革。

神圣性最初是祭司式的神圣性，这样的神圣性被从祭司身上转向民族："你们要归我作祭司的国度，为圣洁的国民。"(《出埃及记》19：6)

神圣性的基本概念同时成为上帝的基本概念，上帝被称作"以色列的神圣的唯一者"。起初，神圣性意味着与所有亵渎的事物相分离，因此也就与所有只属于尘世的生命相分离，神圣性必须意味着唯一真实的生命。

但是，当道德神圣性成为神圣性的宗教概念之后，当上帝变成了神圣性的、不再是祭司的而是德性的最初形象之后，生命的概念必须超出尘世生命的界限。人的生命必须延续到死亡之后。死亡不能仅仅被看作是生命的终结，即预示着这样的观念：死亡只是一个通向其他生命的转折点，因为神圣性变成了生命的理想形式。

18. 但是，神圣性将人变成了个体。人有义务也有能力进行赎罪，因此他拥有自我更新甚至重生的能力。神圣的上帝因此而变成了实施救赎和调解的上帝。所有这些概念都超出了尘世的界限，并勾勒出另一种生命的图景。

但是，这个新的生命不能被看作是尘世生命的延续。坟墓的形象和对祖先的祭祀，这两种神话都不可能在此获得认可。因为生命的他在性（otherness）已经在尘世的生命中开始了神圣的旅程。作为最终使命的生命，即理念的生命都是建立在神圣的诫命之上的。

因此，这种与尘世生命的区别已经包含在神圣性的理念中，所需要的仅仅是死后的生命是否具有一种恒久的持续性。神圣性的概念提供了实现这一诫命的可能性，而且不必落入神话的泥潭。因为所有的神话无一例外地关注对祖先的祭祀，在其中，个体仅仅是披上了一层灵魂的伪装。在神话中，灵魂只不过是先祖和后代之间联系的纽带。

19. 但是神圣性却造就了个体。关于罪的自我认识变成了个体的自我认识。如果人要变得神圣，他只有作为个体而不仅仅是世代交替的链条，甚至也不仅仅是神圣民族中的一员。这个链条不可能使其中的环节生气勃勃，而是每一个环节让整个链条充满活力。因此，个体的概念在个体的罪和宽恕这个问题上必须将人的概念扩展到全体，并且因此而将人生和死亡的概念在不朽的意义上加以扩展。

20. 我们现在已经看到，对神圣性的要求如何将人变成了神圣性精神的载体。灵魂变成了精神，实际上，不是因为心灵需要某种特殊的能力，而是因为神圣性需要某种特别的灵魂，后者与作为器官的灵魂毫无相同之处。

因此,"所有生物的灵魂"都变成了神圣性的灵、人性的灵。这种神圣性仅仅是一个理念,意味着使命以及由之而来的神圣性的原动力。如果说它有生命,那仅仅是存在于一个理念之中。另一方面,如果灵性决定了人类的灵魂,那么怎么能认为对生与死并因此而对人的来生毫无影响呢?

21. 在《诗篇》中无法找到神圣性的、宽恕的上帝与死亡之间的和谐,因为死亡破坏了道德个体。"因为你必不将我的灵魂撇在阴间。也不叫你的圣者见朽坏。"(《诗篇》16:10)如果人行将失去自己的人性和个体性,那么就会与努力追求神圣性的虔诚的人的概念相冲突。对新生的渴望是必然,因为灵魂的毁灭与神圣性的精神(灵魂被打上了它的烙印)相冲突。

22. 但是,如果关于另一种生命或者说关于来生的种类及其更确切的定义的问题是必然的话,那么人们首先必须牢记,这个问题属于神话所关心的领域。神话之所以以这种方式提出问题,是因为多神教往往探求一般性的因果问题。与此相反,一神教在上帝的独一性中发现了与另一种生命存在的不同,而且从未给出这种生命的肯定性特征。

一神教必须在处理不朽问题时也坚持这一立场。神话中的问题是:当肉体死亡的时候,灵魂哪里去了?神话有个现成的答案:灵魂飞走了,就像一只蝴蝶一样。因此,确切地说灵魂并未继续存在,只有人的"暗影"(shadow image)才有来生;因此,只有第二个人,即在尘世中就已经与第一个人结合在一起的人才有来生;因此,飞走了的灵魂进入了虚无,只有暗影才有来生。

因此确切地说,神话中的不朽不是灵魂的不朽而是人的暗影的不朽。但是灵魂仍然是它一开始的样子,它已经完成了、成就了此生的使命。

23. 神话并不追问灵魂从哪里来,生命从哪里来。这个问题的答案来自一般的宇宙论,后者同时也是一部神谱(theogony)。所有的事物都有生成和由此产生的毁灭,无论是诸神还是整个宇宙。灵魂为什么会是例外?生成是从哪里来的呢?来自混沌。借助这一概念,神话解释并安排好了一切。此外,只有正在出现的科学才提出了新的问题,甚至使生成本身也变成了问题。

24. 与此相反,一神教为人设定了另一种开端。上帝造了人,他不仅将人类造就为灵魂而且造就为灵性。他将自己的灵放到人身上。他将自己的神圣性的灵放在人身上,因此神圣性的灵是人的天赋礼物。如果神话的问题在一神教的内部也未曾止息(人在最初的状态中一直是一个神秘物)那么"灵魂到哪里去,会变成什么"这个问题只能根据另外的问题即"它从哪里来,谁将它给予了人"来加以回答。

既然作为灵的上帝造就了作为灵的人类灵魂,那么灵魂的毁灭就无从谈起,因为来自上帝的、作为灵的东西都是受上帝保佑的。我们已经意识到,创造是一个不间断更新的过程。此外,由于内在于上帝的源泉的主动作用,灵魂作为灵会再次回归上帝。灵是"来自上界的上帝的一部分"(《约伯记》31:2)。

《传道书》在同样的意义上提出:"尘土仍归于地,灵仍归于赐灵的神。"(《传道书》12:7)在这句经文中,上述问题得到了正面的回答。灵魂并未堕入阴间,而是回到了原来的地方。灵魂变成了灵，变成了上帝置于人心中的神圣性的灵。因此，死亡只可能是回到上帝的怀抱中。

但是，神圣性是一项无尽的使命。如果神圣性变成了人类灵性的一部分，那么人就会变得不朽。只要灵魂仍然是呼吸之气，仍然是烟雾一样的东西，那么就是含混不清的，而灵性消除了所有与之相关的含混性。因此，人借助灵性在其无尽的、无休止的追求神圣性的使命中变得不朽。

25.灵魂将人与所有的生物联系在一起，而灵性则建立了人与上帝的新联系，这是因为人被确立为神圣性的、具有无尽道德使命的灵。不朽不仅仅是灵魂的不朽，在更大程度上是灵性的不朽，甚至可以特指圣灵的不朽。神圣化的使命对于人类的灵性来说不可能有终点。

无论是对人来说还是对上帝来说，在神圣化的进程中，使命的完成不可能局限于某些特定的方式、步骤和手段上，因此也不可能局限于报偿的机制上。对于人来说，自我净化仍然是一项无尽的使命。至于上帝的正义，我所知道的仅仅是他的正义等同于他的爱，而且他的爱就是宽容，他的爱在其中变成了善。

既然对于个体来说，自我净化仍然是一项无尽的使命，那么就不可能因死亡而终结。神圣性的要求照亮了另一种生命的界限，而这种界限是每一个人类个体都可能看得到的。可以肯定，不朽因此而变成了个体最重要的问题，但是这个个体是在道德上净化自身的个体，而不是经验领域中的个别的生物。感性个体如果想让自己变成道德上的个体，那么他就只有让自己上升到道德的顶点，使自己从道德的角度看待问题。

就像道德个体只能在这一上升的时刻产生也只能存在于这一时刻一样，他的延续也只能维系于这一时刻。这样的延续究竟以何种方式存在呢？只有受神话影响的人才会提出这样的问题，因为伦理的问题已经将个体与纯粹的存在区分开来并将他提升到了纯粹的存在之上。个体作为无尽的上升和高飞力量的承载者，使得他自身向上帝回归这个问题得到了充分的解释。这是向无尽的神圣性的使命的回归，其源头在上帝之中。

26. 如此确定的人类灵性的不朽让宗教远离了陷入神秘主义的神话的危险。回归上帝并不是与上帝合一。回归的意思与源头所意味的东西是一样的，神圣性是上帝的命令，也是他的能力，虽然它被赐予了人类，但这一点并不意味着人与上帝可以等量齐观。即便是在这一赐予的过程中，上帝仍然是独一无二的。他必须保持这种独一性，即便是反过来讲赐予，即他决定着并使得人类的回归得以可能的情况下也是如此。

一神教保护着不朽，使之远离了泛神论意义上的万物有灵论所带来的神秘主义。拯救人类灵魂的不朽并不一定要付出破坏上帝独一性的代价。这样的代价不仅不可能拯救灵魂，反而会使灵魂走向末日。但是，如果灵魂的终点在上帝之中，并且因此不能被看作是毁灭，那么这个终点就仍然是内在于人之中，也就是说，这是内在于作为无尽的使命的他的神圣性之中的特殊人性的终点。而后者恰恰被从上帝的存在中驱逐了出去，这就是为什么不朽不可能使人等同于上帝的原因。作为人的个体如果真能与上帝合一，那么他就会被消灭于无形。

另一方面，如果神圣性的无尽使命构成了人类灵性的不朽，那么也就能够建立起个体的不朽，但这并非是由于个体与上帝的合一。为了保证个体始终保持为人类个体，不朽必须变成他自身的特征。然而，与上帝的合一毁灭了人的个体性，无论这种合一会带来什么样的补偿。相应地，回归上帝不可能意味着进入与上帝的同一，而仅仅是重新获得并认可那个曾经赐予人类灵性的起源。

27. 但是，如果在完成其无尽的使命的过程中，个体仅仅在上升的那一刻才存在，那么同样的问题会再次出现：对于个体上升中的这一刻来说，不朽究竟意味着什么？神秘主义怀疑如果个体必须被看作是在其无尽的使命中仅仅起到推动的作用，推动着他不断上升，那么个体就必定不会有来生。对于这种怀疑，我们几乎无法彻底根除。这一洞见已经很难用世俗生活中的术语来加以理解，更难以用我们所要求的来生来加以理解，尽管对来生的要求仅仅来自无尽的使命，这才是其真正的意义所在。

28. 造成这一困难的原因是经验的偏见，而解决的方式就是弥赛亚式的概念。这种概念关系到人类未来的发展，相应地也关系到既是人类灵魂也是个体灵魂的发展。因为所有的抽象都预示着这样的结果，即保留最初的条件并使之持续发挥作用。如果灵魂被上帝捆绑到了肉体上（后者并非仅仅是一个器官而是指尘土），那么个体在其发展过程中就仍然与物质性的条件密不可分。尘土终归大地，肉体再次变成物质。曾经以有机体形式出现的东西可能会消失，或者说，可能会以另外一种物质形式出现。

个体并非仅仅与有机体有联系。如果真是这样的话，个体就等同于有机体了。相反，个体自身的同一性取决于他与上帝的关系，而这种关系的基础则是神圣性的灵。这灵会回归上帝，个体也因此重归上帝。在这种情况下，个体如何还能与有机体联系在一起呢？有机体只不过是个体临时的伙伴。这样的观念打破了个体与此前肉体的表面上的联系，并使之转向了物质方面的无限发展，而这是神圣性的无尽使命的否定性条件。

29. 弥赛亚崇拜宣告并保障着人类灵魂的这一无尽的发展历程。我们在这一点上可以清楚地看到，弥赛亚崇拜与末世论的混淆几乎是命中注定的。从彼岸世界出发，很难找到通往物质的桥梁，而后者对于灵魂的发展倾向（这一天生的倾向必须得到显现和培育）来说是必要的条件。无论如何，弥赛亚崇拜都是与末世论相对立的，是人类存在的顶峰。

如果弥赛亚崇拜将人类的未来看作自己的问题，那么这就是历史性的未来的使命，这是一种关系到人类的无尽历史的未来，从而变为人的神圣性的灵的使命。

30. 通过这一使命，人类被提升到个别的、生物学意义上的生物之上，与此同时，人也被提升到历史中的经验性的生物之上。因为历史和历史经验的概念现在已经超出了过去和现在的界限，人生乃至整个人类的真正存在、真正的现实性都被置于未来以及面向未来的发展过程中。

这一思想倾向表现在"回归列祖"这句话中，"列祖"在此指的是民族历史上的前辈。然而，弥赛亚却在一种新的意义上变成了人类之父。最初的时候，他仅仅是以色列之父，但随着无可抗拒的连贯性，他逐渐变成了整个人类之父。如此一来，个体在其神圣性的无尽使命中也变成了人类个体。

对于个体来说，不朽同样也只具有这样的弥赛亚含义。人类的灵魂就是弥赛亚式的个体的灵魂。只有在人类追求神圣性理想化之灵的无尽发展过程中，个体的灵魂才能实现其不朽。个体灵魂一直以来仅仅是神圣性理想化之灵上升的动力，一直只是上升过程中的全部节点的集合，而这些节点是在无尽的发展过程中集合起来的。

无尽的上升只能实现在弥赛亚式的发展过程中，既然弥赛亚崇拜与末世论式的存在是大相径庭的，那么就不可能与其物质背景分离开来。弥赛亚式的上帝已经确保了自然背景的存在及其与无尽的道德任务的联系。如此一来，在这一点上，弥赛亚崇拜与一神教联系起来，为的是在人类的发展过程中建立起人类灵性的不朽。此外，弥赛亚崇拜和一神教都保证了个体的无限性。

31. 道德个体是全体之中的个体（individual of totality），因此，他不仅不会消失，而且正如弥赛亚崇拜所描绘的那样，他只有在历史发展的过程中才能达到完善。道德上的个体概念不可能脱离开这样的历史发展而得到实现。个体历史发展的概念代表的是道德人（moral person）概念的全部价值和最高点。

因此，不朽的概念一方面维系于道德上升的全部节点，另一方面也维系于生理学意义上的生命及其无限多样的遗传素质。物质条件和道德律令的和谐由此变得可能，而神话仍然将所有令人尊重的但却是含混的、感性的、情绪化的结论建立在自我本位的（egotistical）、经验性的"我"（I）之上。经验个体的概念带来了很多复杂的后果，而希望在死后能与神合一则是其中的标志。

与此相反，宗教运用的是属于全体的"我"的伦理学概念，这正是弥赛亚崇拜所要求的。人类的弥赛亚未来与一神教先驱的天赐思想的源头密切相关，这一关联使得犹太人关于不朽的教义获得了明确的价值。列祖是弥赛亚人类在历史上的代表，与此同时，他们作为祖先又昭示着生物学背景并带有遗传性的生理学背景。

32. 从上述思考出发，我们更容易理解犹太传统是如何将不朽的概念，即未来世界的不朽概念与弥赛亚时代，即未来的时代联系在一起的。在这一点上，我们再次回忆一下对以西结对关于重生的神奇教诲的理解和解释。对于他来说，重生意味着民族的重生（《以西结书》37：11）。此外，"hiphil"一词的动词形式或许会导致这样的观念：保存生命就是复兴的同义词。保存本身就是一种不断的重生。

从字面的意义上看，重生主要涉及肉体，而通过肉体才涉及灵魂，或者干脆说仅仅涉及肉体，因为灵魂无论如何都会继续存在下去。无论如何，历史上所谓个体的保存是值得怀疑的，因为他既不可能由肉体单独决定，也不可能由灵魂单独决定。历史上的个体为了持续存在必定需要发展，而发展不可能由肉体的重生来保证。因此，重生需要不朽来补充，而对于灵魂的保存来说，不朽是否是一种同质性的补充呢？这一点大有问题。

33. 在波斯人的影响下，不朽和重生的思想才在犹太人那里获得了生气并彼此联系起来，既然情况是这样，那么两个概念很快就与弥赛亚时代的概念产生了联系这一点就是可以理解的了。在全部的拉比文献中，在《塔木德》中，在《米德拉什》以及在最古老的祈祷文中，这些概念有时候看起来似乎是一回事，而有些时候它们却又分离开来，似乎并未被看作是同一的。这样的发展导致了将弥赛亚崇拜等同于末世论的错误观念，既然后者并未被用历史的观点来解读，那么弥赛亚式的未来同样处于失去自己的历史特征的危险之中。

34. 此外，这样的危险甚至越出了这一重要的历史问题本身，并对基本的宗教概念造成了破坏，而后者的源头是与《但以理书》和《便西拉智训》中的"天上王国""上帝之国"的概念联系在一起的。弥赛亚未来的"上帝之国"因此被混淆为彼岸的"天上王国"。

这个"天上王国"变成了基督教的弥赛亚概念，而后者正是属于末世论的。我们不必详细地探讨存在于基督教信仰之中的"上帝之国"的定义与弥赛亚式的"上帝之国"之间的区别，因为真正重要的似乎是强调一个源自上述基本区分的直接后果。这一后果就是关于承担"上帝之国"的责任、关于为了"上帝之国"并且在"上帝之国"的引领下个体承担的道德义务。

35. 在"主祷文"中，人们恳求的是"你的王国的来临"。让我们暂且不管这种恳求仅仅指的是彼岸世界还是是否也包含着在历史中造就一个道德世界的成分。但是，即便无视这一问题，这篇祷文的特征仍然是在祈求这一道德世界的同时圣化上帝之名："在他根据他的意志所创造的世界上，希望他建立起他的王国，就在你的有生之日，就在以色列所有家族的有生之日。"这篇祷文充满了对"上帝之国"的信心，这种公开的祈祷为的是尘世的日子，为的是这个民族的历史，而在弥赛亚的意义上，这个民族就意味着整个人类。所有与彼岸的影子王国的混淆都被明确地消除了。这篇祷文不是来自某种论证，而是来自纯粹的弥赛亚式的纯真。

36. 由此出发，我们可以得出另一个结论。由于弥赛亚式的信心与一神教绝对相关，那么定然与信仰的责任有共同之处。而后者不能留待将来，而是充满了"我"的全部人生，充满了"我"存在的每一个时刻。这一点同样也适用于弥赛亚式的未来。

关于"上帝之国"的思想给我们带来了上述好处。对于我的私人信仰来说，"上帝之国"并非来自未来，而是具有永恒的现实性。这一思想表现在犹太人的"将上帝之国的重担挑在自己肩上"这句话中。我们在古老的祷文中可以发现："我准备（这个词就是希伯来文中的虔诚，其含义是'竖立起根基''使强化''准备好'）将上帝之国挑在我的肩上。""我"不会等着"上帝之国"的来临，不会仅仅是站在那里祈祷它的到来，相反，"我"会通过自己的虔诚将其实现，通过自己的意愿使之到来。

因此，"上帝之国"对"我"来说就在当下，是我的责任意识的个体性的实现，而不仅仅是一个希望和期待的对象。弥赛亚未来的实现由于上述弥赛亚未来与彼岸世界的区分而成为可能。彼岸世界无论如何都仍然存活在犹太人的意识中，并得到重生概念的支持。

37. 因此，迈蒙尼德的伟大之处在于他对"未来世界"与"未来时代"作了严格区分。这一点是与他的基本倾向，即将所有的教条消融于伦理理想主义中是一致的。

通过这一区分，他首先保证了弥赛亚崇拜的纯粹性；通过严格禁止幸福主义，他又保证了不朽的纯粹性。由此他将弥赛亚崇拜从乌托邦理想中解放了出来。不过，他在弥赛亚崇拜中描绘了伦理社会主义的主要特色。物质的和经济的条件永远不应成为实现对所有人一视同仁的道德和灵性文明的障碍。任何对这种幸福主义的社会福利的怀疑只能表明缺乏理解力。通过上述伦理保证，幸福主义可以说是被否定了。

38. 不朽也同样被从幸福主义的观念中解放了出来。此外还有另一种幸福主义，尽管从未被看作是幸福主义的一种，但实际上却是其最危险的变种，这就是通过彼岸世界来进行奖或惩。报偿和惩罚的观念尤其是危险的，即便是柏拉图也因为与神话世界的关联而未能摆脱这一危险。他所要求的死后世界，似乎其唯一的意义就在于给对于灵魂的惩罚以足够的时间。在这一点上，幸福主义与神圣的报偿机制是一致的。

这种柏拉图式的来生观念还包括通过惩罚进行教育，以此稍微减轻惩罚的痛苦，尽管这样的惩罚是否会产生预想的教育效果是很成问题的。然而，教育效果反而变成了次要的目标，因为痛苦和折磨是死后世界的主要内容。

39. 与奖赏不可避免地联系在一起的含混性几乎不需要进行更为详细的探讨。在大多数情况下，奖赏保留着与上界感受性的神秘联系，只有个别时候才被严格地限制在精神领域。在这一点上，如果亚里士多德并未同时发现其单面性的理智主义危险的话，那么他或许是一个很好的例子。在他看来，只有灵魂负责思考的部分是不朽的。因此只有这样的人类灵魂才是不朽的，纯粹的思维因此成为一种有机体的活动（organic activity）。

此外，或许只有上帝本身在其理性思维中才能变成活力（energy）。这一点在古典的圣经解释学中曾经争论不休，而这种争论在中世纪的阿拉伯—犹太传统中再次复活。无论如何，通过这种理智上的排他性,幸福主义被从来生的奖赏中排除了出去。

在拉比著作中,我们发现有一些篇章中消除了正面的和负面的幸福主义的区别,既不将其看作奖赏,也不将其看作惩罚。"在来生中,既没有饮食,也没有任何形式的感官欢愉,只有那些虔诚的人戴着桂冠静坐着,沐浴在神圣的光辉之中。"思想上的、亚里士多德式的理论思维的欢愉再次变为沐浴在上帝的光辉中。由此,理论的理智主义被宗教纯净化。所有虔诚的人,即便未曾参与理论思辨,也能够享受上帝的光辉。

但在这一点上,尤其是根据拉基什(Resh Lakish)① 在《塔木德》中的表述,在弥赛亚时代将不会再有任何形式的地狱。在人发展过程中的自我完善化原则与赏惩原则并不兼容,后者被前者所代替,因此在弥赛亚时代不可能再有地狱。此外,地狱并未被看作是一个永恒的报偿之地,因为净化之后,罪人应该去天堂。因此,就出现了一个必要的结论:没有永罚的地狱。这一后果来自神的宽恕和人类的赎罪及其对人类发展的影响之间的联系。因为作为报偿的不朽不再是必要的。因为灵魂的概念已经变为道德的概念,已经满足了所有报偿的条件。灵魂变成了灵性。神圣性的灵获得了这样的结果。神圣性为了灵性需要有所发展。正是在这种意义上,拉比特尔封(Tarphon)② 在从《赛福雷》(Sifre)到《奈斯金》(Nezikin)③ 中的表述才是可以理解的。历史性的要素变成了为了

---

① 拉基什,3世纪巴勒斯坦地区的犹太律法学者。——中译者
② 特尔封,2世纪犹太学者。——中译者
③ 两书均为对《托拉》的注解文献,前者主要关注《民数记》和《申命记》,后者涉及更多的是民事意义上的损害赔偿。——中译者

神圣性的发展而存在的灵性的结果。

因为犹太典籍所面对的是末世论的唯物主义、宿命论、幸福主义以及所有类型的并非来自纯粹伦理学的形而上学，所以对其解释时应该十分谨慎。《塔木德》关于上帝光照的喜悦的表述受到很大的怀疑。尽管光照仅仅被看作反射光，但仍然几乎接触到上帝的存在，关于上帝的知识永远不可能与他的存在相关，而仅仅与他的作为道德行为的原型相关。不朽能够提供什么样的新知识以便理解这一除爱上帝之外别无他物的原型呢？只有道德的发展才能带来新的知识，随之而来的是个体新的欢乐。但是，在这一点上关于欢乐与痛苦的联系的老生常谈并非没有道理，这种联系必定会激起要求进一步发展的愿望。从这一角度出发，神性的欢乐或许可以看作是与原型相似的自我发展。

指引着迈蒙尼德的是《塔木德》中的一句非常重要而清楚的话："所有的先知都仅仅为弥赛亚之日而预言。"但是，对于未来世界的下述说法是正确的："从古以来人未曾听见，未曾耳闻，未曾眼见，在你以外有什么神为等候他的人行事。"（《以赛亚书》64：3）因此，根据以上拉比文献，彼岸世界通常处于预言问题的视野之外。先知们唯一关心的是弥赛亚时代和人类的历史发展。但是，不朽是上帝的秘密，是人类希望的对象。因此，弥赛亚式的未来被从人类希望的领域中驱逐了出去，因为它直接属于对上帝的信仰。对弥赛亚的信心被从优柔寡断和不确定性中剥离了出来，与其联系在一起的往往是希望和期待。这绝对属于关于上帝的知识，这一点在对上帝的爱中得到了确认。在弥赛亚式的未来中，上帝对人类的爱证明了自身，而他对人的宽恕、与人的和解得到了进一步的深化。

将不朽从预言中分离出来避免了不朽概念中的另一个危险，即由神秘主义的方式带来的物质化的危险。上述《塔木德》引文中关于"沐浴在上帝光辉之中的欢愉"的说法表明，不朽的概念中存在着将人类灵魂融入与上帝的神秘结合的危险。我们已经说过，根据《诗篇》的观点，与上帝合一与"接近"上帝是有区别的。虔诚的思想家犹大·哈列维曾经说过："如果我已经靠近了上帝，不朽还能多给我什么？"

在此，迈蒙尼德也迈出了重要的一步，揭示出存在于"接近上帝"中的面向上帝的自我接近行为。从这一步出发，《诗篇》既得到了解释，也得到了发展。接近上帝就其本身而言尚未成为"我"的善，之所以如此，仅仅是因为这是"我"的使命和理想，是"我"的自我接近行为的目标。但是，这却是与"我"的自我完善同一的。迈蒙尼德将自我完善提升到了最高原理的地位，通过这种提升，他拒斥并消除了亚里士多德式的幸福原则。自我接近和自我完善就是自我发展，舍此无他。因此，自我发展就成了不朽的唯一意义和唯一使命。这项唯一的使命，只有通过灵魂的弥赛亚式概念才能实现。这一概念始终是不朽的指导性概念，因此不可能等同于不朽。

我们已经看到，报偿被引入了历史的视野之内，尽管已经具有一种更为高级的、纯粹道德的、社会政治的含义。穷人是受苦受难的人，而且也是虔诚的人。此外，（上帝的）仆人甚至在其悲剧性的困境中变成了为罪人承受苦难的人。因此，报偿被从对死者的审判中排除了，变成了道德文化与控制（moral culture and control）的目标。如果报偿的发生仅仅在彼岸世界，那么，无论是对"我"自己还是对别人却毫无用处。正义是上帝的属性。如果正义并未穷尽在爱之中，如果有必要存在惩罚性的正义，那么这种正义的残留物（经过了修正而且并未消解在爱中）仍然是上帝的秘密。这是上帝的秘密，属于上帝的本质，对此"我"一无所知。在这种意义上，正义会说："我所有的是报复和报偿。"报复仅仅是惩罚的一种诗化表述。正义还会说："审判权在上帝手中。"人类正义的原型只可能是上帝的爱，惩罚和报偿是上帝自己的秘密，因为在涉及惩罚和报偿时，上帝并非是人类的原型。因此，即便是不朽都没有办法对这些问题给出正面的回答，因为这与"我"自己的德性无关，因此"我"对此毫不关心。另一方面，不朽可能是与弥赛亚时代相伴而来的，因为不朽将存在于上帝的正义中的爱的动因变成了人类德性的原则。通过这一点，所有的道德动机（多是由祭祀祖先的神秘仪式带来的）都是在改头换面的情况下得到应用的。因此，不朽引起了人们对弥赛亚世界的先驱者和保证人的尊重，并且在回顾过去时充满感激的爱。

在以赛亚的前辈的层面上继续探究之前，让我们首先考虑一下《米德拉什》中的一段文字。这段意义深远的文字将发展的概念带到了阳光之下："在所有的灵魂被放进肉体之前，弥赛亚王不会到来。"或者可以看一下另一种说法："在所有灵魂（被看作是被创造出来的）被创造出来之前。"这句话明显地存在矛盾，因为这样就把弥赛亚置于人的生物意义上发展的真正终点上。这样的弥赛亚标志的并不是灵魂概念的发展，而是其终结。不朽本身只可能意味着灵魂概念的全部发展，因此而进入弥赛亚的概念并

第15章 不朽和重生

在后者中发现了自己的完成形态。在这一转变中,上述矛盾被消除了。弥赛亚只是在灵魂发展的终点上才出现,这一终点意味着不朽。实际上,他的到来并非是真正的终点,而仅仅是意味着他的到来的无限性,因而就意味着发展的无限性。因此,人们可以认为上述《米德拉什》引文修正了对彼岸世界的物质性理解。这一修正是由弥赛亚这位未来时代的代表完成的,他实际上就是人类灵魂概念的无尽发展。在这种人的概念、灵魂概念的发展原则中,未来世界和未来时代结合在了一起。在关于个人的神话概念中,二者被分开了;而在历史发展的原则中,二者的结合既是生物学意义上的,又是世界历史意义上的。

在犹太宗教哲学的历史中,神话—神秘的不朽(mythical-mystical immortality)的两种动因,即与上帝合一和谨慎的实践报偿,在大多数时候是遭到拒绝的。我们已经看到,犹大·哈列维将接近上帝定义为尘世中唯一的善。根据这一观点,未来的生命被看作是此生此世的道德努力的持续,因此是道德生命的理想型。巴亚对接近上帝的理解方式在更大程度上由于神秘主义传统的影响而受到了歪曲。另一方面,《库萨里》(*Kuzari*)① 提出重生仅仅是一个圣经概念,同时,哈列维承认不朽是理性的真理,并未在《圣经》中公开倡导。伊本·多德同样未曾提及重生。迈蒙尼德认为,接近上帝仅仅是理智意义上的接近,是对上帝的认识,其中涉及所有的道德。此外,他贬低重生的意义,因为他认为在

---

① 此处的"Kuzari"一词并未以书名表示,但根据上下文来看,应该指的是哈列维的这部不朽杰作。——中译者

重生之后虽然有了新的生命，但此后仍然会再次死亡。由此可以看出，根本没有对整个灵魂的救赎，只有追随亚里士多德，只有后天的理性才是灵魂的实体，是与肉体完全分离的。在这种情况下，灵魂被限制在思维与精神范围内，但却又不是神圣性的灵，而是限制在理论之内的精神、思维的精神。只有通过迈蒙尼德的观点，通过自我完善才能排除亚里士多德作为天生产物的幸福主义思想。在这一自我完善中，神话再次被战胜，自我发展的弥赛亚原则再次得到认同。

至于另一种动因，即报偿，上述思想家们以同样的方式部分地予以拒斥，并对其余部分进行了某些改革。《库萨里》提出了一种神正论，类似于先知和《诗篇》作者的观点。任一单独个体的苦难必须从整个宇宙的角度去加以考察。因此，社会观念变成了普遍世界的观念。对于迈蒙尼德来说，天堂与地狱仅仅是象征。《库萨里》根本未曾提及惩罚的方式。迈蒙尼德将社会主义的原则应用于弥赛亚时代，而且行为方式也非常清楚。约瑟夫·阿尔伯（Joseph Albo）[①]一般将报偿等同于不朽。

上述概括表明，犹太思想倾向于将不朽与弥赛亚崇拜联系起来，其目的是为了确立发展原则的指导性地位。重生再次扮演了一个中介性的角色，至少在强调发展的历史意义的范围内是如此。发展的持续性现在也可以与作为先辈和历史典范的列祖联系起来。历史的观点逐渐地与怜悯这一基本概念连接起来，我们也逐渐在虔诚与贫穷的同一中，在将弥赛亚最终定义为"上帝仆人"和为

[①] 阿尔伯（1380—1444），西班牙犹太拉比和哲学家。——中译者

第15章 不朽和重生

了尘世的痛苦而代人受苦的做法中认识到了这一点。现在，我们必须从这一观点出发考虑另一个概念，这个概念是与所有这些问题联系在一起的，并且有一种新的表达方式：列祖的遗产。

以前的问题（即以关于利益与罪的关系为一方面，以快乐与不幸的问题为另一方面）在穷人和虔诚的人的同一中找到了一种社会性的解决之道，而且，这种同一中包含着一个上帝的正义和无辜者的苦难的兼容性问题。"上帝仆人"是为了帮助我们解决这一问题而出现的，其方法是代人受苦，但是可以确定地说，罪是无法代替的。"弥赛亚"就是为了最终解决上述问题而提出来的。他将要带来的时代会终结这些烦恼。在这一思想背后，穷人替人承受的苦难会带来社会的进步这一思想明显地在发挥着作用。这一推理链条的全部内容都建立在下述观点之上：一个单独的个体，尤其是代表着德性的某个社会团体，能够获得个体价值。

但是，一个全新的问题出现了，对一般性的个体价值能否获得提出了质疑。如果人们事先假定贫穷或社会苦难本身具有价值，那么这无非是在找借口。一个个体能有价值吗？救赎能有这样的最终含义吗？而且，在救赎仅仅是自我完善的无尽升华的可能性的情况下，会不会与自身的概念相矛盾呢？价值意味着计算上的平衡，即最后的计算结果。人在无尽的悔改中作出的计算不可能容忍任何这样的平衡，因此回馈是没有指望的。人的价值必定被包含在独一无二的行为，即给出一种他永远也无法找回平衡的计算之中。

这就是灵魂不朽被赐予这个民族因而也给予了其创始人的原因。

价值问题在同一种意义上是与列祖的价值联系在一起的。这一概念自然与贯穿着整个犹太思想的要素联系在一起，单独的个体是与他的历史联系在一起的，而他的历史是由作为源头的祖先决定的。这是最后的表述，民族的基本的历史概念，在其民族的和逐渐成熟的弥赛亚式的使命中，在关于罪与不幸以及价值和快乐的原初问题中找到了一个此前就已经找到答案的问题。个体根本没有价值，但是他表面上的价值可以通过先祖的价值得到充分的表现，先祖的价值对历史的影响是持续不断的。

这一概念可以解释犹太怜悯的深度。这一概念同样起源于民族思想，民族思想后来变成了历史的思想，而这个概念本身则变成了个体道德的堡垒。通过这个概念，个体肯定会获得保护，以免陷入自诩的正义。先祖的价值使个体价值的问题变得无关紧要。这样的价值不可能存在，而且人也不需要它。无论何时，当我意识到人类道德的历史，我理所当然地会意识到自我净化的临时性后果，但即便如此，我也只能而且必须意识到先祖们的持续影响。对于他们的价值，我会把所有的在个体人生中意识到的善都归结到那里。个体人生因此而从虚幻的荣耀中解放了出来，而且自身的存在也没有消失。人的行为仍然是善的，他仍然是其行为的动因，但至于价值，根据现代价值判断的通常用法，我不得不将其暴露在虚幻的英雄主义的危险之中，我所认可的这种价值在更高层面的认识中属于先祖，并且因此而属于历史的发展进程，对此，一个个体，即便是处于最高层面上的个体，也是要为他最好的行为而负债的。

因此，如果先祖的价值消除了我们自身价值的虚幻性，变成了交换的工具或者报偿的误用，那么这种虚幻性从一个个体转换到另一个个体就毫无用处。我们需要追溯的是先祖而不是这个个体。先祖们并非是在这种意义上的绝对者。他们是进步的祖先，是历史的标准。他们无论如何都不能被看作是例外的个体，也不能被看作是个别的圣者。这样的"他们"也不会有价值。有些东西从他们开始，有些超越了他们而使他们变成了价值问题的起点。

另一方面，如果价值被看作是进入某人的计算的起点，能够取得与罪的平衡，甚至是与他人的罪的平衡，那么这种做法就进入了完全不同的方向，完全超出了目前探讨的问题范围。在关于赎罪与和谐的章节中，罪的平衡或者报应的标准被排除掉了。目前的问题并非是罪与罚的问题，而是完全不同于价值的问题，与价值相关的通常是报偿。这两个概念应该从个体行为的领域中分离出去。通过这一思想，赎罪和救赎的思想得到了进一步的发展。个体获得的救赎可以说仅仅是暂时的乃至虚幻的。或者说，个体灵魂是一个历史的灵魂。救赎的责任或许不应该被这一思想所侵蚀。自我神圣化过程中必须思考的是自我，而不是其历史性的联系。但是在救赎方面，我无须拒斥这样的见解。或者说，这会带给我更深刻的见解，而且还会带来对在历史发展层面上的灵魂不朽的真正意义的更深刻的认识。因此，我能够自信地消除这样的危险，即通过救赎我或许会达到我自己本身的完全的善这一幻觉。这一点是与先祖价值的观念相对立的，但可以肯定，这并未限制我自己的赎罪和自我净化行为，而是消除了自诩的正义这种存在于人的自我价值中的概念。只有列祖才拥有所有的价值，后代的价值是从他们那里继承来的。

对于犹太德性概念来说，这一概念具有基础性的意义。但是，这样的概念通常仅仅是与正面的道德价值联系在一起的，无论如何都不可能与负面的或罪这种替罪者所寻求的东西相联系。替罪者寻求的不是罪而是价值。在这里，价值本身显示为罪，可能是一种对个体而言不可救赎的罪。因此，必须将其转移到历史发展的创造者那里去。他们并未被罪所沾染，价值并未植入他们的意识。他们的后代传给他们的只有感激和谦卑，后代的个体意识不再存在，而是进入了从先祖开始的历史发展之中。

对这一关于价值的概念作任何形式的过度强调，都是对这一概念最大的误用。人的价值总是有缺陷的："时常行善而不犯罪的义人，世上实在没有。"（《传道书》7：20）所有的价值仅仅是义务的一部分，人永远达不到义务的标准。因此，如果问题不在于价值，而在于罪及其报偿，那么在这个问题上就会发生一个根本性的转向。如果在这一转向中，不被允许的概念进一步发展成为这样的观念：某些个体的价值作为补偿的一种，可以看作是超越的，可以计算并计入对他人罪的平衡之中，那么我们就更加远离了最初的概念。在关于先祖价值的观念中，报偿根本不是问题。即便是列祖都不可能获得这种东西，而且他们也不允许这么做。对于罪，没有其他的报偿，只有人的自我神圣化能够获得的东西。其他人的神圣性并不能消除我自己的罪。对于我的罪没有任何问题，但是我的价值是否存在则是令人怀疑的。因此，先祖的价值和圣者的价值（二者均被武断地置于历史之中）之间有相似性这样的假设是完全不能接受的。

这种相似性建立在"遗产"这一与上述思想有联系的概念之上。人们不得不假定，这个词的词根意味着提供场所（occasioned the seduction）①。"生命的裹束"（the bundle of life）是对来生的表述："你的性命却在耶和华你的神那里蒙保护，如包裹宝器一样。"（《撒母耳记上》25：29）这样的包裹就是一种"容器"，但后来又转化为"珍藏"。这一象征并不会危及民族意识。先祖的遗产是后人最安全的财富。既然遗产是自我正义的真正保护人，所以也就是最好的财产。这一象征带来的唯一的危险是价值变成了货币，这样"珍藏"也就变成货币的堆积。但是，把所有的价值都归结给先祖不会有什么危险，因为这样后代就可以避免将其归结给自己。因此，先祖的价值与珍藏的价值的类比必须在每个层面上加以拒斥。

在后一种概念中，价值被看作是一种超越并高于行为的义务。这种超越不可能存在。此外，这种超越被看作是能够进行报偿，并且因此可以计入平衡之中。这种计入是不允许的，因为不可能带来报偿。但是，关于先祖价值的看法并不关心罪，更不关心报偿，而只关心价值。此外，超越的概念以及超越的善使价值得到量化，因此就具有相对性。

最后，从心理学上说，这种对义务的超越是不可能的，甚至在伦理学和宗教方面也不可能。那么心理学层面上又如何可能呢？对于存在于上述引文中的问题的答案是：通过努力和悔过。但是，这类殉道的行为仅仅是相对性的概念，只能增加善的相对性。即便是正当的殉道行为，即为了圣化上帝之名而施行的殉道行为，也仅仅是一种义务，一种平常的责任（plain obligation），这方面在历史上有无数的例子，在宗教史、伦理史尤其是政治史上的例

---

① 直译为"引起了诱惑"，此处根据上下文进行了意译。——中译者

子更多。因此，殉道者不可能有任何权利，更谈不上是什么英雄。他们的数量太多了，如果不是因为人类自欺欺人（这样的行为甚至进入了殉道者名人堂），关于殉道的文字将会泛滥，足以让人们接受关于人类极端罪恶的消极观点。只有一种方法可以保护人们免遭自私以及殉道的自我崇拜的危险，即不要过分渲染个体殉道的价值。殉道者可以用自己的方式尽义务，但是却不应与其他并未以生命为代价殉道的人有所区别。在对市民道德的不同领域的简单抽样调查中，我们很可能会发现，在所有的社会阶层中，人们都可能在有生之年就将自己的地位置于危险之中，并且因此而将自己的生命也置于危险之中，最终可能会承受失去一切的痛苦。

这一观念中有一种更为高明的历史意义，即为了满足人的谦卑的要求，只有先祖而不是所有圣者才有资格被看作是价值的保证人。与此相反，在对圣者的崇拜中，尽管"价值的宝库"（the treasury of merits）被归诸基督和玛丽，但是，同样也被传给了圣者。既然教会可以不断地扩大圣者的团体，那么价值的宝库就变成了教会的宝库。教会将这种圣者的宝库提升到原则的高度，在基督教中形成了圣者的集体。但是，是教会本身使得这些圣者有了特殊的价值，因此才有了宝库的特殊价值，并以此计算报偿的量。这种做法在超出义务的善工（opera supererogatoria）问题上找到了自己的终极理由。根据这种观点，道德并非是人类的无尽的使命，而是终结在一个概念中，而这个概念是可以被超越的。通过这一点，德性的主体被迫与其客体分离。客体和行为变成了独立的、外在的事物，并因此被收集到宝库之中。因此，价值完全与行为分离，就像从其创始人那里分离开来一样，而这个创始人是与它唯一有联系的人。

这样就产生了一个新的结论：一个人即便是与他的行为分离，也会有另一个人来替代他的责任并因而替代他的惩罚，这样的惩罚正是对他的罪的补充。就像这一错误的起源在于超越人的义务是有可能的观点一样，其终结就是通过牧师而完成救赎的思想。但是，救赎指向的是罪，而牧师的工作是处理过剩的"遗产。"

先祖的遗产并非都与救赎的问题相关，从历史上看，在上帝的福佑下，先祖的遗产被继承下来，被当作一种对抗个体道德自大的堡垒。个体根本没有价值，所有的价值都属于先祖。因此上帝的"记忆"（这是人们经常祈求的东西，上述例子中也不例外）可以用下述方式加以理解：当经文中出现"他记得先祖们的爱"时，"先祖们"是所有格中的宾语部分。上帝对先祖们对他的爱的记忆不如他对先祖们的爱那么多，后者被看作是以色列历史的永恒的基础。这句经文的意思与下一句"他给他们后代的后代带来了救赎者"的意思是一致的。因此，先祖的遗产并未构成一个价值的宝库，而仅仅是存在于对历史上某种神正论的历史性的理想化之中（an historical ideality, in the idea of a theodicy in history）。在面对历史的时候，个体放弃了自己的骄傲和自私，但却获得了勇气和安慰。先祖们与报偿和宽恕无关，后者是上帝独有的行为，他们不可能参与。在这一点上，人们不需要他们，更不用说其他的人。作为谋杀者的该隐已经说过，根据《米德拉什》的说法，他从未对上帝的宽恕能力失望："你可以背负天地更何况我的罪。"在此，这个用于"宽恕"的希伯来词汇变成了一种普罗米修斯式的表达，意味着承受、担当罪。上帝必须有能力背负起那些以他的形象而造出的人的罪。

"遗产宝库"的错误揭示了与报偿问题联系在一起的那种普遍的危险。只有这种惩罚才是严格意义上的道德惩罚，悔过的人将其背负在自己身上，因此而祈求上帝对他的救赎。因此，对他的惩罚取决于他的救赎。但是，报偿的积极因素在于奖赏属于被禁止的幸福主义的领域。只有一种奖赏并未进入这一领域，这就是与善行本身同一的那种奖赏。对此，《米德拉什》用一句话作了表述："对义务的奖赏就是义务。"斯宾诺莎对这句经文作了逐字翻译，但却未曾提及原文。没有任何其他的奖赏，也不可能、不应该有其他奖赏，除了无限的、无尽的道德任务本身。任何其他的奖赏都是与道德异质的，因此是对纯粹性的伤害。

《托拉》并未规定给予遵循诫命的人奖赏，如果这一点不仅仅被看作是一神教观念的结果的话，也应该得到最大的尊重。有三个例外情况特别地确证了这一原则。"尊重父母"的诫命许诺了长生（long life）的奖赏。但是，这种长生并非是许诺给单独的个体，而是给予"在这片土地上，在耶和华赐予你的这片土地上"生活的民族的。与此同时，"不得从鸟巢中取走雌鸟及其幼仔"的诫命也可以用这样的方式加以理解。这一诫命预设了动物中存在家族，从而为国家生活奠定了历史基础。当然，国家概念已经是对纯粹伦理的一种让步。但是，既然纯粹伦理建立在其应用之上，那么这种让步同时也是一种积极的决断。因此，可以肯定，上述赐予国家长生的奖赏削弱了那种认为奖赏仅仅存在于行为之中的思想。但是，既然奖赏是一种人类的和历史的奖赏，那么必

第15章 不朽和重生

定会与国家相联系,所以这种削弱同时也是一种增强。如果国家被赐予了长生,那么这种长生被看作是一种奖赏,这种奖赏内在于对父母的怜悯中,内在于家庭的义务中。在此,父母是先祖的象征。

因此,先祖的遗产是下述基本圣经概念的确切结果:拒斥任何个别的奖赏,将所有与遗产和对奖赏的期望有联系的概念单独与民族的历史存续联系在一起。只有先祖们才有遗产,只有处于历史之中的民族才能期望奖赏。但是,对于个体来说,奖赏存在于行为本身,他受到了召唤,但是从未变成一种遗产,因为他不可能满足,更不能超越遗产的标准。对个体的最高奖赏,是一个设定好了的目标,即"接近"上帝,也就是个体处于这种"接近"之中。

由此出发,《诗篇》作者认为接近上帝就是"我"的善。因此,阿尔伯的思想,即对上帝的接近获得了彼岸世界一定会具有的含义,同样取得了胜利。因为报偿同样是在不朽中实现的,而不朽包含着灵性及其在人类无限发展中的无限的自我完善。接近上帝必须归入这一灵魂概念的无尽发展,我们在上述《米德拉什》引文中同样可以发现这一点。

所有这些概念都是一神教及其弥赛亚概念的直接结果。通过灵魂的弥赛亚概念,我们能够看出它与泛神论的上帝概念以及灵魂概念的对立。在人类灵魂概念的无限性面前,宇宙灵魂的概念消失了。人类灵魂并不是世界灵魂,其无限性并不等同于世界的无限性,而是局限在特殊的人的概念及其道德的无限性之内。宇宙没有道德,其无限性是一种数学—物理学的无限性,而且是内在于其中的。

宇宙之所以被看作是一种使命，仅仅是缘于数学上的认识和考察。与此相反，人类灵魂一直以来仅仅是一种无限的使命，但却从未被包含在任何无限的元素之中。

在此同样可以看出，人类道德的价值仅仅是一种拼接物，永远没有自身的价值。它要求与上帝的和谐、与上帝的恩典的和谐。所有表面上的遗产都受到了罪的污染。但是，由于人类的上述道德工作并未受到污染，因而罪同样是在无意识中犯下的。因此，在一神教系统中，每一个环节都与其他环节联系在一起。上帝与人之间的这种相互关系系统封闭起来，具有完全内在的一贯性，与泛神论的一元论式错误完全不同。一个上帝和一个灵魂、一个人类的灵魂，这就是一神教的教义。与此相反，泛神论认为只有一个世界灵魂，且本身就是唯一的上帝。但是，世界只具有数学的必然性，只有发生的逻辑而没有行为的伦理学。人只是拥有行为能力，但行为却是一项无尽的使命。

人必须认识到"先祖的遗产"这一概念的巨大价值，通过这个概念，所有与彼岸世界相关联的问题都被消除了，所有的对立都被削弱了，所有的矛盾都找到了解决方法。原则上说，惩罚已经被归于赎罪概念之下，在与弥赛亚时代的竞争中已不复存在。此外，奖赏剥夺了道德本身的价值并破坏了其纯粹性，就像来生的奖赏破坏了无尽发展的独立性一样。道德将神话学的危险引入了遗产的错误概念，由此而将责任置于危险境地。只有先祖才有价值，只有他们才被允许拥有价值，这就像历史上的那束光芒，引导着在旷野中徘徊的民族以及整个历史中的人类，为人类指明朝向目标的道路。

第 15 章　不朽和重生

"不要像奴隶那样，为了得到奖赏而服侍他的主子"(《先贤集》1，3）确实不是一个孤立的说法。《塔木德》早已注意到下述句子中词语的顺序并确证了启示的接受方式："我们会做，会倾听。"首先被认可的是行为，在此基础上聆听和理解才得以可能。这并不冒犯对基本的认识上帝的要求，因为这样的知识同时就是爱，因此也就是道德知识、实践理性的知识。人们认可的知识只是道德知识，人只能认可上帝的命令。这一义务先于知识，更不会因为成功和奖赏而发生变化。"对义务的奖赏就是义务"这句格言包含的意思是，接受奖赏不能成为信仰的条件。

在《塔木德》中，还有一句格言也确定了义务的主导地位："根据诫命行事的人要好于不根据命令自行其是的人。"很明显，诫命使行为失去了自主性，而行为的源头就是上帝的命令。但是，这同时也消除了行为中任何可能的以自我为中心的动机。所有对于成功的渴望，更不用说对于奖赏的渴望都从这一源头中消除了。命令来自上帝。他是独一无二的善。因此，他的命令就是至善的命令。在这种善面前，奖赏会有什么样的意义呢？难道是一种新的善或是善本身（a good of its own）？我们或许可以在诫命的概念及其与义务的同一性中找到宗教从幸福主义中解放出来的理由。所有的奖赏都属于幸福主义。义务作为上帝的律法，与幸福主义相对立的同时却与道德律令相一致。因为上帝是人类道德自律的保证人，至少在他是人类灵魂无尽发展的保证人的范围内是如此。

上帝的命令是宗教的表述，不仅不可能与自律原则冲突，而且必然是等同的，唯一的区别只是方法论上的。如果我的行为出自自己的意志，我必须首先对我自己证明，我的意志不是一种后果,而是纯粹的意志。因此,纯粹伦理学及其在人类方面的应用,不可能在没有义务概念的情况下发挥作用,所以必须把道德律令变成义务。这种变化由于宗教将道德律令变成上帝的命令而得以完成。但是,在先祖遗产的概念中,我们能够清楚地看到宗教是如何与伦理学的方法相关以及如果宗教将自身与伦理学分离会面对什么样的危险。纯粹意志必须面对这样的考验,让自身臣服于义务法则。这种臣服并不是对自律的危害,而是对它的确认。道德律令是道德理性的律令,如果要应用到心理自然、人类灵魂上,那么就必须变成义务法则的形式。道德律令是我的理性自觉的律法,只要我能够借助服从、借助将法律看作是我自己应当承担的义务,从而保证我的意志或理性。

因此,我们可以进一步意识到对遗产宝库概念的另一种反驳。殉道者没有价值,因为他的行为必定是一种简单的义务,不可能超越衡量这个义务的标准。如果他变成了一位圣者,那么他就会是一个超人。如果人类意志不是建立在绝对服从义务的基础上,那么他就不可能保持自己的人类意志。在殉道者出现的地方,英雄的概念会将灵魂的概念模糊化,从而影响到关于来生的纯粹道德。人必须付出死亡代价的只有三种罪:偶像崇拜、谋杀和乱伦。为了拒斥导致犯下上述三种罪行的诱惑,人类有权利蔑视尘世的生活。但是,这种对尘世生活的贬低不应该同时引起对彼岸世界的贬低,后者也不应该通过某种意义上的修正而被看作是尘世的替代品。但是,当彼岸世界由于所谓的此岸世界的价值而被变成了宝库的时候,不该发生的情况却发生了。义务的严格意义抛弃了任何价值或奖赏的概念,同时也将彼岸世界解放出来,使之无须面对悔过所或精心设计的伊甸园的怀疑。"灵回归于上帝"这一格言表明了灵魂的来源和最后的归宿。由此,灵魂被彻底从精灵的概念及其神话源泉中解放出来,同时也避免了被回溯到尘世生活及其随之而来的罪和所谓的价值等等危险。灵魂没有任何回溯的联系,其持续性完全在于将来,在于无尽的发展过程。这种观念包含在关于先祖遗产的格言之中。

现在,我们必须预期某个点,这个点对于犹太祷文的典型形式是非常重要的。"不是因为我们的义我们才向你祈求,而是因为你的伟大的爱",这是每天晨祷时都要说的。"我们是谁?我们的生命如何?我们的义如何?什么是我们的博爱?谁来帮助我们?我们的力量在哪里?我们的勇气在哪里?"在如此多的疑问中,一个人自身的价值统统被否定了,所有的希望都指向上帝。但是,这种希望援引的是先祖的遗产,其中上帝的价值,即他对先祖的关心发挥着作用。这样的祈求为的是历史性的理解和尘世生命的持续和努力。因为,正如我们在祷文中发现的形式一样,对先祖的爱并非是他们自身对上帝的爱,而是上帝对他们的爱。由此,先祖的遗产是对宗教意识的最终的和唯一的支持者,即"上帝"的另一种表述。先祖的遗产是这样一种价值:在其中上帝爱着他们,这是他为他们立下的约,是他赐予他们,或者说是通过赐予他们而传给他们后代的约。这样一来,先祖的遗产变成了民族义务的标准。

现在让我们转向另一个与不朽有关的问题。对于人类个体的道德来说,一个巨大的难题体现在这样的问题中:如何将伦理学上的善与恶的区分应用于个别的人类行为及其动机?这难题甚至难于那种将善与恶等同于财富与贫穷的做法。如果有人有意回避所有的判断，那么冷漠和机会主义的危险就是不可避免的。人们必须勇于作出自己的判断，而不能推给法庭，也不能以谦卑为借口推给上帝。道德判断是一种不可避免的义务，在对道德判断的实践基础上才会有道德的有效性。但是，宗教必须创造出预警机制，目的是防止个人判断的侵蚀以及一般地划定不可超越的界限。

"先祖格言"是《米德拉什》的一部分，被完整地安排在夏季安息日下午的一系列祷文中。这些被引入的先祖格言的第一句是："以色列在永恒的生命中有一席之地。"善、恶之间的区分在此被明显地、完全地被忽略了。如果对这种忽略的做法产生了疑问，那么首先可能的回答是：赎罪和救赎对每个人都是善的。因此，每个人的德性从原则上来说都被假定为未被伤害的。救赎的可能性是存在的，这一点毋庸置疑，因此可以认为在每个个别情况下都可以实现。在面对个体判断在道德方面的冲突所造成的难题时，我们要借助什么样的概念才能解答呢？

来生和不朽已经作出了解答，而不是弥赛亚式的未来。可以肯定，这其中的含义是："时常行善而不犯罪的义人，世上实在没有。"（《传道书》7：20）但是，《塔木德》中有与此相对应的观念："在那个地方，在那个赎罪的罪人所站立的地方，不可能存在着完全正义之人。"赎罪的能力超过所有人类的罪。因此，抹掉善恶区别的可能性可以借助永生，至少可以借助不朽。《密释纳》中并未说所有的以色列人都是好人，而是向全体以色列人保证，无论个体区别如何大，他们都在永生中有一席之地，这是以赎罪为中介和保障的。每个人都有赎罪的能力，因此，每个人都在永生中有一席之地。永恒地狱的威胁不会适用于每一个人。这一特殊形式的惩罚并不包含在犹太教关于报偿的思想中。

因此，上述命题就是一种预警式的和教导式的标准，所衡量的是道德判断的处理方式。绝对的谴责是不允许的。个体属于以色列的整体，这样他就获得了进入永生的保证。这是宗教对道德确证的表述。因此，通常情况下失去道德尊严是不可能的，道德判断从这个道德尊严的命题中获得了每个人确切的指导原则，且适用于每一种个别情况。这一指导原则最初是在宗教限制（religious limitation）的精神中被给予的，因为只有在这样的限制下，赎罪在其所有条件都得到满足的情况下才能被看作是获得了救赎这一确凿无疑的目标。

但是，正如我们看到的那样，宗教超越了这些狭隘的界限，激发并实现了道德问题在人类层面上的应用，并首先体现在一个人自身的民族之中。我们注意到，对人类普遍性的爱是一神教的弥赛亚式结果，对陌生人的爱则是其开端。上帝爱陌生人，因此你也应该爱陌生人。你曾是埃及地上的陌生人，知道陌生人的心情。民族历史为一神教的社会方向以及普遍的政治方向提供了背景。此外，陌生人不仅变成了"陌生的义人"，而且也是"陌生人—寄居者"。《托拉》保证了非犹太人在犹太律法和国家中有着同样的权利。但是，犹太思想甚至不满足于这些由国家指定的有关基本宗教概念的确切条规。

因此，在陌生人的概念中又加入了"挪亚之子"的概念，作为对"以色列之子"的补充。挪亚之子概念的前提是，启示、宗教并非始于西奈山上的启示。列祖就先于这一启示。但是，挪亚与宗教之间建立了一种更为普遍的关系。因为上帝通过与挪亚立约而与人类、与大地立约，即他不会再毁灭人类和大地。因此，所有人都处于挪亚的保护之下，因为上帝与他立了约。作为一个宗教概念，挪亚之子需要其宗教基础，即，所有特殊宗教的那种道德补充。"赐予挪亚之子的七条诫命"即是这个道德基础。这七条诫命中的头一条就是建立起律法制度。律法是人类道德的基础，是习俗不可能替代的。唯一充分的基础是成文法以及审判庭和审判制度的确立。上帝之爱作为全部律法在宗教内的表达，就是律法用条文的形式表述的普遍的人类道德。

因此，迈蒙尼德将律法看作是他理解祭仪的基础，而后者又是他对仪式律法的一般性理解的基础。耶利米说过："因为我将你们列祖从埃及地领出来的那日，燔祭平安祭的事我并没有提说，也没有吩咐他们。"（《耶利米书》7：22）迈蒙尼德对这句话进行了解释，将其与在玛拉定下的典章制度联系在一起（《出埃及记》15：25）。律法是《托拉》真正的基础，所以《托拉》对陌生人和本地人同样有效："本地人和寄居在你们中间的外人同归一例。"（《出埃及记》12：49）只有通过律法面前平等的观念，爱陌生人以及其中隐含着的人的概念才能真正得到实现。因此，《托拉》自身需要这个基础，《申命记》将其建立在政治—律法人的概念之上。

但是，人的概念不应该仅仅通过律法的建立而得到保障。弥赛亚崇拜要求对这一概念进行扩充，这对应着他与不朽概念的亲缘关系。因此，永生也必须是对陌生人作出的保证。这确实是一次勇敢的冒险，因为这样一来就必须取消一神教的特权。所有以色列人都有预防措施，这就是赎罪。现在，律法制度将替代宗教审判庭，上帝为挪亚之子立下的七条诫命将替代《托拉》中的613条肯定的和否定的诫命。此外，由于对人类的最高目标即永生的尊重，挪亚之子被认为可以与以色列之子相提并论。这正是弥赛亚崇拜所希望的形式，只有如此才能获得真理。因此，永生必须成为未来完成弥赛亚崇拜这一艰巨任务的辅助性手段。因为挪亚之子确实是对抗一神教奥林匹亚战争中的巨人。

挪亚之子概念中存在的危险因另一个概念的出现而有所减轻，这个概念也是通过不朽这一中介而出现的。陌生人和挪亚之子变成了"世界民族中虔诚的人"。挪亚之子属于宗教的史前史，是靠天意形成的，仍然处于原始的史前阶段，与真正的弥赛亚式的人类历史大不相同。对后者而言，真正的力量是"世界上的万民"，与之对应的是史前的挪亚之子，但两者仅仅是象征性的东西。真正重要的是按字面意义去认可世界万民在道德上的平等。挪亚之子仍然遮蔽着这一平等，即便他们是七条诫命的产物（因为其重心仍然是道德基础）。但是，在问题的全部范围内掌握问题本身是非常重要的。真正重要的是认可世界万民并且实际上给予这种认可以宗教的表述方式，于是就产生了一个词汇："世界万民中虔诚的人"。世界万民并未拥有《托拉》，但是怜悯却可能在他们中间产生。这一对道德认同的表述更为精确，因此也更为大胆，尤其是与认可所有人都享有永生相比更是如此。直到现在人的概念才获得到了拯救，并被创造出来。世界万民之中有虔诚的人。

虔诚的人（chassid）①的基本含义是什么？他是一个在实践中行善（chessed）的人。什么是行善？行善大多与恩典（grace）和爱相关，因此这或许是一个介于恩典和怜悯之间的词，意味着宽容（mildness）、仁慈（beneficence）以及谦和（meekness）。这个词汇原初的概念同样是上帝，因此虔诚的人直接属于上帝。对于虔诚的人，《诗篇》称为"虔诚者"。但是，虔诚的人与独一无二的上帝之间的排他性关系必须放宽甚至打破。这一点是如何做到的？"世界万民中的虔诚的人"这一概念又是如何产生的？

在此必须还是借助不朽来回答上述问题。迈蒙尼德在其法典（《密释纳托拉》）中将《塔木德》中的名句表述为："世界万民中虔诚的人在永恒的生命中拥有一席之地。"这就消除了所有的关于非犹太人是否可能被认作虔诚者的疑虑，因为永生为他们提供了这种保证。人类灵魂的不朽为他们赢得了宗教上的平等，其形式是道德上的平等。世界的概念同样对此贡献良多。世界万民被提升到未来世界的公民的地位。因此，未来世界是现存世界的理想化形式。这样一来，挪亚之子就被这些"虔诚的人"所代替。现在，这不仅仅是一个基本的道德—律法概念，而且变成了宗教概念。将七条诫命承担在自己肩上的人不仅仅是挪亚之子，而且是虔诚的人。通过这一点，七条诫命虽然尚不能与613条诫命相提并论，但却已经很接近，而这种接近则对应着《密释纳》的基本原则。我们对此会进行更深入的研究。道德价值被转换为充分成熟的宗教价值。世界万民中虔诚的人有能力创造出这种纯粹道德

---

① 该词与哈西德派相关。——中译者

的价值。我们以后会看到，虔诚在犹太道德教育中拥有最高的地位，这一点是与《密释纳》的规则相吻合的。让我们首先思考一下弥赛亚崇拜从不朽概念中获得的特殊成果。世界万民在永生中有一席之地使以色列和其他民族在宗教上获得了完全平等的地位。通过不朽，灵魂概念已经将人的概念提升到超出民族差别甚至宗教差别的水平。人类概念尚未完全获得的东西（即便是弥赛亚式的人类概念这一预设着对一神教的正面认可的概念也尚未完全获得）已经由不朽找到了。现在，人仅靠纯粹道德的"七条腿"站在地上，他无论如何都是绝对完全的人。永恒的福佑帮助他达到了这一目标并给予了他获得人权的最终保证。只要永恒的福佑仍然与某种信仰的条件联系在一起，那么不仅仅福佑自身是幻觉，而且与其相伴的人类之间的道德平等以及真正的人道主义统统都是幻觉。

通过世界万民中的虔诚的人所涉及的原则，《塔木德》发现了一种基本的区分，在这种区分中，犹太教是一方，而基督教及其所有变体是另一方。对于基督教来说，救赎意味着通过信仰基督而得到救赎。无论这种信仰可能通过何种方式进行发展，无论是在整体还是在细节上进行发展，也无论是本身还是其变体，都仍然停留在对基督的信仰中，基督仍然是救赎的不可或缺的条件。因此，只要真正的人性仍然建立在福佑这一平等的宗教权利之上，那么在基督教中就不会有真正的人性。但是根据《塔木德》的记载，福佑是平等地赐予人的，人性则仅仅取决于纯粹的人类道德。对独一无二的上帝的信仰并非是必要的，之所以有这样的要求，仅仅是为了避免亵渎上帝和偶像崇拜，因为偶像崇拜在涉及贞节的层面上对违反道德有着推波助澜的作用。因此，在基督教中，不仅要信仰上帝而且要信仰基督,而犹太教甚至不把信仰上帝看作是获得福佑的条件。这种高水平上的一致性是通过"不朽"这一中介达到的。

所以,我们可以作这样的概括:这些概念的转变起到了重要作用。结果是陌生人变成了挪亚之子,而挪亚之子变成了世界万民中虔诚的人。

在此,就像在犹太教义的其他方面一样,政治起到了有益的协调作用。陌生人不仅仅是变成了理想化的挪亚之子,而且作为陌生人—寄居者,他仍然是一个政治上的概念。但是,后一个概念是与自然法的概念(在这种情况下代表的是宗教概念)相矛盾的。政治科学是否应该满足于陌生人—寄居者与世界万民中虔诚的人的统一呢?尤其是当这一点仍然是拉比文献的律法教义中的一个仍然存在的问题的情况下。这种自然法的概念及其宗教认同能否预见到自身会对国家造成威胁呢?难道不应该采取预警措施以保证国家避免这种陌生人—寄居者与世界万民中的虔诚的人之间在宗教上的完全平等吗?这些措施可以确保国家防止这类宗教公民在主观意识上所发生的信仰转变,因为这种转变由于国家的纯粹道德规则而变得完全不可接受。现在,如果这类虔诚的人改变了主观信仰,如果他们想摆脱自己作为人类的道德权利,那么,由于他们作为陌生人—寄居者已经获得了宗教上的公民地位,又有什么可以给他们以帮助呢?因此,拉比教义必须提供某种保护措施,以避免在自身的律法概念中潜藏着的危险。

对于这一点,迈蒙尼德似乎有着更为紧迫的理由保护犹太国家的原则,因为通过他的思想,犹太宗教教育已经达到了其最高的、最纯粹的人性的层面上。这种表述就宗教教育本身来说是必要的，而且被进一步强化为一种义务。因为斯宾诺莎曾经在这一点上反对迈蒙尼德的看法，所以斯宾诺莎的观点已经成为犹太宗教中的一个基本误解的根源，并以这种方式在德国文学最繁荣的时期产生了影响，甚至直到今天仍然发挥着作用。康德从斯宾诺莎那里获得了他的犹太教知识和对犹太教的判断，而莱布尼茨就像所有的中世纪和现代的人一样，熟悉和赞赏的仍然是迈蒙尼德。康德仅仅是通过斯宾诺莎了解迈蒙尼德的。对于康德来说，通过斯宾诺莎，似乎对迈蒙尼德的犹太教的谴责是正确的。因此，重要的是在这一点上拒斥斯宾诺莎而维护迈蒙尼德。就像他（迈蒙尼德）让理性主义影响了整个的犹太教教义一样，他在这个十字路口同样也完善了它。

在两段文字中，迈蒙尼德不加任何限制地将永恒的生命赋予了世界万民中虔诚的人（Tshuba 3，5；Eduth 11，10）。他只在一篇文字中（Melach 8）①附加了一个条件，对此，一位卓越的评论家曾指出，这是他"自己的观点"，也就是说《塔木德》并没有依据。这篇文字："说每一个人，只要他遵循七条诫命并且积极地用于实践中，他就属于世界万民中虔诚的人，他就会在未来的世界中有一席之地，但是有一个条件，即他接受并实践它们的原因是神圣的唯一者，赞美他吧，在《托拉》中提出了这些律令，并通过我们的先师摩西将其昭告天下，此前挪亚之子遵循的就是

---

① Tshuba，有关悔改的律法和思想；Eduth，意为"约"，尤指"十诫"；Melach，意为"盐"。——中译者

这些律令。但是，如果他是由于理智的判断而付诸实践，那么他就不再是一个陌生人。"在这段关于《列王纪》的评论中，迈蒙尼德不再仅仅从挪亚时代的自然法概念的角度去探讨陌生人—寄居者的权利和义务。因此，迈蒙尼德为遵循挪亚律法附加了一个条件，即将其认可为摩西律法。通过这种认可，寄居者不再是将自身投入对这一诸律令源头的私人化的信仰，而是在这个源头的结果的意义上服从律令。这里指的是国家律法的源头，而这个国家是我们想参与其中的。因此，他强迫自己服从仅仅是为了保护自己，以免他的理性、理智或许在某一天会提出异议（例如，节制自己在犹太国家中远离偶像崇拜、乱伦等）。如果上述异议仅仅依靠其理智来解决（就像他最初的判断那样），那么国家面对他的主体性时就不可能得到保护。

在拉比约书亚（Joshua）①和拉比以利泽（Eliezer）②关于作为虔诚者的挪亚之子的争论中，迈蒙尼德支持的是前者。此外，他必定觉得有必要在陌生人—寄居者的情形下附加上他自己思考得来的上述限制。在其后的章节中有一处公认的书写或印刷错误。因此，人们必须假定，后面关于虔诚者的排除性条款能够由这一错误而得到解释，或者用下述事实来解释：挪亚之子之所以不能被看作是虔诚者，是因为他同时还必须是一个陌生人—寄居者。此外，人们还应该注意到，在限制挪亚之子权利的篇章中，除了上述错误之外还出现了一种新的思想，即在世界上的虔诚民族之

---

① 应该是指拉比 Joshua ben Levi，3 世纪《塔木德》学者。——中译者
② 应该是指拉比 Eliezer ben Hurcanus，2 世纪《塔木德》学者。——中译者

外，还提到他们中的智者也被赐予了永恒的生命。在经过了修正的章节中，那些并不接受上述条款的挪亚之子仅仅被看作是世界上的智者中的一员。但是，作为智者，他是否就不能在永恒的福佑中拥有一席之地呢？这是个问题。

因此，斯宾诺莎的全部论证都是站不住脚的。迈蒙尼德所附加的条件仅仅出现在三个章节中的一个章节，而且在这一章节中，主要的议题也不是关于虔诚者而是关于陌生人——寄居者的，并且在其他的两个章节中，这一不具权威性的条件并未得到进一步的发展。与此相反，《塔木德》中并没有这一条件。因此，情况依然是，《塔木德》在任何时代都会接受这样的伟大遗产："世界万民中的虔诚者"这个词组中所达到的弥赛亚一神教的、严格意义上的道德现实性。《塔木德》仅仅是持续性地发展了这一思想。《托塞夫塔》(*Tosefta*, 13)① 已经提出了这一明确的判断，因此，迈蒙尼德的判断是在前人的基础上作出的。拉比们所做的工作只是将其基本的弥赛亚原理引申为结论。值得注意的是，这一结论首先对智者和虔诚者作了区分，但最后的落脚点仍然是虔诚者。因此，智者成为弥赛亚结论的文化的和历史的背景。无论如何，只有虔诚者和纯粹的道德价值才能导致这一概念的术语学上的结论。然而，智者在实现宽容和博爱方面所作的贡献得到了认可，但是，这种认可又如何能够从人们顾及世界上的智者时不得不对他们作出的祝福中得出呢？"赞美他吧！是他将他的智慧赐予了有血有肉的人类。"犹太智者的标签是："那些崇敬你的人们"。由此，

---

① 该书的内容是对《米德拉什》进行注解。——中译者

对神圣智慧的分享同样也出现在非犹太人的智慧中，而且这种分享被看作是一种福佑。

现在，让我们梳理一下这些与不朽的概念有着紧密联系的概念。这些概念表明，对我们来说，似乎应该坚持柏拉图提出的不朽这一哲学概念的古典源头。灵魂不是由不朽产生的，不朽则为了灵魂而存在。在其关于不朽的教义中，柏拉图全部的证明都是试图为灵魂的概念及其真正属人的人类意识的各种条件的发展打下更为深厚的基础。灵魂首先必须是所有纯粹思维的活动和能力的集合，所以必须与所有的肉体器官及其活动区分开来。即便不可避免地会出现某种神秘主义的表面现象，也必须坚持这种区分。此外，人们总是可能从神秘主义中得到某些好处，而伦理学也能够从中受益。

首先，在不朽这个问题上，必须将灵魂定义为全部道德观念的总和。任何本能、肉体影响、快乐和痛苦、动物式的冲动都不能被看作是人类意志的基础和能力。有意志的只能是灵魂，肉体所拥有的只是欲望。只有灵魂才配得上善，只有灵魂才能思考善的理念，只有灵魂自身及其意志才有能力行善，只有灵魂有行动的能力。无论是在理论理性还是在实践理性的意义上，只有灵魂才有理性，才是理性。

柏拉图之所以确立不朽的地位，是为了完成上述对灵魂的本质性的和系统性的概括。因为肉体是可朽的，所有可朽的东西都必定属于肉体，或者更宽泛地说，所有可朽的都属于物质。但是，灵魂在逻辑和伦理的意义上是属于灵性的。因此，只有伴随着柏拉图思想的出现，灵魂才从本质上摆脱了所有附加其上的原始的、神话的含义，尽管柏拉图本人的所谓诗性的精神仍然与神话紧密联系在一起。由此出发，我们能够解决柏拉图提出的所有关于不朽的必不可少的论证和论据中涉及的难题。正确的前提只可能隐含在不朽中，但实际上又与灵魂的概念密切相关，而灵魂不可能赐予可朽的肉体。通过"不朽"这一中介，柏拉图实现了自己的意图，发展出了关于灵魂的思想，这在极大程度上决定了他全部关于理念的观念，以至于人们不得不将灵魂作为其思想的统一性原则。

我们可以以类似的方式在犹太教关于不朽的教义中重现这些概念间的联系。我们的出发点是：犹太虔诚（Jewish piety）并不是以一种辩证的方式形成其关于不朽的教义的。这一点是与其试图将自身局限于伦理教诲之中相关的。没有必要证明灵魂是属灵的，仅仅需要证明它是一种道德灵性、神圣性的灵即可。因此，物质性和德性的区分是非常明显的。谁会相信神圣性会死去呢？因此，犹太虔诚不接受下述神话："因为你必不将我的灵魂撇在阴间。也不叫你的圣者见朽坏。"（《诗篇》16：10）此外，既然上帝的概念造就了弥赛亚式的未来，那么灵魂同样得到了拥有未来的保证。因此，弥赛亚主义为灵魂的概念加入了发展的要素，将灵魂变成了发展的弥赛亚原则。

个体的发展能够而且必须融入弥赛亚式的发展中。神圣性通过上帝的协调和救赎得到了保证。由此出发，人不仅变成了人类的象征，而且作为个体、作为个人、作为"我"也变成了神圣性的命定的载体。因此，我们能够理解以西结用同一个词"灵魂"建立起的人的概念，尽管他借助的是另外的方法论关系。灵魂必须去管理什么并不重要，相反，灵性带着最强烈的热忱转向了人的宗教概念，这样的概念建立在人的德性与悔过之上，并且通过与上帝的和谐而得以完成。在此，不朽的其他含义借助上帝在人类灵魂中的份额而得到了表现，这就是"从至上的神所得之分，从至高全能者所得之业"（《约伯记》31：2）。如果人类的灵魂在神圣性中分得了一席之地，那么关于其不朽的表述，甚至关于其不朽的证明究竟有何必要呢？

这就解释了犹太教教义要对不朽的原则提出警告的原因。因为无论在何种情况下，犹太教教义都在不朽这一点上与神秘主义搭界，但尽管与这一边界的联系随处可见，但却从未超越这一边界。在上帝与人之间，应该永久而准确地进行区分。在说明不朽观念的时候，很难在一神教和神秘主义之间作出一以贯之的区分。

至于在柏拉图那里，他提出不朽的目的是为了将灵魂的概念变成所有意识的集合体，同样地，关于不朽的犹太教义的目的是为了人与上帝的相互关系而发展出人的概念。因此，不朽获得了一个名称，这个名称类似于弥赛亚式的未来，也就是说，类似于未来世界：olam。这个名词在希伯来语中还具有第二重含义，即永恒。

未来时代自身就包含着这种发展的永恒性。此外，世界的永恒性将人类灵魂变成了一个担负着无限发展的载体。但是，这种发展始终带着一项一贯的使命，即提高、提升人类，并且深入到人与上帝的相互关系之中。甚至虔诚这一概念都由于不朽的中介作用而内化为人的概念，这就是一个明确的征兆。将人与上帝的关系内在化的使命必须看作是一神教的结果，而挪亚之子则是源头。后来，世界万民中的虔诚者这一概念得以成型。只有在这个概念中，

第15章 不朽和重生

人的弥赛亚概念才能最终完成。

甚至先祖的遗产这一概念也由于虔诚者的概念而受益良多。所有关于报偿的神话，尤其是关于惩罚的神话，只要拒不改变，那么就会被灭除。在先祖遗产的概念中，有对不朽的高度理想化因素。先祖是不朽的，因为他们的遗产会活跃在对后世的影响中。因此，他们是在遗产的意义上不朽。既然他们的遗产惠及后代，后代同样也会因为参与先祖的遗产而变得不朽。使人变得不朽的是遗产，构成灵魂的也是这个遗产。灵魂首先是历史性的灵魂，只有如此才能同时变成人类的个体灵魂。遗产存在于历史之中，而不是人本身之中，即便是在先祖那里，也是因为他们是作为以色列历史之父，并因此变成了人类历史之父。这是不朽的概念所产生的进一步的效果。

不朽是遗产的不朽，但是什么是人类的全部遗产呢？先祖本身所拥有的只是其中的一部分。上帝对他们的爱是他们的遗产。只有上帝的遗产才是他们的遗产。这是犹太教不朽概念最深刻的含义。上帝与人类立下了约，其中就包含着人类灵魂的不朽。上帝与挪亚立下了约。相应地，挪亚之子必定会变成世界上的虔诚者。由此出发，人类的灵魂必定会变得不朽，而且实际上无须为其在永恒生命中的份额附加任何进一步的条件。这样的人类灵魂才能够被上帝所拯救。在此不可有任何的中介，否则的话就会打破这种直接的相互关系。这样的中介会让不朽变成问题，因为有中介就会有附加条件。灵魂是上帝赐予的，并回归上帝这个赐予者。

关于不朽，并没有任何附加条件，救赎也不能看作是不朽的条件，或者说救赎是不朽的前提。对于救赎本身，也不可附加其他条件,除了人类灵魂的自我救赎,人类灵魂处于与上帝的关系之中,因而也处于对上帝的信任之中。因此,就像不朽概念中不允许遗产作为其部分出现一样,无罪(sinlessness)的合法性可能存在的正面证据也不允许出现。由此看来,《米德拉什》中的命题具有根本的重要性:"所有的以色列人都在未来的世界中有一席之地。"对于这一点,不需要任何特别的关于虔诚的正面证明。在这里,全体以色列人代表的是普遍人类的概念,因为以色列全体包含着弥赛亚式的人类。由此出发,世界万民中的虔诚者从《米德拉什》的上述命题中产生了。在不朽概念面前,罪从人类灵魂的概念中消失了。"人"是不朽的,他与所有人一样在永恒的生命中享有同样的份额,这就把罪从人类灵魂的概念中抹掉了。灵魂并未因此而对善恶之分无动于衷,而仅仅是免除了无法摆脱的罪(indelibility of sin)。这是对下述错误观念谴责:罪是人类本质的一部分。只有人活着的时候,罪才能附在他身上。但是在上帝眼中,人的罪不过是**无心之失**(*shegagah*)。上帝宽恕这样的罪,因为当人信任上帝的时候,他就获得了自我神圣化、自我净化的能力。因此,他并不会随着自己的肉体的死亡而死亡,相反,弥赛亚式的上帝会赐予个体灵魂以无尽的发展、永恒的存在。因此,所有的宗教概念所辐射的都是灵魂的不朽,然后又反射回上帝,而这个辐射的过程都涉及上帝与人的相互关系。

与上帝的永恒性相对应,神人同形同性论的结论是人的永恒性。人的这种永恒性摆脱了神人同形同性论的藩篱,仅仅意味着人与上帝的相互关系的无尽延续。没有不朽,上帝的创造、启示和福佑也不可能存在。因此,弥赛亚崇拜只是不朽的类似物,而一神教在其上帝与人的关系中包含着不朽这一必然结论。弥赛亚崇拜为人的概念提供了主要背景，其最高形式就是世界万民中的虔诚者这一概念。另一方面，就上帝概念来说，一神教本身揭示出不朽的概念，其他所有的基本概念都汇聚在和谐这一概念之中。人确实可以实现与上帝的和谐。罪并不能带着不可毁灭的顽固性将人玩弄于掌股之上。人的灵魂是纯净的，因而是不朽的。上帝将灵魂赐予了他，因此，罪从来不是继承物，他所继承的仅仅是他的灵魂，不朽的是作为人类灵魂的灵魂，而不是虔诚的灵魂，甚至也不是信仰独一无二的上帝的灵魂。如果灵魂尚未发现上帝，但总有发现的可能，因为灵魂是不朽的。

第16章 律法

上帝与人的相互关系是一神教的范型。这一基本概念同时也指导着不朽概念。通过不朽，人被带到了最高的、无限进步的境界，但他仍然是人。与此相反，多神教中除了柏拉图哲学之外，都认为不朽的意思仅仅是成圣（deification）。人渴望成为上帝，这是古典时期人的愿望。基督教就像古典世界一样，继承了这种成圣的概念。与此相反，一神教在其全部概念中都坚持人与上帝是有区别的。

可以肯定，在摩西的宗教和任何形式的多神教之间还有一种独特的区别，即独一无二的上帝并未向特定的民族发布特定的命令，他所要求的是对全体人类都适用的律法，对上帝的崇拜维系于对这些律令的遵循。这些律令一开始是赐予选民的，然后通过他们传给了弥赛亚式的人类，因为相互关系要求如此。上帝不可能孤立地存在于他的奥林匹斯山上，相反，他作为人类的创造者和全地之主必须发布他的律令，以作为人类生活的律法。诫命（commandment）是一种孤立的命令，而律法（law）则是道德世界的基础。

因此，律法被与众不同地称为"教义"（teaching）。这不是一种主观的命令，而是一种理论结构，因此成为人类的义务。在所有的命令中，律法所涉及的唯一点一直是人本身。上帝只是源头。但是，律法从未涉及上帝的存在，因此也从未变成上帝存在的象征，就像它从未变成自然的神化象征一样。只有人类才是律法的对象和目标。律法的唯一目标是人的道德完善，人完成自己的使命。人不应该变成上帝，但是应该变得更像一个人。人应该一直保持为人。

律法的最初形式，即祭祀法，已经揭示出摩西律法的一神教特征。先知们从未怀疑允许祭祀是特定时代的妥协方式，而哲学家们（他们同时也是独断论者）证明了这一直接而明确的情况。此外，从心理的角度看，如果先知们并未料到以色列民族自身已经意识到祭祀的不足及其与对独一无二的上帝的信仰的不协调，那么他们就不可能以如此激烈的态度谴责祭祀。尽管他们无论如何都不承认和接受祭祀，但他们削弱了其中的神秘主义成分，因为异教祭仪的主要表现就是神秘主义。在异教祭祀飨宴即祭仪的高潮中及其禁欲主义和享乐主义并存的情况下，神和人的区别被认为已经完全消除了。在以色列人的祭祀中从未有过如此直接的情况，祭司总是站在他和上帝中间。以色列人可以希望成为祭司，但绝不渴望成为上帝。

这同样也是取消活人祭祀的理由。在过去，献给上帝的男人或女人被认为可以变成像上帝那样的神。这样的目的被摩西律法看作是渎神的，因此活人祭祀是一种可憎的习俗。祭祀只能变成教育的手段，其唯一目的是为了让人成为真正的人。后来是以西结的改革，他将祭祀变成了真正教育的附属物，这种真正的教育是指人必须通过赎罪而获得的教育。通过赎罪，人实现了与上帝的和解，而绝非是与上帝合一或者变成神。

因此，祭祀之于人，就恰如创造和启示之于上帝。就像启示是这种相互关系的必要工具一样，律法也是如此。启示和律法因此是同一的。如果律法不是上帝与人之间的相互关系所取得的成就的必要形式，那么启示也不可能如此。因此，上帝的律法是一神教必需的概念。

我们已经说过，上帝的律法不可能与道德意志的自律相冲突。二者的区别仅仅是在形成概念的方法上，这也是伦理学和宗教的区别。但是，对祭祀来说，在律法概念的内容上出现了一个重要的区分。我们已经看到，《申命记》是如何借助于至少两个名词来区分律例和典章（即律法）的。但是，迈蒙尼德同样定义了这两个概念在内容上的不同，他认为律例关注的全都是仪式问题，而（典章）律法关心的则是纯粹的道德和政治问题。因此，在宗教自身内部，由于局限于上帝的律法之内，人们找到了一种区分。根据这种区分，道德律法关注的要么是律法和国家之下的人类生活，要么唯一地或主要地关注信仰问题。对于后者，祭祀是非常重要的，但却并非由于其自身的原因。神的教育工作需要借助外在的手段和预警机制。我们相信，所有这些手段和机制都从属于对人的道德教化，但这种教化可能在实践中会采取迂回的手段因而显得并非直截了当。从伦理学的角度来看，律法的这第二层含义导致了与宗教法律的巨大差别。

我们从一开始就注意到一神教是如何从多神教中挣脱出来的，这一点同样适用于祭祀。人们很自然地会发现，在律法最早的根源中包含着与多神教的交流。这一点得到了迈蒙尼德的特别重视，为了防患于未然，他详察了这一根源的全部内容。众所周知，《圣经》本身明确地反对来自异教风俗和仪式的诱惑，这可以解释为什么消除偶像崇拜和偶像崇拜者的规定是如此严厉。某些律法的原因，尤其是我们弄不清的原因，或许都在于消除偶像崇拜。此外，有些律法的根源甚至可以追溯到神秘主义的偏见，或者是对这些偏见让步的结果。

还有一种进一步的解释，犹太古代文明，对狭义上的宗教和其他世界文明的所有分支之间的区分采取不偏不倚的态度。宗教成为国家的基本框架，因此，国家权力和律法同时也是宗教律法。这就必然触及纯粹道德律法的边界，从而使其纯粹性处于危险境地。现在，政治考量关心的只是相对的价值，尤其是那些带有社会和政治色彩的考量更是如此，因此便以律法的形式表现出来。这一点在卫生和医疗方面尤其危险，因为这些是与祭司阶层联系在一起的。这样一来，宗教律法替代了医疗手段，在人们只具备原始、不完善的医疗知识的情况下，宗教律法的范围会因此而无限制地扩大。

最后，除了那些与祭祀及其要求相关的内容之外，祭仪本身也要求有自己的律法。但是，在这一点上与纯粹道德律令的冲突同样不可避免。首先，什一税不仅仅是献给祭司的，而且也是为了帮助穷人。同样地，就像首次的收成和头生的牲畜基本上不仅仅是缴纳给祭司的税一样，救济也是适用于穷人的。此外，还有为了保护土壤而引入的安息年土地轮休制度，禁止采摘果树头三年的果实等等。最后，安息日作为所有圣日的核心，恰好就在这个边界上。根据一种解释，它是创造完成的象征；根据另一种解释，它变成了普遍人权和解放奴隶的象征。其他的圣日同样具有这样的多重性，这一点在赎罪日问题上表现得尤其明显。赎罪日本来是祭祀、献祭的日子，却变成了一神教的和谐的弥赛亚象征，目的是将新年变成进行准备的日子。但是，其他的三个节日最初是自然的和收割的节日，后来变成了民族的和历史的节日，如逾越节和住棚节。但是，通过这种历史演变，它们却变成了真正的宗教节日，其高潮就是七天节期中的圣宴，即启示之宴。因此，节日是律法系统中的一部分，构成了法律的宗教意义和道德意义的中介。饮食法是仪式立法中最困难的部分，多是在有关宰杀动物的律令的基础上发展起来的。由于这一基础本身意味着从其他只认可宰杀动物的祭仪中摆脱出来，因此，在关于禁止宰杀的动物的律法及其在拉比祭祀法中的进一步扩展中，我们发现了上文提到的所有的神话的和反神话的考量的融合，以及许多医疗和卫生方面的考量。

最后，我们必须思考更为深刻的历史性问题。正如巴兰在对以色列的祝福中所说："这是独居的民，不列在万民中。"（《民数记》23：9）由于以色列的历史已经设计好了，所以是可以理解的。只有通过这种方式，才有可能在某种程度上理解这个民族及其宗教如何能够保存自身。如果这个民族的生活习惯会促进与其他民族的婚姻和经济往来，那么我们根本就无法理解这个民族如何能够保存自身。这一历史的动因或许可以用最简单、最具决定性的方式解决迈蒙尼德深入探讨过的律法的理由何在的问题。这个民族的历史本能建筑了一个堡垒，使之能够避免自己特殊品格的消失，防止自己的全盘毁灭。这个问题涉及一个隐藏很深的、

第16章 律法

概念的历史性力量如何生存的谜团。政治的考量以及各种文明之间的冲突在这一联系中是不可避免的。宗教本身的发展也与这些文明问题发生的层面相关。但是，宗教理性或者在这些巨大的争端中隐藏自身，或者在其中揭示自身，但无论如何都不能改变自身重要的历史使命，即在其自身的特殊性和历史效果中保持宗教的概念。在采用的方法和道路上，极端的情况是不可避免的，但是，平衡必须通过发展来完成。律法无论是在其严格性上还是在其弹性上，都是文化问题和一般历史影响的典型，只能从历史意义的角度加以理解。这是一个程度的问题，即理念或习俗与惯例在多大程度上是保存和发展灵性现象的主要力量。一般历史在精神和物质条件的对立中只能比在宗教文化的历史中获得更为狭窄的意义。只有从这一点出发，才有可能以正确的方法论方式来评价犹太律法的问题。

现在来看看在犹太律法中存在的理念和应用的对立问题。值得注意的是这种对立试图走到台前，而且毫无疑问走到了台前，在其大范围的应用时尤其如此。已经发生的事实是：整个仪式体系，只要不是与医疗事务相关而是具有教育性意义的，都被看作并被公开地保存为一个象征符号体系，而一个技术性的名字即"记号"（sign）或"纪念品"（memorial）为这些仪式打上了理想化的烙印。这一理想化的特征从未被附加在律令上的那些记号所改变。例如有关穗子的律令从未因下述事实，即戴上穗子所要求的行为是一项无条件的律令所要求的行为，而失去其象征的特性。这一律令关系着某种行动，而行动只能从象征的角度加以思考："你可以向上看，并牢记所有的诫命。"在其中，一项律令成为其他律令的基础，这一事实剥夺了行为自身的绝对价值，通过这种与其他律令的关系，它变成了一种确凿无疑的象征。穗子因此成为律法全体的一个具有启发意义的例子，因为这些都与"看"相关。因此，"看"变成了思想的"看"。

Tephillin 被错误地翻译为"经匣"（phylacteries），这一点同样具有象征的意味。经匣从未被认为是某种保护手段，而仅仅是作为记住过去的象征。涉及这一情形的四段文字无疑证明了这种象征性质，其中"以色列啊，你要听"和"崇拜我"是主要的内容。

我们可以在这些祷文中发现一种区别，而这种区别对于律法的象征特点具有决定性意义。在祷文中始终都是说："赞美你，啊，我们的上帝，宇宙之王，是你用你的命令让我们变得神圣。"这一说法似乎是指我们通过对律法本身的遵从才能达到神圣。但如此一来，律令就会失去其象征意味，变成与祭祀律法一样的东西。但是，另一段祷文说："用你的律令让我们变得神圣，让我们的心灵得到净化。"在此，象征的意味被准确无误地凸现出来。神圣化的力量并不在于律令本身，相反，人们祈求上帝去扩展神圣化进程，并让这一进程通过律令而得到实现。

博丹（Bodin）① 是正确的，因为在回应对犹太律法的批评时，他让那个犹太人所罗门说，首先，犹太教已经消除了祭祀，而基督教的圣礼中却仍然保留着；其次，祭祀的替代品是由典礼构成的，只存在于象征性的提示中。

---

① 博丹（1530—1596），法国政治学家、法学家。——中译者

第16章 律法

对律法的不信任主要是由保罗提出的,并且在他的批评和论证中始终保持着这种不信任。但是,恰恰是这种批评显示出了相反观点的可疑之处。首先,保罗自己的例子表明,如果一个人将道德法作为关于人生的宗教法并与之进行斗争的话,让道德法不受伤害是很困难的。当保罗将律法与纯洁对立起来,并因此而将律法与道德法对立起来(似乎在失去了律法之后纯洁仍会存留)时,这就不仅仅是他的个人的悖论问题了。在这种情况下,伊甸园中的第一个禁令带来了人类的罪,那么道德律令不仅仅是多余的,而且甚至是有害的。

保罗的意图是贬低作为道德律令的律法,因为他试图将信仰建立在通过基督的拯救上面,后者是人类道德的唯一的价值,也是永生的唯一基础。因此,在这里,作为道德律令的律法并不与仪式法相对立,相反,律法作为道德律令更多地是与基督的死和复活(这为人类提供了从罪及其报偿即死亡中得救的机会)相对立。恰恰是在这番论证中,人们或许可以清楚地看出律法的价值。律法是道德律令,或者是道德律令的助手。律法仅仅意味着教育人,使人神圣化。但是,如果律法被赋予保罗在反对它时赋予信仰的意义的话,那么它就会从人的领域转变到神的领域,这样就会回到犹太人已经放弃了的祭祀的层面上,就会导致对上帝的权威和安排的干预,而这种权威和安排本来是由上帝设计并在他自己的存在和在祭祀中对他的存在的描述中实现的。弥撒中对基督的祭祀不能在同样的意义(如穗子的意义)上称为象征。因为,如果有关穗子的实践尚未被观察到,那么从穗子中产生出来的上帝的律令对人类心灵的召唤或许就不会出现,但是这仅仅是人类教化工作中的一小部分，无论如何，对于上帝的存在来说，没有什么会改变。但是，圣餐礼即便是像茨运礼（Zwingli）① 设想的那样应该被看作仅仅是一个象征，但却仍然局限于上帝的存在和行动及其自我祭祀中，其目的是人的拯救。那么，如果实体转化（transsubstantiation），如作为食物的饼转化为基督的肉体，也可以被看作仅仅是祭司或传教士的象征性行为，那么这种象征性行为无论如何都不可能是，更不可能一直是对上帝存在中的某种行为的描述。这就是圣礼（即便是从象征的角度去理解）和律法的象征性之间的准确区别，对此，穗子的例子中包含着其原型，即"为的是你可以看到它并想起过去"，但却从未认为要做出某种行为以模仿上帝。对于犹太律法来说，上帝的存在仅仅是一种范型，所针对的是人的道德，而不是他的福佑。不朽不属于律法的范畴。

就像康德努力在基督的理想和道德自律之间取得某种一致一样，他并未忘记指出信仰同样也可以像律法及其作用一样作为法令而发挥作用。我们可以在他未出版的手稿中比他公开出版的著作中更多地发现他反思犹太教和基督教的这一区别时一再产生的怀疑。尽管他经常与保罗站在一起反对法令性的律法，但是，当回忆起法令性的信仰所带来的同样巨大的危险时，他有时也会反对保罗。据此，律法的全部问题不可能再属于宗教的教条，而是实践神学和教育。

将律法等同于教会的工作是完全错误的，因为对后者的正确的表述是"实施了的行动"（*opus operatum*）。似乎没有必要将

---

① 茨运礼（1484—1531），瑞典神学家，宗教改革时期的代表性人物。——中译者

意图（intention）和信仰（faith）从中完全排除。如果人们认为天主教和新教的区别仅仅在于意图和信仰，那么二者之间的争论就会在一个悬而未决的点上不停地循环。但是，意图和信仰也属于教会的工作，这样的教会当然是可疑的和应该反对的，因为教会成了唯一的权威，只有它才有能力将个体的工作神圣化。当这一区别对于新教来说还只是可能存在时，却早就以更为尖锐、更为基本的方式存在于犹太律法之中了。教会、神圣的居所、上帝的住所以及任何的结合都不能让神圣性融入一种守法的行为。神圣性就在守法的行为之中，并且通过这样的行为而得到实现。人创造出了神圣性，在没有任何可能产生其他影响的中介的情况下，神圣性从行为返回了其创造者那里。因此，守法的行为从来不曾成为本身就具有绝对价值的工作，或者说工作仅仅是行为，因此是行为者意图的溢出和展现，是其承担者的后果，是那个实施了这一行为的人的后果。

表述律法的单词的双重含义具有重要的启发意义：诫命（*Mitzvah*）同时意味着律法（law）和义务（duty）。上帝与人的相互关系在这个词中变得生机勃勃。律法来自上帝，义务则来自人。律法同时也是义务，就像义务就是律法一样。上帝命令人，人根据其自由意志而自愿地套上"律法的枷锁"。律法仍然是一套枷锁，即使根据康德的教诲，人也不是道德律法的自觉遵守者，他必须迫使自己尽到义务。因此，以色列也必须让自己套上律法的枷锁，但是同时也套上了"上帝王国的枷锁"。只有一套枷锁，就是律法和上帝王国。只有一个上帝王国，就是律法的王国。还能有其他的什么王国吗？或许是道德的王国？但这恰恰是律法的王国。

当然，在律法之间有所区分，这一点不容否认。但是，这种区分不是那种会给律法整体带来内部矛盾的区分。因为，那种自身不属于道德律令的律法至少可以被看作并被公开地标识为一种手段，用以促进道德律令或道德律令的教育。这种统一性实际上是否适用于所有的情况完全是另外一个问题。这一点或许是可以探讨的，或许存在着观点、解释和判断方面的区别，但是，质疑乃至否定这两种律法之间的联系却绝对是一种误解和错误的判断。《塔木德》的权威性对这种误解持否定态度，其中所作出的许多积极的回应并非仅仅是一种辩护之辞。因此，宗教哲学有可能为这一宗教教义筑起一座堡垒，我们在下文中会看到这一点。

有人拒斥律法是因为律法的权威性被过分地夸大了，这并非是一个肤浅的判断。因为律法具有缩微图式的细致，贯穿于整个人生，其强制性规范着人的所有行为，从看起来最重要的到最私密的行为无一例外。对此，人们可以回答说，在自身内部正确的价值根本不会消失，即便是将其夸张地应用到人生最微小的细节上也是如此。但是，这一观点并未充分考量人类文明的诸多目标之间的区别。宗教律法或许自身就可以作为道德律令而起作用，但是道德律令自身必须限定在为了人的其他文化关怀的范围内。道德律令应该是所有人类行为的最高指导，而不是直接的指导，更不是那种唯一的和立竿见影的指导。人都会有理论兴趣甚至审美兴趣，这些都需要他通过集中精力于其目标上来慢慢培养。如果他想仅仅从道德观点出发来检视并指导他所有文化任务（cultural tasks）及其对生活的兴趣，那么他就可能缺乏充分的客观性，而这种客观性在了解其他文化活动时是必需的。犹太律法在其单面性中可以得到公正的理解和判断，而这种公正性仅仅是来自伦理单面性的观点（only from the viewpoint of the ethical one-sideness）。伦理单面性的结果是，远离伦理对自然科学的任何独立的兴趣，无论是自然科学的基础还是其分支。律法的绝对权威会带来危险，但真正的但同时也是唯一的危险是这种道德兴趣在涉及文化层面时的单面性。

但是，如果一个人忽略了这种危险，那么由于单面性而带来的贫乏比之所带来的危险来说反而变成了优点。律法的座右铭体现在《密释纳》关于仪式说明中："所有的行为都应该以上帝之名为目标。"上帝之名是人类活动的唯一目标。独一无二的上帝的名字融入了独一无二的上帝的概念："那日耶和华必为独一无二的。他的名也是独一无二的。"（《撒迦利亚》14：9）这一预言还被引入了日常的祷文中："不可妄称耶和华你神的名。"（《出埃及记》20：7）"十诫"中强调过上帝之名。对这些概念之间的必要联系的认识不应该被关于异教和魔法中对名字的迷信式应用的不良信息所破坏，因为魔法是成问题的，而且将上帝之名看作是一种魔咒。但是，在犹太教中，上帝之名融入了独一无二的上帝中，因此就切断了与咒语的联系。"你所有的行为都应该因着上帝之名。"在这句名言中，名字不可能意味着某种魔法，而仅仅可以被看作是一套规则，以表明神圣的行为如何被看作是服从于上帝之名的。上帝之名与上帝王国是同义的。

上帝之名对人类行为的重要性导致了前面已经提到过的危险，这种危险产生于将这一指导性概念扩展到全部的人类活动即"你所有的活动"的领域之时。律法涵盖了全部的人生及其全部的行为。

没有任何一个单独的行为可能从人生的整体中被抽离出去，那么同样也没有任何行为可以游离于律法之外。如果律法不能在道德律法和习俗之间进行区分，那么就不可能在其应用于人类生活的所有细节时允许任何例外的存在。

这一原则对于律法来说意味一个重要的结论，就像所有的单面性的概念一样，在其中包含着某种危险，即神圣和渎圣之间的区别被取消了。

这种区别被看作原则问题而被取消，这样的做法从以色列历史的一开始就是与一神教的概念相一致的。即便是先知们也未曾在其整个民族中允许过有任何例外："惟愿耶和华的百姓都受感说话。"（《民数记》11：29）此外，祭司之所以占据了一个特殊的位置，仅仅是因为他们是利未人，是神殿中的仆人。下述原则基本上是正确的："你们要归我作祭司的国度，为圣洁的国民。"（《出埃及记》19：6）既然整个民族都是神圣的，而不仅仅是祭司，那么生命的整体都应该是神圣的，而不仅仅是将生命献给某种特殊的神圣性。此外，苦行者的修行就像祭祀一样，仅仅是被允许的而不是被要求的，并不是一种神圣的条件，不具备任何特殊的神圣价值。总而言之，生命中的任何时刻，任何阶段都不可以被看作是渎神的。人生中的每一件事情都是神圣的，人的每一个行为都是服务于因而也是服从于神圣理想的。神圣性已经从祭祀转移到道德律令上。因此，道德律令作为祭祀的替代品变得更加必要，因为祭祀仅仅关涉到人生中的一个要素。这种孤立的单一性和排外的祭祀必须被看作是值得探讨的，因此需要补充，或者说需要被超越和替代。生命中的一个特殊要素不应被单列出来奉为神圣，因此，一个单一的、单独的行为不应该被从生命中孤立出来去实现将生命理想化的目标。一个理念的真正价值在于实现其理想型。现实性比任何象征都要有意义。律法的倾向是指向这种现实性的，因此扩展到了所有的行为领域。

正是从这一更高层面的观点出发，人们才必须高度评价对律法的绝对权威的否定，因为这种权威高于人生的所有使命和活动。这种否定似乎有充分的理由，强调有一种真正的危险真实地存在于宗教历史及其在文化生活中的不断延续中，但除此之外，对于律法本身的价值并不是决定性的。律法的绝对权威（对神圣的和亵渎不加区分）使得清楚地认识律法的绝对统治的巨大文化意义成为可能。即便是不谈这一重要的历史意义，这种观念的内在价值也具有最终标准的作用。由于律法在自身中包含着道德的原型，无论在理论上还是在实践中，都不可能容忍任何例外。此外，如果律法的执行空间应该受到限制，以便给其他的文化使命留下地盘，那么历史就必须发展出一套衡量标准，以便能够在不同的文化使命之间取得平衡，并以此来限制其中某些使命的片面的绝对性。人们早就发现通过内部改革而作出的某些修正，其线索主要与重要的律法形式相关，甚至在《塔木德》中也是如此，这一点与其说否定了还不如说是证明了基本原则的正确性。

我们的基本概念就是上帝与人之间的相互关系，以及由此产生的人与人之间的相互关系，而后者包含在前者之中。与此相对应的是一种更为狭窄的相互关系，即人与人之间在罪的问题上的相互关系。将人与人之间的罪的群体与人对上帝所犯下的罪的群体区分开来是必要的，而这就不可避免地导致纯粹的道德律令和狭义上的宗教律令之间的区分。我们已经在赎罪的概念中发现了这一区分。即便是在赎罪日，人与人之间的和谐也是必不可少的，相应地，犹太祈祷法强调的是，对于赎罪日的意义来说，人与人之间的和谐是非常重要的。

《密释纳》以同样的方式作了这样的区分，其中的相关规定被引入了每日祷文："以下这些为额度未定之事：田角捐、初熟贡、朝圣、义举以及读经。"① 这类律令所关心的毫无疑问都是社会和道德行为。田角捐指的是关于收割时留下边角地方的收成的律令（《利未记》19：9—10）。初熟贡涉及祭献初次收成的律令（《出埃及记》23：19），这一律令后来被限制在土地上第一次收成的范围内（《申命记》26：1—14）。初熟贡具有特别重要的意义，因为它代替了祭祀，并进一步变成了一种约。这种献祭方式是通过特别规定的赞美诗和献祭土地上初次的收成而形成的。

对于朝圣即三次圣宴（《申命记》16：16），不仅要求人们亲自参加，而且还必须带上一个礼物，这一点后来变成了救济穷人的什一税。特别重要的是被称为"义举"的行为，它与施舍完全不同。其中的动词"Sna"是非常引人注目的，即使其基本含义不是"报偿"而是一般意义上的分配，但毫无疑问的是，其内在语法形式的主要意思是报偿。当然，该词的这一含义能够成为"义举"的重要因素这一点也是非常重要的。所有这些"义举"都只是对上帝的爱的报偿。这就是基础性词汇"报偿"的含义，从而

---

① 此处译文系用张平译注《密释纳·第1部：种子》，商务印书馆2020年版，第43页。——中译者

对"虔诚"一词作了有益的补充。其基本含义是正义,但占主导地位的第二种含义是施舍。这种施舍的主要实现方式是救济穷人,但又与"义举"中的施舍不同,因为后者的含义是由"报偿"一词的原义决定的。所有的"爱心行为"都是报偿,是一种对上帝爱人类的报偿,人类必须因此而报偿其他人。这种报偿决定了"义举"是用比所有的施舍更多的热情来寻求人类的内在生命。《塔木德》对这两种施舍作了区分,一种与穷人相关,另一种则是即使富人也需要的更高层次的"义举"。在这种关系中,《塔木德》并未对施舍作特别的区分(除了指出它与"田角捐"等的关系之外),而是把"义举"放在非常显眼的位置上。

最后,上述《密释纳》引文中提到了某种显而易见的纯粹的精神价值,而且是一种没有限制的价值,即"研习《托拉》"(读经)。这一律令奠定了犹太宗教的基础。对上帝的信仰应该是对上帝的认识,而纯粹的理论知识和纯粹的实践知识之间并没有区别。知识就是爱,爱就是知识。研习《托拉》被看作是社会道德的基础。如果《塔木德》只从《圣经》中得出了这一结论,那么仅就这一结论的后果来看也是不可能被超越的,它永远适用于以色列本身,同时也会变成人类全部历史的标准。因为对《托拉》的研习没有设置任何对象上的限制,更没有限定在某个特定的人或团体内部。在这一点上,一神教和柏拉图的哲学唯心主义是完全不同的,因为后者认为人人都参与研习哲学是一个无法实现的梦想。当斯宾诺莎宣称大多数人不可能拥有德性时,他也发现在这一点上他与一神教之间有着内在的不一致。与此相反,《密释纳》认为,研习《托拉》是对所有人的基本要求。

上述祷文中的律令仅仅是人类道德的一般性的、基础性的概念，但是祷文接下去引入了另一段《密释纳》并指出："这就是那些事情，人在这个世界上所享用的成果，尽管真正的根源仍然在未来的世界中。这些事情就是：尊敬父母，行事充满爱心，按时参加早晚的家庭学习，热情款待远方来客，看护病人，给新娘嫁妆，关心死者，虔诚地祈祷，在人与人之间保持和谐，但是，研习《托拉》超越了上述所有行为。"

在第一段《密释纳》引文中，对这些行为并没有衡量标准，也就是说《托拉》并未为其设定标准，但第二段引文却对结果和根源进行了区分。与此同时，令人震惊的是在两段引文中都只字不提奖赏。人们在此生中享用结果，在来生则保有根源，但是，从这一根源出发，除了此生已经享用过的结果之外不会有任何其他的结果。因此，如果说这样的根源中包含着永恒的生命，那么如此一来所谓永恒的生命就会变成无限的生命和人类灵魂的无限发展。

在上述不同种类的律令中，来自"十诫"的"尊敬父母"是第一位的。但是，"十诫"明确承诺给这一善行以奖赏。因此，看起来似乎奖赏（确切地说不是个体的奖赏而是保证整个国家的存续）应该在上述《密释纳》引文中得到更为精确的表述，其方法就是在结果和根源之间进行区分。此外，引文中公开表述了"义举"，但却没有明确提出另外一种与施舍相关的慈善行为。但是，在第一段引文中，仅仅是一般性地提出研习《托拉》，而第二段引文则对此进行了补充，规定了特殊的条件，即在家庭学习中保持热情，准时参加早晚的学习。此外，社会义务也进一步具体化：善待远方来客，照顾病人，埋葬死者，对新娘给予嫁妆，表现出更为亲近的家庭关怀。所有这些社会义务被保持人与人之间的和谐所深化,此外还提到了一种关于内在人生的要求,即虔诚地祈祷。对于这种虔诚,出现了一个相关的词汇,通常意味着"沉思",尽管对虔诚更一般的表述意味着在祈祷中灵魂要做好准备,这一点独具特色。这个用于虔诚的词汇本身就足以表明,自觉性是犹太信仰和所有宗教行为的基本要素。

351

但是,这段引文指出研习《托拉》胜过所有其他行为,看起来似乎并不反对理性工作、禁欲主义和神秘主义。《密释纳》在这一方面得到了宗教主体(the body of religion)的支持,宗教主体不允许在理论和实践之间进行区分,因此,我们可以认定理论是所有的人类教育和发展的根基。凡是正确的知识都会导致正确的行为。从这一基本的认识出发,《密释纳》得出了这样的结论:学习超越了所有其他的律令。

为了突出纯粹道德律令的重要地位,《塔木德》无疑在纯粹道德律令和更为狭义上的宗教律令之间进行了区分,但却并未将二者分离开来。我们从虔诚地进行祈祷和高度评价尊敬父母的律令这个例子中可以看出,道德律令被明确地看作是与宗教律令联系在一起的。在这种联系中,我们回忆起在赎罪日祈祷中对纯粹道德过错的忏悔曾经被赋予了崇高的地位。此外,我们还回忆起在《申命记》中已经作了明显的区分,即习俗和律法之间的区分。

迈蒙尼德虽然也是从这一区分开始的,但他所追随的是此前的一位宗教哲学家的智慧之路。伊本·多德同时也是一位历史学家,因此他能够从宗教历史的角度出发去概括宗教律法。出于一位科学家的自由意志,他勇敢地得出了下述结论:"《托拉》中各部分的地位并不是完全等同的。"他作出这种价值上的区分的根据乃是另一种存在于命令和道德原则之间的区分。他甚至根据由萨阿底在理性原则和服从原则之间作出的区分来区分那些规则。这一区分方式由巴亚继承了下来,而迈蒙尼德又从他那里继承下来。犹大·哈列维作出了同样的区分,但表述方式不同。

伊本·多德从这一基本的区分出发得出了一个更为确切的结论:"《托拉》是一部由许多部分组成的指南。首先是信仰及其相关的内容;其次是美德及其层次;第三是家务管理;第四是国家管理;第五部分则与建立在理论基础上的律令相关。如果一个人真正思考过这一点,他就会发现《托拉》是由四部分组成的……我们首先愿意说《托拉》的各部分(无论分为多少个部分)并非完全等同,虽然人们特别关注这一点(或者说对其进行主观上的判断)。""但是,《托拉》的重点、信仰的重点是虔诚地信仰上帝。""因此,你会发现,所有民族都同意或者说几乎都赞同自己的风俗习惯……但是,关于律令的等级,其原因却并非是理性的,因此与基本的律法相比是非常脆弱的。《圣经》中的许多篇章都表明了这一点,例如耶利米就曾惊呼:'你们堆积的燔祭和祭品越来越多,你们还吃肉,因为我从未跟你们的先祖说过话'等等。""所有这些表明,《托拉》这一部分的基础是脆弱的,而其他部分更值得注意。因为,无论如何,既然其层次是如此之低,其原因也肯定是很脆弱的。"这位哲学家的勇气惊人,他的重要作用不仅表现在与卡拉派的斗争中,也表现出一种深刻的哲学洞见,即拒斥他在伊本·加比罗尔的《生命之泉》中发现的泛神论要素。尽管他对这位杰出的、热心的宗教思想家表示了尊重,但却并未阻止他强调在后者的泛神论倾向中潜藏着巨大的危险。对于一般意义上的理性主义的历史来说，这一针对泛神论的斗争是真正重要的历史依据，是迈蒙尼德的真正先驱。

迈蒙尼德是犹太教中的理性主义者，因此他必定会让律法服从理性主义者的批评，因为这种批评是由《托拉》教义所建立起来的主动性结构所预设的。因此，他必定会问律法的原因是否仅仅是理性，或者追问其他的因素是否也在发挥作用。伊本·多德所称的原因（causes），在伊本·加比罗尔看来（根据迈蒙尼德的希伯来文翻译）就是理性（reasons）。从其起点上看，这种批评变得更加主观，并未将自身局限于历史的原因上，因为历史原因至多不过是偶然原因，而不是概念性的基础。对律法的理由（reasons）进行思辨是人们从一开始就惧怕的危险，实际上就存在于理性的问题中。人们还会追问上帝概念的理由（reasons），但是，在这里所追寻的理由是证据（proofs）。上帝的概念是一个命题（thesis），其真实性毋庸置疑，但需要得到证明。然而如果理由的问题是在涉及律法的情况受到追问，那么对其真理性的认可就不像上帝概念的情况那样。可以肯定，这个问题针对的是怀疑论，但这个问题却是从怀疑论中产生出来的。此外，只有在一个毋庸置疑的关于上帝的命题的基础上，才有可能回答新的、关于律法的问题。因此，在后一种情况下，被看作是证据的理由并不像它们在关于上帝的问题中那样具有同样的方法论力量。

但是，无论这一理由的意义在方法论上如何区分，原理性的批评（the critique of principles）都是在真正的理性主义中展开的，这就要求为律法提供理由。这样的批评决定了理性主义沿着科学的和哲学的道路走向了唯心主义。

经过深思熟虑之后的理由根本不可能被看作是原因，因为原因的有效性仅仅存在于自然知识的范围内。在文化科学的范围内，原因只能是目的。那么，我们正在寻求的理由可以被看作是目的吗？理性主义提出的这个问题与所有形式的人造律法形成了对照（后者代表正义和国家的权威），这样就导致了必须区分自然法、自然宗教等等。对于一神教的理性主义来说，自然宗教及其产生的自然法都不可能成为可靠的基础，唯一的基础是独一无二的上帝。但是，上帝变得与德性等同，因为就其存在而言，我们只能认识其行为的属性。因此，他的存在要么完全隐蔽在我们背后，要么只能通过道德原型的方式为我们所熟知。对于律法的理由这个问题来说，可以从中得出许多重要的结论。

如果我们刚刚意识到理由意味着目的，那么我们就必须面对下述困难，即不得不假定两种目的的同一性，即我们正在寻求的目的和为宗教所设立的舍此无他的两种目的：上帝和道德。只有这样的目的才是绝对的目的，才具有自身的价值，其中就包含着上帝与人的相互关系。道德潜藏在上帝的存在中。因此，除了这两个目的之外不可能有其他的目的，而这两个目的又结合为一个目的：上帝。只有在上帝的概念能够从道德的概念中辨识出来的情况下，上述对目的的特别规定才是可能的和有用的。到此为止，如果律法的理由必须被看作是目的，那么就会导致与独一无二的绝对目的冲突，我们就不可能避免这样的结论：律法本身不可能被看作是（在其中目的得以实现）目标。只有上帝和他的道德才是这样的目标。但是，如果情况如此，那么律法本身并不具备完全的和真正的价值。只有在这里，知识和行为才能找到自己的目标，那么理由就不可能合乎逻辑地、主观上（subjectively）被看作是目的，而只能被看作是手段。

354

一种不想要理性主义指导的信仰有理由认为这是一个严重的威胁。将律法降低到手段的层次，就是把律法变成相对的东西，信仰通过将律法简单地看作是上帝的命令而避免了这样的结果。可以肯定，这样的假设不仅与认识上帝的概念相冲突，而且与认识上帝的命令相冲突。作为知识的对象，律令只能通过上帝是神圣的上帝或道德的上帝这一事实来证明自身是上帝的律令。因此，情况必定是这样的：律法的最后的理由仅仅存在于神圣的道德中。由此出发得出的结论是，所有的律令必须以下述标准进行衡量：它们是否是达到这一独一无二的目的的合适手段。

逻辑的一致性会导致这样一个不可避免的结论：所有复杂的律法都必须包含在神圣道德的目的的统一性中，并作为后者的手段而存在。

迈蒙尼德因其对于生物学和伦理学的目的论认识方式，表明自己是一个真正的理性主义者，从而开辟了朝向唯心主义的道路。因此，对他来说必然会从目的论角度去思考律法的全部问题。因此，当他询问律法的理由时，指的是上帝通过律法所追寻的目的是什么。由此看来，这个问题的正确表述应该是关于上帝的目的问题。因为上帝是唯一的目的，除了上帝之外的所有事物都只是获得知识的手段，而知识也只有通过这些手段才能获得。律法的理由因此可以被看作是通向上帝的知识的手段，既然认识上帝等同于信仰上帝，律法的理由就可以被看作是信仰上帝的手段。这就是这种原初的批评所产生的积极意义。所有真正的唯心主义都是从批评开始的,其结果总是积极的,而其本身就可以产生并保证积极的结果。

迈蒙尼德对律法的理由的研究始于他与在这个问题上的反对派的斗争,后者的观点被他定义为一种精神疾病(mental illness),是一种优柔寡断地对上帝智慧的贬低。他援引《申命记》(其真理性建立在律法的智慧之上)并指出:"所有事物的基础有三个:知识、道德和公民的行为(civic activity)。"从这一基本观念出发,迈蒙尼德勾勒出了他的全部思想,并首先回归到他关于人类器官安排的生物学目的论。就像一个器官的发展只能是渐进的一样,造物主的智慧也预先制定了计划,使宗教的认识逐渐发展起来,使之适于那个时代人们的比较原始的观点。因此,上帝并未取消祭祀仪式。如果他不顾人类本性的习惯,那么情况可能会是在我们的时代中,一位先知出现了,他号召人们信仰上帝并且说:"上帝命令你,你应该向他祈祷,不能着急,也不能仅仅在危难之际才寻求他的帮助,相反,你应该在思想上而不是在行为中信仰他。"迈蒙尼德认为,整个祭祀制度包括祭坛和神殿都是对人类的心理本性的一种让步。此外,他自我反驳说,这些律法如此一来就不可能有自身的目的,但是他又进一步反驳了自己的说法,强调他的基本的、关于人类本性的目的论思想,即便上帝本人也不想改变这一本性。

迈蒙尼德的批评有其积极的一面,这一点表现在对主要的目的和次要的目的区别上。由此出发,迈蒙尼德把祭祀列为次要目的,而祈祷更接近于主要目的。根据他的看法,上帝在这两种目的之间"设立了巨大的区别"。此外,他追随伊本·多德,接手耶利米对祭祀的斗争,并予以积极的肯定,这样的做法是与他的伦理学相一致的。在解释这位先知的令人震惊的论证时,迈蒙尼德提出了一个意义深远的理由:在出埃及的时代,在玛拉这个地方,上帝确立了安息日和律法制度,把安息日解释为"律例"而把律法系统解释为"典章"。根据这一解释,甚至律例都可以看作是道德律令的一种,因为安息日体现的是社会制度。"这就是主要的目的:认识真理……除了认识真理之外,还有一个目的是消除人间的不义。"因此,祭祀属于次要目的。耶利米的观点同时也得到了《诗篇》的佐证。

在《迷途指津》第3部第35章中,迈蒙尼德将所有律令在他的《密释纳托拉》所作区分的基础上分为十四类。其中第一类包括"知识的基本原理"。追问这些基本律法的有用性(usefulness)是无意义的(meaningless),因此,追问其理由也是如此。第二类包括关于偶像崇拜及其相关事项的律法。在这种情况下,与第一类相同,"原因是已知的"。第三类包括"促进习俗"的律法,其中也包含关于国家的律法。第四类是社会律法。第五类包括禁止暴力的律法。第六类涉及律法的惩罚。第七类涉及财产以及所有与之相关的债务问题。第八类最终转向狭义上的宗教律令、安息日和其他节日,其理由体现在《圣经》中:"为的是获得一个真正的观点,或者让肉体安静,或者两者兼而有之。"第九类涉及信仰以及"加强被引入爱上帝之中的求知行为"。第十类和第十一类涉及神殿和祭祀。第十二类涉及祭仪的纯洁问题。第十三类将禁忌的食物和誓约(vows)即禁欲放在了一起,并且为其设定了一个共同的目的：通过训练防止不适当的欲望。第十四类包括关于性的法律，其中还提到了割礼。

最后，他把所有的律法分为两类：人与上帝间的律法和人与人之间的律法。但是，作出这样的区分并不是刻意地将两种类型的律法彼此分离，抑或将第一类定义为纯粹的宗教律法。与此相反，他说:"所有的律令，无论是肯定性的还是否定性的，都具有培育健康风俗的目的，或者具有传授知识、培养良好的行为习惯的目的，总之是为了人类自身的完善，这样的律令都属于人与上帝之间的律法。"这种新的二分法从两个方面阐明了前一种区分。一方面祭祀法和那些与之类似的律法关注的不仅仅是人与上帝的关系，毋宁说，它们只是次要的目的，真正的、唯一的目的是认识上帝并通过人类的道德达成对上帝的真正信仰。另一方面，道德法同样也不是孤立的，而是以间接的方式与其终极目的相关，并且只是与人与上帝的关系相关。因此，不仅仅是那些通常被看作是属于人与上帝的关系的律法有资格作为达成唯一的道德目的的手段，而且那些通常主要被看作是道德律法的律法也是如此，它们也变成了达到唯一目的，即认识并信仰上帝的手段。这就是上帝和德性的统一所产生的双重力量。

迈蒙尼德还以同样的精神写下了他的《律法书》。

"仪式法"（ceremonial law）这种表达方式最初是由西蒙·杜兰（Simeon Duran）[①]首次提出来的，后来约瑟夫·艾尔伯也使用

[①] 应该是指 Simeon ben Zemah Duran（1361—1444），中世纪西班牙拉比。——中译者

过这个词。

显然,犹太教更为晚近的发展是在德国启蒙运动时期才开始的,是与对仪式法的态度的转变联系在一起的。摩西·门德尔松在这个内在发展的过程中只是一个间接的参与者。他的哲学在其最突出和最深刻的倾向上仍然属于伟大的莱布尼茨时代。尽管门德尔松从莱布尼茨的哲学精神出发,毫不含糊地阐明了一般意义上的理性与宗教的关系,但他却通过将犹太教限定为一种律法宗教而使得其意义含糊不清。根据他的看法,宗教理性是一般理性共通性的财产。犹太宗教的特殊品格在于其对律法的遵循。

但是,我们很乐意看到,在这样一种对犹太教的理解(尽管这种理解与我们已经考察过的犹太宗教的历史是相矛盾的)中,门德尔松却加注了一种伟大的弥赛亚式倾向,这不仅对于犹太人而且对于犹太教育来说都变得极其重要。他将自己直接归入德国犹太人之列,但是他们在那个时代(作为整体,他们今天仍然如此)建立的联系变成了所有土地上的犹太人之间的普遍联系。看起来这里似乎有一个内在的矛盾,就是门德尔松居然能够将对犹太人以及犹太教的最新修正建立在律法制约下的犹太教的孤立性上。他的政治影响和文化影响一向是弥赛亚式的,他内在的宗教教义和实践似乎将主要的东西看作是次要的,就像遥远的中世纪那样。这个矛盾需要探讨并予以需要解决。

有一种观点认为,宗教是一种个人经验,这一观点似乎无论在哪一点上都比在与律法问题的联系上更能令人信服。暂且不管普遍的科学知识和可靠的历史知识的缺乏,在大多数情况下,我们可能将对律法充满敌意的论证归结为对受律法制约的生活的无知和对宗教律法经验的缺乏理解。尤利舍（Jülicher）① 说过，判断一种宗教只能通过这种直接的知识。因此，当康德在论述门德尔松的观点时犯了一个错误，因为他指责后者"缺乏对人的友善"。这一观点唯一的可能性在于，将犹太律法是一种沉重的枷锁的观点看作是自明的和毋庸置疑的。那么，门德尔松是否是一个伪君子呢？是否终其一生都小心翼翼、一丝不苟地遵循律法，并希望所有的犹太人都背上这副沉重的枷锁呢？他或许是对这个世界如此无知，在政治上如此短视甚至盲目，以至于他根本看不到这副枷锁是如何年复一年地变得越来越轻？他或许是如此教条，以至于他一心想的是保护理性宗教，甚至不顾犹太教可能由于这种狭隘的定义而遭到轻视？或者，在启蒙运动的误导下对犹太教采取不偏不倚的态度，他是否相信自己做了足够的工作以区分犹太教和基督教，因此而使得犹太教得到了安全的保障？在所有这些可能性中，最后一个正是对这位"新摩西"（他的同代人是这么称呼他的，表明他与迈蒙尼德关系密切）的历史性记忆的最大不公。因此，对于门德尔松看待律法的观点，要更加小心地加以解释。

对于文化历史中的巨大改变，如果仅从其直接后果这一狭隘的角度来考察，就绝不会得出正确的判断。对门德尔松时代进行评价，如果仅仅考虑犹太教的逐渐消失，却不同时考虑其正在发挥作用的内在动力以及一般性的文化兴趣方面的收获，那么这一评价就会是狭隘的。另一方面，一种正确的评价绝不能受到衡量、测算这两种历史效果（两者可能是对立的）或将其简单地分为光明

---

① 应该是指 Adolf Jülicher（1857—1938），德国神学家，马堡大学教授。——中译者

与黑暗的做法的影响。通过这种方式获得的知识仍然是表面性的，使之变为深刻的和真正的历史性知识的唯一途径在于回答这种明显的进步和表面上的退步之间的关系问题。这两种观念是如何同时出现在门德尔松面前并赢得了他的坚定支持呢？因为两者之中，一个使犹太人和犹太教、文明和理性宗教全面开放，而另一个却将其套上了圣经—拉比的枷锁。

在一个半世纪的时间里特别是在新世纪①的第一个十年中，我们逐渐进步着，但更确切地说，（第一次）世界大战的最后一年给我们带来了许多失望，使我们清楚地看到了过多的屈从。犹太社团的内部改革必定伴随着一种我们以后不得不去探讨的要素，这就是信仰。犹太宗教哲学并未完全停滞，可以肯定，康德哲学的历史方法此后将变得极其流行并且惠及犹太科学，尤其是犹太历史和文学。门德尔松的文化改革的一个自然结果是在宗教的内在发展过程中一直寻求着某种平衡，即信仰和民族精神的传统形式与犹太人在其中扮演了越来越重要的角色的那些民族文化的历史发展之间的平衡。信仰是律法的一部分，当信仰逐渐被同化的时候，律法的整体也期望着进行一场相应的改革。

我们仍然处于这一伟大进展的过程中，但这一进程似乎表现为某种形式的解体（disintegration）。鉴于下述事实，即不管犹太信仰如何变化，却一直保留着传统的坚定性及其真正的特色，那种认为在现代犹太教中律法的力量遭到彻底的破坏和消除的看法显然是肤浅的。安息日和其他节日，尤其是新年和赎罪日这些弥

---

① 指20世纪。——中译者

赛亚式的节日,甚至在今天仍然有效并且影响着现代犹太人的全部宗教生活。考虑到这些情况,人们或许可以说律法的力量有所削弱,但却绝不可以说遭到了破坏或贬低。

改革的目标曾一度指向削弱或降低那些明显地标志着犹太民族特征的东西的重要性。改革的出发点是当时那些开化的民族的民族性观点(nationalistic viewpoint of the civilized nations),并且以信仰为目标,此外还或多或少公开地指向律法本身。让我们首先考虑一下当时的改革观念,就是将民族的意义维系于律法之上的概念。从历史的角度看,这个概念是正确的。律法被看作是某种民族原动力的产物,从一开始就是如此,并且在整个的犹太教历史中一直保持和发展了这种看法。如果一神教想从根本上繁荣昌盛,那么独立性就是绝对必要的。此外,如果犹太式的一神教在面对其他一神教时试图保持其价值不被削弱,那么独立性也是必要的。本书的问题具有一定的理论色彩,与之相应,我们不会回避这样的问题:犹太一神教未来的存续和进一步的发展是否仍然会背着独立性这副重担呢?

但是,如果对这个问题的回答是肯定的,那么我们就不得不赋予律法本质上的有效性以永恒性,并且赞同这样的观点,即历史曾经持续地影响着(无论是内在的还是外在的影响)这些表面上的固定形式,并给这些固定的形式带来了限制和改变。

我们必须对这一观念进行彻底的考察,否则就会受到误解,这在现代文明内部的诸多倾向中是极难避免的。对于我们来说,律法应该被正确地看作是犹太教独立性的工具。与此同时,我们希望在弥赛亚崇拜中发现一神教的精华,弥赛亚的存在实际上不仅仅是为了人类，同样也是为了一神教本身。在此，相互关系仍然是我们的路标。但是，独立性如何能够与弥赛亚使命相协调呢？这两种使命是否有可能彼此互相排斥呢？

超越这一表面上的矛盾取决于对独立的意义的正确判断。当改革开始的时候，独立性被看作仅仅是民族的独立性。因此，任何其他形式的独立性都是与这种民族独立性相对立的。宗教独立性并未被划归其中，而且人们也不希望如此。因此，律法之所以受到攻击，是因为它是民族独立性的根源，宗教独立性被分离出来，并且被看作是通往犹太教的弥赛亚未来的第一个历史性步骤。

同时，民族在政治层面上的概念也发生了改变。对解放战争的条顿式热忱消失了，在黑格尔的世界精神概念中，寻求民族精神的科学工作几乎被消磨殆尽，"民族的"被越来越多地变为"政治的"。大家关心的是建立一个国家，这一点在意大利和德国争取统一的过程中变成了一个时代性话题。民族的文化概念起源于启蒙运动，并再次因新的人道主义而迸发生机，但是却被彻底地变成了国家的概念。国家要建立在民族之上，民族变成了国家的自然而然的手段。民族在所有地方都寻求成为一个信仰者的团体，从未试图变成独立的国家或成为一个国中之国。但是，民族该如何面对国家的律法呢？律法影响下的独立性不可能被看作是在国家状态中的独立性。无论如何，民族独立的表征仍然与律法联系在一起，即便这一点与其教义的内核相矛盾，最起码与其不协调。因此，对抗律法的行为从未有所减弱。这种分离是否意味着进一步的发展呢？

基于上述考虑，我们有可能解释在晚近的犹太民族历史中出现的犹太复国主义的起源。当犹太人为了解放而斗争时，凡有犹太人的地方都出现了反对的声音，因为犹太人企图恢复犹太国家。然而，解放取得了胜利，因为其他民族被说服了，他们相信祷文中的观念仅仅是宗教虔诚的残留物。但是，既然国家和民族的概念逐渐变得如此纠缠不清，民族变得与国家同一，那么就出现了一个悖论性的结论，即犹太民族需要犹太国家。但除此之外，建立国家的要求符合当时的时代背景：严重的政治压迫、政治迫害和政治虐待。上述两个概念的后果相互作用，民族需要国家，国家需要民族。但是，只有这两个概念是纠缠不清的吗？难道不是宗教的概念构成了整个问题的焦点吗？犹太国家不正是与弥赛亚宗教相对立的吗？因此，在民族是国家的动因的范围内，犹太宗教不是与民族的概念相矛盾的吗？

所有这些问题都会遇到相反的问题，如果在民族的含义中忽视了人类学的、种族的含义，民族的概念是否还仅仅具有政治的意义呢？在独立性必须为了宗教而得以保持，而且首先是通过律法而得以保持的范围内，民族的概念难道没有其他含义（这一含义可以解释独立性的概念）的可能吗？

在（第一次）世界大战的进程中，逐渐地出现了对民族含义的另一种看法。起初，民族被看作是某个氏族部落自然的、既定的事实组合。政治上的需求甚至强迫人们放弃民族的这一含义，要求他们接受作为国家的产生性的、形成性的民族概念。因此，民族和国家变得同一了。但是，就在民族在作为国家的理想型概念并洗清了自身早期的意味时，国家因其理想而遭到了出于物质和经济利益的斗争需要的攻击。当个体国家自身得到加强同时也被追求经济权力的欲望所污染时,(第一次)世界大战爆发了,这正是这种个体国家之间的物质对抗的报偿和结果。建立在民族背景和民族历史基础上的理想的、文化的国家含义被限制于经济权力的概念上。由于帝国主义的出现,国家的理念似乎处在崩溃的边缘。

随后又出现了一种新的价值观,这是对国家概念的扩展,通过这种扩展,国家的理念逐步趋于完善。国家不能保持孤立,出于战争目的而无法获得的东西通过和平也无法获得。在我们的注视下,国家变成了国家联邦,弥赛亚崇拜变成了世界历史的一个要素。建立在民族之上的作为个体的国家被逐渐改造为国家联盟。就像国家联合一样,各民族也必须联合起来实现其内在的和谐。这是国家发展的内在逻辑,不可能有人对此提出异议。

实际上,战争试图随着国家(无论是中立的国家还是战争中的国家)一起获得的东西,早就已经证明自身是一种存在于个体国家之间的历史性力量。人种的民族性(ethnic nationality)已经被看作一种异质的实体,就像癌症一样会对国家有机体产生伤害。无论如何,人们不得不使用异质的实体作为国家生命的一个组成部分,并不得不予以认可。就像国家联邦(在其中国家的概念得到了完善)不可能在联合于其中的诸多民族的多样性之间发现矛盾一样,个体国家也不应该让人民中的人种元素变成多元化的例外,而必须将其统一起来。

与某些观点一样,我也试图对民族和民族性进行区别。民族是一个可以与国家的概念互换的概念。民族是国家的民族,国家是民族的国家。国家必须表现为统一性,这一点在建立国家时就已经实现。种族的概念中内蕴着一种错误的或者说文化上的不纯洁的理想，其威胁在于：种族要求国家给予它排外性，而作为个体国家却要求实践中的多元化的民族性，就像国家联盟要求民族的多样性一样。或者说，或许国家即便是在保护并发展了民族性的意义上也不需要民族性？或者说，可以允许破坏民族性？在这个问题的基础上，人民可以决定国家的理想使命（ideal task）在面对民族性时必须采取的方向。国家建立在民族性之上。民族性与国家并不冲突，因此也不可能与民族冲突。

如果现在回到犹太人的问题上，我们会发现，犹太复国主义在国家的概念上走的是回头路。如果犹太社团的独立性仍然是必要的，那么在一个分裂的国家中的独立性就会与犹太人的弥赛亚使命相冲突。因此，一个犹太国家是与弥赛亚理想相冲突的。

既然一个民族的独立性因此而不被允许而犹太教又需要律法层面上的独立性，那么如果民族的概念被民族性的概念所替代的话，后一种使命可能会化为泡影。只要民族性的独立性是必要的，那么我们就绝不会毫无希望，因为这种独立性的实现在不借助国家的情况下也是有可能的，甚至可以在个别的国家、在其他民族的文化中得到实现。这一点是国家的理念为了自身利益而要求的，甚至国家联盟也要求这一点。现在，唯一遗留的问题是，民族性是否仍然是一种必要的使命，更进一步说，是否能够通过律法的独立性而得到实现。

要讨论民族性的必要性这个问题的意义，我们首先需要考虑必要性的概念。民族概念的必要性已经证明是与国家的概念相关联的。因此，民族性的必要性不太可能被看作是一种绝对的东西，而只是一个相对的概念。毫无疑问，民族性可以只与宗教发生联系。民族的概念已经被剥夺了其人类学或人种学的要素，其理想化只有在国家中才能实现。部落及其物理基础并未因此而遭到削弱。尽管情况确实是人民不再到部落自身中去寻找理想，这一点通过最高的人类范型，即通过国家而实现理想化（being idealized）的可能性得到了确证。民族性的理想化遵循着同样的道路。民族性既不是无关紧要的，也不是次要的，尽管理想本身并不在民族性之中，而是在作为宗教的建立和存续的手段的范围内被提升到理想的地步。这就是以色列作为选民的含义。此外，同样毫无疑问的是，一旦民族在国家的意义上得以完成，那么一神教的存续就与民族性联系在一起。以斯拉反对与异教女性通婚，但这只是一种宗教性的政策。但是，在任何时候，最杰出的犹太思想家都不认为民族性本身就是目的，而仅仅将其看作为了保存宗教而不可或缺的手段。真正的论断是由萨阿底·迦翁（Saadiah Gaon）①提出的："我们的民族仅仅是一个由其教义产生的民族。"实现民族性的理想化的唯一可能性在于这种与宗教的必然联系，其在理想中的份额（share in ideality）只能包含在宗教中。

在开化宗教（civilized religions）之内或之外的冲突和斗争受到宗教内部这种属人的尤其是政治条件的局限。毫无疑问，只要犹太教仍然与其他形式的一神教处于对立状态之中，民族性就仍然是其存续的必然基础，因此，问题的要害不是别的、也不可能

---

① 萨阿底（882/892—942），著名犹太拉比、哲学家。"迦翁"一词实际上指的是拉比学派（学院）的领袖。——中译者

是别的,而只能是犹太一神教本身的特性和价值。如果它被贬低或替代,或者至少是有可能被其他形式所替代,那么不仅它能延续到现在这一事实会变成一个谜团,而且它未来的存在也会失去根据。另一方面,如果从其源头出发可以证明犹太教是一种理性宗教,那么其存续就得到了理论上的保障。无须追问犹太教是否是唯一的理性宗教,因为其他形式的宗教同样有可能在理性中拥有本质性的份额。但是,如果犹太教自身毋庸置疑是一种理性宗教,那么其存续就会被理性原则变成历史的必然性。即便替代犹太教的试验是可能的,但在原则上也是不被允许的。因为,如果其他每一个宗教都在理性中占有一席之地,那么其中的任何一个就都不可能被超越。用一种宗教替代另一种宗教,这一想法没有任何历史意义,因为这完全违背历史哲学。历史哲学必定会消除绝对理念,探究理性在不同的文化现象中的表现。

如果宗教偏见被看作是科学的和方法论的,当基督教被宣布为"绝对"时,争论就不可能在科学方法论的范围内得到解决,而只能求助于争论的问题本身。无论是谁,只要他只会在基督教的形式下承认一神教,那么他就不可能掌握犹太一神教的纯粹性。"他是独一无二的,没有什么可以跟他相比,没有什么能跟他类似。"犹太会堂中的一首诗歌这样来描述上帝。独一无二的上帝是唯一的,上帝是独一无二的存在,这就是犹太一神教的意义。"让他充满你的心灵,让你的心灵变得跟他一样广大。"但是,这正是歌德的诗歌和犹太教的区别所在,犹太教不会说"呼唤他,那就是你所要的",而是坚持、强调概念本身及其发展和实践:"他的名字是独一无二的。"名字必须表达概念。不可能存在着许多名字,因为不可能有许多关于上帝的概念。人处于与上帝的相互关系中，但绝不会与上帝等同。此外，通过人类的沉思，自然也与他联系在一起，泛神论假设自然等同于上帝，这是与一神教绝对对立的。因此我们完全能够理解，严格意义上的犹太一神教对于那种由于在科学和艺术方面的多重兴趣而在不同的中心之间摇摆的文化来说是一个极为困难的问题。但是，犹太教只能容忍在所有的灵性存在中只有一个焦点：独一无二的上帝，他是人类精神所能够想象的任何事物都不能类比的。对于犹太教来说，灵性的世界有一个焦点，能够散发光芒照耀着无限的文化领域，但却不可能被任何的文化兴趣所替代。在此，任何形式的怀疑论都是不可能的，甚至作为反对教条主义的一种有益的推动都不可能。人们必须找到一条从教条主义通向这种最高的唯心主义的道路，其中所有的存在相对于上帝的独一无二的存在来说都是虚无。怀疑论将自身封闭在这条通向唯心主义的道路之外，泛神论同样也必须被看作是一神教问题的障碍。

那么，如果根据历史哲学的一般理论，尤其是根据独一无二的上帝这一原则，为了犹太教本身而保存犹太教及犹太民族性就是一种历史理性的必然。因此，当我们在涉及宗教的情况下找到了这种必然性，那么接下来的问题就是律法的必然性。

像幽灵一样，现在我们的面前晃动着一个句子，其中包含的思想时常自由地呼吸着《塔木德》和《米德拉什》中的气息并以巨大的勇气表达出来："在弥赛亚时代，律法会被抛弃。"这一点适用于所有的律法吗？有人马上会提出一个例外："除了赎罪日。"这个例外是非常有特色的，从上述句子中带走了其最内在的力量。

因为作为宗教最重要的支柱，赎罪日必须永远地为了这个宗教而存在，因此，马上就出现了一个更为宽泛的问题：其他的律法是否可以被包括进或被附加到这个例外上呢？但是，这个问题必须从弥赛亚目标向后看，确切地说，对于这番历史思考来说，在弥赛亚时代律法不可能被不加区别地消除。这一思想具有非常重要的指导作用。

《托拉》的永恒性问题在中世纪犹太思想中占据着主要地位。萨阿底提出了这个问题并给予了一定的思考。即便是在那个时代，这样的攻击无论在犹太人内部还是在非犹太人中间都并不罕见。圣经批评被基督教和伊斯兰教出于确证自己先知的预言这一目的而被当成了工具，并为上述攻击提供了足够的机会。萨阿底的判断表现出在这样的环境下的一种值得尊重的成熟和客观。

既然我们已经熟悉了伊本·多德的理性主义，我们或许可以期待在他那里，尤其是作为历史学家的他那里找到一种对这个问题的方法论洞见。实际上，他曾经将圣经批评运用于关于《托拉》的发现的现代论证。

此外，围绕着关于信仰的观点展开了一场伟大的斗争，反对迈蒙尼德给予这些观点的形式，特别是反对将启示看作一个整体的观点。迈蒙尼德曾经把《托拉》和自然放在一起，并看作是上帝的两个造物。与此相对，克莱斯卡对基本的教义和关于信仰的真理作了区分，并由以撒·阿拉玛（Isaac Arama）①继承了下来。最后，约瑟夫·艾尔伯将其进一步完善，宣称根据理性甚至根据《圣

---

① 阿拉玛（1420—1494），中世纪西班牙拉比。——中译者

经》本身,对摩西律法的改造是可行的。艾尔伯的论证也是以约西亚王统治时期的《托拉》的发现为出发点的。

因此,我们是站在古典犹太思想的基础上,试图去回答律法和宗教的关系问题,而且不是在教条的意义上,而是根据我们的方法来寻找答案。古代的思想家们已经以大胆的清晰性证明,《塔木德》中的《圣经》律法的改变是如何发生的。此外,他们还注意到作为整体的《托拉》和为数众多的特殊律令之间的区别。对我们来说,问题仅仅局限于律法的一般性概念上。这样的律法的概念意味着而且特别意味着它适于保存和发展宗教。律例和典章都包含在《托拉》的至高概念中。一条律法可能包含着其他的律法,但律法的整体就是《托拉》,就是宗教。这一点本身就构成了律法的价值的方法论问题:它们与宗教存续的关系(客观的和历史的关系)究竟如何?

因此,根据律法的一般性概念而不是特殊的律法,犹太一神教的延续被捆绑在了律法的延续上,因为律法使得独立性成为可能,而这种独立性对于个体自身对存续的关心和永恒的延续来说似乎都是不可或缺的。

在文明世界中保持独立性!在此,从律法的观点出发所要求的那些东西是否包含着对犹太教的谴责呢?但是,人们应该记住,无论如何独立性并非是从律法的观点出发而提出的要求,而是从纯粹一神教出发而产生的。一神教处于威胁之中。在这种情况下,文明世界的团体如何能够成为它的合法审判官呢?文明世界在一神教面前也会处于危险之中。因此,对于在律法中是否包含着文化交流的障碍的思考是机会主义的和幸福论的。当问题涉及独一无二的上帝时，这种思考必须作出让步。人们普遍的共识是，作为整体的文明并没有一个存在于上帝之中的核心。但是，在此，这一共识的理由被揭露了出来：只有犹太一神教的独一无二的上帝才能够成为坚固的核心，从而赐予文明以稳定的力量去平衡多元化的兴趣。因此，独立性对于犹太教及其概念乃至其文化使命来说都是必不可少的。所以，其信徒的独立性，即表现为民族性的独立性同样是不可避免的。

律法即便仅仅是在节日时遵行，甚至对于某些人或者许多人来说仅仅是在赎罪日时才得到遵行，这种遵行也能构成一道保护纯粹一神教的壁垒，在其中一神教的教义，包括人与上帝的和谐（这是上帝对人的拯救）同时得到了保护。以同样的方式，为了社团而保存安息日同样是一个基本的社会和犹太伦理教育的路标，同时也是一种对将安息日变为对基督复活的纪念的抗议。这种对安息日意义的改变比用一天来替代另一天更为重要。

我们的目的只是要给予犹太教的具体实践以方法论指导。对宗教中理性份额的审查不应该归入历史思辨，但却会为未来的发展指明方向。从历史哲学的角度来看，律法包含着宗教动因是确定无疑的。此前，我们已经大胆地吸收了反对律法的一般性说法，并对其作出了让步。但是，律法的价值无论如何都不可能由于独立性的这一消极时刻而被耗尽，或者说（这一点的重要性不可能被任何外人完全意识到），在律法内部及其多样的形式和应用中是一种积极的力量，它激发、引起、增强并深化了宗教理念和信仰。人们或许会追问，律法的这些形式是否同时也是那些造就了宗教感情的形式。这里涉及的是古老的思想和行为之间的关系问题。

但既然如此，那么回答倒是简单一些。既然思想必须造就出现实，那么现实就不可能与思想相异（如果它把思想看作是诱因并且被思想征服的话）。真正的问题仅仅是形式是否合适或合适的程度，因为真正的完善是不可能达到的。因此，改革信仰的努力完全适用于过去的律法，而后者极其强调信仰形式的尊严。所有的改革都是一种真正的宗教改革，因此不可能被贬低为纯粹外在的。但无论如何，主要的问题依然是律法和宗教之间的关系这一难题，在此基础上，才能够考虑每一具体律法所涉及的具体问题。为了避免某种个别的错误，如很容易犯的那种消除个体的律法错误，我们有必要在律法原则的相对必要性中认识并且将其看作考虑特殊情况时的一个标准。

在律法中有一个重要的看法，即律法不仅仅适用于信仰，而且把信仰与家庭的和公共的所有行为都结合在了一起。这确实让私人生活变得更为困难。私人生活中压着一副重担，但这副重担应当是上帝之国的重担。在这一点上，"经验"一词有其宗教价值。因为无论是谁，只要他未曾亲身经验过这副律法重担之下的人生，那么他就永远无法理解为什么这副重担是通向天堂的阶梯。因此，这是而且永远是关于未来、关于纯粹一神教的未来的重要问题，这个问题不是要不要承担这副重担，因为这不再是问题，而是如果律法的重担必须得到保留，并且总能在得到重要改进的同时却不会失去任何对于整个未来的效力，那么这副重担要减轻到何种程度。

尽管造型艺术和绘画被迫远离了纯粹的信仰，海涅（Heine）却曾用他诗化的语言说过，摩西造就了人类的金字塔。他通过律法的手段获得了这一成果,而这一成果又造就了信仰独一无二的上帝的信徒。因此,律法本身不可能完全不具备艺术价值,这种价值首先表现在诗歌中。律法的艺术价值作为诗歌贯穿于所有的形式,从悲剧诗到田园诗,甚至基督教邻居都被赎罪日之夜的悲剧氛围所感染,此外还有安息日的田园牧歌,以及高耸入云的建筑和自然的、诗意的装饰物。律法对于高扬生命来说是多么重要啊!而对于死亡以及尊重死者来说也同样重要。从每一个人生命的起点(其中上帝与亚伯拉罕的约在每一个新生的孩子那里得到了更新)开始,律法贯穿于生命中所有的时刻,其目的是强化这些时刻,使之朝向对上帝的真正信仰。与此同时,律法将信仰与所有的人类行为联系起来,并且通过这种联系寻求将所有人类行为转化为永恒的光芒。

独立性不是律法唯一的目的,其目的是将所有人类行为通过神而理想化。信仰并不局限于会堂中,律法实现了信仰并且将这种信仰贯穿于整个人生。当然,整个人生因此被引导到了唯一的目的上。但是,在这种对目的的安排中,只有机会主义者才会惧怕从文明中退出。文明由此获得了坚固的核心,独立性在不可避免的情况下,无论如何都会允许并鼓励对所有文化分支的贡献和认识,只有那种涉及个体自身的独立性才是不可侵犯的。如果有人认为,通过律法而获得的独立性等同于从理论和实践两个方面脱离对文化的独立兴趣,那么这无疑是一个致命的偏见。一个人自己的信仰的独立性只可能建立并加强道德判断的独立性和统治力,这对于一般意义上的文化的所有方向和动力来说都是具有决定性的意义。

第 16 章 律法

从无时不在的律法束缚中产生的那些犹太人恰恰获得了对于文化的所有分支都很重要的东西。首先是巨大的道德动力，以色列之子为了生活实践和道德完善而赋予其生命力。律法与大众道德有重要联系这一点在任何时候都是不会错的。人们乐于在主动的虔诚中看到其产生的动机，但律法本身的客观力量才是真正的根据，其中所产生的动力驱动着犹太人的精神和情感。在犹太人的记忆中，律法的崇高地位深深地扎下了根。在他们的血液中，律法最原始的力量依然在无意识地发挥着作用。犹太人广为人知的是他们的外在形象，但这一形象远远不能揭示律法对其内在生命的持续影响，也无法解释律法的遗传性基础。

因此，纯粹的独立性因为信友（fellow believer）的存在而被一种新的、积极的责任所替代，但两者都是为了未来，也是为了现在。有一句古老的格言："所有的以色列人互相担保。"历史的延续性要求这种信仰同一真理的同胞之间相互作出保证。因此，律法不仅仅是一个关于保存宗教的理论问题，而且是针对属于这种宗教的人们的实践的（practical）或实际的（actual）问题，为的是他们能够在宗教中成长并得到保存。因此，保存信仰的问题就变成了保存信仰这一宗教的整个民族的问题。因此，律法对于延续宗教的价值必须从这些未来民族的角度加以考虑。但是，对未来的关心肯定与过去的虔诚联系在一起。在这一点上，传统的先祖遗产概念获得了一种新的含义。先祖仍然是未来所有的人的先祖，未来所有的人都需要先祖的遗产，并没有权利将其归结到自己身上。律法的杰出之处在于，先祖的遗产因这一点而变得生气勃勃，从而在律法中仍然能够产生并保存生命。

犹太传统科学的创始人桑兹（Zunz）① 用下列语句描述律法如何将过去与未来的祝福联系起来："当外部的象征变化越来越频繁的时候，长久以来存在着的爱从内心升起，并把所有这些带进了神圣的圈子，让他们发现在共同信仰方面的教义，让他们将德性和宗教习惯种在我们心中。啊！所有这些都在我们身边，他们也感到同样的哀伤，他们也承受着同样的困难，一个充满了爱的海洋吞灭了一切……与此相反，当你的灵魂因宗教律法而喜悦时，你将会一直跟随着那些尊崇同一律法中的同样神圣的人们。"在这种历史性的力量中，存在着作为象征（symbol）的律法。当然，律法本身并没有价值，其价值仅仅是象征性的，但却能唤醒真正的价值。因此，那些不属于象征的东西就被限制在能够通过行为或其后果而加以表达的形式中。另一方面，象征超越了其自身所表现的特殊形象，转化为由其引起并产生的无限的形象和形式。一个象征的危险性越大，《密释纳》所包含的价值也就越大。如果我们最终将律法看作是一种象征，就超越了《密释纳》用以区分律法和教义、指称律法的表达方式："律法的篱笆"。律法不仅仅是一道壁垒，只是将教义分离出来并加以保护，而是当被看作象征时，就变成了一个杠杆，不仅能主动地抬起教义，而且是产生教义的一个工具。我们仍然有一个不得不做的工作，即更清楚地表明这样的律法如何可能是宗教力量的一种积极的源泉。

当我们回顾所有律法（迈蒙尼德在对其分类时也进行过回顾）

---

① 应该是指 Leopold Zunz（1794—1886），德国拉比和作家，犹太科学的创始人之一。——中译者

的时候,真正的观点似乎尚未形成。我们必须澄清纯粹道德律令和有关信仰的律令之间的联系。可以这样来问:在宗教和道德之间可以通过律法建立起联系吗?如果这样的律法存在,那么就应该在其中找到律法的理想化概念。因为这才是律法的意义,即建立并保持知和行之间的关系,因而也包括宗教知识和道德行为之间的关系。如果某种律法无论是在信仰上帝的理论还是实践层面上都是中立的,而且根据其含义在道德方面也是中立的,那么在这种律法中,我们就应该不仅仅能发现宗教知识和宗教行为之间的联系,而且甚至可以发现一般意义上的宗教(无论是理论的还是实践的)和纯粹的道德自律(根据我们的前提,在道德自律与宗教中的理性成分有联系的情况下)之间的联系。

第17章 祈祷

在前一章中，我们要求有一种双重的联系，建立起这种双重联系的律法形式是祈祷。就是说，祈祷建立起了宗教知识和宗教行为之间以及一般意义上的宗教和道德之间的联系。祈祷是否已经从根本上列入613条诫命呢？祈祷是整个的律令链条中的一环，因此自身中就包含着信仰的全部内容。如果没有祈祷，信仰就仅仅存在于祭祀中。从文学的角度看，我们或许可以说如果祈祷作为一种特殊的形式并未从预言风格中发展出来的话，那么《诗篇》就不会产生，宗教形式就不会超越预言式的演说。如果没有预言式的观念开辟道路，祈祷的来源几乎是无法想象的。

祈祷是一神教最初的形式。当然，在这种情况下，就像所有由一神教创造出来的事物一样，任何历史和宗教发展的一般性原则仍然适用。当一个民族用语言来表述自身与神的关系时，没有哪一个民族缺乏也不可能缺乏祈祷这种一般性的形式。在一个人向神表白的时候，他第一次结结巴巴的表述除了祈祷不可能是别的。但是，就像语言不可能总是停留在结结巴巴的阶段一样，向神发出的祈求尚不是祈祷，尤其是在只有一神教才发展出来的祈祷的意义上更是如此。如果祈祷是宗教的语言并正确地表达了理性的语言的话，一神教定然能在祈祷中实现自身的特殊性。

对于这一假设，即祈祷是一神教的特殊产物，我们必须通过犹太教祈祷的例子加以证明。

我们首先关注的是某种对祈祷作必要的补充，目的在于和谐和赎罪，这是赎罪的工作所要求的。这一要求的主体带有一种纯粹道德的特征，因为其工作性质就是对自我的审查和净化。从宗教层面上说，这是从对上帝的观点中产生的。对上帝的观点就是信任，信任至善的上帝，这样的上帝才是和谐和救赎的上帝。但是，当面对这一信任时，却存在着一种尚未澄清的含混性。对上帝的看法意味着什么？人不可能"看"（behold）上帝。那么，对上帝的信任是以何种方式表现出来的呢？这种方式不可能是一种影响，而且，即便这种影响是可能的，也仍然存在着以何种方式表达的问题。因此，对于对上帝的信任以及对上帝的宽恕的信任来说，语言是不可避免的、必要的，而祈祷就是这种语言。

作为思想的表达，祈祷得到了高度的评价，这一点显示在一个希伯来词汇中，这个词表达的是一种状态，指在祈祷中思想上做好了准备，这个词就是"Kawanah"。这个词通常意味着坚定、执著，因此表述的是人在祈祷中的信心。但是，其主要含义是为了进行祈祷思想上做好了准备，进行单独的准备。因此它成为一个表达虔诚的词。

首先，祈祷的最初阶段也具有纯粹的道德特征。为了所有灵性的和道德的行为，思想需要返回自身，需要集中精力关注所有的内在力量和期望。正如灵魂的独立变成了对抗易变的感性压力的必要手段一样，如果灵魂试图上升到与神对话的境界，那么从心理学上讲就需要返回自身，返回自身中最深层的部分。当需要用语言来表达对上帝的信心时，祈祷就必须变成这样的对话。

祈祷究竟在多大程度上是一神教的创造？答案就在犹太教的另一个创造即《诗篇》中，对此我们曾经进行过考察。就像在巴比伦诗歌中一样，《诗篇》在希腊诗歌中有其类似物。但是，一神教的特殊品格造就了其诗歌的特殊品格。如果犹太诗歌与所谓的巴比伦诗歌没有分别，那么就会失去其一神教起源这种历史的、无可置疑的特征。在《诗篇》及其风格上并不明显的东西，从祈祷的角度看会变得非常明显。如果将《诗篇》看作祈祷，那么它就仍然只是献给神的神圣颂歌，献给帮助一位英雄取得胜利的神的颂歌，献给英雄本人及其祖先的颂歌，即像品达的颂歌那样的颂歌。作为祈祷的《诗篇》和英雄颂歌的区别是非常明显的，不管其外在的相似性如何。这种区别在于：在《诗篇》中，我自身本来是主体，但却变成了客体。歌者本身并不是主体，但是他必须首先将主体从自身中产生出来。在这一过程中祈求他的祖先，歌唱他们的神奇事迹并不会对歌者有所帮助。如果新的、自由自主的和纯粹的自我想要出现的话，那么一个人自己最内在的自我的支柱必须首先出现。但是，在此与上帝的对话是必需的，而这种对话就包含在祈祷者的独白中。

有一种诗歌的类似物，包含在抒情诗这一诗歌的最初形式中。抒情诗是一种表白，灵魂本身借以表白其最内在的和最隐秘的经验。这种经验就是爱。当然，最先出现的是受本性驱动的性爱，希腊精神借助阿佛洛狄忒的仪式召唤爱洛斯（Eros）。因此，在柏拉图那里，爱洛斯成为灵魂的一般性表述，表述的是其最深刻、最温柔、最奇妙的创造。在希腊精神中表现为爱洛斯的，在犹太精神中则表现为祈祷。祈祷首先是在《诗篇》中出现的。《诗篇》是否会因为对上帝的爱中不存在任何形式的爱欲及其秘密而变得缺乏爱这种基本力量呢？或者说，如果一神教没有赋予爱超越所有感官的能力，并且带着纯洁和清白传达给上帝最理想的（在其他的情况下都是适用于爱人的）性爱的话，那么这种爱就不可能在其纯粹的和独特的个性中获得全部能力和确定性。但是，既然爱的抒情风格不可能将这种对所爱之人的理想形象从其最初的性爱欲望中分离出来，那么这样的形象在一神教中就是毫无意义的。人不可能像爱男人或爱女人那样爱上帝，但是人们却爱上帝，追求上帝，并且坦承这些渴望，因为爱与渴望都是灵魂的真正经验。这实际上是灵魂历史中的一个谜，但是一神教本身同样是个谜。对这一谜团的文学表现形式是《诗篇》，这是一神教的最高成就，因为先知仅仅是劝告人们去爱上帝，但是《诗篇》却坦承这种爱是灵魂的实际经验。这种对灵魂的经验的坦白就是作为祈祷的《诗篇》。

现在我们注意到，祈祷不得不将这种因素补充到赎罪的道德使命中，目的是保障和谐的实现。此外，我们还注意到和谐中的纯粹宗教要素，此前我们曾经在讨论对上帝的信任时提到过这一点。我们需要一种更为准确的表述，为的是表明一种宗教的条件；我们需要一种心理学上的表述，为的是表明一种客观的条件。这个条件就是：祈祷是和解中的宗教要素的心理学形式（psychological form of the religious factor in reconciliation）。

宗教基本形式的逻辑目标是人与上帝的相互关系，而从心理学的角度说就是对上帝的爱。这种爱表述于《诗篇》，表达于祈祷。

祈祷本身就是爱。人们更愿意将这个句子倒过来。爱的理想化过程不就是对祈祷的一种修正吗？其中被爱的人被所有心灵力量所包围，被无限的魔法所包围。

抒情诗还有一种基本的心理学力量，这种力量对被爱的人的理想化进程是有益的，并且在祈祷中变成了一种特殊的治疗性力量（healing power）。抒情诗是某种经验的表白，但不是许多经验中的一种，也不是一种特殊的和短暂的经验，这种经验可以扩展到一个人全部生命。有限、暂时的变成了无限、永恒。因此，说眼下的、瞬间的时刻才是爱情诗的真正内容是相当不准确的。在其中瞬间变成了永恒，近在咫尺的眼下变成了无限遥远的他乡。爱在诗歌中被赞颂为眼前的和当下时，抒情诗就会变成讽刺诗。抒情诗本身需要距离，距离因此而变成了现实性的理想（ideal of actuality）。此外，距离所具有的空间上的意义转变为情感（affect）中的一个心理学要素。情感是形象（image）中的唯心主义要素。尽管渴望中的人需要被爱的人出现在眼前，但他更希望用遥远的形象代替眼前的现实，将心灵的光芒洒向远方。因此，渴望与其遥远的目标密切相关，没有后者，渴望就不可能完成触及被爱的人的行为；没有后者，就不可能平衡自身像钟摆一样的犹疑不决。爱是对本质的渴望，本质不可能而且也不应该出现在可感触的现实性（perceptible actuality）中，尤其是当它变成了渴望的对象的时候。因此，祈祷也是一种对上帝的渴望，上帝同样不能被看作可以感触的现实。就像他不可能在知识中被寻求一样，他也不能在爱中被寻求。

祈祷就是渴望。祈祷所表述的对上帝的渴望就是对上帝的寻

第17章 祈祷

求（quest），而且只是想去寻求而已，因为达到上帝是不可能的，但却可以把"接近上帝"作为目标，将自己拉向上帝。但是，这种"接近"一直是爱，是渴望，是一种情感，从来不仅仅是理智的态度。因此，"接近"并不是一种想象（vision）。想象只是一种幻觉，一种对现实的幻觉，但是，这种情况下的幻觉总是虚假的东西。上帝绝不可能变成人类之爱的现实对象。寻求本身就是宗教灵魂的目的。当灵魂注视着与上帝的相互关系时，其目标是产生宗教，此时《诗篇》是祈祷的合理形式，因为其中包含着宗教之爱，成为爱上帝的形式和体裁。

渴望所爱的，就是虔诚所祈祷的。渴望是一个准备过程（preparation），只要祈祷没有停止，渴望就不会停止。祈祷的每一个新的时刻都是一个新的开端，一种推动虔诚的新的动力。渴望必须借助自觉的、自我创造的灵活性而保持着活力，否则就会变得迟钝，进而变得悲哀，从而带走其所有的生气和活力，这样一来，意识就会逐渐被沉闷的现在所吞没，被剥夺了预见未来并使其得到实现的能力。这种预见能力一般说来就是时间意识的能力（the power of the consciousness of time）。在渴望中，这种能力给灵魂带来了丰硕的成果，就像它在逻辑上为运动提供源头及持续性一样。

在作为祈祷的《诗篇》中，渴望的意义并未在爱的渴望中耗尽。实际上，对上帝的爱是另外一种爱，不同于与性有关的那种亲密关系。对上帝的渴望就是对救赎的渴望，是对从负罪感的重压下解放出来的渴望。这种渴望源于恐惧，让人直面从自我中逃脱并失去自我的危险。因此，渴望上帝对应的是人的自然激励，也就是说，不要对自己绝望，紧紧地抓住信念的支柱，为的是避免被绝望和放弃自我所摧毁。因此，渴望是一种希望，将人们从死亡的痛苦威胁中解救出来。祈祷者的渴望将自身从赎罪的斗争中挣脱出来，转而将希望寄托于解放者、拯救者。

人们从未如此清晰地在《诗篇》中发现祈祷的源头，以及赎罪在"我"和上帝之间造就的对话。这种对话式的独白不可能产生于先知们的修辞学，只能由抒情诗来创造，因为这是渴望中的爱的最初形式。但是，《诗篇》使得这种渴望理想化了，使它更接近于爱洛斯。在这个过程中，《诗篇》借助的是人生的最高目标，即从罪中得到救赎，这种理想化最终会达到对上帝信任的自由（freedom of confidence in God），因此，对上帝的爱同时成为不断更新的自我的基础。

对上帝的爱根植于对至善的上帝的信仰中。善不仅仅是好的，好其实是一种"危险"的表述，会削弱上帝的善的意义。上帝的善仅仅是神圣目的论的表述，是上帝所建构的为了自然和人类世界的最高目标。人类世界是人类个体的世界。上帝的善意味着他对人类的罪的宽恕。他是"善的和宽恕的"，在这种从罪中得到救赎之上是个体的存在，而个体的存在曾一度被罪所毁灭。

这样，个体就得到了拯救。祈祷在悲剧的结局中获得了自己的结论，但却给英雄带来了解决之道和救赎。祈祷为宗教的最基本的形式即上帝与人的相互关系作出了保证。渴望将上帝拉向人的身边，而救赎将个体的价值和尊严重新归还给他，上帝则在祈祷中实现了救赎。现在，个体不再仅仅根植于他出自自然的对生命的感情，他的道德基础也得到了认可。在赎罪和和谐的宗教行

第17章 祈祷

动中已经证明，祈祷本身是一种道德的要素。反过来，也可以说尽管赎罪是一种纯粹的道德要素，但是通过祈祷表现在赎罪中的对上帝的尊崇使得赎罪变成了一种真正的宗教要素。

这样，个体得到了确证，得到了道德上的辩护。这是宗教的胜利，祈祷则是对胜利的祝贺，宗教受到召唤来给个体以道德上的辩护。但是，宗教却宣布了自己的决定，并且将这一决定建立在帮助个体进行道德救赎之上。这样的个体不仅仅是整体性中的一个元素，一个象征人类的符号，相反，他在祈祷中获得了道德本性，并且这样的本性对他来说是绝对个别的。救赎因人而存在，就像强加给人的人类概念那样（在这一概念下人没有罪，也无须救赎）真实，使人通过罪和救赎变成了一个具有自身价值的个体。这种价值包含许多时刻，在这些时刻中推动着个体走向救赎的动因变成了现实。这种价值仍然表现为个体问题和宗教问题，需要在伦理学的基础上得到辩护。但是，无论是为了上帝还是为了人，宗教的问题都需要某些与自然的联系。上帝是自然和人的创造者，也是属人的自然的创造者。无论如何，上帝都是人的创造者。但是人需要与自然的联系，他不仅仅是神圣的灵。他是不朽的，因此他的灵魂的永恒进步需要自然的永恒性来保证。人的肉体不可能与他的灵魂异质。在这里，概念上的区别与实际上的区别混在一起。人类的灵魂需要生物学意义上的个体，在此基础上才需要历史性的个体。因此，作为其否定性的条件，宗教的"我"要求有自己的经验基础。渴望变成了连接"我"的两种本性的纽带，祈祷加强了这条纽带，并且将其变成了个体的切身利益和获得权利的希望。最后，当天堂与人间联系在一起的时候，人格的神杖（the divining rod of the personal）以更为公开的方式进入了祈祷书。这样，个体会感到在思考自我时已经得到了辩护，因为为了其肉体以及整个物质性的存续，必须思考自我。

这就表明了，宗教在多大程度上可以在对抗单面性的过程中发挥作用，这种单面性必然伴随着伦理学，而且实际上是净化的一个源泉。我们已经看到，先知们在伦理学方面的深刻和简洁是如何引领他们发现了穷人的痛苦。这一观点发出的希望之光照亮了寻找宗教的道路。但是，人类的困难从未仅仅局限于贫穷这个社会问题。实际上，死亡不仅仅是一个神话学的问题，而且衰老和疾病也向个体提出了严肃的问题。贫穷本身是个体的其他需求的根源，而这些需求不仅仅表现在经济方面。"我年老的时候，求你不要丢弃我。"这种对上帝的乞求出现在《诗篇》中（《诗篇》71：9），但就在同一篇章中也表现出对保留圣灵于有罪之人心中的自信。在个体祈祷上帝的善的过程中，尘世的苦难得到了扩展，因此，祈祷不可能仅仅局限于乞求宽恕人的罪过。

值得注意的是，在"十八祷文"（*Shemoneh Esreh*）的主祷文中首先提到了尘世的好处和来生："你用爱心行为保持着生命，用强烈的怜悯加速了死者的复生，挽救堕落者，治愈伤者，打碎枷锁，让那些睡在尘土中的人保持着对你的信仰。"这段祷文以这样的方式将生与死联系在一起，在生的层面上区分出死者、病人和被束缚的人。造成人类堕落、疾病和束缚的不仅仅是经济需要，因此必须在祈祷中寻找上帝对抗所有这些尘世痛苦源头的助力。这种对所有类型、所有方面的需要的寻求是寻求所有帮助手段的前提，这就是祈祷者的虔诚的思想内容。

第17章 祈祷

只要个体及其所有的伦理学含混性都被宗教所征服，那么宗教就造就了一种必然的德性，并且为关心自己这一义务作了辩护。现在，个体不再需要为自己辩护以对抗自我中心论的怀疑。因为关心自己的人格是一种义务，这就使自我变成了宗教关怀的对象，从而赋予自我以价值和尊严。渴求自己的生命和安全不再是自我中心主义，而是被转化为祈祷者可能要承担的义务。

伴随着个体的成长，家庭也成长起来，并且成为纯粹支撑个体的新的支柱。但是，祈祷也插上了新的翅膀，因为即便是为自己祈祷仍然有自我中心主义的嫌疑，为家人祈祷却是一种自然的动力，其证人就在天堂中。当一个人关心亲人的需要时，如果他尽可能地想尽办法却并不被看作是合理的，那么这种关心就会变得像自杀一样。宗教造就了祈祷，但祈祷是否仅仅应该用于将人从罪中拯救出来呢？是否也应该将人从对于亲人生命的最大渴望中拯救出来呢？

这里再次出现了宗教和伦理的区分问题。伦理学说并未看出人们之间有何不同，在这一点上，柏拉图是最重要的证人。因此，在父母和子女之间也不应该有什么不同。但是，宗教说："尊敬你的父母。"你必须了解并尊敬自己的父亲，就像你必须拥有他一样。在这方面，人不仅仅是人类的象征，父母和子女之间的相互关系造就了人类自身的价值，给予个体一种独立的价值，这就是尊严。律令只能在民族历史（最初源于先祖和部落）中找到自己的根源。从他们那里产生了部落，而这些部落又将这个民族变成了"以色列的子孙"。因此，个体总不会忘记自己是家庭一员，不会忘记自己的归属感，而正是这种关心导致了祈祷的出现，从而消除了所有个体性的东西,通过上帝实现对宗教的保存。因此,在祈祷和宗教团体中个体变得与弥赛亚式的人类更为接近。

那些将为了某个个体血亲的生命和财富而祈祷的做法看作迷信的人都不愿意去理解人类的心灵,但在这一关键时刻他们必须对此有所理解。不相信祈祷会成功,虔诚就不会获得力量。关心是一种负担,对人类来说,甚至比所有罪的负担更重。个体的关心变成了一种强制性的义务。因此,祈祷不仅仅是一种单薄的支持而是一种单纯的义务。但是,祈祷建立在对至善的上帝的信仰之上,上帝希望而且能够帮助每一个个体。他是否会帮助我,我在尽基于行为的义务时并不关心这个问题。"我"永远不应该问尽自己的义务是否会取得成功,但如果对"我"的虔诚来说相信会成功是必要条件的话,那么就不会有什么怀疑论的观点能够质疑"我"。"我"的灵魂获得了对至善的上帝的信任和由此产生的纯洁。因此,"我"向他祈祷。"我"的祈祷变成了我的灵魂。祈祷将作为个体的"我"与上帝紧密联系在一起,在这种祈祷中,上帝比以前任何时候都更加是"我"的上帝。

但是,宗教的自我不仅仅通过祈祷而扩大了经验自我的空间,而且也与伦理自我联系在一起。伦理的"我"被分裂、冲突、矛盾威胁着,时时刻刻试图将伦理的"我"分裂开来。《诗篇》再次将自身的原初力量表现在被引入了日常祈祷的下列诗句中:"我要一心称赞你。"(《诗篇》86:11)意识的统一性是系统哲学的最终问题,而宗教以自己的方式触及了这个问题。在所有心灵的斗争和矛盾中,祈祷寻求统一,并且乞求给予心灵最大的福佑。罪只不过是对分裂的心灵的宗教表述,和谐则是统一的宗教表述,在其中心灵再次回归了自身。因此，救赎的上帝变成了心理学意义上的个体的拯救者，他的自我意识的救主，而祈祷中充斥着救赎的努力，是救赎的胜利之歌。祈祷成了一种语言学工具，持续地保障并且不断地更新着意识的统一性和心灵的统一性，虽然这种统一性经常处于危险之中。

但是，通过这种为了心灵的统一性而进行的祈祷，不仅仅作为至善者的上帝得到了宣示，而且相互关系也在人面前证明了自身。在这种为了自我的祈祷中，个体不仅仅得到了解放，而且得到了普遍的更新。祈祷在实践中的胜利不仅仅意味着从罪中的救赎，祈祷的力量对于人的内在价值来说也发挥着作用。赎罪的行为不仅体现在罪、救赎和和谐之中，即便是在没有罪和赎罪的情况下也能带来和谐。如果这个条件是无关紧要的，那么宗教就会消解在伦理学中。人必须在没有外在赎罪的情况下进行自我审查，并贯穿于他全部的生命，只有如此生命才能变成道德生命。如果情况仅仅如此，那么宗教对于普通的生命来说就是多余的，可能只对于有罪的生命来说才是一种良药。但是，祈祷为宗教赢得了针对个体生命及其道德价值安全的卫生学价值（hygienic value）。如果祈祷必须关注个体，那么就不仅要关注他的救赎（更不用说他的尘世安全），而且要关注他的道德安全。祈祷的这一权利在个体心灵的统一性中得到了实现。

相对于统一，整体性则是适用于上帝和人类双方的概念。但是，即便是在上帝那里，整体性概念也不足以胜任宗教认识的使命。知识变得客观化不仅仅是在整体性的概念中，无论整体性概念是不是知识的基础概念，知识的客观化并不仅仅体现在这一概念中。

但是，从客体的内容出发，知识又回到了自身的理由和权利上。在寻找自己的辩护词时，知识为自身确定了最终问题即真理的概念。如果知识不是建立在真理之上，且又不是真理本身，那么知识会变成什么样子呢？因此，即使对于上帝，真理也变成了最终表述。"神圣的唯一者，赞美他，他的印信就是真理。"这是《塔木德》中的话（安息日，55a）。因此，即使对于上帝，真理也变成了对他自身的最终表述。整体性不是他的印信，真理才是。

对于上帝来说是真的东西，对于人来说更是如此，因为作为有理性的人，必定是属于真理的人。如果神圣性不想将自身局限于道德的话，那么真理和神圣性就会统一起来，与此同时，真理结合了理论的和伦理的内容，因而比神圣性更容易成为理性的理想型。因此，真理是一条纽带，一头连着科学（也包括伦理学），另一头连着宗教。如果人必须寻求最高的善，那么他就必须寻求真理；如果人必须将其祈祷指向真理，那么他就不能仅仅被看作人类的象征。个体同样必须将其祈祷指向真理。

针对个体的真理变成了诚实（truthfulness）。在此我们必须预先讲一下下一章的内容。诚实是一种德性。我们将会看到，从德性的观点出发，当宗教为了个体的诚实而对祈祷表现出关心时，还是停留在自己的目标之内的。诚实造就了一种武器，经过不断锻造与强化，就成为赎罪必备的武器。如果诚实不是青春之泉，个体可以从中得到持续更新的话，那么救赎就不可能开始，即便开始了也无法稳定地前进。威胁着诚实的危险是难以排解的。对于哪一种祈祷更为必要或哪一种是力量的最好的源泉，个体并不关心，其目标只在于诚实。谎言是一条外在的毒蛇，由于思想和

第 17 章 祈祷

心灵往往交织在一起，所以会产生出新的谎言以掩盖欺骗的本质，甚至会让诚实也显得可疑、不可靠。所有的人类力量在这里似乎都无能为力，只有祈祷是唯一的希望。

作为开端的晨祷是非常重要的，这一点我们已经说过了。我们已经注意到，晨祷包含着重要的内容，虽然其引言表达了人类力量的空虚无益，但接下来又指出："在任何时候都要让人敬畏上帝，无论是在私下里还是在公开场合，都要坦白真相，说出心中的真话。"总的来说，这种诚实的劝告就是祈祷的动力。即便祈祷的其他目的会受到质疑，这一点也是毫无疑问的。祈祷要求灵魂和全部的意识都全神贯注，这是达到诚实的独一无二的方法。因此，祈祷必须在宗教与道德之间建立起完全的联系。通过祈祷，人与上帝的关系被注入了人转向自身内部时最深刻的道德力量。这种转向就是虔诚，在希伯来文中也意味着"被确立"。祈祷的虔诚确立了意识的整体性。对于这种整体性来说，没有什么过错比数不胜数的不诚实陷阱可能带来更大的威胁。为了对抗所有这些欺骗和借口，赎罪必须将自身武装起来，而祈祷为其提供了武器。

因此，祈祷是最基本的形式，是最基本的宗教行为。祈祷的目的是将人的意识根植于诚实中，其中上帝表现为相互关系的另一个链条。上帝是真理的上帝，而人将会变成诚实的人。因此，人向上帝祈祷。如果人能够不借助祈求上帝就能够确立并达到诚实，那么人就是完美的，就是他自身的救主。最主要的祷词，正如《诗篇》中的表述："求你为我造纯洁的心，使我里面重新有坚定的灵。"（《诗篇》51：10）其中的形容词"坚定的"属于与虔诚同一词根的词。因此，人们可以将这句诗翻译为：使我里面重新有虔诚的灵，有虔诚信仰的能力。虔诚的能力就是祈祷的能力。纯洁的心是人最高的善，对此，他只能认为这是上帝的礼物。如果他自己就能够创造纯洁的心，上帝就不是必要的了。为了自己，他需要一颗纯洁的心，因此他必须求助于上帝。

我们必须再次回到包含着重要内容的晨祷："哦，我的上帝，你赐予我的灵魂是多么纯洁！只有你创造了它，只有你造就了它，只有你将它吹入我的身体，你让他在我体内继续存在，你会将它从我这里带走，但是此后你又会把它归还给我。"《塔木德》也是这段祷词的作者。灵魂的虔诚是诚实的前提。如果灵魂是败坏的，那么所谓的虔诚就会自相矛盾。上帝如何能够赐予人一个不洁的灵魂呢？在那种情况下，他根本不可能赐予人灵魂。但是，既然他赐予了人一个纯洁的灵魂，人就可能要求上帝不断保持灵魂的纯洁性，不断更新灵魂的虔诚。这种更新以及对灵魂的不断更新是人的诚实的条件。这就是祈祷的主要意义和主要内容。

在上述祷文中，人们必须注意这个短语："要坦白真相"。坦白是真正赎罪的条件，所坦白的不仅仅是罪，而是真相。坦白也是人类的义务。祈祷将人提升到他使命的高处，使得他能够坦率、客观地坦白真相。对真相的坦白不应该成为他诚实的最后产品，因为这样的话，坦白就仅仅是一种理论上的结果，相反，坦白应该变成强化他诚实的工具。对于祈祷来说，坦白真相就是向上帝忏悔。祈祷指向的是上帝，为了人们自己的诚实而指向真理的上帝。在忏悔中，祈祷将人与上帝联系起来。心灵的纯洁将坦白真相与坦白罪过区分开来。人的灵魂是纯洁的，它有能力变得诚实。上帝给了人一个纯洁的灵魂，人有义务坦白真相。

第17章 祈祷

祈祷将作为个体的人提升到了远远超出经验层面的境界，但是他仍然需要上帝的保护以对抗世界上的危险。晨祷中还有一段附加的内容，引用的是《塔木德》中的原文："期望你，啊，我们永恒的上帝，我们祖先的上帝，愿意让我们熟悉你的《托拉》，让我们忠诚于你的律令。啊，请不要让我们落入罪的陷阱（lead us not into the power of sin）或犯错的陷阱，或行不公的陷阱，或诱惑的陷阱，或轻蔑的陷阱。"在这段祷文中，需要对两个主要的概念作出区分。首先，占主导地位的概念是认识和关心《托拉》，这是宗教性的基本条件。因此，我们祈求的内容是上帝要求我们熟悉《托拉》，并让我们忠实于他的律令。这一点并不与个人自由相冲突，《塔木德》明确地将个人自由从全能上帝中排除了出去："所有的事情都在上帝的掌握之中，除了对上帝的敬畏。"这里祈求的仅仅是"熟悉"，但却存在着障碍，而祷文要求消除障碍。当障碍被消除或者被削弱时，"熟悉"就能够轻装上阵了。

对人类道德的第二种威胁来自犯罪的诱惑。"向上帝祈祷"（the Lord's Prayer）这篇祷文中有一句被翻译为："不要让我们陷入诱惑。"这种翻译至少是不准确的，因为上帝不可能导致诱惑。他是至善的上帝，不是撒旦。但是，希伯来文动词采用了"hiphil"形式，意思是"让我们不要陷入诱惑"。这个祈求得到了应允，是与前一个联系在一起的。接下去的文字同样也是与诱惑联系在一起的："轻蔑"。这是导向诱惑的一个特别危险的诱因。"蔑视别人"这种错误做法是对诚实和自律的最大威胁。人没有能力将所有这些障碍从他的人生道路上清除干净，但是，当他祈求上帝将他从这些诱惑中解脱出来时，他采取的方式绝不应该是幸福主义的。

"向上帝祈祷"同时还包括对日常必需品的祈求。这一点同样也不是幸福主义的,因为尽管千真万确的是"人不可能只靠面包活着"(《申命记》8:3),但同样正确的是没有面包人也活不下去,生命的生物学条件对人来说是一种否定性条件。在这种情况下,对于希伯来原文的翻译也是不准确的。因为开化的人不会因为每天祈求必需品而满足,因为这样的做法看起来可能包含着令人误解的倾向,似乎开化的人必须关心的仅仅是单独的每一天,就像野蛮人每天晚上都要拉倒他的小屋,尽管他明天早上还要再重建一样。希腊译文更则好一些:"在那里人们祈求适量的面包。"经文(《箴言》30:8)中没有任何不清楚的地方:"使我也不贫穷,也不富足,赐给我需用的饮食。""需用"的意思驱散了所有的疑惑。这同样是一个用于上帝的词汇。"我需用的"中的代词为"饮食"一词加上了主体方面的限制,被指定用来满足自身。因此,人们可以这样翻译:"满足我需用的饮食。"这样所有个体的需用都得到了照顾。最大的诱惑仍然来自物质方面,但是这些诱惑既存在于穷人那里,同样也存在于富人那里。这一观点在《箴言》中表述得很清楚。

为什么晨祷没有接受上述语句呢?这个问题与为什么"向上帝祈祷"接受的问题并不是一回事,而且其答案对于犹太祷文的特点来说是非常重要的。

在大多数祷文中,所谓祈祷的主体部分是由犹太大议会时期的人写就的,另一部分则是由《塔木德》学者写就的,其内容都禁绝关于尘世的想法。因此,不光是富裕,就连贫穷也不属于祈祷的内容。在祈祷中并通过祈祷,个体应该有所转变从而远离幸

第17章 祈祷

福主义的想法。只有那些能将人与上帝联系起来的东西才属于祈祷的内容。祈祷只是促进人尽自己的义务。因此，除了道德，只有灵性、知识和对《托拉》的研习才是祈祷要求人关注的对象。

这就会引起一种更为普遍的思考。第二以赛亚要求有一个祈祷的场所，他在所罗门神殿献词时提到了这一点："因我的殿必称为万民祷告的殿。"（《以赛亚书》56：7）这个名称并未保留下来，在《塔木德》时代，"议会厅"（house of assembly）已经出现，或许是对希腊文"会堂"（synagoge）的一种翻译。希伯来文则包含着比"议会"一词更多的内容，其词义包括集会、引介、保留、保护等。所有这些含义都可用在"以色列圣会"来表达，都与"议会"一词联系在一起。

但是，作为"祈祷之殿"的神殿还有另一个称呼："学习之殿"。在这里，知识的基本要素再次在宗教中展现出来。在祈祷之殿中，祈祷并非停留在独立的信仰内容上，而是通过研读《托拉》和安息日文献中有关祈祷年的部分补充了一个重要的内容。此外，对于祈祷中涉及《托拉》的部分，经常出现先知们的语言。因此，是《圣经》中的最重要内容，即摩西五经和先知著作中的重要部分造就了人们的信仰。对上述两部分内容的阅读并不仅局限于安息日，它们在研习的过程中被引入了所有庆典和其他重要节日的祷文中。任何一段祷文中都包含这些内容。因此，根据《密释纳》的说法，犹太祷文的一个重要的特征是"研习《托拉》重于所有的律令"。祷文必然是用于学习的内容，必定在《托拉》中占有一席之地。

因此，可以理解的是，学习之殿与祈祷之殿几乎是同义的，学习之殿吸纳了祈祷仪式，于是完全可以替代"祈祷之殿"这一名称。在德国犹太俗语中，会堂仍然被称为"学校"（*Schule, School*），尽管近来"圣殿"（*Tempel, temple*）一词逐渐开始流行。即使考虑到上述种种理由，"议会厅"这一古老词汇的原义仍未得到充分的展示。

还有一个更为深刻的理由。既然任何形象都无法与独一无二的上帝相比，那么如何给他造一座神殿呢？多神教的神殿中坐着一个个神的塑像，正因如此，放置约柜的帐幕才可以在类似的意义上得以理解。但是，当对上帝的认识逐渐成熟而发展到一神教的时候，所罗门首先自我反驳说："耶和华曾说，他必住在幽暗之处。我已经建造殿宇作你的居所，为你永远的住处。"（《列王纪上》8：12—13）独一无二的上帝的居所是一个秘密，为上帝造一所神殿似乎是一种侮辱。剩下的可能性只有一个，那就是圣殿并不是为上帝所造，甚至不是为他的影像（根本就不存在）所造，而是为了人，为了那些不是想在其中祭祀而是祈祷的人所造。毫无疑问可以得出这样的结论：如果一神教的观念反对为上帝造神殿，那就必定将神殿看作是祈祷场所。只有在与祈祷的联系之中，圣殿中的祭祀才是可以想象的。（参见《列王纪上》8：27—29）

但是，圣殿不仅是一种对上帝的冒犯，作为祈祷场所，也是对人的冒犯。祈祷最初一定就是个体的行为吗？自然而然地进行的祈祷是以合唱还是以独唱的形式呢？无论在哪里，祈祷都不应该被看作是某种私人的、只有个体本身而且也只是为了个体本身才做出的吗？聚集的人群是否是对祈祷的内在品格的否定呢？如果个体在祈祷时必须按照等级进行分类，那么祈祷是否还能实现并保持内心的动机呢？圣殿是对上帝的冒犯，而议会厅似乎更加助长了对个体的否定。

祈祷本身的本质消解了所有这些疑虑并将其统一起来。此前我们曾经将这一主要内容与作为个体的人联系起来。但是，个体需要祈祷以忠诚于上帝。个体与上帝的这种联系不可能被祈祷以个体的方式表现出来，因为祈祷是接近上帝的普遍形式。祈祷代表的是普遍的人性、人类的共同体，人借助祈祷才能去寻找、祈求他与上帝的联系。因此，甚至上帝的概念在祈祷中也会变成上帝王国，而人如果想将自身确立为一个个体，那么他达到目标的唯一方式是进入上帝王国的共同体之中。因此，最重要的祈祷即一天中的终祷，而每时每刻的祈祷都要用到"阿勒奴"（*Alenu*）这篇祷文。上帝王国的确立是终祷的主要内容，其他所有的内容都是以此为核心的。我们在下文中还要讨论这个问题。因为上帝王国是共同体的唯一的最高形式，因此需要首先确立下来，以便对个别进行指导，而这个个体是作为祈祷着的个体而存在的。

祈祷以会众（congregation）的形式完成，因此更多地属于团体而不是个体。祈祷同时也确立了个体，但能否取得成功取决于个体与跟集体联合的程度，取决于诸多个体与集体统一的程度。圣会是信仰者的团体，目的是为了向上帝忏悔。这种向上帝忏悔的团体是而且一直是上帝的弥赛亚王国的最初的土壤。弥赛亚王国属于未来，但眼下仍然需要祈祷，如果现在不能做好准备，也就不可能有未来。因此，上帝王国的重担必须由人用自己的肩膀扛起来，每一天的每一次祈祷都肩负着这样的重担。这就是终祷的意义和内容。

这同样也是"卡迪什"祷文的意义。这篇祷文是为了纪念一位祖先，是犹太祷文的重要组成部分。"愿他的王国在你的生活中，在你的一生中，在所有以色列家的生命中建立起来。"因此，人们祈祷的是上帝的弥赛亚王国有一天会变成现实，通过祈祷，弥赛亚未来或许在眼下就会实现。不管有多少人反对迈蒙尼德，他同时代的人还是在上述祷文后面加上了一句："在摩西·本·迈蒙尼德的有生之日建立起来。"以这种独一无二的方式来纪念他，表明他在历史上的重要地位。当然，这个句子是不应该保留的，但确实人们表达了对这位犹太教中伟大的灵魂人物的深深的理解、尊重和感激。但他的同代人通过将他的名字写进最重要的祷文中的做法来表达对他的最高敬意，所写下的这一证词是永恒的。这就说明，弥赛亚时代的真正意义只有通过与现在的联系才能实现，迈蒙尼德的阐述方法，一是在未来时代和未来世界之间作出区分，二是将宗教和伦理学完全联系在一起。

会众是实现弥赛亚时代的不可或缺的预备性步骤。个体的祈祷必须相应地变成会众的祈祷。神秘主义和虔信主义在将祈祷中的个体孤立起来时，走上了一条危险的道路。孤立只能作为人类心灵的一种暂时性状态。人是人类的载体。为了这一目的，他必须首先融入一个集体。人类全体是他的最终目标，但为了这个全体，他必须首先接受复多性的统一体。人类是一个全体，复多性的统一体就是会众。以色列会众是上帝的议会，因此"祈祷之殿"变成了"议会厅"。

如此一来，会众的存在及其保存也成为祈祷的一个重要部分。在宗教看来，会众几乎可以替代民族。"将自身隔离于会众之外的人也不会拥有永恒的生命。"这一严厉的限制表明了会众的重要性。会众保存了宗教和属于宗教的民族。各种各样的对一神教真理的不信任托庇在唯物主义历史理论之下，但是都不足以表达其在以色列民族持续不断的生命力之谜面前的惊讶。会众就是这一谜团的解决之道，因为会众取代了国家的地位。国家必须被弥赛亚崇拜所替代，如果国家和民族的同一性不存在了，那么，定然会出现另一种同一性即国家和会众的同一性。以色列民族变成了"以色列会众"。以色列会众又变成了"以色列议会"。

在此，我们必须再次讨论一下晨祷，其中提到了两个福佑。一个福佑是："赞美你……你赐予了以色列以荣耀。"在对以色列的荣耀的祈祷中，人们祈求的是赞美上帝的基础，即"以色列会众"。另一个福佑是："你赐予了以色列英勇的力量。"实际上，这个福佑在前，我们之所以放在后面谈，是因为赞美是目标，而赐予的东西则是手段。英雄般的力量（heroic power）本身并不是目标，祈求的目的是赞美上帝，上帝才是唯一的目标。这些福佑同时也来源于《塔木德》。

与作为会众的民族对应的是赞美诗中的"我"，而赞美诗是祈祷的基本形式。赞美诗的风格是抒情的，坦承灵魂对上帝的爱。灵魂感到的这种爱就是对上帝的渴望。在这种抒情的坦白中，必须以对话的形式唱出独白的心曲。灵魂在对话中使用两种人称，因为灵魂本身是上帝赐予的，所以不完全是一个人的灵魂。因此，灵魂会追寻上帝，与上帝对话，与上帝在一起。先知们已经通过爱将以色列与上帝联系起来，并且将以色列比作新娘和妻子。根据《米德拉什》的说法，以色列被称为上帝的新娘的地方多达十处。以色列也被称为姐妹或朋友，早期的晨祷中有时甚至被称为

"爱"（Love, ahabah）。在新年祷文中，耶利米的话响在耳边："以法莲是我的爱子吗？是可喜悦的孩子吗？"（《耶利米书》31：20）在多种多样的象征中，先知们和《诗篇》唱出了上帝与以色列的约和以色列与上帝的约。祈祷是爱这一基本形式的母体。

在祈祷中，会众变成了爱人的人和上帝的爱人。舒拉米斯（Sulamith）成为古代晚期和中世纪宗教诗歌的象征。祈祷融合了对上帝的爱和对会众的爱。会众既是民族又是宗教。在上述结合中，祈祷的真正含义不可能与弥赛亚人类有任何矛盾之处。弥赛亚人类是目标，但是没有会众，这个目标既不可能达到也不可能追求。虽然多数犹太祷文指向的是对以色列的保存，但并不是特殊神宠论。实际上，其中并不缺乏关注普遍人类即"所有人"的篇章。理性的普遍关系（如知识）指向的是一般意义上的人。在每天的主祷文中有："你喜欢有知识的人，教会了人们理智。"无论如何，必须时刻保持对以色列会众的关注，因为在其中宗教的关键元素得到了保障。就连基督教会都接受了"以色列"这一名称，只是它更乐于将以色列的含义扩展到世界万民。

因此，以色列会众必定会成为个体祈祷中必须关注的一项特殊内容。祈祷必须被看作并被用作保存和发展会众的手段。会众承担并传播着宗教。因此，所有对律法的有效思考在更高的层面上必定也对祈祷有效。当然，会众的保存不可能局限于祈祷。但是，重要的规定不仅体现在"祈祷之殿"中，而且体现在"学习之殿"中，此外所有《托拉》中指定的篇章都同样被"祈祷之殿"所认可。所有这些基本的学习规定以及研习托拉本身在没有祈祷协助的情况下都是无效的。祈祷如其所是的那样是会众理性的语言（language of reason）。通过祈祷机制，所有精神方面的个体差异都得到了和解。心灵的语言变成了灵性统一的语言。

因此，祈祷主要是一种社会化的力量，也是对"议会厅"的重要补充。所有人在上帝面前一律平等，这是一条充分体现了宗教的弥赛亚特征的原则，每个有信仰的人都会通过自身的行为发自内心地认同这一原则。这一信念无意识地驱动着每个人走向会堂。但是，如果有一种共同的语言并未在共同的地方出现，那么共同的宗教场所本身并没有办法保证社会化努力的最终实现。祈祷就是这样的共同语言，这种语言超越了所有的知识手段。既然祈祷是会众的语言，祈祷的行为必须是一种作为整体的会众的行为，虽然不可能替代个体的祈祷，但却在个体的目标即天堂之外树立了一个尘世的目标。

因为，祈祷也遇到律法必须面对的所有困难。只要会众及其发展的能力以及宗教本身都以祈祷为基础，那么祈祷必须让自身像律法一样承担起独立的风险和义务。这里的危险似乎比独立的法律更大，因为语言不仅仅是祈祷的工具，而且也是一般性的文明工具。语言是文明的形式，在这种情况下，一个人对自己的国家和民族性的要求就更为迫切。祈祷的语言是心灵的语言，但心灵的语言却是母语。因此，现代人努力将希伯来祷文转化为相应的文明语言就是可以理解的了。对于这些努力，必须从其对民族国家和相应的文明的统一所作的理想化贡献这一角度予以高度评价。这一理想化进程必须与过去的单纯翻译区别开来。翻译的出现是由于一种实际上的考虑，因为巴比伦时代的乡村居民已不再熟悉希伯来文。当然，现代的改革倾向也涉及翻译的问题，但是其理想化是主要努力方向。问题在于,所有这些重要的考虑是否一定是唯一的决定性要素,或者说,必须作这方面的考虑但却不是决定性的?在这里,再次出现了关于律法及其孤立性的问题。这个问题必须得到澄清,但是否有必要给祈祷本身的语言附加上一种特殊的、独立的意义呢?或者说,在祈祷中,独立性是否应该仅仅限于宗教的内容,除此之外别无其他的应用呢?

在这里深藏着一个心理学问题。翻译的困难对于现代学者来说是众所周知的。如果有人问这样的问题:荷马是可以翻译的吗?那么,在柏拉图身上这个问题可能更加严重。思想宇宙的现实性越多地与个别语言的个别技巧联系在一起,翻译的企图就越显得困难和无用。人们只能翻译字词,而几乎无法翻译一个句子的结构,但字词只有在句子中才能获得其内在的生命。如果一个词没有灵魂,那么这个词的精神在其他语言中也是毫无生命力的。

当翻译宗教性内容的时候,一般性的翻译困难更为突出。就目前的情况来说,要翻译的内容并非仅仅涉及某个宗教派别的教义。"某个宗教派别的教义"这种表述规避了犹太一神教所带来的困难。正像实际上发生的那样,犹太一神教与其他一神教的形式相对立,在涉及一般性文明的重大问题方面,犹太一神教不得不承认自身是与基督教相对立的,而基督教的不同形式却主宰着文明的进程。这一困难越来越难解,是因为基督教不仅起源于犹太教的原创性财富,而且直到今天仍然通过这些财富不断地更新自身。如果犹太教希望确立自身的地位,那么其语言就不得不在某些层面上与其原始的语言产生矛盾。但是,其自身的语言已经不再是基督教的原初语言,而是变成了一种翻译。因此,我们必

第17章 祈祷

须捍卫原初的希伯来文，不仅要对抗其德语翻译，而且要对抗基督教，因为基督教对《新约》的希腊文翻译已经对希伯来原初思想造成了歪曲。不仅如此，从《新约》的语言转译为现代文明的语言对原初文字造成了进一步歪曲。因此，人们可以衡量一下，现代翻译中可能出现的改变会带来多么巨大的心理学困难。这些语言学上的一般性困难也困扰着祈祷问题。

首先，为了减少具体实践中正当的反对声音，我们必须说现在要面对的问题只与原则有关，因为原则并不能被看作是能够应用到具体事例上的范型。原则上说，从未有将不同文明的语言从祈祷中排除出去的要求，而且实际上在很大范围内缺乏对希伯来文的理解被看作是一个决定性的要素，不仅如此，一个人所属的民族国家的观点也应该被看作范型。犹太教的追随者应该是一个现代文明中的人，如此一来他应该使用自己文明中的语言，不仅将其应用到工作中或应用到除宗教之外的思想的一般文化层面上，而且还应该尊重这种语言并将其有效地应用到祈祷上。为了他的宗教情感，他应该对自己的语言有所启发。如果一般性的文明并不能贯穿在他的宗教精神的最隐秘的生命之中，那么这种文明就是无声的、无灵魂的。因此，无论如何都不应该在文明的语言和祈祷的语言之间设置对立。唯一可以承认的是两者之间有区别，而这种区别的结果要从原则上加以考虑。

这个原则就是犹太一神教及其独立性的特殊要求。从这一原则出发，不可避免地会得出祈祷语言的独立性这一结论，但是其程度只能局限于与其他原则相容的范围内，即要与自身文明的集体归属感相容。因此，这种冲突仅仅涉及一个恰当分配的问题，其中按两种原则将祈祷的材料分配到两种语言中。正是根据这一标准，信仰的新秩序在多数的德语会众中得以形成。这一标准与两个必要的原则都是相容的。如果我们考虑到现代犹太教文明中所有宗教问题的故土，如果我们特别考虑到德语的话，那么德语必须在祈祷中得到保留，但不应该继续回推到希伯来文。也就是说，那些可以教授的宗教内容或许应该成为选择希伯来文字的决定性要素。

因为祈祷是会众的语言，是宗教团体的语言，因此祈祷本身必须被看作并用作教育的手段，其内容是信仰，目的是给信教的心灵介绍、传播最重要的观念。为了这一目的，原始文献是必要的，因为通过翻译可能会让犹太人吸收基督教精神，甚至在最初的圣经观念中也无法避免。一般性的文明也是宗教概念的共同背景。与外围的文化背景比起来，片断的宗教教育无论采取何种形式都显得极其无力。家庭和家族如果不仅想造就宗教知识和律法，而且还想培养具体的宗教情感，就必须采用一种真正的宽容态度才能达到其目标。心理学上不可避免的知识和情感之间的区分，以及更加令人遗憾的法律实践和情感之间的区分能够通过祈祷的语言达到更好的结合，因为这样的语言是直接的情感语言。基督教译本的一个典型特征是并不提倡上帝的独一性，在大多数情况下都用数词"一"来代替。这个例子所揭示的是基督教词汇的含义与犹太教不同，而且几乎在所有的相关词汇中都是如此。例如，需要指明"救赎"、"牧羊人"、待宰的"羔羊"，但在上述概念中，基督教心灵与犹太教心灵的跳动频率是不同的。在这方面，没有任何其他心理学方法能够奏效，除非让最初的语言作用于最初的概念及其相应的情感。一个具有启发意义的例子是，在广大的犹太社团中救世主并非是一个众所周知的原初性犹太概念，因为按照通常的理解，救世主为人所知是因为基督教的传播。如此一来，犹太一神教所承受的各种各样的诽谤和曲解以及由此造成的最深的伤害，都是因为没有正确使用爱邻人的概念。如果最初的词，即"同胞"并未被错误地翻译为"邻人"（意思是"同乡"），那么这种伤害就不会发生。"托拉"的翻译只有一个，那就是律法，如果这个词并未一直保持着最初的生命力的话，那么就不可能代表"托拉"。

让我们考虑一下潜藏在犹太祈祷最初根源中的纯粹的精神性财富。首先是其中大量的《诗篇》作品，或者被整篇地引用，或者以格言的形式出现，或者改头换面以新的形式出现在祷文中。《摩西五经》《先知书》和其他圣经内容的引用情况与之类似，也经常交错出现在新的祷文中。祈祷的形式并未因此而变成一种折中或模仿，同一种精神贯穿于这个原初性的世界中，而这个世界仍然由一种统一的力量所掌控。因为当时正典尚未形成，但即使如此，《米德拉什》和《哈嘎嗒》及其所有的变体都可以确保正典拥有新的未来以及未来与过去的联系。《米德拉什》自身的内容在进入祈祷的过程中相当活跃。此外，《米德拉什》不仅自身具有相当独特的形式，而且还将自身通过对《塔木德》的双重表述即《哈拉哈》和《哈嘎嗒》表现出来，从而形成了一种共通性的、基础性的力量。如果不是由于原初的圣经精神在其中挥动着心理学魔杖，那么《米德拉什》在各种各样的精神性表述中体现出来的统一性就是一个无解之谜。那些对《米德拉什》和《塔木德》只有肤浅理解的人必定会惊讶于在这些作者表达思想时运用圣经语句如此生动，他们应该用这些词句来创作自己的作品，而不是将其应用于那些他们自己的往往不太自然的论证。假设他们预先有了观念，然后再到《圣经》中寻找其基础，这种假设不可能是一种心理学的解释。在个别情况下，这或许还有可能，但是现在的情况是对全部圣经的解释的风格都是如此，上述方法显然无法解释这种风格上的统一。前提必然是这样的：主题和圣经语句同时出现并契合在一起。但是，这样一来就产生了一个新的问题：主题和圣经语句同时出现这一点如何能够在心理学上加以解释呢？后来的犹太生活保留了足够的例子，足以表明圣经语句及其爆发式的或者说有机的活力和创造力的最内在的、延绵不绝的生命。但在古典时期，这种生动性有着更为深刻的力量和丰硕的成果，而口传传统就是开始于这一时期。

圣经语言的生动性以及语言情感是祈祷产生的最初根源。这种原创性怎么能被怀疑为折中和模仿呢？可以说，祈祷承载着最初的犹太精神。最初的犹太精神并未因正典的建立而消失，反而继续存活并不断创造着。就像在所有与最初观念的内在联系的情况下一样，新祷文持续不断的形成一直保持着古典的形态。这一点证明了精神财富的存在不在于教义本身而在于对教义的情感，对教义的情感是祈祷产生并保持活力的源泉。祈祷的力量是与语言的力量联系在一起的，因为观念是从祈祷语言中产生的，而且情感也与其交织在一起。因此，在祈祷的财富中，会众必须唱祷的一部分仍然使用丝毫没有改变的希伯来文，目的是造就这样的犹太宗教情感的特殊性并使其保持活力。

第17章 祈祷

这一原则可能会引起人们的反驳：其他原则（如文化团体的原则）是否会因宗教特殊性的原则而遭到阻碍和削弱呢？我们的回答是：这些祷文是古典的内容、最初的圣经内容的根源。现在我们可以转败为胜了。当希伯来祷文被保留到一定程度时，就不会再限制现代思想的文化内容。此外，不仅犹太宗教精神由于这些祷文所带来的特殊宗教情感而硕果累累，而且这些最初形式的祷文的古典内容（本身是从《先知书》和《诗篇》中产生的）可以产生出一种新的普遍的宗教精神，并通过开明的犹太人而传播到了现代世界。《旧约》精神贯穿于整个基督教文明。诗歌的最高理念就来自于这种精神并为这种精神所养育。在这一点上，赫尔德成为歌德的教父。因此，总而言之，当希伯来祷文在一定的范围内成为人们的必需时，根本就不应该认为这是与文明语言的分离或分裂。也就是说，沿着这些渠道，一条新的河流即将出现，这实际上是对古代源头的一种新的接纳和扩展。坚持反对犹太人的特别性和对世界的贡献，对希伯来祷文有所怀疑，这些都只不过是偏见。坚持犹太一神教的特殊性（原则上要求保留律法）也就意味着保留希伯来祷文。

祈祷之根萌发于信仰的最初形式。"以色列啊，你要听"就取自《申命记》。这是以色列的座右铭，是关于独一无二的上帝的座右铭。人们应该反思一下《塔木德》中的话：当在祷文"以色列啊，你要听"中说出"独一无二的"这个词的时候，祈祷者在其思想和情感中都应该将全部的灵魂和生命奉献给上帝。这句话只有从该词内在的语言形式中才能得到理解，因为其动词形式的根词有"奉献"的意思。因此，当上帝的独一性被以一种正确的情感来思考时，人必须把自己变成一个整体以面对上帝，将自身奉献给他，将自己全部生命奉献给他，即要求奉献出"全心全意、竭尽所能"的爱。因此，独一无二的唯一者同一体的心联系在一起，而一体的心则展示在对独一无二的上帝的奉献中。

"以色列啊，你要听"与主祷文即"十八祝福"（the Eighteen Benedictions）联系在一起。其中包含着三种前导性的和三种结论性的福佑，但其真正的内容既涵盖了人类所关心的全部领域，也有对宗教、集体及其弥赛亚式扩展的关怀。然而，极具特色的是这一主祷文首先祈祷的是知识："你喜欢有知识的人，而且教会了人理解。"这里提到的是"人"而不是以色列，作为有死的生物，人构成了追求知识和理性的界限。

"十八祝福"的结束语同样很有特点："哦，我的上帝，保护我的舌头让它远离罪恶，保护我的嘴唇不要让它花言巧语。如果这样就请诅咒我，让我的灵魂无法说话，是的，让我的灵魂全部变成尘土。请打开我的心灵面对你的《托拉》，让我的灵魂追随你的律令。如果有人想设计罪恶陷害我，请迅速地将他们的诡计消灭，打消他们的念头。这么做是为了你的神圣性，为了你的《托拉》。为了让你所喜爱的人得到解放，啊，请伸出你的右手，回答我。让我口中的话语和心中的思想都被你接受，啊，永恒的主宰，我的柱石，我的救主。"带着这样的谦卑，主祷文结束了。灵魂在诅咒面前必须保持沉默，它对所有人来说都是尘土。希望上帝给予帮助的基础正是这种谦卑。

对于作为德性的谦卑，我们在下面还要进行详细的探讨。这是一种灵魂的状态，《诗篇》以之替代祭祀："忧伤痛悔的心，你必不轻看。""神所要的祭,就是忧伤的灵。"(《诗篇》51:19)这里祈祷的主要是与上帝的和谐,希望替代祭祀以获得和解。"忧伤的心"替代了被宰杀的动物。因此,谦卑起源于人与上帝的相互关系。这里表现的是个体与祭祀团体的联系。祭祀团体变成了祈祷团体,个体只有在祈祷团体中才会拥有显要的地位。上述情况下,祈祷的终点不可能是个体,也不是以色列会众。即便是对于所多玛和蛾摩拉,即便早在那个时代,亚伯拉罕就已经向他的上帝乞求宽恕他们的罪。摩西祈祷说:"倘或你肯赦免他们的罪……不然,求你从你所写的册上涂抹我的名。"(《出埃及记》32:32)而当时上帝并不想宽恕这个民族。个体不可能也不应该脱离开会众生活,而弥赛亚崇拜则要求会众应该扩展到全人类。

现在,我们必须讨论一下祈祷的第一和第三部分:the Sanctus (*Kedushah*)①。三次呼唤"神圣"起源于以赛亚的呼唤(《以赛亚书》6:3),我们已经讨论过三次重复的呼唤对应于以赛亚的作为圣者的上帝概念。上帝的独一性与神圣性联系在一起,而且神圣性不仅是对独一性的补充,也是其基础。通过神圣性,所有试图通过无数的规定认识上帝的企图都被否定了。他的独一性建立在神圣性之上,而神圣性是道德的宗教表述。这种对神圣性的坦白成为所有团体信仰的重要部分,在安息日祈祷和"以色列啊,你要听"中都占有重要地位。

但是,"以色列啊,你要听"变成了先知们弥赛亚式的座右

---

① "十八祝福"中的第三部分的名称,后来演变为基督教弥撒中的部分内容。——中译者

铭:"耶和华必作全地的王,那日耶和华必为独一无二的。他的名也是独一无二的。"(《撒迦利亚》14:9)由此出发,另两条座右铭即独一无二的上帝和独一无二的上帝之名结合在一起。即便这两条并未由于自身而结合起来,祈祷也会使其合而为一。祈祷起源于亚伯拉罕,那时的祈祷是为了罪和一个非以色列民族。如果先知们作为政治家不可能完全消除民族特殊主义,那么《诗篇》作为最初形式的祈祷则打破了民族的藩篱:"每个人都赞美上帝。"这是《诗篇》的结语。

我们刚刚已经看到,主祷文将人置于以色列之前。这一点并非只在祈祷知识时才出现,在祈祷救治时也是如此,此时的上帝被称为"所有人的医生"。当然,弥赛亚崇拜总是担负着对信教民族、"上帝仆人"的关怀。因此祈祷中也会有矛盾之处:一方面是回到锡安,重建圣殿及其祭仪,这一点贯穿于整个祈祷的始终;另一方面,这种特殊性与弥赛亚式的普世主义紧密联系在一起,后者不可避免地改变并扩展了前者的界限。

我们已经注意到,祈祷的高潮是新年的补充祷文(Mussaf-prayer)①,包含三个部分:神圣的纪念(the Zikronot)、王者上帝的荣光(the Malkuyot)和胜利的号角(the Shoferot)。

"王者上帝的荣光"中的《圣经》语句表述的是对世界的统治,"神圣的纪念"是对世界的审判,"胜利的号角"则是对世界的救赎。

---

① Mussaf 的意思是补充、附加。这里指的是在新年祈祷文中附加的三个部分。——中译者

对世界的统治实现于上帝的弥赛亚王国中。因此,第三个前导式祝福(在新年和赎罪日的"十八祝福"中,两者结合起来并冠以"敬畏日")是这样的:"在你所有的工作中保持敬畏,你要敬畏你所创造的一切,所有的作品都可能敬畏你,所有的被造物自觉地匍匐在你面前,它们会形成一个单一的集体。"这样的结合即全人类的约是上帝统治世界的最高成果。在全人类的约中,上帝王国在尘世中得到了实现。在上帝与全人类的约中,上帝与挪亚的约得到了完成。全人类的约整合了所有的人,是人与上帝的约,约是上帝统治世界的标记和保证。

对世界的统治将一神教与泛神论区分开来。统治与发展之间有何区别呢?对于发展来说,必定有一个目标,但不可能自己设定这一目标,只有统治才能为其设立这样的目标。统治就是上帝的福佑加上他的全能。统治不是一种属性而是与作为人间道德实现的保证者的上帝概念同一的。对世界的统治就是为其设定一个目标,而实现这一目标有两种含义:自然的和人类的世界。

对世界的统治就是为世界设立目标并在这个世界上实现这一目标,这就是一神教的意义和内容。因此,上述祷文以"以色列啊,你要听"作为结尾。上帝的永恒性在祷文中表露无遗:"我是首先的,我是末后的,除我以外,再没有真神。"(《以赛亚书》44:6)以同样的方式,下一个福佑涉及的还是上帝对世界即"全世界的居民"的统治。所有造物都会明白自己是由上帝创造的。上帝王国就是创造和福佑,这就是上帝的统治。他作为世界的统治者是"真理的上帝"。对世界的统治就是世界的道德秩序。如果道德和自然在方法论上有所不同,那么世界的秩序作为道德秩序必须是对世界的统治，这正是一神教和泛神论的区别。

上帝王国的道德世界秩序意味着要对世界进行审判。我们已经知道这一观念主宰着所有的神话。神话将世界末日看作是对世界审判的结果。世界末日可能造成的结果只不过是对世界的更新以及在这种更新和世界末日之间作出抉择。对世界的统治意味着要消除世界末日。在挪亚时代，上帝就已经立约不再发洪水。作为这个约的标记和纪念，他在天穹上设计了彩虹。因此，新年成为创造的祭典，成为"纪念之日"。神圣的纪念描述了上帝的全知："所有的事物都在你眼前呈现、为你所知，哦，永恒的我们的上帝，你的目光穿越了所有的世纪。"纪念变成了对世界的审判。

得到审判的不仅是人类的工作，而且还包括"人的……思想和计划，他的想法和收获"。对挪亚的纪念继续前进，与之相联系的还包括对与亚伯拉罕、以撒和约伯立约的纪念。先知则表述得更为隐秘："你幼年的恩爱，婚姻的爱情，你怎样在旷野，在未曾耕种之地跟随我，我都记得。"（《耶利米书》2：2）"也要与你立定永约。"（《以西结书》16：60）在这里，对世界的审判令人吃惊地变成了对世界的纪念，变成了与世界的约（上帝一再与世界立约）的纪念。对世界的审判变成了与人类立约的盛会，审判者则变成了与人立约中的合作者。

后面的祷文强调，列祖历史上一项重要的举措是消除活人祭祀。献祭以撒的律令只具有表面形式，实际上代表的是消除异教祭祀。这里并未使用"祭祀"一词，用的是"捆绑"："我们的祖先亚伯拉罕将以撒捆绑在祭坛上……表明他战胜了自己作为人父的情感，为的是带着一颗纯粹的心去执行你的意愿。"这才是祷文在列祖历史上和祭祀的历史上所援引内容的含义。为了审判世界而祈祷的这一部分结束于对以撒"捆绑"的纪念，表明亚伯拉罕对上帝的爱和上帝对他和他的后代的爱之间的相互作用。因此，世界审判的秘密明确地变成了通过上帝的爱对人的审判。

羊角号是每个圣日常见的乐器，也出现在新月节上。在西奈山启示的过程中，电闪雷鸣中就回荡着羊角号的声音。因此，成为《诗篇》中赞美曲的主要乐器，即"弥赛亚的号角"。

新年庆祝的不仅是对世界的统治和审判，而且也包括对世界的弥赛亚式的救赎。羊角号是弥赛亚的象征，因此，祷文中涉及对世界救赎的部分被称作"号角"。

作为世界救赎的号角，羊角号将恐惧的音调变为快乐的音调，这是一种永恒的快乐、融入永恒的快乐。

这些弥赛亚式的祈祷是犹太祈祷中的顶峰。在其中，祈祷将自身从所有民族特殊性的限制中解放出来，从所有个人主义的狭隘中解放出来。个体消除了其自然的、经验的个体性，会众同样也超越了其经验现实性而完成了自身的使命，进入了未来之中，人类的"同一个约"中得到实现。对世界的审判变成了与世界的和解，对世界的统治只有在与世界的和解中才能实现。上帝王国是宗教最高的善，而最高的善就是祈祷的最终目标。

因此，祈祷成为人的理想化的基本宗教方法。如果宗教有其特殊品格，那么就必定在道德之外，在这个理想化、将人提升到其义务的理念层面上拥有一席之地。在赎罪中，宗教的竞争对手是伦理。道德引导着人的赎罪工作，但只有坚定地信仰上帝才能获救赎的成果。

在贯穿于赎罪并以胜利之歌结束的祈祷中，我们可以发现存在于宗教和道德的竞争中的另一种要素。伦理学为了自身而将其上帝定义为尘世道德的保证者，但是在超出了这一定义及其假设之后，其方法便失效了。宗教对伦理学的上帝概念的特殊贡献就是对上帝的信任，对这一观念的弥赛亚式的现实性的信任。因此，祈祷作为人与上帝的相互关系的语言变成了弥赛亚崇拜的声音，因此也变成了人性的普遍语言。这种普遍的语言在《诗篇》中找到了自身的职责，并开始了弥赛亚式的征程。弥赛亚式的祈祷变成了人性的声音，变成了作为人类的人的声音。

人是人与上帝的相互关系中的重心，而上帝只是被含蓄地提及。弥赛亚崇拜是一神教的精髓。以同样的方式，人和人类的概念也得到了实现。既然祈祷是人类的声音，那么也就是为了将个体理想化而发出的人的声音。这就是祈祷的伟大意义，这就是对神秘主义的解决之道。在世界文学的诸多遗产中，只有《诗篇》揭示了这一解决之道，并作为祈祷的理想化形式揭示出祈祷这种理想化的人类力量。不能祈祷的人，不可能卸下他自身的有限性及其所有的赘物及恐惧；而能够祈祷的人则不再出于迷信和自私而努力，因为这样的努力所模仿的仅仅是堕落的祈祷形式。能够真正祈祷的人消除了尘世的恐惧和重担，升华到无限的境界。他忘记了造成祈祷的那些痛苦，并借助灵魂的能力超越了自我的有限性。他的全部内心都转移到向往和升华之中，他意识的全部内容都进入了这一升华的过程，而这种升华成为一个坚固的基础，比现实性通常赋予的东西更为强大。如果指向知识的思想为科学化的世界创造了理想化的范型并且将其确立为真正的现实，那么我们就能用同样的方式在祈祷中发现宗教将现实理想化的基本力量，从而不断地产生并强化上帝与人的联合，而这种联合正是人与上帝的相互关系所要求的。

因此，祈祷是宗教的恰当语言。如果祈祷不是那种意愿可以在其中借助所有的思想武器而保持活跃的语言行为的话，那么所有这些以上帝之名的思考以及关于人的语言的思考、所有关于这种相互关系的思考都会仅仅局限于理论层面上。祈祷的虔诚正是宗教的意愿。

第18章 德性

虽然只有一种道德（morality），但伦理学就像宗教一样任何时候都会设定多种多样的德性（virtues）。德性与道德的统一对于伦理学来说是至关重要的，因为从德性的多样性和不同出发，人们相信他们可以从中推论出道德律法的相对性。因为如果只存在一种道德，那么就只可能有一种德性。

德性的统一是苏格拉底所教导的原则。但是，苏格拉底的教导是伦理学的准备步骤，而不是实际上的伦理学的开端。伦理学的开端只有在善的理念中，因此也就是只能在柏拉图的理念论中才能实现。但是，理念的准备步骤借助的是"概念"，而苏格拉底将概念变成了一个认识问题。善对于苏格拉底来说就是善的概念，通过善的概念并在善的概念中产生了对善的认识。但是，这种认识尚未成为建立在理念基础上的知识。

这就解释了苏格拉底以及柏拉图在其早期对话中为什么将善等同于德性，对善的认识等同于德性的知识，也解释了苏格拉底德性的统一性原则和作为认识的德性原则之间的联系。

作为认识的德性对于苏格拉底来说与柏拉图并不一样。对于柏拉图来说，将善提升到概念的层面上仍然不够。概念本身必须得到确立和说明。对概念的说明是由理念来完成的。因此，如果对于柏拉图来说善被看作是认识,那么这意味着善是一种客体,是一个知识的问题,可以在他对于理念的教导中得以展开。

与此相反,苏格拉底则缺乏理念的原则。对于他来说,概念尚未成为被理念所证明的概念。可以肯定,"善即知识"这一原则对伦理学中的柏拉图主义而言具有预备性的理论意义,也就是说,善不是一个幻觉,不是一种习俗或者权宜之计,而是一个问题,与自然一样,与国家、法律、战略战术以及所有的人类职业一样,是值得学习的。但是,从上述这些对比中可以看出,这一知识原理的论证力量表现得非常明显。但是,这一原理的特殊含义之所以变得非常明显,只有从其他的原理(与其有着内在联系的原理),即与"德性即知识"这一原理的联系中才能看出,但后一条原理同样毫无疑问针对的是智者的诡辩。智者们认为德性不仅是一种陈旧的幻觉,而且是一种日常惯例,最多只具有实践的价值,对此人们不可能有太多的理论兴趣。因此,要想变得有智慧,除了通过启发和教育没有任何其他方式,在这一点上,智者自认是(上天)指定的行家。面对这种对德性知识的贬低,苏格拉底进一步提出了"德性即知识"的命题,并将其建立在他的善的概念之上。为此,他并未完全否认实践德性教育的意义,也可以说,他扭转了局面并通过这一命题提升和深化了实践教育的意义。

因为当他造就德性知识的时候,为了对抗欲望的强制性,他为意志及其自由的沉沉暗夜带来了第一缕阳光。意志尚未被发现,但既然将其建立于并包含在自由之中,那么可以说苏格拉底甚至在意志本身得到定义之前就已经发现了意志自由。意志自由是通过"德性即知识"的教导而被确立起来的。

智者们认为，所有被人们称为"德性"的东西都仅仅是幻觉和习俗，最多不过是自然本能。与此相反，苏格拉底的出现则将一种伦理热忱展现在他的教导之中。无论是谁，只要他有德性知识，那么他就不可能破坏德性。不能说习惯造就了这一幻觉，与此相反，对于概念的发现告诉我们，掌握了概念并通过概念掌握了知识的人是不可能作恶的。道德意志通过知识和思想得到了确立。根据习惯，德性不是实践性的，因为德性知识击败、阻挠并废止了任何这样的实践。"德性即知识"这一命题的意思是：德性包含着知识而不是实践。实践是知识的必然结果。如果德性在知识中证明自身是一种力量，一种使得任何实践都归于无效的力量，那么，德性如何可能是想象力和习惯的创造物呢？

只有到了现在，知识和德性这两个命题的关系即两者之间的联系才变得清楚起来。当然，这种联系在语言①中有其最直接的基础。从语言的观点看，德性就是实践能力，德性在语言中被标记为"勇敢"。这一能力不应该总是像人们的日常生活所显示的那样残缺不全。因此，"统一的德性是建立在知识的基础上的"这一命题的出现就是自然的了。这一命题将知识放在能力的位置上，放在作为实践能力的德性的位置上。知识本身仅仅将能力变成了一种结果。这就解释了为什么德性变成了主要的问题，与此同时善的问题却消退了。同样逐渐清楚的是，苏格拉底关于善的教诲不可能将自身从实用主义和幸福主义的含混中摆脱出来。这仅仅是一个表象，但这种表象是不可避免的。善不可能一直是主要的

---

① 指希腊文而不是希伯来文，参见下面的分析。——中译者

甚至是唯一的问题,这不仅因为德性必须变成重要的动力,而且因为善一直以来仅仅是一个概念而无法成为一个理念。因此,我们能够理解德性为什么等同于善。但在柏拉图那里,善的概念变成了善的理念,这种统一就必定会消失。因为善的理念虽然作为理念而言是属于知识的,但是如果从科学的观点出发,则又必定与数理理念不同。因此,善不可能等同于科学知识的自然对象。善与知识的同一被理念所消除。

因此,善与德性的同一同样不可能继续下去。从知识通向实践的道路是由善的理念和数理理念之间的区分来保证和准备的。德性必须沿着这条道路通往实践。这一点柏拉图并未明说,但是从深思熟虑的结果来看,这必定是他的理论倾向。首先,这可以解释他与苏格拉底原则的不同,因为苏格拉底坚持德性的统一。柏拉图设定了四种基本德性,这显然是因为他将其看作是通往道德的特殊道路,因此必须以这种方式加以区分。其次,这一倾向也是从他的理论整体中得出的。他在自己的政治理论中概述了他的伦理学,因此,他是在政治实践中详述其伦理学的。因此,人们或许可以说,他的政治理论就是他的德性理论。因此,道德作为善的理念原则,在上述情况下已经与德性有所不同,就像理论与实践的不同一样。

亚里士多德对善的理念的反驳首先导致了一个独特的结果,即作为知识的伦理学被消除。更进一步说,伦理学消融进了对德性的教育之中。在此,仍然存在着理论德性和伦理或道德德性之间的区分,这是柏拉图主义的残余,而且尚未被消除。由于作为知识的善被亚里士多德所消除,伦理学就消融进了对德性的教育之中。

但是，另一种结果对于亚里士多德主义来说却非常关键。善的理念被幸福主义所废止。在苏格拉底那里是一个宗教改革的理念（幸福主义对他来说是对善良的神的道德信仰而不是信仰恶魔），对于亚里士多德来说却变成了伦理学的生物学基础，虽然柏拉图曾经因快乐原则而与智者进行过斗争，但在这里却又一次得以恢复。

希腊古典哲学伴随着幸福主义走向了自己的坟墓，其解体就体现在斯多葛派和伊壁鸠鲁派的争论中。在科学哲学和唯心主义终结的地方，在唯心主义停止的地方，唯物主义和唯灵主义二元论的出现就是不可避免的。这种二元论是斯多葛派的典型特征，从其偏好的一个判断来看，这也是伊壁鸠鲁派的特征。

在这种二元论的基础上，就出现了基督教的唯灵主义。这一理论试图用灵性来征服肉体，但却又没有能力将灵性从物质中分离出来。所有的唯灵主义都是含混的，三位一体的教义同样也不例外。

犹太一神教并未暴露在将道德等同于德性的危险之中，因为道德首先是上帝的问题，其次才是人的问题。上帝的道德被称为神圣性。但是，知晓上帝存在的唯一方法是将其看作人类道德的原型。因此，可以理解的是，神圣性作为上帝的真正存在展示在其属性的复多性之中，在其中上帝的存在变成了人类道德的原型。这些属性因此可以称为德性。此外，还有什么是正义，什么是爱呢？

我们已经注意到，基本的犹太教义至少鼓励进行下列区分：道德或神圣性为一方，德性为另一方。上帝的神圣性等同于上帝

第 18 章 德性

的独一性，但他的属性却变成了人类德性的诸多概念。

在《纯粹意志的伦理学》中，我们将德性的概念定义为通向道德的道路。我们必须分辨出尽可能多的德性，作为尽可能多的通向道德的道路。因此，德性的分类原则立刻就变成了这些道路的类型和种类的问题。分类原则体现在人的双重概念中，他既是复多性中的个体，又是整体性中的个体。从这一双重概念出发，我们得到了人之间的联系和联合的双重概念。复多性所建立的仅仅是一个相对的团体，只有整体性才能建立起一个绝对的团体。

这一观点必定也决定着人与上帝的相互关系。此外，在区分人与上帝的相互关系的三个概念的同时，我们也区分了三重相互关系。

但是，《伦理学》[①] 中也出现了另一种分裂原则，也就是说，出现在存在于纯粹意志的两个时刻的关系中，具体地说就是情感和思想的关系中，既出现在二者彼此的关系中，也出现在其产生意志的过程中。对这一关系是根据这些时刻中的一个优于另外一个的情况而划分的。当思想占上风的时候，情感就变成了荣誉；当情感占上风的时候，思想就变成了爱。

根据这些情感驱动意志的不同情况，德性可以分为第一等级的德性和第二等级的德性，前者建立起绝对的团体，而后者建立起相对的团体。

荣誉（hornor）是第一种纯粹的情感。如果人们用"使人获得荣誉"（hornoring）来替代荣誉（这与尊重类似）并且公开宣示

---

① 即上文提到的《纯粹意志的伦理学》。——中译者

其行为（这与爱类似）为另一种感情的话，那么关于这一表达方式的悖论就会消失。但是，荣誉本身需要保持为一种情感，就像是一个口号、一支火炬，指引着人们从道德沙漠的徘徊走出来。

荣誉也是表述上帝存在的一个重要词汇。《圣经》中经常提到上帝的荣誉，但却往往错误地翻译为上帝的"荣光"（glory），这一翻译所遵循的路径正是一神教试图打破的与神人同形同性论的关系。上帝的荣光仍然伴随着上帝启示的光明的表征。但是，上帝的荣誉代表的是道德原型，只有这里面才包含着上帝的存在。因此，荣誉并非一直是上帝之谜的一层面纱，而是被分成许多相同的部分，其作用是让上帝的荣誉遍布全地（《以赛亚书》6：3），然而，上帝的荣誉却变成了上帝与人的相互关系中的一个真正的链条。上帝的荣誉不可能在神秘主义的意义上指称上帝的荣光，因为它会传递给予人类的荣誉。荣誉变成了灵魂的同义词。在雅各的祝福中，他反对西缅和利未："我的灵啊，不要与他们同谋。我的心哪，不要与他们联络。"（《创世记》49：6）在《诗篇》中，人的全部抒情意识都建立在灵魂和荣誉的基础上："因此我的心欢喜，我的荣誉快乐。"（《诗篇》16：9）"愿圣民因所得的荣耀高兴。"（《诗篇》149：5）正像《诗篇》将上帝看作是"荣誉之王"（《诗篇》24：7），就像"诸天述说神的荣耀"（《诗篇》19：2）一样，人类的灵魂也变成了他的荣誉。在他的荣誉中，他作为人的人格得到了确立，甚至确立的程度比在他的灵魂里更为准确。荣誉是他意志的最基本能力，是保护他人格的手段。

人的意志以这种荣誉的力量为武器，目的是为了安排并确证第一等级的德性，后者要求的是人的全体性。人的荣誉是绝对的，不仅使人成长为人类，而且只有作为人类的载体，荣誉才能让人变成意志的载体。荣誉这一德性必须因此而变为整体性的德性。人必须通过这些德性成长为人类。在弥赛亚崇拜中，胜利进军的宗教用全体性的德性为自身提供了保障并展示出相对于伦理学的独特性。

　　意志的另一种情感是爱。我们已经在人与上帝的相互作用中讨论过这种情感，并注意到对这种相互作用的四重划分。上帝爱人，人爱上帝。但是，人爱上帝在实践上和心理学的层面上并不仅仅是对上帝爱人的反作用。为了将人的爱与上帝联系起来，必须引入一种双重的中介。人必须首先爱他的同胞。在这种爱中存在着人类之爱的真正基础，是这种爱造就了社会政治。只有在这个基础上才能产生下述思想：人能够将自己提升到爱上帝的层面上。如果上帝并未通过圣灵、通过神圣性的灵将爱的灵放在他心中，他如何能够做到这一点呢？

　　由此出发可以得到四种爱。如果上帝爱的不仅仅是复多性的而且是全体性的人，如果人之被爱不仅仅由于他是人类理念的载体而且是复多性的一个象征、一个同胞的话，那么人的自我即出于人自身的个体性就像其他人的自我一样都是这种复多性中的一员，都是其他人的同胞。爱邻人的律令曾经求助于爱自己，现在终于得到了证明。我或许会爱自己，我或许将自身看作是爱的对象，因为我必须将自身看作是一个服从于上帝之爱的个体。我们知晓这是爱的相互作用。这就是和谐的概念。去爱作为个体的自我就是去关注我与上帝的和谐。我对上帝的信任实现于这种和谐之中，这是上帝许诺给我的，其基础是我的自我救赎。将人从罪中救赎出来是上帝对个体的爱。由此出现了上帝与人之间的四重爱。上帝爱作为整体性和复多性的人。我自己的个体性包含在复多性之中。人爱上帝首先是因为他是人类理念的代表，但同时也是复多性中的一员，人通过复多性同时获得了作为绝对独立的单位的特征，其目标就是救赎。

《密释纳》在两篇短文中规定了德性的十种划分。两篇文字的安排有所不同，不过只是在具体德性的前后顺序上有所不同。其中的一篇（《异教书》）以《托拉》开头，接下去还强调了谨慎（distinguishes caution）。另一种安排（《出轨的妇女》）的顺序是：（1）热心（eagerness [zeal]）；（2）纯洁无瑕（purity and innocence）；（3）净化（purification）；（4）慎独（abstinence in separation）；（5）神圣性；（6）谦卑；（7）畏罪（fear of sin）；（8）虔诚的爱心行为（pious loving-kindness）；（9）神圣性的灵；（10）重生。除了上述提到的区别外，其他文字仅仅在对德性的前后顺序的安排上有所不同。在那里是第一，在这里是第三；在那里是第二，在这里是第四；在那里是第三，在这里是第五，而第四没有区别。但是，在那里是第五，在这里是第九；在那里是第六，在这里是第七。那边的第八是这边的第六，那边的第七是这边的第八，那边的第九是这边的第十，那边的第十在这边独立出来，出现在一个附加的句子中："但是虔诚的爱心行为比所有这些都伟大。"因此，这种类型的怜悯不仅超越了圣灵，而且超越了重生。这种怜悯体现在爱心行为中，虽然在这里仅仅位列第六但却超越了施舍而变为所有德性的顶峰。我们已经说过，"怜悯"这个词已经演变为一个短语，即"相互坦白的怜悯"，

第18章 德性

从而发展成为一种挪亚诫命的形式。如此一来，怜悯变成了一种德性。

当我们回顾整个分类时，可以发现"谦卑"所处的特殊位置。所有其他的德性，如热忱、无瑕、净化、节制、神圣性、畏罪甚至圣灵和重生（重生是一个特别的难题），主要关注的是上帝许诺的人与上帝的关系。但是，谦卑所关注的不仅是这一关系，而主要是与人的双重关系，即与他的同胞的关系和与他自身的关系。谦卑因此成为一种地位特别的德性，与之相伴的是爱心行为和教育，即研习《托拉》。一方面，怜悯是主要的伦理德性，研习《托拉》则是主要的理论德性，因而被置于诸德性之首，是其他德性的基础。但是，在地位上与之类似的一个特殊命题是适度的谦卑，即在上帝面前保持谦卑。其表现形式就是谦虚，这是真正的人类德性，是人类个体的引导者和教育者。

除了这三种德性之外，提及更多的是宗教德性而不是道德德性，所关注的不是整体性的人，甚至不是复多性的人，而是处于与上帝的相互关系中的个体。纯洁、洁净、节制、神圣化，这些德性组成了神圣性的灵，在其中人变成了宗教个体。如果其他的三种德性并未被单列出来的话，人们就不得以残缺的方式来思考整个德性清单。

实际上，如果我们思考上帝的属性，就需要坚持一种观点：在这些属性中，上帝被看作是人类道德行为原型的表达，因此他不能被看作是德性的典范。与这一观点一致，我们可以恰当地尝试另外一种选择即另外一种道德秩序，从这一观点的主要内容出发，尝试着追随我们在《伦理学》中提出的德性秩序。

在转向我们自己对德性的安排之前，让我们先思考一下《异教书》论证的主要价值。《异教书》始于《托拉》，这从根本上说是与犹太人信仰上帝（当然是建立在知识之上）的主要观念协调一致的。对上帝的认识等同于对上帝的爱。尽管爱总是处于与其对立面即恐惧的相互关系之中，但只有知识可以让这种相互作用成为可能。对上帝的敬畏总是在爱中保持着。可以肯定，敬畏上帝的根源在于对罪的敬畏，但是对罪的敬畏被与上帝的和谐的信念所征服和净化，而这种信念本身就是爱上帝这种情感的动因。整个相互关系就建立在知识这一最为牢固的基础之上。我们很快就会由这一原则得出极其重要的结论。

我们认为，德性是通往道德的道路，这样的理解是与犹太宗教哲学中德性教义的术语相一致的。用于道德实践的词"适度"（messure）有许多含义。按照解释学的规则，拉比以实玛利（Ishmael）[①]认为有十三条规则，对应着上帝的十三种属性，因此这个词也意味着上帝的属性。但在德性的意义上，这些"适度"同时也是衡量道德成就的尺度，因此也是衡量在"拉近"道德理想的程度方面的尺度。在这种衡量的过程中，德性不能被看作是已经固定下来的心理学上的量，而是实际上的发展阶段，因此也可以被看作是通向道德的道路，也就是通向对上帝的认识和爱的道路，是所有怜悯和所有宗教道德的核心。因此，在德性教育中，宗教和道德之间或许会有冲突和困难，但绝不会有矛盾。德性的"量度"对应着上帝的属性，其唯一含义就是人类行为的理想原型。

---

① 以实玛利（90—135），《米德拉什》时代的犹太学者。——中译者

但是，犹太教义的学者们并不怕提出某种限制，他们甚至限制上帝的存在，而认识上帝的原则已经让这种限制变得可能。上帝的全能就受到了理论理性的基本原理即矛盾律的限制。即使对上帝的全能这个问题也不可能以矛盾的方式来加以思考。上帝的全能同样受到人类道德理性的限制，因为这样的认识也是建立在关于上帝的知识之上的。人的知识与人的一致的关系就是人的理论理性与人的道德理性的关系。既然理论理性在思想的法则中有其独立性和自我确定性（这一点甚至上帝也不能违反），那么道德理性在意志自由中也有自己的独立性和自主性。

《申命记》通过下述经文确立了意志自由："看哪，我今日将生与福，死与祸，陈明在你面前。"（《申命记》30：15）"……所以你要拣选生命。"（《申命记》30：19）选择善是人类的使命，而作出这一选择的自由是道德理性的基本条件。对于作为道德意志的人类意志自由来说，不可能存在着来自上帝的限制。上帝的意志和存在要求人类的这种意志自由。没有这种对应，上帝不可能变成道德的原型。

《塔木德》中写道："所有的事情都在上帝掌握之中，除了对上帝的敬畏。"（《祝祷》33b）我们已经将这种自由看作是人的责任，并且会用一种新的、与德性相关的观点重新予以审视。现在我们只需考虑德性道路的意义（因为这关系到人类的自由），并在德性概念的范围内考虑上帝全能的问题。

意志自由将德性的道路表现为"拉近"（drawing near）上帝的各个阶段。我们曾经将这种"拉近"看作是人的自我完善。如果与上帝保持必要的距离只是建立在对上帝的依赖之上，那么对上帝的敬畏就只是一个指导原则。但是，无论这个必要的距离有多远，靠近上帝都是强制性的。如此一来，进入这一上升的、高升的、前进的步骤是可以预期的。在上升过程中，爱的原则显示出一种积极的力量，在这种影响到上升到上帝身边的进程的积极的爱中，人类理性的意志自由（the freedom of the will of human reason）得到了体现。上帝仍然是德性的指南，但是人类理性在自己的意志自由中确立了上帝的意志，并将自己的意志净化为爱上帝的意志。知识和爱的意志的积极力量分为接近目标的不同阶段，而这个目标就是作为救世主的上帝。

德性的上升用"步骤"（steps）要比用"度量"来说明更为准确。步骤源于《诗篇》中的所谓"步骤之歌"。就像利未人沿着神殿的台阶拾级而上达到祭坛的同时唱着这些歌曲一样，德性同样也是向高处上升。如果敬畏（fear）是唯一的指导性原则，那么德性道路就很难保证向高处上升，很难避免倾斜的滑坡；最好的情况也就是保持在同一水平上。但是，德性概念与发展相关，面向更高的阶段，不断接近道德的神圣原型。因此，"步骤"具有前进的意味，而前进意味着发展过程中积极的进步。在德性的真正概念中，重要的是积极的结果（result）和积极的成就（achievement）。

《密释纳》的上述表述中所体现的几乎只有这种积极的东西，唯一的例外是"节制"（abstention）。但是，畏罪并不能仅仅被看作是一种否定的属性，因为其中关于罪的知识融合了一种积极的元素。人们可能会受到诱惑而用这种独有的否定性方式去赞扬节制（节制是"法利赛人"一词的词根）。我们必须考虑这种赞扬是否完全正确，但我们或许可以指出，节制与其他德性的联系

（目的是能够确证德性）是殉道的勇气的源泉。我们已经注意到，对上帝的认识、对上帝的爱无条件地要求牺牲。上升到上帝身边的阶梯和上升到人类德性最高点的阶梯是由节制打造的。"生命并非是所有善中最高的"，法利赛人使这句德国诗歌在教育和生活中显得无比真实。因此，我们可以理解，节制不仅仅是禁欲主义和对上帝的神秘的爱的一种否定性根源，而且我们可以预设其与作为对上帝的爱的知识这一指导性观念之间的联系。

现在，根据在《纯粹意志的伦理学》中的分类，我们或许可以断定，德性可以从犹太教的源泉中产生出来。

在《纯粹意志的伦理学》中，我们已经建立起了真理的概念，并作为形容上帝的一个具体词汇。真理既不仅仅存在于自然知识中，也不仅仅存在于伦理知识中。理论知识具有确定性，至少在其由其第一原理所决定的范围内是如此。伦理知识除了自己的第一原理之外，同时还受到与理论知识的第一原理的协调和一致的制约。在心灵所采取的上述两种不同的道路中，没有任何一个地方能够生长出一种确定性和独立性的东西可以被称为真理。理论知识仍然是不完善的，假如没有伦理知识作为补充的话；而伦理知识不可能建立起自己的基础，假如被剥夺了理论理性所建构的基础。这种两种理性之间的相互联系本身就是一个问题。两者之间的互相指涉不可以被看作是偶然的，但是这种互相指涉本身也是一个问题。相互指涉建立了自身的必然性，这是一条最高的基本法。

最高的基本法是真理的律法。真理本身就是自然知识和道德知识的必然联系的律法。真理不仅具有准确性和终极意义，而且是理论因果律和理论目的论的一致。两种律法的和谐产生于最初的哲学柱石。这是系统哲学的最初问题，同时也是上帝概念的基本含义。上帝概念在哲学的最初问题中有一席之地，宗教在理性的份额在其最基本的问题中，在持续增长着的科学知识（无论是自然的还是科学文化的知识）的困境中找到了自己的基础。

通过真理的概念，我们着重讨论一下上帝的概念。上帝意味着特别的法则（lawfulness），要求也能够达到两种知识间的和谐。通过这一概念的特殊性，上帝的独一性再次得到了确证。只有上帝才能体现出这一概念的特殊性，没有任何其他的概念能够同他共享这一能力，任何其他概念只能处理自身的问题。但是，必须要有一个概念，其任务是处理所有其他的概念，不仅是控制每一个概念，而且要在其间建立起和谐。知识的各种重要门类之间的和谐必须扩展到哲学体系的第三部分即美学，这是上帝概念的真正内容，也是真理概念的真正内容。

真理同样属于尚未明确得到科学应用的知识的基本概念，不明确是科学方法的否定性标记，这一点在哲学中更为严重。但是，缺乏一种来自真理概念的不含糊的决定性对宗教的伤害更大，因为宗教理论与上帝概念以及一般意义上的宗教内容一样都处于争论的旋涡之中。如果人们认为某种知识或某些理性的份额不属于宗教，如果人们恰恰是试图通过这种否认建立起宗教的特殊品格，那么真理概念就是站不住脚的。如果没有科学知识的基础，真理会是什么样子呢？这样的话，真理就只能得到感觉乃至经验的支持，而这些支持都是主观的。这种逻辑上的主观性不可能作为个体人格的伦理主观性的基础。宗教必须是真理。但是，既然宗教并不等同于科学逻辑，或系统伦理学，那么一个重要的结论就是宗教的真理必定是属于自己的特殊品格，而与此同时，其他种类的知识必须建立另外的方法论工具以替代真理。与这种宗教真理的特殊品格相对应的是上帝的特殊概念，以及在宗教中产生并通过宗教成型的人的特殊概念。既然宗教建立起了属于自己的上帝和人的概念，那么我们就能够理解这样的真理概念：宗教标志着一种指向上帝与人的相互关系的知识。

因此，在《圣经》中，上帝和真理之间的联系一直发挥着作用。可以肯定，"真理"一词在圣经宗教中并不具有哲学含义。这个词与"坚定"一词的词根有关，因此意味着信仰和诚实。在同一词根上还派生出了另一个词"阿门"，这是一个表述确定性的常见词，特指"福佑"并为会众普遍接受。因此，用于真理的词同样标志着与爱心行为相关，并且部分地与和平相关。除了与上帝的联系，还有什么更好的办法能让道德意识的真理得到确立吗？除了与真理的联系，还有什么更好的办法确立宗教意识中的上帝吗？我们熟知一些其他的联系，如神圣性、爱和正义，但究竟是什么东西将哲学其他的联系与真理的联系区分开来呢？很明显，先知们是在思想上感到有必要反对偶像崇拜的诱惑和幻觉，因为上帝是一种完全不同类型的存在。即使生存这种属性似乎也无法将独一无二的上帝与其他偶像区分开来。在《耶利米书》中，我们清楚地看到他是如何反对偶像崇拜中的造型错误，并将其与上帝真理的现实性对立起来。"谁不会敬畏你，哦，万民之王？"在上帝的名字中，"万民之王"是相对显眼的。"万国的王啊，谁不敬畏你。敬畏你本是合宜的。因为在列国的智慧人中，虽有政权的尊荣，也不能比你。他们尽都是畜类，是愚昧的。偶像的训诲算什么呢？偶像不过是木头。有银子打成片，是从他施带来的，并有从乌法来的金子，都是匠人和银匠的手工，又有蓝色紫色料的衣服，都是巧匠的工作。惟耶和华是真神，是活神，是永远的王。"（《耶利米书》10：7—10）考西将最后一句翻译为："但是，耶和华是真正的神。"不仅词的位置不对，而且译文也没有准确地表达出这个句子的重要意义。耶利米不仅将永恒上帝的真理与异教人工雕像的空虚无益区分开来，而且在这个真理和现实性的基础上建立起了上帝与生命的联系以及上帝与万民之王的联系，他是永恒的王，是宇宙和永恒的王。在上述所有哲学联系中，上帝的真理都得到了彰显。

《塔木德》说道："神圣的唯一者，赞美他，他的标记是真理。"（《安息日》55a）为什么不是神圣性？为什么不是爱和正义？总而言之，为什么不是十三种属性的总和？一种不包含在上述属性中的属性如何成为上帝唯一合法的属性并被称作上帝的印记呢？

这是语言的意义所决定的。十三种属性当然包括真理，但是在与爱的联系中，真理主要被看作是"赋予真理性"。与此同时，这个词的希伯来语含义暗示着真理同样意味着诚实。尽管后面对爱也作了充分的解释，但却无法借助一个在十三种属性中被看作是"真"的词得到解释。尽管这个词似乎具有真理的基本意义，但在目前我们尚无法给出进一步的解释。因此，真理在十三种合法的属性中同样得到了承认。

如果我们回忆一下《申命记》如何通过上帝律法的智慧来确定独一无二的上帝，那么先知们努力建立起来的上帝和真理之间的

第18章 德性

联系就变得清楚而熟悉。上帝作为智慧的律法的启示者只能被看作真理，民族的智慧和民族性则是在这些律法的基础上建立起来的。他的智慧的律法是真正的律法。先知玛拉基认为，上帝与利未人的约恰恰具有反对祭司的特点，因此，"真实的律法在他口中……祭司的嘴里当存知识，人也当由他口中寻求律法，因为他是万军之耶和华的使者"（《玛拉基书》2：6，7）。传授真理在此是与知识以及作为知识的《托拉》联系在一起的。正是通过这种联系，祭司变成了上帝的使者。

此外，那些诵读《托拉》的人只要读过部分章节就会获得福佑，其中包含着下述文字："祝福你……你给了我们真理的教诲，在我们中间种下了永恒的生命。"这一祝福所宣示的显然是真理与生命之间建立的联系。永恒的生命建立在由教育产生的真理之上。如果人们不认为永恒生命中的信仰颗粒包含在教育本身之中，那么这种真理与永恒生命的联系就会变得无法想象。但是，当这种联系建立起来的时候，永恒的生命不可能会有其他的意义，也不可能有其他的确定性，即没有任何能超越教育的真理。因此，根据这一祝福，显然永恒的生命并不是承诺给我们的，而是种在我们中间，种在我们的内在生命中。种植我们的内在生命和灵魂，就是种植永恒的生命。真理的上帝不可能给我们一个会与肉体一起消失的灵魂，或与肉体相似的灵魂。在这里真理意味着与表象对立的本质，与幻想中的影像对立的本质。但是，真理同样比真实性更高，因为真实性可能会在幻想中被模仿。既然上帝是独一无二的存在，那么他同样也是独一无二的真理。因为真理是独一无二的存在，就意味着不可能通过任何其他方式来定义。上帝并不是实在的，也不是在生物意义上活着。在这方面,迈蒙尼德终结了上述不恰当的类比行为。真理是相应于上帝存在的唯一有效定义。

真理是上帝的存在。这一点至少必须经过某个属性的验证,而且这个属性不能是肉体的或感官的。作为行为的属性,必须将其基础建立在知识的属性之上,虽然这样的知识必定与行动相关。但是,真理作为知识的真理排除了所有形式的感性,甚至超越了感性自身,也就是说,超越了直觉和神秘主义。真理是知识的真理,而知识的真理并非仅仅是科学知识的基础,也是道德知识和宗教知识的基础。直觉以及所有的神秘主义都与逻辑理性相对立。我们必须弄清楚,喀巴拉及其辩证的多面性是服从于真理,还是试图超越并取代真理。对我们来说,上帝是真理就意味着:只有理论知识和伦理知识的联系,只有科学意识的两种源泉的联系才能实现上帝的理念。

这样,我们就能够理解为什么下述思想会产生并得到坚持:所谓属性仅仅是道德属性,不可能给出任何关于上帝存在的知识。由于这样的属性仅仅是伦理的,并非是逻辑的,因此对于上帝的存在来说不可能是充分条件。真理是唯一充分的属性,但在与人的关系中,不可能被准确地看作是属于上帝的唯一属性。

统一性同样也不是一种确切的属性,而是上帝的存在。因此,除了上帝的存在,真理什么也不是。对于《耶利米书》(10:10)中将真理的上帝与生命的上帝联系在一起的说法,一位古代解经学者作出了一番接近于泛神论的概括:"他是所有生物的生命。"拉什以同样的方式解释过上帝的话与真理的关系:"你的话语的开端就是真理。"(《诗篇》119:160)考西错误地翻译为"你

第18章 德性

的教诲的本质是诚实",从而将"诚实"建立在"十诫"的道德诫命的真理之上。对于前三个诫命,人们只能将其与上帝的荣誉联系在一起。"但是,当他们听到,尊重你的父母,你不可杀人,你不可奸淫之后,他们就承认从你的话语的结尾,同时也是开端出发,句句都是真理。"伊本·以斯拉也说诫命的开端就是真理。因此,根据这些传统的解释,启示的特点是真理、理性的真理、伦理的真理,而且这种真理是建立在逻辑知识之上的。

与教育的真理相似的是上帝诫命的真理:"你的命令尽都诚实。"(《诗篇》119:86)在此,考西将其翻译为"真理",尽管emunah与emeth(真理)并不是一个词。"诫命"一词的根词并不是命令,而是真理或是如《诗篇》(111:8)中所提及的爱。因此,宗教哲学家们通常使用的比喻就是可以理解的了:"因为诫命是灯,《托拉》是光。"(《箴言》6:23)"你一切的命令尽都真实。"(《诗篇》119:151)这里的光是理性之光,因此等同于真理。因此哲学家们在作为宗教律法的"灯"和作为《托拉》的道德律令的"光"之间作了区分。此外,《诗篇》(19:9)也说:"耶和华的命令清洁,能明亮人的眼目。"其中表述的也是这种与知识和真理的关系。

通过真理与教育和所有上帝的律法的联系,上帝和真理的联系变得清楚而安全,同时也得到了确立。一神教思想的热忱不仅在这种与真理的联系中达到了顶点,同时也在其中获得了最重要的基础。上帝就是真理,因此独一无二的上帝就是人类意识能够传达给一种最高存在的最高内容。独一无二的存在是真正的存在。这就找到并确证了知识的真正目标。

在这种行为的属性中，上帝变成了人类德性的原型，因此必定有一种德性对应着上帝的真理。这种德性必须是首要的德性，因为真理作为所有属性的典范（epitome）是首要的德性。但是人如何可能会有一种对应着上帝的真理的德性呢？可以肯定，德性仅仅是德性的一条道路（virtue is merely a way of virtue），这条道路会以直线的形式通向其目标。但是这种向最高目标即上帝的存在的接近过程是可能的吗？答案清楚而简单：如果不能指向最高目标，接近上帝的义务会变得不可理解。上帝的属性没有任何等级上的区分。在我们的评价中，这种区分之所以可能，只是因为我们总是从主观出发。那么，哪种德性对应着上帝的真理、对应着真理的理想呢？

德语及其表述的哲学力量将"诚实"标记为一种德性。希伯来文中并没有这个词汇，而是用"纯洁的心灵"和"圣灵"来代替。但是，作为名词而缺乏的东西似乎已经被定义为一种动词形式，从而作为一种内心的述说，甚至同时也意味着预言。因此，《诗篇》描述虔诚的人的理想"就是行为正直，作事公义，心里说实话的人"（《诗篇》15：2）。发自内心地说实话的人拥有诚实的品质。

诚实的德性不仅是真理的上帝的结果，同时也是整个关于真正信仰的先知式批判的结果。先知式的批判不仅意味着与异教崇拜的对立，同时也包含着最重要的反对祭祀仪式的倾向。在前面所有的探讨中，我们都试图解释先知们对祭祀的拒斥，现在我们仍然坚持这种解释，而且另一种动机在作这种解释时也并不是多余的，在严格的真理意义上可以找到这种动机。

祭祀并非是进行祭祀的人的一种直接行为，而是需要祭司作为中介。通过这种间接的关系，祭司变成了一种象征。间接象征对真理是一种妨碍，是对真理的偏离，也就是所谓的"伪造物"，尽管是一种人工制品，但其原材料同样也经过了加热和烧烤。这类象征都是对真理的歪曲。

祭司们的干预结果如何呢？祭司不也是人吗？由于祭司在祭祀中的中介作用，不仅进行祭祀的人的概念而且一般意义上的人的概念都变得模糊了。由于祭司的存在，人与上帝的直接关系受到了质疑。

现在谈谈献祭的问题。真正的、直接的祭祀的内容并不是动物，也不是动物的血和膏油，而是人的心灵。"神所要的祭，就是忧伤的灵。神啊，忧伤痛悔的心，你必不轻看。"（《诗篇》51：17）心与灵是上帝与人之间的相互关系的真正内容，但动物的肉体也是真正的象征吗？

宰杀就是置之死地，这种行为也会遇到"象征"所面临的困难。定义上帝与人的关系的不是死而是生。"所以，你们要守我的律例典章，人若遵行，就必因此活着。"（《利未记》18：5）因此，置之死地就像一般意义上的死亡一样是一种错误的象征，不可能象征着这一原初关系。

最后，祭祀还会面临一种新的困难，这主要来源于对祭祀概念的转换。这种转换意味着一种新观念："犯罪的，他必死亡。"（《以西结书》18：4）祭司的参与揭示出主体的未经揭示的灵魂。如果犯罪的是灵魂，那么必定会影响到和谐，而和谐不可能由祭司作为中介。上帝与人的和解必须实现于个体，并且必然伴随着个体自己的灵魂。和谐拒绝承认任何由其他人进行干预的活动。

灵魂的概念使这一象征完全不可接受，因为这样的象征破坏了灵魂的新的真理。无论在哪里，只要原则受到威胁，真理就会对象征提出质疑。

因此，先知们并不是通过真理和灵性来确立真正的信仰，因为如果没有心灵，灵性又是什么？实际上，他们所借助的是真理与心灵及其道德力量的联系。"诚心实意地事奉他。"（《约书亚记》24：14）"完全"其实就是简单，将其翻译为"完美"是一种误导。"你要在耶和华你的神面前作完全人。"（《申命记》18：13）人不应该也不可能变得像上帝一样完美，但是他却可以变成为一个整体，也就是说，统一和简单。因此，这种简单使从无秩序中的解放变为人生中诚实的表达。同样还有："诚诚实实地尽心事奉他。"（《撒母耳记上》12：24，另参见《耶利米书》32：41）通过将真理与整个心灵和灵魂联系起来，先知们消除了作为外在象征行为的祭祀。

真正的信仰是"发自内心的信仰"。上帝与人的心灵很近："凡求告耶和华的，就是诚心求告他的，耶和华便与他们相近。"（《诗篇》145：18）这种"诚心"就是作为祈祷的前提条件。诚实将祈祷中的灵魂变成了客体，因此，抒情诗就有了《诗篇》的风格。

多神教的祈祷严格说起来并不是祈祷，而是一种韵律诗，其中加入了祈祷的字句。祈求的对象要求必须对一种特殊的个体化和神圣性进行定位，才能使客体在其中找到属于自己的空间。犹太祈祷则与此相反，祈求的对象并不是问题，因为对象作为背景变得无关紧要且遥不可及，真正的问题是主体，是处于灵魂之约中的"我"（the I in the plight of its soul）。

第18章 德性

因此，渴望（longing）是比较适宜的情感表达。而依赖（dependence）（即便是依赖无限）却是不够的，并且依赖本身就是令人迷惑的，因为其结果是敬畏而不是渴望，而与渴望联系在一起的是希望和信心。帮助者和救赎者是祈祷所渴望的对象，都与灵魂有着直接的关系。这种直接性清楚地表现在一句经文中："急忙来帮助我。"（《诗篇》38：23）渴望并不是等待，而是感到是如此直接地与其所爱的上帝相连以至于他的迅速到来是可以预期的。所有这些都不是象征而是诚实，是思想和情感的直接表达。即便是古老的祈祷也无法模仿这种直接性，因此将《诗篇》引入了祈祷中。从某种程度上说，模仿先知们的祈祷更容易一些，因为先知祈祷的作用是保存以色列和一神教，但在《诗篇》中灵魂所庆祝的则是真理的上帝本身。

存在与上帝的真理、与信仰的诚实之间重要的内在联系进一步解释了禁止偶像崇拜的意义。但是，对此我们或许可以回溯到"十诫"的第一诫到第二诫的发展。现在，从真理的观点出发，人们必须考虑犹太信仰与基督教象征之间的区别。作为上帝的人只能被看作是一个象征，最极端的理想化只不过是造就了三位一体，但基督的神圣性也仍然被看作象征。但是，所有象征关注的都只是上帝本身的概念，都是对真理的妨碍。真理的概念借助任何象征都会失去其单一的含义，这一点是毋庸置疑的。

人们也不该否认，当真理变得模糊不清时诚实同样也不可避免地会受到削弱。犹太人的宗教性建筑在无尽的诚实之上，至少在其与一神教本身相关的范围内是如此。独一无二的上帝的概念是宗教知识中确切的、单一的概念，即使对普通的宗教思维来说也具有单一的内容并排除了所有与感官的联系。只有伴随着思考上帝的统一性和独一性的目的,才能使一个人渐渐了解"以色列啊,你要听"的微言大义。没有任何象征能够进入这种独一性。与上帝概念的准确性相对应,应该而且必须存在着一种单一的、清楚的、确定的对上帝的表白。与独一无二的上帝的真理相对应的正是犹太人面对上帝的真诚表白。

真理确立了诚实,而诚实是道德人类的脊梁。由于宗教诚实的力量,道德的人变成了宗教的人。宗教的人也就是历史的人。这个独一无二的民族如何能够在世界万民中保存自身呢?这个简单的问题并未考虑到深深地根植于宗教诚实中的决定性力量。犹太人不会为其独一无二的上帝附加任何形式的象征。他们真理的上帝是"整块岩石",从中迸发出犹太的诚实。

犹太宗教哲学中有许多怀疑的论调,针对的都是基本的伦理概念,甚至上帝的属性和特权。但是对于上帝存在本身,他的存在的独一性,他与任何其他形式的存在的不可比性,以及由此产生的将他与其他任何形式的存在混为一谈的不可能性(实际上人是唯一的例外),却不曾在任何时候、任何地方受到过怀疑。无神论绝对不是纯粹一神教的对手。此外还有泛神论,用一个众所周知的比喻来说,它只不过是无信仰的人为信仰付出的赎金而已。但是,泛神论也是象征主义,因此从未在任何时候、任何地方可以建立起诚实。

犹太人诚实地面对上帝,这是消除造型艺术的恰当理由。先知和《诗篇》作者们谴责异教偶像的空虚无益,使上述理由更加显而易见,因为偶像没有灵性也没有灵魂。一神教通过诗歌建立起了与艺术的统一战线。这是否与审美意识中的艺术统一性相矛盾呢？这种矛盾根本不存在。人们绝不应该假设人的意识在审美意识本身中的统一性，因为这种统一性仅仅是其中的一个环节。但是，审美意识本身是在伦理意识的不断帮助下形成的，而宗教意识及其特殊品格与伦理意识密切相关。宗教的特殊性创造了自己的上帝概念和人的概念。此外，由于上述这两个宗教概念一直遭到造型艺术界的反讽，宗教意识需要到审美意识的另一个方向中寻求庇护，为的是避免失去人类意识的统一性中由文化形成的一个重要环节。还有，宗教意识虽然在造型艺术方面失去了很多，但是却通过抒情诗而得到了丰厚的报偿。在此，宗教诚实再一次做出了榜样。一神教从不向造型艺术妥协，否则独一无二的上帝就会被贬低，就会受到象征主义的威胁。值得注意的是，先知们和《诗篇》作者对异教偶像的谴责是通过"偶像崇拜者将会感到羞愧"这种方式表达出来的，有人对此有所误解将其译为"他们会感到困惑"。希伯来单词"יבושו"意思是征服了人的那种内在的羞愧，这是异教信仰者即将转向诚实的征兆，而异教崇拜却压制了这种征兆。诚实就是一种作为真正信仰前提的情感。

相应地，诚实也是《诗篇》独一性的原因。只有诚实才能产生出抒情诗的原创性力量，即在不借助任何色情手段的情况下获得一种对灵性存在的纯粹渴望，这是希腊的爱洛斯即使在柏拉图身上都不可能完全实现的梦想。这种对上帝的爱拥有热情的全部力量，哀叹、悲伤，但最后重获欢乐，泪水打湿了栖居地，但内心却在燃烧。然而，这种爱却从未为诱惑所困扰，因为诱惑会损害爱的纯洁，使其无辜变质。这是一个复杂的问题（被各种恶魔般的困难所包围），只能通过平实的诚实,即相信对于上帝的意义来说既不可能有任何的怀疑也不可能有任何的改变来加以解决。"因为上帝不是人。"(《撒母耳记上》15∶29)引人深思的是,经文接下去说:"(否则)人就应该撒谎。"如果他是人,那么他就不可能是真理的上帝,因此,人只有通过上帝(他不是人)的真理才能变得诚实。

40　　一神教绝对反对的只是造型艺术,但是抒情诗通过一神教达到了这样的高度,以至于,德国抒情诗也无法建立起属于自己的辉煌。这个历史之谜通过历史的中介而得到了解决。德国精神并不轻视《诗篇》的影响,《诗篇》的影响必须被看作是历史性的,其中的诚实元素使德国诗歌在整个抒情诗世界中异军突起。

　　人们可能会怀疑这个民族的独一性,对于这个民族来说,启示的保障是与独一无二的上帝的真理相关的。人们可能猜测以色列被拣选的真理存在缺陷,这也成为犹太人诚实的缺陷。但是,即便是从这一观点出发,人们仍然不得不尊重一神教在弥赛亚崇拜中取得的成果。独一无二的上帝恢复了他的真理,而以色列保持着它的诚实,现在以色列本身已成为一个象征。人、民族却可能变成象征,唯独上帝不可能变成象征,以色列民族及其全部历史都被象征化。圣殿也成为象征,就像锡安和耶路撒冷一样。最后,这个民族变成了"永恒者的仆人",这一象征是弥赛亚象征中最后的形式。弥赛亚也是一种象征,象征着独一无二的上帝概念的统一的实现(uniform realizaton)。犹太人的诚实在对弥赛亚的信仰,在这种充满信心的、属于尘世的希望中获得了最坚实和最安全的保障。所有对于善的信心都表现在象征性的祈祷中:"迅速地让大卫的后代繁荣昌盛",或"赞美你,永恒的上帝,你使得救赎的号角响遍四方"。大卫的王座被转换为另一种象征，即"救赎的号角"。

如果没有这种从选民到弥赛亚人类的自我转变，犹太人的诚实几乎不可能保存下来。但是，独一无二的上帝的真理的逻辑力量从一开始就展现出一种弥赛亚人类的前景。虽然民族狭隘性不可能因此而彻底根除，但宗教诚实也不可能遭到破坏，仍然深深地根植于独一无二的上帝与独一无二的人类的联系之中。

这种弥赛亚式的联系同样也体现了上帝与人之间的相互关系。因此，将上帝和人这两个概念混合在一起的做法是多余的，因为这是不可能的。如果这一命题遭到质疑，那么人的诚实（而不单单是上帝的真理）就会处于危险之中。"你们究竟将谁比神，用什么形像与神比较呢？"（《以赛亚书》40：18）通过这个问题，以赛亚不仅排除了用事物来象征上帝的做法，而且也消除了将人与上帝进行比较的想法。宗教诚实同样要警惕宗教与哲学之间的虚幻的决定与被决定的关系。"唯其荒谬，所以信仰"（credo quia absurdum）这个命题是完全不可能的。相应地，信仰和理性的区分也仅限于方法论层面上的区分，不应该夸大到矛盾的程度。可以承认二者之间有区别，但不是分离（seperation）。我们的观点仍然是，宗教有其特殊性，但是并没有相对于伦理学的自治权。宗教在理性中的份额将其与伦理学捆绑在一起。与伦理学的方法论联系一直是犹太宗教哲学的指南。这也正是萨阿底那部名著的书名的含义，人们曾将其译为《信仰和理性》。在古典时期这种联合的倾向在迈蒙尼德身上臻于成熟，但是他的先行者们在这个问题上表现出的坦率理性主义并不逊色。巴亚说过："确实，当哲学家说最终的原因和最终的原理可以得到赞誉时,他的意思是说只有那个时代的先知或杰出的哲学家才能根据这些原因或原理的本性来赞誉它们。"〔《心灵的义务(Duties of the Heart)》1,2〕此外,约瑟夫·艾尔伯在涉及异教的概念时对理论和实践作出了有效的区分。他认为理论是自由的。这并不是提倡双重真理,而只是赋予思考以自由,以保护哲学的自主性,免受启示宗教及其律法的统治。任何宗教诚实都不能够建立在排外的、独裁式的信仰之上,否则理性的权威就会遭到禁绝,而理性以及真正的知识都是不能否定的。对于先知们的思想来说,上帝的真理同样建立在关于上帝的神圣性的知识之上,因此也就是建立在他的道德合法性之上。律法的道德理性并非不证自明。与律法的冲突从未被看作具有决定性意义,但诚实为这种普遍的理性主义提供了新的力量。

宗教和理性知识的融合是"诚实"这一德性的最坚固的基础,这一点体现在所有人类关注的对象中,尤其是体现在所有科学问题和所有值得探讨的问题中。诚实之所以成立,在于其具有真理的基础。对于知识的所有问题之间的系统性联系来说,上帝是真理的原则。对于具体类型的知识来说,这个真理的根基有不同的分支,从而分出了理论的具体原则。因此,对于伦理学来说,道德律法的普遍原则就集中到真理的这一分支上。没有这个原则,伦理学就会堕落为怀疑论和诡辩术,从而消除诚实的客观基础。无论是对于政治生活还是私人生活,道德都会因此而变成一个幻觉或者是一种权宜之计。真理的条件是由伦理学在自身方法的基础上提供的,从而为真理保留了诚实的特权。如果在宗教中上帝

第18章 德性

被提升到了真理的绝对基础的层面上，那么相应地，他保证人类诚实的基本意义也同样会得到增强。

我们已经在与祈祷的联系中考虑过《米德拉什》的内容，其中引用的是《诗篇》中有关人们在心中思考真理的语句。

诚实的义务也是《摩西五经》的要求，因为经文禁止撒谎。此外，谎言也被称作错误和欺骗。"当远离虚假的事。"（《出埃及记》23：7）在这句经文之前，还有禁止拒绝帮助恨你的人，如"当他（指恨你的人）的驴子不堪重负倒卧在地的时候"，此外还有禁止在法庭上与穷人争讼。在禁止撒谎之后则是其他与审判权威相关的规定，而且这一否定性禁令同时也与其他有关谎言的记载有关（《利未记》19：11）。但也有肯定性的规定，如："对别人说真话。"（《撒迦利亚》7：9）《诗篇》更加讨厌撒谎，如："那撒谎的人，愿他的嘴哑而无言。"（《诗篇》31：19）"求你救我脱离说谎的嘴唇。"（《诗篇》120：2）"我却恨恶一切假道。"（《诗篇》119：128）"行诡诈的，必不得住在我家里。说谎话的，必不得立在我眼前。"（《诗篇》101：7）最后还有给英雄的献辞："为真理赫然坐车前往。"（《诗篇》45：5）《箴言》同样要求诚实，如："口吐真言，永远坚立。"（《箴言》12：19）"你当买真理。就是智慧，训诲，和聪明，也都不可卖。"（《箴言》23：23）"说谎言的嘴，为耶和华所憎恶。行事诚实的，为他所喜悦。"（《箴言》12：22）还有些经文也是与诚实有关："诚实从地而生。"（《诗篇》85：12）"你所喜爱的，是内里诚实。"（《诗篇》51：6）先知们哀叹这片土地上的不义，哀叹错误和欺骗。真理因此与正义联系在一起，并且以一种否定的形式与爱联系在一起。"因这地上无诚实,无正义。"(《何西阿书》4∶1)《圣经》的每一句经文都表明,诚实是怜悯的基础。

对律法的尊重要求一个证人的证词和誓言,而这一点是与宗教中对上帝的敬畏联系在一起的。发誓时要念出写有证人名字的符咒,为的是以律法形式强调诚实的义务。"不可指着我的名起假誓。"(《利未记》19∶12)根据拉比们的理解,这一禁令源于"十诫"中的第三诫。但是,此处却出现了另一个词。虽然誓言本身仅仅是对证词的强化,其基础是诚实,但诚实却是建立在上帝的真理之上的。此外,诚实同时也是建立在人本身的人格之上的,人格的代表是灵魂,而灵魂的代表是荣誉。然而荣誉本身只是对价值的表述,对人的尊严的表述。谎言为撒谎者披上了荣誉的伪装,而撒谎者的话证实的却是他的灵魂。荣誉是情感,可以将真理从上帝那里传给人,传给同胞和人的"自我"。

通过一道带有教育意义的禁令,即禁止剽窃他人的观点,《塔木德》竭力强化严格而诚实的良心。禁止从其他生物那里剽窃观点,甚至对方是偶像崇拜者也不可以(《俗品》94a)。葛伦迪(Jona Gerondi)① 解释说:"对于以色列的智慧来说,这种罪甚至重于抢劫一个偶像崇拜者。我们有必要保卫真理(诚实),因为它是灵魂的基础之一。"即使是最纯洁的东西,如果从中会产生错误观念的话,也应被视为偷窃。所以,在某个观点上甚至是某个无关紧要的观点上都有可能犯下偷窃的罪行。任何欺骗都是

---

① 葛伦迪,13世纪西班牙拉比,其代表作是《悔过之门》(*The Gates of Repentance*)。——中译者

偷窃。对于诚实,没有任何无关紧要的表述。诚实是灵魂的基础,当以欺骗的手段引入一个观点时,无论这个观点是什么,这个基础都会动摇。《圣经》要求诚实,拉比们对这一律令进行了强化,而这种强化带来了巨大的价值。我们对这种严格的伦理学规定绝不能无动于衷。

但《塔木德》另有一处提到:"谁在说话时支支吾吾,那就像是他在行使异教崇拜。"(《议会》92a)还有一个经常出现的句子说:"那位惩罚了洪水和巴别塔时代的罪人的神会惩罚那些说谎的人。"(同上)不诚实在这里被等同于偶像崇拜,而对不诚实的惩罚对应的是史前时期对坏人的惩罚。任何辩护或"似乎有理"的说辞都不能保护不诚实这种绝对的罪,不诚实部分源于偶像崇拜,部分属于前宗教文化阶段。

荣誉是纯粹意志中的动因,必须确立从人的概念到人类的整体性的每一个步骤,但是,在人的概念中的这些重大区分之内,有一种更为狭隘的人类团体的结构。德性道路必须也通向这些相对的团体,从而不仅为个体同时也为人类开辟伟大的道路。从同胞的观点看,有各种各样的亲缘团体,如家庭、部落和民族、贸易伙伴、相关的联系人等,所有这些都需要德性的关怀。爱是指引着意志、在这些德性中属于第二等级的情感,《圣经》认为爱是所有德性必需的。我们已经注意到,爱的这种绝对地位下不可避免地潜藏着危险。另一方面,如果将爱的统治地位限定在一定范围内,就会变成一种非凡的驱动力。

诚实是一种绝对的德性,是永远不应该背叛的。无论如何,诚实对人的作用似乎超越了人的能力。关于必要的谎言的诡辩并非是困难之所在，真正的困难在于与诚实的无条件实现相对立的内在危险。诚实建立在真理之上，但谁又能保证能获得真理呢？由真理来决定这个条件在任何情况下都必须得到满足，但这一条件能满足吗？诚实要求人们代表真理进行调解而不带任何沮丧，勇敢面对错误而不带任何过失。但是，谁又能够确定自己知识的确定性呢？正是这种确定性，从正反两个方面确立了诚实的客观基础。人类知识的不完善性、人类意识的狭隘性和分散性似乎将诚实赖以存在的条件化为乌有。

无论如何，消除这种德性是不可能的。诚实可以无条件、无限制地发挥作用，但是，既然其客观决定性是一个持续的问题，本身就要求一种补充，这不是要求一个例外而是要求一种对自身的确证，所以这种补充自身必定也是某种形式的诚实，尽管不是在绝对意义上而是在主观的因而是相对意义上的诚实。由于人类知识的不完善性和人类意识的永恒缺陷，诚实似乎是不稳定的，因此这一缺陷必须得到纠正。在这种情况下，让德性出自必然起码在字面意义上是正确的。只有一种德性能够将诚实从其承受的必然性中拯救出来，因为这种德性坦承阻碍获得真理的主观方面的软弱。这种德性就是谦虚（modesty）。

谦虚不可能将我从诚实这种德性义务中解脱出来，但却开辟了一条道路，让我不再需要逃避或掩盖我在客观真理上的主观缺陷。谦虚不会减少我的荣誉，而是对我和我的同胞的软弱的容忍，从而让爱超越严格的尊严。爱意味着容忍，这在判断我的软弱和缺陷，或判断我的同胞的相应的软弱和缺陷时得到了体现。因此，谦虚变成了一种支持，既支持爱我的同胞，也支持我自己的道德自尊。在赎罪的伟大道路上、在与上帝的和解中，在达到终点之前，在我的道德自我意识的不同阶段，我以不同的方式需要道德自尊。在这条伟大的道路上，我必须以不同的方式尽力与自己妥协，为此，我需要谦虚的自我知识引导我走向谦卑（humility）。谦虚和谦卑由此变成了诚实的支持物，其中存在着与诚实这一绝对德性相比而言的相对德性。

真理与爱联系在一起，通过谦虚而完成的对诚实的补充就建立在这种联系之上。对于这种联系，我们已经提醒读者注意这两个概念在上帝的属性之中的不同。《诗篇》有言："慈爱和诚实，彼此相遇"，或者说"彼此相亲"（《诗篇》85：10）。谦卑不可能直接归诸上帝，而是归诸摩西。"摩西为人极其谦和，胜过世上的众人。"（《民数记》12：3）《摩西五经》赞扬摩西，但所赞扬的既不是他的灵性品质，也不是他的心理素质，而是他作为先知与上帝的关系，但在他所有的人类品质中，所强调的是他的谦卑。在《圣经》中，我们找不到比谦卑更重要的确证（testimony）。谦卑保护人免于落入骄傲的陷阱。人难免会因作为人的价值而骄傲，但这种价值只能建立在他对上帝的敬畏和对上帝的真理的臣服之上。

从这一观点出发，人们经常援引的先知弥迦的名言就具有了新的意义。永恒的上帝对人的要求不仅仅是"行公义而且要有爱心"。这种繁琐的措辞同样意义重大。在正义的场合下，行为就足够，但是在爱心面前，仅有行为是不够的，甚至加上行为的动机都不够。对于正义来说，爱是必需的。爱心不能仅靠施行义务，而必须产生于爱。义务在此被转换为爱，或者说荣誉被转换为爱。

但是，先知并不满足于这些要求，而是说："存谦卑的心，与你的神同行。"(《弥迦书》6：8)这位先知并不满足于爱和尊重上帝这一要求，当他转向人的本性时，他在谦卑中抓住了人的本性，而人的本性则在其中找到人类最为重要的基础。此外，这位先知不是只提到谦卑，这或许可以解释他所说的不是"在上帝面前"而是"与上帝同行"。在所有与上帝的关系中，谦卑是作为人的前提。这个条件确定了人与上帝之间的相互关系。但是，泛神论是与这样的谦卑相矛盾的，因此谦卑也是对人与上帝概念的联合的否定。

因此，《塔木德》将《圣经》中对上帝的伟大指称与他的谦卑联系在一起不仅不与前文相矛盾，反而是对前者的肯定，我们在前文中也曾提到过这一点（参见第13章第64—65节）。谦卑因此成为对上帝的真理的一种补充，即使作为爱的谦卑也是如此。但是，如果我们考虑《塔木德》在涉及上述问题的篇章中所举的例子（这个例子被援引为赎罪日祷文的末段），我们只能发现下述道德属性，上帝正是借助这些属性保护底层的和受压迫的人，"要使谦卑人的灵苏醒"(《以赛亚书》57：15)，上帝爱护陌生人，上帝是孤儿的父亲、寡妇的帮助者。上帝爱谦卑的人，也爱他的谦卑。

这种新发现的神的属性具有特殊的说服力，可以证明一般意义上的属性是人类道德的原型。从字面的意义上看，将谦卑看作是上帝的特征与把正义和爱看作是他的属性一样无法令人接受。但是，被称作是上帝的特征的东西并不是指逻辑意义上的特征，而仅仅是伦理意义上的特征。属性与上帝的实体没有逻辑关系，而是处于与人的实体的伦理学关系中。只有在这种与人的关系中，《密释纳》才提到上帝的谦卑。实际上，只有通过这种方式，人们才能够设想上帝的正义。关于上帝的谦卑，这正是《密释纳》所教导我们的。因此，我们同样可以理解，《密释纳》在《异教》中赋予谦卑的卓越地位，正如在《不贞》中赋予研习《托拉》或爱心的虔诚行为的地位一样。迈蒙尼德在把谦卑作为最主要的德性时，完全赞同《密释纳》中的观点。在一段关于一位航海旅途中的旅客的动人记载中，他对谦卑的义务作了描述，甚至是作为一种巨大的羞辱和侮辱的方式提出来的。这种谦卑的特征将犹太伦理学与古典以及后古典希腊哲学区分开来。

在此，先知们充分展现出《诗篇》和《箴言》所遵循的道路。"寻求正义，寻求谦卑。"（《撒迦利亚》2：3）《诗篇》中也说："大能者啊，愿你腰间佩刀，大有荣耀和威严。为真理，赫然坐车前往，无不得胜。"随后还加了一句"为谦卑和正义"（《诗篇》45：5）。"尊荣以前，必有谦卑。"（《箴言》15：33，18：12）谦卑在人类道德中的地位是多么崇高啊！

但是，这种对谦卑的高度评价的最重要的证据在于弥赛亚崇拜在其最终形式中所经历的改变。弥赛亚被等同于虔诚的人，我们以前提到过这一点。但是，准确的翻译是用"谦卑"代替"虔诚"。就像穷人作为谦卑者最初的社会形象一样，他也成了虔诚者的理想形象，因此谦卑经历了一次意义上的转变。不仅穷人变成了虔诚的人，而且只有通过谦卑这一中介，怜悯才能够从中产生，而谦卑表现在穷人身上。于是，谦卑成为弥赛亚人类的基础。除非每个人为了自己、每个民族为了自身而追求谦卑，人的天命、人类的未来不可能得到实现。如果不经谦卑的检验,所有人类的英雄气概都将变得一无是处,所有人类的智慧和德性仍未通过最后的检验。在这个问题上,没有人能够例外,也没有任何民族、任何时代能够例外。文明可能会发展得越来越高,但是,人的心灵、人的灵性本身的最终努力和成就永远不可能与谦卑这种德性无关。迈蒙尼德是正确的,因为无论是作为一位心理学家还是一位道德学家,他都追随《密释纳》将谦卑作为一种最重要的德性。即使不考虑弥赛亚与谦卑者的统一,不考虑作为社会中介的贫穷问题,谦卑在应用于人类心理学时也等同于道德义务。

第二以赛亚的自我意识也是正确的:"因为耶和华用膏膏我,叫我传好信息给谦卑的人。"(《以赛亚书》61:1)全部《诗篇》表达的不仅是谦卑者痛苦的呼号,而且也展现了他们的希望:"他要用救恩当作谦卑人的妆饰。"(《诗篇》149:4)谦卑转化为怜悯,因此也成为弥赛亚意识在灵魂中的基础。

谦卑在上帝面前是什么,谦虚在人面前就是什么。在犹太意识中,谦卑和谦虚之间并没有什么区别。在上帝面前谦卑的人,在人面前就会谦虚,不可能在人面前谦虚而这种谦虚又不是建立在上帝面前谦卑的基础上。人的意识被如此多的自大的诱惑而导致的危险所重重包围,如果他的谦虚不是由在上帝面前的谦卑所指引就不可能确证并保持其谦虚。上帝面前人人平等,没有人会更高或更低一些。在上帝面前,"所有的英雄都一文不值,所有的智慧都无法被理解,甚至连人的荣耀也是根本不存在的"。从这些早期晨祷的话语中,我们获得了许多智慧的虔诚的碎片。因此,当"十八祝福"以"让我的灵魂变成尘土"作为结束时,这并不是一种夸张，而是在提醒人们，这是所有人类幸福的终点。你从尘土中来，还要回到尘土中去。尘土是灵魂的根源，也是人的终点。428 在关于人生的起源和终点的智慧之上，谦卑将自身确立为灵魂的基础之一，因而也是怜悯的基础之一，是接近上帝的第一条德性道路。

第19章 正义

正义是第一等级德性中的第二个德性。正义首先存在于上帝的属性中："耶和华在他一切所行的，无不公义。在他一切所作的，都有慈爱。……他的义是永恒的义。"（《诗篇》145：17；119：137，142）正义等同于神圣性："因公义显为圣。"（《以赛亚书》5：16）正义是弥赛亚的属性："公义必当他的腰带。"（《以赛亚书》11：5）战争的消弭是弥赛亚时代的消极特征，而积极的特征则是人们学习并习惯于正义。"他们无须再学习战争。"（《弥迦书》4：3）正面的说法是："世上的居民都学习正义。"（《以赛亚书》26：9）因此，正义是弥赛亚时代的特征。

但是，《摩西五经》中将正义列为一道绝对的命令："你要追求至公至义。"（《申命记》16：20）正义变成了一个基本法则（*fundamentum regni*）。

可以肯定，"正义"（公义）一词的希伯来原文与一般意义上表述怜悯的词是一样的，但恰恰是其意义上的这种改变证明正义是一种基本力量。正义并未被降低到施舍的层面上，而是借助这种社会德性而变得普遍化，从而变成了普遍的怜悯。我们在贫穷和谦卑那里发现的过程同样也在正义和施舍那里找到了，就像谦卑变成了怜悯一样，正义通过施舍这一社会中介也变成了怜悯。

毫无疑问，谦卑是一种真正的德性，因为穷人身上具有这种德性。但正义如何呢？"时常行善而不犯罪的义人，世上实在没有。"（《传道书》7：20）就像正义一样，普遍的怜悯也变成了人类的典型。《箴言》中说："义人是世界的永恒的基础。"（《箴言》10：25）第二以赛亚则用怜悯的理想形象（其作用是替代禁食）作为结束语："你的公义，必在你前面行。耶和华的荣光，必作你的后盾。"（《以赛亚书》58：8）在这里，正义成为一种证言，成为接受永恒生命之约的律法保障。

正义是国家的基础、社会伦理学的重心，同样也是民法的原则和原型。正义是度量和衡量的基石（《利未记》19：36）。

正义是律法制度的原则，而律法制度则是挪亚律法的基础："我嘱咐你们的审判官说，你们听讼……都要按公义判断。"（《申命记》1：16）先知们指责的只是不公的法庭，而将上帝看作是陌生人、孤儿和寡妇的帮助者。犹太神权政治的可行性是建立在正义之上的，否则宗教就成了一种国家制度，上帝就只是以色列的王而不是全地、全人类的王。由于宗教和国家在正义原则面前具有平等地位，所有有关神权政治概念的含混性都得到了澄清。信仰需要正义，而正义是所有制度的基础和原型。通过正义，每一个国家都成了神权政治国家，而宗教概念在国家中得以实现。

值得注意的是，撒母耳既是法官又是先知，他身上的实际情况表明神权政治变得个体化了。但是，当法官与先知分离，因而神权政治的个体化不复存在的时候，他必须为了国家而退出。此外，在撒母耳对犹太民族的告别演说中，他更多强调的是他的统治的正义和公平："我夺过谁的牛，抢过谁的……驴，欺负过谁，虐待

过谁,从谁手里受过贿赂因而眼瞎呢?"(《撒母耳记》12:3)

正义原则的结果是财产原则的相对性,这是防止自我中心主义、幸福主义、机会主义以及所有其他反对宗教道德的一道壁垒。由此产生了关于安息日的律法及其象征性的扩展,即土地上与"七"有关的数字,包括针对债务的大赦年,针对土地所有权的五十年节,以及所有其他有关收割和第二季收获等有关财产方面的原则。赎罪日当天宣布的五十年节期进一步加强了这一社会律法制度的宗教意义,因此赎罪日是社会自由的一个标记。

正义原则的极端表现形式是关于奴隶的立法,其来源据说是俗语"以牙还牙"。这一律法制度将"以牙还牙"从误解和曲解中解放出来,因为这些误解和曲解只是颇为流行的俗语"以眼还眼"的必然延伸。安息日不仅仅是为了自己,正如在《塔木德》和福音书(《马可福音》2:27)中所说的那样,最重要的是为了奴隶和工人。安息日同时也标志着上帝创造世界的完成。这是所有律令的具体体现,所有律令和节日庆典都是为了"纪念从埃及解放出来"。因此,整个《托拉》都是一种对从埃及人的奴役中解放出来的纪念,这种奴役作为犹太民族的枷锁不仅不是一种悲伤,甚至也没有受到谴责,而是带着感激之情去庆祝。

这种真正的伦理正义证实并渲染了"正义"和"爱"这两个概念之间的联系,这是完全可以理解的。伦理正义特别适用于刑法,如《塔木德》关于死刑的处罚就体现了这一点。甚至(因犯罪而)被吊死的人的尸体都得到了相应的尊重。

关于鞭刑:"只可打他四十下,不可过数。"(《申命记》25:3)因此,《塔木德》规定鞭笞三十九下是极限。

血亲复仇（blood vengeance）作为律法概念的原初形式，对更高阶的文明是一种阻碍和矛盾，因为新的文明中蕴含着更成熟的律法制度。建立三个"逃城"就是为了保护正义，避免血亲复仇。但是，祭坛可以对杀人犯提供庇护的异教原则则被取消了。

根据古代的律法，杀人者可以通过缴纳赎金而免罪，犹太律法在这个问题上打破了与古代律法的联系，拒绝这种赎罪方式，并将这一做法扩展到奴隶以及对其肉体的伤害上，因而释放（被伤害的）奴隶取代了赎金（《出埃及记》21：26）。通常实行的惩罚，如连坐这类波及罪犯家庭的制度也被取消（《申命记》24：16）。亚伯拉罕为所多玛求情，摩西为了以色列民族而与可拉（Korah）家族斗争。"一人犯罪，你就要向全会众发怒吗？"（《民数记》16：22）亚伯拉罕反对上帝的这种做法，他祈求并希望上帝成为"审判全地的主"（《创世记》18：25）。对严格正义的侵犯与作为世界法官的上帝概念是相矛盾的。

无限正义（unlimited justice）同样因其采取惩罚正义（punitive justice）的形式而与人的概念相冲突。因此，被吊死的人的尸体必须取下来，当尸体开始腐烂时，须将剩余部分埋葬到家族墓地（《撒母耳记下》21：12—14）。此外，当受过鞭刑之后，被惩罚的人应被重新接受为兄弟（《鞭笞》23a）。在处决犯人之前，会给他喝一杯酒，并使用熏香使他进入麻醉状态。

非常难以理解的是，不仅仅在语言学上而且在圣经犹太教和拉比犹太教整个内在发展过程中，正义（公义）一方面与爱相联系而变为对怜悯的普遍表述，另一方面却又受到限制，并被看作等同于施舍这种仁慈的行为，确切地说，仁慈的行为要高于正义。

同样地令人惊奇的是,《塔木德》坚持认为立法程序中的公平高于成文法中的正义。《塔木德》在这一概念上走得如此之远,甚至将耶路撒冷的毁灭归结为对这种正义的自我修复的侵犯(《中门》30b)。

所有这些表面上的不协调使我们认识到:正义的绝对德性必须由一种相对德性来加以补充,因为后者像绝对正义一样不会受到荣誉的影响,但却会受到爱的影响。这同样可以解释爱的概念在上帝和人身上是如何结合起来的。"我耶和华所讲的是公义,所说的是正直。"(《以赛亚书》45:19)"我喜悦在世上施行慈爱,公平,和公义。这是耶和华说的。"(《耶利米书》9:23)

在此,我们必须考虑到正义与和平的联系,尤其是因为《塔木德》提到"由于和平的道路"而形成了对正义的一种限制,就像上文提到的公平原则一样。

但是,正义以及律法制度仍然是绝对的基础,是国家和任何团体的最高原则。因此,先知们并未将穷人的权利建立在爱和怜悯上,而是建立在正义上。对于罪犯本人来说,正义也是一种真正的爱。正义消解了罪人的责任,并且恢复了他的尊严。另一方面,正义审查人的灵魂以及同时代的人和环境的影响,在"shegagah"(无意识的罪)问题上找到了一种主导性(controlling)概念,为挽回所有不公提供了机会,这甚至比所有的祭祀和赎罪形式更为有效和真实。"shegagah"原则中也包含环境对个体犯罪的影响。

在此,我们必须再一次回到那个弥赛亚崇拜因之获得重要地位的神奇概念:上帝仆人。"上帝仆人"是罪人的替代者,因而也成为普遍的律法改革的象征。

最初，替代性惩罚曾经为摩西律法所禁止。以西结认为这种拒绝替罪的做法本身是一种罪过。但是，他也认为："他会因先辈的不公而惩罚后代"仍然是一条正确的经验原则，因为摩西教义的最初形式依然在其中保留着原始风貌。但后代是无辜的，先辈的罪对于后代来说只能是更小而不是更大，即使"当他们憎恨我"（《出埃及记》20：5）的时候也是如此。

与这一说法相反，当下一个句子以某种突降法（anticlimax）强调爱带给"千万人"的东西时，这又有什么意义呢？即使对这个句子，也应该附加一个限制性条件：给"那些爱我的人"。

要想根除罪的遗传性以及承担惩罚痛苦的神话，只有借助社会洞见赋予的勇气进行大刀阔斧的改革。如果承担痛苦就是惩罚的话，那么上帝的惩罚会降临到无辜的人身上。真正承担人类痛苦的人是穷人。因此，上帝的惩罚必定会有其他的含义，而不仅仅表现为承担痛苦。承担痛苦不是惩罚。人所承担的痛苦主要是穷人所承担的社会性痛苦，而这一切都在上帝的掌握之中，因为上帝是正义的上帝同时也是爱的上帝。正义和爱是表述上帝存在的相互作用的概念。穷人所承担的痛苦建立在上帝的正义之上，而上帝的正义是与爱联系在一起的。正义是爱，因此绝不仅仅是一种惩罚性的正义。因此，与爱相联系的正义成为神正论的原则。正义变成了替代性受苦的原动力，而替代性受苦是与惩罚完全相同的。

承受痛苦意味着"承受爱的痛苦"，这正是先知们在考察犹太民族历史时发现的神正论，被囚的痛苦也因这一观点而发生了转变。对于先知来说，他们的爱国心成为弥赛亚崇拜的历史哲学。

在此，宗教再一次证明自身在理性中享有重要的份额。不仅个体为他们的时代而受苦，许多民族也被拣选出来承受苦难，以色列民族就是被拣选出来代替人类受苦的。以色列被拣选意味着对它的惩罚，这一点在阿摩司那里表露无遗。现在，所有对以色列为何被拣选的猜测和怀疑都消失了。在被拣选去接受上帝的教诲的同时，也意味着被拣选去替崇拜偶像的民族承受痛苦，也意味着替所有尚未成熟到能够接受独一无二的上帝的知识的民族承受痛苦。以色列被拣选的意义同样不会破坏上帝的正义，因为从现在开始，上帝的正义必须在人类发展的普遍的神正论中得到证明。多神教也有其文化价值，但除了其历史价值外，仍然是一种罪，为此，多神教不仅要承受痛苦，同时也需要足够的生命力去完成自己的历史使命。尽管痛苦的惩罚会削弱其生命力，而这种生命力对于创造性的历史使命来说是必需的。

这难道不是以色列最大的幸福吗？这种幸福从其全部的苦难历史中散发出来，"住在至高者隐秘处的，必住在全能者的荫下"（《诗篇》91：1）。所有计算上的平衡，悲观主义与乐观主义、阴影与阳光、不幸与幸福，都只不过是理论上同时也是道德上的空虚而琐屑的东西。人自身的以及历史的、民族（只有民族才能使人变得成熟起来）的尊严绝对地高于尘世的痛苦。但是，如果人们之间、世代之间乃至所有民族之间的相互作用是由以快乐和痛苦为根本标志的历史性选择来决定的话，那么对于先知自己的民族命运的历史性平衡来说，留给他们的见识不会比那种将这个民族的巨大痛苦转变为替代性的痛苦的见识更为深刻，因为替代性痛苦是历史的最终归宿。以色列最大的幸福及其对独一无二的上帝的历史使命，使这个民族的特殊地位由于替代性的痛苦而得到了平衡。如此一来，要想发挥历史使命的作用，就必须去思考，去感受。以色列是一神教的殉道者。确实，这种殉难并不是惩罚，如果殉难是痛苦的，那么确切地说，也不会对承受苦难者本人产生影响，因为他的使命使他超越了任何尘世的幸福。但是，如果软弱会使人在明亮的阳光下也感受到阴霾，那么这些阴霾只能来自泛神论，来自一神教思想已经从中解放出来的那种恐惧。因此，替代性痛苦并不是正义的例外情况，无论是在上帝那里还是在人那里都不是例外。替代性痛苦仅仅是一种最深刻的确证，即痛苦绝非仅仅是上帝的惩罚。正义并非实现于惩罚，实际上实现于人认可上帝王国的枷锁套在自己身上的痛苦。人应该将这种痛苦看作是全人类的独一无二的上帝赋予他的对世界历史应尽的义务。

相对德性是对人类自作主张和自以为是的限制。我们已经在正义问题上作过这样的自我限制，并将进一步扩大这些限制，以便将其特殊价值归入第二等级。但在此之前，我们要首先揭示那个在正义鼓足勇气殉道的范围内占据主导地位的绝对德性。

第20章　勇敢

既然所有的德性必须都包含在上帝的属性之中，那么人们可能会问：勇敢对于上帝来说意味着什么？当然，从字面上看，上帝的勇敢体现为一种对事实的记录。在《圣经》中，上帝一直被称为战斗英雄和勇士。

"十八祝福"中同样也将上帝称为"伟大的、英勇的和令人敬畏的、令人欢欣鼓舞的上帝"。《箴言》中也说："不轻易发怒的，胜过勇士。"(《箴言》16：31) 在十三种属性中，"不轻易发怒"被列于"爱"和"诚实"这两种属性之前。相对于"不轻易发怒"，"英雄气概"则被提升到一个更高的层次。《诗篇》中充满了赞誉上帝的英勇行为的句子，如："谁能传说耶和华的大能。"(《诗篇》106：2) 这充分表明了《圣经》对勇敢的态度。但是，即使上帝的那些属性仅仅在被看作人类行为原型时才能有效的情况下，英雄气概如何能够被看作是上帝的属性仍然是个问题。

在希伯来文中，"英雄"一词起源于希腊文和拉丁文中表述德性的概念，其最初的含义是男子气概。希伯来文中的英雄和英雄气概同样也是起源于"人"的概念。但是，男人并不是"英勇"这种德性的唯一拥有者。英雄最初仅仅是指狩猎英雄，后来逐渐出现了战争英雄，因此妇女只要加入军队，也可以成为战争中的英雄。将这一称号加诸妇女出现在所罗门的《箴言》结尾处的赞美诗中,但却并未因她的能力而将其看作是一个战士,也就是说,军队才是勇敢和忠实执行普遍义务的真正领域。英雄气概这种含义上的改变使军队中的女性英雄转变为正直的家庭主妇。这种价值意义上的降格是如何实现的呢?

《先贤集》(4:1)中说:"谁是英雄",是"那个征服了自己欲望的人"。在此,英雄甚至变成了一个禁欲主义者。但是,那个征服了他的欲望的人并未因此而变成一个禁欲主义者而是一个真正的英雄,他不允许情感统治他,并未变成情感的奴隶,反而成了情感的主人。因此,他能够驾驭情感的力量,相反,禁欲主义者由于无法驾驭情感的力量,使他从否定的意义上变成了欲望的奴隶。可以说谁征服了感官欲望,谁就能统治它们,并受到它们的侍奉。

在此,犹太和希腊伦理学触及并且验证了两者之间的亲缘关系,而这种亲缘关系正是建立在两者与理性的共同关系之上。人们在这里可以找到一个理性的共同点,从而使以苏格拉底和柏拉图为一方,以先知们为另一方的类比得以可能。这是东西方联合的源头,被亚历山大里亚的犹太人看作是一神教的最初源泉,也是斯多葛派累累硕果的源泉。与感官的统治地位进行斗争是柏拉图主义的最初精神,也是新柏拉图主义的重要生命力所在,并成为斯多葛派的作战口号。在理性的这片最初的土壤上,多神教和一神教的不同似乎消失了,似乎两者的区别仅具有次要的意义,尤其是当面对主要选择,即理性中的感性(sensuality of reason)的时候。

但是，即使在这个理性的十字路口，一神教也必须证明自己具有独特的力量，或许，犹太教最大的胜利是从神学中得出了道德优先性，甚至在面对柏拉图主义时也是如此。这种相对于柏拉图伦理学的优越性表现在所有基本的与个别的关于政治科学的问题中，同时也表现在充满争议的涉及灵魂命运的所谓形而上学问题中。在这一点上，即使柏拉图也不得不屈从于末世论的神话，而一神教却在弥赛亚教义的基础上发展到了实践唯心主义的高度。之所以如此，是因为肉体是灵魂的绝对牢笼，同时也因为这个世界上有些坏人，因为智慧很难在大众中扎根。从正面看，弥赛亚崇拜反对所有这些偏见，它们都属于以正确的方法论原则导出的错误结论；从反面看，弥赛亚崇拜远离了所有对于坦塔洛斯的惩罚，却保留了对永生的渴望。柏拉图主义有一种夸张的正义概念，认为上帝的报偿只是一种惩罚性正义，因此是一种痛苦的、冷酷的肉体惩罚。之所以如此，是因为赎罪在其中并未找到与自身同质的、存在于和解中的现实性。

因此，柏拉图式勇敢的结局是悲剧性的，其中的英雄人物必须走向毁灭，才能在观众眼中成为胜利者。但在犹太教中，英雄并非仅仅是为了自己的英雄气概而活着，相反，只要他是个人，他就处于与上帝的相互关系之中。因此，他能够活下去，他保护自己的生命，仅仅是作为上帝的同盟、作为上帝的仆人因而也是上帝的英雄。他并非茕茕孑立，而总是与上帝有约。如果他堕落了，那么上帝的事业也会堕落。但是，"惟有我们神的事业，必永远立定"（《以赛亚书》40：8）。按照这种观点，尘世的生活对于英雄来说并不重要。他的事业没有尽头，也不含有悲剧性的结局。

宗教中的英勇生命根本不会有悲剧，因为殉道已成为一种替代性的正义，其形象就是殉道者。于是，正义和勇敢走到了一起，正义的殉道者同时也是勇敢的英雄。勇敢是人性的胜利，就像爱的正义是上帝属性的具体体现一样。

只有三种情况下处死人而不违背诫命：偶像崇拜、谋杀和乱伦（《议会》74a）。如果用肉体上的死来威胁人们去遵循这些诫命的话，那么《托拉》的所有其他诫命都是可以违反的。如果偶像崇拜、谋杀或乱伦会受到死亡的威胁，那么《塔木德》要求的则是殉道。如此一来，勇敢变成了一种德性，并一直伴随着犹太人的生命。达摩克利斯之剑在历史上一直悬在犹太人头上，是为了避免他倒向偶像崇拜或否定纯粹的一神教。因此，人们应该清醒地认识到，犹太人的历史生命就是勇敢者的生命。私人生活或个体生活中或许会有很多污点，但这一点并不重要，不会对整个宗教团体的这种德性的历史特征有丝毫的改变。人群中殉道者随处可见，其形象也多种多样。即使智慧如苏格拉底，也不得不喝下那杯毒酒。① 但是，他不得不承受这一结局仅仅是因为他的哲学观念，以及他的同胞们加诸其上的实际意义。对他试图引进新神的指控仅仅是因为他的指导理论，而不存在历史的有效性。他本人还向埃斯科拉庇俄斯祭献过一只公鸡，因而他是认可本土神祇的历史有效性的。因此，他的殉道更多地是理论上的而非宗教上的，是哲学家的自我牺牲。

另一方面，犹太殉道者是以色列独一无二的上帝的英雄，上

---

① 此处指苏格拉底被鸩杀于狱中。——中译者

帝不仅仅是他的上帝，他的理论的上帝，甚至不仅仅是他的信仰的上帝，同时也是他的先辈的上帝，他的历史的上帝，因此是整个人类的上帝。因此，犹太人的勇敢是一种历史德性，是历史性的而不是个体性的人的德性。此外，弥赛亚崇拜打碎了民族主义的基石，因而犹太人的勇敢不可能降低到仅仅是一种民族德性的地步。犹太人的勇敢作为一种历史性的德性、人道主义的德性，是一种属于人类宗教理想的真理的勇敢。这种勇敢的主要原因在于，人类是一个宗教概念，并且逐渐变成了与其弥赛亚根源一致的伦理学概念，这是弥赛亚一神教最终的必然的结论。他为之骄傲的宗教思想就是犹太英雄谦卑的膏油，就是为上帝的独一性殉道。

"将上帝之名神圣化"是一个将所有人生中的宗教义务结合起来的概念。人的自我神圣化是所有宗教道德的具体化，是由上帝之名的神圣化客观决定的。当人神圣化了自我的时候，也就神圣化了上帝，即人自愿接受了上帝的神圣性。当人意识到上帝的神圣性概念的时候，就实现了自我神圣化，也就是无限接近于上帝的神圣性。

与此相应，殉道被称作"用生命去神圣化上帝之名"。用上帝之名替代上帝，原因很简单，即这个问题不仅关系到上帝的神圣性本身，而且通过认可、确证他的教诲来神圣化他的名字，并因此而确证实现这种神圣化的种种知识。因此，殉道是一种历史性行为，个体并不将殉道看作是为了自己或为了自己的灵魂的行为，相反，殉道应该出于历史目的。既然上帝是独一无二的，那么在将来的日子里他的名字也是独一无二的。犹太人就是这样希望并祈祷的。如果犹太人被以死亡威胁的方式要求与弥赛亚目标断绝关系，那么当个体犹太人为了这一目标而承受苦难的时候,他就会成为这样一个历史信仰的殉道者。

耶稣基督的生命及其死亡的结局居然会成为基督教和犹太教主要区别的依据,这确实是一个巨大的历史性反讽。耶稣的受难和死亡的历史是对第二以赛亚所作的弥赛亚式想象的一种仿造物,因为正如现在公认的那样,这种想象预见了"以色列幸存者"的历史。因此,根据这一原初的诗化形象,基督的历史实际上就是以色列的历史。关于未来世代的历史哲学不得不考虑并研究这个与灵性有关的最隐秘的历史谜团,至少要解决这个谜团为我们带来的困扰。

就目前而言,独一无二的上帝的秘密似乎为我们提供一种充分的解决方案。为了澄清这一秘密,包括所有民族、所有灵性的分支在内的全部文化都必须作出贡献。在过去的几千年中(在目前也同样如此),每一个犹太人都曾经通过承担起勇敢的德性并将其看作自己的历史使命而为之作出了贡献。在战胜了真实历史中的世俗生命之后,犹太人一直勇敢地活着,如果有必要也会勇敢地死去,快乐地消融在最深刻、最神圣的人性概念和独一无二的上帝概念之中。替代性的正义就是犹太德性中的勇敢。

第21章 忠诚

我们必须注意到,用于忠诚的词与用于真理的词是相同的。忠诚的客观基础是真理,主观基础则是诚实。但是,忠诚作为一种德性而独立出来,并且用一个同时意味着信仰的词来指称自身。两个词都起源于同一个词根,意思是"坚定"。通过忠诚,无论人与人之间还是人与上帝之间的关系,都得到了强化。约是忠诚的工具,因此上帝与挪亚、亚伯拉罕和以色列都立下了约。上帝为约设立的标记是天边的彩虹,意味着自然的永恒存在。此外,安息日作为社会性的约的标记,意味着人们之间的劳动关系。

因此,记忆就成为忠诚的心理学功能。上帝记得他与以色列的约,以色列必须记得上帝赐予的福佑。一方面要记住从埃及的解放,另一方面要使这种记忆变成一种鲜活的义务,即应该牢记自己曾经在埃及的土地上为奴。通过这样的改变,记忆成为一种社会的德性,即爱陌生人,并善待奴隶甚至给予其自由。

记忆会引起感恩,后者是忠诚的一种特殊形式。可以肯定,感恩不可能是一种要求,即使有也只对应受感激的人有效,而不是针对发出感激的人。感恩是忠诚的一种,首先应该在一个人的自我意识中实行,即在思想、奋斗和情感等方面实行,在上述要素的驱动下,人类心灵的内容才会协调。心灵的内容与他人的行为和感情相互联系或互相对立,如果在这种相互作用的过程中出现了间断,那么意识的不和谐就是不可避免的。因此,作为感恩的忠诚是和谐意识必要的心理学基础。《诗篇》中的表述令人惊讶:"耶路撒冷啊,我若忘记你,情愿我的右手忘记技巧。"(《诗篇》137:5)在这里,右手代表的是人的全部器官。也就是说,如果我背弃了对耶路撒冷的忠诚,那么就让我从此消失。凡是为了宗教而保存的东西,宗教本身也要求人们在约和合作中全部保存。

因此,《圣经》赞赏古希腊对于友谊的高度评价。大卫和约拿单是这种年轻人之爱(youthful love)的典范,也就是通常说的英雄崇拜。这段友谊的特点在于犹太教和异教思想的结合,一位国王的合法继承人将热忱的友谊奉献给了一个异族的王位觊觎者。这种爱得到了大卫的赏识,他在哀歌中将这种爱置于对女性的爱之上。因此,不带丝毫性爱因素的友谊在感恩和忠诚的灵性爱洛斯的照耀下充满了大卫的心灵。

在古希伯来文中,没有一个词可以直接用来表述友谊。可以说,友谊是爱的原初形式,因此,不存在单独的指称爱的词。爱就是对同胞的爱,只能是友谊。其中也包括人对上帝的爱乃至上帝对人的爱,这种互动的关系也是建立在友谊和约的兄弟情之上的。归根结底,所有这些其实都是忠诚,只是以友谊和爱的某种特殊形式表现出来,但却从未变成其他的东西,也就是说依然是忠诚。

爱以性爱这一的特殊形式导致了婚姻这种结合方式。这样的结合并不是锁链,因此,根据犹太律法,当道德要求使得婚姻的前提出现问题时,婚姻是可以解除的。离婚在律法上的可能性表明,忠诚是婚姻关系的意义和基础。

婚姻的目的是建立起思想的结合体,从而超越并高于不稳定的性爱冲动,甚至可以说婚姻就是建立在这种感官冲动之上。婚姻的意义就在于对忠诚的教育和适应,否则婚姻就仅仅是生育后代的制度,任何其他目的都会变成空洞的幻觉,在这种情况下,忠诚反而成了一种心理上的障碍,并进一步提升欲望。但是,如果婚姻中夫妻双方在其灵性财富的互动方面卓有成效,那么这种互动关系就是建立在忠诚的理想之上,从而使忠诚成为婚姻的使命。这种灵性关系还保护着生育后代的欲望,使之免于陷入动物式的满足。

犹太婚姻律法通过将婚姻仪式变成一种神圣的崇拜仪式而确证了上述含义。此外,拉比立法还寻求以不同的方式保护妻子的尊严,对抗丈夫的权威,因此婚姻采取对偶形式是必然的,尽管由于犹太人最初处于东方民族的环境之下,从而导致了在婚姻方面某种程度的放任,应该说这是在所难免的。无论如何,在所有犹太道德的历史文献中,犹太婚姻首先确证了忠诚是犹太思想的一种显著特征。《箴言》的最后章节对勇敢的女性大加赞美,这也是对忠诚的一种诗化的赞美。

家庭在其概念的范围内是一种彰显人类忠诚的建制。柏拉图在《理想国》中提出建立儿童团体,从而破坏了他的城邦公民忠诚的基础,这种破坏比妇女团体造成的破坏更为严重。如果孩子不能再认出自己的父母,那么对他们来说会比父母不允许认识自己的孩子更糟糕。只有通过孩子心中的感激和忠诚才能建立起家庭生活,并进而又建立起各种人类团体的内部生活。

第 21 章 忠诚

犹太家庭律法的特征是父亲有义务向他的儿子传授《托拉》（《住棚》42a），并以此为基础形成了家庭教育制度。教育的义务落在父亲肩上，这一做法甚至早于国家的制度。只有在父亲的义务的基础上，才谈得上团体的或国家的义务，因为这意味着每个城市都有教育儿童的教师（《民法》21a）。因此，婚姻是这种教育形式的顶峰，并且与一般制度中的宗教知识根基联系起来。

这种教育制度在家庭内部环境中的确立为研习《托拉》的普及作出了相当大的贡献，研习本身则成为忠诚的一个主要的客观因素。无论如何，基本的圣经律令强调人自身要不断学习，同时还要对儿童进行教育，而且无论是白天还是夜晚，无论是在家还是在旅程中。此外，宗教的尊严和热忱必须始终伴随着《托拉》及其研习的过程。因此，研习《托拉》的范围不断扩展，实际上变成了一种科学研究并且为全体犹太人所掌握。在整个民族的生活中，学习实际上变成了一种忠诚于《托拉》的活动。因此，无论贫穷和富裕，都从未有过真正的无产者，因为一个有学识的无产者是自相矛盾的。知识总是建立起一个特殊阶层，它只能是灵性的特殊阶层，否则就没有多少意义。① 根据《塔木德》的说法，以色列人总是认为他们是大卫的后代。② 忠诚于《托拉》的研习保护着这个民族，使他们免于在数千年的迫害中失去其高贵的品格。

正义产生了宗教的社会立法，但本身的效力却具有一定的局

---

① 直译的意思是，如果它不是特殊的灵性阶层，那么它就仅仅是一种伪装。——中译者

② 意即由于研习《托拉》而延续了特殊的灵性。——中译者

限性。第一等级的德性必须借助第二等级的德性即施舍的帮助，并使其与指称正义的希伯来文等同起来。施舍也是忠诚的一种形式，人们需要它以保持其思想的一贯性。个体意识不可能满足于社会正义的律法制度。太多事例表明，社会正义仅仅是一个理想，其实现经常受到阻碍和打击。如果施舍不是去帮助别人，社会理想和政治现实之间的裂痕就会变成一种不可容忍的挑衅，在这样的基础上人类良心的和谐根本不可能实现。有许多牵绊缠绕着良心，但却成为良心的内聚力。然而，良心必须打断所有牵绊才能使自身能够从作为个体义务的施舍中摆脱出来。因此，施舍首先是对自我忠诚的德性，并由此而扩展到所有同胞。所有施舍表达的都是对人类团体的忠诚。《塔木德》在一般意义上谈论律法时，认为律法的意义就是净化人类，这一特征原则上也适用于施舍及其忠诚。忠诚是人类心灵净化的手段。

因此，在节日接济穷人本身就是设立节日的目的。关于这一点，迈蒙尼德用奇妙的词句进行了描述："当我们在节日中尽情欢乐的时候，我们有义务施舍、分享，与陌生人、孤儿、寡妇和其他的穷人和需要帮助的人一起分享。但是，那些周围环绕着妻子儿女举行节日宴会的同时却关上大门将穷人和需要帮助的人拒之门外的人，他的食物并非是一种在快乐的节日中必需的食物，而仅仅是动物的食物，对此，先知有言：'你献祭的宴席就像送葬者的晚餐。'"此外，还有一条很重要的律令：施舍必须伴随着对施舍对象表示同情的话语。"对于那些接济穷人的人，先知会给他六重祝福，而那些给予救济同时还伴随着同情话语的人，先知会给他十一重祝福。"（《民法》9b）同情只看重礼物本身，但忠诚却需要借助人类团体来加以表现,所以送礼的同时还要有同情的话语。

忠诚作为灵魂感恩的基础,也是福佑的最终、最深刻的基础。福佑构成了所有祈祷的框架,而所有祈祷都是同一个感恩原动力的不同变形。但是,除了人对感恩的自我教育之外,对上帝感恩意味着什么呢?尽管将感恩作为孤立的德性看待时可能会质疑感恩的价值,但当一个人将感恩看作是一种忠诚时,所有的疑惑都消失了。尽管忠诚相对于正义和勇敢只是一种相对德性,但是其本身却有永恒的价值。统一性对于心理意识的意义恰如忠诚对于道德意识的意义。不同祈祷的福佑应该给保存、强化、洁净、提升忠诚以指导。赞美是感恩的话语,是人们所必需的。赞美的目的是为了教育人执著于忠诚,从而保障人的意识在每一个方面都不脱离整体。

归根结底,如果勇敢和正义这两种绝对德性不能够建立在这种第二等级的德性之上,那么两者又怎么能够取得胜利呢?即使忠诚不是由谦虚来支持,正义和勇敢也直接地与忠诚相伴。因此,忠诚不是临时提供帮助,甚至也不是一个替代品,而是持久的、有益的补充。因此,忠诚可以扩展到诚实。谦虚本身可以被理解为一种忠诚,即一种对自我意识的自我审查。

第22章 和平

在《塔木德》关于限制绝对正义的所有表述中，我们可以发现一种"以和平的方式（on account of the ways of peace）限制的正义"。因此，和平被看作是仅次于绝对正义的第二等级的德性。在其他的表述中，和平代表的是平等这一律法原则。但是，和平也是勇敢的补充，而且以接近忠诚的形式表现在下述词组中："和平和忠诚"（《列王纪下》20：19；《耶利米书》33：6；《撒迦利亚》8：19）。有意思的是，词组的顺序不能颠倒，因为忠诚同时也意味着真理和诚实，两者都是第一等级的德性。

与正义一样，勇敢也需要精确定义。勇敢不可能是一种激情。在人的生活中，激情本身就可以当作目的。真正的勇敢作为一种德性，其目标绝不可能存在于英勇的动物性力量中，而在于适度（measure）和自制，这是勇敢的人自觉的行为原则。自制并驯服激情才是真正的勇敢。勇敢等同于对上帝的理性认识（rational knowledge）。这样的定义只涉及勇敢的内涵，但却开辟了通往相应的第二等级德性的道路。

"和平"这个希腊词很难翻译，它指的是灵魂的诸能力之间的和谐，曾被希腊人看作是最高的德性。柏拉图和亚里士多德在对这个问题的认识有所不同。在《纯粹意志的伦理学》中，我们

第22章 和平

称德性道路终点上的这种德性为人性（humanity）。人性在上升到最高点的过程中和在因人类的弱点而谦虚时所达到的全部和谐都取决于人的灵性本性所寻求的内在调和。《圣经》将这个全部德性的和谐化进程称为和平。

我们在提到上帝所有的属性时似乎漏掉了和平，但却提到过其典型表现。不轻易发怒就是一种和平的力量，是对罪的宽恕，即"承受着罪"。罪与灵魂的使命是相对立的。当上帝承受着罪，将罪担在自己肩上时，他恢复了灵魂的和平。因此，在上帝的属性中，并不缺乏这条德性道路终点的原型。

因此，我们可以说和平意味着强调需要上帝的帮助。最初，这个词的意思是完美，后来则被弱化为指称各种形式的财富，再后来被再次强化后用于指称祝福。典型的祝福出现在对和平的呼唤中："祝你平安。"比勒达说："他在高处施行和平。"（《约伯记》25：2）这句经文作为"十八祝福"的结束语引入了祷文中。此外，第二以赛亚将和平置于善的高度。人们逐渐意识到，和平成为神圣属性的精髓。因此成为人的完善、个体和谐和整个人类完善的象征。作为弥赛亚时代的标志，和平实际上不仅与战争相对立（因为战争那时会消失），而且从正面说也是所有德性的实现。弥赛亚因此被称为"和平之王"。人类意识的统一体在此被表述为灵魂的和平。

对此，有一句精妙的表述："正义与和平，彼此相亲。"（《诗篇》85：11）"相亲"一词正是正义与和平相一致的生动体现。

祭司的祝福词一般以"和平"或"和平的制度"作为结束。动词"给予"弱化了希伯来文中"建制"（如一个王国的建制）

一词的意义。在这种和平的制度中，上帝直接面对人类①，这一句话可以看作是对摩西（他要求看到上帝的面）的回答。和平就是这张脸，就是上帝的"前身"和所有的"后面"。他的所有影响和结果都是和平。在对和平意义的这种扩展中，完善的意义变得更为正确和准确。上帝的和平就是上帝的完美，是人类道德的最高原型。

因此，我们可以将和平看作终极原理。上帝创造了和平，这意味着他是所有存在、所有道德行为的最终目的。上帝作为和平的创造者等同于终极原理，而终极原理则又等同于真理原则。就结合了两种终极原则即自然的原则和道德的原则而言，真理造就了一种新的终极性。上帝的终极性等同于他的和平。

从这一观点出发，人们或许可以看出一神教与所有诡辩原则的内在对立，因为所有的诡辩原则可以用赫拉克里特的名言"战争乃万物之父"来概括。战争不是道德宇宙的最初动因，作为目的的和平才是动因。和平作为道德世界的目标，必定会使道德世界产生出巨大的力量。上帝即和平。上帝代表的是宇宙的道德力量及其自然条件之间的和平。

"上帝的和平"这种表述比"上帝的约"更为深刻。约仍然带有片面的律法特征，拉丁语中的"和平"被传入现代语言后，同样也是源于"约"。在德语中分别对应着"围住"（enclosure, *Gehege*）和"围起来"（fencing-in, *Einfriedigung*），因为两者都需要律法的保护。希伯来文词根则意味着完美，从而赋予和平以

---

① 直译为"将面容转向人之子"。——中译者

明确的终极性价值。因此,和平就等同于终极性原理、目的性原理(principle of the finality, of the end)。

这种目的论已经被植入了人类灵魂的本质。像通常所说的"寻求正义"(《西番雅书》2:3)一样,还有一种说法是"寻求和平,追求和平"(《诗篇》34:15)。关于弥赛亚的最终形式的说法是:"因他受的刑罚我们得平安。"(《以赛亚书》53:5)因此,弥赛亚所承受的痛苦变成了一种和平的惩罚,变成了达到和平目的的手段。和平是弥赛亚人类的理想,人类的灵性福祉只有在和平中才能够实现。"狂野的欲望不能再战胜我们,激情的举动消失了。"① 与歌德描述上帝之爱的方式类似,上帝之爱的光芒只能照进人类和平的灵魂。当和平进入人类的灵魂并建立起整体性和简单性的时候,就不再会有任何激情。

和平是一种将人类意识联合起来的力量,只有和平才能让爱从所有方面都得到解放,消除所有与其相关的模糊性。人应该爱他的同胞。自私的人啊,你真的能做到这一点吗?人类的爱能超越那种感到同情的庄严时刻吗?所有人类的爱都未受到嫉妒这种世俗残余的影响吗?脆弱的人啊,你有能力去爱作为道德和自我完善原型的上帝吗?我们能够相信他不仅尊重并遵守而且爱他所立下的约吗?这难道不是相矛盾吗?最后,我们相信上帝会爱人类的孩子,无论他们是否软弱,是否有罪,或者说上帝正是由于他们才成为他们的罪的救赎者吗?爱的这些意义如何能够体现出来,相互之间又该如何协调呢?

---

① 歌德:《浮士德》第1部。——英译者

上帝的和平就其包含着上帝的存在而言，灵魂的和平就其作为人类存在的理想而言，这样的和平目标解释并解决了所有这些表面上的困难，因为这个目标决定了人通向上帝的德性、人接近上帝的道路。和平作为人类的最高目标，同时也是人类最强大的力量。和平是德性道路上人类发展的最后一步，也就是完美。当自我完善达到灵魂和平的时候，就意味着已经走在了通向最后目标的道路上。

灵魂的和平体现在知足（contentment）中。知足主要地是一种宗教德性，与接受上帝的福佑、接受上帝对世界的统治相关。在知足面前，所有来自幸福主义的攻击，以及所有因灵魂最深刻的痛苦而可能引起的怀疑都会受到震撼。"就像人们为了善而赞美上帝一样，这种做法同样适用于恶。"这就是《塔木德》通常情况下对福佑的建议。知足并没有经济层面上的区别。伟大的《塔木德》导师们，即所谓的法利赛人有一部分是贫穷的手工艺人和日工，但他们却因虔诚而充满生气，对研习神的教义抱有很大的兴趣。以色列民族中一直保存着一个普遍的风俗，即使是在最黑暗的中世纪也是如此，这就是教育，贫富差别在教育这种共同的义务和权利（common duty and share）面前消失了。"我们的这一份（portion）是多么美好，我们的这份任务（lot）是多么快乐，我们的这份遗产（heritage）是多么美妙。"[①] 这样的说法出现在

[①] 这三个词表示的意思其实是一样的，都是遗传的或被分配的份额。根据上文，这三个词所指的内容包括两方面：一是精神生活方面，以色列人天赋的、每个人都应该拥有的受教育、研习《托拉》的权利和义务；二是物质生活方面，每个人都安于自己所得的那一份财富而无论其多寡。——中译者

每天的晨祷中,是一种信仰的表白。

对物质条件的知足这种生活方式铺平了实践唯心主义的道路。实践唯心主义并不鄙视或弃绝尘世的物质资料,但却不会重视并为之奋斗。物质资料仅仅在表面上是最重要的,甚至体现为唯一成就人类价值的善。但如果灵魂的这种状态不会导致寂静主义(提倡神秘主义和禁欲主义,从生活中隐退,躲避国家生活中的民事义务),知足就只能用那种只有知识才具有的文化力量来武装。

因此,灵魂的和平以及对尘世生命实际情况的知足取决于有什么样的知识条件,以及在多大程度上能满足这些条件。用宗教的话来说这意味着研习《托拉》。人不一定光靠信仰获得满足。尊敬上帝就是对上帝的认识。信仰根植于、最高成就表现为对《托拉》的研习,因为根据《密释纳》的说法,《托拉》是所有律令的具体体现。因此,灵魂的和平建立在理性的和平之上。信仰就其自身而言并非是独立的,而是由于误用了灵魂的知足而使理性不得不屈服于它,因此,对信仰来说,在宗教传统中从未存在过矛盾。综上所述,并不是缺乏知识的信仰能够为灵魂带来真正的和平(这种和平是对一个人自身命运在宗教层面上的真正满足),理性和知识才是真正的根基,知足的枝芽在其基础上才得以成长并繁荣。

平凡的生活与刻苦学习的联系、与一种毫不夸张地被称为繁重的学习任务的联系给予并保持着犹太生活的和平、坚定、优越和崇高,如果没有这些优势,犹太人不可能承受长达数千年的苦难和迫害。只靠怜悯或对上帝的意志的顺从,甚至只靠对律法的严格遵从,不可能产生并保持这样的热忱,进而产生出超出一个人对世俗命运的满足。智慧的基础是学问。犹太人无论日常工作有多么低下，但他同时也是一个学者。作为一个学者，他能够变成一个有智慧的人；而作为一个有智慧的人，他的基本状态是对自己尘世的命运感到满足。因为一个真正的犹太人并不是在尘世的日子里去实现其世界历史使命。他的知足根植于他的弥赛亚使命中，这一使命预示着他认识《托拉》并将其传播到历史世界中的义务。所有的殉道与这一历史使命比起来又能算什么？所有物质上甚至灵魂的痛苦与这种由知识和探究所带来的纯粹愉悦相比又能算得了什么？这种源于《托拉》的快乐就是灵魂的和平，是知足的堡垒。

弥赛亚崇拜是一条牢固的纽带，将今天的人和理想化的未来联系起来，也将未来的人和眼下现实中的人联系起来。灵魂的和平建立起了心灵的统一体，并与上帝的统一性相对应。巴亚对这种相似性作了更精确的定义，从而建立起对上帝的统一性的坦白和心灵的统一性以及信仰的统一性之间的对应关系。心灵和灵魂要从分裂的激情中解放出来，在其联合体和心灵的统一性中建立起知足与灵魂的和平。

既然激情已经被征服，或许上文提到的寂静主义才应该是向往的对象？寂静主义不仅拒斥激情，而且也排斥情感。但是，我们已经知道需要用情感作为德性道路的补充，而不应该将其从和平的道路上驱逐出去。情感和激情的区分是很重要的，在灵魂的和平中可以看到这一点。

各种激情的共同基础是由憎恨构成的灵魂的秘密。无论是心理学还是伦理学，都不曾确定憎恨是一种意识的原初倾向还是仅仅是其他某些本能力量的变形。一个首要的问题是，憎恨是否属于病理领域，是否可从这里出发，将自身伪装成某种正常的心理状态。

第22章 和平

就像痛苦和快乐彼此交互成长一样，爱与恨也可能是同一种本能力量的不同分支。现在，我们不必沿着这个基本问题进一步走下去，只需要关注憎恨的定义即可。

但是，宗教关于德性的教义几乎是其第一项任务，但这种教导又不得不与憎恨进行斗争，因为宗教建立在爱及其在上帝之爱和人类之爱那里的三重分支之上。和平预示着一条德性道路，没有必要躲避憎恨，而是要驱逐并且将其消除掉。

灵魂的和平用什么样的方法才能将憎恨从人类的心灵中根除呢？仅仅将人类的爱与恨对立起来是远远不够的，因为有关德性的教义必须提供实践的手段，从而为德性的实现铺平道路，即不可能仅仅满足于理论，而必须为道德理论提出实际的解决方法。因此，另一种定义尝试，即将憎恨解释为嫉妒，也同样是不能令人满意的。因为在这种情况下，与嫉妒战斗并摧毁它也会面临同样的困难。

在这一点上，只要我们稍微思考一下，就知道还有一个将爱扩展到敌人身上的问题。《旧约》中并没有这样的律令，但在其最基本的表述中却包含着对敌意、对憎恨他人等做法的禁令。在这方面，第一个例子就是禁止复仇和怨恨，同时也禁止对保护敌人的财产置若罔闻。（《出埃及记》23：5）这类禁令源于下述基本规则："不可心里恨你的弟兄。"（《利未记》19：17）在这句经文中，憎恨被确定为与兄弟和心灵相对立，因此也与同胞乃至人自身的基础、心灵中的基础相对立。唯一的问题是：借助德性的何种实际手段才能实现这一基本规则，并将憎恨从人心中根除呢？

《塔木德》的智慧显然超过了《圣经》。《诗篇》仅仅提到过虚假的、错误的憎恨以及虚假的敌人（《诗篇》38：20，35：19，69：5）。憎恨在这些诗句中都被称作是虚假的，因此有可能存在着某种导致憎恨的真正原因。禁止和消灭偶像崇拜的律令为这一思想提供了支持，《诗篇》也遵循着同一条思路，似乎充满了强烈的憎恨和无休止的报复。正义和勇敢或许要求这种思维方式，但却与和平没有任何共同之处，而且尽管和平只是一种具有相对价值的德性，但却拥有一项使命和权利去检测那些绝对德性。但是，和平如何能够做到这一点呢？

《塔木德》提出了"荒唐的憎恨"的概念并将其引入了祷文中。憎恨不仅没有虚假的，甚至根本没有原因。所有引起憎恨的原因都是空虚无益的。憎恨总是荒唐的憎恨。这一深刻的智慧超越了所有对敌人的爱，并首次确定和强化了人类的爱。我认识到，我应该爱我的敌人仍然是不够的，更不用说这两个概念是否兼容这个更根本的问题。我之所以能够从心中消除所有的憎恨，是因为我根本不知道什么敌人。有人是我的敌人，他憎恨我，这些信息和认识对我来说显然是不可理解的，就像我自己可能会恨别人一样不可理解，因此必须从我的意识中清除出去。可以这样认为，他们彼此憎恨，但这只是他们的幻觉，是他们对自己的灵魂和意识的无知所造成的致命后果。传道者加诸所有事物上的空虚在这种情况下也适用于憎恨，这种空虚可以用一个表示"无用"的词来表述，因而无用的东西最终会归于虚无。所有的憎恨都是虚无。我否认人心中有憎恨，因此我否认我有一个敌人，否认有人会憎恨我。在作出这些否认的同时，我同样清楚我在思想上否认我会有敌人，我可能恨别人。什么是恨？我认为不可能存在。这个词

第22章 和平

只是试图表明某个概念,但却尽是空虚。

随着对憎恨的征服,随着将憎恨逐出灵魂能力的范围,通往灵魂的和平道路打开了。只有这样,我才能获得心灵的宁静,才能获得真正的、永恒的满足。只要憎恨还威胁着我自身或其他的人,我就不可能获得和平和真正的满足。虽然战争灾难并未降临到我们头上,那么即使是出于对战争的恐惧,纯粹的战争威胁也会与世界和平、灵魂和平对立起来。我们不会有和平,没有人会有和平,人类不会有和平,只要人们之间憎恨的幻觉这个真正的死亡天使仍然挥舞着刀剑在世上横行。在世界和平没有保证的情况下,作为个体的人不可能获得灵魂的和平。弥赛亚崇拜将人心与每个个体的人联系起来。为了我自己的和平,我要坚信各民族之间的憎恨会从人类的意识中消除。人们并非彼此憎恨,但贪欲唤醒了嫉妒,贪欲和嫉妒用幻觉欺骗人们,使人们将这种幻觉看作是灵魂的能力,并且确认幻觉就是真相。所有的憎恨都是空虚的、荒唐的。所有的憎恨都只不过是幻觉,是掩盖人类卑贱的狡辩和借口,而人类的卑贱意味着贪欲和自私及其后果即嫉妒。如果人们意识到虚假的、心理学的幻觉在所有民族中都是由憎恨造成的,如果人们意识到在伦理学的启发下形成的更为根本的心理学中,憎恨只是灵魂中的一个幻觉因素,那么更为沉重的罪的负担就会从人心中卸下。当和平在人心中支起自己的帐幕的时候,憎恨就消失无踪了。"和平的帐幕"因此也进入了祷文中。这个帐幕获得了如此深刻的象征意义,以至于要用一个圣日单独予以纪念。对犹太人来说,住棚节圣宴是在尘世的荒漠中流浪时真正的和平圣宴。和平让全部生活变成了一场宴席。和平将自然的和平(the peace of nature）带进了人类世界，将纯真的状态带给了对世界的反思。我们不再相信历史的经验，因为历史的经验总是将自己伪装成历史的智慧，根据这种所谓的智慧，所有事物一直如此而且将来也是如此，个体和民族永远彼此憎恨，因为憎恨是人类意识的一种本能。我们不相信悲观主义，蔑视其智慧，因为我们已经对世界的意义有了更为深刻和正确的理解。悲观主义根植于一种心理学上的错误，认为憎恨既是自然经济的一种主导性力量，又是一种生存斗争手段，因此无数的事物被毁灭于萌芽之中，因为它们是潜在的竞争对手。尽管我们并不否认毁灭的倾向，就像我们并不否认消灭较差的微生物一样，我们只是将物性从纯粹物质甚至有机体中分离出来，我们拒绝在两种领域间进行类比，自然和道德世界之间的类比是一个幻觉。一个与其他微生物斗争的微生物并不憎恨其竞争者。当个体和民族彼此争斗时，就像是有机体之间的斗争，就像是动物彼此憎恨。但是，就像我们肯定上帝呼出的气息可以进入人类的鼻翼一样，灵性肯定也栖居在高等动物身上。就像我们肯定灵性、上帝的灵性栖居在人心中一样，激发人类行为的并不是憎恨。即使是憎恨，也是妒忌和贪婪这条双头蛇作怪，只能说明人心不正。就像人有能力认识德性，有能力理解和平一样，他也有能力撕下憎恨这个死亡幻象的面具。正如《密释纳》所说，只要让他追寻和平，只要让他作为"亚伦的门徒，爱和平、追寻和平"（《先贤集》1：12），憎恨的幽灵就会在他面前消失无踪。和平是灵魂的能力，能够吓跑或消灭所有威胁着道德纯粹性和灵魂纯粹性的幽灵。悲观主义就是理性主义与虚无主义合成的幽灵。无论如何，如果灵魂的和平建立在知识的基础上，那么悲观主义就不足为虑，因为它不是理性知识的产物，而是来自神秘主义的灵感。悲观主义与上帝的善和福佑相矛盾，而后两者正是弥赛亚崇拜最根本的力量，可以造就乐观的灵魂。我们不得不提到《塔木德》的一句重要格言，当灵魂被引领到天上的审判者面前时必须回答这样一个问题："你希望得到救赎吗？"但是，所谓救赎就是世界和平。犹太人要在自己心中培育并承载这一希望，并作为一种信仰的要素。一神教和弥赛亚崇拜已经融为一体。如果世界和平是宗教思想最内在的信仰，那么和平就是不可战胜的、绝对可靠的心灵指导。在宗教的证言中，和平是历史世界的特征，因此必定也是个体意识的灵魂力量。所有对和平的困扰和质疑都是灵魂生命中的绊脚石，都是误解和病理性失常。人类灵魂的基本力量只能是和平，就像和平是人类历史的目标一样。

人类这种和平的生命有两个心理学特征：受到感动和快乐。

在《纯粹感受的美学》中，我试图表明受到感动的感觉会产生一种美学意识。这一观点与我们目前的努力，即相信通过和平这条德性道路而达到的宗教意识中受到感动的感觉并不冲突。因为宗教意识对美学意识的运用就像对伦理学意识的运用一样充分，因此宗教意识没有理由宣称受到感动的感觉是自己的独创。这种感觉是对人的本性的爱，以其纯粹性照耀着人的面容，从而使人的面容反射出这种受到感动的纯粹性的光芒。宗教意识取代了这种审美力量，目的是为了在心灵中建立起和平的德性。于是就产生了受到感动的感觉，它是人处于和平状态的见证和动力，实际上变成了人的一种灵魂力量。

受到感动的感觉可能会表现为哭泣，但却不是痛苦的情感，也许痛苦的情感在其他情况下会引起哭泣。因此，受到感动的感觉不会完全消融于条件反射的动作，而是超越了反射性感觉的界限，驻留在意识的纯粹行为领域。因此，受到感动的感觉是灵魂中展现和平的感人力量的征兆，与无动于衷的哭泣完全不同，而是内心真实反应的表达。伴随着受到感动的感觉流下的一滴眼泪就像一颗珍珠，肯定可以从哭泣动作的反射链条中区分出来。因此，诗人们无时无刻不在赞美眼泪，称其为露珠，而不是雨滴。

受到感动是和平的自然力量的生理学证据，与人类世界中的善的表现相关，但这种善不一定在每一个个体的人身上实现。在康德所举的例子中，我必须尊重的恰恰是一个普通人的道德。但是，对于受到感动的感觉来说，不是哪个人的表现强迫我去尊重他，而是一种纯粹的抽象，可能一个故事甚至一个虚构的情节就会让我受到感动。这一生理学事实是"我"意识中和平力量的一个确凿证据。和平降临到我身上，激动着我，甚至仅仅是在我听到一个虚构出来的人做出了一个虚构的善行的情况下也会激动。如果和平不具有这种感人的力量，那么受到感动的感觉就不可能战胜"我"，因为这个"我"是和平制造出来的。如果"我"意识中不喜欢、渴望善，那么为什么我会关心一个神话故事中的善行？因此，和平是一种"我"意识中的自然力量，作为受到感动的感觉证明这一点。因此，当我将作为德性道路的和平附加到永恒和正义上的时候，我遵循着一条人类意识的自然道路，为的是让和平填补那些绝对德性必定会留在身后的空白。

和平同时还以本身的表现来校正正义。在"用优点的多少来衡量每一个人"这句话中，可以发现和平具有一种新的强大动力，从而使优点的多少成为占主导地位的衡量标准。和平作为一个衡量标准，可以确立同胞优点的主导地位。严格的正义经常否认这一点，但和平却是胜过正义的恩典（grace）。在私人生活中，和平也是调解人际关系的有效的基本手段。和平根本不在意生命中的阴暗面，和平所展现的都是光明。每个人身上都有光明的一面，尽管他也许常常为黑暗所笼罩。和平德性中的调解性因素形成了联系这种德性和宗教本质的中间环节，而宗教的本质是人与上帝之间的和谐，而这种和谐的前提是人与自己的和谐。如果我不能在我和我的同胞间建立和谐，我就不可能有任何指望与上帝建立和谐，同样也不能指望我自身实现和平。但是受到感动的感觉，一种"有能力"（being capable）的感觉，向我展示了一种希望，那就是：和平的力量并未在我的灵魂中枯竭。

和平的另一个标记是快乐。康德曾经说过，快乐是一种复杂的标记，更多地意味着友谊而不是同情。此外，人们可以在受到感动的感觉中进一步寻找证据，以证明一种不那么剧烈的痛苦在表达情感的直接性方面要比突然闪现的共同的快乐更好。当然，这种观点并未考虑到快乐为受到感动的感觉所作出的贡献。在受到感动的感觉中，回响着的无论如何都不仅是痛苦，而且还有同样强烈的快乐。此外，快乐的闪现仍然仅仅是一种抽象。一件善行发生了，我对它仅仅是有兴趣，无论如何都不是因为与我相关、对我有利，但我仍然受到这一事实的感动，似乎它关系到我自己的生命。我必然会为这种来自人类力量的善行而感到快乐，从而提升我自己生命的价值，增长我对此生的价值的认识，因此，我会充满了欢乐。这种快乐是和平的原动力的证据。

有一种观点认为，分享的快乐不像同情或分担痛苦那样是一种直接的、决定性的思想力量，这是心理学上的一种错误观点，也是一个悲观主义的错误，即关于人心极端罪恶的普遍观点带来的错误。对这个问题，康德已经作过正确而深刻的理想化论述。如果这个观点是正确的，那么和平就不可能是真正的和平，也不是真正的德性道路，也就是说和平仅仅是一种感官偏见，而不是精神最原初的动力。和平在快乐和同情中都能体现出来。受到感动的感觉就具有这样的双重能力，其统一性也只是对这种双重性而言的，而偏见则是片面的。看到善行并为之感动的感觉证明了快乐的这种积极力量，同时也证明了其中的和平的实在性。当我听到一番关于善行的描述时，我并不会因为这种远去的高尚传统而哭泣，因为哭泣不可能是一种受到感动的肯定性感觉，相反，我眼中的光芒照耀的是善行的形象。这种受到感动的喜悦证明不仅仅是勇敢和正义这两种冷酷德性主宰着我的思想，和平走过的绝非是羊肠小道，同样也构建了一条康庄大道。意识更乐于将自身融入这样的倾向，更乐于寻找人类行为中的善，因为人心中的和平、人意识的统一性总是要求并渴望有这样的经历。人心中的和平也就是对人类心中的善的渴望。

在犹太宗教仪式中，即使那些并非直接以和谐为目的的节日也把快乐作为其座右铭，这一点具有非同寻常的意义。"守节的时候，你和你儿女，仆婢，并住在你城里的利未人，以及寄居的与孤儿寡妇，都要欢乐。"（《申命记》16：14）快乐也是各种圣宴的目标和目的（goal and end）。这样的快乐不是迪奥尼索斯式的，也不是沉湎于欲望的巴库斯崇拜，而是陌生人和穷人共享的快乐。快乐将穷人和你自己联系在一起。你应该在穷人那里获得欢乐，而穷人也应该在你那里获得欢乐。因此，快乐应该能够将人提升到所有的社会必然性之上，其目的不是让人为快乐所迷惑，而是战胜快乐，至少是在圣宴上战胜快乐。如果圣宴不能（最起码在这些节日里）将快乐植入享用圣宴的人心中，那么其意义和价值就不复存在。

因此，圣宴的真正的意义和理由就在于，圣宴的快乐（the joy of feast）和作为快乐的圣宴（a feast of joy）都是和平的标志。如果圣宴在人们中间产生的快乐的实在性不是一种幻觉或欺骗，那么和平作为德性的道路就可以被确立为生命的道路。快乐的圣宴仅仅是一种幻觉吗？庆祝获得自由的宴会，从奴役的枷锁中解放出来的宴会，被召唤来作为上帝的民族、祭司的国度的宴会的是否也是一种虚幻的欢乐呢？庆祝西奈山的启示、为道德世界立法的宴会难道不是一种历史性的快乐？或者说，之所以将丰收的宴会与在荒漠中流浪联系起来，为的是最终实现"律法的快乐"，而为了《托拉》及其全部内容而喜悦，这难道不是真正的喜悦吗？

"快乐"是这类圣宴专有的、合法的代名词。因此，"圣宴的快乐"和"快乐的圣宴"证明了和平在快乐中是灵魂的基本能力，而且也是一条充满承诺的德性道路。在所有节日中，安息日也是和平的标记，可以使人的生命在其中获得真正的快乐，因而是一种促进人类快乐的社会制度。犹太教为世界建立了安息日制度，仅凭这一点就可以说犹太人是快乐的信使和人间和平的创立者。安息日使人迈出了通向消除奴役的第一步，也迈出了通向消除体力劳动和脑力劳动的差别的第一步。安息日是行将在人们中间出现的快乐的标志，这一天所有的人都享有同样的自由，都有权利得到休息，他们在教育、科学并享有其成果以及为日用品而进行劳作方面享有平等的权利。安息日制度征服了世界，这种征服不允许人放弃希望和信心，这种快乐不是空虚的幻觉，从中散发出来的和平是而且永远是人类的基本能力。在所有的德性道路中，和平或许是最强大、最神奇的力量。这种观点与和平的力量受到质疑和竞争的事实并不矛盾。之所以如此，是因为和平是人类历史意识中最内在、最隐秘因而也是最少为人所知的力量。"祭司的祝福"是上帝祝福的具体体现，其结语就是和平。没有任何超过和平的祝福，如果上帝并未将和平放进入心中，那么也就不会有对人的神圣祝福。如果和平不是导向德性的所有道路的指南的话，所有德性在前进道路上就会充满危险。希伯来文"和平"一词的词根意味着完美，这是人生的目的和目标，所以和平也是人生的目标，同时将所有其他自然的和灵性的目的变成了手段。确切地说，和平是神圣的灵。和平作为人的目的就是弥赛亚，他将个人和民族从所有的冲突中解脱出来，他缓解了所有的冲突，并最终实现了人与上帝的和谐。

圣宴的快乐中的和平是犹太思想的典型特征。考虑到贯穿于犹太人的全部历史生命的痛苦，这确实是一个奇迹，所以犹太人能够一直保持着镇定和真正的幽默感，没有这些，他就永远不可能一次又一次地从深深的伤害中走出来并站上骄傲的高峰（proud heights）。犹太节日将这一奇迹带给了他。隔都中安息日和圣宴上充满了快乐，无论在此前的一个星期中他们曾承受了多少痛苦。在节日中保持快乐是宗教的一种责任，因此快乐变成了一种不可侵犯的、至关重要的犹太思想力量。如果和平不曾经是并一直是犹太精神中如此神奇的力量,那么就不可能产生并保持这样的快乐。"愿平安康泰归与远处的人,也归与近处的人……这是耶和华说的。"(《以赛亚书》57:19)和平是先知们的治伤良药,和平首先与战争对立,其次也与人类的激情对立。和平还具有作为和解和救赎的重要意义,由于和平一直建立在知识和《托拉》之上,因而圣宴的快乐总是与研习《托拉》联系在一起。因此,快乐的基础是心灵,是一种理智的快乐,不同于感性的狂暴,也不同于审美的幻觉以及幻觉产生的魔力。犹太人不可能永远是悲痛的人,他的圣宴和他学者型的性格总是将他提升到快乐的天堂中,而这种提升是在和平的影响下完成的。和平作为灵魂的一种力量,对犹太人来说已经化为一种生命的自然力量,就像正义和忠诚、勇敢地殉道一样。犹太人殉道赋予他悲剧性的尊严,但和平总是为他保存着审美的幽默感。

这种审美的幽默感早在先知们身上就已经出现,后来进入了西方的犹太文献,虽然不一定具有同样的力量,但却具有丰富的创造性,就像今天我们在犹太民间诗歌的严肃作品中看到的那样。"你们要安慰,安慰我的百姓。"(《以赛亚书》40:1)所以,和平的幽默展开翅膀,飞翔在"隔都"的上空。此外,幽默和庄严融入了美,因此幽默又与悲剧交织在一起,从而为犹太精神提供支持并将其统一起来。如果有人想用一个词来描述犹太思想的本质,那么这个词定然是"和平"。犹太思想的这种统一性只能通过那些能够在犹太宗教的深处苦苦追寻的人才能把握。表面上看,似乎憎恨和报复的欲望必然会主宰着犹太人,尤其是他们为邪恶世界所憎恨、所压迫的时候。他们的灵魂中并没有"报复"

这个字眼,这本身难道不是一个奇迹吗?实际上,即使与更伟大的奇迹即犹太教育以及相应的宗教生活相比,这仍然算得上一个奇迹。在宗教义务中和律法束缚下的生活已经将这种自由与和平植入了犹太人的心灵,因此憎恨和报复的欲望不可能在那里安家。律法的负担就是上帝王国的负担,而上帝王国就是和平王国,所有民族在人类中联合起来。憎恨如何可能在这样的思想中生存?这样的思想相信人们之间的和平会激发起信仰的全部力量和义务。弥赛亚崇拜是而且一直是犹太思想的基本力量,而弥赛亚就是"和平之王"。《雅歌》赞美恋爱中的女英雄是和平的侍女,她的名字是舒拉米斯。《诗篇》中的诗歌并不仅仅是牧羊人的诗歌,而是为了人并且也是在人内心为和平而唱的英雄赞歌。在圣经精神中,什么是人类生命的典型呢?这就是和平。所有的生活意义和生命价值都在于和平。和平是所有重要力量的统一,是所有冲突的平衡器和协调者。和平是生命的皇冠。

人的生命以死亡而终结,但死亡不是终点(end)而是暂时的结局(conclusion),是一个新的开始。值得注意的是,犹太思想中也把死亡看作并称为"和平"。"愿他安息"是犹太人用于死者的词汇。和平拔除了死亡的毒刺,同时也揭开了死亡之谜。被剥夺了生命的人不是被从和平中驱逐出去,而是被引领着更接近和平,因为他直接进入了上帝的和平。纪念仪式是献给死者的,因此所关心的不再是对死者的救赎,也不是祈求让他从地狱惩罚的恐惧中解脱出来。人随着口中对罪的忏悔而死去,至于他的救赎,可以通过自我净化来完成,但这项工作已经托付给了上帝的宽恕。"愿他幸福",这是我唯一能够对他现在的存在状态所说的最恰当的话。因此,对于生者来说,他的记忆表现在不断的感恩,并在记忆中化为对爱心行为的鼓励(admonition)①和对持续服从的劝告,就像他的祖先曾经做过的那样。

如果有人怀疑和平是否是犹太德性的主要力量,那么即使没有其他方法,这种怀疑也会为犹太人对死亡的理解所否定。死亡是一个和平的世界。除了将死亡从充满争斗的世界中、从充满错误和冲突的生命中区分出来之外,人们没有更好的、更令人喜悦的赞美死亡的方式。生命追求的是和平,并在死亡中发现了和平。因此,死亡不是认识的真正终点,而是其目标,是对生命及整个奋斗历程的奖赏。任何喜爱和平的人都不可能畏惧死亡。"耶和华是我的牧者。我必不至缺乏……我虽然行过死荫的幽谷,也不怕遭害。因为你与我同在。你的杖,你的竿,都安慰我。"(《诗篇》23:4)独一无二的上帝一直与我在一起,甚至在死亡之后也与我同在。这就是和平的概念,体现出对和平的最大信任,这是任何幽默都无法超越的。犹太思想的一个典型特征就是不畏惧死亡。这种特殊性只能用摆脱了对地狱惩罚的恐惧而获得了绝对自由来加以解释。这就是和平的力量,在犹太思想中上帝就是和平的力量,不可能将上帝看作是阴间的判官。上帝对于犹太人来说是和谐的上帝,即使是一个审判者,也仅仅是为了和谐而存在的审判者。因此,犹太思想中没有对死亡的畏惧。因此,在祈求保护灵魂免于死后在地狱中受罚的意义上,并不需要关注死者灵魂的救赎。

我们在虔诚的希望中保持着对死者的纪念,希望他的灵魂能

---

① 直译为"劝诫某人做某事"。——中译者

够进入我们列祖列宗的灵魂。与我们这个宗教的民族（religious people）产生历史联系是我们在纪念死者时唯一关心的内容，就像我们的先祖死去时会与他们的前辈和他们的民族产生结合一样，今天的每一个犹太人死去时也都希望与他的先祖产生结合，从而实现一种历史性的存续。因此，死亡是一种历史性生存，这种生存以和平为主旨，而和平是所有尘世努力的目标。

因此，和平是更高意义上的一条德性道路，即导向永生的道路。在和平的道路上不可能有任何畏惧，和平作为永生（eternal life）的和平，成为一种永恒的和平（eternal peace）。永恒就是人生的意义，是目标，是所有人类生命的终点。每一个临时的事物如果沿着正确的道路前进，都会走向永恒。这条正确的道路就是和平。和平是永恒的德性。

引人注目的是，希伯来语言学中指称"世界"（olam, צולם）的词同时也有永恒的含义："他将世界置于他们心中。"（《传道书》3：11）"世界"同时意味着永恒，因此可以将这个句子译为"上帝将永恒置于人的心中"。用和平可以解释这个词的双重含义所体现出来的矛盾。当然，当今世界不可能意味着永恒，甚至有可能消逝。此外，世界的终结和更新的神话不可能被必须把上帝看作是世界创造者的宗教思想所接受，原因只有一个：这个上帝也是人及其圣灵的创造者。对这一宗教思想来说，世界源于上帝的创造和启示，无论是世界还是人都绝不可能消逝。对人的不朽和对世界的永恒的预感就体现在"olam"这个意义深刻的词汇中。近代语言中仍然保存着这种预感（presentiment），称墓地为"永恒的居所"，德语中甚至称为"上帝的地盘"。死亡是和平，坟墓则是"永恒的居所"。这种永恒性意味着真正的世界末日，即尘世存在的目标。和平正是导向这种永恒性的一条德性道路。但是，这种永恒性又意味着尘世生活的延续，因此这个词的词根包含着存在的两种意义：一方面导向永恒，另一方面也是尘世生活的指导，指导着所有历史性存在的开端，因为历史就存在于和平之中。和平是永恒的标志，也是人生（无论是其中的个体行为还是其历史使命的永恒性）的座右铭，只有在这种历史的永恒性中才能达到弥赛亚人类的和平目标。

希伯来文献注释[*]

由列奥·罗森茨维格博士（Dr. Leo Rosenzweig）编辑和补充，按作者原注排序。

1. 第17页，^{**}布伯（Buber）编辑：《坦乎玛米德拉什》（Midrash Tanchuma），第265页。①

   אמר דוד לפני הקב״ה וכו׳ . . . תיישר עולמך בשוה העשרים והעניים א״ל א״כ חסד ואמת מן ינצרוהו.

2. 第23页，《坦乎玛米德拉什》，第265页。

   עניים עמו של הקב״ה.

3. 第28页，《节仪》（Chagiga）3b。② 亦可参见《坦乎玛米德拉什》第635页。

   דברי חכמים כדרבונות וכמסמרות נטועים וכו׳ ת״ל נטועים מה נטיעה זו פרח ורבה אף דברי תורה פרין ורבין.

   דבר אחר האזינה עטי תורתי וש״ה לב חכם ישכיל פיהו וגו׳ וכשזוכין מן טוב מוסיפין תורה.

---

* 此注释部分的脚注均为中译者所加。

** 此页码为原书页码即本书边码，后同。

① 以拉比乎玛（Tanchuma）命名的一系列《米德拉什》。此处指由所罗门·布伯（Solomon Buber）1885年出版的一种，所依据的据说是他发现的一个手稿。

② 《塔木德》中的一个章节，字面意思是祭品。

4. 第 29 页,《祝祷》(Berachoth) 9。亦可参见《米德拉什·出埃及记释义》(Midrash Shemoth Rabba) 28。

מקרא משנה וגמרא כלם נתנו למשה מסיני.

ולא כל הנביאים בלבד קבלו מסיני נבואתן אלא אף החכמים העומדים בכל דור ודור כל אחד ואחד קבל את שלו מסיני.

5. 第 33 页,《米德拉什·出埃及记释义》(Midrash Shemoth Rabba) 30。

תורה לא נתנה אלא ע״ם שתעשו את הדינין.

6. 第 41 页, 威尔编辑:《崇高的信仰》(Emunah Ramba), 第 58 页。①

וענין שהוא אחד הוא ענין שאין כמוהו דבר והוא שב אל ענין שולל, ואין אחדותו באחדות דבר ממה שקרא אחר אבל הוא ית׳ וית׳ יותר אמתי מכל ענין אחד בשם האחד וענין היותו ית׳ אחד אחדותו היא עצמותו.

7. 第 48 页,《住棚》(Succah) 45。

כל המשתתף שם שמם ודבר אחר נעקר מן העולם.

8. 第 64 页,《迷途指津》第一部 (Moreh I) 第 58 章, 芒克 (Munk) 第一部, 第 243 页。②

ואמרנו בו מפני אלו הענינים שהוא יכול וחכם ורוצה והכונה באלו התארים שאינו לואה ולא סכל ולא נבהל או עוזב וענין אמרנו לא לואה שמציאותו יש בה די להמצאת דברים אחרים וזולתו וענין אמרנו ולא סכל שהוא משיג כלומר חי כי כל משיג חי וענין אמרנו ולא נבהל ולא עוזב כי כל אלה הנמצאות הולכות על סדר והנהגה לא נעזבות והוות כאשר יקרה וכו׳.

9. 第 65 页,《创世记释义》(Beresh Rabba) 5。

בראשית ברא אלהים אין ראשית אלא תורה.

10. 第 78 页,《法庭》(Sanhedrin) 91, 亦可参见《托赛夫塔·逾越节》

---

① 该书是中世纪犹太哲学家伊本·达吾德的哲学代表作, 原文为阿拉伯语, 后被译成希伯来语, 本书提到的是由席木生·威尔 (Simshon Weil) 从希伯来译本转译的德语译本。

② 指的是由所罗门·芒克 (Solomon Munk, 1803—1867) 翻译的德语版迈蒙尼德《迷途指津》。

(Tosefta Pesachim) 163。①

תורה צוה לנו משה מורשה קהלת יעקב מורשה היא לכל ישראל מששת ימי בראשית.

11. 第79页，《坦乎玛米德拉什》，第250页。

ויאמר ה' מסיני בא וכו' מלמד שהחזירה על כל האומות ולא רצו לקבלה.

12. 第81页，《坦乎玛米德拉什》，第188页。

ויאבד את לב מתנה מן התורה שנתנה מתנה בלבו של אדם.

13. 第90页，《迷途指津》第三部，第51章。

והיה כאשר תשיג השם ומעשיו כפי מה שישכלהו השכל, אחר כן תתחיל להמסר אליו ותשתדל להתקרב לו ותחזק הדבוק אשר בינך ובינו והוא השכל.

14. 第90页，《祝祷》33，亦可参见（巴亚）《心灵的义务》(Chovoth)，斯特恩(Stern)编辑，第36页。②

גדולה דעה שנתנה בין שתי אותיות שנא' כי אל דעות ה'.

ואמת אמר הפילוסוף באמרו לא יוכל לעבוד עילת העילות ותחלת ההתחלות אלא נביא הדור במבעו או הפילוסוף המטבהק במה שקנהו מן החכמת.

15. 第91页，《安息日》(Sabbath) 31a。

אמר רבא בשעה שמכניסין אדם לדין אומרים לו נשאת ונתת באמונה קבעת עתים לתורה עסקת בפריה ורביה צפית לישועה פלפלת בחכמה הבנת דבר מתוך דבר וכו'.

16. 第95页，《迷途指津》第一部，第54章。

הנה כבר התבאר כי הדרכים אשר בקש ידיעתם הודיעו אותם הם הפעולות הבאות ממנו יתעלה והחכמים יקראום מדות ויאמרו שלש עשרה מדות וזה השם נופל בשמשנו על מדות האדם ההולכים לבית המדרש, ארבע מדות בנותני צדקה וזה הרבה. והעניין הנה אינו שהוא בעל מדות אבל פעל פעולות הדומות לפעולות הבאות מאתנו ממדות רצוני לאמר מתכונות נפשיות לא שהוא יתעלה בעל תכונות נפשיות וכו' הנה כבר התבאר לך כי הדרכים והמדות אחד.

---

① 《托赛夫塔》又译《密释纳补》，三世纪时的拉比文献，是对《密释纳》的释义和补充。

② 巴亚指巴亚·伊本·帕奎达（Bahya ibn Paquda, 1050—1120），中世纪犹太哲学家、拉比，著有《心灵的义务》(*Chovot HaLevavot*)。

17. 第 95 页,《米德拉什·出埃及记释义》11。

אהיה אשר אחיה אני נקרא לפי מעשי.

18. 第 96 页,《米德拉什·利未记释义》(Sifra) 91b。

קדושים תהיו זו קדושת מצות.

19. 第 101 页,《拉什对以赛亚书的评注》,63,11。

איה הוא אשר שם בקרב ישראל את רוח קדשו של הקב"ה.

20. 第 101 页,《拉什对以赛亚书的评注》,42,5。

נותן נשמה לעם עליה ורוח להולכים בה ורוח קדושה להולכים בה.

21. 第 103 页,《崇高的信仰》,第 58 页。

אכן רוח היא באנוש ונשמת שדי תבינם וכי רוח היא באנוש השכל האנושי ונשמת שדי תבינם רוח הקדש.

22. 第 107 页,《米德拉什·以利亚户书》(Tana Eliyahu),第 88 页。

מעיד אני עלי שמים וארץ בין ישראל בין עכו"ם בין איש בין אשה בין עבד בין שפחה הכל לפי המעשה שעושה כך רוח הקדש שורה עליו.

23. 第 108 页,《异教》(Avodah Zarah) 20。

א"ר פנחס בן יאיר תורה מביאה לידי זהירות וזהירות מביאה לידי זריזות וכו' קדושה מביאה לידי רוח הקדש.

24. 第 119 页,《许愿》(Jerus. Nedarim) 9。

תניא א"ר עקיבא ואהבת לרעך כמוך זה כלל גדול בתורה בן עזאי אומר זה ספר תולדות אדם זה כלל גדול מזה.

25. 第 119 页,《亵渎》(Chullin) 100a。

מבני יעקב נאסר גיד הנשה וכו' שהיו בני נח קודם מתן תורת.

26. 第 121 页,《异教》,3b。

עכו"ם נמי סקרו בני אדם שר"ל בני אדם הראשון.

27. 第 121 页,《法庭》,63b。

יודעין היו ישראל בעבודה זרה שאין בה ממש, ולא עבדו עבודה זרה אלא להתיר להם עריות בפרהסיא.

28. 第 122 页,《法庭》,59。

אפילו עכו"ם ועוסק בתורה (בשבע מצות דידהו) הרי הוא ככהן גדול.

29. 第 123 页，《托赛夫塔·法庭》，第 234 页。亦可参见迈蒙尼德：《耶路撒冷塔木德评注·回归》（Maimonides Hilch. Teschubah）3,5。

עכשיו שא' הכתוב כל גוים שכחי אלהים, הא יש צדיקים באומות שיש להם חלק לעולם הבא.

חסידי אומות העולם יש להם חלק לעולם הבא.

30. 第 124 页，《法庭》56b。

ד' מצות נצטוו ישראל במרה, ד' שקבלו עליהן בני נח והוסיפו עליהן דינין ושבת וכבוד אב ואם וכו'.

31. 第 147 页，《米德拉什·利未记释义》73a，亦可参见《塔木德·赎罪日》（Yoma）86a。

ואהבת את ד' אהבהו על הבריות.

ואהבת את ד' שיהא שם שטים מתאהב על ידך ויהא משאו ומתנו באמונה ודבורו בנחת עם הבריות.

32. 第 160 页，《迷途指津》第一部，第 27 章。

אונקולוס הגר שלם סאר בלשון העברית והארטית וכבר שם השתדלותו בסלוק ההגשמה.

33. 第 162 页，迈蒙尼德：《耶路撒冷塔木德评注·回归》10。

בכל לבבך ובכל נפשך אינו אהב הקב"ה אלא בדעת שידעהו ועל פי הדעה תהיה האהבה אם מעט מעט ואם הרבה הרבה וכו'.

34. 第 166 页，《法庭》37a。

אדם נברא יחידי.

35. 第 173 页，《迷途指津》第三部，第 32 章。

ולזה התנה בזה הפסוק ואסר ביום הוציאי אותם מארץ מצרים כי תחלת צווי שבא אחר יציאת מצרים הוא מה שנצטוינו בו במרה וכו' ובאה הקבלה האמתית שבת ודינין במרה איפקוד וגו' וזאת היא הכונה הראשונה כמו שבארנו וגו' הנה כבר התבאר לך שהמצוה הראשונה לא היו בה מדברי עולה וזבח אחר שהם על צד הכונה השנית כמו שזכרנו.

36. 第 180 页，《托赛夫塔·法庭》7。

אדם נברא יחידי ולמה נברא יחידי בעולם שלא יהו צדיקים אומרים אנו בניו של צדיק ושלא יהו רשעים אומרים אנו בניו של רשע.

37. 第 182 页，布伯编辑：《坦乎玛米德拉什》第 19 页。

ראה זה מצאתי אשר עשה האלהים את האדם ישר וכו' ואם תאמר למה ברא יצר הרע וכו' אמר הקב"ה אתה עושה אותו רע.

38. 第 193 页，迈蒙尼德：《耶路撒冷塔木德评注·回归》2。

ומשנה שמו כלומר אני אחר ואינו האיש שעשה אותן המעשין.

39. 第 195 页，（巴亚）《心灵的义务》，斯特恩编辑，第 323 页。

הראשון שידע גנות מעשהו ידיעה ברורה וכו׳ והשני שידע בחיוב רוע מעשהו וגנותו וכו׳ והשלישי שידע בחיוב הנטל על מעשהו.

40. 第 209 页，《拉夫卡纳章句集》（Pesikta de-Rab Kahana）158,6。①

א״ר פנחס למה הוא טוב שהוא ישר למה הוא ישר שהוא טוב על כן יורה חטאים בדרך שהוא מורה להן דרך שיעשו תשובה.

41. 第 211 页，（巴亚）《心灵的义务》，斯特恩编辑，第 252 页。

ומצאנו ענין הבטחון בלשון הקדש מליצים בעדו בעשר מלות כנגד עשר המדרגות האלה והם מבטח ומשען ותקוה ומחסה, ותוחלת וחכי וסמיכה וסבר ומסעד וכסל.

42. 第 217 页，《斋戒》（Taanith）26b。

אמר רבן שמעון בן גמליאל לא היו ימים טובים לישראל כחמשה עשר באב וכיום הכפורים שבהן בנות ירושלים יוצאות בכלי לבן שאולין וכו׳.

43. 第 220 页，《赎罪日》85b。

עבירות שבין אדם למקום יה״כ מכפר עבירות שבין אדם לחברו אין יוה״כ מכפר עד שירצה את חברו.

44. 第 223 页，《赎罪日》86b。

גדולה תשובה שזדונות נעשות לו כשגגות.

45. 第 223 页，《赎罪日》85b。

אשריכם ישראל לפני מי אתם מטהרים ומי מטהר אתכם אביכם שבשמים.

46. 第 224 页，《祝祷》19a。

אם ראית ת״ח שעבר עבירה בלילה אל תהרהר אחריו ביום וכו׳ אלא ודאי עשה תשובה.

47. 第 226 页，《祝祷》5。

אם רואה אדם שיסורין באין עליו יפשפש במעשיו וכו׳.

48. 第 227 页，《安息日》88a。

ת״ר עלובין ואינן עולבין וכו׳ עושין מאהבה ושמחין ביסורין עליהן הכתוב אומר ואהביו וכו׳.

---

① 由所罗门·布伯搜集整理的一部《米德拉什》。

49. 第249页，迈蒙尼德：《耶路撒冷塔木德评注·回归》9,2。

לפי שבאותן הימים תרבה הדעה והחכמה והאמת שנאמר כי מלאה הארץ דעה את ה׳.

50. 第259页，《鞭挞》（Makkoth）24a。

א״ר יוסי ד׳ גזרות גזר משה רבנו על ישראל באו ד׳ נביאים וביטלום וכ׳ משה אמר פוקד עון אבות על בנים בא יחזקאל וביטלה.

51. 第264页，《祝祷》5。

ימורין של אהבה.

52. 第266页，《异教》20。

א״ר יהושע בן לוי ענוה גדולה מכלן.

53. 第277页，《米德拉什·利未记初读》（Midrash Waikra Rabba）第13节，第36页。

אמר רבי אבין בר כהנא אמר הקב״ה תורה חדשה מאתי תצא חדוש תורה מאתי תצא.

54. 第278页，《坦乎玛米德拉什》，第126页。

נבואה לעתיד לבוא על כל אדם.

55. 第306页，《原理之书》（Ikkarim），第4节，40。[1]

ולזה סיים כי עם קדוש אתה לה׳ אלהיך כלומר אחר שהוא קדוש יתברך ומשרתיו קדושים ואתה עם קדוש עם כל דבר יקרב לדומתו ובלי ספק הנפש ההיא תדבק עם השכלים הנבדלים כי קדושה היא והמלאכים קדושים משרתי עליון וע״כ אין ראוי להתגודד על המת ולהצטער עליו יותר מראי וזה יורה שיש השארות לנפש אחר המת.

56. 第311页，迈蒙尼德：《耶路撒冷塔木德评注·回归》8,8。同上，9,2。

זה שקראו אותו חכמים העוה״ב לא מפני שאינו מצוי עתה וזה העולם אובר ואח״כ יבא אותו העולם אין הדבר כן אלא הרי הוא מצוי ועומד.

אבל ימות המשיח הוא העולם הזה ועולם כמנהגו הולך.

57. 第312页，《祝祷》17a。

העוה״ב אין בו לא אכילה ולא שתיה וכו׳ אלא צדיקים יושבים ועטרותיהם בראשיהם ונהנים מזיו השכינה.

---

[1] 作者约瑟夫·阿尔伯（Joseph Albo, 1380—1444），中世纪西班牙犹太哲学家和拉比。

58. 第 312 页，《许愿》8b。

אין גיהנם לעולם הבא אלא הקב״ה מוציא חמה מנרתיקה וכו׳.

59. 第 312 页，《原理之书》，第 4 节，38。

וכן בתחלת המזמור רמז לשני טיני החסד הללו ואמר הסלח לכל עוניכי לרמוז על החסד שישוב העונש הנצחיי זמניי הרופא לכל תחלואיכי לרמוז על החסד שישוב שכר זמניי נצחיי, וחוזר לבאר זה ואמר הגואל משחת חייכי שזה ודאי מדבר על הגאולה מעונשי גיהנם הנצחיים כי מן המות הגופיי הטבעי אין שום אדם ניצול היסנה

60. 第 313 页，《祝祷》34b。

כל הנביאים כולן לא נתנבאו אלא לימות המשיח אבל לעוה״ב עין לא ראתה אלהים זולתך.

61. 第 313 页，迈蒙尼德《伦理八章》（Sh'mone Perakim），第 4 节。

כי כשהיה אדם שוקל פעולותיו תמד וסכוון אמצעותם יהיה בטדרנה עליונה מטרדנת בני אדם ובזה יתקרב אל ה׳ ית׳ וישיג אל טובו וכו׳.

62. 第 314 页，《婚姻》（Yebamoth）62a，或者《米德拉什·传道书释义》（Midrash Koheleth）3。

אין בן דוד בא עד שיכלו כל נשמות שבגוף.

אין מלך המשיח בא עד שיעמדו כל הנשמות שעלו במחשבה להבראות.

63. 第 315 页，卡西尔（Cassel）编辑：《库萨里》，第 64 页。①

ועל כן איננו אוטר בתורה כי אם תעשו המצוה הזאת אביאכם אחרי המות אל נגנות והנאות אבל הוא אוטר: ואתם תהיו לי לעם ואני אהיה לכם לאלהים מנהיג אתכם וכו׳... ויעודיה כולם כלל אותם שרש אחד והוא יחול קורבת אלהים וטלאכיו וטי שיגיע אל המעלה הזאת לא ירא מן המות.

64. 第 315 页，（巴亚）《心灵的义务》，斯特恩编辑，第 234 页。

אבל גמול העוה״ב ועונשו לא פירש מהם חנביא מאומה בספרו וג׳ ומהם שנטול העוה״ב אין תכליתו אלא להדבק באלהים ולהתקרב אל אורו העליון וכו׳.

---

① 中世纪犹太哲学家、诗人犹大·哈列维（Judah Halevi）的哲学名著，又译《卡扎尔人书》，原文为阿拉伯语。此处提到的应该是由大卫·卡西尔（David Cassel）转译为德语的犹大·伊本·提本（Yehudah ibn Tibon）希伯来语译本。

希伯来文献注释

65. 第316页，《原理之书》，第4节，40。

וכדי להעיר על ההברל שבין השכר הרוחני לשכר הגשמי אמר על הרוחני כי לא
דבר רק הוא מכם כלומר אל תחשבו שהוא דבר אחר זולתכם אבל הוא בעצמו חייכם
ר"ל הנפש שהוא מהות החיות הנשאר אחר המות וכר.

66. 第317页，《米德拉什·创世记释义 I》（Midra Rabba I）61a。

אני ישנה מן המצות אבל זכות אבותי עומדת לי ולבי ער.

67. 第321页，《米德拉什·创世记释义 I》67a。亦可参见迈蒙尼德：《耶路撒冷塔木德评注·回归》10,2。

א"ר חייא בר אבא מהו חן יראת ה' היא אוצרו אמר האלהים אם היו לך מעשים
טובים אני נותן לך שכר ומה שכר תורה.

לא כדי לירש הטובה אלא עושה האמת מפני שהוא אמת וסוף הטובה לבא בכללה וכר.

68. 第322页，《原理之书》，第4节，15。

וחלקי במציאות הוא היות נדבק באלהים לעולם שהוא דבר נצחי ולא אפחד מן
ההפסד אחר שאני דבק בדבר נצחי וכר. ואני קרבת אלהים לי טוב ר"ל כל טובי
הוא היותי מתדבק אל השם.

69. 第324页，《首门》（Baba Kamma）38。

גדול המצווה ועושה יותר ממי שאינו מצווה ועושה.

70. 第325页，《法庭》74a。

כל עבירות שבתורה אם אוטרים לאדם עבור ואל תהרג יעבור ואל יהרג חוץ
מעכו"ם וגלוי עריות ושפיכת דמים.

71. 第326页，《圣化》（Kiddushin）49b。

האומר לאשה הרי את מקדשת לי על מנת שאני צדיק אפילו רשע גמור הרי זו
מקדשת שמא הרהר תשובה בלבו.

72. 第326页，《祝祷》34b。

מקום שבעלי תשובה עומדים צדיקים גמורים אינם עומדין.

73. 第326页，迈蒙尼德：《耶路撒冷塔木德评注·回归》3。

וכן כל הרשעים שעוונותיהם מרבים דנין אותן כפי חטאתיהם ויש להן חלק לעולם
הבא שכל ישראל יש להם חלק לעולם הבא אף על פי שחטאו שנאמר ועמך כולם
צדיקים לעולם ירשו ארץ.

74. 第329页，迈蒙尼德：《耶路撒冷塔木德评注·回归》3,5。

וכן חסדי אומות העולם יש להם חלק לעולם הבא.

75. 第 332 页，《迈蒙尼德〈密西那托拉·列王纪〉评注》(Khesef Mishne to Hilch. Melachim) 8。①

ומה שכתב והוא שיקבל וגו׳ נראה לי שרבנו אומר כך מסברא דנפשית.

76. 第 335 页，《米德拉什·创世记释义 II》54。

לעולם וכות אבות קיימת לעולם מזכירין ואומרין כי אל רחום ה׳ אלהיך וגו׳ ולא ישכח את ברית אבותיך.

77. 第 351 页，《崇高的信仰》，第 102 页。

ונאמר תחלה שחלקי התורה בין שיהיו חמשה או ארבעה או כמה שיהיו אינם כולם שוים במעלה.

78. 第 351 页，《崇高的信仰》，第 75 页。

וסרתות מהם מפורסמות בלשון בעלי ההגיון ואצל בעלי חכמת הדבור דתות שכליות מפני שהם מתיחסות אל המשכלות התיחסות מה וזה כמו שהיושר טוב והעול רע וג׳ ומהם מקובלות בלשון בעלי ההגיון והם בלשון חכמת הדבור דתות שמעיות כמו שמירת השבת וכו׳.

79. 第 351 页，《库萨里》，第 148 页。

אמר החבר: אלה והדומה להם הם הם החקים השכליים והם הקדמות והצעות לתורה האלהית קודמות לו בטבע ובזמן וכו׳ וזולתם מן התורה האלהית השמעיות.

80. 第 354 页，《迷途指津》第三部第 31 章。

הכל נתלה בשלשה דברים בדעות ובמדות ובמעשה ההנהגה המדינית.

81. 第 355 页，《迷途指津》第三部第 31 章。

והיה דומה או כאילו יבא נביא בזמננו זה שיקרא לעבודת השם ויאמר השם צוה אתכם שלא תתפללו אליו ולא תצומו ולא תבקשו תשועתו בעת צרה אבל תהיה עבודתכם מחשבה מבלתי מעשה.

82. 第 366 页，《上主之光》(Or Adonai) 序言（结尾部分）。②

הנה ראינו לחלק החלק הזה לארבעה מאמרים הא׳ בשרש שהוא התחלת לכל האמונות התוריות (ר״ל מציאות השם) הב׳ באמונות שהם פינות ויסודות לכל המצות וכו׳

---

① 中世纪西班牙犹太哲学家、拉比约瑟夫·卡罗 (Joseph Caro, 1488—1575) 的名著。

② 中世纪犹太哲学家、拉比哈斯戴·克莱斯卡 (Hasdai Crescas, 1340—1410) 的名著。

83. 第 366 页，《原理之书》，第 3 节，13。

וזה, כי אף אם לא ישתנו חרעות בעצמן ולא הנוחג כבר אפשר שיפול בו שנוי מצד המקבל, לפי שמשתלמות כל פועל שיפעל פעולתו כפי הכנת המקבלים ולפי השתנות הכנת המקבל תשתנה פעולת הפועל בלי ספק, וזה לא יחיב שנוי בחק הפועל, כי כמו שהרופא יתן הנהגה אל התלוה עד זמן משוער אצלו שלא ינלהו אל החלה וכשיגיע הזמן ההוא שנתחזק כבר החלה מחלי ישנה הרופא הנהגתו ויתיר מה שאסר ואסר מה שהתיר ואין לתלוה להפלא מוח כי אין זה ממה שיחייב שנוי בחק הרופא. לומר שלא נתן לו בתחלה הנהגה מספקת לכל הזמנים כי הרופא כשנתן ההנהגה הראשונה כבר ידע הזמן שראוי שיתנהג החולה על פיה ואע"פ שלא נלהו אל החלה ידע הזמן הראוי שתשתנה ההנהגה ההיא כפי מה ששער מטבע החלה הזמן שצריך לו כדי שישתנה מן החלי אל הבריאות וכו' וכן על זה הדרך איננו חסרון בחק הש"י אם לא נתן בתחלה תורה והנהגה מספקת לכל הזמנים וזה כי הוא כשנתן, התורה ידע שההנהגה ההיא תספיק עד הזמן ששערהו חכמתו שיספיק להכין המקבלים ולתקן טבעם אל שיקבלו ההנהגה השנית אע"פ שלא נלהו לארם וכשיגיע הזמן יצוה בהנהגה השנית ואף אם ישנה דברים הפך ההנהגה הראשונה כך היה מסודר אצלו בתחלה, וכמו שיהיה חסרון בחק הרופא שיצוה לתת המזונות החזקים כלהם והבשר והיין אל הקטנים מהחולי הילדים ויונקי שדים עד אשר יגדלו או יתחזק טבעם לסבל המזונות החזקים, כן יהיה חסרון בחק נותן התורה שיתן הנהגה שה בכל הזמנים למתחילים למורגלים אבל ראוי שישנה אותה כפי השתנות הכנת המקבלים.

84. 第 366 页，参见《原理之书》，第 3 节，22。

85. 第 372 页，《斋戒》2。

איזו היא עבודה שהיא בלב הוי אומר זו תפלה.

86. 第 374 页，（巴亚）《心灵的义务》，第 361 页。

וראוי לך אחי שתדע כי כוונתנו בתפלה אינה כי אם כלות הנפש אל האלהים וכניעתה לפניו עם רוממתו לבוראה ושבחה וההדאתה לשמו והשלכת כל יהביה עליו.

87. 第 387 页，《米德拉什·雅歌释义》（Midrash Shir Hashirim Rabba），第 54 页。

בעשרה מקומות נקראו ישראל כלה.

88. 第 413 页，《密西那托拉·知识之书》（Sefer Hamada），第 2 节，10。亦可参见《迷途指津》第一部 53、68 章。

לפיכך אמר חי פרעה וחי נפשך ואין אומר וחי ה' אלא חי ה' שאין חבורא וחיו שניים כמו חיי הגופים הדמים או כחיי המלאכים וכו'.

89. 第 423 页，《出埃及记释义》（Mechilta to Mishpatim）①。

ראשון שבגנבים גונב דעת הבריות.

90. 第 426 页，《不忠的妻子》（Sotah）5a。

אמר רב יוסף לעולם ילמד אדם מדעת קונו שהרי הקב"ה הניח כל הרים וגבעות והשרה שכינתו על הר סיני והניח כל אילנות טובות והשרה שכינתו בסנה.

91. 第 432 页，《鞭挞》23a。

ונקלה אחיך לעיניך כשלקה הרי הוא כאחיך.

92. 第 432 页，《中门》（Baba Metzia）30b。

לא חרבה ירושלים אלא שהעמידו דיניהם על דין תורה ולא עבדו לפנים משורת הדין.

93. 第 449 页，《祝祷》54a。

חייב אדם לברך על הרעה כשם שמברך על הטובה.

94. 第 452 页，参见《赎罪日》9b。
95. 第 456 页，《誓言》（Shebuoth）30a。

בצדק תשפוט עמיתך חתח דן את חבירך לכף זכות.

96. 第 458 页，《经卷》（Megillah）18a。

ברכה דהקב"ה שלום.

---

① 一至二世纪犹太拉比以实玛利（Ishmael）的名著，提出了圣经解释的诸原则。

索　引

（索引中页码为原书页码，即本书边码）

《圣经》引文

《创世记》 1:62-27　85; 2:3　156; 2:5-7　85; 2:22　86; 2:24　86; 3:5　86; 4:15; 130; 5:1　119; 6:3　215; 6:5　181; 6:13　117; 6:17　117; 7:1　117; 8:21　117, 181; 9:5, 6　118; 9:11　118; 9:12, 16　118; 15:15　301; 18:18　118; 18:19　118; 18:23　118; 18:25　118, 431; 25:8　301; 49:6　405

《出埃及记》 3:6　42; 3:10-14　42; 3:13　43; 3:14　43; 3:15　43; 6:3　39; 12:49　121, 328; 15:25　328; 19:5　289; 19:6　302, 347; 20:3-4　54; 20:5　433; 20:7　346; 20:8-11　156; 21:26　431; 23:25ff　125; 21:26, 27　126; 22:17　232; 22:20　127; 22:25　154; 23:5　451; 23:7　422; 23:9　145; 23:19　348; 26:12　80; 31:13　110; 32:32　395; 33:13　79, 206; 33:18　79; 33:19　80, 209; 33:20-23　80; 34:6-7　94; 34:7　169, 222

《利未记》 4:20　214; 4:26　214; 5:16　214; 5:18　200; 11:44　103, 110, 205; 16:30　222; 17:11ff　127; 18:5　416; 19:2　96, 103, 205; 19:9-10　348; 19:9-12　152; 19:11　422; 19:12　422; 19:17　229, 451; 19:17, 18　127; 19:33　127; 19:34　127, 145; 19:36　430; 20:8　110; 21:8　110; 22:32　103, 110; 24:22　125; 25:1-6　152; 25:8-24　153; 25:47　126

《民数记》 11:29　87, 347; 12:3　77, 266, 425; 15:14-16　127; 15:15, 16　125; 15:25　214;

15:26 217; 15:28 214; 16:22 431; 23:9 149, 232, 341; 23:21 232; 23:23 232; 24:4, 6 232; 24:5 232; 35:15 126

《申命记》 1:16 125, 430; 1:17 121; 3:26 76; 4:1 78; 4:5 78; 4:6 78; 4:7 78, 163; 4:8 78; 4:10 220; 4:11 74; 4:12 74; 4:14 79; 4:15 76; 4:15, 16 74; 4:31 75; 4:39 90; 5:1 79; 5:3 76; 5:4 75; 5:5 75, 76; 5:9-10 169; 5:14ff 156; 5:28 76; 6:4 77; 6:5 159; 6:20-24 79; 8:3 263, 382; 10:18, 19 127; 10:19 145; 10:21 127; 11:1 79; 14:21 127; 14:28 151; 15:1ff 153; 15:4 128; 15:11 128; 16:14 457; 16:16 348; 16:20 429; 18:13 417; 23:8 53, 120; 23:25 151; 24:6 154; 24:10 154; 24:14 154; 24:15ff 154; 24:16 431; 24:17 154; 24:17, 18 125; 24:19ff 152; 25:3 431; 26:1-14 348; 26:6-10 151; 26:12ff 152; 27:19 126; 30:11-14 81; 30:15 408; 30:19 408; 32:52 77; 34:6 77

《约书亚记》 24:14 417

《撒母耳记上》 2:2 98; 12:3 430; 12:24 417; 15:29 419; 25:29 319

《撒母耳记下》 21:12-14 431

《列王记上》 8:12, 13 384; 8:41-43 120, 127; 8:27, 28, 29 384

《列王记下》 20:19 446

《以赛亚书》 1:10-20 173; 1:13 172; 2:1-5 272; 2:2 254; 2:10 272; 2:11-22 272; 2:19 272; 2:22 179; 4:2-4 272; 5:16 110, 182, 208, 429; 6:3 45, 395, 404; 8:13 103, 110; 9:1, 5-6 272; 9:5 263; 11:1 263; 11:1-5 273; 11:2 87; 11:4 266; 11:5 429; 11:6-9 273; 11:9 87; 11:10-16 273; 19:11-12 273; 19:21-25 274; 25:6-8 274; 25:8 289; 26:9 429; 29:18-21 275; 29:19 98; 30:26 275; 32:15-17 275; 40:1 459; 40:8 438; 40:11 210; 40:18 86, 420; 40:25 44; 41:8, 9 282; 41:23 80; 42:1, 3 282; 42:4-8 282; 44:6 44, 46, 396; 44:9 55; 44:9-20 56; 45:6 44; 45:7 47, 226; 45:19 432; 47:4 98; 48:12 46; 49:5-8 282; 52:13-15 283; 53:1-3 283;

53:4, 5 284; 53:5 448; 53:6, 7 284; 53:8-10 285; 53:10 267; 53:11, 12 285, 286; 55:3 282; 56:2 157; 56:7 120, 383; 57:15 98, 426

《以赛亚书》 57:19 459; 58:7 147; 58:8 429; 58:13 157; 61:1 427; 63:9, 10 101, 104; 63:11 101; 64:3 248, 313; 66:20 276

《耶利米书》 2:2 397; 3:14-17 276; 7:22 173, 328; 9:22-24 256; 9:23 432; 10:7-10 412; 10:10 414; 12:15, 16 278; 16:19, 20 279; 17:27 157; 23:1-8 277; 23:23 163; 23:24 163; 31:10 210; 31:16 246; 31:20 387; 31:23 277; 31:29 189; 31:30 189; 31:31 190; 31:31-33 81; 31:31-36 278; 31:34 87; 32:41 417; 33:6 446; 33:14, 15 278; 46:26 278; 48:47 278; 49:6 278; 49:39 278

《以西结书》 11:15-17 280; 11:19 280; 16:1-3 280; 16:46 280; 16:48 260; 16:60 397; 18:2-4 191; 18:4 416; 18:5-9 191; 18:19-20 192; 18:21-23 192; 18:24-25 193; 18:27 193; 18:30 193; 18:31 194, 203, 207; 28:25 282; 34:12 210; 34:17 210; 34:23, 24 280; 34:31 280; 36:23 281; 38:25-27 281; 36:26, 27 87; 37:3 281; 37:10 302; 37:11 309; 37:11, 12 281; 37:25 282; 37:28 281; 39:29 87; 47:22 126

《何西阿书》 2:20 273; 2:21-22 269; 3:5 269; 4:1 422; 14:5 269

《约珥书》 3:1, 2 87, 287; 4:18 287

《阿摩司书》 3:2 260; 5:18 245; 5:25 173; 8:9 270; 8:11-12 270; 9:7 256; 9:8-15 270

《弥迦书》 4:1-4 271; 4:3 294, 429; 4:11-13 271; 5:1-12 271; 6:8 33, 425

《西番雅书》 2:3 426, 448; 3:9 276; 3:10 276; 3:12-13 276

《撒迦利亚书》 2:15 288; 7:9 422; 8:16 288; 8:19 288, 446; 8:22, 23 288; 9:9, 10 287; 12:1 87, 101; 14:9 288, 346, 395

《玛拉基书》 2:6, 7 413; 3:6 46; 3:17 289; 3:23, 24 288

《诗篇》 8:5 240; 15:2 415; 16:9 405; 16:10 247, 303, 334; 19:2 405; 19:9 415; 22:4 98; 23:1 210; 23:4 461; 24:7 405; 25:8 209; 31:19 422; 33:3 295; 34:15 448; 35:19 229, 452; 38:20 452; 38:23 417; 45:5 422, 426; 51:6 102; 51:7 102, 211; 51:8 422; 51:12 102, 381; 51:13 103; 51:19 213, 394, 416; 67:3-6 275; 68:32-33 275; 69:5 452; 71:9 377; 73 46; 73:25ff 163; 73:28 163, 212; 85:11 425, 447; 85:12 422; 86:5 213; 86:8 44; 86:11 379; 90:4 158; 91:1 434; 96:5 43; 97:7 57; 101:7 422

《诗篇》 104 46; 106:2 436; 111:8 415; 115:8 57; 118:1 210; 119:86 414; 119:128 422; 119:137, 142 429; 119:151 415; 119:160 414; 120:2 422; 130:4 209; 136:1 294; 137:5 442; 139:7 89; 145:9 209; 145:17 429; 145:18 417; 149:4 427; 149:5 405; 150:6 259

《箴言》 6:23 415; 10:25 429; 12:19 422; 12:22 422; 14:31 155; 15:33 426; 16:32 436; 18:12 426; 23:23 422; 30:8 383

《约伯记》 25:2 447; 31:2 89, 305, 335; 31:13 155; 32:8 87; 33:4 87

《耶利米哀歌》 3:40 203

《传道书》 1:2 46; 3:11 461; 7:20 318, 326, 429; 12:7 305

《新约全书》

《马可福音》 2:27 431

拉比文献

《异教》20b ······ 406
《末门》（Baba Bathra）9b ······ 445
《末门》21b ······ 443
《中门》30b ······ 432
《中门》48a ······ 423
《祝祷》33b ······ 94,382,408
《亵渎》94a ······ 423
《婚姻》（Ketuboth）11a ······ 123
《鞭挞》23a ······ 432
《米德拉什·出埃及记释义》（Mechilta）······ 431
《饭祭》（Menahoth）48a ······ 223
《密释纳》（《密释纳外经》（Baraitha））······ 350
《密释纳·地角》（Mishnah Peah）第一章 ······ 348
《密释纳·先贤书》（Mishnah Pirke Aboth）1,3 ······ 323
《密释纳·先贤书》1,12 ······ 454
《密释纳·先贤书》2 ······ 224
《密释纳·先贤书》2,21 ······ 258
《密释纳·先贤书》4,1 ······ 437
《密释纳·先贤书》6,2 ······ 77
《许愿·9》（Nedarim, Jerus.9）······ 119
《民事侵权》（Nezikin）······ 312
《安息日》31a ······ 91
《安息日》55a ······ 380,412
《法庭》74a ······ 438
《法庭》92a ······ 423
《法庭》105a ······ 123

《米德拉什·利未记释义》……………………………………103
《米德拉什·利未记民数记申命记释义》（Sifre）……………312
《不忠的妻子》9,15…………………………………………406
《住棚节》42a………………………………………………443
《坦乎玛米德拉什·第八》149b……………………………444
《托赛夫塔·法庭》13………………………………123,333

人名索引

Aaron, 亚伦 76, 257

Abel, 亚伯 129

Abraham, 亚伯拉罕 115f., 118ff., 122, 189, 209, 300f., 368, 394f., 397, 431, 441

Adam, 亚当 115f, .130

Aeschylus, 埃斯库罗斯 9, 169

Aesculapius, 阿斯克勒庇俄斯 439

Akiba, Rabbi, 拉比·亚奇巴 119, 223f.

Albo, Joseph, 约瑟夫·艾尔伯 316, 322, 356, 366, 421

Amos, 阿摩司① 246, 433

Antigone, 安提戈涅 83

Aphrodite, 阿芙洛狄忒 130

Arama, Isaac, 以撒·阿拉玛 366

Archimedes, 阿基米德 252

Aristotle, 亚里士多德 63f., 84, 162, 311ff., 315, 403, 446

Astarte, 阿斯塔特 121

Athena, 雅典娜 169

Atlas, 阿特拉斯 263f.

Avicebron, See Ibn Gabirol, Solomon, 阿维斯布朗：参见伊本·加比罗尔·所罗门

Ball, 巴力 172

Bacher, Wilhelm, 威尔海姆·巴赫 445

Bahya ibn Pakuda, 巴亚·伊本·帕库达 211, 135, 351, 421, 450

Balaam, 巴兰 149, 231f., 341

Balak, 巴拉克 232

Bauer, Christian, 克里斯蒂安·波尔 156

Ben Azai, 本·阿谢 119

Bezalel, 比撒列 87

Bloch, M., M. 布洛赫 445

Bodin, Jean, 让·博丹 343

Cain, 该隐 129f., 321

Chanina, Rabbi, 拉比·查尼纳 94

Christ, 基督 54, 159, 239, 286, 320, 330, 343f., 367, 418, 440

Clytemnestra, 克吕泰涅斯特拉 170

Cohen, Hermann, 赫尔曼·柯恩 5n, 10n, 15n.

Creon, 克瑞翁 83

Crescas, Chasdai, 哈斯戴·克莱斯卡 366

---

① 亦可参见《圣经》引文页。

Cyrus, 居鲁士 281
Damocles, 达摩克勒斯 438
Daniel, 但以理 309
Dante, 但丁 298
David, 大卫① 104, 251f., 259f., 270f., 277f., 280ff., 420, 442
Demiurge, 德穆革 48
Democritus, 德谟克利特 62
Descartes, 笛卡尔 106
Diomedes, 狄俄墨得斯 116
Dionysus, 迪奥尼索斯 250
Duran, Simon, 西蒙·杜兰 356
Eliezer, Rabbi, 拉比·以利策 332
Elijah, 以利亚 108, 245, 288
Epicurus, 伊壁鸠鲁 139
Erinyes, 厄里倪厄斯 169f.
Eve, 夏娃 130
Ezekiel, 以西结 20, 22, 27, 67, 82, 174f., 177f., 180, 183, 187ff., 194ff., 200, 203, 206, 209ff., 221, 229, 245, 254, 259, 262, 279ff., 334, 339, 433
Ezra, 以斯拉 27, 174, 257, 363
Faust, 浮士德 17
Gerondi, Jona, 约拿·葛伦迪 423
Gesenius, Wilhelm, 威尔海姆·格赛尼斯 181
Glaucus, 格劳孔 116
Goethe, 歌德 17n., 55, 255n., , 364, 393, 448
Graetz, Heinrich, 海因里希·格雷茨 256
Grotius, Hugo, 雨果·格劳秀斯 124
Hamlet, 哈姆雷特 179, 272
Hegel, 黑格尔 360
Heine, Heinrich, 海因里希·海涅 368
Heraclitus, 赫拉克利特 66
Herder, Johann Gottfried, 约翰·戈特弗里德·赫尔德 241, 393
Herrmann, Whilhelm, 威尔海姆·赫尔曼 159
Herzfeld, Levi, 利维·赫茨菲尔德 282, 285
Hippolytus, 希波吕托斯 130
Homer, 荷马 130, 252, 296, 389
Humboldt, Alexander, 亚历山大·洪堡 46
Ibn Daud, 伊本·多德 315, 351f., 355, 365
Ibn Ezra, 伊本·以斯拉 75, 181, 414
Ibn Gabirol, Solomon, 所罗门·伊本·加比罗尔 30, 107, 352

---

① 亦可参见《圣经》引文页。

Ibn Tibbon, 伊本·提本 352
Isaac, 以撒 397
Isaiah, 以赛亚[①] 55, 82, 97, 104, 179, 183, 203, 208, 212, 254, 259f, , 262f., 277, 279f., 282, 395, 420f., 433, 440, 447
Ishmael, Rabbi, 拉比·以实玛利 408
Jacob, 雅各 397, 404
Jaures, Jean, 让·若雷 186
Jeremiah, 耶利米[②] 27, 82, 150, 190f., 194, 203, 208, 211f., 253f., 279f., 352, 355, 412
Jethro, 叶忒罗 42
Job, 约伯[③] 26, 39, 277ff.
Jochanan Ben Zaccai, 约哈南·本·萨改 28
Joel, 约尔[④] 245, 257
Jonah, 约拿 245
Jonathan, 约拿单 442
Joseph, 约瑟 87, 300
Joshua, Rabbi, 拉比·约书亚 332
Josiah, 约西亚 366

Jülicher, Adolf, 阿道夫·尤利舍 357
Kant, 康德 60, 106, 240f., 291, 331, 344f., 357, 455f.
Kautzsch, Emil, 艾米尔·考西 42, 80, 103, 126, 153, 181, 232, 285, 412, 414
Kimhi, David, 金夕, 大卫 261
Koheleth（Ecclesiastes）, 传道者（传道书）[⑤] 26, 452
Korah, 可拉 431
Kuzari See Yehuda Halevi,《库萨里》, 参见犹大·哈列维
Leibniz, 莱布尼茨 60, 240, 331, 357
Levi, 利未 404
Lycurgus, 莱克格斯 84
Maimonides, 迈蒙尼德 30, 39, 61ff., 67, 74, 94f., 122f., 160, 162, 173, 227, 310f., 313, 315, 328f., 331ff., 339ff., 351f, , 354ff., 358, 365, 370, 386, 413, 421, 426f., 444
Malachi, 玛拉基[⑥] 245
Mary, 玛丽 320

[①] 亦可参见《圣经》引文页。
[②] 亦可参见《圣经》引文页。
[③] 亦可参见《圣经》引文页。
[④] 亦可参见《圣经》引文页。
[⑤] 亦可参见《圣经》引文页。
[⑥] 亦可参见《圣经》引文页。

Mendelssohn, Moses, 摩西·门德尔松　357f.
Mephistopheles, 摩菲斯特　167
Micah, 弥迦①　171, 210, 272, 425
Michaelis, Johann David, 约翰·大卫·米谢艾里斯　124
Moses, 摩西　25f., 28, 39, 42f., 73ff., 84, 95, 97, 101, 103, 122, 125, 158, 206, 208f., 231, 239, 242, 257, 266, 332, 338, 368, 395, 425, 431, 447
Movers, Franz, 弗朗茨·莫沃尔斯　156
Nehemiah, 尼希米　27
Noachide See Noah, 挪亚七诫参见挪亚
Noah（Noachide）, 挪亚（挪亚七诫）　116ff., 122ff., 150, 245, 251, 327ff., 335f., 396f., 406, 430, 441
Onkelos, 昂克洛斯　160
Orestes, 俄瑞斯忒斯　169f.
Parmenides, 巴门尼德　41, 66f.
Paul, 保罗　248, 343f.
Phaedra, 菲德拉　130
Philo, 斐洛　48, 107, 238f.
Pindar, 品达　9, 26, 372

Plato, 柏拉图　9, 21, 23, 48, 62, 84, 91, 107, 144, 170f., 176, 238, 251, 256f., 259, 291ff., 296ff., 311, 333ff., 349, 373, 378, 389, 400, 402f., 419, 437f., 443, 446
Prometheus, 普罗米修斯　233, 248
Pygmalion, 皮格马利翁　159
Pythagoras, 毕达哥拉斯　252
Rashi, 拉什　91, 101, 261, 414
Resh Lakish, Rabbi, 拉比·瑞仕·拉凯什　312
Rhode, Erwin, 埃尔文·罗得　296
Rousseau, 卢梭　241, 249
Saadiah Gaon, 萨阿底·高恩　351, 363, 365, 421
Sallschütz, Joseph, 约瑟夫·萨尔斯舒茨　150
Sachs, Michael, 迈克尔·萨赫斯　55
Samson, 参孙　87
Samuel, 撒母耳①　430
Sarah, 萨拉　118, 300
Saul, 扫罗　87
Schopenhauer, 叔本华　17f., 140f., 205
Selden, Johann, 约翰·塞尔登　123

---

① 亦可参见《圣经》引文页。

Shakespeare, 莎士比亚　30
Simon, 西蒙　404
Sirach, 便西拉智训　309
Sisyphus, 西叙福斯　207, 264
Socrates, 苏格拉底　20, 142f., 186, 199, 400ff., 437f.
Solomon, 所罗门　127, 383, 384
Solon, 梭伦　25, 84, 142
Spinoza, 斯宾诺莎　18, 140f., 144, 321, 331, 333, 349
Sulamith, 舒拉米斯　387, 460
Tantalus, 坦塔罗斯　169, 264
Tarphon, Rabbi, 塔风，拉比　312
Troeltsch, Ernst, 恩斯特·特洛尔奇　151

Waehner, Andreas Georg, 安德烈斯·格奥尔格·魏西那　124
Wellhausen, Julius, 朱利叶斯·威尔豪森　282
Xenophanes, 克塞诺芬尼　39f., 66
Yehudah Halevi, 犹大·哈列维　30, 313, 315, 351
Zagraeus, 扎格列欧斯　250
Zechariah, 撒迦利亚②　87, 287f.
Zephaniah, 西番雅③　245
Zerubbabel, 所罗巴伯　288
Zeus, 宙斯　116, 233
Zunz, Leopold, 列奥坡德·桑兹　369
Zwingli, 慈运理　344

图书在版编目（CIP）数据

源于犹太教的理性宗教 /（德）赫尔曼·柯恩著；孙增霖译. —北京：商务印书馆，2023
（宗教文化译丛）
ISBN 978-7-100-20934-2

Ⅰ.①源… Ⅱ.①赫… ②孙… Ⅲ.①犹太教—研究 Ⅳ.① B985

中国国家版本馆 CIP 数据核字（2023）第 073385 号

权利保留，侵权必究。

宗教文化译丛
犹太教系列　主编　傅有德
源于犹太教的理性宗教
〔德〕赫尔曼·柯恩　著
　　孙增霖　译

商 务 印 书 馆 出 版
（北京王府井大街36号　邮政编码100710）
商 务 印 书 馆 发 行
北京通州皇家印刷厂印刷
ISBN 978 - 7 - 100 - 20934 - 2

2023年6月第1版　　开本 880×1230　1/32
2023年6月北京第1次印刷　印张 22 5/8
定价：118.00元

"宗教文化译丛"已出书目

犹太教系列

《密释纳·第1部:种子》
《密释纳·第2部:节期》
《犹太教的本质》〔德〕利奥·拜克
《大众塔木德》〔英〕亚伯拉罕·柯恩
《犹太教审判:中世纪犹太-基督两教大论争》〔英〕海姆·马克比
《源于犹太教的理性宗教》〔德〕赫尔曼·柯恩
《救赎之星》〔德〕弗朗茨·罗森茨维格
《耶路撒冷:论宗教权力与犹太教》〔德〕摩西·门德尔松
《论知识》〔埃及〕摩西·迈蒙尼德
《迷途指津》〔埃及〕摩西·迈蒙尼德
《简明犹太民族史》〔英〕塞西尔·罗斯
《犹太战争》〔古罗马〕弗拉维斯·约瑟福斯
《论犹太教》〔德〕马丁·布伯
《回应现代性:犹太教改革运动史》〔美〕迈克尔·A.迈耶

佛教系列

《印度佛教史》〔日〕马田行啟
《日本佛教史纲》〔日〕村上专精
《印度文献史——佛教文献》〔奥〕莫里斯·温特尼茨

基督教系列

伊斯兰教系列

其他系列

《印度古代宗教哲学文献选编》
《印度六派哲学》〔日〕木村泰贤
《吠陀哲学宗教史》〔日〕高楠顺次郎 木村泰贤